国家自然科学基金项目（51568025）
江西省文化艺术科学规划项目（YG2017259）

江西传统村落

JIANGXI

闵忠荣 段亚鹏 熊春华
编 著

中国建筑工业出版社

图书在版编目（CIP）数据

江西传统村落 / 闵忠荣，段亚鹏，熊春华编著 .—
北京：中国建筑工业出版社，2018.8
ISBN 978-7-112-22424-1

Ⅰ . ①江… Ⅱ. ①闵… ②段… ③熊… Ⅲ. ①村落—
研究—江西 Ⅳ. ① K925.6

中国版本图书馆 CIP 数据核字（2018）第 150859 号

责任编辑：刘 丹
责任校对：王雪竹 王 烨
书籍设计：龙丹彤

江西传统村落
闵忠荣 段亚鹏 熊春华 编著
中国建筑工业出版社出版、发行（北京海淀三里河路 9 路）
各地新华书店、建筑书店经销
北京富诚彩色印刷有限公司印刷
开本：880×1230 毫米 1/16 印张：21 3/4 字数：595 千字
2018 年 12 月第一版 2018 年 12 月第一次印刷
定价：268.00 元
ISBN 978-7-112-22424-1
（32147）

主编及编委会

主　编：闵忠荣

副主编：段亚鹏　熊春华

编委会：黄红珍　贺海芳　钟新平　蔡定涛
杨　坤　刘　强　冷浩然　罗先诚
李小云　郑　侃　李　志　胡　鸿

前言

江西省地处中国东南部，属中亚热带温暖湿润季风气候，境内地势南高北低，东南西三面群山环绕，中部丘陵和河谷平原交错分布，北部则为鄱阳湖平原。全省面积约 16.69 万平方公里，山地和高丘占全省总面积的 60%，平原盆地占 30%，水面占 10%，故有“六山一水二分田，一分道路与庄园”之说。江西，物华天宝，人杰地灵，在这片历史文化积淀深厚的土地上，涌现出陶渊明、欧阳修、曾巩、王安石、朱熹、文天祥、宋应星、汤显祖、詹天佑等一大批学识渊博、才华横溢、海纳百川、兼容并蓄的历史名人。在悠久的历史进程中，也孕育出了包含浔阳文化、豫章文化、临川文化、庐陵文化、袁州文化、赣南客家文化等诸多子系统的赣文化。

2012 年住房和城乡建设部、文化部、财政部联合出台《关于加强传统村落保护发展工作的指导意见》，就加强传统村落保护发展工作提出意见：1. 充分认识传统村落保护发展的重要性和必要性；2. 明确基本原则和任务；3. 继续做好传统村落调查；4. 建立传统村落名录制度；5. 推动保护发展规划编制实施；6. 保护传承文化遗产；7. 改善村落生产生活条件；8. 加强支持和指导；9. 加强监督管理；10. 落实各级责任；11. 加强宣传教育。对于国家层面的指导精神，江西省积极响应，先后出台《关于切实做好中国传统村落保护项目实施工作的通知》《整合资金支持传统村落保护实施意见》《江西省传统村落保护条例》等文件和法规，全面推进全省传统村落的保护与发展、传承与利用。江西传统村落资源极其丰富，有 343 个中国传统村落（第一批至第五批），总数列全国第八。2017 年 8 月，由江西省住房和城乡建设厅公布，共有 248 个村落列入首批省级传统村落名录。

江西是农业大省，有广袤的农村，传统村落不仅是农村生产生活的主要载体，体现深厚历史文化底蕴的根脉所在，也是中华民族的精神家园。传统村落多元价值的挖掘和研究对于江西省有着极为重要的意义。过去，由于保护体系不够完善，一些传统村落逐渐破败没落，经济发展落后，人居环境较差，空心化趋势严重，传统村落的保护与发展工作仍然任重而道远。党的十九大提出实施乡村振兴战略，并提出了产业兴旺、生态宜居、乡风文明、治理有效、生活富裕的总要求。保护传统村落是我们落实这个重大战略部署，留住乡愁、留住美丽的一项重要工作。

2016 年底，江西省住房和城乡建设厅、江西师范大学城市建设学院决定组织编写《江西传统村落》一书，旨在系统性地整理江西省已列入中国传统村落名录的村落资源和保护价值，进一步认识传统村落保护与发展的重要性、必要性和迫切性，明确传统村落保护与发展对江西省经济社会发展的重要意义。该书选取了江西省具有代表性的传统村落 87 个，通过图文结合的形式，展现传统村落优美和谐的自然环境、布局合理的村落形态、富有地域特色的传统民居、丰富多彩的非物质文化遗产，也通过梳理传统村落的历史发展脉络，深入挖掘中华优秀传统文化的时代价值，为留住乡愁尽绵薄之力。希望此书能起抛砖引玉的作用，引起国内外专家、学者对传统村落多元价值研究的共鸣，为传统村落的调查、立档、保护与活态传承起到积极的推动作用。

教授级高级建筑师
江西省浩风建筑设计院总建筑师
中国传统民居专业学术委员会顾问
住房和城乡建设部传统民居保护专家委员会顾问

九江
环鄱阳湖地区
南昌
赣西地区
宜春
新余
萍乡
抚州
赣东地区
吉安
吉泰地区
赣州
赣南地区

①理坑村
②虹关村
③洪村
④李坑村
⑤长径村
⑥晓起村
⑦西冲村
⑧游山村
⑨庆源村
⑩岭脚村
⑪凤山村
⑫诗春村
⑬篁岭村
⑭曾家村
⑮查家岭
⑯石塘村
⑰杨溪李家村
⑱晏家村
⑲前后万村
⑳艾溪陈家村
㉑曾湾村
㉒旧厦村
㉓周坊村
㉔严台村
㉕沧溪村
㉖旧城岭
㉗高岭村
㉘英溪村
㉙名口村
㉚横路村
㉛涌山村
㉜上徐村
㉝下徐村
㉞瑶里村
㉟朱砂村
㊱庄前潘村
㊲流坑村
㊳湖坪村
㊴竹桥村
㊵东岗村
㊶全坊村
㊷疏口村
㊸东源曾家村
㊹印山村
㊺浯溪村
㊻尧坊村
㊼赵家村
㊽厚板塘村
㊾介桥村
㊿防里村
(51)黄坑村
(52)渼陂村
(53)陂下村
(54)横坑村
(55)㽏田村
(56)钓源村
(57)上街村
(58)塘边村
(59)沂溪村
(60)沙溪村
(61)银圳村
(62)圳头村
(63)鄢溪村
(64)下源村
(65)昌蒲村
(66)长塘村
(67)仁和店村
(68)桑园村
(69)店背村
(70)赛塘村
(71)义富村
(72)社边村
(73)旧居村
(74)燥石村
(75)河下村
(76)三舍村
(77)白鹭村
(78)老围村
(79)燕翼围
(80)关西村
(81)东龙村
(82)三僚村
(83)密溪村
(84)云山村
(85)羊角村
(86)澄江村
(87)上宝村

目录

前言 …… 004

1
婺源地区

理坑村［上饶市婺源县沱川乡］…… 014
虹关村［上饶市婺源县浙源乡］…… 018
洪　村［上饶市婺源县清华镇］…… 021
李坑村［上饶市婺源县秋口镇］…… 025
长径村［上饶市婺源县秋口镇］…… 029
晓起村［上饶市婺源县江湾镇］…… 033
西冲村［上饶市婺源县思口镇］…… 037
游山村［上饶市婺源县镇头镇］…… 041
庆源村［上饶市婺源县段莘乡］…… 044
岭脚村［上饶市婺源县浙源乡］…… 048
凤山村［上饶市婺源县浙源乡］…… 052
诗春村［上饶市婺源县清华镇］…… 056
篁岭村［上饶市婺源县江湾镇］…… 060

2
广信地区

曾家村［鹰潭市贵溪市耳口乡］…… 066
查家岭［上饶市铅山县太源畲族乡］…… 069
石塘村［上饶市铅山县石塘镇］…… 073

3
环鄱阳湖地区

杨溪李家村［南昌市进贤县温圳镇］…… 078
晏家村［南昌市进贤县文港镇］…… 081
前后万村［南昌市南昌县三江镇］…… 084
艾溪陈家村［南昌市进贤县架桥镇］…… 087
曾湾村［南昌市进贤县文港镇］…… 091
旧厦村［南昌市进贤县罗溪镇］…… 095
周坊村［南昌市进贤县文港镇］…… 098
严台村［景德镇市浮梁县江村乡］…… 102
沧溪村［景德镇市浮梁县勒功乡］…… 105
旧城村［景德镇市浮梁县浮梁镇］…… 109
高岭村［景德镇市浮梁县瑶里镇］…… 113
英溪村［景德镇市浮梁县峙滩乡］…… 117
名口村［景德镇市乐平市名口镇］…… 121
横路村［景德镇市乐平市双田镇］…… 125

涌山村［景德镇市乐平市涌山镇］…………… 129
上徐村［景德镇市乐平市塔前镇］…………… 133
下徐村［景德镇市乐平市塔前镇］…………… 136
瑶里村［景德镇市浮梁县瑶里镇］…………… 140
朱砂村［九江市修水县黄坳乡］………………… 144
庄前潘村［九江市湖口县流泗镇］…………… 147

4 赣东地区

流坑村［抚州市乐安县牛田镇］……………… 152
湖坪村［抚州市乐安县湖坪乡］……………… 156
竹桥村［抚州市金溪县双塘镇］……………… 160
东岗村［抚州市金溪县合市镇］……………… 163
全坊村［抚州市金溪县合市镇］……………… 167
疏口村［抚州市金溪县琅琚镇］……………… 171
东源曾家村［抚州市金溪县琉璃乡］………… 174
印山村［抚州市金溪县琉璃乡］……………… 178
浯溪村［抚州市东乡县黎圩镇］……………… 182
尧坊村［抚州市南城县天井源乡］…………… 185

5 赣西地区

赵家村［宜春市丰城市白土镇］……………… 190
厚板塘村［宜春市丰城市筱塘乡］…………… 194
介桥村［新余市分宜县分宜镇］……………… 198
防里村［新余市分宜县钤山镇］……………… 202
黄坑村［新余市渝水区水北镇］……………… 205

6 吉泰地区

渼陂村［吉安市青原区文陂乡］……………… 210
陂下村［吉安市青原区富田镇］……………… 214
横坑村［吉安市青原区富田镇］……………… 218
夽田村［吉安市青原区富田镇］……………… 222
钓源村［吉安市吉州区兴桥镇］……………… 226
上街村［吉安市安福县洋门乡］……………… 230
塘边村［吉安市安福县洲湖镇］……………… 233
沂溪村［吉安市峡江县水边镇］……………… 236
沙溪村［吉安市安福县竹江乡］……………… 239

银圳村［吉安市安福县金田乡］ …………………… 242
圳头村［吉安市吉安县敦厚镇］ …………………… 245
鄢溪村［吉安市遂川县堆前镇］ …………………… 248
下源村［吉安市万安县百嘉镇］ …………………… 252
菖蒲村［吉安市井冈山市厦坪镇］ ……………… 255
长塘村［吉安市井冈山市拿山乡］ ……………… 259
仁和店村［吉安市吉水县金滩镇］ ……………… 262
桑园村［吉安市吉水县水南镇］ …………………… 266
店背村［吉安市吉水县水南镇］ …………………… 270
赛塘村［吉安市吉安县固江镇］ …………………… 274
义富村［吉安市吉水县水南镇］ …………………… 278
社边村［吉安市吉安县固江镇］ …………………… 282
旧居村［吉安市吉安县梅塘镇］ …………………… 286
燥石村［吉安市新干县七琴镇］ …………………… 289
河下村［吉安市永丰县沙溪镇］ …………………… 293
三舍村［吉安市安福县甘洛乡］ …………………… 296

7 赣南地区

白鹭村［赣州市赣县白鹭乡］ ………………………… 302
老围村［赣州市安远县镇岗乡］ …………………… 306
杨村村燕翼围［赣州市龙南县杨村镇］ ………… 310
关西村［赣州市龙南县关西镇］ …………………… 314
东龙村［赣州市宁都县田埠乡］ …………………… 318
三僚村［赣州市兴国县梅窖镇］ …………………… 322
密溪村［赣州市瑞金市九堡镇］ …………………… 325
云山村［赣州市大余县左拔镇］ …………………… 328
羊角村［赣州市会昌县筠门岭镇］ ……………… 331
澄江村［赣州市于都县葛坳乡］ …………………… 334
上宝村［赣州市于都县马安乡］ …………………… 338

主要参考文献 ……………………………… 342
后记 ………………………………………… 344
作者简介 …………………………………… 346

詩春
基圖
印泉居
原泉館
魚塘
味無味居
石岑瀑布
接龍橋
慈母橋
鴇頭僕址
牛敢山房
塘
正公坟
花塢
敬承堂
思觀堂
光接樓
盧雲館
竹林清影
白周公坟
扶竹源亭
印墩
詩書橋
敏公橋
洪氏坊

1

江西

传统村落

JIANGXI

婺源地区

理坑村

【上饶市婺源县沱川乡】

村落概况

理坑村坐落于素有“书乡”之称的婺源县沱川乡北部，距县城约56公里。根据2015年统计数据，理坑村有1226人，余姓占90%以上。理坑村素有“山中邹鲁，理学渊源”的美誉，至今村内仍保留明清建筑百余栋，数量之多、保存之完整国内少见，被誉为“中国明清建筑艺术博览园”。2005年10月理坑村被评为中国历史文化名村；2006年5月被评定为全国重点文物保护单位；2012年12月被列入第一批中国传统村落名录。

历史文化

理坑村，原名理源，因位于沱水源头三小溪之一的理源溪畔而得名，取“理学渊源”之意；又因当地“溪”亦叫“坑”，故俗称“理坑”。据《沱川余氏宗谱》载：沱川余氏始祖为余道潜，为宋徽宗政和八年（1118年）进士。明洪武年间沱川余氏第十世祖余景阳始迁至理坑。明末至清中叶，理坑村发展最为鼎盛，理学之风盛行，先后经科举而外出为官者众多，加上当地徽商实力不断发展壮大，极大地推动了村落建设，村落建设得到最有力的支持，所以我们才得以在今天看到规模宏大的建筑群和村内完善的设施。

理坑自古以“理学之源”而闻名，自明穆宗隆庆二年（1568年）30岁的余懋学考中进士后，村人更是秉承勤学苦读之风，取仕不成则外出经商成巨贾。几百年来，理坑村科甲连绵，人才辈出，先后有吏部尚书余懋衡、工部尚书余懋学、司马余维枢、广州知府余自怡等七品以上官员36人，文人学士92人，其中明代学者余懋学、清代学者余煌等名人著作共5部78卷被收入《四库全书》。

空间格局

选址 村落选址体现了传统风水哲学，理坑村背靠雄伟壮观的驼峰山，面朝汩汩不息的理源溪，形成依山面水的村落布局（图1）。村南水口处有狮形山与象形山对峙，历史上水口处建有理源桥、文笔塔、文昌阁、水碓、天灯等，形成完整的“五行相生”格局。村落建于河谷地带，民居建在山麓开阔的河湾处，阳光充沛，利于开垦田地。街巷布局因地制宜，

图 1　村落选址图

由西北至东南地势逐渐降低，发源于黼阁山的理源溪由东向西从村南环绕而过，呈 S 形环抱村基。

整体布局　村落位于理源河北侧，通过理源桥、天心桥、百子桥和观音桥与南岸连接，整体呈集中团块形布局（图 2）。村西南的理源桥结合两侧的狮山与象山形成整个村落的水口。自水口沿东北方向延伸的水街串联起整个村落的巷道节点和理水空间，坐落于村庄南部的百子桥与天心桥横跨水街是整个水街空间最具活力的空间节点。村中的总祠衍庆堂（现仅存遗址）位于村北，为聚落的精神文化核心。由于深受理学思想和宗法制度的影响，村落以“总祠—分祠—支祠”为核心，家宅围绕祠堂建造，呈密集型团块状。村内现存祠堂 5 座，敦复堂、效陈祠、德寿堂、保竹祠和友松祠。

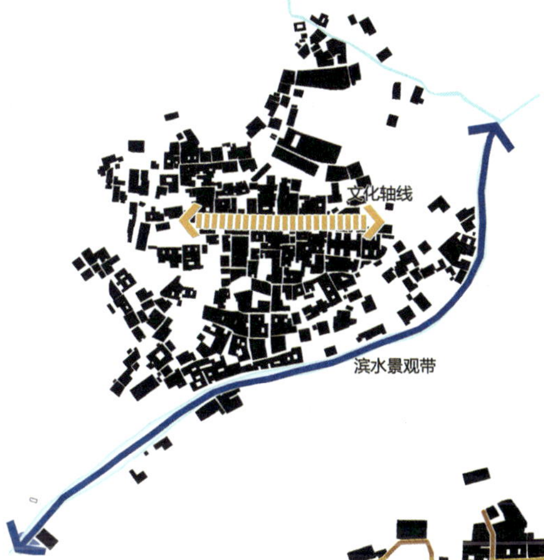

图 3　空间结构图

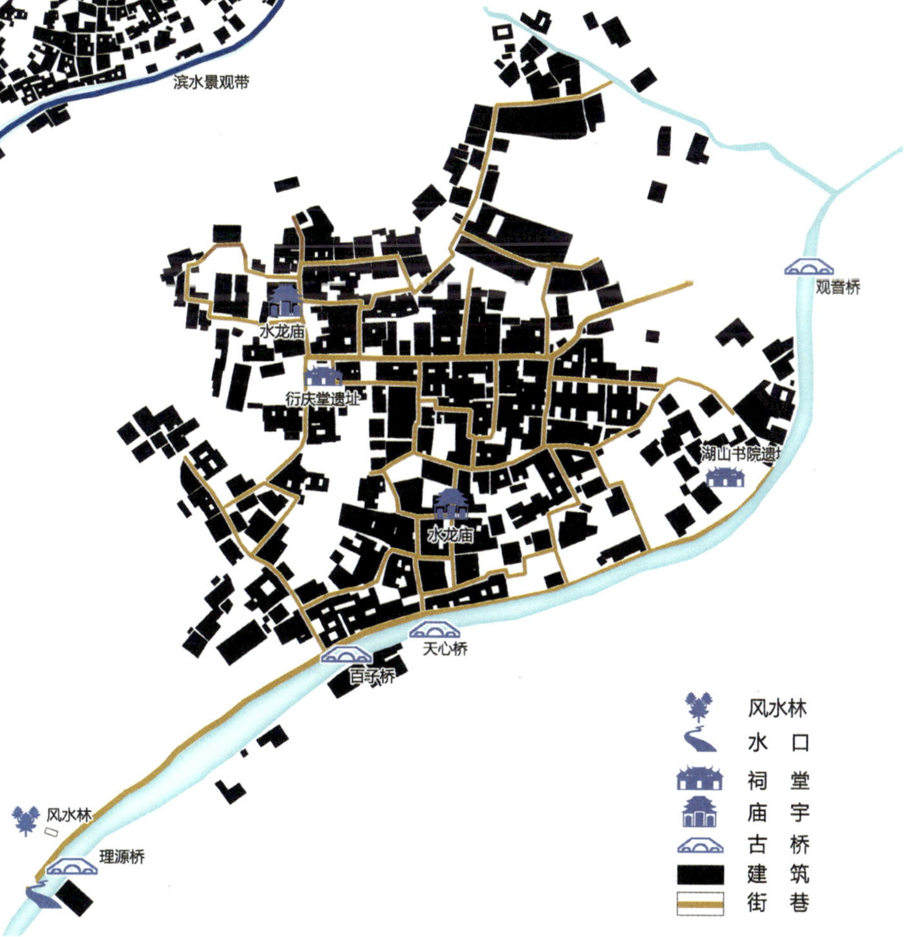

图 2　整体布局图

村中有水龙庙2座，分别位于村落的南部和北部。平行于水街的箬皮街呈东西向延伸，由衍庆堂向东可达观音桥。村落的主要街巷呈树杈状布局。

空间结构 理坑村整体呈“一带、一轴”的布局结构（图3）。理坑村的核心是总祠衍庆堂，早期的住宅坐落于它的两侧和后边。到建造分祠时，各房派住宅造在本房分祠周围，形成以分祠为核心的多个组团。理源溪是村落重要的理水空间，通过理源桥、天心桥和百子桥与沿溪的水街互相沟通，构成了村落最具活力的滨水景观带；村落以衍庆堂前的箬皮街为轴，东西向串联衍庆堂遗址、效陈祠、大夫第、诒裕堂等重要空间节点形成文化轴。

街巷格局 理坑最具活力的主街为水街与箬皮街，其他街巷与之串联，形成树杈状。村内交通以街巷为主，共计有40多条，整体结构有序，主次分明，所形成的空间尺度、景观意象也相应有所差别（图4）。主要历史街巷有

图4 传统街巷风貌

水街、六尺巷、箬皮街、官巷、石坦巷、百子巷等，这些巷道多是青石板或青石板与卵石、碎石结合的铺装。

历史环境要素 村落现有祠堂5座，水龙庙2座，古石桥9座，青石板巷道42条，古井2口。

典型建筑

村内尚保留以官邸、商宅为主体的明清古建筑有138幢，各级文物保护单位33处，其中

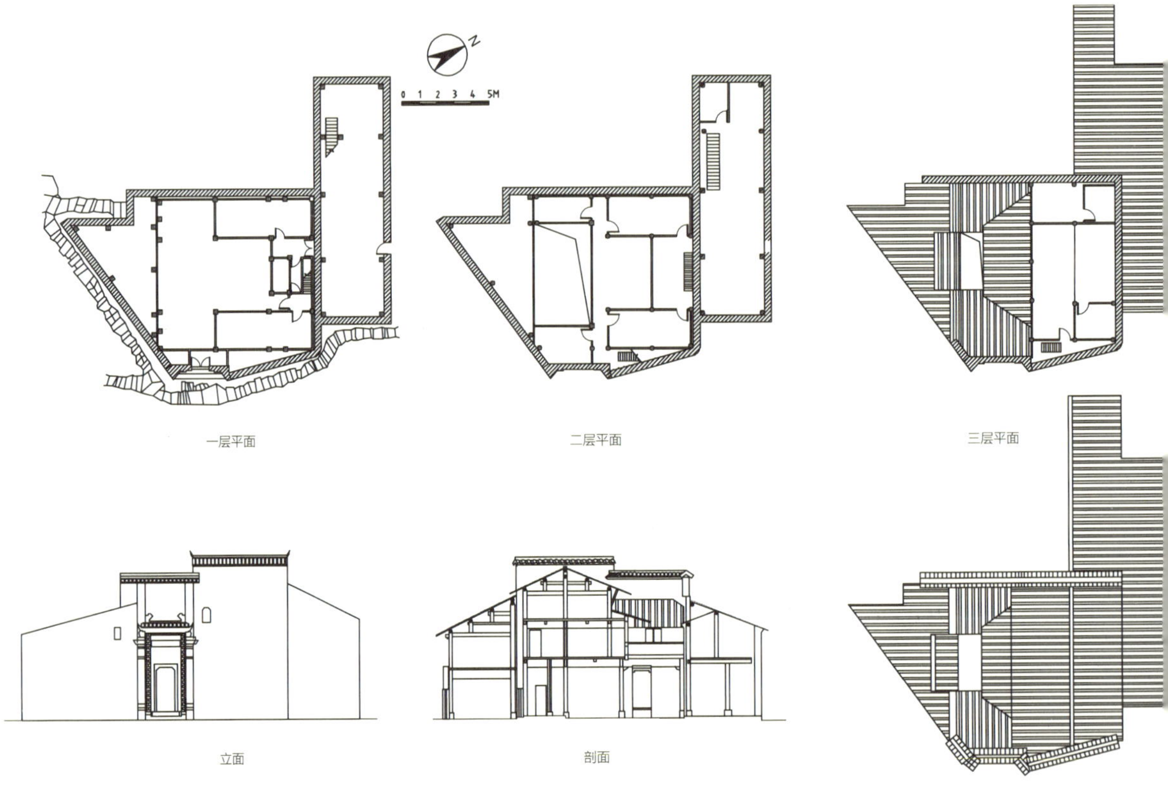

一层平面 二层平面 三层平面

立面 剖面 屋顶平面

图5 天官上卿第建筑测绘图

明代及明代以前的建筑14幢，清代建筑124幢。重点建筑有天官上卿第、司马第、官厅（友松祠）、云溪别墅、福寿堂、诒裕堂等。

天官上卿第 该建筑位于理坑三巷交会处，是明代吏部尚书余懋衡于万历年间（1573-1619年）为接待女婿建造的客馆，是理坑村明代民居的典型代表（图5）。天官上卿第大体坐西朝东，前后各带有陪屋，建筑地基为不规则形，临街的两侧为斜面，通过内部的墙体分割处理，巧妙地使主体建筑仍然四方平整，总占地面积152.7平方米。天官上卿第中轴线上依次布置天井、正厅，门厅设在北侧。大门两侧有窄窄的八字墙，设石质牌楼式门楼，上雕四只龙形吻兽，两侧砖墙万字纹磨砖对缝。正厅为3层穿斗式木构架，视野开阔，厅堂和厢房都作吸壁樘板，雀替深雕，出面方柱、素础，梁枋素净，楼上、楼下均有桶扇门，大小木作上都不做复杂的雕饰。建筑的木结构构件不施油漆，裸露着木质与纹理的自然美，窗栏板雕刻仿石构，兼有浑圆与健劲之美，体现了明代建筑简约的风格。天官上卿第2000年被列为江西省第四批文物保护单位，2006年被列为全国重点文物保护单位。

敦复堂 该建筑位于村落西北部，是为祭祀余氏十二世祖良一公而建的祠堂，前为水井巷，始建于明代，清末遭大火焚毁，民国时（20世纪30年代）重建。敦复堂大体坐西向东，主体建筑布局为三开间一进式，占地202平方米，面阔11米，进深18.35米（图6）。中轴线上有门厅、享堂（寝殿）。大门前有栅栏门围合成门廊空间。门厅、两庑、享堂构成四披水天井。后为享堂和寝殿合一的2层木构建筑，两侧有庑廊相连。祠堂正立面上雕饰较为丰富。敦复堂已被评为婺源县文物保护单位。

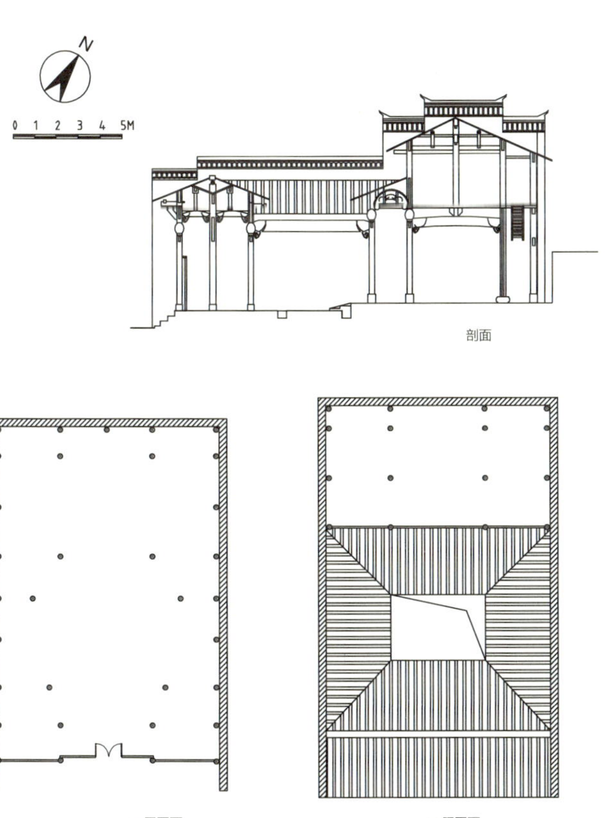

图6 敦复堂建筑测绘图

非物质文化遗产

荷包红鲤 荷包红鲤是理坑独有的传统养殖鱼类，因色泽鲜红、背部隆起、腹部肥大、形似荷包而得名。据史载明朝万历年间，户部右侍郎、总理漕储的余懋学将荷包红鲤献给明神宗，以示家乡物华天宝。明神宗目睹红鲤体态雍容华贵，色彩鲜妍吉庆，称之为“圣鱼”，奉养于故宫御范池中，使之得以“长伴君侧”。荷包红鲤肉质肥美细嫩，汤鲜味美，除可供食用和观赏外，营养丰富，有较高的食疗功能和药用价值。清代著名学者汪绂在《医林纂要探源》一书中写道：此鱼“和脾养肺，平肝补心，孕妇最宜食之。安妊孕，好颜色，止咳逆，疗脚气，消水肿，治黄疸”，故被誉为“人间天物”。

价值特色

理坑村以其优越的生态环境、诗礼传家的人文底蕴、独特的理学文化，赢得“理学渊源、山中邹鲁”的美誉。村落空间布局，符合典型的“枕山、环水、面屏”的布局形式。文物古迹分布集中，以明清官邸、民宅为主，建筑风格体现出浓郁的地域性，较完整地呈现出村落传统风貌，是研究赣东北地区传统村落的典范，具有较高的历史文化价值和科学艺术价值。

虹关村

［上饶市婺源县浙源乡］

村落概况

虹关村地处皖赣交界，隶属婺源县浙源乡，距乡政府驻地约5公里，距婺源县城紫阳镇44公里。至2014年底，虹关村有211户，648人，85%以上为詹姓。全村有农田474亩，茶地214亩，山林2600亩，森林覆盖率89.6%。该村枕山面水，位于鸿溪北岸，呈“船状”舒展延伸，巷道纵横交错、星罗棋布，明清古建筑保存完好。明清时期，虹关是徽墨的主要产地之一，村里的大街小巷多以墨业为名，所以虹关又有“徽墨名村”的美誉。虹关村2007年7月被省政府评为江西省历史文化名村，2012年12月被列入第一批中国传统村落名录。

历史文化

虹关村于南宋建炎年间（1127-1130年）由詹姓建村。建村者迁居落户时“仰虹瑞紫气聚于阙里”，所以取名“虹关”，又名“虹瑞关”“虹瑞山庄”。虹关村詹氏因以经营墨业、出仕为官而兴，明清两代是虹关的繁荣发展期。据《清代名墨谈丛》载：“清代婺源墨铺大约在百家以上，仅虹关詹氏就有80多家，在数量上远远超过歙县、休宁造墨家，在徽墨中是一大派别。”经过了近900年的发展，詹氏一族人才辈出，村民安居乐业。

明、清两朝，虹关是徽墨的主要产地之一，是著名的“墨乡”。虹关詹氏家族以制墨、营墨闻名于世，是徽墨家族传承的典范。虹关的制墨师傅詹大有及其“大有墨”相当出名。历史上虹关也涌现出不少墨业名家，如清早期的詹方寰。虹关村中有“方寰巷”，巷中既有其故居又有其制墨作坊。早在1812年（清嘉庆十七年），日本东瀛市河氏所撰《米庵墨谈》中就记载了詹方寰的墨品。虹关有一奇人，名詹世钗（1841-1893年），身高达十尺三寸（3.19米），比身高2.31米的美国芝加哥巨人桑迪·艾伦高出0.88米，有“中国巨人”之称。村内至今还保留詹世钗的故居玉映堂及以长人命名的长人巷。

空间格局

选址 村落选址注重对山水的处理运用，三面环山，一面邻水，符合“枕山面水、河曲面宽”的吉地标准，是理想的建居风水宝地（图1）。虹关村择地建村，东西北三面群山环抱，依地形坐北朝南略偏东向5-6度，村基中间大，两

图 1 村落选址图

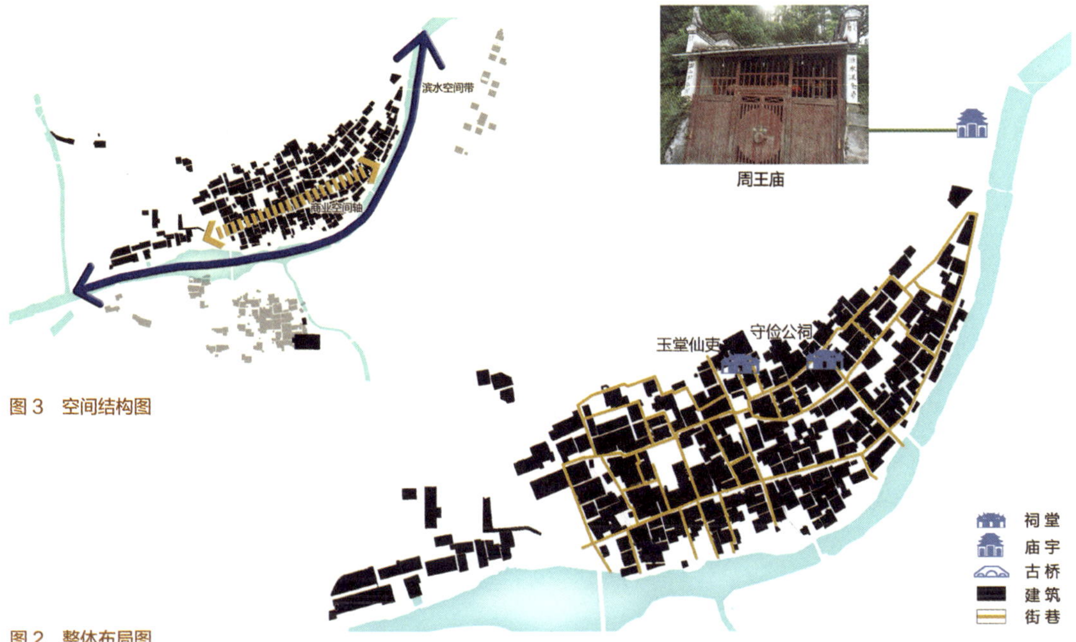

图 3 空间结构图

图 2 整体布局图

头依势渐窄。村南有一条鸿溪由东向西蜿蜒穿流而过，将整个村落环抱其中。

整体布局 虹关村依鸿溪北岸，呈带状分布（图 2）。村西南的通津桥结合风水林组成了村落的水口，前朝白头翁尖，后倚来龙山。全村原有总祠堂——詹氏宗祠，可惜现已不存。村中现存两座公共性建筑“守俭公祠”和“玉堂仙吏”。守俭公祠位于村北部，为村落的祭祀活动中心。“玉堂仙吏”位于村落北部，这里是全村的议事场所，一般在此举行民俗活动。周王庙位于村落东北角，护卫着一方百姓。徽饶古道虹关段、虹关中路、虹关里路是东西向的主要街巷，其他巷道则垂直于鸿溪向北延伸，整体呈网状结构。

空间结构 虹关村整体呈“一带、一轴”集中式布局（图 3）。鸿溪与两岸的古树共同组成了滨水空间带。徽饶古道虹关段，又称虹关正街，从水口通津桥至村头周王庙，是虹关商业空间形成商业轴。

街巷格局 虹关村历史街巷星罗棋布，纵横交错。主街为东西向的徽饶古道（虹关段）、虹关中路，次要巷道垂直于徽饶古道南北向延伸分布，呈格网状规则式布局。徽饶古道（虹关段）、虹关中路这两条平行于鸿溪的主街构成整个村落巷道系统的骨架。徽饶古道（虹关段）是古时徽州府至饶州府的主要道路，从水口通津桥至村头周王庙。作为千年古道，徽饶古道历史价值深厚，迄今为止，依然是虹关村的商业中心。村落巷道总长度达 4000 多米，宽 0.5-2.5 米，路面主要由青石板铺筑。主要街巷有新屋溪巷、长人巷、元吉巷、玉监堂巷、书院巷、大有巷、大有溪巷、孝子坊巷、万安巷、汇川巷、长安巷、永安巷、三家村巷、斯美巷、彩盛巷、如意巷、厅屋上巷、厅屋下巷、吉祥巷、子云巷、方寰巷、伴三巷、玉映堂巷、桂花巷、徽饶古道、虹关中路、虹关里路等 27 条，保存完好，特色鲜明。

历史环境要素 村中有古树 2 棵，古桥 1 处，石碑 1 处，水池 1 处，石雕 1 处，古庙 1 座，古石埸 2 处。

典型建筑

村内尚保留了明清古建筑70余幢，其中明代建筑8幢，清代建筑60余幢，各级文物保护单位10处。另有保护对象建筑7处，历史建筑38处。

继志堂 该建筑位于虹关村中部，建于清嘉庆十七年（1812年）。建筑大体坐北朝南，整体布局为三开间两进式，前有门院，占地面积170平方米（图4）。继志堂主体建筑有门厅、穿堂、正堂。门厅为坡屋顶，穿堂为2层，进深5柱，穿斗式木构架。正堂为3层，穿斗式木构架，悬有"松龄鹤算"金字匾额，是当时婺源县令为贺屋主人七十寿辰而题赠。屋内梁枋木雕保存完好，护净雕琢达五层，刀工精熟，立体感强，栩栩如生。2005年，继志堂被婺源县政府公布为第二批文物保护单位，现已被公布为市级文物保护单位。

通津桥 该桥位于村西南，是虹关村与外界联系的重要通道，始建于南宋中叶，后历朝历代曾加以修缮。据《虹关詹氏宗谱》记载，通津桥由村人詹元吉捐资，复建于清同治年间（1862-1874年）。该桥为石筑单孔拱桥，长16米，宽4米，像一道彩虹横跨两岸。桥两侧及桥头台阶上均有石护栏，结构十分完美。桥两面的龙门石上各有一方篆刻，朝村外的是"通津"，朝向村子的是"挹秀"。古人在这里观景时曾写下"四面烟云绝顶下，一湾溪水斜阳中"的诗句。

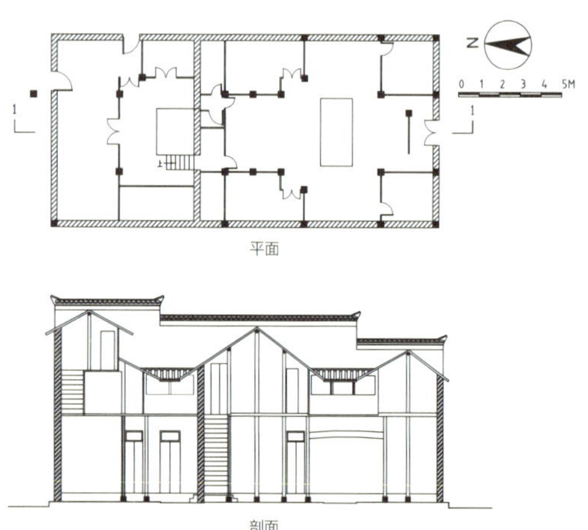

图4 继志堂建筑测绘图

非物质文化遗产

虹关墨艺 婺源制墨始于南唐，崛起于两宋，属于徽墨范畴。自万历到民国，虹关詹墨的产量已占徽墨之首。到清末时，虹关詹氏墨的批量已用"石"来计量，主要销往苏中与苏北。据民国版《婺源县志》记载：清代婺源人开设墨铺数量在百家以上，仅詹氏一姓便有八十余家。而虹关詹氏又占有其中六成以上份额，于婺源制墨业中实居重要地位。他们大批产制"朴实少文，为百姓和士人所喜爱"之墨锭，以"销售于二十三行省，所至皆开行起栈，设店铺无数"而名扬全国。所以，虹关村有婺源的墨乡之称。虹关墨生产全部采用手工制作，制墨工艺十分复杂，主要有刻模、点烟、和料、杵捣、制墨、晾晒、搓边、洗水、填金、包装等工序，其中最关键的是刻模、和料、制墨。

虹关龙灯 虹关民俗里的"板龙灯"很有名，也很壮观。村俗规定每年不能少于108板，每节灯板长1.8米，全长200多米，比吉尼斯世界纪录记载的世界长龙——新加坡130米的长龙还要长70米。每年正月十三晚上开始舞龙灯，称"起灯"，至十八日晚上为最后一场，称为"圆灯"，全村所有青壮年男子都要参加，每人一板灯，其实是以村子里青壮年男子的人数确定板灯长度，所以看作人丁兴旺的象征。据《鸿溪詹氏宗谱》载：清末上海墨铺，以婺源詹姓居多。乾隆年间有一年由詹方寰、詹大有墨号店主牵头，婺源各厂墨工参加，按照虹关龙灯的模式，迎了一次龙灯，轰动上海滩，并获上海知县王鋋赐红绸一匹。

价值特色

虹关村以其优越的生态环境、深厚的宗法底蕴、独具特色的墨业徽商文化，形成了墨业古村、风水古村、宜居古村、宗族古村的鲜明色彩。由于虹关村重要的地理位置，徽饶古驿道穿境而过，被誉为"吴楚锁钥无双地，徽饶古道第一村"。村落空间布局独具特色，布局严整紧凑。文物古迹分布集中，建筑风格独具地域特色，是研究婺源地区徽派聚落的珍贵案例。

洪村

[上饶市婺源县清华镇]

村落概况

洪村位于“中国绿色名镇”清华镇西南，浙江河北岸，北枕青山，南临清溪，距婺源县城紫阳镇 30 公里，距清华镇 12.5 公里，是洪村行政村的中心村。据 2011 年统计资料，全村有 346 户，1340 人。全村耕地 1681 亩，村委会有山林 33000 余亩，公益林 5600 亩。该村生态环境优美，村中高寿者为数不少，有“长寿古里”的美誉。2003 年，洪村被中国农村经济发展促进会命名为“中国民俗文化村”；2013 年，洪村被列入第二批中国传统村落名录。

历史文化

洪村开基祖济公于北宋天圣年间（1023-1032 年），从洪源迁至此，见此地“环万山为城，土泉甘沃，林园幽胜，宜桑宜稼”，所以取名“鸿椿”。因鸿椿与洪村谐音，后称作今名“洪村”。洪村是洪氏单姓聚居的血缘聚落，奉昺公为一世祖，奉迁居洪村济公为十三世祖。洪氏因经商、出仕而兴，明清两代是洪村繁荣发展期。经过 990 多年的发展，洪氏已经成为当地的望族之一，繁衍了 47 代。

洪村自清代以来，以长寿闻名，号称“长寿古里”，这与洪村历史上的两位名人有很大的关系。第一位是儒林郎锦文公，曾两次参加清代皇帝举办的“千叟宴”，至 119 岁高龄无疾而终。第二位是内阁中书洪钧，因其向嘉庆皇帝奏请赐封乡里名号，自此洪村便有了“长寿古里”之称。从谱牒记载来看，洪村曾历受皇恩。从明正德年间到清光绪年间的 400 余年里，洪村出府县学生员 38 人，国学生 80 人，“恩给议叙”（被皇帝嘉奖）者 23 人，被“贡选”者 9 人，出仕宦 22 人，由皇帝授予职衔者 38 人，被朝廷旌表的烈女 51 人。

图 1 村落选址图

图 2 整体布局图

空间格局

选址 村落选址注重山水的处理，阴阳相济，三面环山，一面临水，充分体现了天人合一的风水哲学（图 1）。村落周边崇山峻岭，村基建在山脚下，房屋街巷布局因地制宜，北高南低。村南鸿溪在村前蜿蜒而过。

整体布局 洪村依鸿溪北岸而建，整体形态呈弯月形（图 2）。村东廊桥结合风水林组成了进村的门户——水口。自水口沿鸿溪的望溪街串联了整个村落的理水空间，其中位于望溪街中段的培元桥与“长寿古里”门楼是望溪街空间的高潮，同村落对面的釜山遥相呼应。位于长寿古里门楼北面的光裕堂与三昼堂组成的并联祠堂是村落中核心的精神空间。村中主要街巷垂直于望溪街往北延伸，整体呈网状结构。

空间结构 洪村整体呈“一核、一轴、一带”向心式布局结构（图 3）。鸿溪南部挺拔苍翠的釜山，是村落景观视线的中心，也是整个村落结构的向心绿核（图 4）。沿向心绿核向北包括培元桥、长寿古里门楼、光裕堂、寒梅馆等重要村落空间节点组成了村落的文化轴线。鸿溪同北侧的望溪街共同组成了滨水空间带。

街巷格局 洪村主街为望溪街，次要巷道垂直望溪街向北延伸分布，呈不规则网络状自由布局。望溪街与培源巷组成的 T 形交叉路网是整个村落巷道系统的骨架。望溪街串联望夫亭、水口廊桥等节点。培元巷南起培元桥穿过“长寿古里”门楼，通过村落的中心光裕堂，

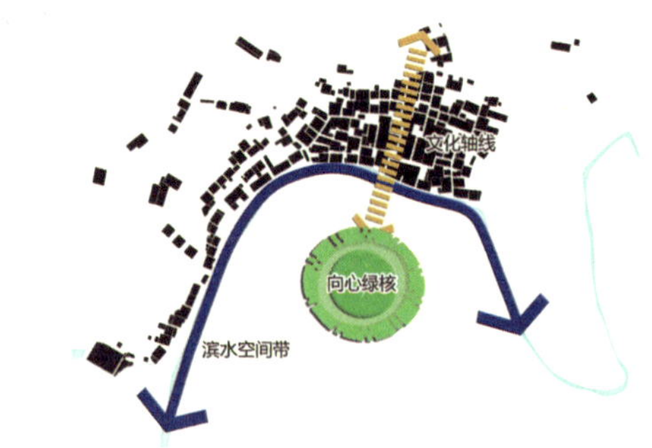

图 3 空间结构图

图 4 村落局部航拍图

图 5 传统街巷风貌

最后到达寒梅馆。村落巷道总长度约为 1210 米，宽度 0.5-2.5 米，路面主要由条状青石板铺筑（图 5）。主要街巷有望溪街、积善巷、大丰巷、培源巷、积善巷、光裕巷等。

历史环境要素 村落有古树 2 棵，古井 1 处，石阶 2 处，古驳岸 5 处，围墙 1 处，古桥 4 座和古亭 1 处。

典型建筑

村内尚保留了 76 处各级各类保护建筑，各级文物保护单位共 10 处，重点建筑为光裕堂、三昼堂、敦素堂、性善堂、积善堂、寒梅馆和“长寿古里”门楼。另有历史建筑 11 处，传统风貌建筑 55 处。

光裕堂 该建筑位于洪村中部，始建于明中叶正德年间（1506-1521 年），在清康熙和道光年间两度重修，为村中的总祠，明清两代甚至是民国时期是洪氏清明祭祖最重要的地方，是昔日族人心中的圣殿。光裕堂大体坐北朝南，整体布局为三开间两进式，第二进规模较小，总占地面积（含前院）449 平方米（图 6、图 7）。祠堂主体建筑有门厅、享堂和寝堂三部分。入口门楼为五凤楼，其前面巷院的旗杆石，证实洪氏曾有从五品大夫、恩科、举人的辉煌。门厅有根方形石柱，舒朗舒展，实属

图 6 光裕堂内景

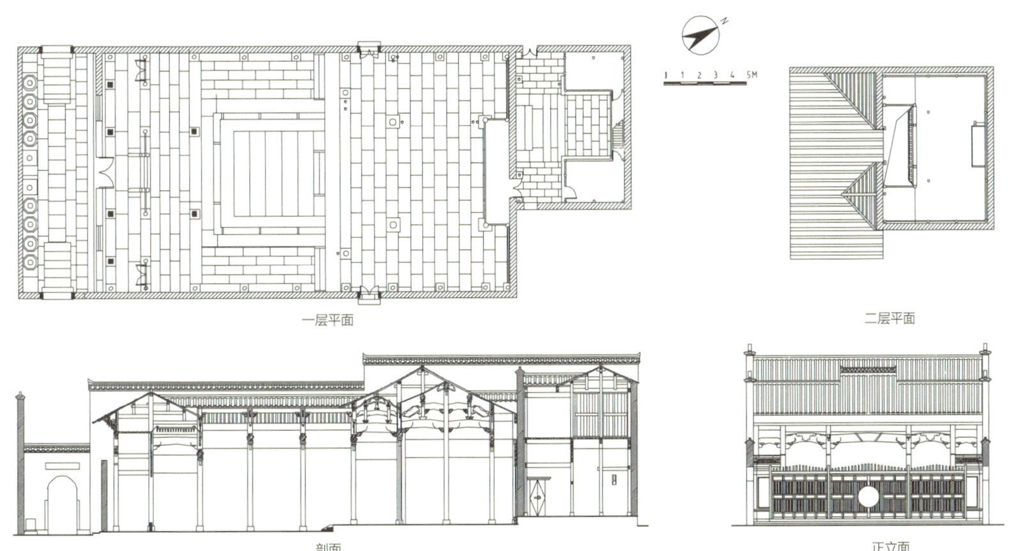

图 7 光裕堂建筑测绘图

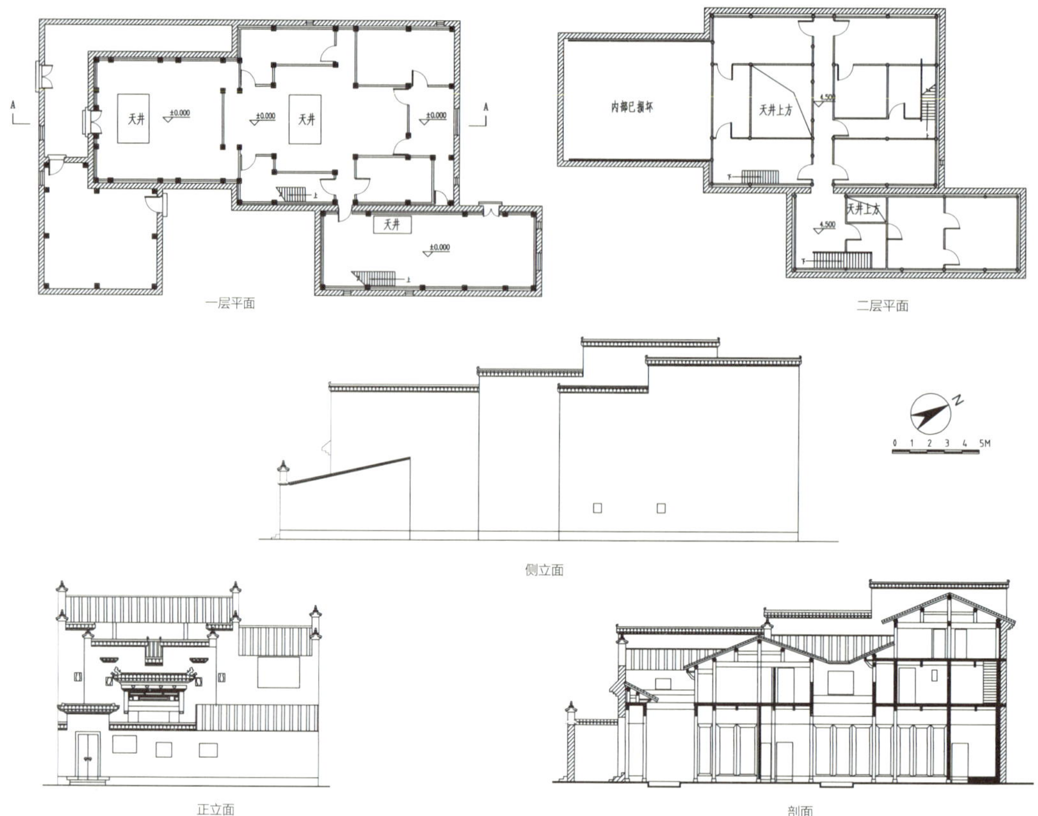

图 8 敦素堂建筑测绘图

罕见。享堂进深 5 柱，主体构架穿斗式木构，前带轩廊。寝堂为 2 层，穿斗式木构架。2006 年 6 月，光裕堂被列为全国重点文物保护单位。

敦素堂 该建筑位于“奉直大夫霭庭公祠”西侧，与霭庭公祠仅隔着一条窄巷，且有偏门直通霭庭公祠。此屋为洪钧的府第，建于嘉庆末年。敦素堂主体建筑布局为三开间两进式，前带跨院，东侧有陪屋 2 处，其中后陪屋带侧天井，总占地约 280 平方米。跨院一侧有“落轿亭”遗迹。中轴线上布置是门厅、穿堂、正堂。门厅为单坡顶，入口设石质门罩。穿堂为 2 层，穿斗式木构架，局部已毁。正堂为 3 层，带前廊，穿斗式木构架（图 8）。门罩上“八仙过海”砖雕十分精美，场面宏大，人物传神。门罩两侧窗洞为叶形，寓意叶落归根。穿堂内悬挂有“四世大夫”匾，长 2.7 米，宽 1.1 米。

非物质文化遗产

婺源绿茶制作技艺 婺源的绿茶制作工艺是珍贵的非物质文化遗产，清道光年间立在光裕堂的一块《公议茶规》石碑，明确记载：“凡买松萝茶入村，任客投主。入祠较秤，一字平秤。货价高低。公品公卖，务必前后如一。”“毋得私情背卖，如有背卖者查出，罚通宵戏一台，银五两入祠。倘有强横不遵者，仍要倍罚无异……”从碑文得知，洪村盛产“松萝茶”，古人曾有“松萝香气盖龙井”的说法。松萝茶的采制技术，早在四五百年前已达到精湛娴熟的程度，具有色绿、香浓、味醇等特点。

价值特色

洪村以其优越的生态环境、浓厚的人文底蕴、独特的长寿文化，赢得“长寿古里”的美誉。村落空间布局独具特色，核心突出，轴线清晰，具有明显向心性。文物古迹分布集中，建筑风格体现出浓郁的地域性，较完整地呈现出村落传统风貌，具有较高的历史文化价值和科学艺术价值。

李坑村

［上饶市婺源县秋口镇］

村落概况

李坑村位于上饶市婺源县“休闲度假第一镇”——秋口镇中部，婺源县北部，距婺源县城紫阳镇 15 公里，距秋口镇 4 公里。至 2015 年末，全村有 309 户，共 1119 人。现有水田 925 亩、毛竹 92 亩、茶叶 220 亩、山林 5532 亩、果树 23 亩、旱地 302 亩、油茶 70 亩。村落传统格局完整，两涧一溪形成人字形，民居沿两涧一溪两侧分布，溪水两岸通过多座各式古桥相连，形成“小桥流水人家”的情境。李坑村是国家 AAAA 级旅游景区，2003 年 7 月被评为江西省首批省级历史文化名村；同年，被中国农村经济发展促进会命名为“中国民俗文化村”；2013 年 8 月被列入第二批中国传统村落名录。

历史文化

北宋大中祥符三年（1010 年），李洞携子孙从歙县迁来此地建村，村子原名理田，相传因李氏远祖在帝尧为部落首领时任大理（掌刑法之官），故以官职为姓，同时因先祖唐末由北方迁江南时，曾“占得从田之签”，建村时数典不忘祖，取村名为“理田”。到了近代，人们渐渐以李姓居住于小溪（亦称“坑”）两岸，便俗称为“李坑”。李坑人在这里繁衍生息，因经商、出仕而兴，明清两代是繁荣发展期。经过千年的发展，据 1961 年李义梅所绘村形图记载，建有大小祠堂 12 座，庙宇观阁 17 座，桥亭路亭 17 座，还有书院、私塾、文峰塔、公共园林等，当年号称“千烟村”“婺源东门外第一村”。

自宋至清几百年间，全村出了 18 名进士，南宋乾道二年（1166 年）还出了一位武状元，名李知诚，出任七品以上的文武官员达 32 人，如：李贵懋，官至御史中丞；李义，官至殿中御使、朝请大夫；李洞，官至殿中御使、朝散大夫；李仁，任征南前锋，以功封安南武毅大将军，加封光禄大夫等。李氏先人饱读经书、能文善诗，留下传世著作 29 部，如《论语解义》《诗文集》《守一集》，以及《春秋三伟释经》（50 卷）等。

空间格局

选址 村落选址注重山水的处理，阴阳相济，背靠山体而建，民居沿溪流两侧分布，面

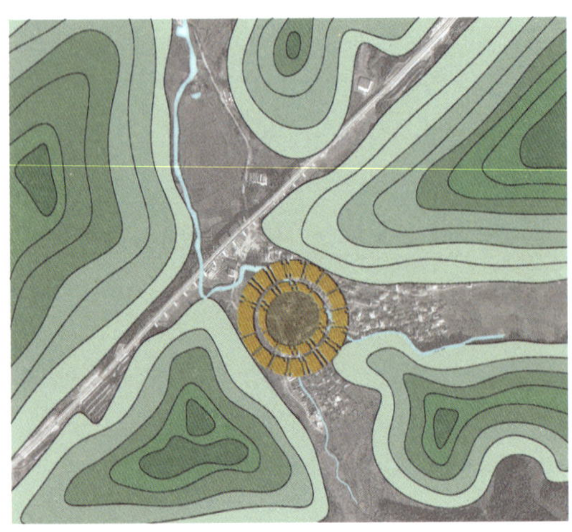

图 1 村落选址图

前有环抱的水流，充分体现了天人合一的风水哲学（图 1）。村落主体位于南北狭长的山谷里。村落背有靠山，前有案山呼应，东有良田万顷。村落入口处有狮山和象山对峙把守，并建有文昌阁、关帝庙等建筑镇锁水口。两条小溪发源于村南盆地里，在村中部汇合，汇合后继续西流，出村不至 100 米，折而向北。

整体布局 李坑村背山面水，沿溪流两侧而建，整体形态呈“人”字形（图 2）。村北文昌阁处狮象把门为水口。两涧一溪串联了村落的理水空间。从村口一路向南，途经中书桥、

滨水空间带
水口节点
空间节点
空间节点

图 3 空间结构图

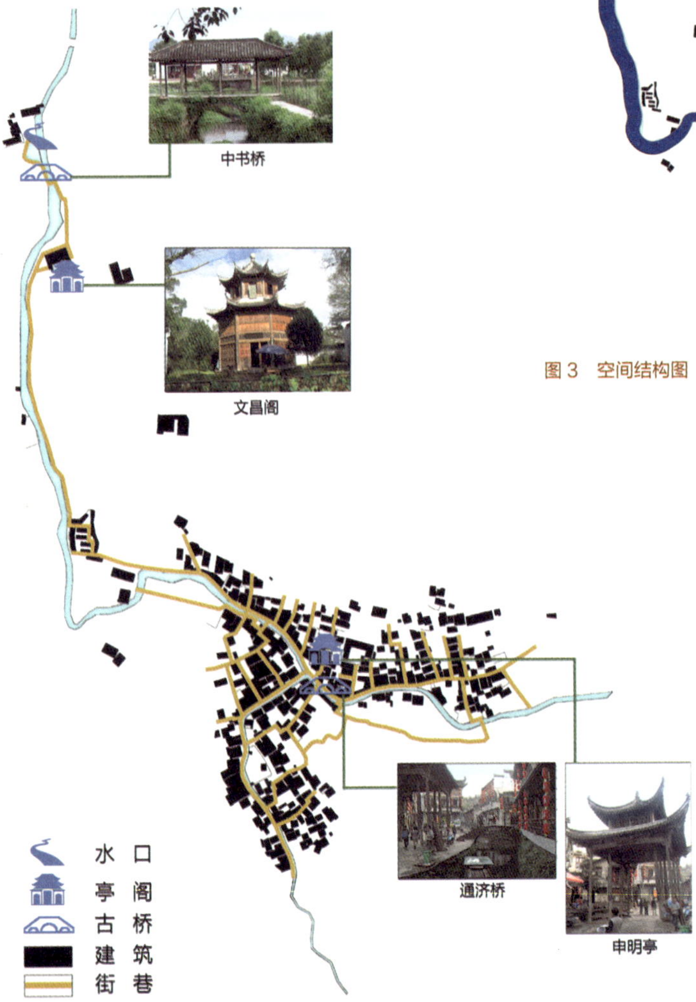

中书桥
文昌阁
通济桥
申明亭
水 口
亭 阁
古 桥
建 筑
街 巷

图 2 整体布局图

文昌阁、狮傩庙三个重要节点，移步异景，曲径通幽，形成了入口空间序列的引导。进入村落主体后，空间豁然开朗。申明亭、通济桥位于溪水汇聚之处，为理水空间的高潮。古戏台位于村落南部。村落主街沿河流布局，巷道垂直于主街向两岸延伸，与外围道路相连，整体呈网格状布局。

空间结构 村落整体呈“三带、三节点”的布局结构（图3）。两涧一溪的“人”字形水系贯穿全村，形成三条滨水空间带。村西北入口建有文昌阁关帝庙等，营造村落的水口节点。两水汇聚之处，建有申明亭和通济桥为村中重要的空间节点。村南的古戏台为开展民俗活动的场所，是全村较有活力的空间节点。

街巷格局 李坑村街巷空间结构明晰，主街沿河而布，巷道垂直于主街向两岸延伸，整体呈不规则式网格状布局。沿河流布局的南北向主街与通济桥－风雨亭巷组成的T形交叉路网是整个村落巷道系统的骨架。由于村落沿河流两岸分布，“小桥流水人家”的格局独具特色。村落巷道总长度约为1194米，宽度1-2米，路面主要由条状青石板铺筑。主要街巷有井巷、自由巷、北角巷、申明亭巷、添灯巷、美人巷、双井巷、井冷巷、德圣巷等。

历史环境要素 村中现存古桥4座，古泉水1处，古亭3处，古树40多棵。

典型建筑

李坑村内尚保留了传统建筑60余幢，各级文物保护单位共11处，重点建筑为铜绿坊、大夫第、李瑞材故居、李银树宅、李得金宅、大夫弟等，另有历史建筑30处。

铜绿坊 该建筑又称裕善堂，位于村南部，建于清代中叶，建造者李聘如因在安徽芜湖经营铜绿生意起家，因此人称他的故居为“铜绿坊”。铜绿坊主体建筑布局为三开间两进式，东侧有陪屋，中轴线上布置门厅、穿堂、正堂，建筑面积约670平方米（图4）。该建筑仿官厅建筑风格，在大门后另外设置了一座仪门，当地称“中堂门”，只有达官贵人光临，才打开中堂门迎接。穿堂为2层，穿斗式木构架，进深5柱，月梁（当地俗称“冬瓜梁”）中部微微起拱，如同一弯新月横卧于上，与瓜柱、雀替等巧妙结合，通体显得异常恢宏壮美。铜绿坊后进三间晒楼的左右两间地板有1m左右高的夹层，作为谷仓，楼板上有活盖，在婺源据说仅此一处。

大夫第 该建筑又称春蔼堂，位于村中部，建于清朝咸丰年间（1851-1861年），为从五品的奉直大夫李文进的官邸。大夫第主体建筑布局为三开间两进式，建筑面积约为603平方米，右侧有一间跨院，当地称作“小姐绣楼”，

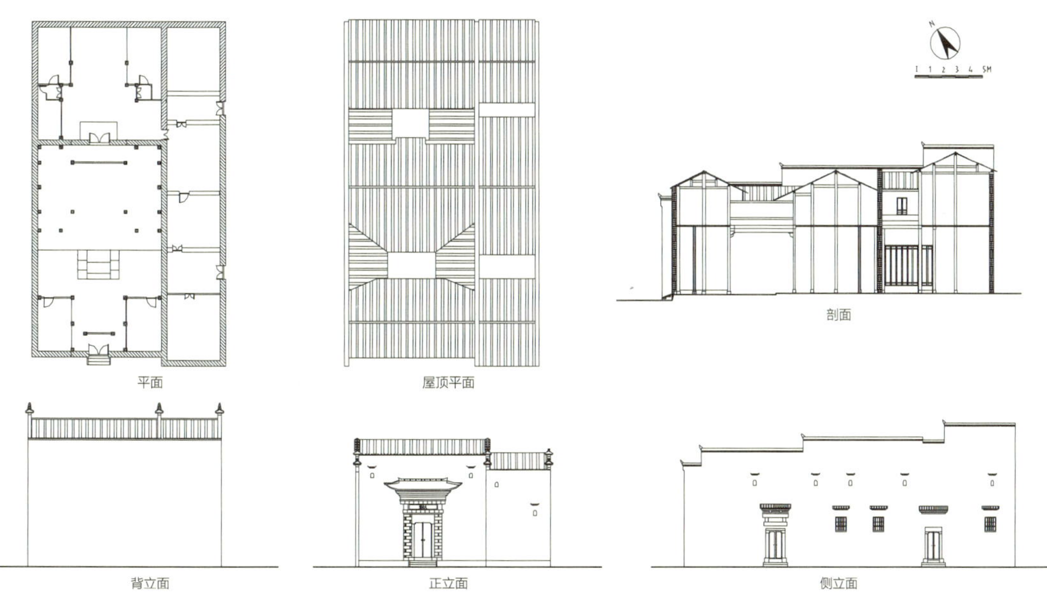

图4 铜绿坊建筑测绘图

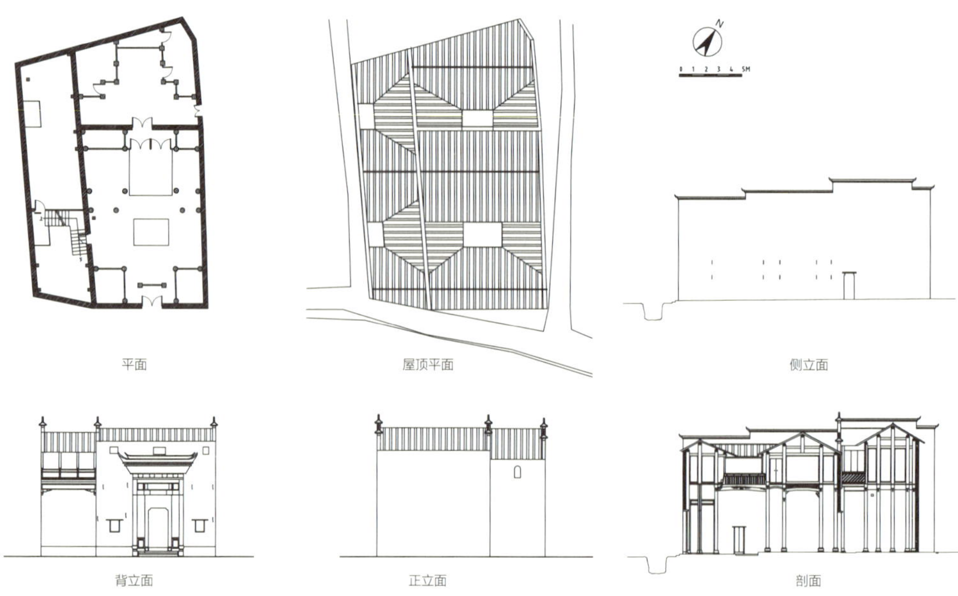

图 5 大夫第建筑测绘图

带两处半天井（图 5）。大夫第进门后依次布置的是门厅、穿堂、正堂。门厅为坡屋顶，入口大门为石库门坊，水磨青砖门面，大门上方砌筑门罩，门罩重瓦铺盖，戗角飞檐，柱础上雕有“狮子滚绣球”图案。穿堂与正堂均为 2 层，穿斗式木构架，保存良好。屋顶采用挂釉的缸瓦，檐口天沟和落水管都用锡皮制。屋内的木构件上雕饰着精美的图案，有文武官员、八仙过海、琴棋书画等内容。大夫第开间宽，面积也比普通住宅大，内部空间更明亮，楼上还设置了“走马楼”。

非物质文化遗产

婺源傩舞 婺源傩舞俗称“鬼舞”或“舞鬼”，历史悠久，节目众多，风格独特，是中国古代汉族舞蹈艺术史研究的“活化石”，深为国内外专家、学者所注目。傩舞是中国古代长江流域流行的一种汉族宗教舞蹈，舞者戴着各种质朴而夸张的面具，带有鲜明的巫术色彩，最早是一种祈福和祷告的仪式，后来逐渐发展成为民间舞蹈。在《论语》《古今事类全书》和《后汉书礼仪志》等书籍中均有记载。傩舞的面具有四五十种，一般为木雕，脸谱生动，忠奸贤愚、喜怒哀乐都是表现的主题。傩舞的传统节目有《开天辟地》《刘海戏金蟾》《双猴捉虱》《后羿射日》《张飞祭枪》《判官醉酒》《猴王降耗子精》等数十个，舞蹈动作粗犷而朴实。李坑村傩舞的表演场地为李坑戏台。

婺源灯彩 灯彩俗称“迎灯”，是婺源民间流行最广的一种传统艺术。婺源方言中，“灯”同“丁”，迎灯有祝愿人丁兴旺和庆贺吉祥之意。逢年过节，从街头到巷尾，李坑处处都锣鼓喧天，鞭炮齐鸣，焰火冲天，神龙窜阵，龙虎斗、鱼跳龙门、狮子滚球，场面非常热闹。灯彩艺术是李坑乡村文化中的一种民间文化盛典。据 1985 年“民舞”普查，婺源县有灯彩 100 余种，主要是观赏性灯彩和表演性灯彩两大类。婺源灯彩，由来已久，世代延续，祖辈相传，其中李坑村的铜锤灯较为出名。

价值特色

李坑村是一座融程朱理学、徽商文化、宗教文化、徽州建筑文化为一体，有着徽文化独特魅力的传统村落。村落空间布局独具特色，肌理明晰，“小桥流水人家”的传统聚落形态保存基本完整。村内文物古迹分布集中，数量众多，建筑顺涧而立，白墙黛瓦，具有典型的徽派建筑风格。李坑村重教兴商，是有着独特魅力的“婺源东门外第一村”，具有较高的历史、科学、艺术价值。

长径村

[上饶市婺源县秋口镇]

村落概况

长径村位于婺源县秋口镇北部，泾河北岸，南邻江西省道 S201、杭瑞高速 G56，距婺源北出入口 20 余公里。截至 2016 年底，长径村有 214 户，常住人口 860 人。长径全村共有水田面积 480 亩，旱地面积 860 亩，林地面积 1800 亩，主要经济作物为水稻和茶叶。长径村是婺源至黄山段古商道的重要节点，有 1100 多年的历史，保存了较为丰富的建筑遗产。该村因完整保留独具婺源特色的“长径傩舞”成为负有盛名的“傩舞村”。2013 年 8 月，长径村被列入第二批中国传统村落名录。

历史文化

长径村始建于南唐时期，开基祖程嗣恭奉祖父程湘命令，在长径选址建村驻守，以守卫婺源。程嗣恭第二十三世孙程宗大在嘉靖年间将穿村而过的河流改道为环绕村庄的护村河，形成背山面水的格局。程嗣恭第二十七世孙程文著为嘉靖四十一年（1562 年）进士，曾任袁州知府，后任陕西苑马少卿，从陕西引进了傩舞，使长径傩舞有了新的发展。

程文著在万历七年（1579 年）建有苑马寺少卿石牌楼，平板枋上有“嘉靖壬戌科进士中宪大夫苑马寺少卿程文著”等字。楼檐下正中有匾，一方上刻“恩荣”二字。程宗大在广东经商时曾经救过一位孕妇，后来孕妇之子罗万化高中文状元，赠建“尚义之门”木牌坊，以旌表其义行。

空间格局

选址 村落选址在两山夹一溪的河谷地带，背靠长弯头山，面临东西蜿蜒的泾河，是典型的背山面水的格局，选址符合我国传统村

图 1 村落选址图

落堪舆理论（图1）。村落四面环山，其南、北两端是肥沃的腹地，东、西为山林景观。村基选址在长弯头山脚下，村落整体呈北高南低。

整体布局 长径村依径河而建，整体形态呈带状（图2）。水口位于村西南方向，由顾本桥、顾本桥亭及其背后的永生林构成。崇本祠堂位于村落西南，是村中的精神文化核心。自水口沿径河的崇本街由西向东串联整个村落的滨水空间，绕过永生林，至崇本街中段的双牌坊遗址与滨水驳岸汇同，是村落的空间高潮，最后以述济桥结束。村落的主要街巷垂直于崇本巷往西北延伸，整体呈不规则网格状。

空间结构 村落沿河而布，整体呈“一核、一轴、一带”的布局结构（图3）。崇本祠堂为村中最重要的公共空间，是村落的精神文化核心。尚义巷东起崇福桥，自东向西沟通程观金

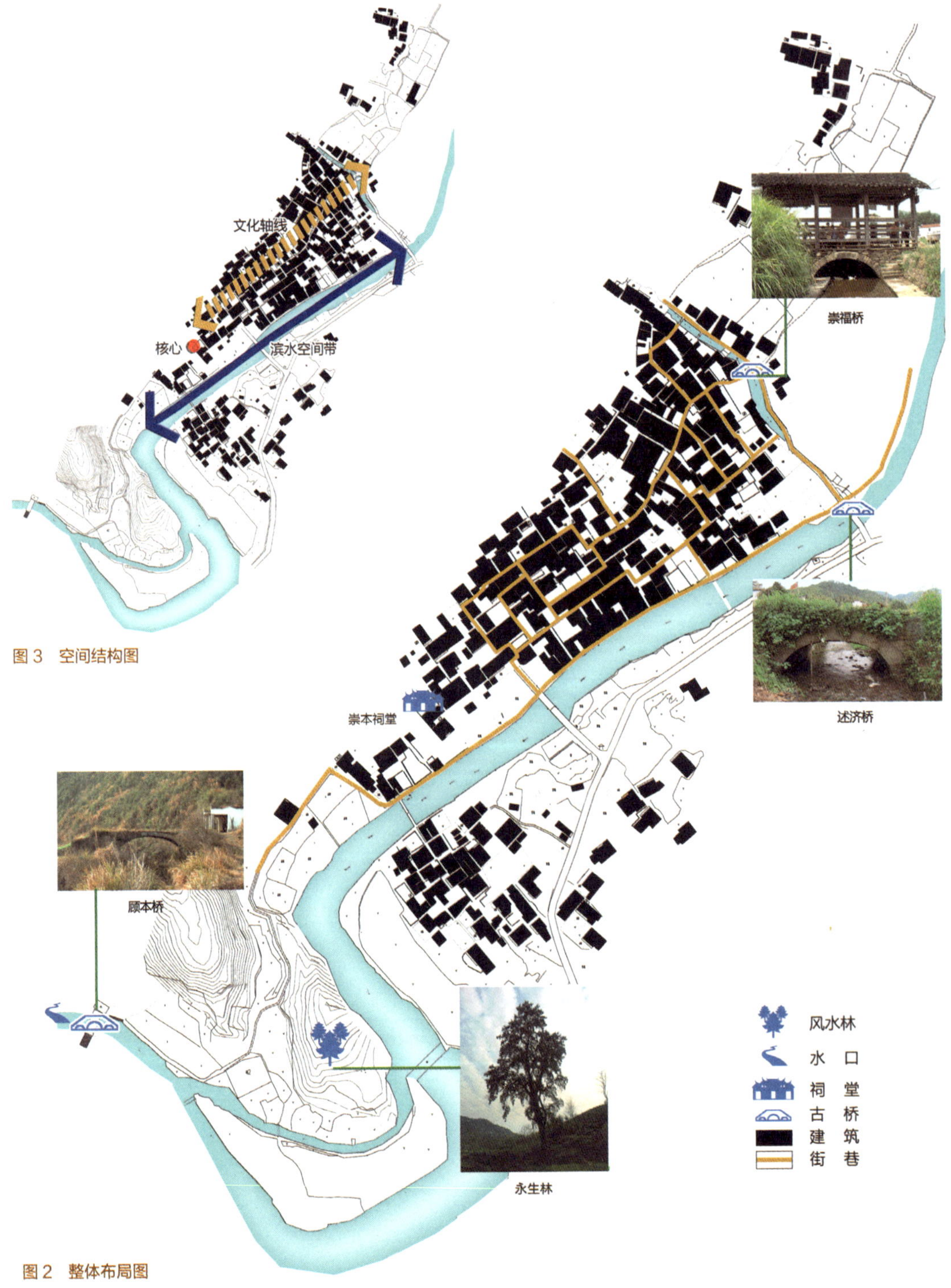

图3 空间结构图

图2 整体布局图

图 4　传统村落风貌

宅、程学端宅和程罗成宅 3 处县级文物保护单位，串联 12 处文物古迹，形成村落的文化轴线。径河同北侧的崇本巷组成了村落的滨水空间带。文化轴线与滨水空间带平行发展，并由垂直街巷互为联系，共同组成村落布局结构。

街巷格局　长径村主街为崇本街和尚义巷，次要巷道垂直崇本巷和尚义巷延伸分布，呈不规则网络状自由式布局。崇本巷、青龙巷和尚义巷组成的工字形交叉路网是整个村落巷道系统的骨架。崇本街串联程文著老宅、双牌坊遗址、述济桥等节点同径河相平行呼应。尚义巷东起崇福桥，途经程学良宅，与大夫巷相接。青龙巷沟通崇本巷和尚义巷。村落巷道总长度约为 1300 米，宽度 1.5-2.2 米，路面主要由条状青石板或卵石铺筑。主要街巷有崇本巷、尚义巷、青龙巷、述义巷、五桂巷、大夫巷等（图 4）。

历史环境要素　长径村的历史环境要素有古桥 3 座，古亭 3 座，古碑 1 处，古树红豆杉 1 棵，驳岸 7 处，古井 4 口，古驿道 1 条。

典型建筑

村内现存的文物古迹有县级文保单位 5 处，分别为程观金宅、程学端宅、程罗成宅、顾本桥、崇福桥；已登记尚未核定公布为文保单位的不可移动文物 2 处，为程开禄宅、程前进宅；此外尚有 26 处历史建筑。

程观金宅　该建筑位于村北部，始建于清代。建筑大体坐南朝北，总占地面积 214 平方米，总建筑面积 347 平方米。主体建筑 2 层，砖木结构（图 5）。门楣上有精美的砖雕，部分被损坏。两侧有厢房，一侧厢房有人居住，前院檐口有木雕装饰，门窗隔扇雕饰精美。2014 年，程观金

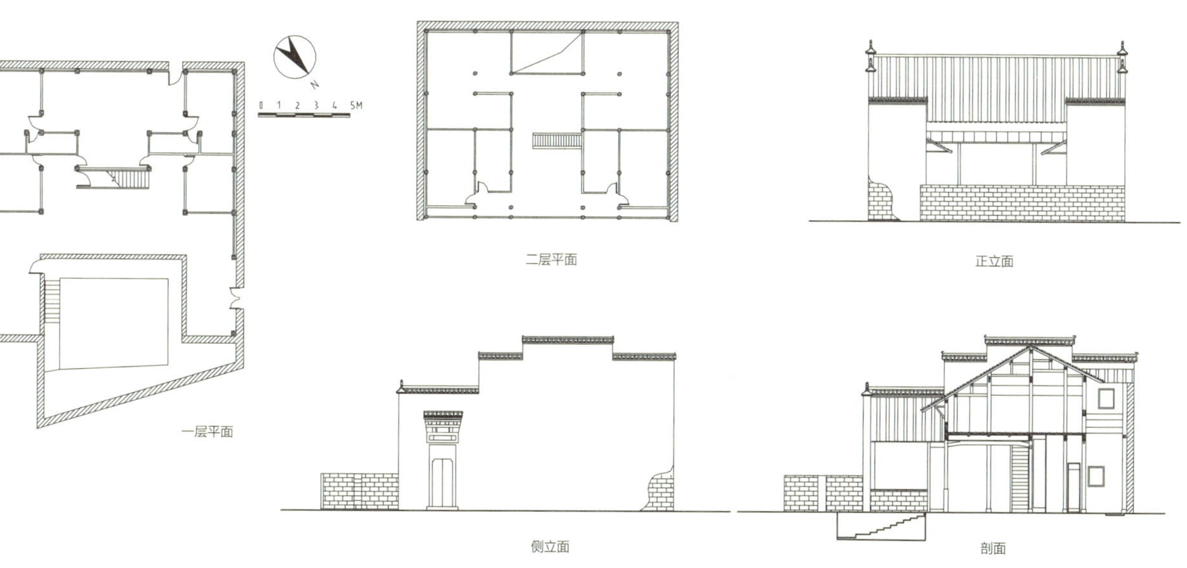

图 5　程观金宅建筑测绘图

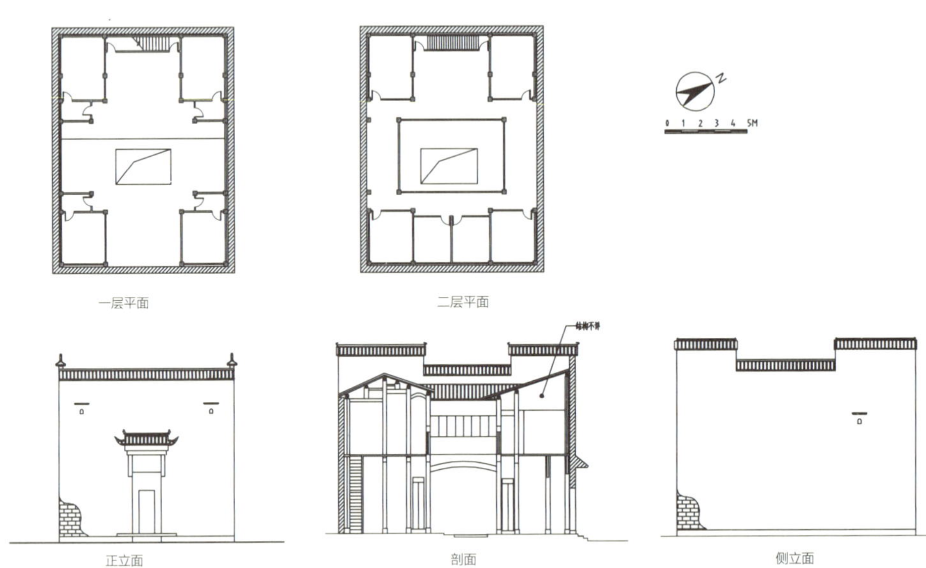

图 6 程学端宅建筑测绘图

宅被列为县级文物保护单位。

程学端宅 该建筑位于村西北，始建于清代，为 2 层的砖木结构住宅。建筑大体坐北朝南，整体布局为三开间一进式，总占地面积 156 平方米，总建筑面积 307 平方米（图 6）。建筑风貌保存较好，穿斗式木构架。进入建筑有两道门，分别为大门和中堂门，只有达官贵人才能从中堂门进入，其他人则从两侧边门入。大门门楣上有砖雕，内部门窗皆有精美的木雕装饰。2014 年，程学端宅被列为县级文物保护单位。

非物质文化遗产

婺源长径傩舞 傩舞俗称“鬼舞”或“舞鬼”，是中国古代汉族地区流行的一种汉族宗教舞蹈，舞者戴着各种质朴而夸张的面具，带有鲜明的巫卜色彩，最早是一种祈福和祷告的仪式，后来逐渐发展成为民间舞蹈。长径傩舞历史悠久，节目众多，风格独特，是中国古代文化综合性表演艺术的典型代表，素有“活化石”之称（图 7）。长径村现存“驱傩神班”有演员 19 人，面具 30 余个，其中有 4 个原始木雕面具，可演节目 24 个，是婺源傩舞的典型代表。2005 年 6 月长径傩舞班参加“中国江西国际傩文化艺术周中外傩艺术展演”，荣获金奖和优秀表演奖。2006 年 5 月，婺源傩舞经国务院批准列入第一批国家级非物质文化遗产名录。

图 7 长径傩舞——开天辟地

价值特色

长径村生态优美、人文厚重，以其独特的傩文化远近闻名，是徽饶古道上的一颗明珠，也是赣东北傩舞文化活态传承最为完好的传统村落。村落文物古迹保存完好，建筑风格突出地域性，非物质文化遗产独具特色，是研究傩舞历史和表现形式的活化石，具有较高的历史文化价值和科学艺术价值。

晓起村

［上饶市婺源县江湾镇］

村落概况

晓起村位于婺源县江湾镇西北部，距婺源县城紫阳镇 21 公里，距江湾镇 8.5 公里，是晓起行政村的中心村。晓起村分为上晓起和下晓起，至 2015 年末，共有 330 户，1214 人，耕地 240 亩。村内有明清民居、商铺、祠堂、书院等古建筑数量众多，风貌古朴。该村 2003 年 7 月被评为江西省首批省级历史文化名村，2013 年 8 月被列入第二批中国传统村落名录，同时享有“中国茶文化第一村”和“国家级生态示范村”的美誉。

历史文化

据《汪氏宗谱》载：唐乾符年间（877-879 年）歙县篁墩汪万武逃乱，至此天刚破晓，只见青山环绕，绿水潺潺，地沃草肥，花香四野，便搭草棚、起炊烟，而将此取名“晓起”，亦称晓川。后来洪姓在小溪上游 1 公里处建村，也称晓起，自此形成上晓起、下晓起。晓起人在这里繁衍生息，耕读并举，儒商结合。下晓起以汪姓为主，约占总人口的 50%，其余还有江、余、俞等姓。上晓起为官致仕的人居多，文化气氛较为浓厚，下晓起经商者居多，经济实力雄厚。

晓起村是徽饶古道上的“驿道名村”，商贾如云，经商成功的人士携资归故里买田置房、建祠堂书院，先贤们亦商亦儒、亦儒亦官。历史上重要的鸿儒巨贾众多，其中较为突出的人物有江人镜、汪晋和等。江人镜 1861 年授封“金紫光禄大夫”，仕山西巡抚、布政使，同治九年（1870 年），授一品花翎顶戴，1891 年任两淮盐运使。汪晋和创立“林茂昌”茶号，所制精茶先后获南洋展览会一等奖章和巴拿马万国博览会二等奖章。时任民国总统黎元洪赐银质奖章，文曰“孝思锡类”。

图 1　族谱上的村形图

图 2 村落选址图

空间格局

选址 上晓起和下晓起所处地理环境相似，选址遵循“背山、环水、面屏”的风水原理，首先考虑的是背后有可依的龙脉，面前有环抱的水流，而朝向次之（图 1 、图 2）。上晓起北靠旗形山，南向笔架峰，东依象山，西傍狮山；下晓起处在后龙山与案山之间，四周高，中间低。宏溪南北向 S 形经下晓起蜿蜒而过，养生河由西向东穿上晓起而过，经下晓起，汇入宏溪。上下晓起村前是碧水环抱，背后秀峰拱卫，其村落格局特征可概括为“山环水绕”。

整体布局 晓起村背山面水而建，上晓起位于西北，下晓起位于东南，由养生河连接，整体形态呈组团状（图 3）。位于下晓起南面的嵩年桥结合风水林组成了整个村落的水口。下晓起，四周地形较高，形成聚宝盆形。以礼耕堂、继序堂、振德堂、日新堂、百忍堂形成的核心古建筑群与晓起神樟、睦顺堂（女祠）共同组成了下晓起组团。布局形成“一河两岸”的形态，养生河北部有江家老屋、大夫第、荣禄第、进士第等，养生河南面有儒林第、张文华宅等。

空间结构 晓起村的山、水、市、居为平行的带状结构，村落整体呈“一轴、一廊、两组团”的空间布局（图 4）。其中“一轴”为东西向古驿道，贯穿整个村落，是连接上晓起、下晓起两个组团的主要交通轴线。“一廊”为

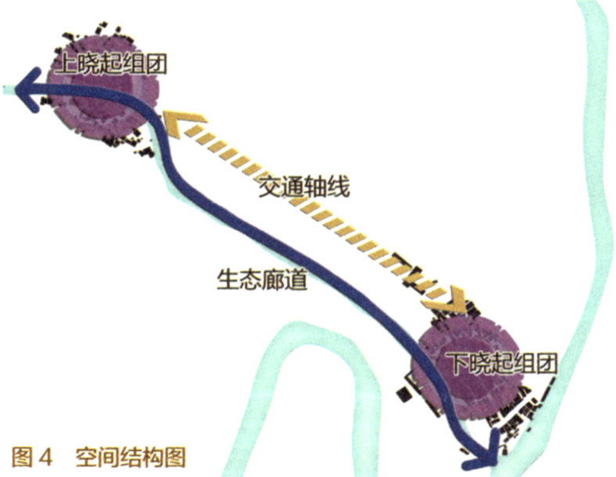

图 4 空间结构图

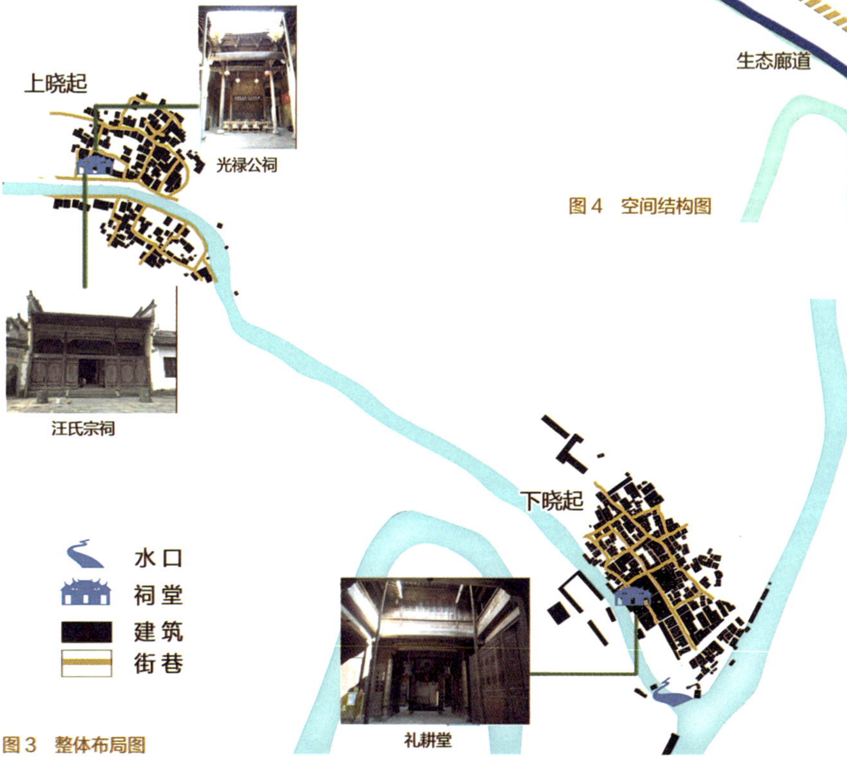

图 3 整体布局图

图 5 传统街巷风貌

由养生河及其沿岸滨水绿化空间构成的东西向生态廊道。交通轴线与生态廊道共同串联起上、下晓起两个村落组团。

街巷格局 上晓起主街为沿河北巷，其他主要巷道垂直于主街向养生河两岸成不规则网格状自由布局。由东西向的沿河北巷、外围环巷与南北向的老屋巷组成的环形路网是上晓起巷道系统的骨架。沿河北巷是晓起村的对外道路，也是连接上晓起与下晓起的主要交通线。上晓起巷道总长度约为 1268 米，宽度 1.6-2.6 米，路面主要由条状青石板铺筑（图 5）。主要街巷有沿河北巷、沿河南巷、外围环巷、大夫巷、老屋巷、祠堂后巷、西边巷、叶家巷、南边巷等。

下晓起以外边大屋巷与里边大屋巷为“两纵”，村中最古老的巷道——江家井巷、孙家巷、露娥巷为“三横”构成规则的方格网式街巷布局。里边大屋巷与露娥巷组成的十字形交叉路网是下晓起巷道系统的骨架。交叉口处集中了礼耕堂、继序堂、振德堂、日新堂、百忍堂等文物保护单位，是下晓起的核心所在。下晓起巷道总长度约为 848 米，宽度 1.1-3.2 米，路面主要由条状青石板铺筑。主要街巷有外边大屋巷、里边大屋巷、江家井巷、孙家巷、露娥巷。

历史环境要素 晓起村有古桥 1 座，古驳岸10处，古井10口，古石塌3座，水口园林2处，后龙山园林 1 处，古树 600 多棵。

典型建筑

晓起村保留了各级文物保护单位共 13 处，为大夫第、荣禄第、进士第、儒林第、光禄公祠、江氏宗祠、江家老屋、礼耕堂、继序堂、振德堂、日新堂、百忍堂、睦顺堂（女祠）。另有历史建筑 17 处，传统风貌建筑 4 处。

江氏宗祠 该建筑又称敦贵公祠，位于上晓起西部，在光绪年间由江人镜出资重建，同时在其不远处又兴建了家祠。祠堂大体坐北朝南，整体布局为三开间两进式，总占地面积为 304 平方米（图 6）。祠堂主体建筑有享堂和寝殿两进，匾额原是清代名臣林则徐题写。祠堂两侧有八字照墙，东侧原还有族内接待来客的敬业斋。祠前临河有一片空旷的广场，主要是作庆典活动时用。

大夫第 该建筑又名“宝辉堂”，位于上晓起中部，乃清末光禄大夫江人铎的府第，建于清咸丰年间，砖木结构。大夫第主体建筑布局为三开间三进式，占地约为290平方米(图7)。各院落入口都有砖雕门头，其中数客厅前的门头最为精致，第一进院落是一座 2 层的倒座建

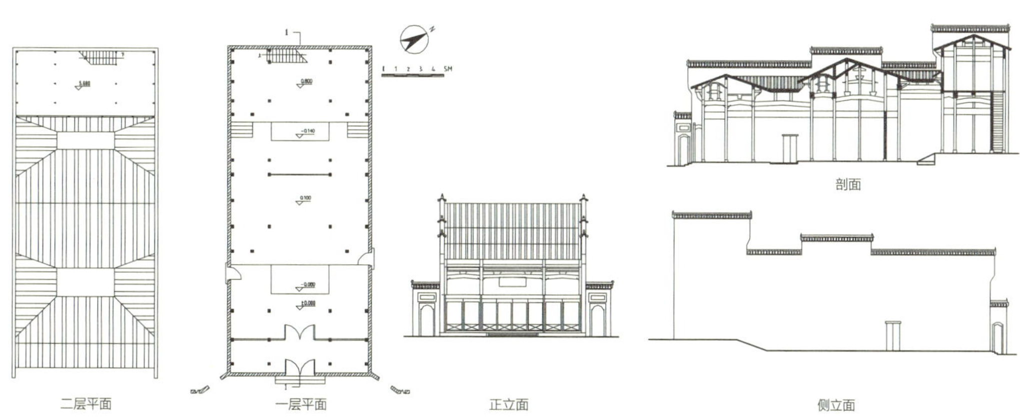

图 6 江氏宗祠建筑测绘图

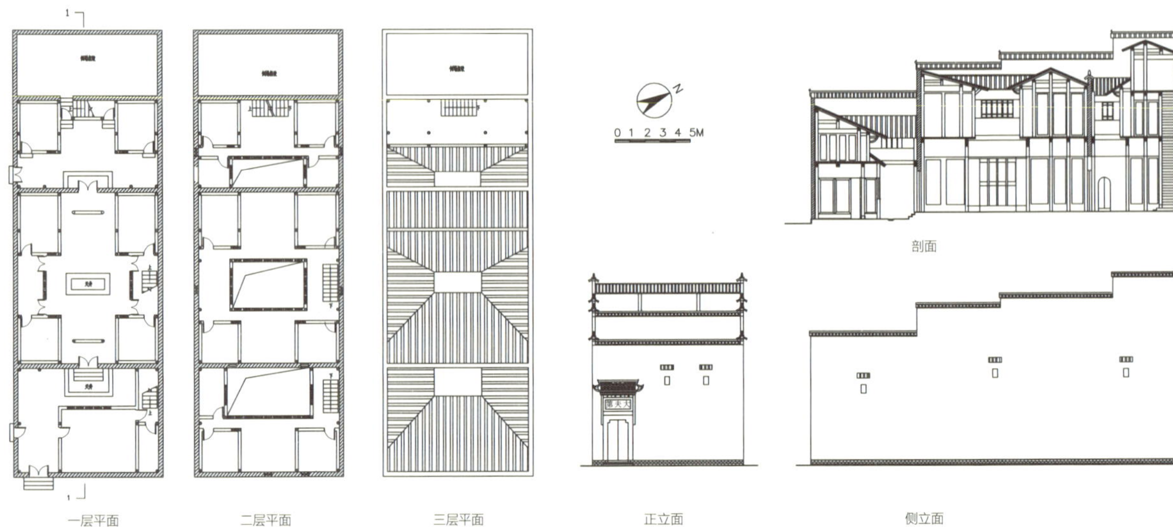

图 7 大夫第建筑测绘图

筑，穿斗式木构架，雕饰精美。第二进建筑 2 层，穿斗式木构架，面积最大。第三进建筑 3 层，这也是晓起大型民宅的特色，穿斗式木构架，整幢建筑呈台阶状层层高起。大门口雕有“雀（爵）鹿（禄）蜂（封）猴（侯）”的两块石雕体现出官家建筑特有的风貌，而大门前所建的客馆与门口庭院中砖石铺就的“龙舌”，又体现了古代“风水”学说的妙理。

非物质文化遗产

婺源“三雕”艺术 婺源三雕是指婺源县境内明清古建筑中的砖雕、石雕和木雕，它属于徽式建筑艺术的支系，制品多用作民居、官宅、宗祠、庙宇、廊桥和牌坊等建筑上的装饰部件。晓起村古建筑群大部分为砖木结构，精致典雅又气势非凡，是徽式建筑的组成部分，其建筑内部的砖、石、木“三雕”十分精美（图 8）。

传统水力机械制茶工艺 古代在皖南山区形成了一套以水为动力的传统制茶工艺。1952 年前后，婺源县农业行政部门结合现代机械原理加以改进，并在有水利资源的山村茶区推广。目前，我国只剩一套水力机械制茶设备还能正常运转，这套设备现存于晓起村东水坝南岸“上晓起传统生态茶作坊”中，该传统工艺已被列入江西省省级非物质文化遗产。

图 8 “三雕”艺术

价值特色

晓起村是徽饶古道上的“驿道名村”，曾官宦辈出，商贾如云，深受徽州文化的浸润，在文化理念、村庄布局、宗族特征、传统习俗等方面均集中体现了徽文化特征。传统建筑保留着浓厚的徽派建筑风格，建筑构件具有特色，其“三雕”艺术堪称一绝。该村种茶、制茶、经营茶叶的历史源远流长，“中国古代制茶工具活化石”的九转连磨水力捻茶机至今还能运作，具有较高的历史研究价值。

西冲村

［上饶市婺源县思口镇］

村落概况

西冲村坐落于上饶市婺源县中部思口镇，距婺源县城紫阳镇约 22 公里，北靠董家坞，西连桃源村，南接樟村，东邻思溪村。村域面积 2.8 平方公里，有农田 764 亩、茶园 227 亩、山林 3689 亩。西冲村环境优美，生态良好，历史文化底蕴深厚，传承千年，人才辈出。村内风貌古朴，古建筑类型多样，2007 年被江西省人民政府审定为第二批江西省历史文化名村，2013 年 8 月被列入第二批中国传统村落名录。

历史文化

据《西冲俞氏宗谱》记载：唐元和九年（814 年），俞沅为躲避战乱，从宣城迁歙县篁墩，其孙俞昌又南移至婺源长田。俞昌之后文字辈分居婺源各地，形成著名的婺源俞氏十八派，西冲俞氏即属文远一脉，原居婺源城南，称县市派。南宋景定五年甲子（1264 年），俞氏十六世祖俞世崇，因"独爱西谷有山水之乐，无车马之喧；有田野之饶，无嚣尘之扰，遂于斯家焉"。因处在六水朝西的山谷平地上，故取名"西谷"。后因族人开辟了一条经龙山乡通往景德镇的山路，西谷扼守隘口，故改名为"西冲"。

明清时期，西冲外出经商者众，80% 以上都外出到南京、上海等地经商。民国版《星源西冲俞氏宗谱》卷十四《传文》记载，第三十三世子弟，可以确认为木商身份的人竟达 20 人之多，还涌现茶商俞培基和俞服周、布商俞仰高父子等。俞氏先贤经商致富之后回报乡梓，大力献田办学、捐建桥路、赈饥救灾、乐施公益。西冲村历史上还出了不少官宦文人，如俞纵、俞沅、俞俊礼、俞友仁、俞恩广、俞俊裕、俞恩锡、俞肇基、俞锽等。

空间格局

选址　西冲村建在"六水朝西"的东西向山谷平地之中，北靠来龙山，南对面前山（案山），依山谷东西走向而建（图 1）。小吾庐溪、新屋溪沿面前山脚缓缓流淌，村落沿溪流北侧

图 1　村落选址图

分布，建筑与自然环境高度融合，其选址充分体现出“山取其罗围，水取其回曲，基取其磅礴，址取其荡平”的特征。

整体布局 西冲村沿山谷而建，新亭、水井头、庄前三个组团呈品字形分布，整体形态呈组团式布局（图2）。西冲村北侧边界为来龙山，南侧边界为面前山，东、西两侧边界为人工营造保护的水口林，村落边界空间整体清晰。俞氏宗祠位于村落入口处，与村落主体有一段距离。沿着俞氏宗祠前的古道走进村内，先看到的是靠近村口的相公庙，旁立古树。关帝庙位于村内，新亭建筑组团内。村落内部街巷呈网状自由式布置。

空间结构 西冲村整体呈“一心、一轴、三组团”的空间布局结构（图3）。俞氏宗祠位于村落东北部，是整个村落结构的精神中心。耕心堂、关帝庙、古香斋等重要村落空间节点沿南北向道路两侧分布，组成村落文化轴线。新亭、水井头、庄前三个组团，构建形成品字形的村落格局。

街巷格局 西冲村地处交通要塞，自唐宋以来便是“徽饶古道”的重要支路，是思口一

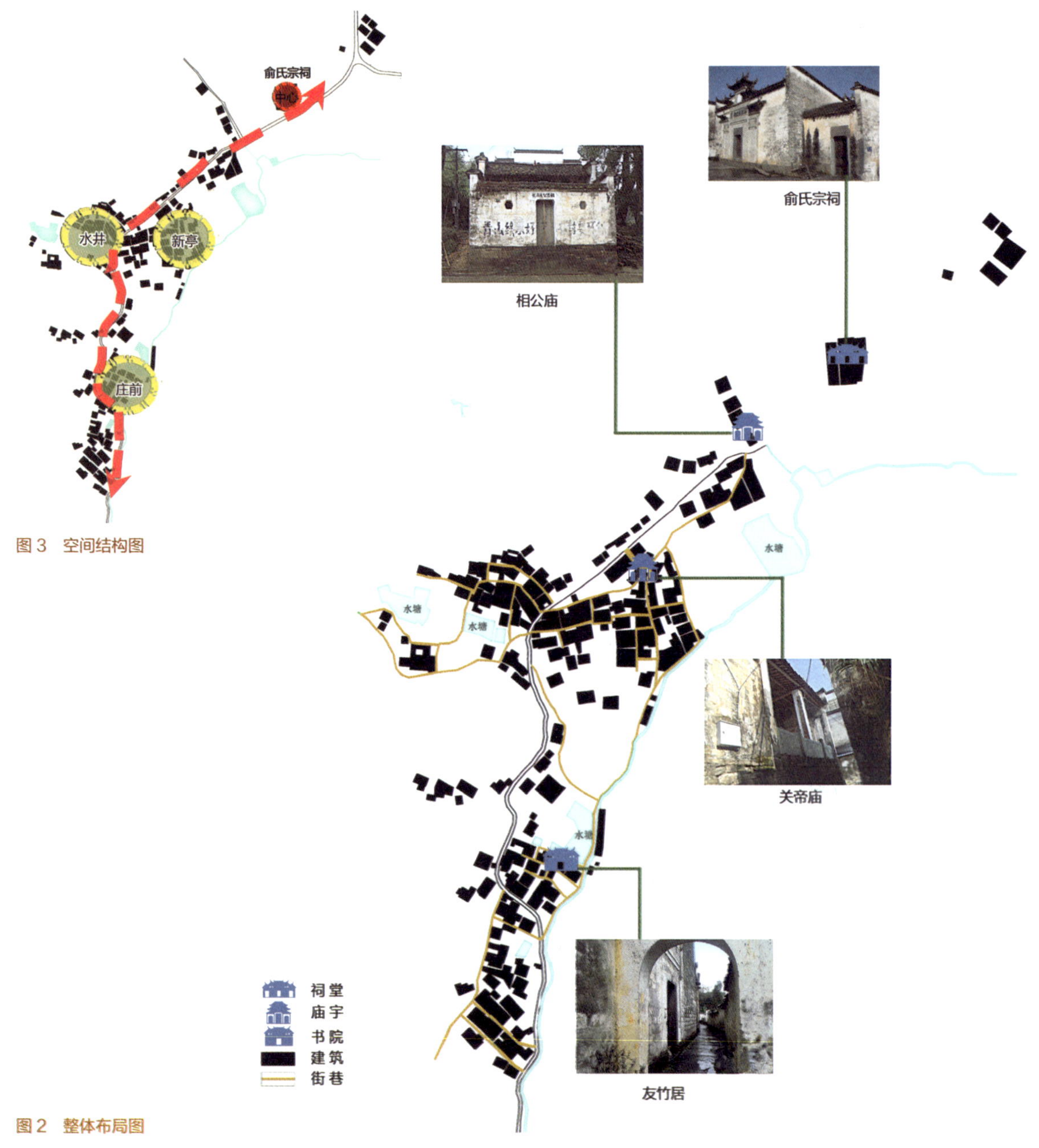

图3 空间结构图

图2 整体布局图

带通往景德镇的必经之路。街巷依地形而建，呈狭长的网状布局，自由连通各家各户，主要以青石板铺就，宽度在 1.0-3.0 米之间。村落内保存 13 条传统巷道，分别为水井头巷、亭背巷、三房巷、新亭巷、树下巷等。

历史环境要素 西冲村保存有耕心堂井、三房井、吴王井、有孚井、石壁井、染屋背井、六角井、长生泉等 8 口古井，水埠 11 座，古排水沟 7 条，石堨 2 座，水圳 5 条，水口亭遗址 1 处、旗杆石数对、红色标语（“农业学大寨”等毛主席语录多处），古树名木 11 棵。

图 5 俞氏宗祠外观

典型建筑

西冲村有传统建筑约 90 栋，其中清代建筑 40 余栋，包括民居、祠堂、书院、客栈、商铺、庙宇等，建筑总面积 18497 平方米，完好程度为 80% 以上。保存较好的 50 余栋建筑中，全国重点文物保护单位 1 栋——俞氏宗祠（敦伦堂），为第六批全国重点文物保护单位；县级文物保护单位 1 栋——乙照斋（俞开祥宅）；已登记尚未核定公布为文物保护单位不可移动文物 17 栋，历史建筑 33 栋。

俞氏宗祠 祠堂位于村落北部，始建于清代道光七年（1827 年），坐北朝南，占地约 2100 平方米。主体建筑为五开间两进式，东侧带附属建筑（图 4）。主体建筑中轴线上依次分布门厅、享堂和寝堂，前天井尺度开阔，后天井尺度较小，四周设石栏杆。门厅为四柱三门五楼式的牌坊门（图 5），天井内侧为五凤门楼。附属建筑中带水牢（水牢是古代惩罚族人的一种设施），较为罕见。偏堂台基下设有涵洞，为水牢的入口，涵洞高 1 米多，人在洞内无法直立，只能半弯腰站立，长约几十米，

平面

立面

剖面

图 4 俞氏宗祠建筑测绘图

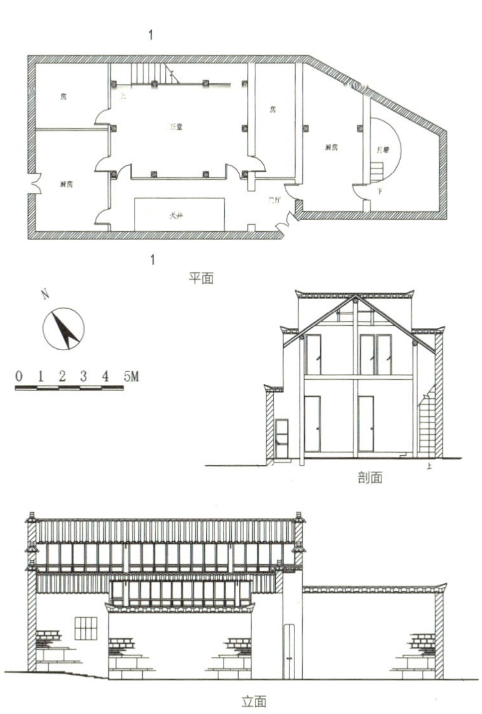

图 6 乙照斋建筑测绘图

直接通往墙外山脚。宗祠为砖木结构，梁架采用插梁式与穿斗式，梁枋构件雕刻精美，建筑规模之大，气势恢宏，是祠堂建筑中的精品。

乙照斋 该建筑是村内现存最古老的书院建筑，建于明代，占地约240平方米，代表西冲人崇学尚教的文化内涵。整体格局保存完整，为2层砖木结构（图6），屋内装饰古朴，最大特色是屋侧有一口半月形的小水塘，又称“泮池”，是古代官学的标志。

非物质文化遗产

婺源绿茶制作技艺 婺源制茶历史悠久，素有“唐载茶经，宋称绝品，明清入贡，中外驰名”之美誉。唐代茶圣陆羽所著《茶经》即有“歙州茶生于婺源山谷”的记载。《宋史·食货》中，婺源茶被列为全国六种绝品名茶之一。明清时期，婺源茶受到朝廷赞赏，一直被列为贡品。至清乾隆间，婺源茶叶被列为中国外贸出口的主要物资之一。婺源茶树大多生于高山深谷，饱受雾露的滋润，萌发的芽叶厚嫩柔软，含有丰富的维生素、氨基酸等营养成分。婺源绿茶采用了独特的手工制作技艺，使制成的绿茶外形紧细圆直，香气馥郁，滋味醇厚，具有“叶绿、汤清、香浓、味醇”等优点。每年在春分前后开园。采摘时，按一芽一叶标准；清明后，按一芽二叶标准，坚持分期分批采，先发先采，后发后采，采下鲜叶不过夜等原则（图7）。

图7 西冲绿茶

图8 西冲花灯

在西冲村，家家种茶，人人饮茶。不仅上山伐木，下田耕作要带上茶筒，而且村间道路还设有茶亭。家里待客，常用壶泡茶分饮。茶重内质，情贵真诚，乡土气息，纯朴亲切。

西冲花灯（婺源灯彩） 西冲花灯属于游艺与杂技类活动，传承于明代（图8），西冲每年举行4次灯会，正月十三起灯日为“赏春灯会”，正月十五元宵节为“上元灯会”，正月十八满灯日为“和牛灯会”，正月十九日为“新添灯会”。灯节出灯要数元宵节“上元灯会”的规模大且最隆重。

迎灯初夜叫起灯，到了黄昏有人绕村子敲锣打鼓一圈，叫作“催灯”。各家各户将点上蜡烛的灯先迎到村口祠堂里集中，到齐后再一盏一盏地排列迎出祠堂，顺着路线绕全村迎一圈。前面有两个灯牌引路，上写什么灯会或“风调雨顺”“国泰民安”“银花齐放”“爆竹并鸣”等吉祥语，接着是两支唢呐和一副大锣大钹，一个人专放鞭炮，中间是打“十番锣鼓”的乐队，后面即是一盏盏造型各异、烛光明亮、多姿多彩的花灯。阵容庞大，情景壮观，声势非凡，十分热闹。迎灯结束，将灯提回家后要挂在堂前中间，到时要将没有点完的蜡烛吹灭，并且要讲“发”了，不能说熄灯。

价值特色

西冲村生态环境优美，文化底蕴深厚，商贾仕宦辈出，世系传承有序，古建精巧绝妙，民俗文化丰富。该村在聚落构成、建筑形制、历史文化上都集中体现了地域特性，展现了鲜明的地方风格，具有较高的历史文化价值，是研究赣东北传统村落和饶徽古代贸易的珍贵案例。

游山村

［上饶市婺源县镇头镇］

村落概况

游山村地处徽饶交界处，位于上饶市婺源县镇头镇西偏南8公里处，村落南、西、北都毗邻景德镇市。游山村委会现有村民920户、约4000人，辖游山、对冲、南坑、铁爪坞、月光林五个自然村。村域面积26.8平方公里，有农田约3500亩，茶地约200亩，山林约4.6万亩，主要以水稻种植业为主。游山村四面环山，峰峦叠嶂，溪流环绕，是一方山水佳地。游山村2007年被公布为江西省历史文化名村，2013年8月被列入中国传统村落名录。

历史文化

游山村原名濬源村，相传唐天宝年间，有彩凤东游此地，由此得名凤游村，后演变为游山村。该村始建于北宋时期，据光绪《游山董氏宗谱》记载，公元1034年时任荆南节度判官的董知仁路经此地，观此地山水地势独特，远观有狮象把门，是一处祥瑞之地，故在此定居。董氏后裔在此繁衍生息，绵延千年，为村中的主姓，占95%以上。游山村董氏后分为三派，儒林派（世居东村）、竹林派（世居南村）、溪北派（世居北村）。

该村历史上人才辈出，人文鼎盛，有北宋进士董安、南宋进士董节等文人及曾任荆南节度判官董知行、历任皇议郎的董贵臣、任高安知县的董骞等官宦，也有董宏美、董寅亮等富商大贾和董氏节妇烈女。历史上游山村以经商开茶行而著名，鼎盛时期有12家茶号。

空间格局

选址　游山村地处丘陵低山区中的河谷盆地，群山环抱，东有文笔山，龙盘虎踞；西有天马、狮形诸山，群峰崇峙；西有凤游山，高插云端；北有大尖、旗形群山，蜿蜒起伏。浚源河穿村而过，呈现出典型的“以山为靠，依水而居”的选址特征（图1）。

整体布局　游山村分布在浚源河两岸，形成组团式布局（图2）。整个村落的轮廓形状

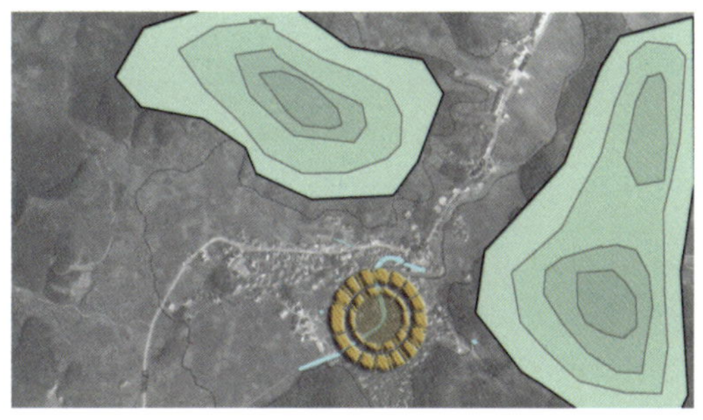

图1　村落选址图

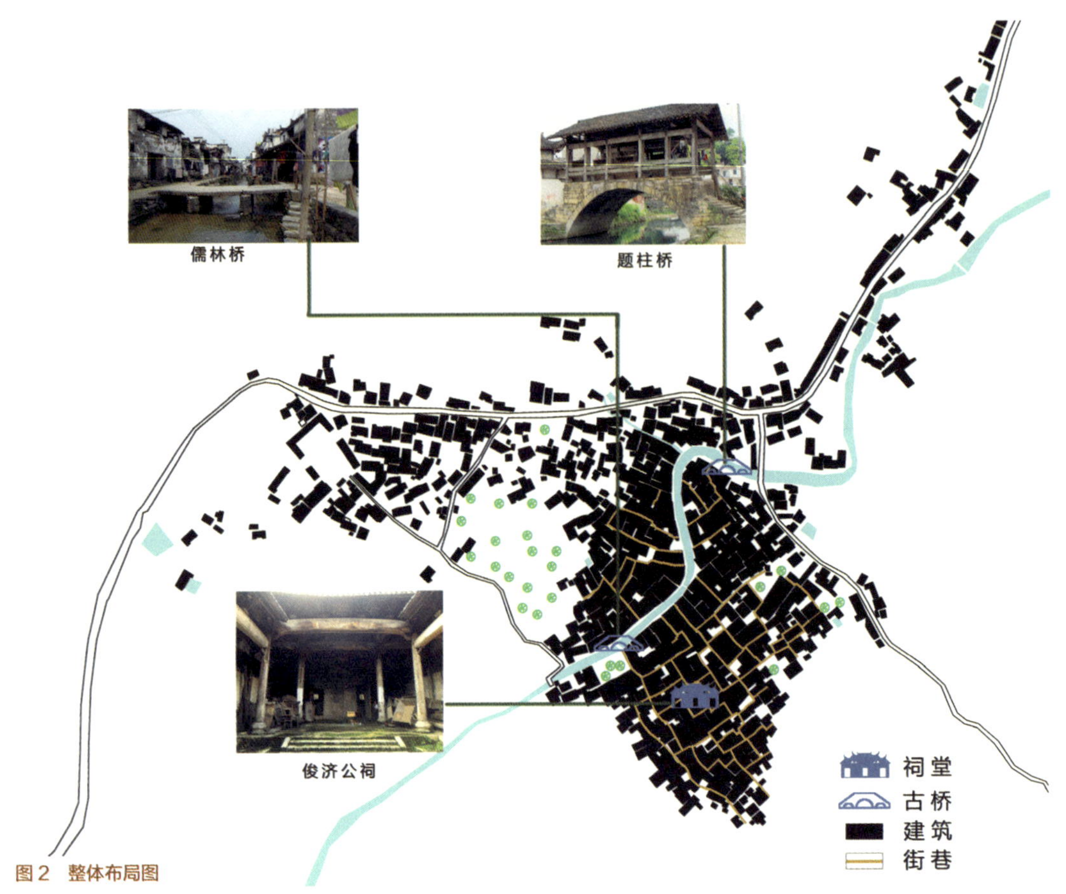

图 2　整体布局图

图 3　空间结构图

为展翅“凤鸟”形。俊济公祠位于村落中部，溪水穿村而过，民宅沿溪而建。河街东起题柱桥，西至儒林桥，两侧店铺林立，见证了昔日的繁华。巷道纵横交错，形成不规则网格状。

空间结构　村落规模较大，整体呈现“一心、一带、三组团”的空间布局结构（图 3）。游山村历史上祠堂数量众多，曾建有 23 座，一般位于村中或村头的重要位置。俊济公祠位于村中部。浚源河从村中穿过，岸边商铺林立，座座廊桥横跨溪上，形成丰富的滨水空间，沿河形成滨水空间带。董氏三派分别聚居于南村、北村、东村，形成三大组团，聚落空间和谐有序。

街巷格局　游山村街巷星罗棋布，纵横交错，浚源河两岸的河街为主街。支巷道垂直于主街，呈网格状分布。传统街巷大多以青石板路面为主，宽度在 0.5-2 米，总长 2000 余米，主要历史街巷有八甲巷、保和巷、节妇巷、嘉会巷等。

历史环境要素　游山村古树名木有 146 棵、古巷 48 条、河道 1 条，古井 3 口，古桥 4 座、溪埠 8 处、庙宇 1 座、风雨廊 6 座，另有游山会场及节妇牌坊等。

典型建筑

游山村现存的传统建筑涵盖明代、清代、民国等历史时期，时间跨度较大，文物古迹数量众多，有市级文保单位 3 处，县级文保单位 10 处，县级政府认定的历史建筑共有 191 处。传统建筑不仅数量多，而且类型丰富，有民居、

图 4 嘉会堂建筑测绘图

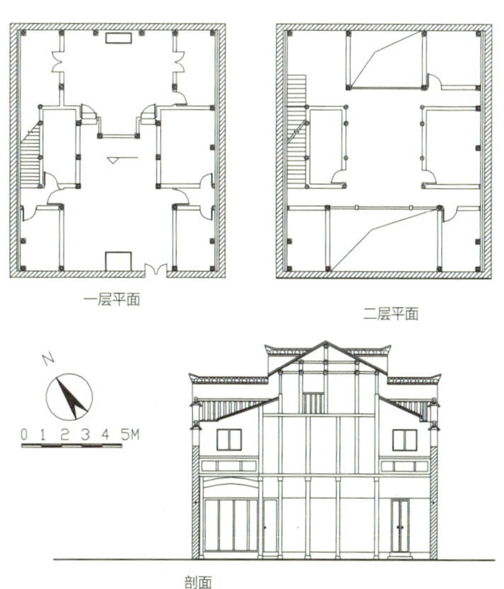

图 5 董茂元宅建筑测绘图

祠堂、官厅、庙宇等。其中具有代表性的建筑有嘉会堂、董盛光宅、嘉会堂、贞训堂等。

嘉会堂 该祠堂又称“俊济公祠”，坐落于村中心，坐南朝北，总体布局为三开间一进式，建筑面阔 12.9 米，进深 24.6 米，占地面积 319 平方米（图 4）。砖木结构，享堂正贴梁架为插梁式，入口门厅为门罩式，门额上镌刻“俊济公祠”四个字。嘉会堂寝室供奉的神主，依中国家庙左昭右穆传统礼法排列。始祖董万洪的神主供奉于中龛正中；二世祖、四世祖为昭，其神主供奉于中龛左边；三世祖、五世祖为穆，其神主供奉于中龛右边。按徽州宗族左功右德的习俗，取得一定功名和对宗族有重要贡献的祖先之神主，列中龛左右配享。中龛中神主“永世不迁”。嘉会堂门厅墙壁上嵌有《义田记》碑刻一方，引人注目。

董茂元宅 该建筑为典型的徽派民居，建于清代，坐东朝西，大门朝北，占地约 293 平方米。平面布局为三开间，主体建筑为正厅，其前后设两个天井（图 5）。进大门首先经过天井，天井左右两侧为厢房。天井正对主厅，以堂屋为中心，左右两侧为室，房屋注重内部采光，以木梁承重，以砖、石、土砌护墙；此宅深天井下设镇宅缸，环天井设四面回廊。

非物质文化遗产

游山舞龙灯 事先，族人制作一只白身翠纹龙头，长 5 米，高 3 米，置于九龙庙内。庙里舞龙者身着青衣、绿带、绑腿，两腿挂铃，将自制的一节龙灯放置于住宅正厅，点灯、烧香、叩拜，接着手持龙灯快步跑到九龙庙去接灯。每年元宵佳节时期，在乐队的伴奏下，一条约 200 节、300 米长的巨大龙灯沿河街向各家进发。同时用八抬神轿抬着汪公大帝和关圣帝君的神像，随龙灯之后前往一同观看舞龙表演。沿路，族众对着神轿焚香叩拜。到达余家地一丘田中，舞龙开始。锣鼓声乐中，一条巨龙，或蟠或伸，或起或伏，或旋转或翻腾，或缓走或飞行，慢时但见阵式有方，快时令人眼花缭乱。锣鼓震荡山谷，爆竹响彻云霄。最后，从北街返回九龙庙。游山村舞龙灯的习俗历史悠久，作为珍贵的非物质文化遗产传承至今，是该村的一大特色。

价值特色

游山村地处徽州文化与饶州文化的交会地，历史上人才辈出，宗族秩序井然，谱系完整；空间格局保存完好，巷道特征明显，传统村落风貌保存相对较好；现存的文物古迹数量众多，类型多样。这些历史遗存反映出游山村的空间形态、传统建筑风貌，蕴含着不同时期丰富的历史信息，具有原真性和整体性，有着鲜明的地域风格。

庆源村

［上饶市婺源县段莘乡］

村落概况

庆源村隶属于上饶市婺源县段莘乡，位于婺源县城东北 66 公里。全村共有人口 2091 人，辖 7 个自然村：胡思田、梧村、庆源、珊厚、湖山、溪进、长源岭。村域总面积约 19.97 平方公里，现有耕地面积 1589.8 亩，林地面积 23750.1 亩。其主导产业为农业，以水稻、茶叶、林业种植为主，第三产业呈逐年上升趋势，乡村旅游业具有良好的发展势头。庆源村历史久远、格局完整，具有徽派聚落的典型特征，2007 年被列入江西省第二批省级历史文化名单，2013 年 8 月被列入第二批中国传统村落名录。

历史文化

庆源詹氏为婺源大姓，始迁祖黄隐公，讳初，字元载，南朝陈时（557-589 年）为东阳郡赞治大夫，后因郡废不仕。隋大业二年（606 年），卜居徽州婺源北面庐源，因慕黄石公之义，号黄隐。黄隐公数传而后，詹氏翕然大兴，子孙散处，星罗棋布，其中最繁盛的有三支，即庐源、浙源、庆源。唐开元年间，始祖小八公寻幽探奇来到此地，见高山环抱之下竟有如此开阔斜谷，虽地处万山之巅，却宽如太行之盘古，美如武陵之桃源，遂结庐建村于下水口。后人喜庆始祖庇荫，故名为庆源。

庆源村在千年历史长河中出现不少鸿儒名流、巨商富贾，明清两代更是其发展的鼎盛时期。在封建社会科考时代，庆源村人文蔚起，人才辈出。据家谱记载，自始祖小八公为唐开元进士开始，先后有唐元和年间河南状元詹貌，明正德年间定州判官詹汴和兵马司指挥詹垣、隆庆年间永州知州詹州、万历年间平乐知府詹光、中军都督府都司詹起曙、武进士詹天表，清代顺治年间翰林院大学士詹养沉、乾隆年间朝议大夫詹必贤等。

图1 村落选址图

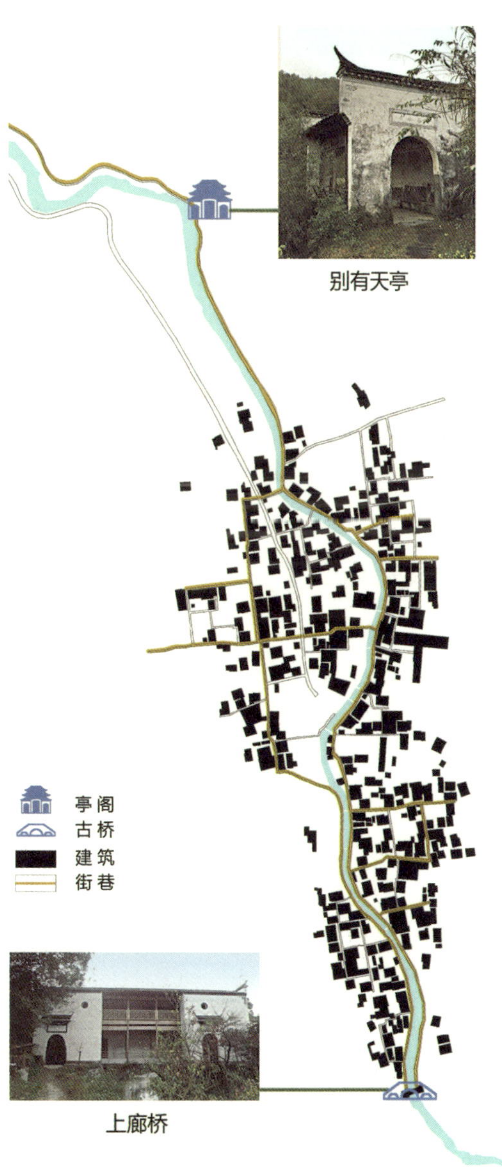

图2 整体布局图

空间格局

选址 村落周边崇山峻岭，东侧山脉“观音合掌”，西侧山脉“天边来龙”，对面相峙，蜿曲舒展如跃，村中桃溪穿流而出，向南延伸，其选址依山傍水，风水条件极佳（图1）。村基建在山脚下，整体地形北高南低，房屋街巷布局因地制宜。

整体布局 庆源村位于河谷，沿桃溪而建，呈带状分布（图2）。其巧妙结合独特的地形地势，合理利用村落空间，形成独一无二的船形村落形态。船身“依屏对镜”，船头、船尾随着山势的闭合形成狭窄的隘口。自隘口沿桃溪的枝状街巷串联了整个村落的理水空间。桃溪从村中穿流而过，串联全村，沿桃溪分布的上拦官桥、下拦官桥、上廊桥等空间节点组成了村落的空间景观轴。别有天亭位于村北至下晓起的古驿道旁，亭壁题有“山重水复疑无路，柳暗花明又一邨”两句古诗。

街巷格局 庆源村地处高山峡谷，在夹缝的抱合之下独居其中。村落巷道沿桃溪两岸呈“树枝状”分布，路面主要以青石板铺设，宽度0.8-2米，街巷幽静、亲切宜人，四通八达。村落内有20余条历史街巷，主要有大夫第巷、官厅巷、早禾田巷、西边厅屋巷等。

历史环境要素 村内现存古井5口，石板桥15座，石拱桥4座，历史街巷20余条，古树9棵。

典型建筑

庆源传统建筑时间跨度大，自明、清至民国时期传承有序，有市县级文物保护单位5处、历史建筑75栋；建筑类型多样，包括官厅、民居、店铺、风雨廊等。其中有代表性的建筑有大夫第、敦复堂、永思堂、詹励吾故居、詹福熙宅、詹永教宅等。

大夫第 该建筑建于清末，位于大夫第巷。

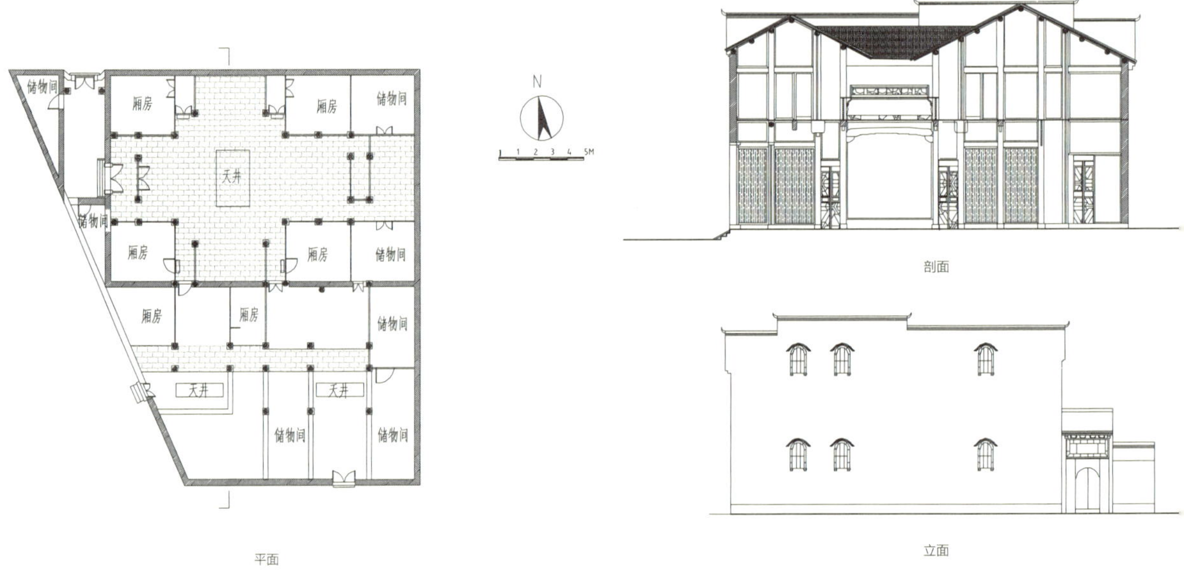

图3 大夫第建筑测绘图

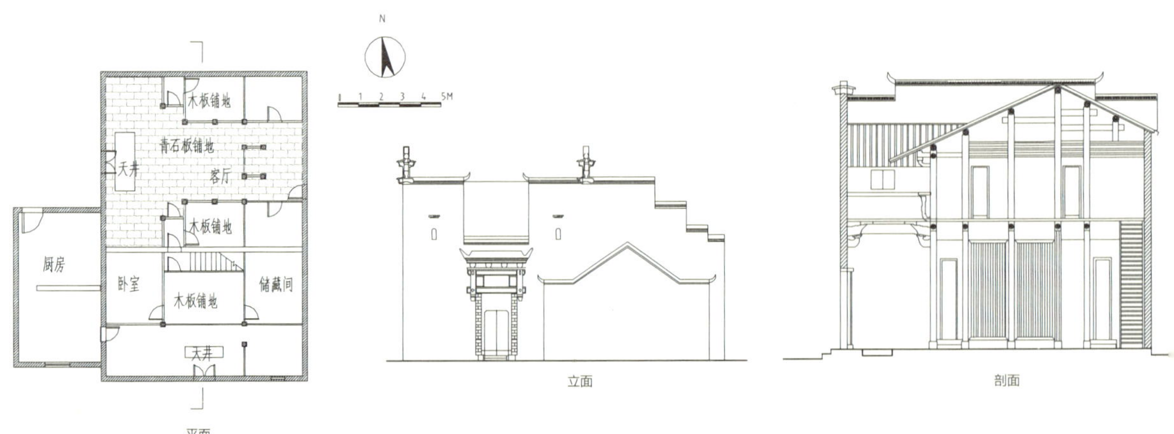

图4 永思堂建筑测绘图

原主人詹玉如在乐平开集成布店，暗中做鸦片交易，赚了大把银子后，花钱买下“大夫”官衔。整座建筑由主体建筑和陪屋组成，2层，砖木建筑，占地面积700平方米（图3）。其主体建筑一进式，由上厅、天井、下厅、两侧厢房构成，中轴对称布局。陪屋作为厨房和杂物间。山墙上开拱券形窗，仿欧式风格。入口设门楼，其上刻有石雕。上厅中央设有一道樘板门，从两侧出入。屋内梁、枋、房门、雀替、窗门木雕精美。

永思堂 该建筑建于乾隆年间，为朝议大夫詹升阳故宅。主体建筑为三开间半进式，西侧设陪屋，占地面积600平方米（图4）。前有深院，边有侧厅，院内有流水鱼池。门楼砖雕精美，文化内涵深厚。内部梁、枋、窗门木雕精美，内容丰富。厅堂内“永思堂”匾额仍在，此屋最特别处是堂前正中八仙桌下的青石板地面上，嵌有一块青石质地的镂空铜钱图案。

非物质文化遗产

婺源傩舞戏 傩舞俗称“鬼舞”或“舞鬼”（图5），婺源傩舞历史悠久，节目众多，风格独特，是中国古代文化综合性表演艺术的典型代表，素有“活化石”之称，深受国内外专家学者青睐。婺源舞鬼曾于1953年赴北京参加全国首届民间音乐舞蹈会演，《丞相操兵》等四个节目入选《中国民族民间舞蹈集成》。

图5 婺源傩舞戏

图6 婺源“三雕”

《婺源舞鬼的艺能》和有关资料载入日本木耳社出版的《中国汉民族的假面剧》舞鬼专著中。2006年5月20日，婺源傩舞经国务院批准被列入第一批国家级非物质文化遗产名录。

婺源“三雕” 婺源“三雕”是指婺源县境内明清古建筑中的砖雕、石雕和木雕，属徽派建筑艺术的支系，制品多用作民居、官宅、宗祠、庙宇、廊桥和牌坊等建筑上的装饰部件。其起源可追溯到唐代，明清时期徽商兴起，“婺源三雕”依托徽派建筑达于鼎盛。“婺源三雕”集美学、力学、数学、历史学、生态学于一体，具有深刻的文化内涵和极高的艺术价值，被列入国家级非物质文化遗产名录（图6）。

价值特色

庆源村生态环境优美、历史文化源远流长，整体格局完整、街巷脉络清晰、建筑规划有序，具有较高的文物价值和聚落文化代表性。砖雕，石雕，木雕工艺精湛，装饰精美，内涵丰富，彰显浓厚的文化气息，且傩舞文化突出，源远流长，具有独特的民俗风采。庆源村为赣东北地区徽派聚落的代表，是研究徽派建筑文化的重要载体。

岭脚村

[上饶市婺源县浙源乡]

村落概况

岭脚村位于上饶市婺源县浙源乡北部，东临段莘乡，南与虹关村交界，西、北与安徽省休宁县板桥乡樟前村、梓坞村交界。岭脚村平均海拔500米左右，四面环山，村域面积35平方公里，有280余户，1015人，辖河东、河西、里村、段村、西坑五个自然村。其主导产业为农业，以水稻、茶叶等种植业为主，乡村旅游业近年来也呈现良好态势。因徽饶古道穿境而过，被誉为"吴楚锁钥无双地，徽饶古道第一村"。岭脚村自然与人文景观丰富，2013年8月被列入第二批中国传统村落名录。

历史文化

岭脚村因坐落在浙岭山脚下而得名，因四面环山古称"环川"，每面山上皆有山泉汇流至村中大河，故名。唐朝铁路之父詹天佑的八世祖詹必胜之弟詹必明任山阴县令，后迁居宋村。公元921年，其孙詹朗（字知谏）由宋村迁徙岭脚开基建村。元朝至正年间，詹朗的后代詹王佛精通风水堪舆之术，发展为仁义、仁礼、仁信三大房。明朝景泰年间，詹仁礼的儿子詹希昌在河西建村，詹希璁在河东建村。明朝嘉靖年间，詹仁义后裔詹金实到岭脚段村建村。清朝道光年间詹希昌后裔詹宜焴、詹斯煌迁西坑，在明清时期得到很大的发展。目前詹氏为村中的主要姓氏，占80%以上，繁衍迄今有1100百余年。

封建社会时期宗法血缘脉络是乡土文明的文化原点。岭脚村拥有大量的文史资料、族谱、家谱等，对宗族的社会体系进行了明确的表述。资料记载了詹氏不断修谱续谱，构筑宗庙，记录了其宗族的发展和重大事项。詹氏族人杰出人物众多，其中较有影响力的有唐僖宗时期先锋兵马使詹必胜、"中国铁路之父"詹天佑以及徽墨名家詹有乾等。

空间格局

选址 岭脚村选址得天独厚，位于由浙岭、庐岭、重龙山、青山所环绕的盆地当中，盆地

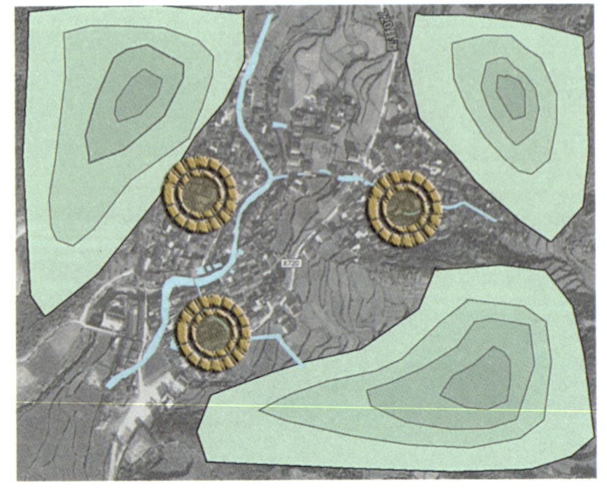

图1 村落选址图

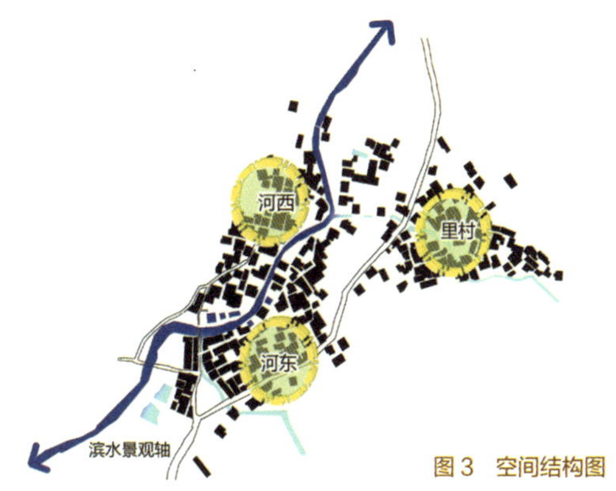

图 3 空间结构图

内发源于浙岭南麓的浙源溪由东北向西南呈 S 形穿过岭脚村，东坑、西溪等山泉汇流至浙源溪，浙源溪自北向南蜿蜒穿过盆地，期间另有西坑溪水汇入，可谓是山环水绕，独居其中（图 1）。选址与布局遵循着四面环山，后有靠山，前带流水，侧有护山，远有秀峰，住基宽坦，水口紧锁，形成有山、有林、有田、有水的相对封闭的空间模式，符合“枕山、环水、面屏”的特征。地势南低北高，呈阶梯状，建筑街巷布局因地制宜，依势而建，其选址凸显古代择吉地而居的文化内涵。

整体布局 岭脚村的村落布局呈组团式，由里村、河东、河西 3 个组团构成（图 2）。村南两山对峙之处，开口紧锁为村落的水口。水口按照“五行相生”规律进行布置，在溪流

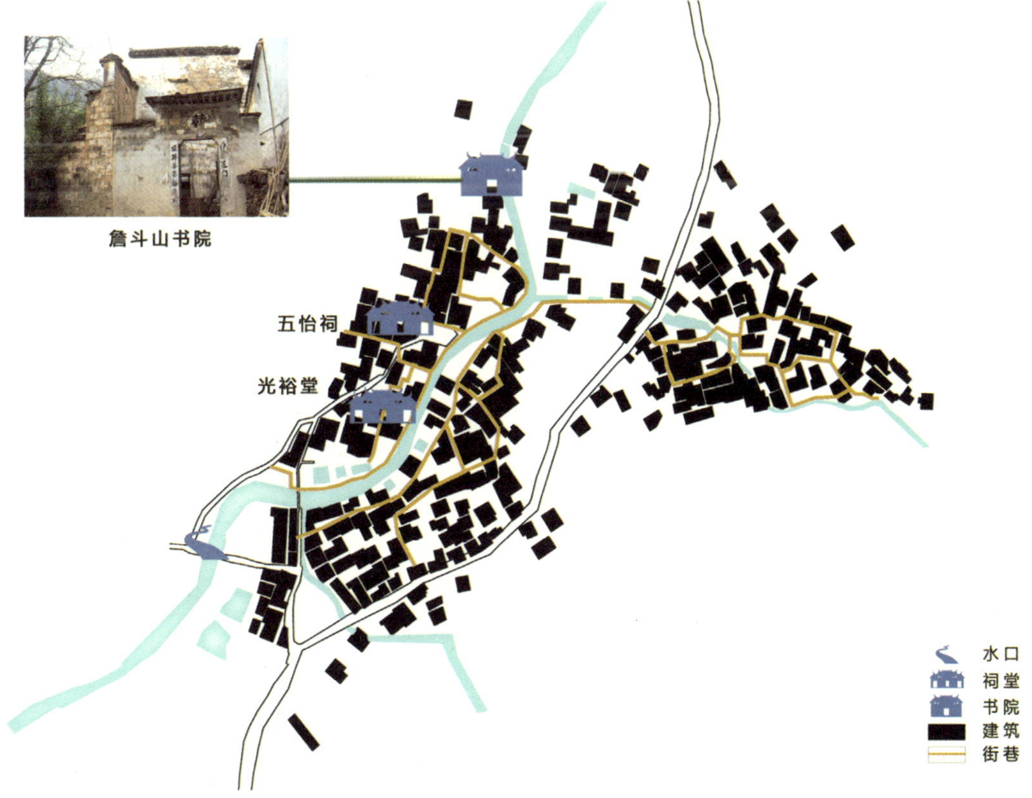

图 2 整体布局图

上除横架借以“藏风聚气”的宋村桥外，还修建文笔塔、文昌阁、水碓、如来佛柱等，形成完整的“五行”格局。水口处按二十八星宿排列的28棵古树，营造了严密关锁的气氛和较好的生态景观。村中现存祠堂2座，五怡堂和光裕堂均位于村落西部，河东、河西的建筑连成统一的整体，户户有弄道相连，内部格局肌理清晰，街巷呈网状布置。

空间结构 岭脚村整体呈现“一轴、三组团”的特征（图3）。穿村而过的浙源溪为滨水景观轴，里村、河东、河西三大组团，形成“品”字形分布。

街巷格局 村内街巷格局整体保存较为完整，街巷纵横，呈自由式网格状分布。历史街巷修建于明清时期，全为青石板铺设而成。唐宋以来共计有40余条枝状伸展的街巷，宽度在1-2米，所有巷道均为青石板路面，主要包括河西街、岭底巷、高升巷、墨文巷、星坛巷、文风巷、鱼塘巷、东坑巷、斗山巷等17条。

历史环境要素 村中历史环境要素众多，类型丰富，有石板桥10座，古驿道3条，路亭5座，历史街巷17条，古水坝7处，洗心埠1处，求雨坛1处，古碑刻15处。

典型建筑

岭脚村古建筑建造时间跨度达400余年，现存清代建筑79处，其中县级文物保护单位5处。建筑类型丰富多样，包括民居、祠堂、书院、店铺等，具有代表性的重点建筑有贻桂堂、鱼塘屋、嗣服堂、斗山书院、大夫第等。

贻桂堂 该建筑建于清代，至今已有100多年的历史。规模较大，因地制宜，平面呈不规则布局，正门前有一庭院，主厅3间、2层，占地177.22平方米（图4）。主厅旁侧建筑为后来加建，占地面积77.35平方米。建筑注重内部采光的处理，室内雕梁画栋，注重装饰。

斗山书院 书院其名取自其始建者詹斗山，建于清道光年间，占地184.72平方米（图5）。该建筑呈东西走向，东北角为主入口，建筑顺应山体，自东向西逐渐升高。始进书屋，一方池塘映入眼帘，池塘与东面浙源溪相通，为当年养鱼赏莲之用。池塘两侧是南北厢房，北侧作通道，南侧作家人读书之处。主体建筑2层，位于池塘西面，传统的一厅二房的布置，朴素清雅。沿后方楼梯上二层，两侧为学生读书之处。

非物质文化遗产

徽墨 清代徽州制墨，歙县、休宁、婺源鼎力三系。岭脚村的徽墨业始于明朝中期，逐渐形成詹有乾、詹彦文、詹斗山、詹书祥四大徽墨著名品牌。四大徽墨品牌中詹有乾墨业开创于康熙时期，主要经营范围在湖广等地。詹有乾墨业传到第五代詹有山时，他认为中华大地詹氏墨局已经很多，唯独岭南地带较少，于是在广东开创墨局，兼营文房四宝，产品远销南洋、欧美等地。与詹斗山同辈的兄弟詹书祥艺成之后在广西开创詹书祥墨局，在云贵一带

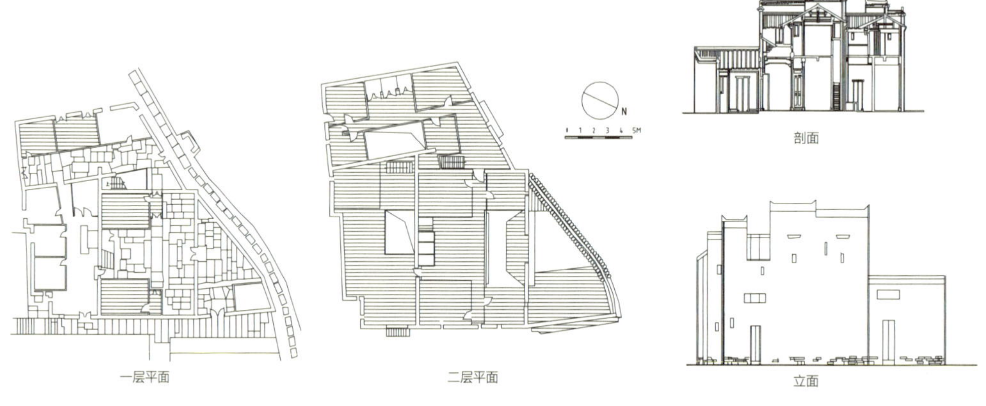

图4 贻桂堂建筑测绘图

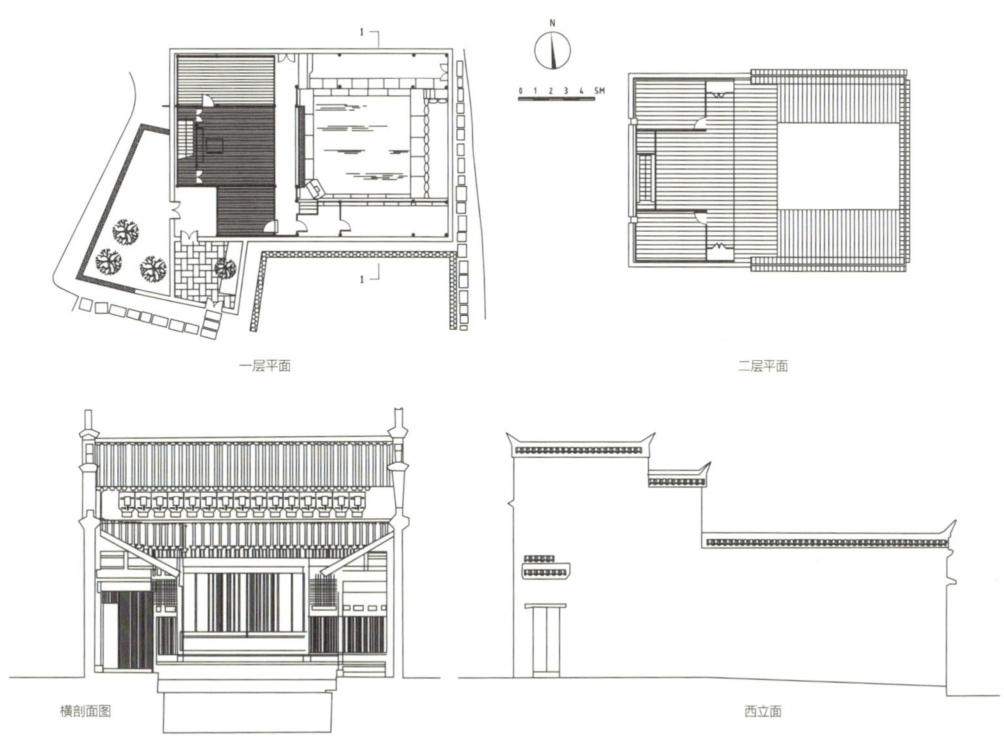

图 5 斗山书院建筑测绘图

享有盛誉。可见詹氏墨业不仅家族庞大，成就斐然，而且名播东瀛。

据当代文物名家周绍良先生所收藏的实物资料，结合文字史料，考证出诸多清代婺源詹氏墨家的作品及事迹。詹氏制墨家的实物，因其平民化的特点，深受市场欢迎，是集绘画、雕刻、书法等于一体的综合性艺术珍品。

岭脚板凳龙 板凳龙又被称之为桥灯，每逢元宵节前夜，数百名村民抬着“板凳龙”迎接节日的到来（图 6）。龙首庞大威武，由八人伺候，龙身由百余张板凳连接而成，每条板凳上都扎着花灯，花灯上贴有花草、树木等剪纸图案，每条板凳称为一桥。舞板凳龙时，与舞其他龙灯有所不同。其他龙灯每节为一根长把，舞起来更为随意，而板凳龙的每一节是一条木板凳，不但节子长还有四只脚，舞动中板凳脚容易碰头绊脚。因此，舞板凳龙更要注重协调，既要保持与整条龙的动作协调，又要保持每一节自身的动作协调，做到对凳子脚的避让不显生硬，动作协调优美。板凳龙这一民俗于 2010 年入选江西省非物质文化遗产。

图 6 板凳龙

价值特色

岭脚村历史文化底蕴丰厚，制墨是其独特的产业。村落保存了完整和独特的徽州传统山村风貌，自然环境与人们生活充分结合，具有历史悠久性、格局完整性和文化传承典型性等特征。村落布局形成三大组团，由河流贯穿衔接形成一个整体，建筑工艺精湛，体现了徽州民居特色。岭脚村集中体现了聚族而居的宗法文化、选址的风水文化以及建筑艺术文化，具有深厚的文化价值，是婺源地区传统村落的典型代表。

凤山村

〔上饶市婺源县浙源乡〕

村落概况

凤山村隶属于上饶市婺源县浙源乡，北靠虹关村，西连沱川乡，南接沱口村，东邻芦坑村，临720县道。2014年底的统计资料，凤山村有375户，1576人，全村主要为查姓。其耕地面积为897亩，林地总面积为15000亩，主要以水稻、油茶、茶业种植为主。村内明清古建筑气派辉煌，砖雕木雕细腻典雅，古弄小巷星罗棋布，保存完好。2009年7月，凤山村被评为江西省第三批历史文化名村；2013年8月列入第二批中国传统村落名录。

历史文化

凤山村开始名为山坑村，后改为凤山。据《婺源查氏族谱》记载，婺源查氏源于西周时鲁公伯禽的后裔延公。婺源查氏开基祖希音公（文徵公）于宋乾德元年（963年）迁婺源，筑庐“山房道院”。婺源查氏在仕途有所建树的很少，但其后裔多数从商，在商界十分活跃，一直是徽商中一支重要劲旅，旅居海外侨胞众多。凤山村因从商者多，历来富庶，查氏多数在家乡大兴土木，修建房屋。

查氏建居凤山后，族人尊崇迁婺始祖查文徵创“山房道院”，立“教诲尔子，以穀似之”的重教祖训，十分崇尚读书。清咸丰年间查焕梅建“凤山书屋”，以作族人子弟读书之所。凤山村还是著名的武侠小说家金庸先生的故乡。金庸与祖籍凤山村来往密切，常以书信联系，对家乡甚是挂念。

空间格局

选址　该村选址背靠麦坞山，东临浙源河，面朝四门尖，北临寒溪水和鼓楼山，南为西门山，山环水抱，呈现出“一村横卧，两水汇聚，群山环抱”的选址特征（图1）。道路街巷随地形和水渠曲直而赋形，房屋沿地势高低而组合，北高南低。

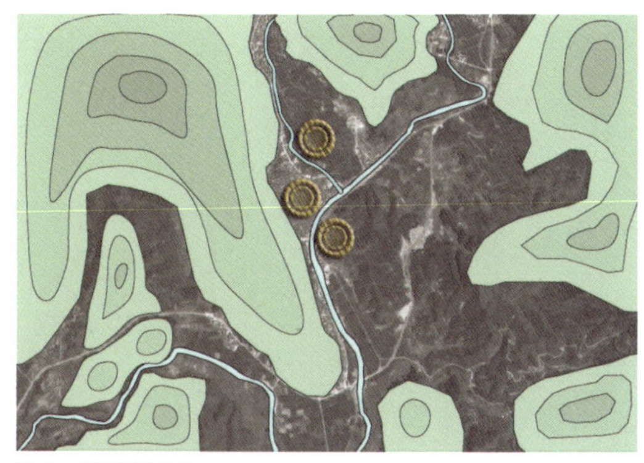

图1　村落选址图

整体布局　村落沿河分布，依两水汇聚的地势形成组团式布局，上为龙段村组团，中为凤山村的主体村落组团，下为以龙天塔为标志的居住组团（图2）。村落南侧浙源河下游设进村的门户——水口，水口处设龙天塔。按照风水学理论，塔可扼住村庄门户，可增加锁钥气势。自水口沿浙源河和寒溪水串联了整个村落的理水空间。两水汇聚的西侧为最大的组团，查氏宗祠位于该组团的北部。戏台位于查氏宗祠的南部，靠近浙源河，现仅存遗址。村落街巷呈不规则网络状自由布局。

空间结构　凤山村整体呈“一心、两带、三组团”的空间布局结构（图3）。查氏宗祠规模宏大，位于凤山村北部，村前有开阔的祠埕，具有较强的场所凝聚力，是整个村落的精神文化中心。浙源河和寒溪水从村中穿流而过，与沿河的建筑、街巷营造了良好的滨水景观，

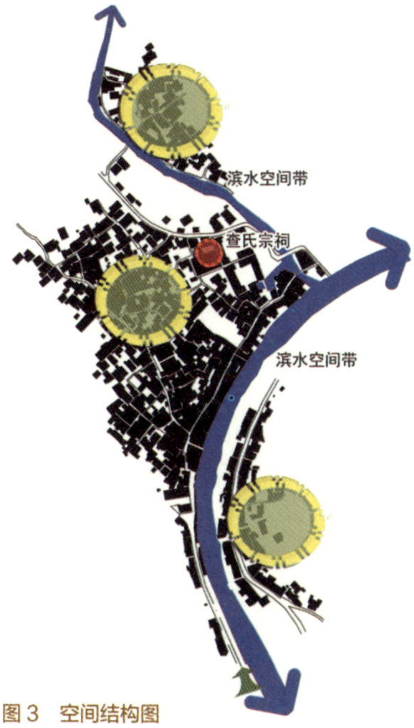

图3　空间结构图

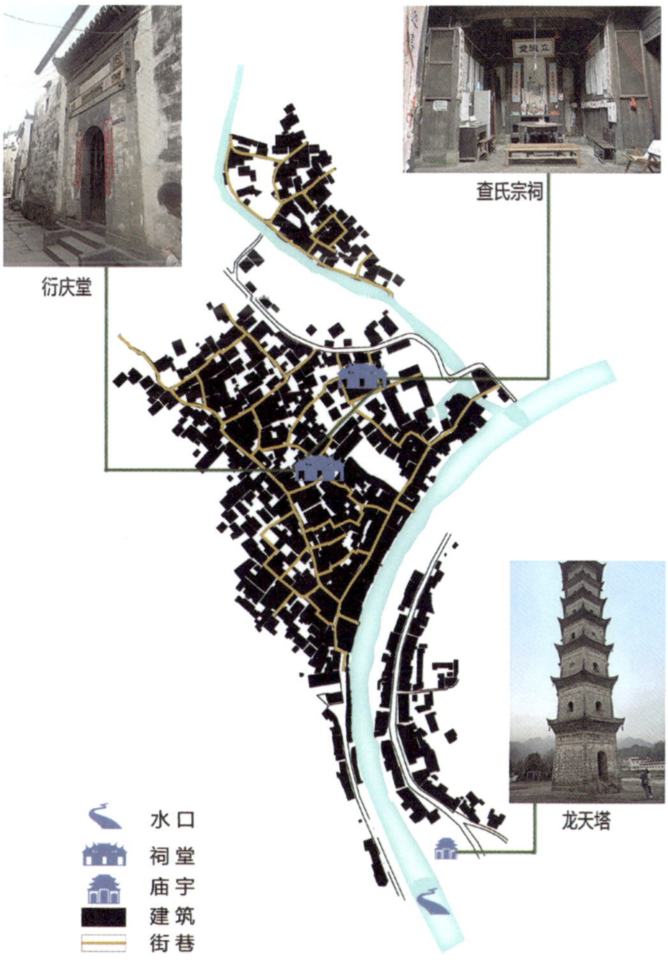

图2　整体布局图

形成两条滨水空间带。凤山村入口处的龙天塔居住组团、两河汇聚的西侧组团和龙段村建筑组团构成了三大组团。

街巷格局 凤山村主街为凤山老街（古时的徽饶古道）及与其垂直的西冲巷，西冲巷的两侧分布着很多历史建筑和历史环境要素。次要街巷沿凤山老街向西北方向延伸分布，呈不规则网络状自由布局。村内部巷路众多，四通八达，多为青石板及鹅卵石铺地，巷路宽窄不一。除两条主要街巷外，村中还保留18条历史巷道，分别为庙下巷、长生巷、长寿巷、善德巷、寒溪巷等。

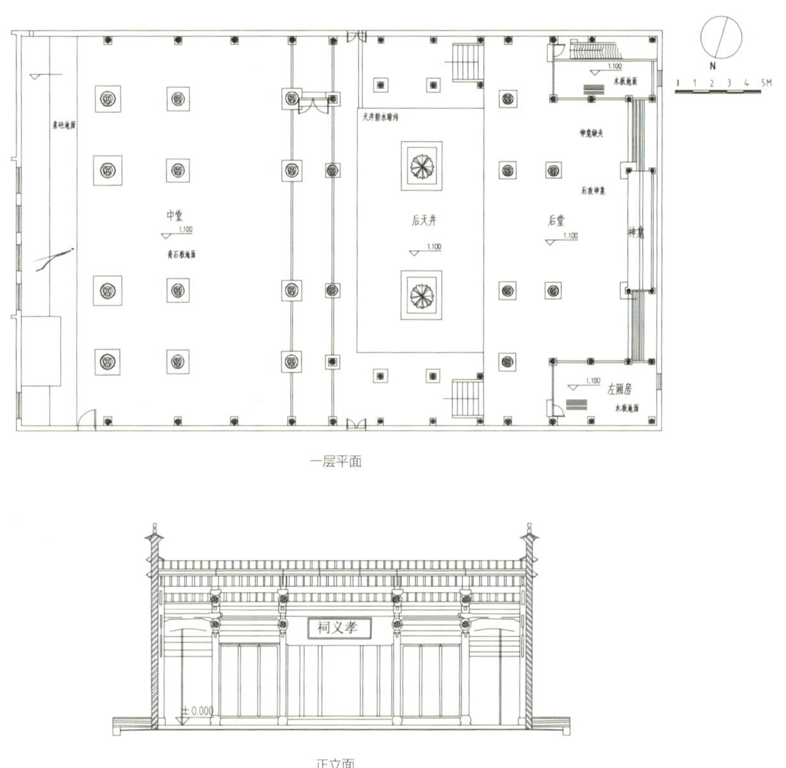

图4 查氏宗祠建筑测绘图

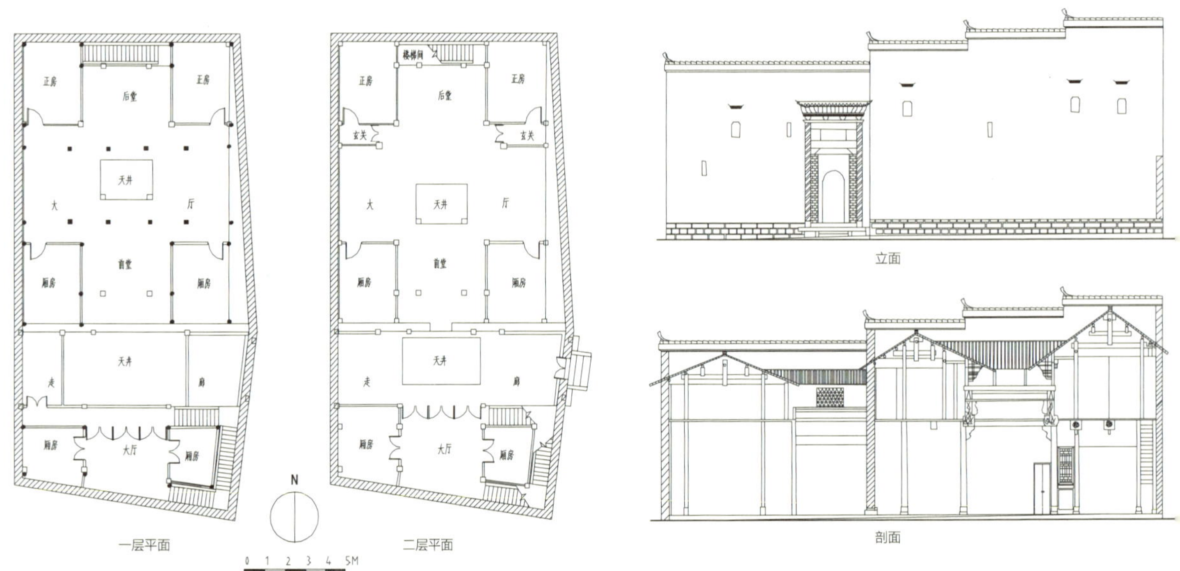

图5 衍庆堂建筑测绘图

历史环境要素 村落有古塔1座，古井3口，历史街巷20条，古树2棵，古墓葬1处，古戏台旧址1处，河埠17处。

典型建筑

浙源乡凤山村古建筑群主要是以明清古建筑为主，其结构布局、形式、装饰等均代表了该地区地域建筑特色。现存的明清时期民居建筑中，各级文物保护单位共10处，其中查氏宗祠和浙源客栈为全国重点文物保护单位，龙天塔为省级文物保护单位，立德堂为市级文物保护单位，县级文物保护单位有亦政堂、慎修堂、三斯堂、衍庆堂、慎德堂和西门井6处。

查氏宗祠 祠堂位于浙源河、寒溪水两水汇聚处，于康熙三年（1664年）为祭祀婺源查氏始祖文徵公而建。1892年查氏后裔提议扩建查氏宗祠，于1898年建成。祠堂坐西朝东，中后堂布局为五开间一进式面阔22米，进深38米，占地面积2460平方米（图4）。从外到内有广场、花园、台门、大天池、大礼堂、后天池、后堂，气势相当雄伟。清末民初改为洋学堂，现保存正厅、后天池及后堂。祠堂规模宏大，檐柱雕龙画凤，横梁及檐角雕刻着堆花、虫鸟，内容丰富，雕饰精美。

衍庆堂 该建筑建于清初，现为县级文物保护单位。衍庆堂整体布局为三开间两进式，分为门厅、前堂、后堂三部分（图5）。门楼石雕细腻，门额上刻“大夫第”三字，但在“文革”时期被凿毁。朝堂花门十余片雕刻完整，正堂梁柱构件上均施雕刻，屋内清一色石板铺就。

非物质文化遗产

婺源三雕 “三雕”是具有徽派风格的砖雕、石雕、木雕三种民间雕刻工艺的简称。徽派“三雕”以歙县、黟县、婺源县最为典型，保存也相对较好。主要用于民居、祠堂、庙宇、园林等建筑的装饰，以及古式家具、屏联、笔筒、果盘等工艺雕刻。“三雕”的历史源于宋代，至明清而达极盛。明代雕刻粗犷、古朴，一般只有平雕和浅浮雕，借助于线条造型，而缺乏透视变化，但强调对称，富于装饰趣味。

图6 婺源“三雕”

清代雕刻细腻繁复，构图、布局吸收了新安画派的表现手法，讲究艺术美，多用深浮雕和圆雕，提倡镂空效果，有的镂空层次多达十余层，亭台楼榭、人物走兽、花鸟虫鱼集于同一画面，玲珑剔透，错落有致，层次分明，栩栩如生，显示了雕刻工匠高超的艺术才能。在浙源乡凤山村的古建筑内婺源三雕保存很好，尤其以木雕和石雕为甚（图6）。

价值特色

凤山村历史悠久，繁衍发展1030余年，因崇尚文风，获得“文苑”的赞誉。村落总体布局呈现出“一村横卧，两水汇聚，群山环抱”的组团式布局。村中明清时期的古建筑，保存较为完好，重要建筑如查氏宗祠、龙天塔、衍庆堂等具有很高的文物价值。凤山村是著名的“侨乡”和“书乡”，自古就是“徽饶古道”上的重要节点，宗族谱序传承有序、建筑类型多样且质量上乘，是赣东北地区典型的徽派聚落代表，具有较高的历史文化价值。

诗春村

[上饶市婺源县清华镇]

村落概况

诗春村位于上饶市婺源县西北部清华镇，距县城 40 公里，距清华镇 14 公里，为诗春村委会驻地。诗春村行政村村域面积 6.8 平方公里，辖 5 个自然村（11 个村民小组），有农户 309 户，人口 1212 人，耕地面积 860 亩，林地面积 26000 亩。该村以种植粮食为主要经济来源，主要经济作物为水稻、油菜、茶叶、大豆、玉米、红薯等，同时大力发展旅游业。该村历史上素有“千烟”之称，即鼎盛时期住户达千户之多，为婺源四大名村（诗春、沱川、大畈、桃溪）之一。2014 年 11 月诗春村被列入第三批中国传统村落名录。

历史文化

诗春村始建于南宋高宗壬戌年（1142 年），由十世祖建康太守施仲敏举家从江西省浮梁榔木田迁入婺源大安里下小坑，始建施村。明朝洪武年间御封“文武世家”后更名诗春，1968 年曾用名大岭村，1986 年又改回诗春村。

诗春人杰地灵，文化气息浓厚，人才辈出。据族谱记载，历史上著名的人物有南宋建康太守施仲敏，元中书检校施铸，明以武功授指挥施仲敬，明新安镇抚施邦明，清嘉庆内阁中书，内廷方略馆分校官施彰，清嘉庆布政司理问施圭锡等。据相关资料统计，自建村以来，在历朝任七品以上官员 166 人，其中有保存完好的名人绣像 117 幅。村口遗留下的几十个旗杆礅，见证了诗春昔日的辉煌。

空间格局

选址 村落选址依据“背山、环山、面屏”的风水学理念，后有可依的“龙脉”，前有环抱的流水（图 1）。该村处在四面环山的平坦谷地中，坐北朝南，北有靠山，南有天马河。天马河由西

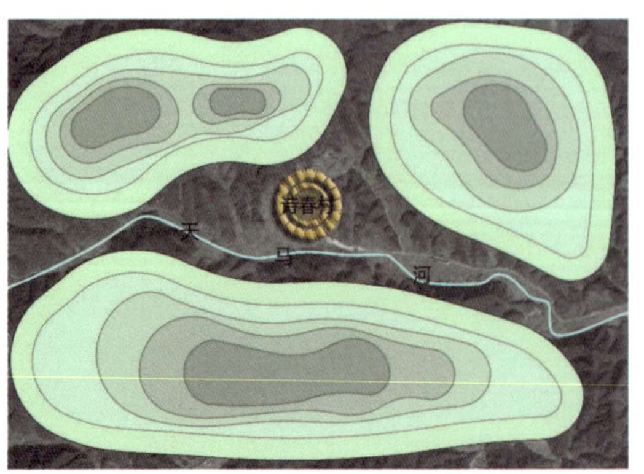

图 1 村落选址图

向东流去，为村中玉带，加上环绕村落东侧的诗春溪，形成了环水格局。南面的天马山为案山，是村落的天然屏障，为村落挡住了南来的寒流。天马山和允洽山为骨架，以诗春溪和天马河为血脉，显山露水，充分体现了“天人合一”的风水哲学。

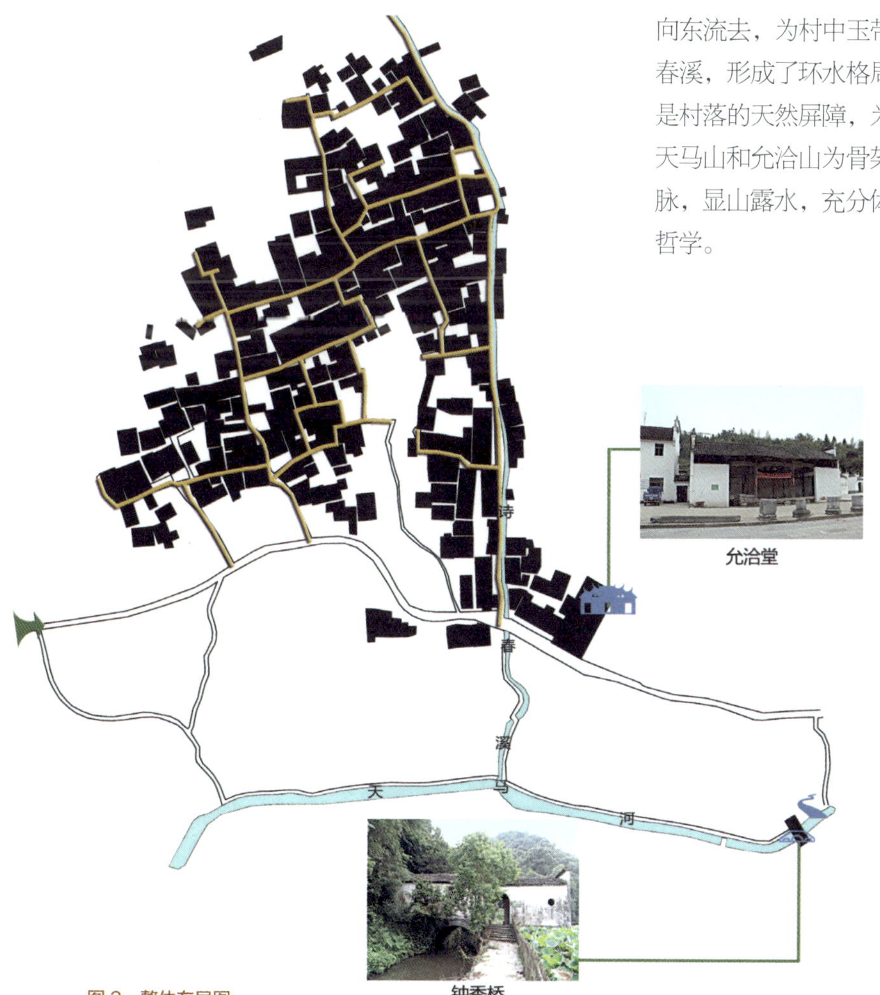

图 2 整体布局图

整体布局 诗春村位于诗春溪西岸，村落布局像一只飞行的燕子，大部分民居位于燕子两翼，少量民居位于燕子头部。水口在燕子的嘴尖，是村落进出的咽喉。该村的水口位于村落东南钟秀桥处，桥上建廊亭，古树成荫，锁住村落的财气、人气和文运气。允洽堂位于村东南部，是施氏的总祠（图2）。

街巷格局 诗春村的街巷纵横交错，为不规则网格状。大部分街巷历史风貌保存良好，巷道宽度在1-2米，巷道断面高宽比平均值在0.15-0.3，巷道为青石板铺砌，侧有明沟。村内的历史巷道有小坞巷、睿源巷、怡云巷、敬承巷、仲敬巷、元善巷、弧塘巷、仁卿巷、凤凰巷、本仁巷、印泉巷、淘金巷、守和巷、崇源巷、花脚巷、花尖巷、进忠巷、步云巷、仲敏巷等。

历史环境要素 村内有古桥4座，古亭1座，古井3口，古塘3处，古石堨1处，古驳岸6处，古树名木数量众多。

典型建筑

诗春村明清古建筑众多，原有祠堂11处，书屋23处，现在大部分已经损毁。经调查，现保留了61处各级各类保护建筑，各级文物保护单位共3处，为允洽堂、施锡忠宅、施旺太宅；尚未核定公布为文物保护单位的登记不可移动文物7处，分别为施开庆宅、施金元宅、施永言宅、施兆福宅、施秋桂宅、施欣祥宅、施荣盛宅等。

允洽堂 该建筑位于诗春村东南部，始建于明朝末年，为施氏总祠。允洽堂大体坐北朝南，现存建筑面积1260平方米（图3）。祠堂由门楼、享堂、寝室组成，祠前砌有“月池”，享堂高悬“文武世家”匾额。祠内梁架穿斗式与抬梁式结合，做工考究。梁枋等构件上雕刻精美，内容丰富。

施旺太宅 该建筑位于诗春村西北部，建于清乾隆年间，是村内民居中体量最大、层数最多的民居，建筑面积797平方米（图4）。主厅4层，有前、后、左、右4个客厅，前厅月梁上雕有“福”字；悬挂“厚德载福”牌匾。4个厢房均有护净，雕刻图案各不相同，每个厢房都有雕花古床保留至今，实为罕见。走马楼的桶扇窗和屋内楼梯设计巧妙，独具匠心。

非物质文化遗产

婺源板龙灯 板龙灯又称板桥灯，是一种大型游动性的观赏灯彩，历史悠久，形式多样，分布于全县，每逢春节期间均有迎灯舞龙的习俗。板龙灯由龙头、龙身、龙尾及灯撑四个部分连接而成，全龙长短不一，短者五六十板，长的可达一百余板，共长约200米（图5）。

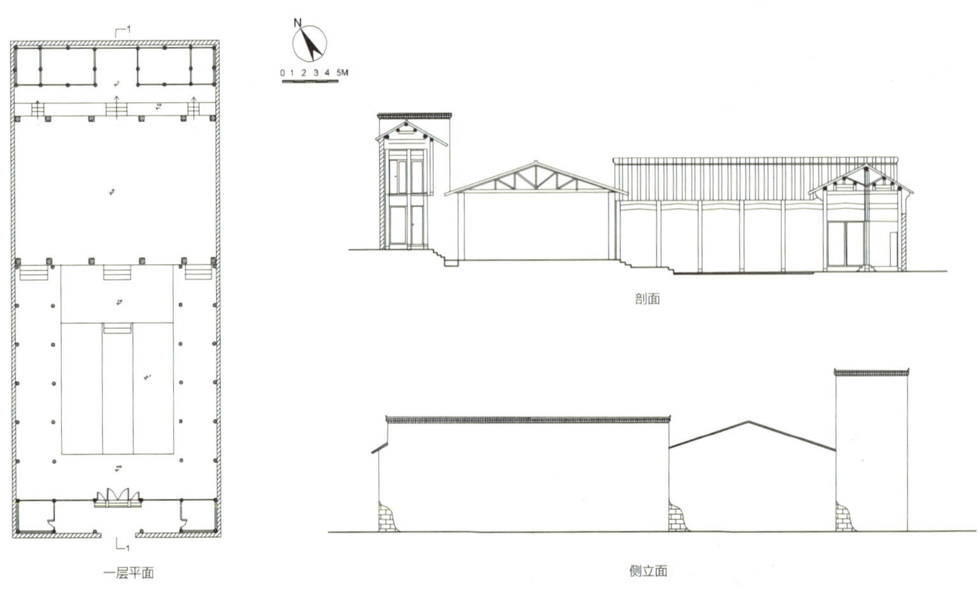

图3 允洽堂建筑测绘图

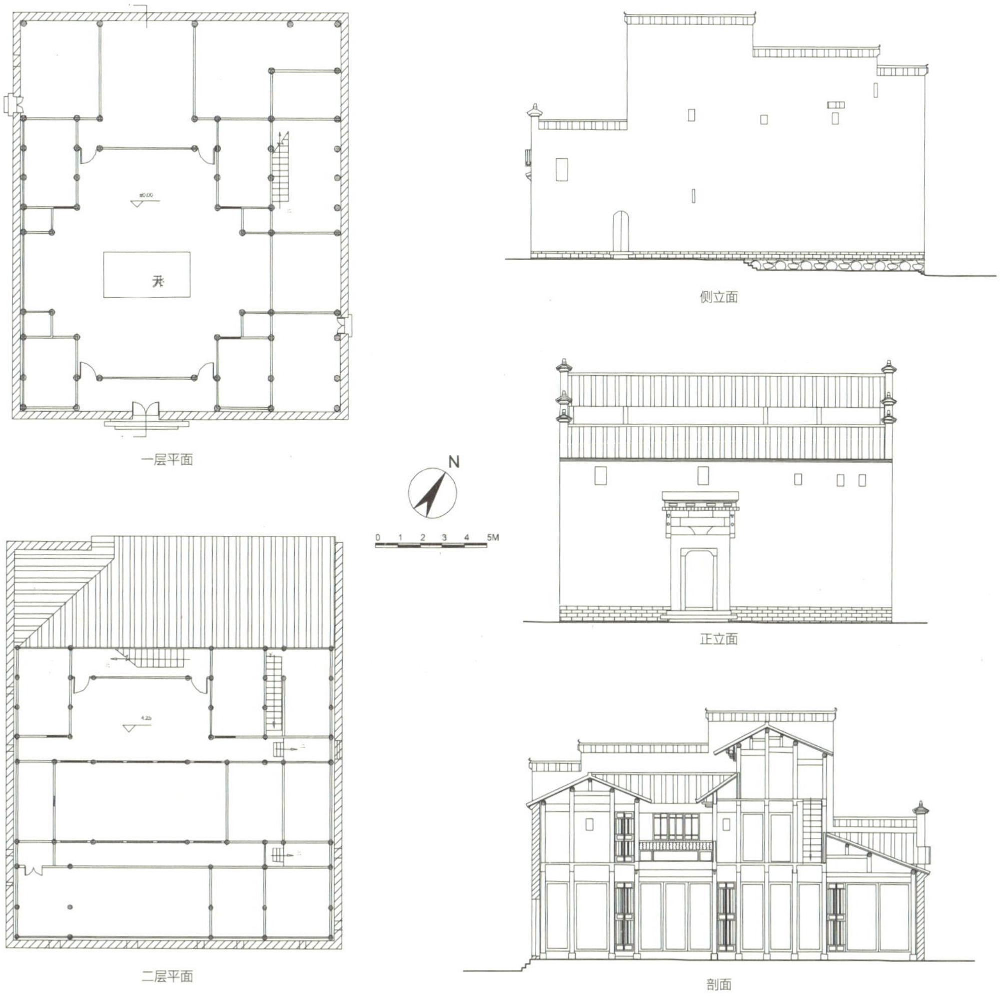

一层平面
二层平面
N
0 1 2 3 4 5M
侧立面
正立面
剖面

图 4 施旺太宅建筑测绘图

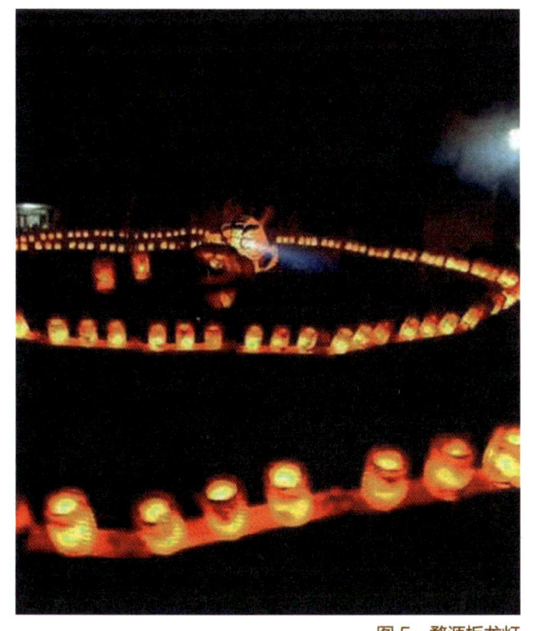

图 5 婺源板龙灯

伴随龙灯的还有头牌、篷灯、凉伞、狮子戏球、西游记、走马灯、鱼灯等附属彩灯。

价值特色

诗春村文化内涵深厚，宗族组织和制度严密，是古代乡村宗族制度的活化石，有较高的社会和文化价值。村落格局完整，文物古迹分布集中，建筑工艺上乘，具有鲜明的地域风格和较高的人文价值。诗春村深受徽州文化浸润，在文化理念、村庄布局、宗族特征、建筑风貌以及传统习俗等方面均集中体现了徽文化的特征，是赣东北地区传统村落的典型代表。

篁岭村

［上饶市婺源县江湾镇］

村落概况

篁岭村位于上饶市婺源县主峰海拔1260米的石耳山中，归江湾镇管辖，与江湾镇镇区中心相隔7公里，离徽杭高速入口仅10公里，距婺源县城37公里。2013年年初，篁岭村人口为320人，建设用地面积为2.83公顷。篁岭四周以梯田为主，可谓“地无三尺平”。由于可用地十分稀少，受地形限制，房屋建在山脚的陡坡上。篁岭是著名的“晒秋”文化起源地，“晒秋”农俗景观入选“最美中国符号”。有关篁岭“晒秋”的摄影作品，曾在全国获得十多次大奖，是婺源著名的传统村落旅游区，2014年11月被列入第三批中国传统村落名录。

历史文化

篁岭村为曹氏聚居的血缘聚落，始建于大明宣德年间，已有近580年历史。曹姓属于山东祖篁墩派，由歙县篁墩迁婺源汪口河东，后又迁至大鳙源，最后至篁岭定居，至今已到四十四世祖（计26代）。据乾隆年间抄本《曹氏统宗谱》所载，曹氏的受姓鼻祖为曹叔振铎，“文王第六子，封于曹，因以国为姓”。道光版《婺源县志·山川》载：“此地古名篁里。篁岭山，县东九十里，高百仞。其地多竹，大者径尺，故名。”修篁遍岭，就有了篁岭的雅名。“篁”，是指修长的竹子。篁岭多竹，其中不乏有方竹、毛竹、水竹、苦竹、斑竹、观音竹等。

篁岭村曹氏亦儒亦商，贤才辈出，是婺源“书乡”的一个缩影。据不完全统计，明代以后，篁岭村由朝廷任命的曹姓官员就有12人，文人著述有三种数十卷。历史上著名的人物有著书立学的曹孜学、不愿效劳清朝的曹鸣远、兴山知县曹元功、兵部会举曹鸣鹤、刑部司狱曹学闵、浙江按察司经历曹建鸿、京卫经历曹廷咨等。

空间格局

选址 村庄地处中低山丘陵地貌区，地形复杂，四面环山，是典型的“山居人家”（图1）。一百多栋民居房舍依石耳山之陡坡而建，高低错落，“向上生长”，几近山顶，层层叠起。村前有水口林和风水林荫庇。

整体布局 篁岭村的房屋围绕水口呈扇形梯状错落排布，房屋鳞次栉比，巷道纵横，桥、井（塘）交错，形成集中团块式布局（图2）。曹氏祠堂位于村村西北，入口处。众屋为分祠，

图1 村落选址图

图3 空间结构图

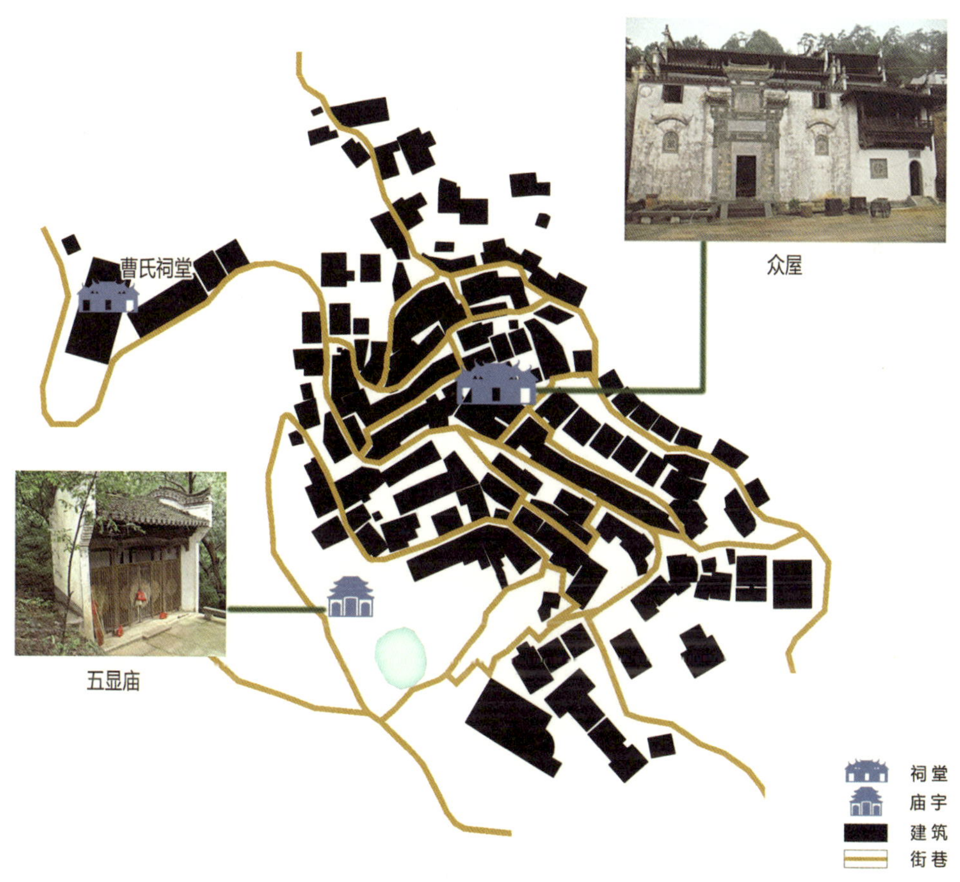

图2 整体布局图

位于村落中部，天街中部。五显庙位于村落西南部，是供人们祭拜的场所。古戏台位于五显庙的东侧，现仍在使用。东西走向的天街串联了整个村落的历史建筑空间，街巷纵横交织，曲折延伸，整体呈网状结构。

空间结构 篁岭村整体呈“一心、一轴”的空间布局结构（图3）。位于天街中心的曹氏分祠（众屋）是整个村落的精神文化中心，祠前场地开阔，周围聚居者众，也是村中最有活力的空间。天街作为村中主要的交通要道贯穿全村，串联重要的建筑节点，形成重要的交通轴。

街巷格局 篁岭村的街巷纵横交织，呈不规则网络状自由布局。天街是整个村落巷道系统的主轴，长388米，宽1.3-4.0米，主要由青石板与条石铺就，横贯东西。除天街外，主要巷道还有大丰巷、担水巷、添丁巷、厅屋巷、团箕巷、五桂巷等。

历史环境要素 村落中有古桥3座，古井

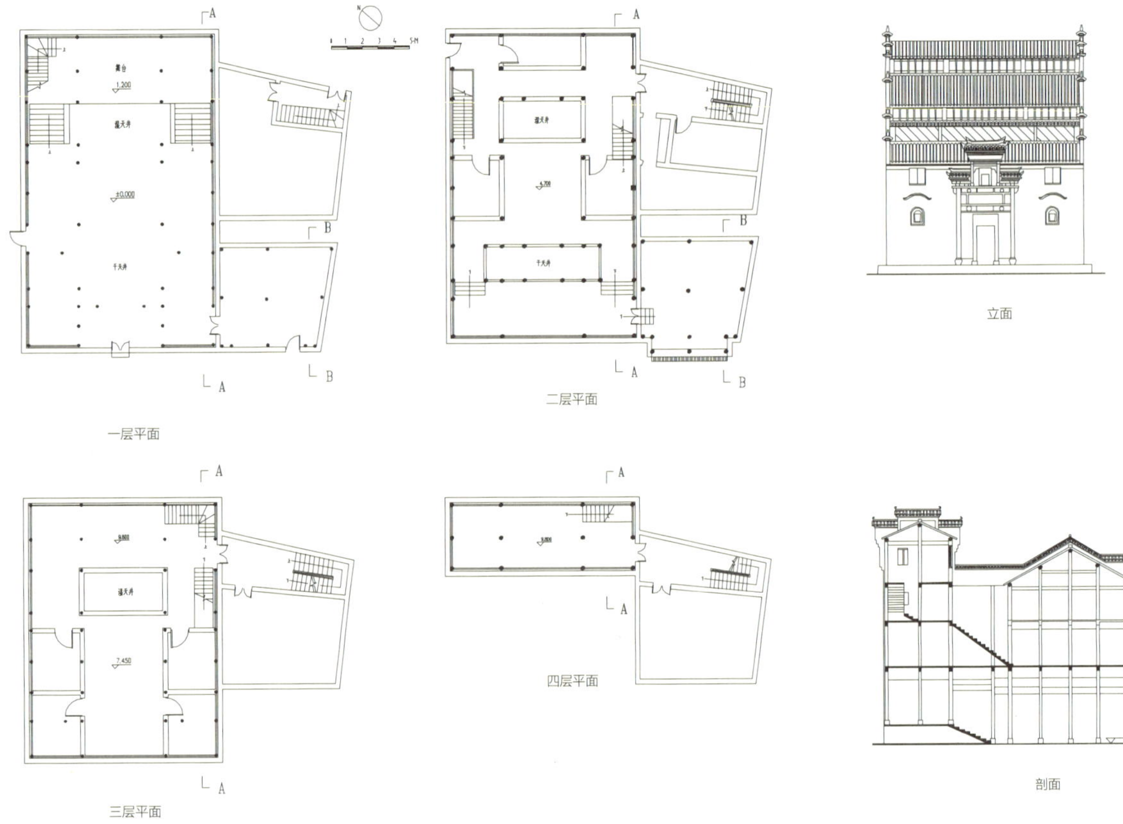
一层平面
二层平面
三层平面
四层平面
立面
剖面

图4 众屋建筑测绘图

一层平面
±0.000
二层平面
剖面
立面
N
0 1 2 3 4 5M

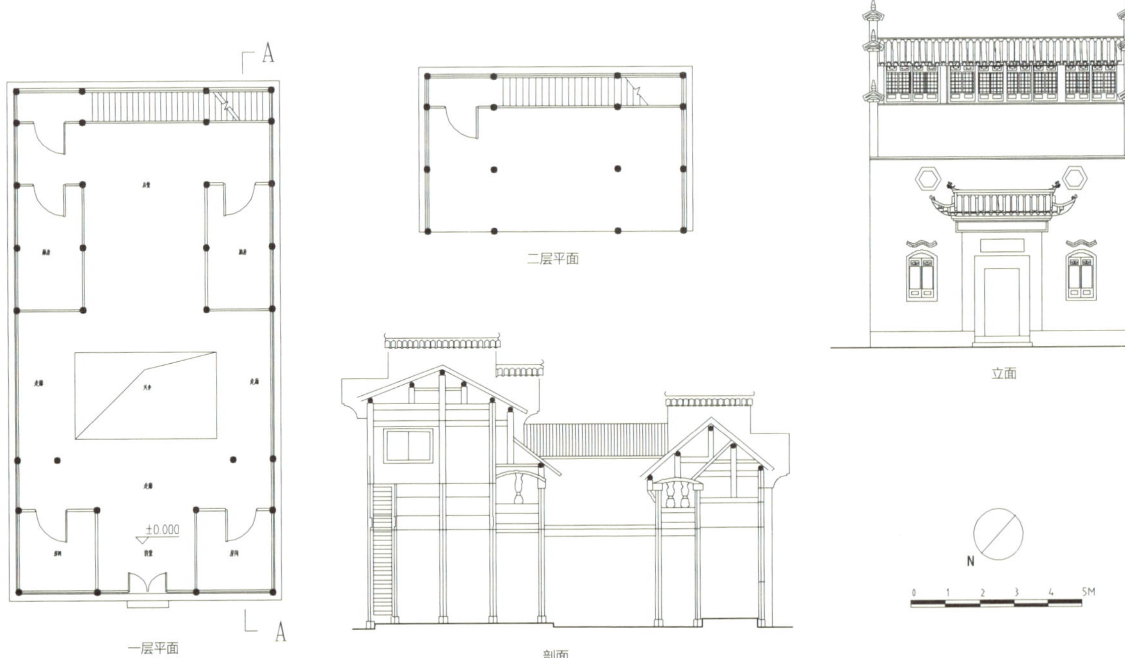

图5 树和堂建筑测绘图

（塘）6口，历史街巷9条，古树52棵。

典型建筑

据统计，村中现存传统建筑共84栋，其中第三次全国文物普查新发现不可移动文物数量6处，县级文物保护单位6处，县级政府认定历史建筑数量72处，传统建筑面积达10777.22平方米。有县内少见的保存完好的4层徽派木构古建筑——众屋，有完好的明清古建筑慎德堂、培德堂、树和堂、五桂堂、曹氏祠堂、竹山书院、五显庙、古戏台等，类型丰富，各具特色，雕饰精美，是徽派古建筑的典型代表。

众屋 该建筑为曹氏祠堂中的分祠建于清代，居于天街的中部，祠前场地开阔，周围聚居者众，故为篁岭的“中心广场”，是最具活力的空间。众屋占地面积约160平方米，整体布局为三开间二进式带陪屋，中轴线上的主体建筑有门厅、拜殿和寝殿三部分（图4）。其中，拜殿和寝殿均为3层，楼上设有香火宫和历代先辈牌位。众屋面墙阔大而巍峨，石库门枋，砖雕繁复、精美、大气，庄严而气派。门楼之上嵌入“圣旨”碑匾，更代表了皇权的崇高和朝廷的恩隆。

树和堂 该建筑又称“官厅”，位于天街西南的高台上。此屋原主人是崇祯十六年（1643年）进士曹鸣远，原屋曾毁于太平天国兵燹，今屋由曹鸣远后裔重建于清同治年间。树和堂总占地面积约150平方米，其中建筑占地120平方米，门口前院约30平方米，整体布局为三开间一进式，带前院（图5）。大门为石库门，五凤门楼，戗角飘飞，大门上方嵌“杰应歧灵”门匾。屋内的总体结构为三间两厢，入门两厢为两个耳房，中间为一个大的水檐天井，天井下是深沟坍池，具有明代风格。天井边大木柱上的木制楹联为“金石其心芝兰其室，仁义为友道德为师”；中堂联为“高花风堕赤玉盏，老蔓烟湿苍龙鳞”，系曾国藩题写；边墙上还悬有唐寅书法一幅，为《吴门避暑》。

图6 婺源龙灯

非物质文化遗产

婺源龙灯 龙灯俗称“迎灯”，是婺源民间流行最广的一种传统民俗。婺源方言中，灯的谐音“丁”，迎灯有祝愿村庄或家人人丁兴旺之意。婺源灯彩种类多，主要以板龙灯为主。板龙灯由几十节或百余节活楔相连的板桥组成，每节板桥上装两盏或三盏彩灯，一节节的灯笼形成龙身，100-200米不等，龙头龙尾皆用竹篾彩纸编饰，龙头嘴张开口含龙珠（图6）。龙灯所到之处鞭炮，焰火响成一片。人们笑脸相迎，共同祝愿风调雨顺，幸福安康。

篁岭的板龙灯别具特色，种类丰富，正月的板龙灯，中秋的“稻草龙”、跑马灯、桂花灯等，都是篁岭村沿袭至今的古老习俗。每年春节，篁岭村各户头出一节灯桥，拼接成龙，越迎越兴旺。

价值特色

挂在山崖上的篁岭村，千棵古树环绕、万亩梯田簇拥，形成了世外桃源般的山居环境，是著名的“晒秋”文化起源地。篁岭以其优美的自然环境、独特的民俗风情，成为婺源最美乡村中的佼佼者。村落整体格局完整，规划严整，布局有序。村中建筑种类丰富，有民居、祠堂、庙宇、书院、牌坊等，保存了相对完整的、真实的历史遗存，体现了浓郁的地方特色，具有很高的历史文化价值和科学艺术价值。

江西传统村落

JIANGXI

广信地区

曾家村

［鹰潭市贵溪市耳口乡］

村落概况

曾家村位于鹰潭市贵溪耳口乡，紧临耳口乡政府驻地，距贵溪市约 71 公里，距鹰潭市约 50 公里。该村地处山谷地带，背依云台山，前临泸溪河，与国家级风景旅游区龙虎山和上清天师府接壤。曾家村村域面积约 15.42 公顷，现有居住人口 305 人，生产经营以农业、林业、养殖业等第一产业为主。曾家村以规模宏大的古建筑群和自然风光为特色，建筑依山傍水而建，山、水、建筑完美结合。2003 年 8 月曾家村被列为江西省历史文化名村；2013 年 8 月被列入第二批中国传统村落名录。

历史文化

务义港曾氏源于山东省济南府嘉祥县南四十里南武山西元寨，战国时期南迁至湖南湘乡，再迁到江西省吉阳（现吉安），后由吉安迁往贵溪南面约 60 公里处的务义港村，现居耳口乡耳口村曾家，后人通称武城曾氏，也称宗圣。务义港曾家，是北宋时期“唐宋八大家”之一曾巩的后裔，与曾国藩是一脉同宗，此地原是李姓和邓姓的聚居地。相传清雍正年间，江西吉安曾姓三兄弟，曾柏仕、曾云仕、曾在仕之父曾先公，逃荒流浪到“乌泥港”，在邓姓和李姓家做长工。此后，曾姓子孙开始在务义港繁衍发迹，而原来的邓姓和李姓子孙却日渐衰没。“务义港”原名“乌泥港”，至曾二世祖时，遵循“仁义道德”古训，希望子孙后代“务义求仁”，因“务义”与“乌泥”谐音，故更名为“务义港”。

曾家村文化气息浓厚，兴办的经学书院培养了众多人才，从书院启蒙走上仕途的人，有道光年间拔贡曾效南、保定军校第一期毕业生曾广勋、国民党中将曾宪尧以及知名医师、教师多人。

空间格局

选址 曾家村地处山谷地带，大体上坐北朝南，背依山丘（云台山），前有对景（老虎厂、蛇嘴龙、姜山），左右有适于防御的小丘陵环护，近水，溪水蕴藏山水之灵气，村前的务义港（又称泸溪河）穿流而过。曾家村背山临水，是村落理想选址之地（图 1）。村中各古建筑依山傍水而建，曲折起伏的巷道穿行其中。

整体布局 村落沿河而布，整体形态呈带

图 1 村落选址图

状。俯瞰全村，飞檐翘角的屋宇随山形地势高低错落，层叠有序，别有一番韵味。村内原有3个公祠——曾先公祠、曾云公祠和曾在公祠。曾先公祠建于乾隆二十年（1755年），为曾族第一代所建，于1958年被毁。曾云公祠建于乾隆四十年（1775年），为曾族第二代所建，位于建筑群中部。曾在公祠为目前保存完好，建于乾隆五十年（1785年），为曾族第三代所建，位于河对岸，与村落主体遥相呼应。住宅是建筑群的主体，会友堂、慎思堂等依山傍水而建，层叠而上，建筑群经过缜密规划，布局严谨，共分为4排，外部依山势围以围墙。村中原来还建有书院“经学书院”供曾氏子弟读书。除了祠堂、宅院、书院等建筑，村内还有一处别致的花园——“鱼塘花园”，清道光年间建，占地面积1.2万平方米，丰富了村内的景观。村落街巷沿河呈梳状布局（图2）。

街巷格局 村内部巷路众多，四通八达，多为青石板及鹅卵石铺地，巷路宽窄不一，形成自由式布局。泸溪河北部的河街为主街，部分支巷垂直于河街，呈梳状延伸到村内，衔接建筑外部空间和内部空间，成为村落建筑群体的骨架和支撑。

历史环境要素 村落有旗杆座7对，石雕对联2副，字匾2块，古树3棵，古石坟旧址1处，献花形山1处，古街巷4条。

典型建筑

曾家村建筑群多为清初所建，典型的江南天井式民居，在结构形制、屋面样式、艺术等方面与抚河流域地区传统民居较为相似。现存传统建筑中，各级文物保护单位共12处，其

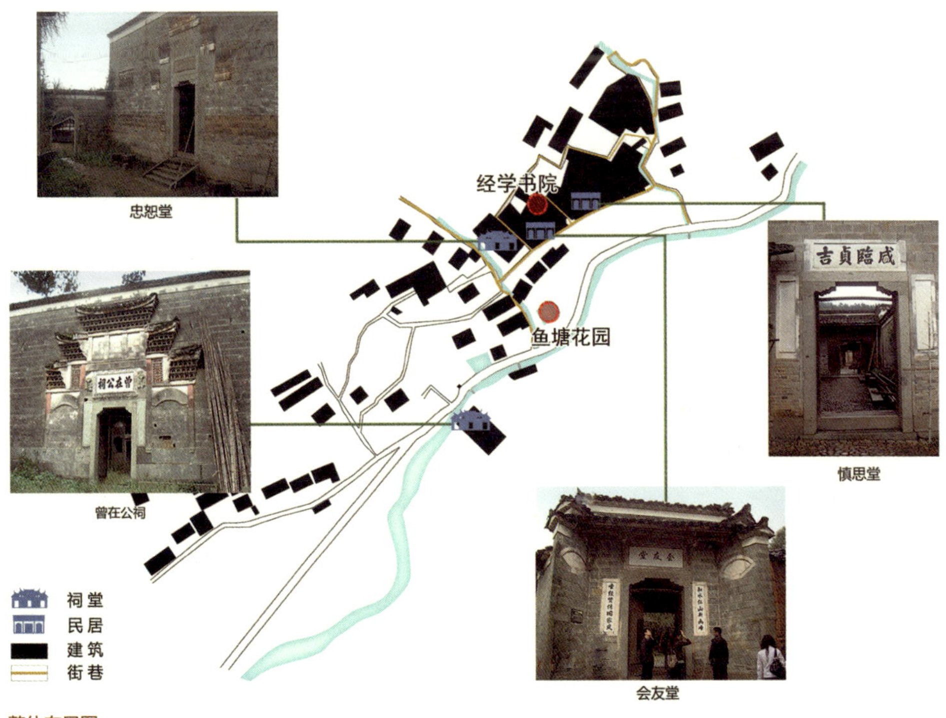

图 2 整体布局图

中市级文物保护单位有曾在公祠、忠恕堂、会友堂、慎思堂、茶花楼、长工楼、赏月楼 7 处。典型的重点建筑有曾在公祠、忠恕堂、会有堂、慎思堂等。

曾在公祠 该祠堂建于乾隆五十年（1785 年），为曾族第三代所建。祠堂整体布局为五开间二进式，南北长 44 米，东西宽 26 米，高 8 米，建筑面积 1144 平方米（图 3）。祠内主体建筑中轴线上建有戏台、享厅、后寝，主体建筑东侧建有附属建筑。建筑中的栋梁，多饰以彩绘，或予以雕琢，雕梁画栋，形象逼真，其中，油墨画巨龙，吞云吐雾，昂首腾飞。整个建筑古朴幽雅，具有地方特色。

忠恕堂 该建筑又名曾云公祠，建于清初，现为市级文物保护单位。建筑整体布局为五开间两进式，主体建筑中轴对称，西侧建有附属用房（图 4）。第一进顶上的鹅颈轩绘有彩龙一条，在“文革”期间被毁，当年在这里搭戏台，用于演戏。入口为五滴水门罩式，外立面清水砖墙，建筑外观以平直轮廓为主，马头山墙局部叠落，体现了赣派建筑的特征。

价值特色

曾家村古时为内地通往福建交通贸易的要塞之地，其重商崇文的传统理念和悠久的民俗文化是当地地域文化的典型体现，具有较高的历史文化价值。该村因其良好自然生态环境、依山傍水而建的大规模的古代建筑群而独具特色，以村落为物质载体，历史与人文交相辉映，是该地区保存完好的传统聚落的代表。

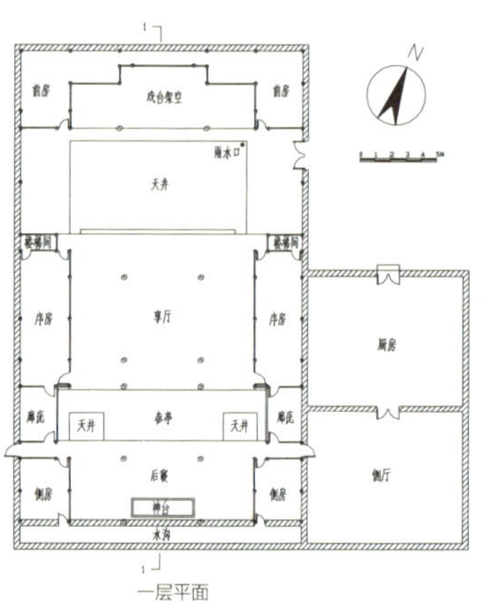

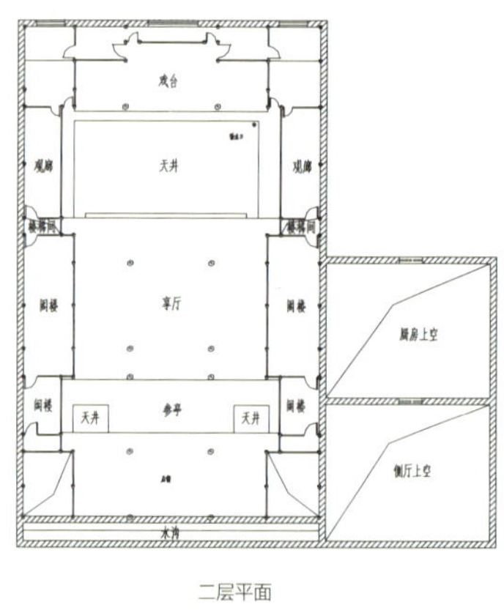

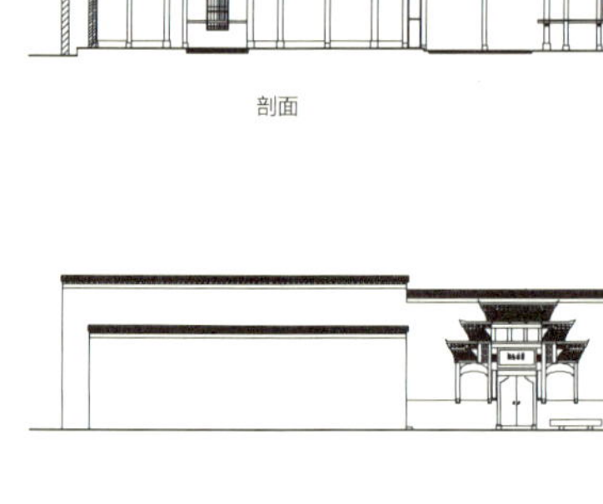

图 3 曾在公祠建筑测绘图

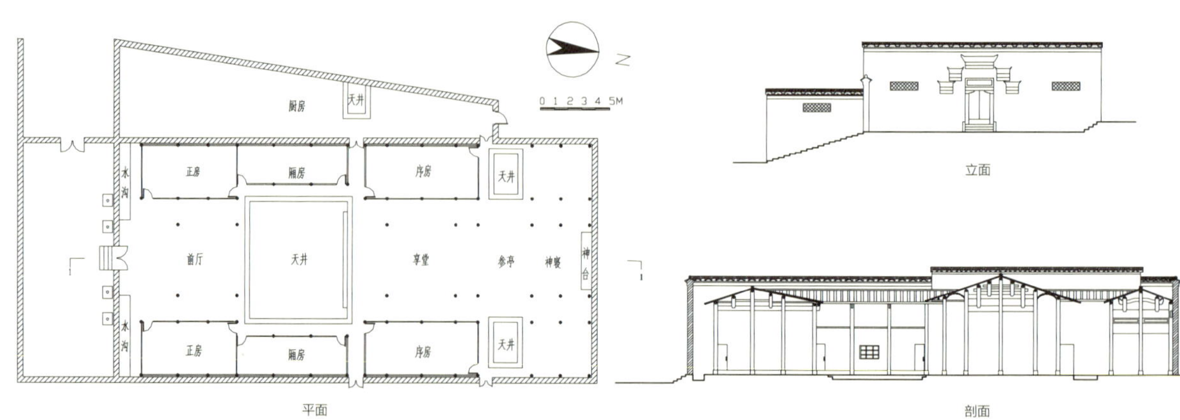

图 4 忠恕堂建筑测绘图

查家岭

［上饶市铅山县太源畲族乡］

村落概况

查家岭村位于上饶市铅山县太源畲族乡中部，隶属于西坑行政村，北接太源村，南靠马鞍村，东邻太源垦殖场，西与贵溪市樟坪畲族乡毗邻，地处山区，其四面环山。村庄占地面积约 2.31 公顷，总户数 12 户，人口 52 人，现有耕地面积为 52 亩。村落主导产业为农业，以水稻种植、油茶为主，同时大力发展旅游业。查家岭历史悠久，保存完整，文化底蕴深厚，为畲族传统村落，2013 年 8 月被列入第二批中国传统村落名录。

历史文化

查家岭村的先祖法通 200 多年前从福建一路迁徙过来，“筚路蓝缕，以启山林”，来到铅山南部武夷山区这处密林清泉环抱的山旮旯，开基建业，便有了查家岭这一支盘瓠后人。查家岭，西毗贵溪，南邻福建光泽，是个山岭中的山坞。明朝时，查姓人家便在此搭棚采药卖，后查姓人因卖药发达，下山迁到陈坊镇（铅山古镇，明清时是武夷山区的纸、茶、药等货物集散地，陈坊河货船直通信江）开药行。直至清初，这支盘瓠畲裔迁到查家岭深山，在原来查姓人家的旧址上棚居繁衍生息，至今已传 15 代。

查家岭村以畲族的传统建筑为特色，融入了民族文化、宗教文化、红色文化，形成了少数民族特有的民俗风情，是铅山县为数不多的国家级传统村落之一。

空间格局

选址 查家岭村处于群山环绕的盆地之中，整体上坐西朝东，选址“以山为靠，依水而居”，背靠天柱山，东南和东北两山相挟，

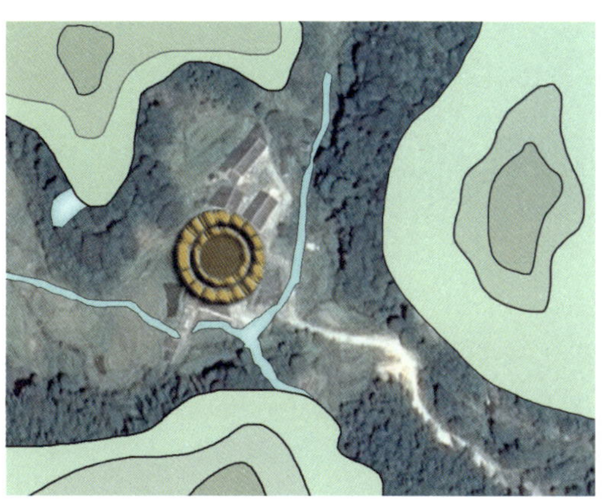

图 1 村落选址图

图3 空间结构图

图2 整体布局图

形成掎角之势；山环水绕，面朝小溪，山涧两条小溪分别从东、西两侧汇聚于村南，形成Y字形（图1）。该村生态环境优美，形成了“山－水－田－居”的景观风貌。

整体布局 查家岭村顺应自然地形，村内为数不多的建筑呈自由式布局（图2）。村落边界通过两条小溪很自然与山体外界分割又不失联系，形成一个统一的整体。以村前方的广场为村内公共活动空间，自由蜿蜒的小路连接了雷氏祖屋、雷大金宅、雷启华宅等建筑。雷氏祖屋位于村前中心位置，其他建筑围绕祖屋而建。传统建筑大多表现为畲族建筑风貌，街巷呈不规则自由布局形态。

空间结构 查家岭村地处深山腹地，呈现出山地聚落的特征，整体为“一核，一组团”的空间布局结构（图3）。雷氏祖屋为精神文化活动中心，围绕祖屋修建的建筑群形成居住组团。

街巷格局　村庄对外交通为一条村道，内部街巷延伸到村落的各部分，成为建筑群体的骨架和支撑，形成衔接建筑外部空间和内部空间的网格系统。受村落地形环境和人口规模的制约，巷道稀疏，呈自由式布局。

历史环境要素　村中历史环境要素类型丰富，有古树3棵、古墓1处、溪流2条、广场1处。

典型建筑

查家岭村传统建筑的建造时间跨度达百余年，其平面布局、结构形式、建筑装饰等均代表了该地区畲族建筑特色，有市级文物保护单位1处，具有代表性的重点建筑有雷氏祖屋、雷金大宅、雷启华宅、雷申旺宅等。

雷氏祖屋　该建筑建造于清代，现为市级文物保护单位。建筑平面布局一字形，面宽约11米，占地面积约173平方米（图4）。祖屋采用高位采光，穿斗式木构架，进深七柱，悬山式屋顶。室内设阁楼，两坡屋面与室内的顶棚之间作为仓库，兼有通风隔热的效果。正面设前廊，厅堂雕梁画壁。

雷金大宅　该建筑由屋主人雷金大建于20世纪70年代末，为传统风貌建筑。该建筑平面布局为一正两厢的U字形，建筑规模较大，面宽约29米，进深约26米，占地面积约590平方米（图5）。悬山顶，穿斗式木架构。梁架装饰以精细木雕为主，内部墙面多用黑白水墨墙绘。建筑风格与周边年代较早的传统建筑风格保持一致，为传统的畲族风貌建筑，保存完好，是畲族建筑的典型代表。

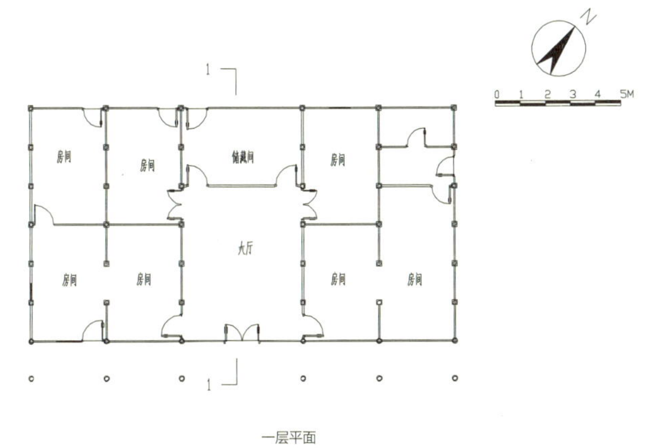

一层平面

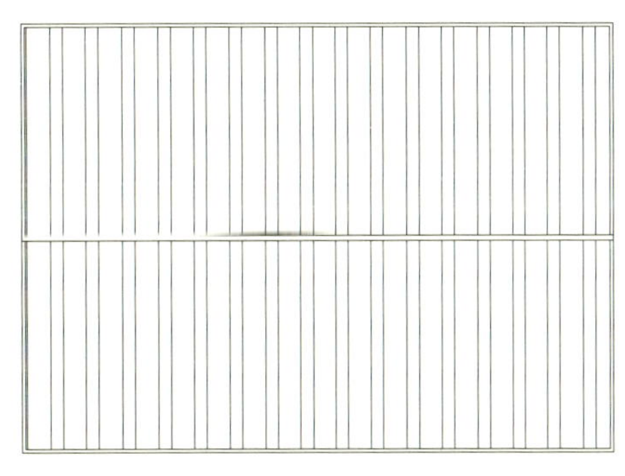
屋顶平面

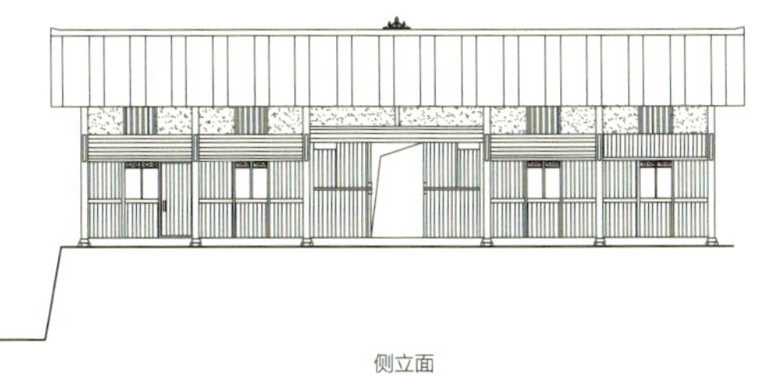
侧立面

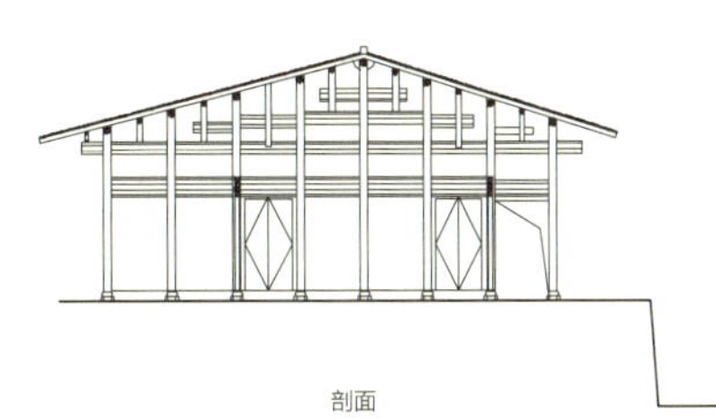
剖面

图4　雷氏祖屋建筑测绘图

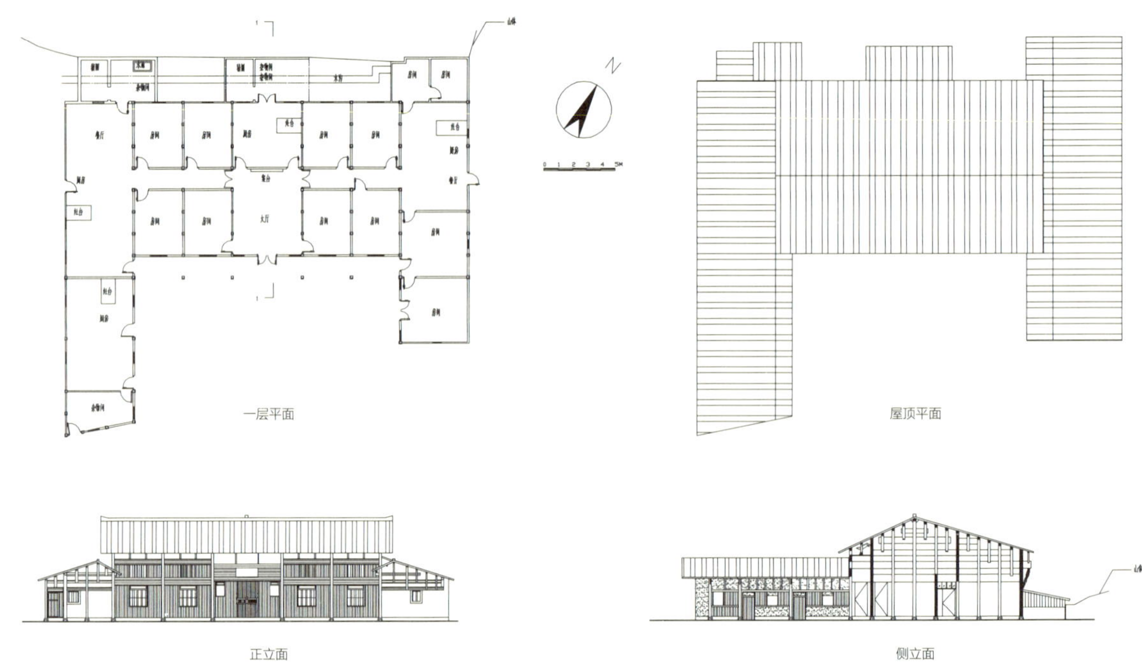

图 5 雷金大宅建筑测绘图

非物质文化遗产

畲族民歌 太源畲族乡的畲族具有悠久历史和灿烂文化。畲族是个能歌善舞的民族，畲族民歌随处可见，以畲语歌唱的形式表达。每逢佳节喜庆之日便歌声飞扬，即使在山间田野劳动、探亲访友迎宾之时，也常常以歌对话。畲族的演唱形式有独唱、对唱、齐唱等。其中无伴奏的山歌是畲族人最喜爱的一种民歌方式。《雷氏族谱》载，高辛皇帝三公主回山主理盘瓠丧事，“殡后长腰木鼓，长笛短吹，男女连声歌唱，窈窕跳踢，舞弄者不能及”。目前，收集到畲族传统民歌大致有：“高皇歌”（史诗）“娇恋”“崇安歌”“锁歌”“灯歌·采茶”“小调”“丧歌·功德歌”等 8 个歌种的 21 首传统民歌。畲家的传统民歌保存在老人的记忆中，没有文字和曲谱记载。畲族传统民歌以口传心授的方式代代相承。尽快抢救、发掘、整理、保留畲族的传统民歌，培养畲族新一代传人，是当前刻不容缓的重要工作。

打火球 打火球是近几年民间挖掘出来的一项民族体育竞技活动。所谓火球，就是用耐火材料特制成一个直径约 12 厘米带明火的圆球。开展此活动一般在晚上为宜，夜间一个火红的圆球在空中与地面上抛来滚去颇为壮观有趣。参与活动的人双手各执一根小铁链，铁链两端各吊一只铅球，球内放木炭火。4 只火球上下翻飞，如流星疾驰，令人眼花缭乱。参赛队员均用手抓住火球来回抛甩。此活动绝妙之处就是队员们用手抓火球居然毫无畏惧，如同玩普通皮球一般。

价值特色

查家岭雷氏家族继承和发扬了畲族文化，保持并延续了独具特色的村落格局及传统建筑风貌景观。村落选址既体现了风水学上“天人合一”的生态观，又满足了村民居住、耕作等基本生活生活需求，属山水景观型村落。传统民居保护较好，风貌古朴，蕴含着不同时期丰富的历史信息，具有原真性和整体性。该村落具有丰富的历史文化、独特的少数民族风情，呈现出鲜明的地方文化特色。

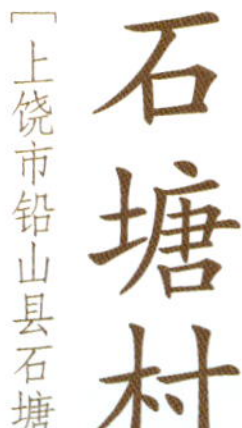

石塘村

【上饶市铅山县石塘镇】

村落概况

石塘村位于上饶市铅山县石塘镇，地处铅山县东南 40 公里的武夷山北麓，东邻英将乡，南接武夷山镇，西同紫溪乡相连，北与永平镇毗邻。石塘行政村面积 7.5 平方公里，现有 4 个自然村（村民小组），人口 2837 人。该村有耕地 2147 亩，人均耕地 0.756 亩，山林地有 1670 亩。农业产业主要以水稻、红芽芋为主，兼有甘蔗。石塘镇是一座千年古镇，历史上是闽赣交通要道上的货物集散地，是古代江南五大手工业基地之一，素有武夷山下“小苏州”的美名，被誉为“中国明清建筑博物馆”。2014 年 11 月石塘村被列入第三批中国传统村落名录。

历史文化

据同治版《铅山县志》记载，相传五代时（907-960 年），村北有方塘十口，故谐音石塘。南唐保太十一年（953 年）置镇，石塘镇宋朝为屯田镇，明代曾称为石塘市，清属旌孝乡，民国中后期设石塘镇。宋词人辛弃疾晚年曾长期寓居于此。石塘村历史悠久，明万历三十八年（1610 年）前后，刘氏在此开基。刘氏开基祖如玺来到石塘，建刘家大宅院，不断发展繁衍至今，已有 400 多年。

空间格局

选址 该村位于山体环绕的河谷地带，四面环山，西面有牛头山、文顶峰，北面有东山岗，东面有平头山、大岭头，南面有皇帝殿，处于环山格局所形成的盆地当中，信江支流流经石塘（石塘段称石塘河），村落依河北岸而建（图 1）。

整体布局 村落环屏面水而建，整体形态呈东南－西北走向的梭形（图 2）。石塘河下游的葛仙殿为村落的起始点，自葛仙殿沿石塘

图 1 村落选址图

河和石塘上、下街组成了整个村落的叶脉空间形态。其中，松泰行位于石塘街中部，胜春行（罗盛春别墅）位于村东南。村内还有大量明清会馆、祠堂、店铺等保存尚好的古建筑。抚州会馆位于村落东南部，福建会馆位于西南部。老祝氏宗祠和周氏宗祠位于主街两侧。村落三条主街呈东南—西北向布局，其中大量纵向小街道互相连接，呈叶脉状结构。

街巷格局 村内主街道为石塘街，主街与支巷组成叶脉形骨架。村内部巷路众多，四通八达，多为青石板与鹅卵石铺地，巷路宽窄不一。石塘街全长1200多米，宽4-5米，全部由青石板铺筑。村内大小街弄52条，纵横交错，主要街巷有石塘街、坑背路、港沿路、沿河路、官圳等。

历史环境要素 村落有古村墙1处，古门楼1座，古码头3个，古桥1座，古井15口，古树8棵，官圳1处。

典型建筑

石塘村现存明清建筑数量众多，文物价值较高，其中罗盛春别墅为国家级重点文物保护单位。

罗盛春别墅 该建筑位于坑背街中心，始建于清光绪元年（1875年），坐北朝南，占地1120平方米。此宅主体建筑由主屋、左右横屋、前院、偏屋组成，2层、砖木结构、穿斗式木构架。建造技术，极具特色，雕刻精美，工艺考究。（图3）。

王家号 该建筑位于坑背27号，坐北朝南，建于清朝咸丰年间。此宅院由正大厅、后院、厢房、偏房、侧室、禾基、天井等部分组成，建筑面积3000平方米，共有5套院落，各自独立又连为一体，穿廊过弄既格局整齐，又迂回曲折（图4）。每套院落的屋脊上都压有一颗雕刻“天官赐福”“吉星高照”等字

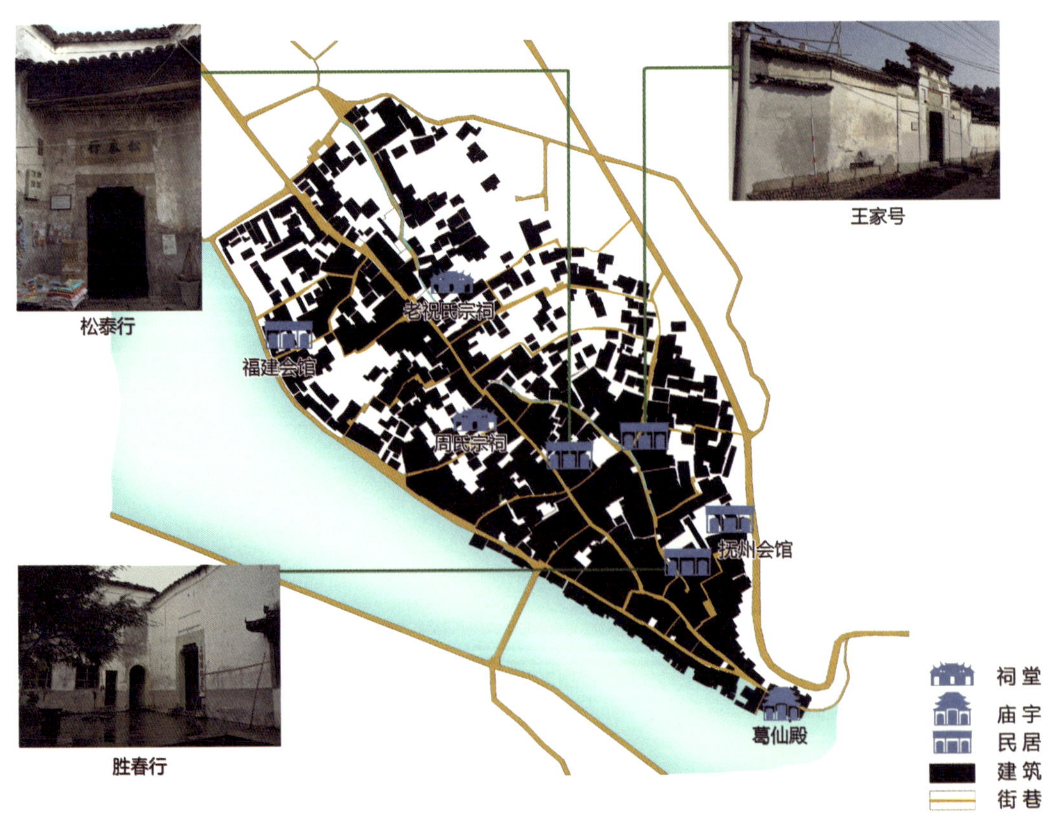

图2 整体布局图

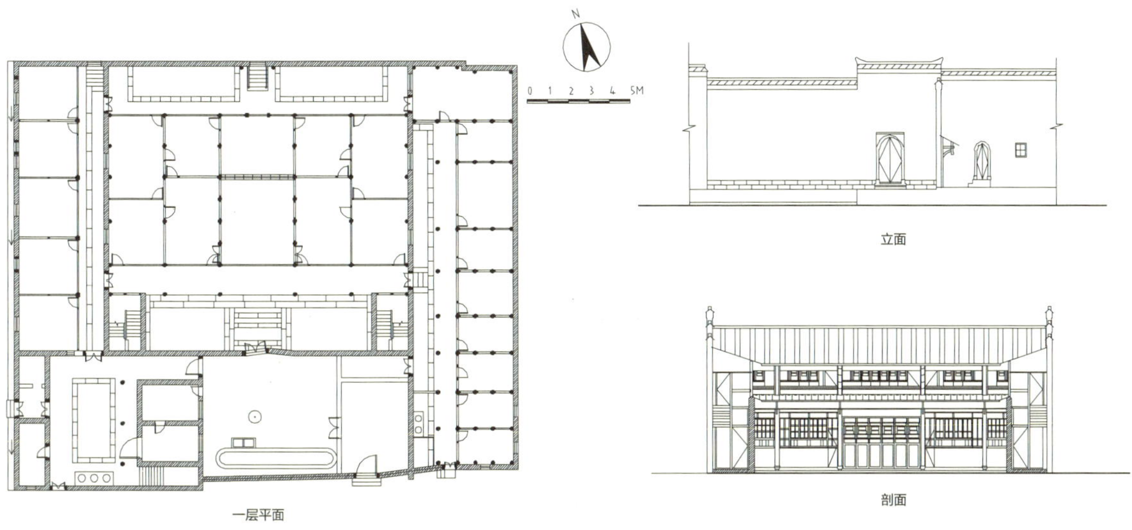

图 3 罗盛春别墅建筑测绘图

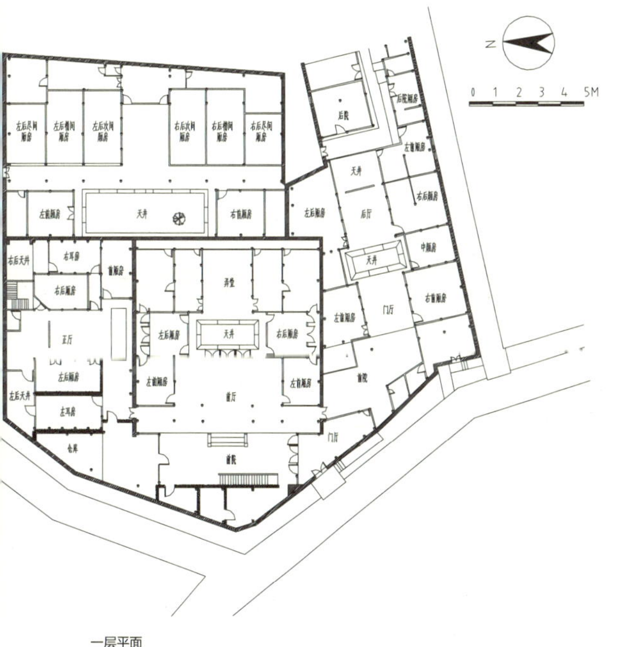

图 4 王家号建筑测绘图

样的方形青石“天赐印”，用以避邪。院落的天井下均置有假山花圃，养花养鸟，风雅之至。

非物质文化遗产

石塘造纸 石塘盛产的连四（连史纸）、上关（关山纸）、毛边、京川、贡川、毛六、毛八、放西、黄表纸等20余种土纸，其产品全部取新嫩的竹丝为原材料，浸泡于山泉之中加工而成，纸张质地优良、细腻润滑、清香且永不褪色，系文房之上品，同时也是印制线装古籍、装裱书画之佳品。特别是明朝万历年间石塘纸更被列为朝廷贡品，专供皇室及各州、府衙门公私便笺之用。明崇祯年间出版的《十七史》名史扉页就是采用连四纸印刷的。民国23年（1934年），商务印书馆出版的《四库全书珍本初集》，选用的也是连四纸。

价值特色

石塘村群山环抱，山、水、街、屋同构，形成“小桥流水人家”的景致。村落格局完整有序，实有“武夷山下小苏州”之名。石塘地处闽赣交通要道，明清时期造纸业极其发达，商业繁荣，古街曾经商贾云集、店铺林立，成为著名的连四纸产地、古代江南五大手工业基地之一。村内文物古迹分布集中，建筑风格体现出浓郁的商业性，较完整地呈现出古镇风貌，体现出该地区鲜明的地域特征，具有较高的历史文化价值和科学艺术价值。

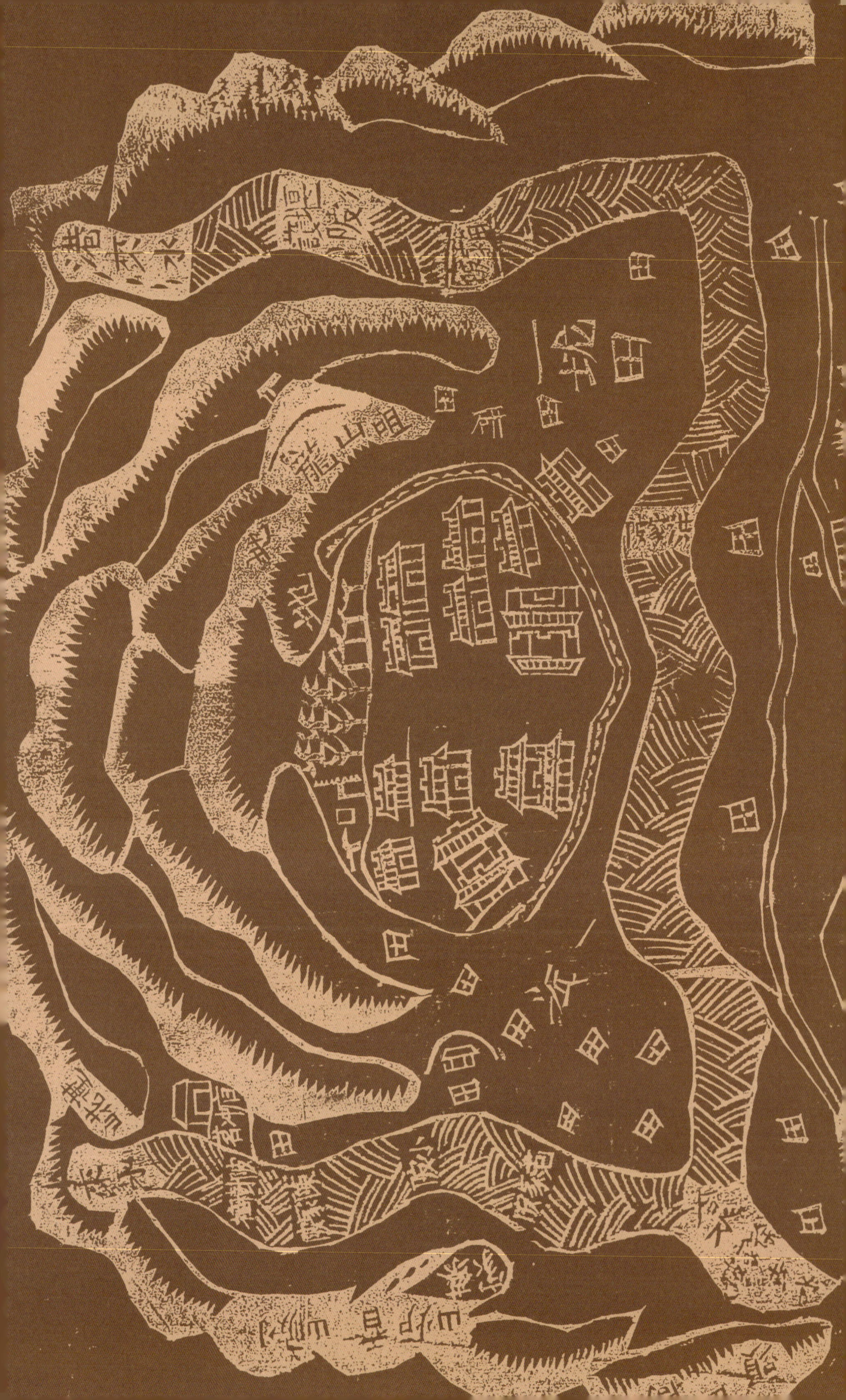

江西

传统村落

JIANGXI

环鄱阳湖地区

杨溪李家村

［南昌市进贤县温圳镇］

村落概况

杨溪李家村位于抚河之畔，地处南昌市进贤县温圳镇南郊，东临国道 G316，北接国道 G320，南连文港镇，距温圳镇仅 2 公里左右。据 2015 年相关资料，杨溪李家村有 213 户，1121 人，耕地面积 442 亩。村里创办文化体育用品、礼品包装、五金加工等企业 10 多家，工业总产值 8000 多万元，农民人均纯收入超过万元。杨溪李家村是赣派传统村落的代表，呈现出独特的山水环境特色、浓厚的科举文化特色和珍贵的书画艺术特色，2012 年 12 月被列入第一批中国传统村落名录。

历史文化

杨溪李家村全名“伍杨溪李家村”，始建于宋宝祐年间（1253-1258 年）。据记载，伍杨溪李氏始祖松江公，进京赶考时途经此地，觉得是一块风水宝地，遂定居于此。李氏子孙在此繁衍至今已有 700 余载，人丁兴旺，数以万计。

村口门楼外侧刻有一对联：“村无旁姓根番李，溪有先人手种杨。”对联的冠头和冠尾连起来正好是“杨溪李村”四字，言简意赅地说明了村名的来历。村口门楼内侧刻有一联：“道德为原本，知识极诚明”。此联为李瑞清亲笔书写，刻画了一个大教育家的见解和情操。该村文风鼎盛，历代出了许多进士，如清代咸丰年间的进士、国子祭酒李联琇和光绪年间的进士李瑞清。李联琇为李瑞清的叔祖，祖孙两人担任当时的大学校长，李联琇为当时的中央大学校长，李瑞清为两江师范学堂监督。该村历史上崇尚科举，村里至今还保存着数十块象征当年科举荣耀的旗杆石。

空间格局

选址　该村依抚河而建，三面环水，被溪水和杨柳环绕（图 1）。溪内大、小水塘相串，遍种荷藕，环塘有堤，广植杨柳，堤外为农田。村落隐堤柳之内，尽显“不见村庄见荷塘，沿堤万树绿树扬”的生态景观。

整体布局　村落四周水塘环绕，整体形态呈集中团块形（图 2）。自西面藕塘，进士路串联了整个村落的文化空间，重要的节点空间有西松祖堂、东素祖堂和李氏家庙，其中位于进士路东端的李氏家庙是整个文化空间的高

图1 村落选址图

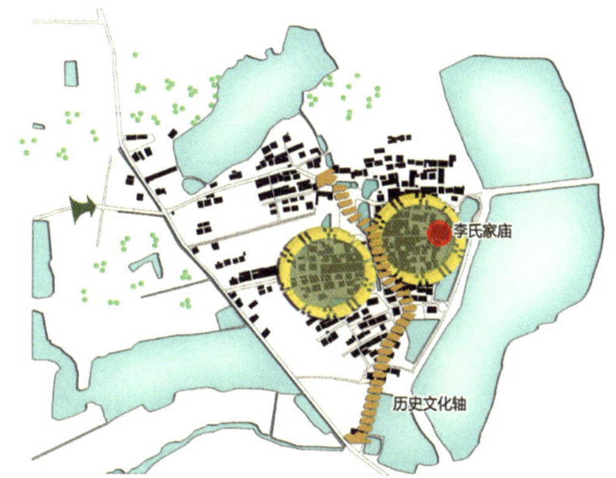

图3 空间结构图

潮。村口新修建的门楼为村内外交通转换点。街巷东西走向、互相平行，为传统村落的骨架。

空间结构 杨溪李家村整体呈“一心、一轴、二组团”布局结构（图3）。李氏家庙为村落的精神文化中心；进士路为村落的文化轴，贯穿了李瑞清故居、祖堂和李氏家庙等重要的空间节点；村落的居住领域以进士路为轴，大小两个组团。

街巷格局 杨溪李家村街巷形态规整，宽度在1.5-2米，麻石铺装。传统风貌保存较好的历史街巷有进士路、举人路、东静巷、东静南巷，宗瀚路、联琇路、秀才路、瑞清路等。

历史环境要素 村落的历史环境要素丰富，有古井、古桥、古池塘、驳岸、埠头等。

典型建筑

杨溪李家村现有明清传统建筑30余幢，类型丰富，工艺精湛。重点建筑有李氏家庙、东静祖堂、东素祖堂、西松祖堂、风雨亭等，另有大量保存完好的民居。

李氏家庙 该建筑约建于明永乐十四年

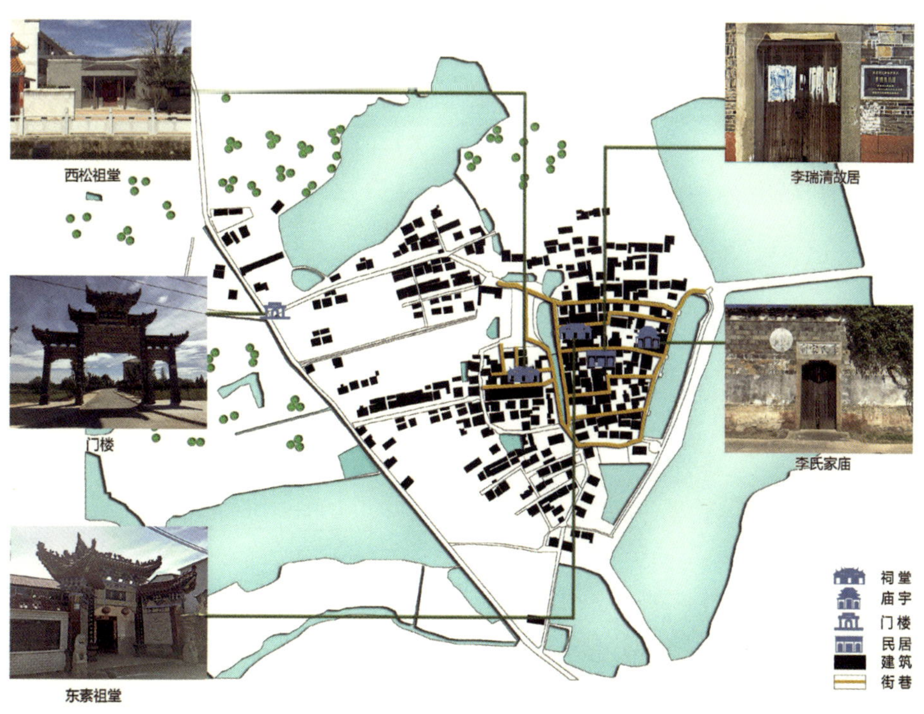

图2 整体布局图

（1416 年），占地 700 余平方米。建筑布局为三路三进九天井式，中路为主，左右两路为辅，以砖木结构为主，整体造型气势恢宏（图 4）。新中国成立后，李氏家庙改建为私立小学堂，供李氏后人就读习文，后又辟神龛建戏台，成为人们集会、举行文娱活动场所。正立面（东）墙一大门两小门，大门上方麻石匾雕刻有“李氏家庙”四字，两小门上方红石匾分别有“贴圃”“之园”四字，意为念书写字之园，为杨溪名人仙末之遗墨。

李瑞清故居 该建筑又称“四进士屋”，位于杨溪李家村中部，坐东朝西，为清代建筑。建筑布局为五开间三进式，面宽 17 米，纵深 38 米，占地 600 多平方米（图 5）。砖木结构，各进大体结构相同，内部纹饰各异。山墙为人字脊硬山墙和叠式马头墙组合，中门置于中间天井一侧，紧邻巷道。主体结构为穿斗式木构架，有少许木雕装饰。天井处配有两口大水缸，缸水时满，专供灭火急用。天井平铺条状麻石，有排水暗沟与外部相通。

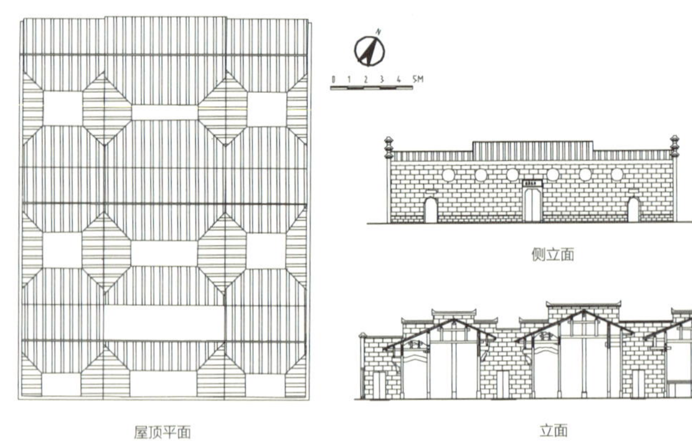

图 4 李氏家庙建筑测绘图

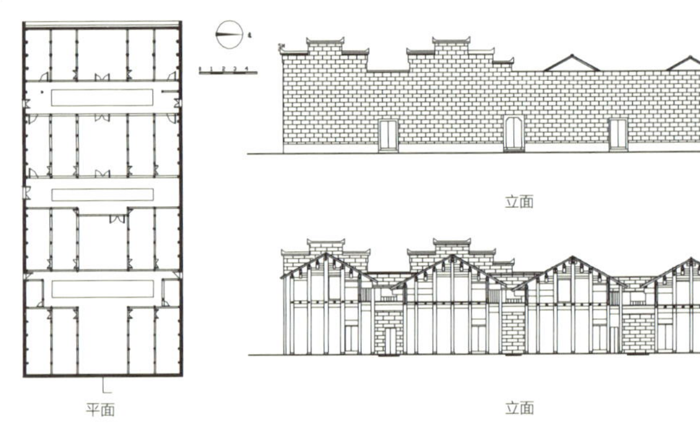

图 5 李瑞清宅建筑测绘图

非物质文化遗产

十番锣鼓 十番锣鼓是温圳镇杨溪李家村民间艺人利用鼓、锣、钹等打击乐器有机地与民间的二胡、笛、箫和唢呐等吹奏乐器结合，组成一整套的演奏曲谱。

“龙凤呈祥”灯彩 “龙凤呈祥”是温圳杨溪李家村一种灯彩表演形式，已列入进贤县非物质文化遗产名录。节目演员 38 人，服装雍容华丽，道具制作独具匠心，头饰设计古韵遗风。九龙九凤，天长地久，二九十八寓意村里经济兴旺，村民安居乐业（图 6）。

图 6 灯彩“龙凤呈祥”

价值特色

杨溪李家村历史源远流长，尤其在教育方面，是中国科举制度的终结和现代大学教育启航的一个结合点，也是新老教育体制交替过渡的象征。在中国教育史上占有重要地位，村落整体布局形态规整，建筑风格体现出浓郁的地域性，较完整地呈现出村落传统风貌。该村的科举文化遗产、书法艺术和建筑特色，具有较高的历史文化价值和科学艺术价值，李瑞清等大师名家的书法艺术更是世界非物质文化遗产的瑰宝。

晏家村

［南昌市进贤县文港镇］

村落概况

晏家村，又名沙河村，隶属文港镇晏殊村委会，位于文港镇西北2公里处，西临抚河，三面农田环绕，风景优美。村落东侧有国道G316，北有国道G320、温厚高速公路和浙赣铁路，距进贤县45公里，交通十分便利。据2014年相关资料，全村有420户，1860人。村基占地320亩，耕地面积为2625亩。全村致力发展生产，大力发展种植、养殖业、制香以及传统毛笔产业，2012年农民人均纯收入达9582元。由于古朴的村落风貌和深厚的历史文化底蕴，2012年12月晏家村列入第一批中国传统村落名录。

历史文化

晏家村始建于北宋，距今已有1000多年历史。据《东南晏氏族谱·江西源流论》中记载，“晏姓始祖启自墉公，墉公原籍山东，唐咸通元年进士，由临淄官任江西观察判院，后山东牛金星作乱，桑梓之地尽为寇所”，因此在江西安家落户。

千百年来，从这里走出去的子孙们，在朝廷为官的就有100多人，北宋宰相、著名词人五世祖晏殊、北宋大词人六世祖晏几道是晏氏家族的光辉典范。晏殊的《珠玉词》，晏几道的《小山词》结束了晚唐五代的以描写女性美为特色的花间词、婉约词风，开创了北宋时期以感伤人生为代表的新的婉约词风，是中国文学史上划时代的历史人物。以晏殊父子为代表的名人形成的高尚品格及其所创造的优秀文化不仅是晏家村的优秀文化遗产，更是晏家村的文化特色，对晏氏后人影响深远。

村落还保存了大量明清时期的匾额，主题多旌表家族先贤，如“骨鲠家风”“青齐世家”“狐裘风古”“姜桂流芳”“高仰青齐”等。这些匾额不仅反映了主人不忘先祖、励志自强的情趣和愿望，同时也有较高的书法艺术价值，蕴含着非常丰富的历史文化内容。

空间格局

选址 晏家村位于抚河中下游，地处抚河冲积平原，地势较为平坦，整个区域地形呈东高西低走势。村落三面被农田环抱，西邻抚河，东侧赣渠纵贯南北，灌溉条件十分便利。村落呈现出“一马平川、水天相交”的生态景观（图1）。

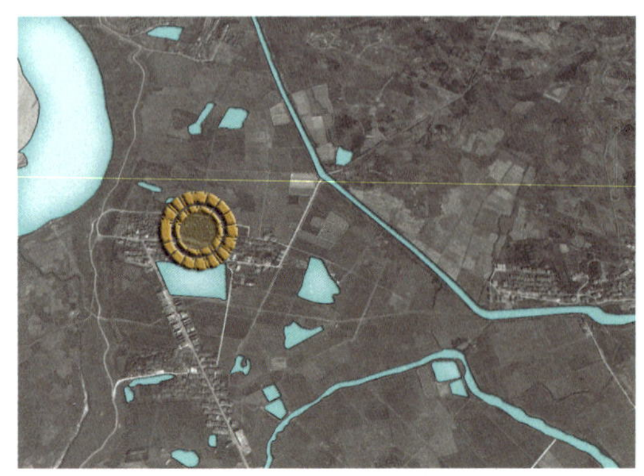
图 1 村落选址图

整体格局 村落整体形态呈带状，位于村落中心的晏氏家庙是村落精神文化核心，为整个文化空间的高潮（图 2）。村落东侧为东赣渠，西侧为抚河，七星溪横贯村落东西。村前有月形池（明堂），村内有七座水塘构成“七星伴月”的形态塘，形成了“西临抚河，东靠东赣渠，前有水后有良田”的独特村落格局。

空间结构 晏家村整体呈“一心、一环”布局结构（图 3）。晏氏家庙为村落的主要精神文化核心；村落四面环水，周围的水域构成一个滨水环带。街巷的布局为村落骨架，呈现出明显的梳状肌理。

街巷格局 村落街巷呈“一横、十四纵”的梳式布局，主街贯通东西，支路均垂直于主街成南北走向。14 条南北向历史巷道基本保存完好，只有少数街巷受到破坏，路面由青石板铺筑。遗憾的是东西走向的主街破坏了原来的石板路，硬化为水泥路面。14 条南北向街巷自西向东分别为寅巷、卯巷、辰巷、巳巷、午巷、未巷、申巷、酉巷、戌巷、亥巷、子巷、丑巷、新寅巷、新卯巷。

历史环境要素 村内现存古井 1 口，古桥 1 座，古树名木 1 棵，匾额 5 处，门楣石刻 12 处，石构件多处，碑刻 3 处，建筑遗址 2 处等。

典型建筑

晏家村共有 98 幢完整的明清时期及近代传统风貌建筑，朝向均为坐北向南。晏家村传统建筑以晏氏家庙为中心布局，形制规整，平整有序。村落传统建筑大致可分为两种类型，其中一类为以“江山毓秀”宅、“姜桂流芳”宅、“骨鲠家风”宅为代表的民居建筑，另一类为

图 3 空间结构图

图 2 整体布局图

以晏氏家庙为代表的祭祀类公共建筑。

晏氏家庙 该建筑处于村中部，始建于北宋庆历年间，后由桂瑞藩题写“晏氏家庙”四个大字刻于门额上。晏氏家庙大体坐北朝南，主体建筑为三开间一进半式，2层，砖木结构，占地面积达300平方米，建筑面积580平方米(图4)。晏公庙里的家神中，晏公神最大，坐在庙里中央，两旁分别是中房神、二房神、五房神、六房神。每逢初一、十五，村民都会上香祭拜，求得保佑。

“江山毓秀”宅 该建筑位于村落中部，是民居的典型代表，建于清代。宅第大体坐北朝南，2层，砖木结构，占地面积达195平方米，建筑面积380平方米，是典型的赣派建筑(图5)。整体布局为五开间一进半式，有前后两个天井。建筑门窗隔扇雕刻精美，马头墙颇有特色。

非物质文化遗产

游大神 每年正月初七，是晏家村举行“游大神”的日子，全村统一接客。村民趁这大喜的日子，大清早各房选派年轻力壮的小伙子将庙中的大神“晏公爷”等其他四尊木雕小神用轿子请出来，在全村范围内游走一遍。只有让神出来，与村民同乐，神才会保佑全村村民。每年每房轮流做东，首先停放接受朝拜，这一天，全村热热闹闹，家家户户分别在各房门前操场上摆牲祭祀，焚香点烛，叩头作揖，打爆竹放烟花，朝拜完之后在爆竹声中将神像送回家庙中。

价值特色

晏家村有着丰富而悠久的历史文化积淀，以其特殊的村落格局、独特的家庙建筑、精致的建筑雕饰而著称。“七星伴月”的村落格局既满足了农耕时代村民对灌溉和生活用水的需要，也赋予了美好的寓意。作为一座千年古村，它的价值既体现在传统村落格局的保存上，也体现在保存至今大体完好的传统建筑上，更重要的则是体现该村先辈所创造的文化传统上。

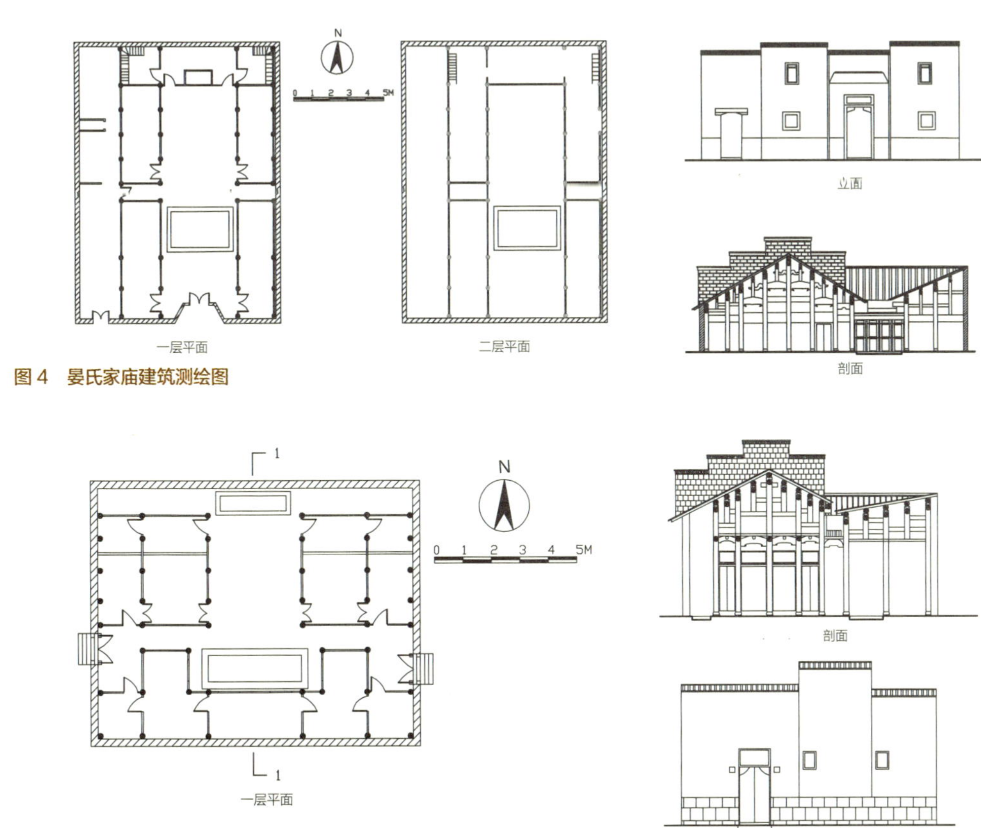

图4 晏氏家庙建筑测绘图

图5 “江山毓秀”宅建筑测绘图

前后万村

［南昌市南昌县三江镇］

村落概况

前后万村位于南昌市南昌县三江镇东南部，属三江村委会，地处南昌、进贤、丰城、临川四县接壤地带，位于镇政府东南方向，距镇政府驻地 500 米，地理位置较优越，交通较为便利。据 2009 年统计资料，全村共有 445 人，耕地面积 105 亩，苗圃、菜地面积 135 亩。该村经济以个体经营、手工业为主，少数村民兼种植水稻、蔬菜等作物。2009 年 7 月，前后万村被公布为第三批省级历史文化名村；2013 年 8 月前后万村被列入第二批中国传统村落名录。

历史文化

据《万氏村志》记载，其远祖可推为毕万，黄帝三十五世孙。万氏始迁祖为南宋高宗建炎三年（1129 年）兵部尚书万迪，因金兵扰攘，在护送隆佑太后南避途中定居于隆兴郊外的板湖；三江万氏始迁祖是迪公第七代孙仲举公，于南宋嘉定十六年（1223 年）由板湖迁至牛宿州定居；迪公第九代孙至道公及第十代孙克高公于元代大德元年（1297 年）由板湖迁居于现今的前万村。明武宗正德四年（1509 年）六月，因抚河洪水泛滥，仲举公第十代孙齐公率其三子迁移至鲤鱼垅，即现在的后万村址。前万村位于抚河支流西侧，与后万村仅有一塘（鲤鱼塘）之隔。

前后万村自元迄明肇基以来，世代繁衍兴盛，为南邑大族，涌现了万迪、万绍芬、万启心、万里扬、万贤浩、万兆椿、万良逸等大批优秀人才。

空间格局

选址 该村选址于赣抚平原地区，地势平坦，西侧临河，村首沿鲤鱼塘有成片的杨柳翠竹，四季常青的杉树，碧水环绕、绿草茵茵，十分幽静。村基地势南高北低，呈缓慢倾斜状（图 1）。

图 1 村落选址图

整体布局 前后万村规划以水塘为界，村首的鲤鱼塘将村落分隔成南、北两片区，即前万和后万，前万村和后万村隔塘相望，整体形态为组团状，形成了独特的村落布局（图2）。鲤鱼塘四周的建筑如双节牌坊、“必大之门”基本都是面向鲤鱼塘，形成环抱之势。前后万村以鲤鱼塘为界分为两个组团，组团间保持距离但又相互联系。前后万村地势平坦，村内有多处水塘，村落与水体相互依存。

街巷格局 前后万村主街与鲤鱼塘平行呈东西走向，次要街巷垂直于主街向南北延伸，呈不规则网状自由布局。村落建筑布局紧凑，巷道空间狭长通幽，同时强调防火、防御功能。路面主要由条状青石板铺筑，巷道宽约1.5米。村落主要街巷有西边巷、麻石巷、和平巷、万巷、曹门巷等。

历史环境要素 村落有古树3棵，古井2口，古塘3口，旗杆石1处，石堤1处，金榜堪花石1处。

典型建筑

前后万村现存各类传统建筑61幢，大多数为明、清时期所建、少数民国时期的建筑，总建筑面积达21万平方米。重点建筑有“必大之门”、双节牌坊等。

“必大之门” 该建筑位于后万村中部，建于明代。建筑入口为八字门，门额上镌刻“必大之门”四字，取于先朝典故“繁衍昌盛”之义。主体构架为穿斗式木结构，四周砖砌围墙，面阔三间，设正堂（图3）。堂正中悬“思诚堂”匾额，墨漆底、金字。据考“思诚堂”为明代时后万村三大房之总称，按传统称呼叫作“曹门”，即宗族执法之堂。根据万氏族谱记载，历代以来，万氏有严格的宗政族规，如违犯者，

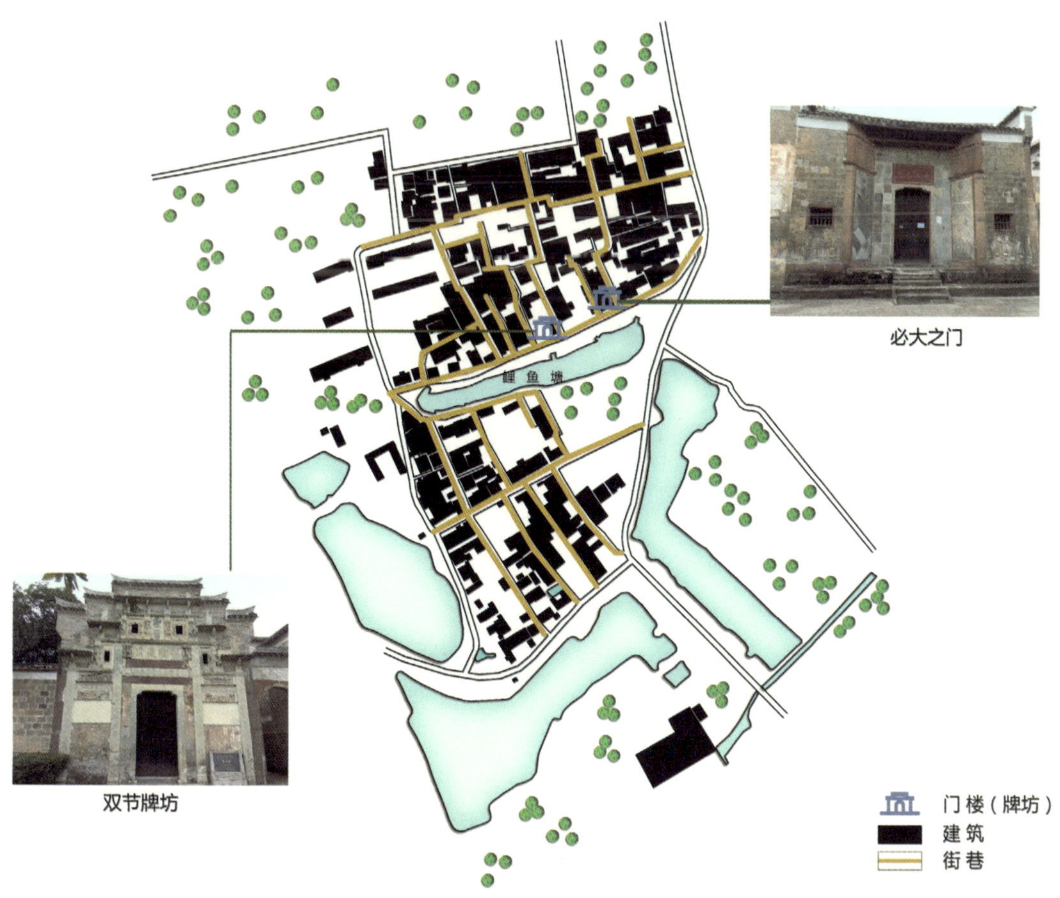

图2 整体布局图

便开曹门执行宗法处理。后来该建筑成为迎神奏会的公共场所。

双节牌坊 牌坊位于后万村前主街旁，始建于光绪丙午年（1906 年），青石质，四柱三门，高 8 米，宽 6 米。牌坊门室内，面积 40 余平方米（图 4）。梁柱枋壁都精雕细琢，雕刻人物宫廷故事，内容丰富，工艺精致。牌坊正方有刻“圣旨”的竖匾。门额上横书“心绩双清”。下横额镌“万启培之之配，万启奎之配”十字，双行直横书；中柱锈双联“贞心合受芝纶笼”“劲节同邀绰楔荣”；侧柱镌双联“志矢靡他，彤史联书双节传”，“名垂不朽，清操应荷九重旌”，联工字秀。

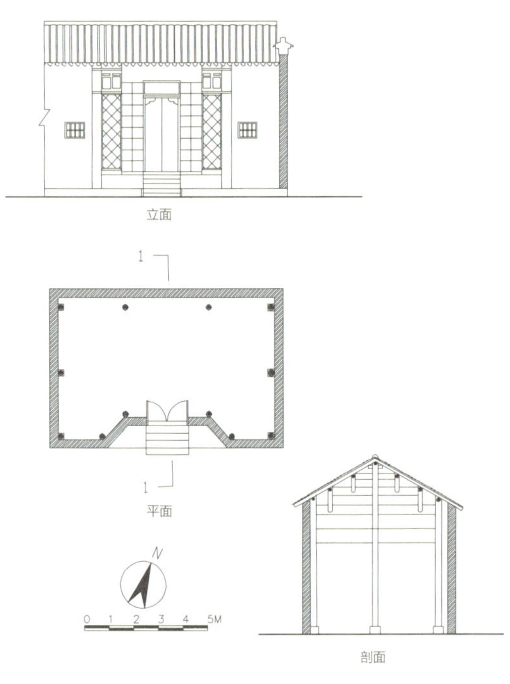

图 3 “必大之门”建筑测绘图

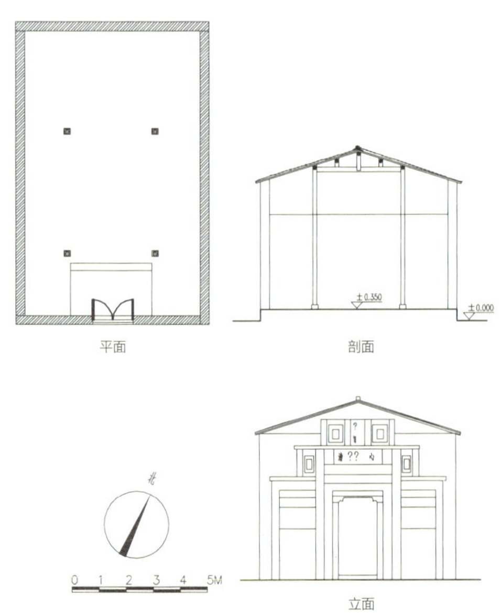

图 4 双节牌坊建筑测绘图

非物质文化遗产

抬故事 抬故事是三江当地的一项民俗，每年农历八月十三抬着故事拜太爷（即闻大师）、正月十二至十五拜子类，由 4 个抬手、4 个旗手，4 个乐手，2-3 个童男童女，每台故事由 15 个人组成，一般每个村庄有 2-4 台故事。根据戏剧里的故事角色，童男童女身穿戏服，画京剧脸谱坐在故事架上，故事架有八仙桌大小，中间钻 2-3 个孔，用 2-3 根木柱或铁板架插在架上，然后将扮演的童男童女用布缠在木柱上，童男坐在木柱插板上，童女悬空在离故事架台面 1.5 米之上，随着十番锣鼓的音响，4 个抬手抬起故事游走（图 5）。

价值特色

前后万村历史文化底蕴深厚，在聚落构成、建筑形制、价值观念、生活习俗上都集中体现了地域性特征，展现了鲜明的地方风格。村落空间布局独具特色，围绕鲤鱼塘前后布置形成两大组团。村内较完整的民居建筑群、精心规划的街巷格局、雕饰精湛的天井式民居充分体现了这一地区传统村落的布局模式，是该地区珍贵的乡土文化遗产。

图 5 抬故事

艾溪陈家村

[南昌市进贤县架桥镇]

村落概况

艾溪陈家村位于进贤县架桥镇北部，地处抚河南部，距抚河1公里，东接南昌县塔城乡东游村，西临南昌县武阳镇郭上村，离南昌市与进贤县各30公里。据2012年相关资料统计，艾溪陈家村现有宜坊、段家、龚家、樊家等9个村小组，总户数701户，共2820人。村落耕地面积为135亩，农田为2148亩，农业种植以水稻、花生、大豆、油菜、芝麻为主，2012年村民人均收入7790元。该村历史文化悠久，风貌古朴，文物古迹众多，现存大量明清时期古建筑。2007年，艾溪陈家村被江西省人民政府批准为第二批省级历史文化名村；2013年8月被列入第二批中国传统村落名录。

历史文化

据陈氏族谱记载，艾溪陈家远祖为江州义门（今九江市德安县境内）陈村人氏。明英宗天顺元年（1457年）始祖肖水公由南昌下艾溪（今南昌县塔城乡附近）迁居至此。至今有550年建村历史，繁衍至第二十六代。

艾溪陈家历史上人才辈出，自嘉靖四十四年（1565年）族人陈栋以一甲三名荣登进士第三名（探花）后，陈氏家族发展很快，明、清两代共有十人考中进士。羽琌山馆主人陈志喆，清光绪年间进士，民国初年（1912年）首任江西省通志局局长。村内现存各类匾额多达23块，彰显着深厚的历史文化内涵。

空间格局

选址 艾溪陈家村河湖溪流众多，水系发达，水源充足，抚河、青岚湖三面环抱。村落处赣抚平原，依抚河南部而建，地形平坦，坐北朝南（图1）。

整体布局 艾溪陈家村古村布局集中，呈集中团块形（图2）。村内重要的空间节点有“义门世家”门楼、陈氏宗祠、羽琌山馆、云亭别墅。村前的“义门世家”门楼建于明代，为该村总门楼，是村内对外交通的总关卡。陈氏宗祠位于村中部，是村内精神文化的核心空间，是整个文化空间的高潮。羽琌山馆位于村落西部，为进士陈志喆的府邸，规模庞大，功能齐备。云亭别墅位于村落东部，是光绪年间进士陈应辰父子的府邸。这两座进士府邸被称为艾溪陈家村的“东庄园”和“西庄园”。

图1 村落选址图

街巷格局 村内街巷基本保持了明清纵横交错的格局，呈不规则方格网布局。总门楼前的主街东西贯通，主要步道总长度为400米。巷道路面宽度为2.5-3.5米。弄道较窄，一般宽度为0.9-1.5米，铺装以青石板为主，路侧设排水沟。

历史环境要素 村落有树龄100年左右的古树1棵、祠堂2处，门楼1座，戏台1处、古井1口、生活埠头（或称洗衣埠）4个。

典型建筑

艾溪陈家村有2幢明代建筑和39幢清代建筑。现存国家级重点文物保护单位1处2点——羽琇山馆和云亭别墅；省级文物保护单位1处——“义门世家”门楼；县级文物保护单位3处——结岁寒庐民居、半耕读家民居和退思室民居；祠堂2处，其中明代祖堂最为珍贵。

羽琇山馆 该建筑由陈志喆始建于1875年，庄园内主体建筑为宝俭庐、诒经室、远读楼、恋春阁、磨砚山房。羽琇山馆东侧的宝俭庐、诒经室、远读楼，三建筑连为一体，正面看面阔七间，进内看，三屋又各自独立成栋（图3）。其中，宝俭庐、诒经室两幢均为两进两天井，

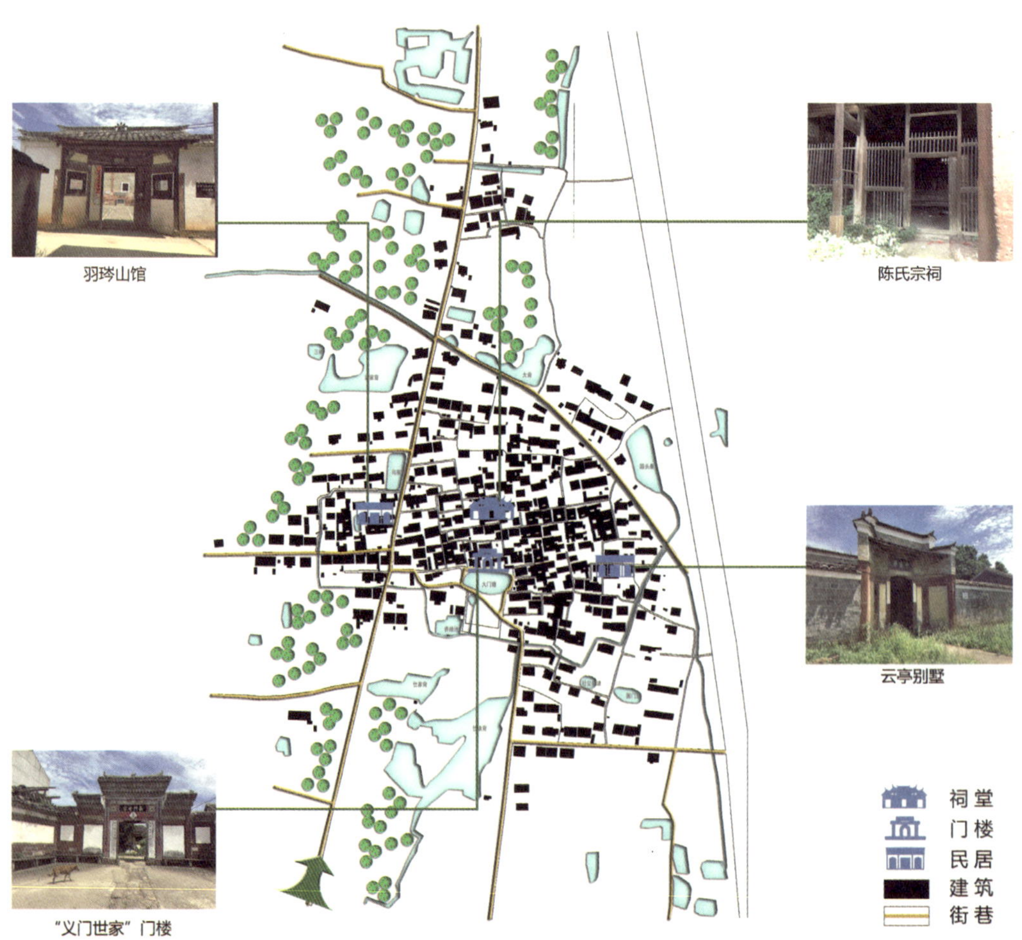

图2 整体布局图

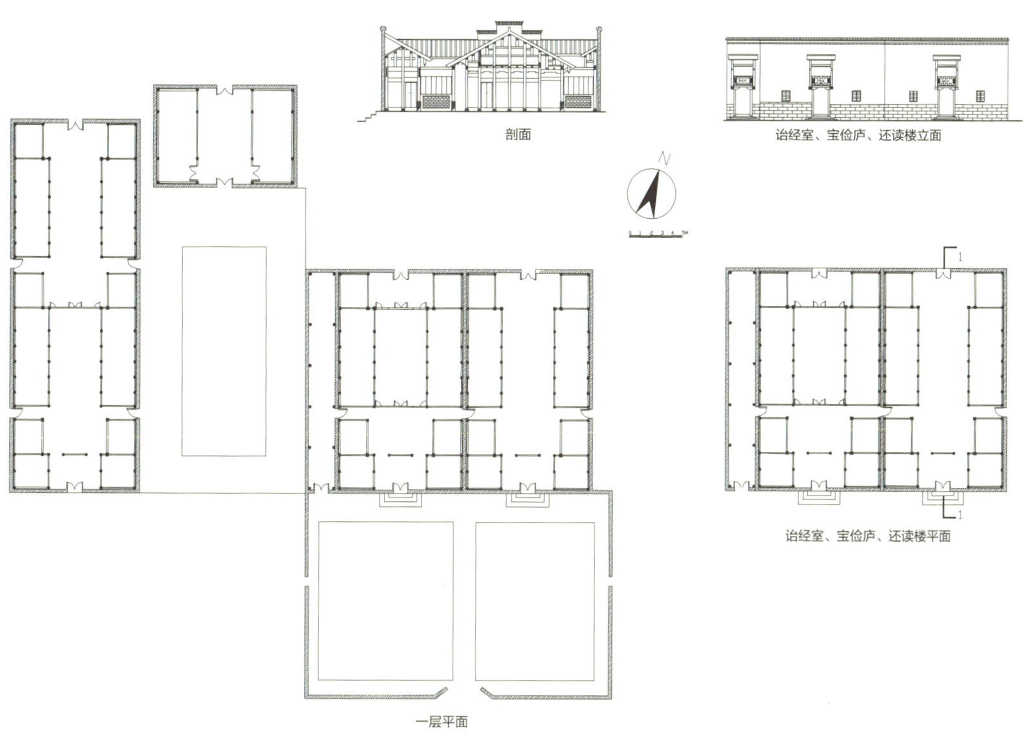

图 3 羽琌山馆建筑测绘图

设计布置一样。宝俭庐为主人起居之室，诒经室是主人藏书楼，紧贴宝俭庐西侧是较狭窄的远读楼。远读楼西墙外涵春池东是长条空地，过去称桂花林。门窗隔扇及部分梁架构件雕花卉、动物、吉祥图案等。2013 年 5 月，羽琌山馆被列为全国重点文物保护单位。

云亭别墅 该建筑始建于清代同治癸亥年（1863 年），位于村东部。云亭别墅大体坐北朝南，整体布局前带跨院，主体建筑布局一进半，14 间正房，6 间厢房，6 条小巷（图 4）。“中宪第”是云亭别墅的八字门楼，高 5.4 米，宽 5.9 米，由 6 根红石立柱及 4 根横梁搭起门楼构架，上砌斗砖成屋檐式，低于两次间屋檐并置雨篷架，盖在“中宪第”黑石匾上。厅堂立柱间穿枋全部精工雕刻山鸟花水图案，上下穿枋间的竹篾织壁上有墨绘图案；厢房门窗雕有人文典故及吉祥喜庆图案。2013 年 5 月，云亭别墅被列为国家重点文物保护单位。

非物质文化遗产

米酒酿造 艾溪陈家村位于江南赣抚平原，土壤肥沃，降水充沛，光热充足，盛产优质大米，自古以来就是当地典型的产粮大村。从建村以来，该村村民就有用稻米蒸煮酿酒的传统，曾为我国白酒的起源提供有益的借鉴和

图 5 米酒酿造

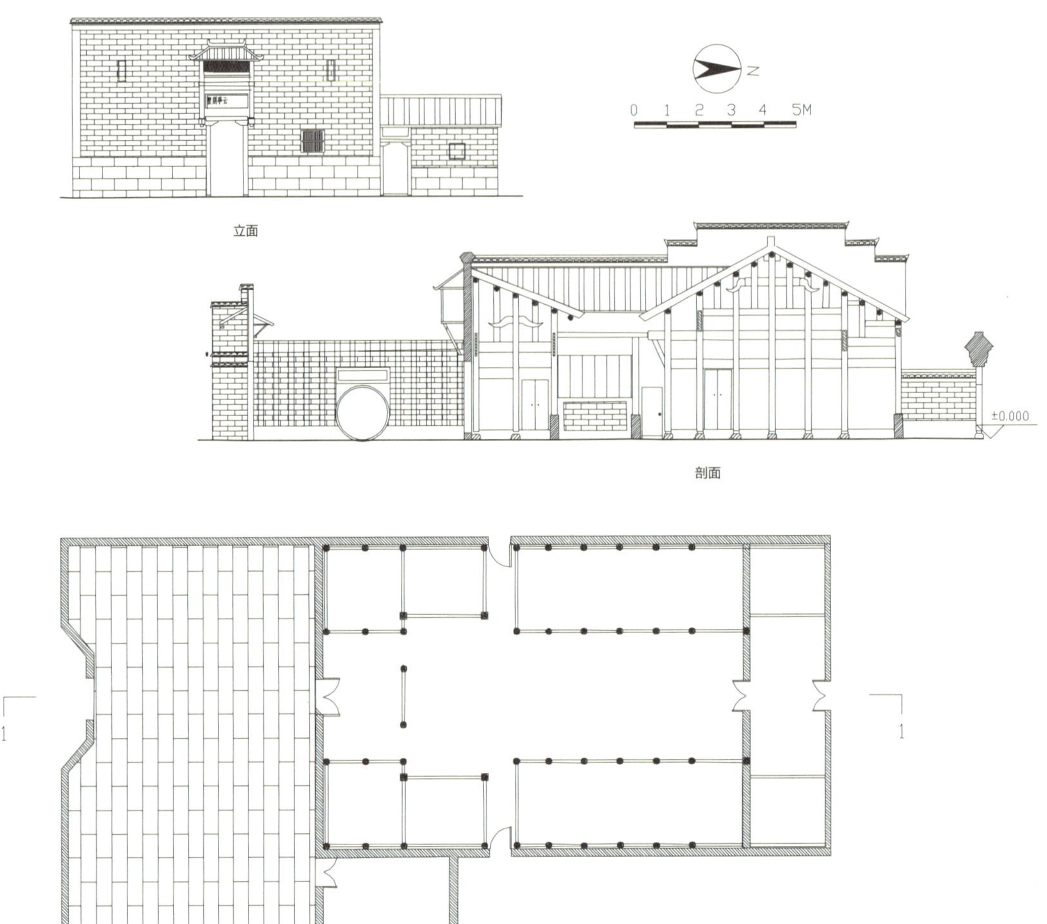

图 4　云亭别墅建筑测绘图

佐证，至今村民还保留着这一古老的酿酒方法，流传着“喝酒作田，杀猪过年”的民间俗语（图 5）。

中秋烧塔　每逢农历八月十五的中秋之夜，村民都聚集在村前广场举行中秋之夜烧塔活动，村民用月饼、柚子、米酒等祭拜月神，表达金秋季节的丰收喜悦，寄望来年风调雨顺、生活幸福美满（图 6）。

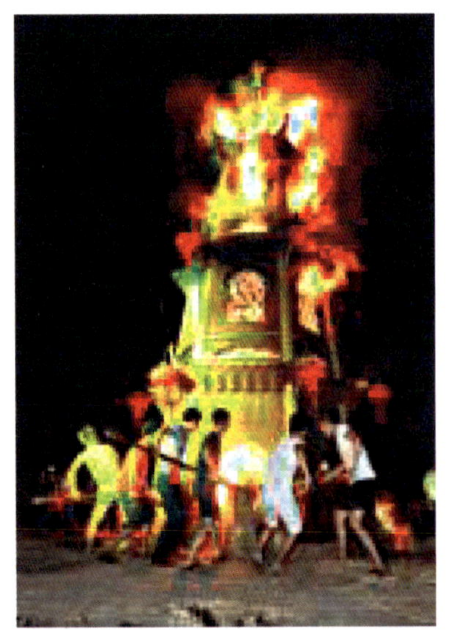

图 6　中秋烧塔

价值特色

艾溪陈家村历史文化传承有序，在民俗学、礼学、风水学、环境生态学等方面均有一定的研究价值。村落布局有着鲜明的特色，井然有序，展现了生态宜居的村落建构艺术，文物古迹众多，有两处国宝单位云亭别墅和羽琌山馆，是我国乡土建筑的典范。此外，村中丰富多彩的民间文化体现出地域特色，值得进一步挖掘、整理。

曾湾村

［南昌市进贤县文港镇］

村落概况

曾湾村隶属于南昌市进贤县文港镇，坐落在文港镇南部 6 公里处，东靠前塘村，南接枫树头村，西林抚河，北端与上彭村相接，距县城29 公里，886 乡道(文柞段)从村庄东侧穿过，交通便利。全村有 147 户，共 600 人，拥有水田 170 亩。改革开放初期，村民主要从事建筑业，现在以从事毛笔销售及其附属产业为主。文港镇是闻名遐迩的毛笔之乡，以毛笔制作、书法而闻名。2013 年 8 月曾湾村被列入第二批中国传统村落名录。

历史文化

曾湾吴氏有千年历史，宋绍定年间(1228-1233 年) 在此开基。宣公吴守德为始祖(后蜀孟知祥女婿)于后晋天福二年(937 年)携纶、经、绍三子从四川阆中县迁至江西临川长乐乡石井，留次子经公居之。后经公次子吴仁由石井迁至彭泽，后高公由彭泽迁湖潭，其后始迁祖杨公由湖潭迁曾湾建村。

曾湾村文化底蕴深厚，人才辈出，其中成就最为突出的是吴廷相和吴撝谦。吴廷相为明隆庆年间进士，任刑部郎中。吴撝谦为吴廷相之子，进士出身，曾任两广盐监。除此之外，文港镇也是北宋宰相、著名词人晏殊的故里。

空间格局

选址 曾湾村坐落于抚河冲积而成的赣北平原，地势较为平坦，四周良田千顷，水塘密布。村落坐北朝南，布局因地制宜，西北方向

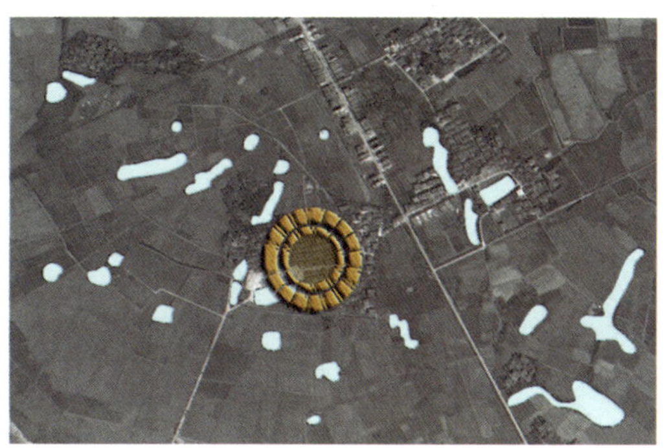

图 1 村落选址图

“憲臺风纪”坊

寺庙

“父子恩荣”坊

“进士”坊

图 2　整体布局图

地势较低，利于排水。村落四周水塘环绕，村北有大片竹林（图 1）。

整体布局　曾湾村布局规整严谨，整体形态为集中团块形（图 2）。传统建筑群集中在村落中部，横向主路贯通东西。“进士”坊、“父子恩荣”坊、“宪台风纪”坊是村内重要的空间节点。曾氏祠堂位于村北部，独立于村外，与其附近庙宇构成村落的精神文化中心。

空间结构　曾湾村整体呈“一心、两轴”布局结构形式（图 3）。村庄的住居领域建筑集中分布，北面的曾氏祠堂为整个村落的精神文化核心；村庄内祠堂与村庄南部休闲活动中心构成一条文化轴线；村庄内东西向主街为村内的主要交通轴。

街巷格局　曾湾村主街东西走向，次要道路垂直于主街向北延伸，呈梳式布局。历史

图 3　空间结构图

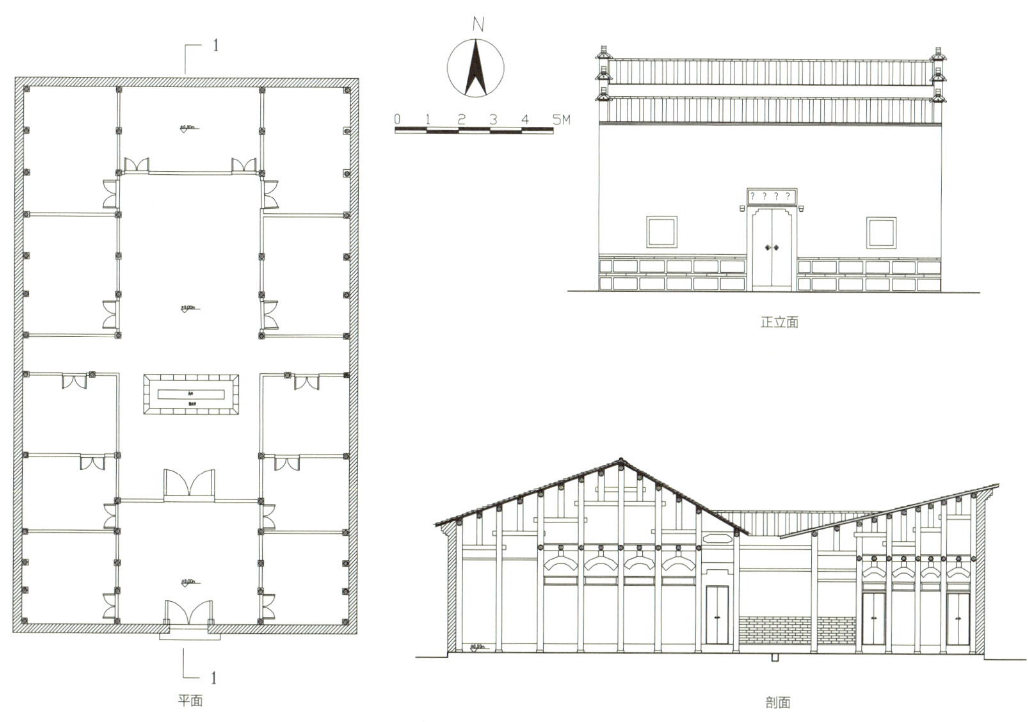

图 4 “三让家风”建筑测绘图

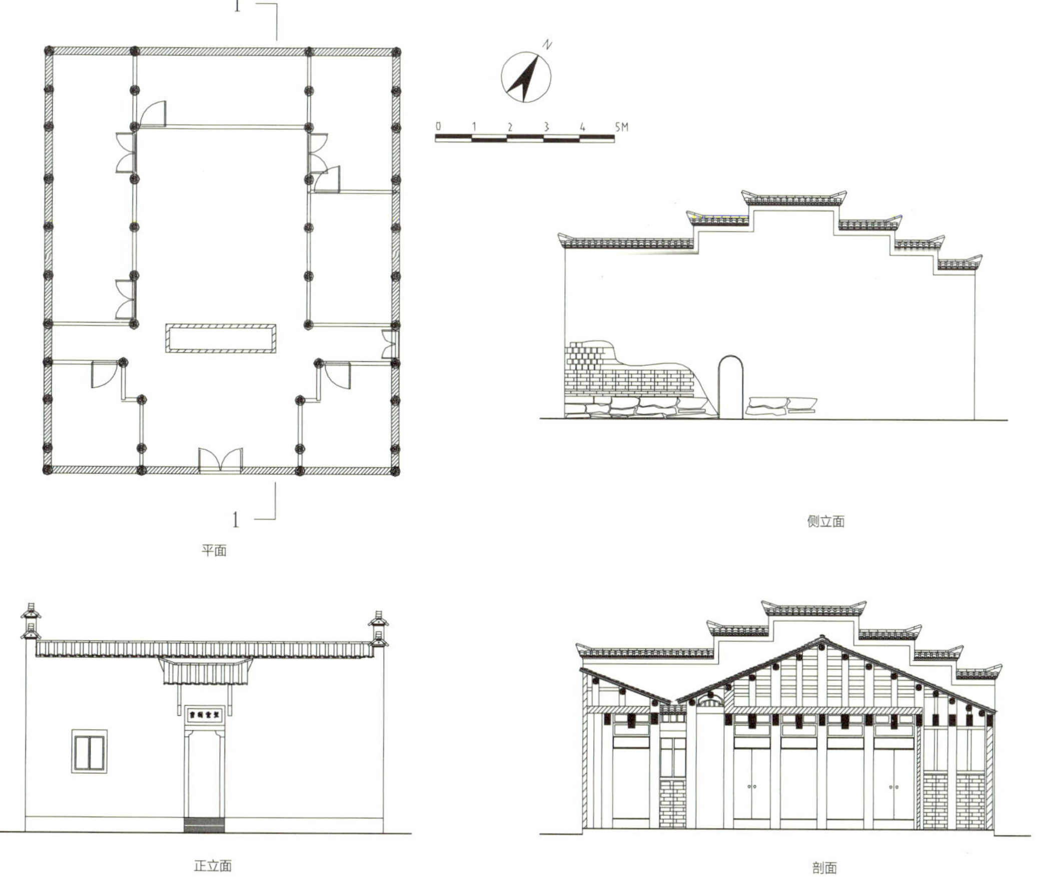

图 5 吴绍志宅建筑测绘图

街巷的尺度空间宜人，街巷布置规整、严谨，蕴含了深层次宗族与礼法内涵。街巷宽度在1.5-2.5米，主要以青石板铺设为主。该村有历史巷道7条，以“父子恩荣”坊、“宪台风纪”坊、“进士”坊为起点的三条巷道保存完好。

历史环境要素　村内现存明代巷道门牌坊3座，旗杆石4块，古樟4棵，水塘10余口。

典型建筑

曾湾村中现存明清建筑43栋，其中县级文物保护建筑3处，分别为“父子恩荣”坊、“宪台风纪”坊、“进士”坊。代表性建筑有“三让家风”宅、吴绍志宅、“望重荆蛮”宅等。

图6　微雕技艺传承人周信兴

图7　一家三代毛笔制作场景

“三让家风”宅　该建筑始建于明代，之所以取名为“三让家风”，源于泰伯三让王位的典故。建筑的平面布局三开间一进式，中轴对称（图4）。建筑的结构为砖木结构，穿斗式木构架为主体支撑结构。建筑在装饰上采用了石雕、木雕，主要位于室内梁架、门窗隔扇、柱础石等部位，做工精巧别致。

吴绍志宅　该建筑始建于清代，穿斗式木构架，平面形制为三开间一进式，布局相对紧凑（图5）。内部饰有精美窗花，梁柱、构架、柱础保存完整。外墙面有精致的砖雕，有较高的艺术价值。

非物质文化遗产

端午赛龙舟　曾湾村依河而居，与水相伴，长久以来都有端午赛龙舟的传统。五月初一前一天，村民焚香点烛，燃放鞭炮，请出龙舟，置于河边。村中老人击鼓敲锣，在端午龙舟下水之前的夜里村民在舟上唱起《采茶戏》，全段共48句，一年12个月份中各有4句。

毛笔文化　曾湾村在宋代建村，当时正处于江西毛笔文化的早期孕育阶段，从陕西河南一带带来的毛笔技艺促进了江西毛笔文化的形成。曾湾村发展至清代，毛笔逐步取代农耕成为村中的主要产业，毛笔产业发展将江西毛笔文化发展推至了顶峰。目前村内还保存以“邹紫光阁毛笔作坊”为主的清代至民国的古建筑群、数量诸多的匾额等历史遗存。曾湾村对促进江西毛笔文化发展起到举足轻重的作用，是江西毛笔文明形成演化的重要见证者（图6、图7）。

价值特色

曾湾村历史文化底蕴深厚，人才辈出，且毛笔文化发达，是远近闻名的毛笔之乡。村落布局尊崇规制、讲究严谨，其规整、理性的空间形态体现了中国传统礼制文化的内涵。传统建筑数量众多、类型多样、工艺精湛、雕刻题匾内涵丰富，是研究我国尤其是南方地区传统建筑较为珍贵的实物资料。

旧厦村

［南昌市进贤县罗溪镇］

村落概况

旧厦村位于南昌市进贤县罗溪镇罗溪街北3公里处，南枕蜉蝣岭，北临青岚湖，东、西两侧山岭耸峙，四周田川环绕，是章岗村的自然村之一。据2015年相关资料，全村有200户，共941人。现有耕地面积1415亩，主要产业为水稻种植业、渔业和加工业，同时也有部分个体前往县城经商。该村明清建筑群、十字巷等保存完好，是典型的原生态田园村落。2004年7月，旧厦村明清建筑群被进贤县人民政府批复为第二批县级文物保护单位；2013年8月旧厦村被列入第二批中国传统村落名录。

历史文化

据族谱记载，罗溪周氏是南昌县荷湖周氏于南宋景定元年（1260年）迁徙而来，由始祖玉梅公在竹园奠基定居，后第四世祖思文、思行、思忠、思信、思敏五公陆续分支迁徙，是为罗溪周氏五房之始。1344年左右，思文、思信选择在竹园西部定居，即现在的旧厦村址；思行、思忠选择在东南部定居，发展为现在的新厦周家；思敏则居于老基。清乾隆年间（约1750年）第十六世和斋公牵头设立“育婴会”，创“义渡”，修至罗溪的麻石大路，建周家祠等。旧厦周氏在周边的影响力日趋增强，及至第十九世更有和斋公子孙的“八大家”，或为官，或经商，家境殷实，筑室为居，形成旧厦村基本格局。

旧厦村文风鼎盛，目前仍保存各类匾额达19处，如“总集福荫”“忠厚余庆”“义门来庆”“善良贻庆”等，门额寓意丰富，反映了周氏家族变迁和历史文化渊源。

空间结构

选址 旧厦村位于抚河与青岚湖之间，处于青岚湖畔河湖平原地带，地势平坦，水系发达（图1）。村落水塘环绕，前景开阔，周边为广袤的田园风光，是典型的平原型聚落。村基地势西北高东南低，四周水塘密布。

整体布局 村落整体布局严谨，原有四门及村墙围绕，为典型的村堡式（图2）。村前的总门楼作为村落的主要关卡，成为重要的交通空间节点。村内的十字巷贯穿东西南北，为村中主要的交通骨架。村落南侧的门前路串联了整个村落的景观空间，其中位于门前路中段

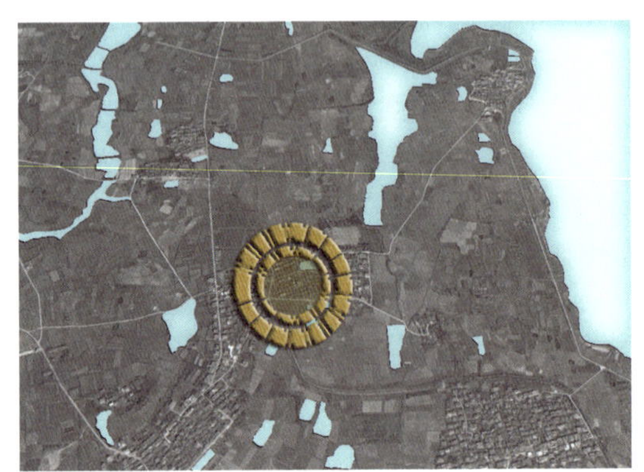

图 1 村落选址图

的总门巷和“总集福荫”门楼是景观空间的高潮部分。旧厦村原有的空间十分丰富，遗憾的是很多场所失去了原有功能变成了遗址，如马园遗址、石戏台遗址、天灯柱遗址及曹门遗址等。村前有浅塘、门口塘。位于村落东北侧的周氏祠堂、泰和庵是村落中核心的精神文化空间。周氏祠堂位于泰和庵前，现仅存遗址。村中主要街巷垂直于门前路往北延伸，整体呈网状结构。

空间结构 旧厦村整体呈“一核、一轴、十字形”布局结构（图 3）。位于村落东北角的周氏祠堂为村落的精神文化核心。门前路为村落的文化轴线，串联了曹门遗址、总门楼、天灯柱遗址、石戏台遗址、马园遗址等重要空间节点。村落内部的十字巷形成内部肌理的主要构架形态。

街巷格局 村内历史街巷相互交错，呈不规则网状布局。村落内现存 7 条历史街巷，其中 4 条为南北走向，3 条为东西走向。南北走向的历史街巷共长约 406 米，路面宽 1.0-2.5 米；东西走向的历史街巷共长约 395 米，路面宽 1.5-2.0 米。巷道均由条石、块石铺筑，且边侧均设有排水明沟。现如今各街巷保护程度不一，其中总门巷、十字巷、井头巷、拜堂巷保存较完好，而北门巷、井东巷、老爷巷路面均有不同程度的破坏。

历史环境要素 村落有古井 2 口，古樟 1 处，引水沟 2 处，社公庙 3 处，水塘 3 口，旗杆石 5 块，堤坝 1 处，涵洞 1 处，古桥 1 座。

典型建筑

旧厦村传统建筑为江西省典型的天井式民居，数量众多，保存完好。现保存总门楼 1 座、传统建筑 22 幢，包括大夫第、“忠厚余庆”宅、周雄得宅及和斋公祠等。

大夫第 该建筑位于十字巷东巷北侧，坐

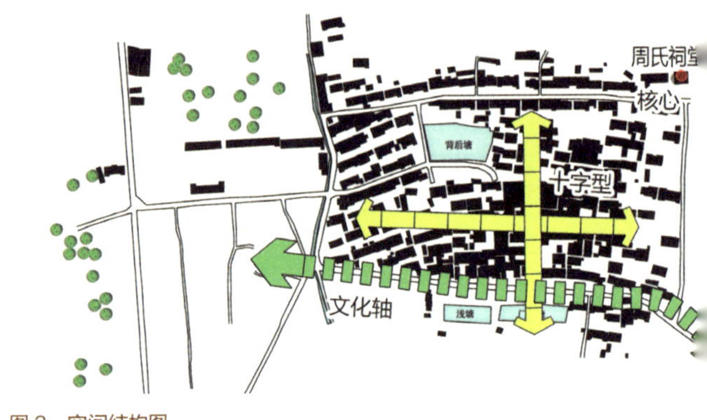

图 3 空间结构图

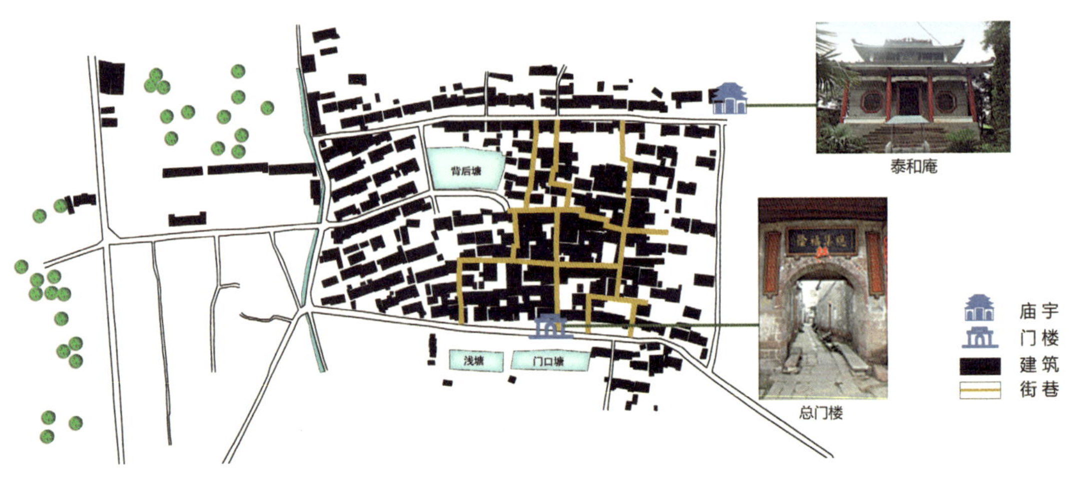

图 2 整体布局图

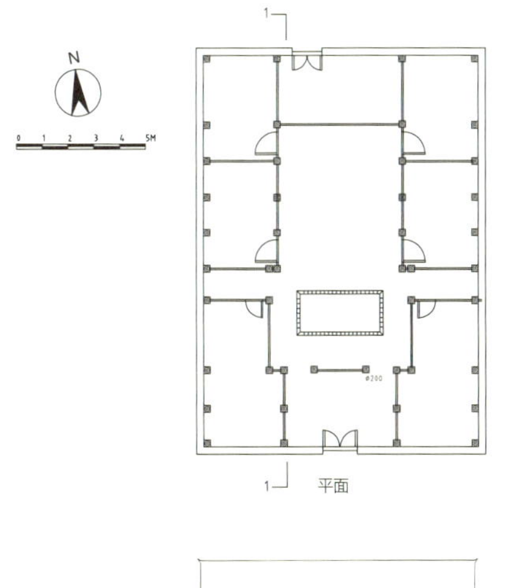

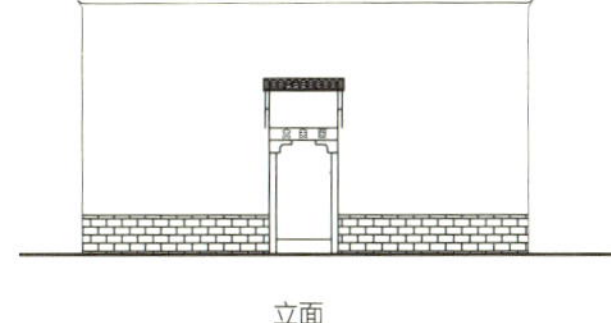

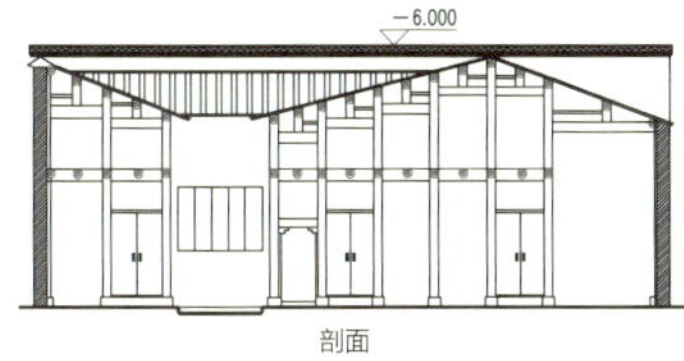

图 4 大夫第建筑测绘图

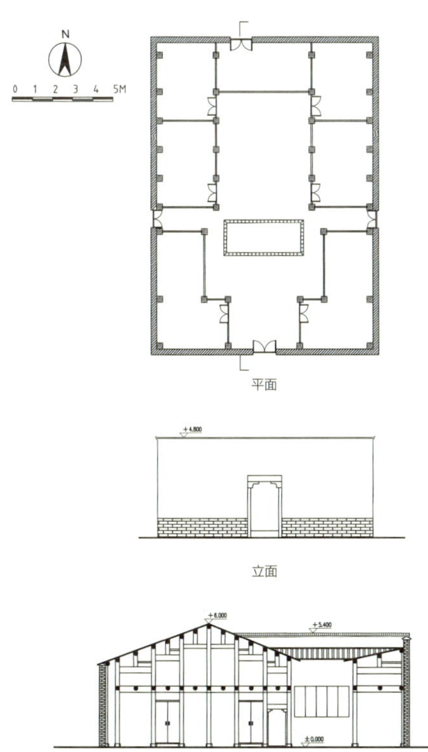

图 5 “忠厚余庆”宅建筑测绘图

北朝南，始建于清代道光年间(1820-1850年)。建筑布局为三开间一进式，建筑中部为天井，正厅位于天井后方，两侧各有两个厢房，占地面积约170平方米(图4)。建筑青砖黛瓦，穿斗式木构架，穿枋、窗棂、石础均施雕刻。大门上设门罩，门楣匾额四周及门楣石斜撑皆有雕刻，栩栩如生，保存较好。

“忠厚余庆”宅 该建筑位于十字巷南巷西侧，坐西朝东，建于道光年间。建筑为三开间一进式布局，中轴对称，占地面积约160平方米(图5)。建筑装饰精美，融木雕、石雕、砖雕于一体，内容丰富、雕刻技法娴熟、刻画细致生动、线条简洁流畅，经风雨侵蚀，仍栩栩如生，有“花屋”之称。

非物质文化遗产

罗溪大麻枣制作工艺 罗溪旧厦大麻枣历史悠久，制作工艺成熟于清嘉庆八年(1803年)，距今已有200多年的历史，现已沿袭下来一套完整的传统生产工艺。因其形似大枣，又以白糖、芝麻点缀，故称“大麻枣”。大麻枣制作的主要原料为本地优质的糯米、黄豆、精制白糖、上等芝麻等。制作具有一定的季节性，一般在每年的冬至后开始忙碌，气温低，不变质，保鲜性好。大麻枣有浓厚文化内涵，有着“早生贵子”的寓意，长期以来产品畅销南昌、抚州、景德镇、福州和泉州等地。大麻枣制作技艺传承人周雄德已入选南昌市非遗代表性传承人。大麻枣传统制作技艺世代相传，至今能够活态传承，有效地拉动了当地文化、经济的发展。

价值特色

旧厦村的发展历程是中国农耕文明发展的缩影，家族传承有序，文化积淀深厚，具有古代农耕时期亦农、亦渔、亦商、亦仕的典型村落特征。村落空间布局独具特色，规划设计严整有序，门楼作为关口、村墙护卫具有较强的防御特征，清晰地反映了该地区传统村落的布局模式，是江西鄱阳湖平原地区传统村落的典型代表，具有较高的研究价值。

周坊村

［南昌市进贤县文港镇］

村落概况

周坊村位于南昌县文港镇南部，北接翁门村，南连庄厚村，东北、西南分别与老雷村和山里村相望，抚河支流东赣渠从村南流过。据2014年相关资料，全村面积1.60平方公里，农户424户，共1980人。该村为周氏血缘村落，毛笔制作工艺历史悠久，被中国轻工业联合会、中国制笔协会、中国文房四宝协会联合授予“华夏笔都”的称号。2014年8月，周坊村列为第五批省级历史文化名村；同年11月被列入第三批中国传统村落名录。

历史文化

周坊村始建于南宋建炎年间（1127-1130年），距今已近900年。其始迁祖为周继瑜，属河南汝州迁徙至临川平湖的周氏分支。继瑜公开基后，大力弘扬耕读文化，人丁兴旺，村落发展兴盛。

周坊村现保存39块匾额，如“汝南世家”“太极呈图”“汝州后裔”“爱莲遗范”等，匾额文化深厚、寓意丰富，表达了周氏家族的历史变迁及对美好生活的期许。周坊村与毛笔文化有密切的渊源，诞生了中国毛笔制作史上的重要人物，如著名的“周虎臣笔庄”的创始人周虎臣和当今享誉海内外的“中国笔王”周鹏程先生等。

空间格局

选址 周坊村地处赣抚平原南部，三面环水，抚河支流东赣渠呈Y字形从村南、村东、村西流过，村内外水渠环绕、风景如画。其周边为广袤的田园风光，是典型的赣中平原型聚落（图1）。房屋前后的明沟暗渠与水塘、小溪相互贯通，形成纵横交错的水网。

整体布局 村落布局因地制宜，规划严整有序，整体形态呈组团形（图2）。村落的入

图1 村落选址图

口处建有门楼，与南面的抚河遥相呼应，为村内外交通转换点。位于村落东南、西南的周氏祠堂、宏法寺和村庄中部的周虎臣毛笔作坊是村落重要的文化空间节点，其中周氏祠堂是整个村落的精神文化中心。村内道路呈网格状分布，建筑沿道路规整布置。

空间结构 周坊村布局规整，呈“一中心、五组团”式布局结构（图3）。在清代以前，受封建宗法制度和礼制文化影响，各房以各自的支祠为核心进行建设。进入清代以后，族人经商经济实力提升，大兴土木，住宅建设量的增加导致各组团的界线逐渐模糊。村落形态历经发展，形成了目前以“周虎臣毛笔作坊”为中心，呈组团状向外拓展的5个建筑组团。

街巷格局 周坊村内的巷道整体呈网格状形态规整布置，主要历史巷道集中在村落中部和南部两个建筑组团。巷道宽度在1-1.7米，采用青砖或青石板铺设。目前保存完好的有历史巷道7条，主要是满足日常生活交通功能。

历史环境要素 村内有大小水塘10余口、古井3口、石狮1对。

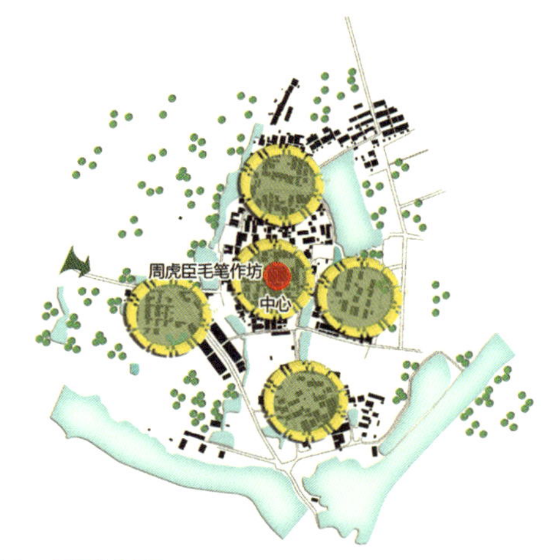

图3 空间结构图

典型建筑

村中文物保护单位有1处，为周虎臣毛笔作坊建筑群，由“太极呈图”宅、“泽承丰镐”宅、“光映玉堂”宅、“汝南望重”宅和周禄如宅（图4）、周同根宅共6栋住宅，与“汝州后裔”庭院、“汝南世家”庭院、“岐山耸翠”等3座庭院组成（图5）。此外还有尚未

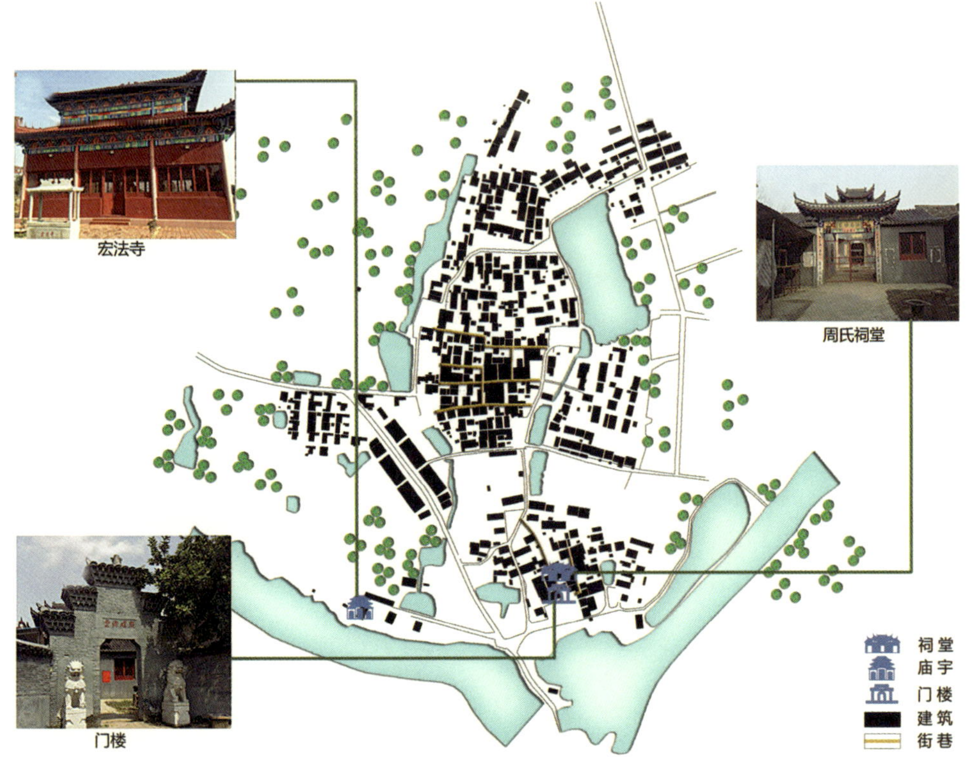

图2 整体布局图

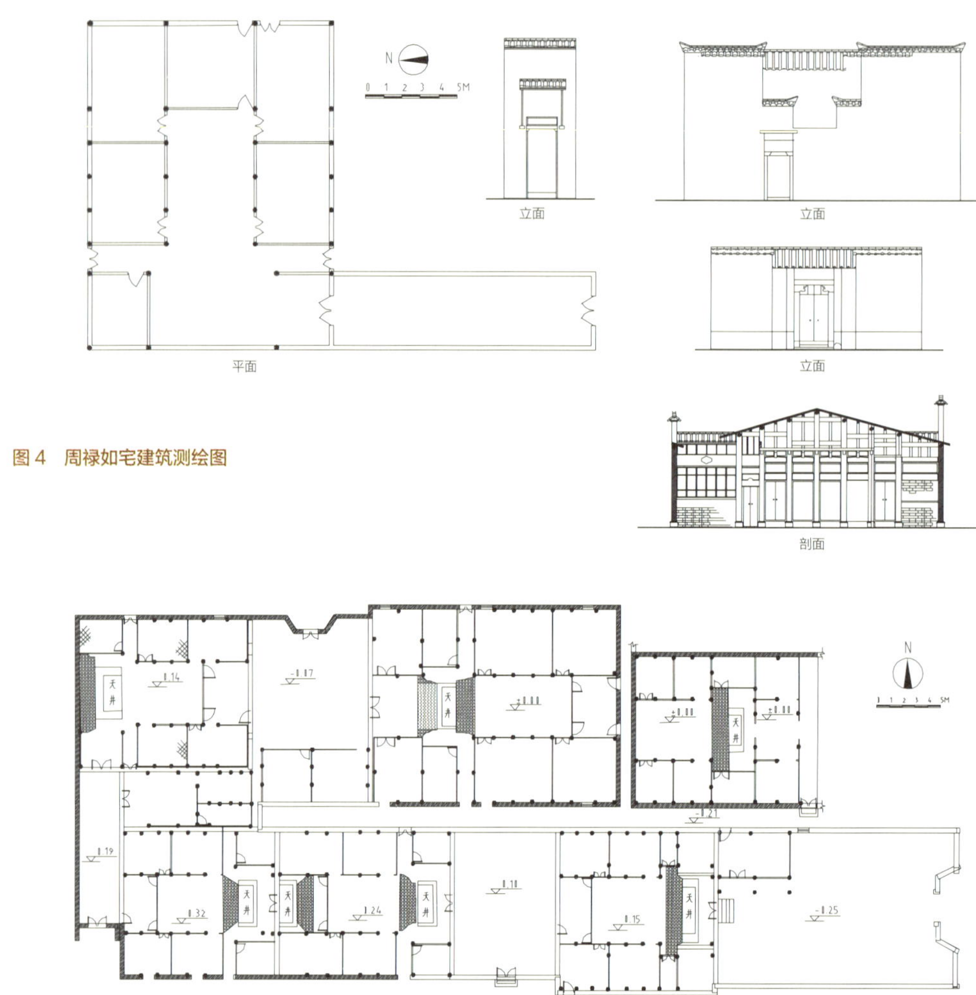

图 4 周禄如宅建筑测绘图

图 5 周虎臣毛笔作坊建筑群测绘图

核定公布为文物保护单位的不可移动文物共计 28 栋。

周虎臣毛笔作坊 该建筑群按历史时序，“岐山耸翠”庭院及“汝南望重”宅为清康熙初期由周虎臣父亲周时河所建，属周虎臣毛笔作坊群中最早的建筑。其次“光映玉堂”宅，为清康熙五十七年（1718 年）周隆福（周虎臣侄子）所建，原院门“紫芬流芳”被毁，现新建门楼。清乾隆至嘉庆年间，又建“汝州后裔”庭院及“泽承丰镐”宅、东北屋、西南屋，皆属周虎臣家族成员所建。民国戊辰年（1928 年）加建“汝南世家”院落及“太极呈图”屋宇，由大书法家曾熙题匾。

周虎臣毛笔作坊大部分建筑东西向，“汝南世家”与“汝州后裔”“岐山耸翠”三处庭院南北朝向。所有屋宇墙基皆用红（麻）石墙裙，青砖砌筑，叠式马头山墙。屋内堂前地面用斜方砖铺成，厢房内地面铺杉木板防潮。由清康熙初年至民国初 200 余年间不断加建改建，逐步形成毛笔家族建筑

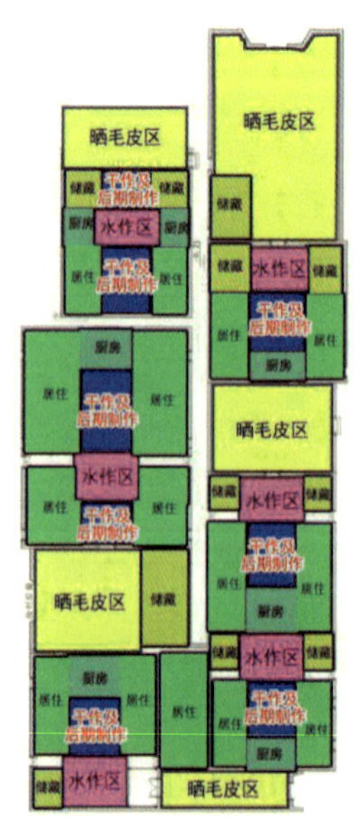

图 6 建筑功能布局图

群，大部分建筑保存较好，呈现出典型的赣派建筑风格。

建筑空间形态 周坊村传统建筑采用天井式，除了反映江西民居典型形制特征外，还与其毛笔制作工艺相关。古时，周坊毛笔制作为家庭作坊式，“出门一担笔，回家一担皮”是村民制笔、卖笔生活的写照，同时也反映了古代毛笔制作保守，分工协作较少的特点，每户村民基本在家庭内部完成毛笔制作的所有流程。与毛笔制作相对应，形成“两厢住人、堂前制笔、庭院晒皮、出门洗毛”的建筑空间（图6）。根据毛笔制作流程，庭院用于晒毛皮，天井区域用于毛笔水作工艺，干作及后期制作在客堂处，两厢用于居住。

建筑装饰 周坊村古建筑上的石雕、木雕、墨绘等装饰技艺精湛，栩栩如生，石雕尤为突出。村落中几乎每栋建筑的石质花窗、雕花纹饰图案都各不相同。尤其是屋内柱础，不仅每栋各不相同，同一栋之间不同柱础的雕刻造型和图案也各具特色。大门上方的石雕和砖雕更是巧夺天工、美轮美奂，综合圆雕、镂雕、浮雕、透雕等各种雕刻艺术为一体，给人以鬼斧神工之感（图7）。

屋内屏风、窗户、雀替、梁架上的木质雕刻也是各显神通。梁上的木雕、雀替和窗花同样精美，构图精致，造型优美，给人以美的享受。

非物质文化遗产

村内不仅拥有极其珍贵的历史建筑群，还拥有丰富的传统文化，如方言、民间、文学、礼仪节庆、民间技艺、传统表演艺术、传统食品等，其中毛笔手工技艺和赛龙舟具有典型性。

毛笔手工技艺 文港（周坊）毛笔制作技艺是江西省第一批非物质文化遗产项目，周坊笔工周鹏程是江西省首批文港毛笔制作技艺代表性传承人。文港毛笔生产销售占全国的70%，而周坊村又占文港毛笔生产总量的30%左右，而且文港毛笔制作最好的也大多在周坊村（图8）。

赛龙舟 周坊村民世代依河而居，有端午赛龙舟的传统。五月初一前一天，村民焚香点烛，燃放鞭炮，请出龙舟，放置河边。村中老人击鼓敲锣，唱起《贺船歌》，村民围绕船边，随同起贺，祈求风调雨顺，四季平安（图9）。

价值特色

周坊村历史文化悠久，毛笔文化源远流长，享有“华夏笔都”美誉。毛笔手工业的发展贯穿了村落空间的整个发展过程，其独特的业态对村落空间形态和建筑空间构成产生了深刻的影响。毛笔传统手工艺因其独特而复杂的制作工艺，经过数千年的演变已成为中国珍贵的传统文化，影响着人们的生活方式和居住空间形态。

图8 毛笔

图7 建筑装饰

图9 赛龙舟

严台村

［景德镇市浮梁县江村乡］

村落概况

严台村位于景德镇市浮梁县北隅，属江村乡管辖，距乡政府驻地6.5公里，距县城70公里，至国道G206 29.6公里，至安徽省蹯溪4公里。全村有常住居民352户，共1261人，水田736亩、林地27915亩，茶园1700亩。该村群山拱峙，林海绵亘，四季分明，气候温湿，是功夫红茶和油茶的主要产地。2007年7月，严台村公布为江西省第二批历史文化名村；2014年11月被列入第三批中国传统村落名录。

历史文化

据《景德镇市地名志》和《济阳江氏宗谱》记载，严台起源于东汉光武帝建武年间（25-56年），古为番地，后隶属浮梁长宁都。至今已有1900多年历史。这个时间比“新平治陶，始于汉世”的时间还早200多年。

严台，原名为严溪，关于地名的传说有两种：一是传说严台是东汉名士庄光的隐居地。庄光为了远离政治，也为避光武帝讳，便改名为严子陵，和家人一起在严台过着平静的世外桃源生活，严溪也因此而得名；另一说法是严台因山水地势特殊，地僻峰耸，村藏岩谷，嶂岫严抱，溪流环曲而得名。

原隐居于严溪的严氏家族北迁陕西后，始祖江仲仁于南宋嘉泰辛酉年（公元1201年）自世居地诰峰村分迁来此处。由于严溪是东汉严子陵隐居垂钓之地，因仰慕严子陵的高风亮节，于是江氏始迁祖改称严溪为严台。严台村是江氏宗族聚落，迁居严台始祖江仲仁为江姓源流江元仲一百零九世孙，近自江革第三十九世孙。严台江氏经过几百年的勤恳开拓和繁衍生息，到明末清初，人丁和财气达到了顶峰，男丁已逾千，茶叶、油茶生意越做越兴隆，登科甲第之士层出不穷，大兴土木，发展成为“门户三千庄八百”的名门望族。

空间格局

选址 村落周边崇山峻岭，左侧为富春山，右侧仍为武云山，两山将村落合抱，前有笔架山为案。发源于西北的横坑水在村前环绕，经过富春桥折向东南。村中一股水、二股水分别从武云山和富春山中流出，弯弯曲曲向南，在前山会合后流向村口，穿过“严溪锁钥”桥融入横坑之水（图1）。

图 1　村落选址图

整体布局　村基建在山间谷地，以祠堂为中心，形成集中团块形布局(图2)。入口门楼“严溪锁钥”位于村口，二股水与环绕村前的横坑水的交汇处，门楼是过去进出严台村的唯一通道。大礼堂（原合一堂）为众祠，位于一股街上。世隆堂是连体建筑，前为书房、后为宗祠，位于合一堂的北面。

空间结构　严台村整体呈“一心、一轴、一带”布局结构（图3）。“一心”是村中的祠堂世隆堂，既是精神文化核心，又是建筑群总体布局的中心。由村口往北，依次是上书“严溪锁钥”门楼、大礼堂（原合一堂）和世隆堂等公共建筑，这些重要的空间节点组成了村落的文化轴线。横坑水流经富春桥在村前环绕，同三股街共同组成了村落的滨水空间带。

图 2　整体布局图

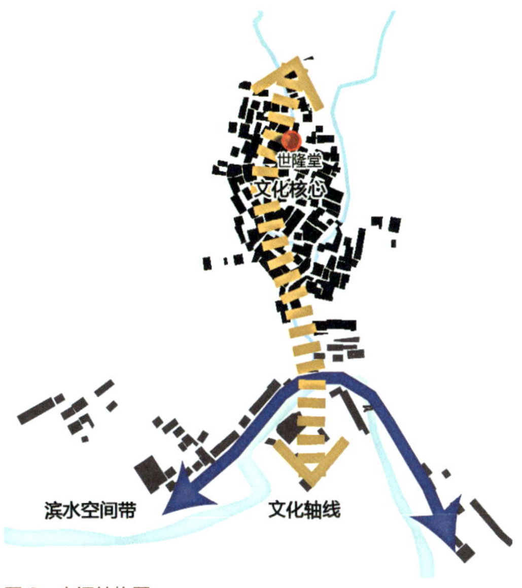

图 3　空间结构图

街巷格局　严台村的街道布局呈叶脉状，一股街、二股街和前山路构成了叶片上的主脉。主要街巷有三股街、二股街。村头上弄、杏玠路、方井里、花屋里弄、二股街巷等 60 多条小巷，弯弯曲曲，长短不一，宽窄有别，就像叶片上的细纹布满叶面，进到其内，就像坠入一座迷宫。严台村现存的街巷大多建于明初，全为青石板、细石片铺砌而成，主街和小巷两旁设青石砌成的排水沟。

历史环境要素　严台村古树名木数量较多，门楼 1 座，古桥 2 座，古巷道众多。

典型建筑

严台村现有建筑 222 幢，其中古建筑为 66 幢，一般建筑 156 幢。村内留存了大量风貌古朴的传统民居。

韦大友宅　该建筑位于前山路上，建于清代。建筑为砖木结构，2 层，总占地面积 80 平方米(图4)。石门前三级石台阶，有前后堂之分，楼梯设在厅堂太师壁后。屋内木雕精美，保存良好（图5）。

世隆堂 该建筑为连体建筑，前为书房，后为宗祠，中间为穿堂式院落。大门前安装抱鼓石，底座上雕有各式精美的图案。论其雕刻的精美程度，为祠堂中的佳品，遗憾的是破损严重。建筑主体已经毁坏，只留下刻有“世隆堂”三字的大门、门前双石鼓与其青石地基、柱基、天井（图6）。

非物质文化遗产

浮梁工夫红茶 浮梁工夫红茶，简称浮红。严台天祥茶号工夫红茶制作技艺以其独创性、科学性和规程的严谨性形成了独具特色的先进性，对推动红茶生产技艺水平的提高做出了突出贡献。

技艺的独创性 在萎凋方法上，他们根据春季气候规律，将传统的“单式萎凋”改成“复式萎凋”，以保证当天的鲜叶完成萎凋工序；在揉捻方法上，将手揉法改为脚揉法，避免了因手腕的力度不够，而使条索难以形成或不紧密。

技艺的科学性 他们从实践中总结了一套科学的揉茶法，即轻—重—轻和慢—快—慢—抖散反复三次可得到理想的条索。

技艺规程的严谨性 从收采茶工采摘的鲜茶起至成茶包装止，每一工序都有严格的要求，严密把关，一丝不苟。

严台村工夫红茶手工制作技艺在当时具领先地位，1915年获得首届巴拿马万国博览会金奖。

价值特色

严台村是宋代以来赣皖交界处具有代表性的村落之一，是以茶为产业的血缘村落。村落“小桃源”的选址独具特色，四面环山，溪水从村口环绕，自然风景优美，空间布局别具匠心，文化轴线清晰，古建筑群及各类历史遗迹保存完整。村庄内保存有大量的石雕、砖雕、木雕、日用器物以及碑文等多种历史遗迹，是研究民间艺术的宝库。严台村宗法严明、传承有序、各类历史遗迹保存完整，是研究中国宗法制度下农业社会经济、文化的重要载体。

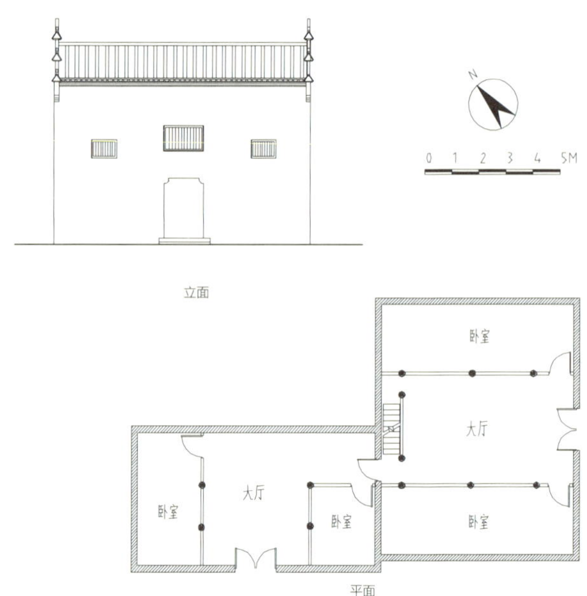

图4 韦大友宅建筑测绘图

图5 韦大友宅实景

图6 世隆堂

沧溪村

［景德镇市浮梁县勒功乡］

村落概况

沧溪村位于景德镇市浮梁县东北部，勒功乡境内，距离景黄旅游公路 4 公里，距乡政府驻地 5 公里，距浮梁县城 60 公里。沧溪村为行政村，辖 9 个村民小组，256 户，1076 人，分上、中、下三村。该村有水田 1020 亩、旱地 300 亩、茶园 800 亩、林地 12340 亩。沧溪人杰地灵，名贤辈出，“三举五贡四十八秀”曾风靡一时。明末清初时期，因茶号发展壮大，涌现出一大批富商，建造了大量雕饰精美的宅第，至今保存完好。2007 年 7 月沧溪村被评为江西省第二批历史文化名村；2012 年 12 月被列入第一批中国传统村落名录。

历史文化

沧溪村自宋代初期（960-968 年）建村以来，已有 1000 多年历史。因依山傍水，山环水聚，苍松林立，又有一条向西流的小溪绕村而过，故得名沧溪。沧溪以朱姓为主，其朱氏始祖朱秀，为唐代将军，因平定叛乱有功，被追敕为“浮梁开国男”。村内历史风貌古朴，主要建筑始建于宋代，至明清时期奠定了今天的格局，南宋时，朱宏与婺源朱熹交往密切，于是将徽派建筑建筑风格引入，同时结合当地的地理条件又进行了一定形式的演变，形成了赣派和徽派特征兼具的建筑风格。

空间格局

选址 村落选址负阴抱阳、山环水聚、苍松林立，顺应地形而建，体现了天人合一的风水哲学（图 1）。村前傍水，有一条源自安徽东至、祁门二县的小溪，自西向东，蜿蜒绕村而过，在杭口同另一支源自安徽的白茅港水交汇，形成杨村河。村后有靠山，山脉和水体均为东西走向。

图 1　村落选址图

整体布局 村基依地形而建，顺势而上，完全符合“枕山、环水、面屏”的古代风水理念。村落整体布局形成组团状（图2），按位置可分为上、中、下3个小村。村落的3个小村相互连接，成犄角状。上村则自成一体，位于整体的东北方向，中村和下村则相互联系紧密，中村位于东侧，下村位于西侧，各村祠堂均位于各村中部。从蜚英坊进入通过门口街即进入十字街，十字街由南到北依次分布的主要场所有祭拜场和三贡坊，并串联三贡巷、泥弄里、塘边坞弄等巷道；十字街西路接小学街，分布下村祠堂及古戏台，东路为井上弄，分布一些清代民居。

空间结构 村落整体呈“一心、一轴、三组团”的布局结构（图3）。三贡坊与祭拜场围合形成的中心广场即为村落的中心从蜚英坊进入门口街为文化轴线的起点，沿十字街纵横两个方向各自展开分布巷道，沿巷道分布宅院民居包括茶商宅院、古戏台、下村祠堂、中村祠堂等重要村落空间节点组成了村落的文化轴线。上村、中村和下村形成3个组团。

街巷格局 沧溪村的主街道为十字街，次要巷道沿东西延伸开，整体呈不规则网格状自由布局（图4）。街巷保留了传统的空间形态，有收有放、变化有致，尺度亲切宜人。街巷的转折和院落的曲回，形成了限定的视觉空间，而局部开敞，形成了交往空间。村内共有巷弄26条，设计非常讲究，有防盗贼、防外人的尽端巷，又有看似尽端巷，转过门楼又现街道的通达的街巷。十字街街道正中铺设约1米宽

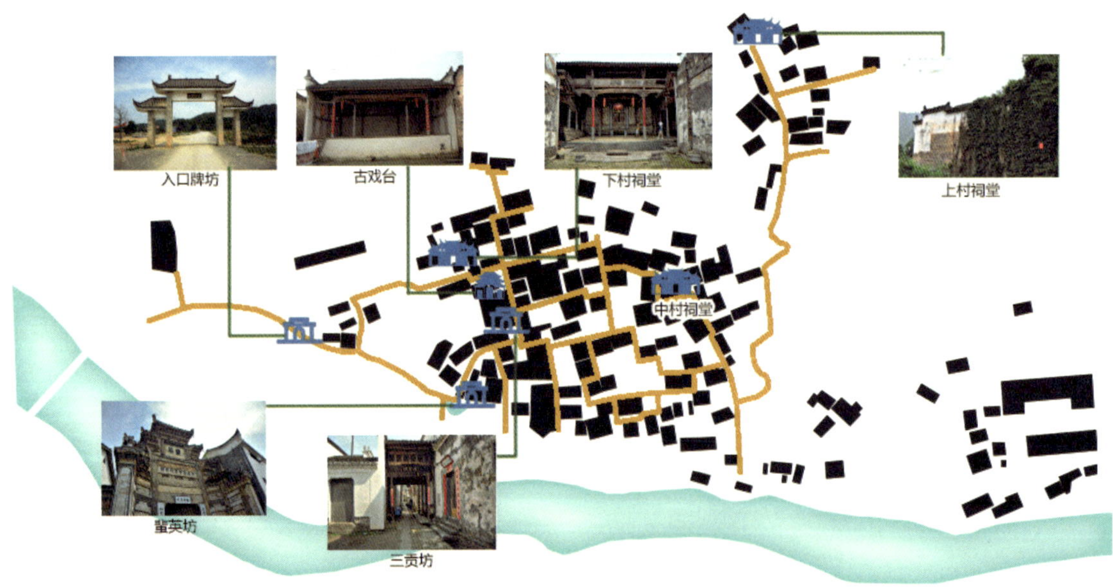

图2 整体布局图

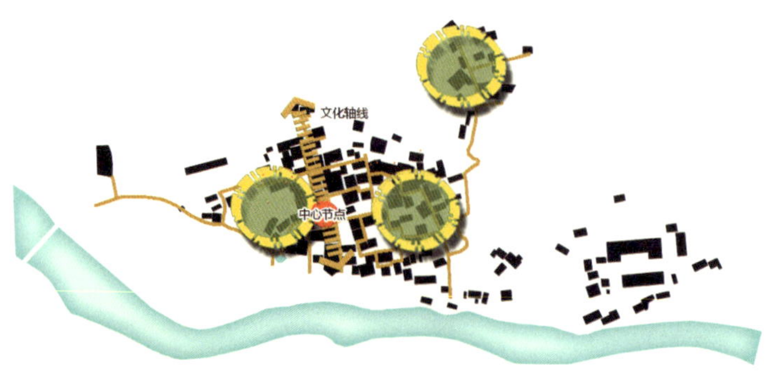

图3 空间结构图

图4 传统街巷风貌

的青石板，两侧用鹅卵石砌筑出各式各样花纹图案，有福、禄、寿字，有国棋、铜钱等诸多图案。其他巷道均以青石板配以鹅卵石铺设而成（图4），一侧设排水边沟，全村雨水、污水可通过这里分别从上、中、下三个排水口汇入杨村河中。村内的主要街巷有十字街、井上弄、黄泥弄、槽门弄、泥弄里、井弯弄、三贡巷等。

历史环境要素 村落内有古塘2口，古井4处，门楼2处，历史街巷10条，以及古树6棵。

典型建筑

村内有明清建筑73处，面积约8270平方米，有11处文物保护单位，其他为历史建筑。

蜚英坊 该建筑是为表彰和纪念沧溪杰出理学英才宋代先祖克已公朱宏所建。明代正德年间，当时任安徽池州知府朱韶上奏朝廷，要求为朱宏建立牌坊，经皇帝批准后，朱韶牵头倡建，于正德十六年（1521年）冬季完工，南京刑部尚书知宁海题名“蜚英坊”（图5）。牌坊正背面额刻有“蜚英”二字，“蜚”指“文坛”，“蜚英”即指“文坛英豪”。主体为“四柱三间五楼”的建筑形式，采用全砖结构，坊体面阔3.75米，最大厚度0.66米，有大斜外八字影壁和小斜面八字影壁，两影壁之间宽5.65米，中间分三段铺设平台青石踏步，称为“三步金阶”。主楼高12.8米，主次楼均为砖叠砌外悬挑结构前后约0.2米的出檐。过道采用“五步架式”的马头墙，称为“五凤楼”，正面采用砖雕装饰。

下村祠堂 该建筑始建于宋代，规模庞大，有三进、四门、两天井，两边各有走廊，祠堂前面有花园，西边现为操场（图6）。在下村祠堂东首，有一块十几平方米的方形场地，地面用鹅卵石铺成铜钱、万字纹图案，北侧和西侧是祠堂的尺形高墙，北墙上镶着一块圆拱门形的青石碑刻，上刻《乡先生祠增祀朱克已朱公记》，全文记述浮梁县“乡贤祠”增祀朱宏的缘由和他的业绩，并对其生平做了高度评价。此碑和蜚英坊都是朱宏的后代、明朝进士朱韶上奏朝廷，经皇帝御赐专为纪念朱宏而设。从南宋到明朝，皇室对一个乡野小民如此尊崇，朱宏的人品和影响可见一斑。

茶商宅院 该建筑建于清道光年间，由朱佩泽所建（图7）。他从事经商茶业为主，与其兄饴泽共创茶号“恒德祥”，为浮梁茶号之最。宅院大门构成商字形，意是当官经

图5 蜚英坊外观

图6 下村祠堂实景

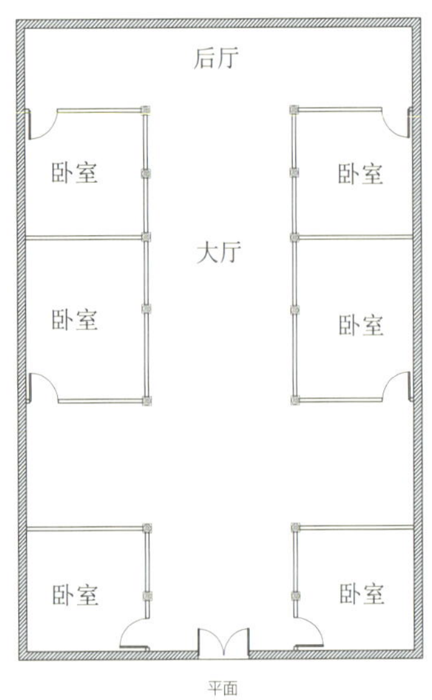

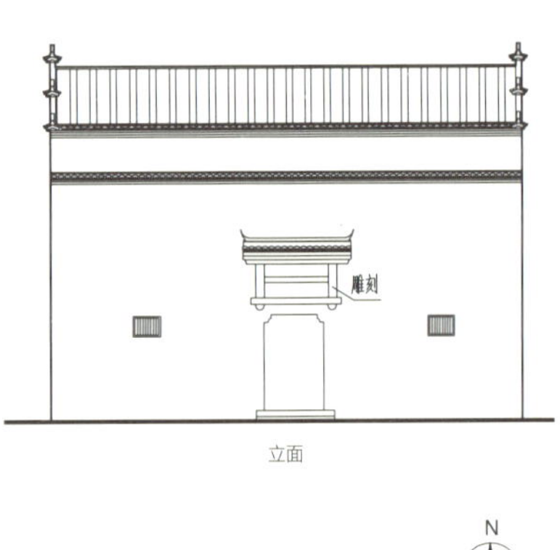

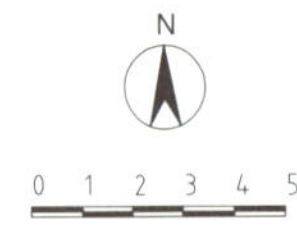

图 7 茶商宅院建筑测绘图

商之人都要走商字口进入。楼为走马楼，中间上有天井、下有铭溏。建筑结构为穿斗式木构架，斗栱、雀替、月梁、挂落、门窗等部位多饰以木雕为主，图案有吉祥的飞禽走兽，传统戏剧场景、福禄寿三星及其他几何形图案，工艺精湛，栩栩如生（图 8）。建筑形倒四水归堂意是装财聚宝，并在明堂里养有千年龟，以预测天气，疏通管道。

非物质文化遗产

传统制茶产业 沧溪自古以来水田面积较少，主要支柱产业以制茶为主。清末民初村内

图 8 茶商宅院实景图

有 6 家茶号，尤以朱贻泽、朱佩泽兄弟召集全村茶农成立的“恒德昌”茶号为盛，年产工夫茶 1553 箱，重量 41425 公斤，茶叶远销东南亚，并在上海设立办事处。如今，他们的子孙后代还在上海经营着茶叶生意。在野山茶园里，茶树自然生长，只除杂草，不施任何化肥农药，也不剪枝，茶树都有一人多高，枝丫横斜，茁壮成长，树姿并不“规矩”，一般要带小梯子才能采摘。鲜叶采摘一般选在谷雨前三四天，采用一芽二、三叶，叶质柔嫩，成茶以条形细紧、有尖锋、外形匀齐乌润闻名。因为对传统的接续和重视，“恒德昌”被列入第一批景德镇市级非物质文化遗产名录，荣获“景德镇市非物质文化遗产生产性保护基地”称号。

价值特色

沧溪人杰地灵，名贤辈出，“三举五贡四十八秀”曾风靡一时，是宋代以来赣皖交界一带具有代表性的村落之一，是古茶瓷之路的一个重要节点。至今沧溪村仍保持着 3 个小村互成犄角的格局，3 个组团既独立又统一。村内文物古迹分布集中，呈现出浓郁的地域特色。除此之外，村庄内保存有大量的石雕、砖雕、木雕、日用器物以及碑文等多种珍贵古迹，是研究民间艺术的宝库，具有较高的历史文化价值和民俗研究价值。

旧城村

【景德镇市浮梁县浮梁镇】

村落概况

旧城村位于景德镇市浮梁县东北方向3公里处，距瓷都景德镇市10公里，西连浮梁县城，东接瑶里古镇。据统计，旧城村域面积11平方公里，全村1726人，山林面积2265亩，耕地面积1341亩。村内现存的古县衙，始建于清朝道光年间，规模宏伟，是我国江南唯一一座保存完整的封建时代县级衙署，有“中国县署第一衙”“江南第一衙”之美称。2012年12月旧城村被列入中国第一批传统村落名录。

历史文化

春秋战国时期，地属古番，汉属鄱阳县，东晋于昌水南设新平镇。唐武德二年（619年）析鄱阳东域设新平乡，唐武德四年（621年）置为新平县，属饶州。唐开元四年（716年），恢复县制，改名为新昌县，唐天宝元年（742年），“因溪水时泛，民多伐木为梁”得名“浮梁县”，沿用至今。公元1916年县址设于景德镇，景德镇仍为县属镇。1960年撤县并入景德镇。1989年恢复县制，新县城建于景德镇市正北方－大石口。从唐元和十一年（816年），浮梁县治从南城（原新平乡政府驻地）迁至此地，到民国5年（1916年），县治迁至景德镇，1100年的时间，旧城村一直是浮梁县政治、经济、文化的中心（图1）。

历史上，瓷都景德镇一直隶属于浮梁县管辖。而浮梁旧城村自唐代以来，一直是浮梁县治所在。浮梁自古以来一直是“望县”，其县署品级为五品，高出一般县署两级（一般县为七品），具有较高的政治地位和重要的经济地位，孕育出灿烂的陶瓷文化和茶文化。

空间格局

选址 旧城村西、北邻山，东、南接水，

图1 历史沿革简图

图 2 村落选址图

反映出浮梁旧城选址的风水内涵，体现了天人合一的风水观念。村落地势较为平缓，房屋街巷依山傍水而立。村东有一条带状鸿溪，沿南北方向舒展（图 2）。

整体布局 村落依水而建，整体形态呈船形。古县治由城墙围合，城墙全长 777 丈 5 尺（2591.6 米），高 2 丈 1 尺（7 米），厚 1 丈 8 尺（6 米）。古城有 8 个大门，除了东、南、西、北 4 座大门外，还有时雍门、文明门、兴贤门、康阜门。目前古城墙大部分已损毁，只遗留了老街最北端一小段。位于村北的五品县衙，是

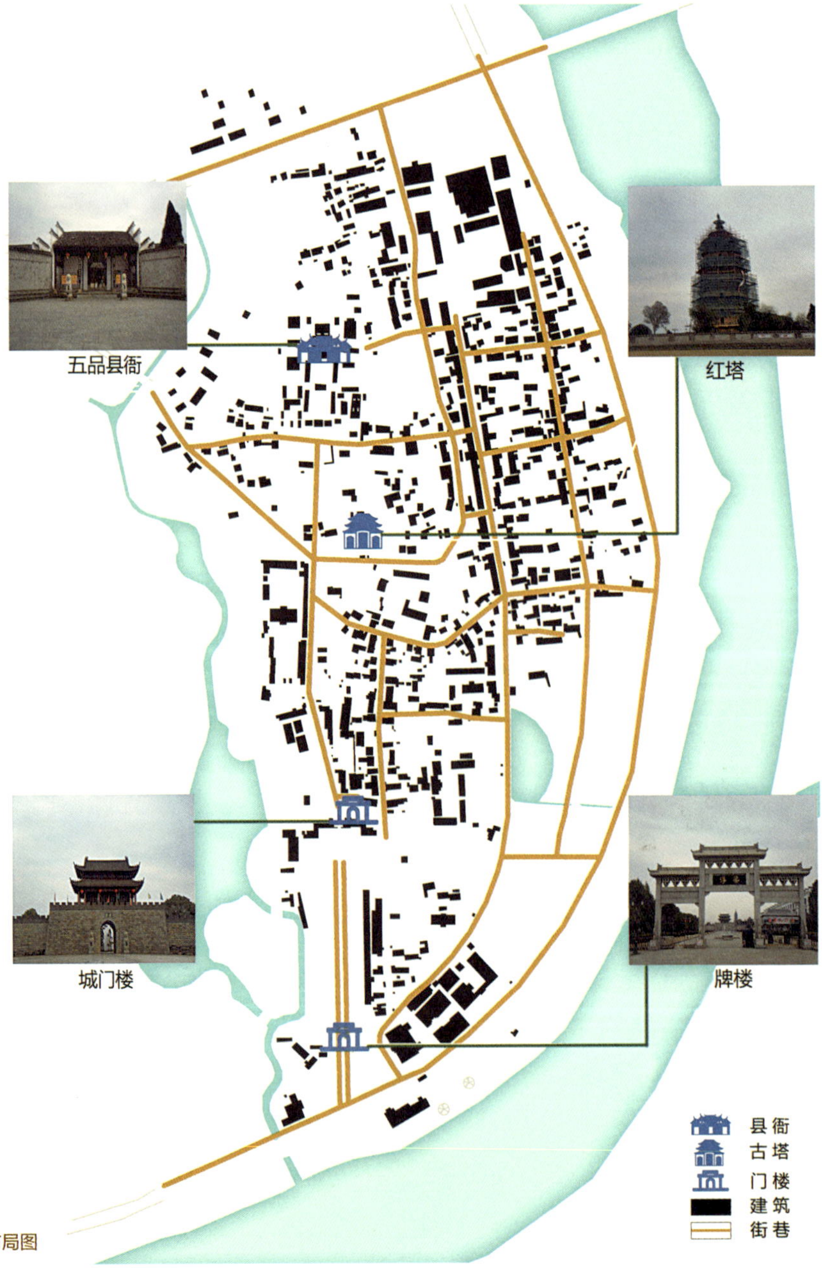

五品县衙
红塔
城门楼
牌楼
县衙
古塔
门楼
建筑
街巷

图 3 整体布局图

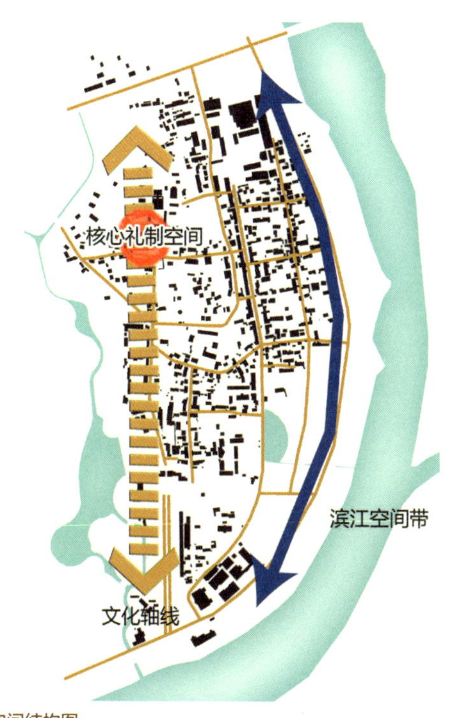

图 4　空间结构图

村落核心礼制空间，威严气派的亲民堂位于五品县衙内中心位置。村落内由南向北依次布局有牌楼、城门楼、宋代红塔以及五品县衙等重要节点。其中位于整个村中部的红塔，在空间形态上起到了制高点的作用（图 3）。主要街道北向延伸，街巷呈网格状态。

空间结构　旧城村空间结构呈现出“一核、一轴、一带”的带状布局特征（图 4）。北部规模宏伟的五品县衙，是村落的核心礼制空间，也是村落结构的核心所在。“一轴”指自县衙向南串联红塔、宝积禅寺、魁星、戏台、碑文牌坊、孔庙泮坊、城门楼等重要空间节点的文化轴线，“一带”指沿昌江形成的滨江空间带。

街巷格局　旧城村主街有三条，依次为旧城街、西门街、锦绣街，次要道路垂直其布置，整体路网呈十字形。旧城村拥有形态完整、传统风貌连续的历史街巷 7 条，总长度为 7554 米。通往城东的道路较宽，城西只有通西大门的道路可供车马行走。城内米巷、鱼巷等街道，宽度均在 1 丈左右。路面或铺青石板，或铺砖面。城外，绕城筑有以鹅卵石夹青石板宽 6 尺的环城道路。

历史环境要素　村落有古塔 1 处，古寺 1 处，古井 4 处，古城墙 1 处和古树 2 棵。

典型建筑

村中文物保护单位 2 处，浮梁旧县衙建筑群以及宋代红塔。历史建筑包括李氏宅、金氏宅、余氏宅、彭氏宅等。

亲民堂　该建筑位于五品县衙内，始建于清朝道光年间，距今 170 年左右。自建成以来，亲民堂作为旧城村核心礼制空间，具有重要的政治地位。建筑整体坐北朝南，主体构架为抬梁式，空间布局为五开间二进式，中轴线上依次布局大堂、二堂、三堂，有“中国县署第一衙”“江南第一衙”的美称（图 5）。

育正堂　该建筑位于五品县衙的东侧，始建于清朝道光年间。建筑整体坐北朝南，主体构架为穿斗式，空间布局为三开间二进式。前

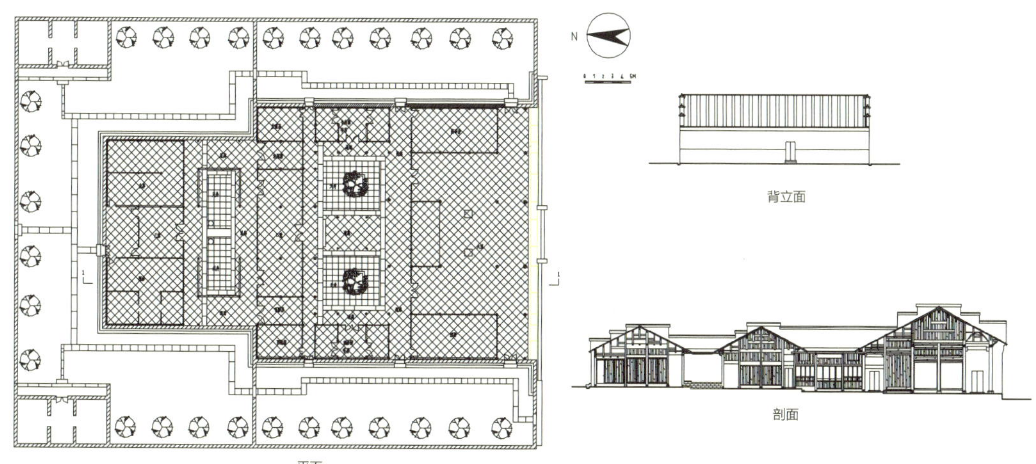

图 5　亲民堂建筑测绘图

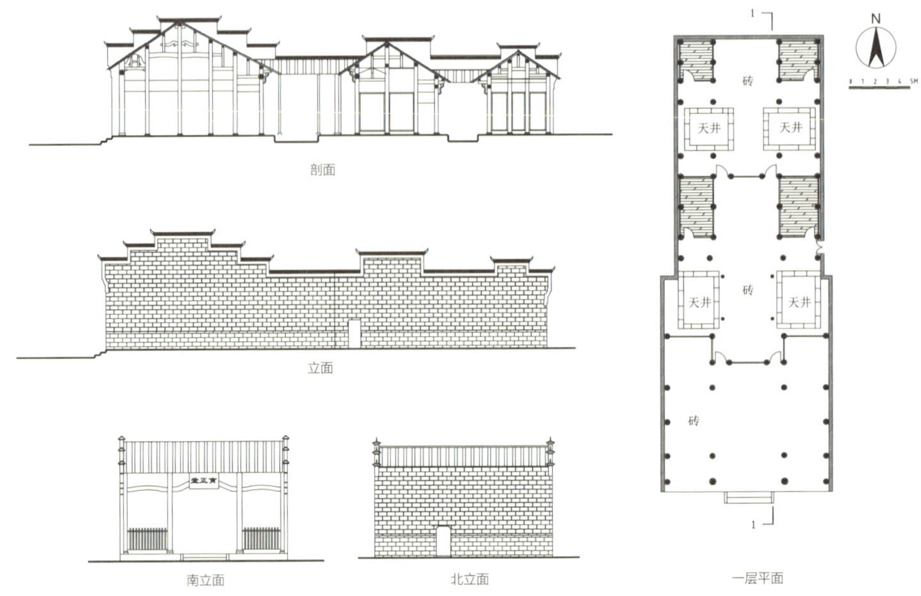

图 6 育民堂建筑测绘图

图 7 育民堂外观

后建筑有风雨亭连接，沿建筑轴线两侧各形成两处天井（图 6 、图 7）。

非物质文化遗产

茶制作技艺 浮梁县制茶历史悠久，南北朝时，浮梁就成为南方茶叶的集散地。《新唐书·食货志》载：唐元和八年（813 年）以前，“每岁出茶 700 万驮，税 15 万贯”。《敦煌变文集·茶酒伦》载：“浮梁歙州，万国来求。”唐代诗人白居易在《琵琶行》中有“商人重利轻离别，前月浮梁买茶去”的诗句。宋代，虽名茶众多，但“浮梁饶池仙芝茶，属茶中佳品，为历代贡茶”。清道光年间，红茶制作工艺传入浮梁，给浮梁茶叶生产带来了技术性的革命。浮梁红茶，简称“浮红”“祁红”，多产自浮梁北部和东北部，当地茶树的主体品种——楮叶种内含物丰富、酶活性高，很适合工夫茶的制造。浮梁绿茶产于浮梁县 70% 的山区、农田、旱地，是当地百姓普遍饮用和集贸市场交易的上乘饮品。其品种按茶叶采摘时段的不同，又有谷雨尖、细茶、粗茶之别。尤其是谷雨尖，一般采摘时段为谷雨时节前期，对春季后第一次冒出嫩芽的茶叶进行采摘，去掉叶梗，进行手工作业加工、文火轻烤。这种茶叶条索紧细，色泽嫩绿，白毫显露，清香持久，汤色清澈，滋味鲜爽、醇正。1991 年 4 月 30 日，由县茶厂首次复制成功的历史贡茶“浮瑶仙芝”绿茶，在杭州国际茶文化节上荣获最高殊荣“文化名茶”奖。

价值特色

历史上的浮梁享有“瓷之源、茶之乡”的盛名，旧城村以其深厚的历史文化积淀、完整的城池格局、特有的县衙文化，荣列第一批中国传统村落名录。村落空间格局轴线清晰、核心突出，村落内古迹分布较为集中，旧县衙建筑群以及宋代红塔这两者较为完整地体现出我国古代衙署文化。浮梁古县衙作为江南唯一保存完整的官署机构建筑，反映了独特的历史文化内涵，有较高的研究价值。

高岭村

［景德镇市浮梁县瑶里镇］

村落概况

高岭村隶属景德镇市浮梁县瑶里镇，位于高岭瑶里风景名胜区和高岭古瓷矿区遗址保护区内，地处赣皖两省四县（祁门县、浮梁县、婺源县、休宁县）交会处，与景德镇市区和浮梁县分别相距 59 公里和 55 公里。该村由高岭外村、高岭里村和高岭河东村 3 个村落构成。至 2014 年底，高岭村共有 265 户，总人口 501 人。山林面积 38000 亩、水田 1005.9 亩、茶叶 800 亩。村落依山傍水，环境幽静，有“世外桃源”之称，整体形态保存完好，传统风貌古朴，具有深厚的矿业文化。2003 年 7 月，高岭村被评为江西省历史文化名村；2014 年 12 月被列入首批中国传统村落名录。

历史文化

据相关史料记载，五代时何氏为逃避战乱，到达高岭开基，建高岭外村；北宋初，冯氏迁到此处，建高岭里村；明末时，胡氏迁徙至高岭外村居住，继有汪姓也迁居于此。高岭成为躲灾避乱的“桃花源”，形成了高岭四大姓氏的雏形并发展壮大至今。

高岭村因“高岭土”而著名，至今保存了大量的矿业文化遗存。根据高岭何氏家谱记载，南宋时期高岭人何召一首先在高岭开采高岭土。高岭村内至今还遗留了当年从高岭山上运输高岭土去高岭河东码头的瓷土运输古道。清乾隆年间在高岭从事矿业生产的婺源匠人又修建了婺源－高岭的石砌路。这条古道将高岭和高岭河东紧密联系在一起，形成一个密不可分的整体。这三者反映了当时高岭土采、选、运、销一条龙高效服务水平，并且体现了完整的古矿业、古商埠、传统村落所形成的综合文化遗产体系。

空间格局

选址 根植于传统的“天人合一”思想，高岭村在村落格局、建筑形态、营建手段等反映出古代风水观念。高岭村由高岭外村、高岭里村、高岭河东村组成。河东村背山面水而建，背后依红旗山、万家山，位于山脚下，靠近古驳岸，便于村内外的经济文化交流（图 1）。村前瑶河自东北向西南流过，形成山水萦绕的地理环境。高岭外村和高岭里村则坐落在绿色葱茏的山谷之中，通过运输古道相互联系。

图 1 河东村村落选址图

整体布局 高岭外村、高岭和河东村既独立又相互联系，形成组团状的有机统一体（图 2、图 3）。高岭外村和里村由运矿古道贯穿，由外村向西经过水口亭可到达河东村。河东村聚集于古驳岸一侧，沿街分布 6 座清代古码头，明清古商业街，传统风貌保存较好，形成滨河的街市空间。高岭外村有胡氏宗祠、何氏宗祠等古建筑。

街巷格局 高岭河东村历史上是由转运、集散物资运输的大码头而形成的传统聚落，因而街巷的布局与古码头关系密切，独具风貌特

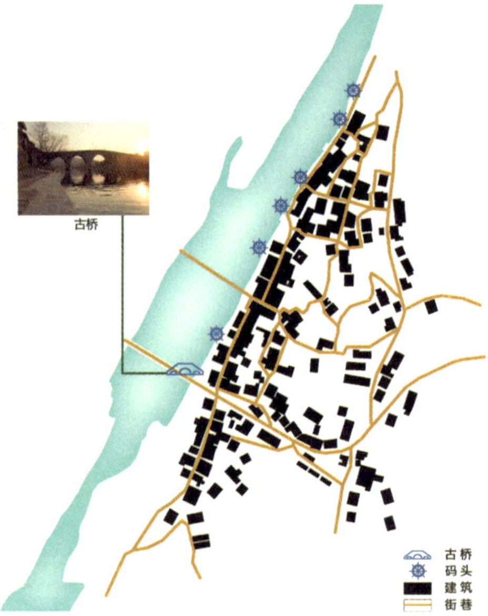

图 3 河东村整体布局图

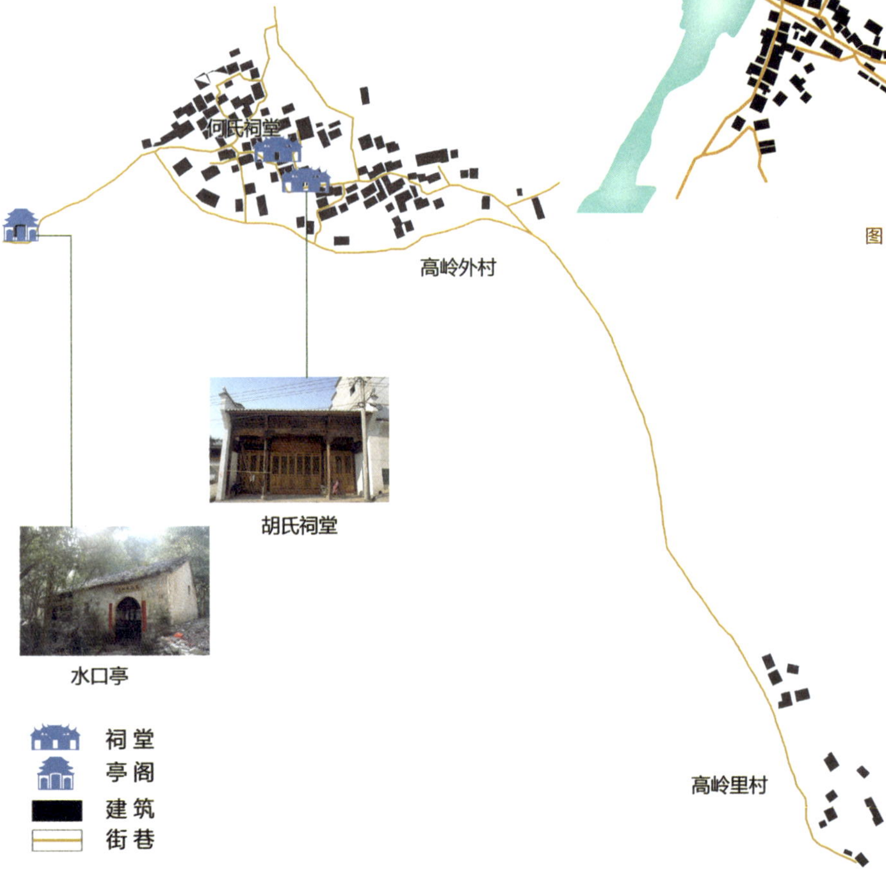

图 2 高岭外村、里村整体布局图

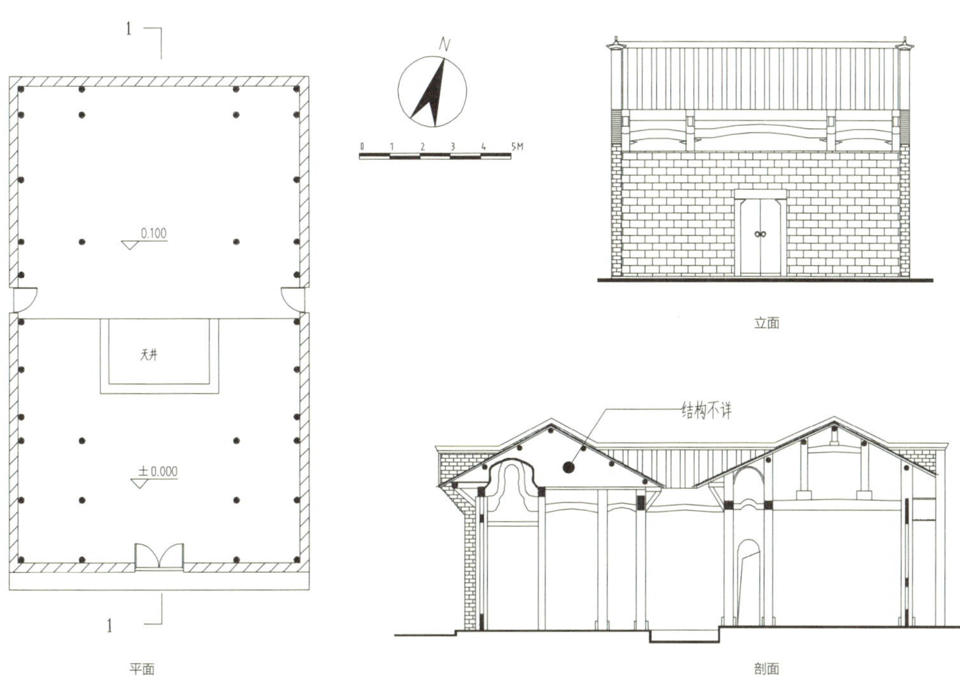

图 4 胡氏宗祠建筑测绘图

图 5 胡氏宗祠外观

色。河东村现存历史古道古街 2 条，一条为高岭村内瓷土的运输古道，另一条为高岭河东清代商业街；古道为高岭至勺溪的运矿古道。河东商业街沿河布置，是村中的主街。沿着巷道两旁是保存良好的古店铺，屋栋之间形成有宽有窄的小巷，街巷尺度适宜，互相通连。巷道皆以条石块石铺设，仍然可见古代运瓷土独轮车的车辙凹痕。

高岭里、外村位于古时运矿必经的要道上，是高岭与其他村落与外界沟通、交流的重要换乘点。村内巷道大体呈放射状分布，运矿古道遗址沿村外环绕，向东可至婺源，向西可至河东，向北可至勾溪，向南可至黄梅岭。

历史环境要素 村落有古井 2 处，古码头 6 处，古碑刻 6 座，古树 58 棵。

典型建筑

高岭里村及外村保留较好风貌的传统建筑有何氏宗祠、胡氏宗祠、汪志榜宅、胡金旺宅和胡宗发宅等，共 30 处。

胡氏宗祠 该建筑位于高岭外村，建于清代，主体建筑布局为三开间一进式，占地面积 196 平方米（图 4）。屋面用小青瓦，砖木结构，插梁式木构架。正门入口处设有石质门仪，大门为双开实木板，上有铺首、门环。门厅为门廊式，雕刻精美、生动，保存尚好（图 5）。

汪志榜宅 该建筑位于高岭外村，保存较为完好，建于清代。主体建筑布局为三开间一进一天井式，不带陪屋，占地面积 170 平方米（图 6、图 7）。单层砖木结构，穿斗式木构架。中轴线上布置是下房、天井、正堂、后堂。正门入口处设有石质门仪，建筑饰面破损剥落，内砖裸露。

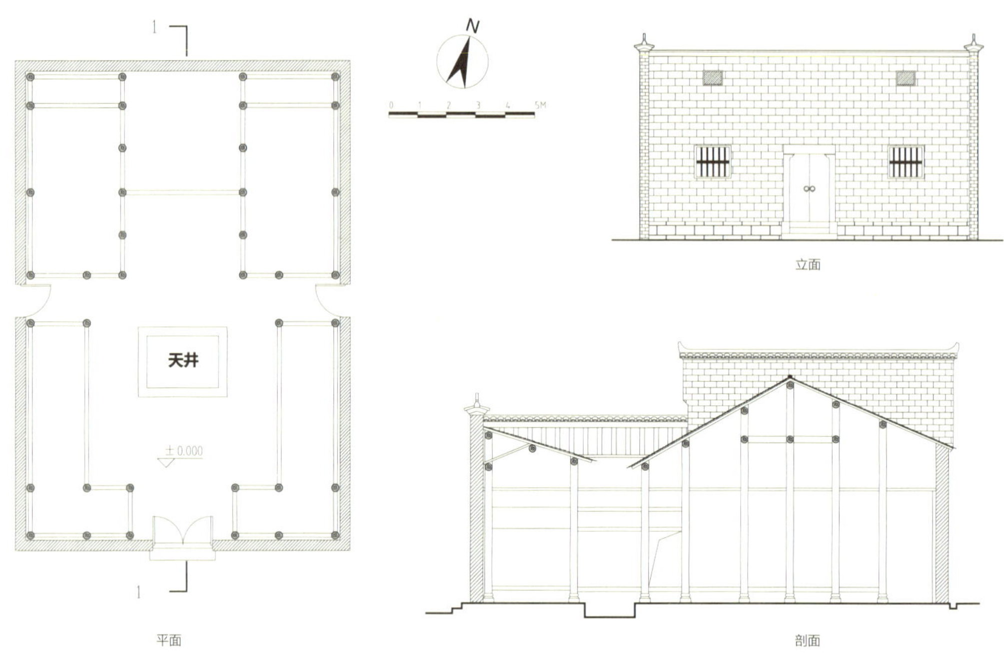

图7 汪志榜宅建筑测绘图

图6 汪志榜宅实景

非物质文化遗产

传统制瓷原料加工配制技艺 景德镇传统制瓷原料加工配制技艺始于汉代。瓷石和高岭土的“二元配方”始于元代。之后，代代相传，保证了优质瓷器的烧造。据《浮梁乡土纪略》（民国27年）记载：景德镇瑶里“山势高峻，溪涧内多陡滩急流，便于装设水碓，故均系用天然水力在沿涧两岸装置水碓，从事舂造。”景德镇地区多江河溪流，瓷工就其旁设水碓来粉碎瓷石。水的冲击力推动水轮，水轮带动碓杆及碓杵，车轴上撞杆撞出碓杆一端，抬起另一端碓咀，冲击碓穴里的瓷矿石，水碓的科学设置使之能达到均匀粉碎瓷石的目的，使石料变成粉料。其工艺流程为：选洗矿－人工捣碎－舂碓－挖碓－淘浆－贮浆池沉淀－浓缩池浓缩－干燥脱水－制坯－入库。传统制瓷原料加工配制瓷石舂碓工艺历史悠久，其工艺技艺为人们所称奇。

价值特色

高岭村是以古瓷土开采、转运为主导发展起来的重要商业聚落，是研究和展示景德镇制瓷文化的重要遗存地。村落布局与自然山水关系协调，整体格局尚存，村落内建筑风貌整体延续性较好。街道布局与古码头紧密联系，独具特色。村内古建筑密集，留存数量大，尤其是沿街商铺代表着该地区典型的商业建筑风格。高岭村商业传统悠久，正是由于贸易往来，长期与外界沟通与联系，其传统生产生活方式（农耕、制茶）得以保存延续，且有一定的现代功能适应性，具有较高的历史文化价值和艺术技艺价值，是业缘型聚落的典型代表。

英溪村

［景德镇市浮梁县峙滩乡］

村落概况

英溪村位于景德镇市浮梁县峙滩乡，距峙滩乡驻地东南 12 公里，北枕大英岭和英凤山，南临英溪河，距浮梁县 30 公里，为英溪村行政村的中心村。据 2014 年统计资料，村中现有 10 个村民小组，农户 234 户，人口 908 人。水田面积 519 亩，山林面积 15016 亩，物产丰富，森林覆盖率 85%；特色产业近几年发展良好，发展茶叶 380 亩、油茶 200 亩、毛竹 1100 亩、食用菌 10 万袋。该村历史文化底蕴深厚、人才辈出，是明嘉靖三十五年（1556 年）探花金达的故里，有“探花故里”之称。英溪村格局完整，传统风貌古朴，2012 年 12 月被列入第一批中国传统村落名录。

历史文化

英溪村以金姓为主，其始祖金安系京兆人士，汗侯之后，唐咸通年间（860-874 年）“举进士为浮梁令”，在位 17 年，后升任婺、饶、杭、睦四州统使，赠校检尚书右仆射昭信军节度使。其子金叔迟于唐末举家南迁浮梁愧里村后，又分支迁入英溪。从此，金氏后代便在这块土地上安居，世代繁衍，发展成浮北望族。

村靠大英岭和英凤山，村前小溪自东向西潺潺流过，故取名英溪村。英溪村人杰地灵，名贤辈出，仅宋代就有进士 12 人，明代金达由嘉靖帝钦点为探花，清雍正年间荣登进士 1 人。明成化七年（1471 年），乡举人徐谨为表达对金氏家族仕途亨通的赞颂，建造了“青云得路”坊。明嘉靖初年，村内建造了“金达府邸”及“国学师”门楼。1981 年，为筹建陶瓷历史博览区，景德镇市委、市政府将濒危的“金达故居”异地迁建于“明园”内，“国学师”门楼和“青云得路”坊则采取了就地保护的措施。

空间格局

选址 英溪村大体上坐北朝南、背山面水。整个村落背靠英凤山、大英岭，面临英溪河，依山造屋，傍水结村，与山水环境相得益彰（图 1）。大源河、郑坑河、西坑河在村头汇成曲折萦回的英溪河，由东至西川流不息。村基建在山脚下，沿英溪河北岸向东西向延展。

整体布局 村落位于英溪北岸，沿河而建，整体平面形态呈带形（图 2）。水口位于村落西北，由七星桥、忠烈庙以及周围的古树构成，

图1 村落选址图

是出入村庄的关口。村内有几处由门楼、牌坊构成的重要的公共空间节点。“御赐俸禄”门楼和“御赐俸禄”牌坊位于村落西北，由御赐俸禄巷连接。“青云得路”牌坊位于村落中部，“国学师”门楼和“国学师”牌坊位于半边街的末端，昭示着家族灿烂的文化和辉煌的荣耀，是村中极具影响力的空间，也是村中最具活力的场所。水口沿英溪向东南延伸的半边街串联整个村落的理水空间，其余街巷垂直于半边街向北延伸。

空间结构 英溪村整体呈“一带、一轴”布局结构（图3）。由村落南面川流不息的英溪结合滨水驳岸形成村落的滨水景观带；村落主街——半边街串联次要街巷，街连街，巷套巷，由西北起至东南角“国学师”门楼、“国学师”牌坊，呈三段式，在街巷交接节点处分别坐落着“御赐俸禄”门楼、“御赐俸禄”牌坊，“青云得路”牌坊，构成村落的文化轴。

街巷格局 村落主街为半边街，次要巷道

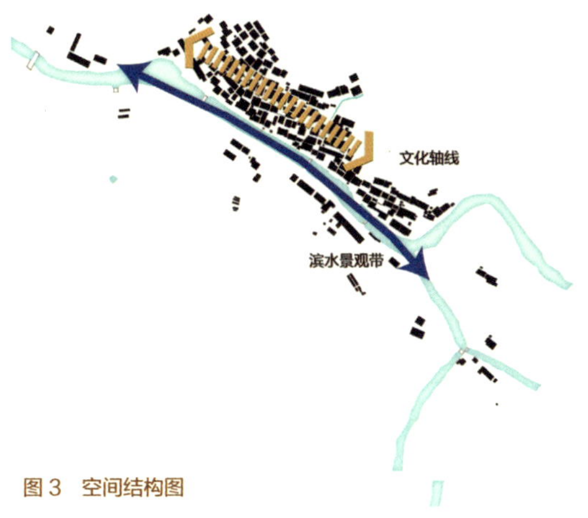

图3 空间结构图

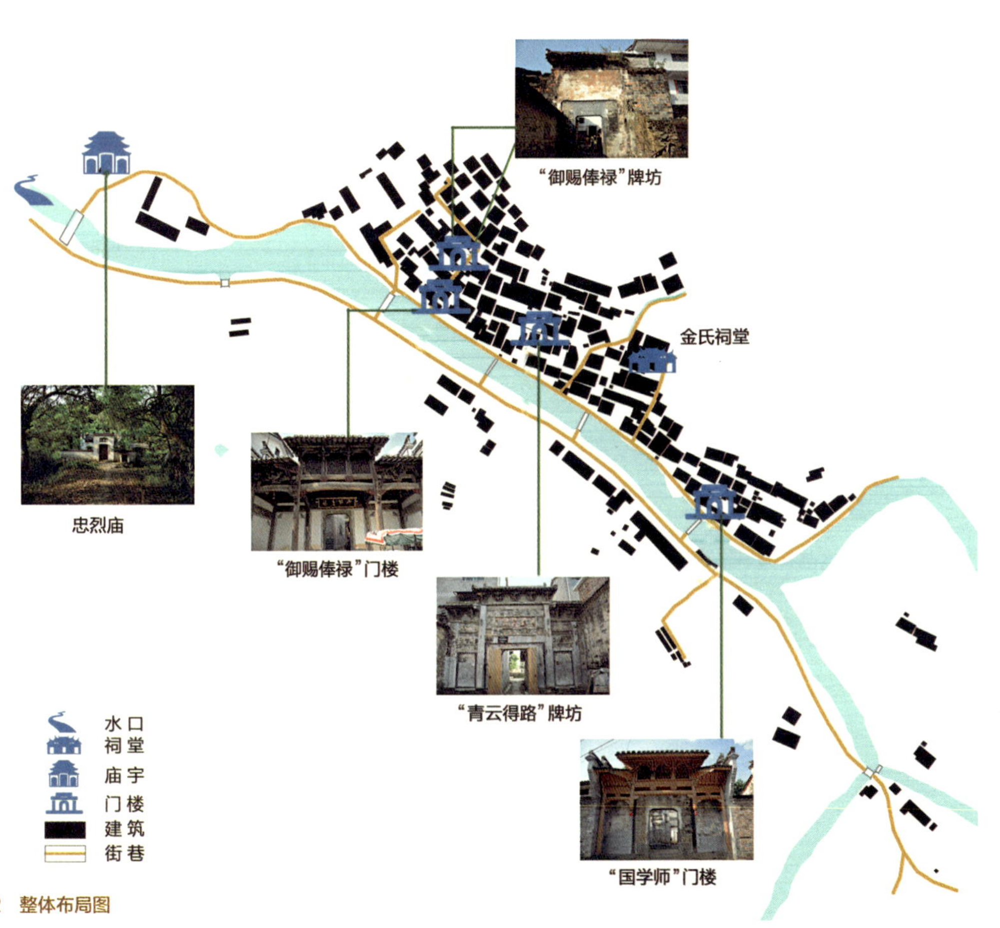

图2 整体布局图

图 4 传统街巷风貌

图 5 “国学师”门楼外观

图 6 “国学师”门楼斗拱

沿半边街向高处纵向延伸，呈梳状。村落初期依山傍水，纵向发展，后来随着人口与建筑的增多，由纵向发展变为横向发展，傍着水流沿岸发展，溪筑高塝，临水延伸建街，形成一半街一半水，故有“半边街”之称。半边街长 500 米，宽 2 米。村内街套街，巷套巷，房屋错落有致。每条主要街口都有八字门楼或一字门楼作为标志，俗称小门口，既是一条街界址，又是这条街的护门。村内主要历史街巷有半边街、青云得路巷、御赐俸禄巷等，由条状青石板铺就（图 4）。

历史环境要素 村落有古树群 1 处，石碑 1 处，历史街巷数条，古桥 2 座。

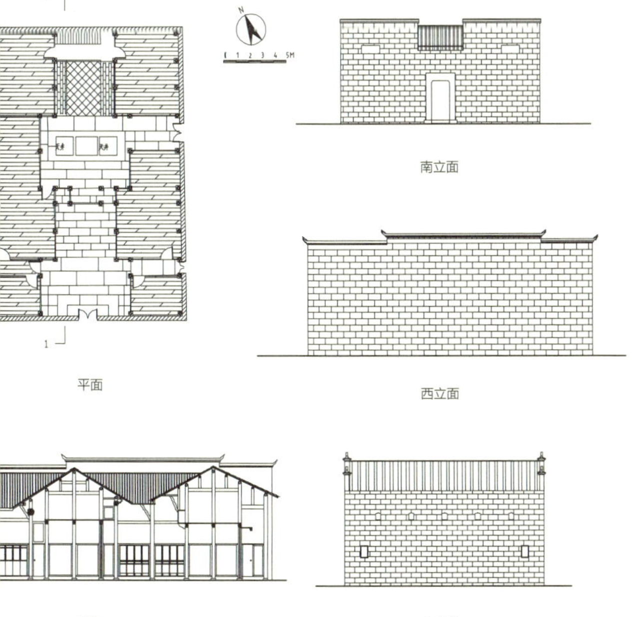

图 7 青云得路巷 10 号建筑测绘图

典型建筑

村内现存 11 栋明清古建筑，重点建筑有“御赐俸禄”门楼、“御赐俸禄”牌坊、“青云得路”牌坊，“国学师”门楼、“国学师”牌坊及部分价值较高的民居等。

“国学师”门楼 该建筑位于英溪北岸，始建于明嘉靖四十三年（1564 年），是探花金达故居国学师府的入口门楼。门楼青砖灰瓦，砖木结构（图 5），带斗拱（图 6），两侧马头墙为三山式。门楼上的木雕，精美绝伦，人物形象、花卉、动物栩栩如生。20 世纪 80 年代门楼大体保存较好，但是后来遭到破坏，如今已进行了修缮。

青云得路巷 10 号 该建筑位于青云得路牌坊北侧街巷，建筑建于清代，占地面积 151 平方米。建筑大体坐北朝南，平面布局为三开间一进半式，是典型的“四水归堂”天井式民居（图 7）。砖木结构，穿斗式木构架；建筑立面青砖灰瓦，侧边马头墙靠大门前部分为五山式，靠建筑后部分的为三山式。

15 号建筑 该建筑建于清代，大体坐北朝南，占地面积 282 平方米（图 8）。平面布局

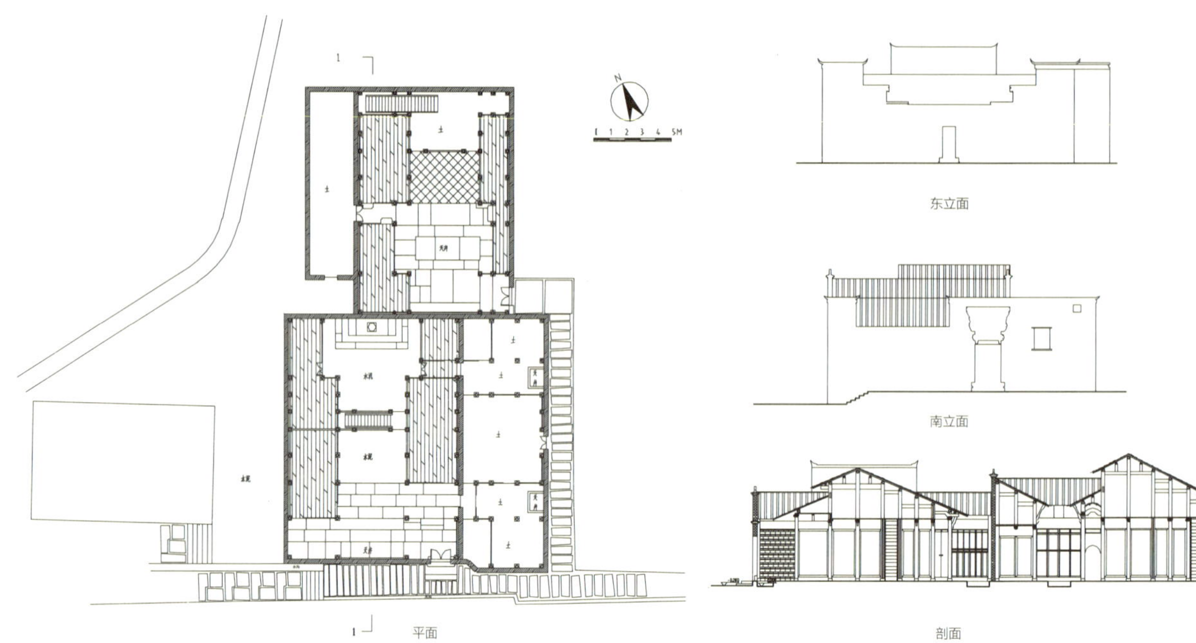

图 8 15 号建筑测绘图

分为两个部分，南侧前半部分有两个半天井，大门位于天井旁轴线东侧，并在正房右侧建有陪屋，陪屋设有两个虎眼天井；北边后半部分偏南侧中轴线向右，下堂右侧开门与街巷相连，并且在左侧设有陪屋。建筑为穿斗式砖木结构，室内木构架雕刻精美，制作精良。青砖黛瓦，五山式山墙气势恢宏，南面与东面的大门都设有门罩，布画精美、保存完好。

非物质文化遗产

碱水粑制作工艺 碱水粑是景德镇经典的小吃，制法简单，价廉物美，可久储不坏。以大米磨浆，掺以碱水，用特制粑筛猛火蒸熟，厚约 10 厘米。食用时切成薄片，以本地烟熏腊肉、大蒜等炒食，既能饱腹，又是下酒佳肴。碱水粑的制作，历史悠久，可追溯到宋代。景德镇浮梁盛产瓷器，自唐代中叶这里就有陶瓷作坊，到北宋时已是窑火鼎盛，窑场几十处，制瓷作坊遍布。作坊老板为激发工匠的生产积极性，提高产品质量和产量，不但在劳动报酬上合理，而且一日三餐饭食较优，每天还外加一个点心餐，以此来争夺笼络手艺精湛的工匠。为丰富点心品种，北宋前就有个别窑场和作坊创制了一个新的点心品种，即“碱水粑”。据传，岳飞曾率岳家军驻九江、湖口抗金，浮梁百姓家家户户做“灰水果”，派人送到岳飞军中劳军。岳家军以此品充作行军干粮。清咸丰年间，太平军转战浮梁时，浮梁百姓也曾以此品慰劳太平军。土地革命时期，浮梁许多农户曾以此品慰劳转战浮梁的红军和在山区坚持革命斗争的红军游击队。景德镇碱水粑制作已列入了非物质文化遗产名录。

价值特色

英溪村生态环境良好，人文蔚起，为宋代进士之乡，明代探花故里。村落格局保存完整，传统建筑受传统文化和地理环境等因素的影响，形成鲜明的地方风格。青砖黛瓦、马头墙、砖木石雕以及层楼叠院、高脊飞檐、曲径巷道等和谐组合，构成地方传统建筑风貌，砖雕、木雕、石雕工艺精湛、形式多样，具有较高的历史研究价值和科学艺术价值。

名口村

［景德镇市乐平市名口镇］

村落概况

名口村位于景德镇市乐平市境东南部，距市区 30 公里，东邻德兴市泗洲镇，西毗鸬鹚乡，南靠十里岗乡、众埠镇，北至高家镇。名口行政村有 23353 人，管辖面积 28.2 平方公里，其中耕地面积占 6200 亩，山林面积占近 30000 亩。该村历史文化深厚，人才辈出，传统建筑遗存丰富、历史风貌古朴，2013 年 8 月名口村被列入第二批中国传统村落名录。

历史文化

据《许氏世谱序》记载，名口许氏为望族，许姓由姜姓演化而来，其远祖系上古高阳许国开国君高阳公之后、许由公之裔，祖居河南许昌，一百二十五世祖许儒为唐朝著名隐士。自雍州下江南，期间，适逢黄巢起义，在饶州杀人八百万，许儒见饶州兵灾大乱，领五子，分迁五地。长子许知柔，官至户部尚书，移居乐平名口，后任饶州太守，随后辞官归隐，在饶州乐平（今洺口村）开基建村。名口村自唐天祐元年许知柔自安徽歙县迁入以来，距今已 1100 多年的历史。

四世祖许铤，精通地理与风水之术，师从著名风水大师廖金精，并先后编写出《地理心得》《风水探源》《阴阳八卦浅析》三本著作。许铤一生最关注的是本村的地理条件，起初并不如上游 5 公里处的戴村和下游 5 公里处的流芳村。后来他取“相生相克”法术，将村落规划建成船形，来化解对己不利的人和事。此后名口村仕宦、学人纷纷涌现，文化名人辈出，忠臣、孝子、节妇、义士、高寿五种人才俱全。唐朝有吏部尚书许知柔以及精通地理术的许铤；宋有金紫光禄大夫许尹及进士仕宦 37 名；元末明初有东阁大学士许国及高阳郡侯许瑗；明朝有安仁知县许公冕、北平佥事许重鲁及州

图 1　族谱上的村形图

判许渊；清朝文有启蒙教育家许添翼与许绍琴，武有许则祖与许标林。从宋朝至清朝，许氏共有仕宦 192 人。近代有至今仍享誉乡里的乡绅名流许英，另革命先驱许凌青以及国民党将领许鹄、许鹏等，当代有电影明星许还山等，可谓人才济济，辉耀史册。

空间格局

选址 村落三面环山，背山面水，地势东高西低，整个村庄东西长 1250 米，南北宽 750 米（图 1 、图 2）。村东、西、北三面皆是蜿蜒相连的大小山峰，南面则是川流不息的乐安河。乐安河由东向西在村前流过，村东的奎湖河（又称官庄河）由北向南流入乐安河，村庄对面的名溪又称“南河”或“长乐水”，由南往北流入乐安河，三河之水汇集于名口村村南，

图 2 村落选址图

静静地往西顺江而去。原名口村的洺字有三点水旁，乃是三条河流之意。

整体布局 名口村依乐安河而建，整体形态呈现带状（图 3）。村落形态酷似一艘船，

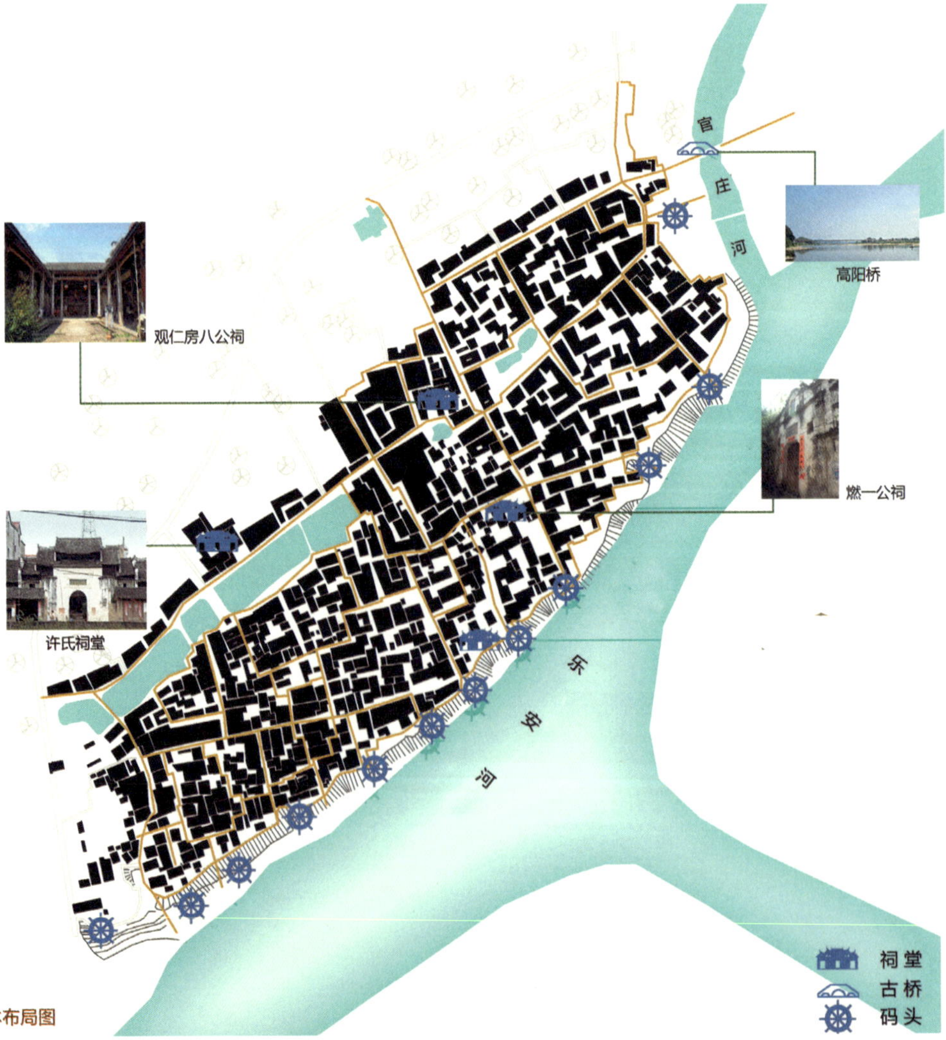

图 3 整体布局图

图 4 空间结构图

连接着船头与船尾的中轴线，串联 13 口水塘，恰似船舱。现仍有 9 口水塘状貌依旧。凭借得天独厚的水路交通与贸易河水塘港码头的优势，村内的观、亭、台、阁、院、斋、祠、庙等建筑类型丰富，数量众多。位于村西北水塘旁的许氏宗祠（即高阳祠）是重要的精神交流空间，为整个村落核心，是村中十分重要的空间节点。乐安河上有码头 12 座，由西往东依次是小港咀、竹园仂、烂泥渡、松林园上、松林园下、上渡、明山埠、杨家弄、许家房、仰日墩、竹山埠、桥坝头。码头通过台阶 60-90 垛不等的长条麻石铺就，直通村镇街道。村内街市有纵横交错成网状的十字街口 20 余处，四通八达的村内巷弄犹如迷宫。

空间结构 村落因地理因素和严谨的规划，形成了“一心、一轴、一带”的空间结构（图 4）。“一心”指以围绕着中央水系环状布局的以许氏宗祠为名口村精神文化核心。“一轴”是围绕着带状中央池塘向两翼伸展，连接“船头”和“船尾”的中心轴。“一带”指村前沿乐安河 12 处码头所形成的码头空间，南北向街巷与老街相连，形成贸易空间带。该池塘及其周边开敞空间，横向伸展，经由十字街，向东至桥坝下码头和跨河石桥，西至农田，形成了一个东西向的空间伸展走廊，为村民的生活空间。

街巷格局 村内传统街巷纵横连通，其中横街为主街，其走向与河流的走向相一致，稍宽于纵向巷道，主街两端还设有门楼，既用于安全防卫又便于管理。街道两旁建筑沿街而建，顺势退让、转向、收放，空间变化丰富，尺度开阔。传统街巷采用青石板铺就，横纵交错，主要历史街巷有许家房路、老家街、明山路、松林园下路、松林园上路、明山埠路等。

历史环境要素 村落现存古码头 12 处、古树 4 棵、古树林 2 处、古桥 1 处以及水塘 9 口。

典型建筑

名口村内保留有 316 处各级各类保护建筑，其中建议历史建筑 16 处，传统风貌建筑 310 处，已登记不可移动文物 4 处，景德镇市级文保单位 2 处。

许氏宗祠（又称高阳祠） 该祠堂始建于清乾隆三年（1738 年），历时 9 年竣工，由仪门、庭院、拜殿、前天井及两侧回廊、寝殿、后天井、后堂及出后堂左边门的孝子祠、贞节祠等组成（图 5）。该建筑采用了 14 根材质精良的石柱，其中立于正堂石柱有 4 根。拜殿上顶中

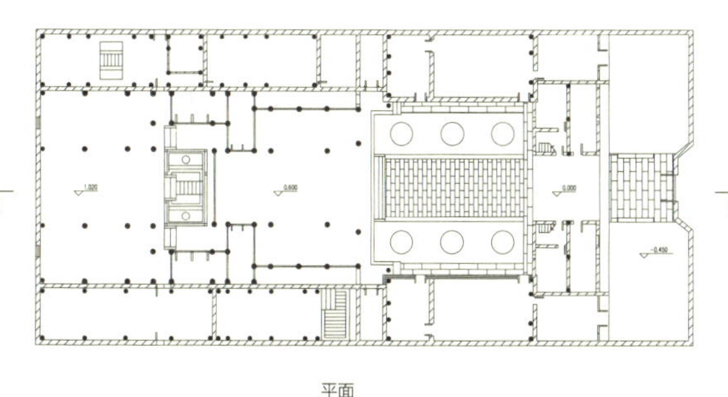

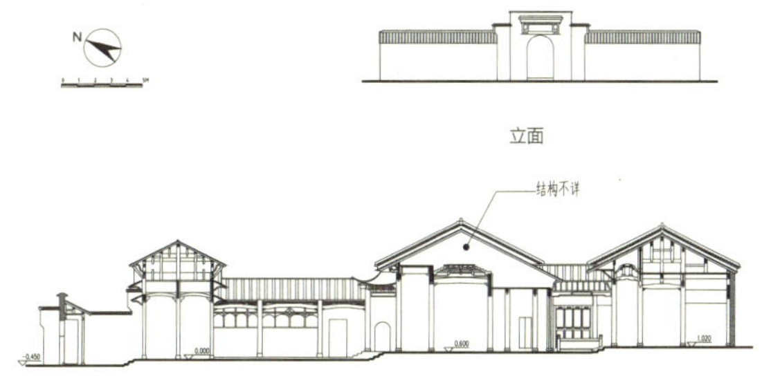

图 5 许氏宗祠建筑测绘图

图 6 许氏宗祠藻井

图 7 许氏宗祠外观

图 8 许家房路 36 号民居实景

央设藻井，直径 4 米有余，其形之大，其工之精，叹为观止（图 6）。高阳祠以其功能齐全、布局巧妙、装饰优美、营造精良著称于世，这座以“江南三个半祠堂”之一著称的祠堂建筑，无疑可以视作乐平居民建筑的典范（图 7）。

许家房路36号民居 该建筑始建于清代，坐北朝南，三开间一进式，带有陪屋，占地 124.5 平方米（图 8、图 9）。砖木结构，穿斗式木构架。入口设门罩，翘角轻盈向上，造型优美。立面经过多次改造，融入民国时拱券元素，造型独特。正厅厅堂通高，两侧厢房隔扇雕饰简约大方，朴素典雅。

非物质文化遗产

乐平黄豆豉制作技艺 乐平黄豆豉尤以名口黄豆豉为最。黄豆豉的制作工艺特别讲究。每年农历的六月至七月，挑选本地当年产的好黄豆，用温火小炒，用冷水浸泡 24 小时，浸透的黄豆放入锅中，用温火烘干。将烘干的黄豆

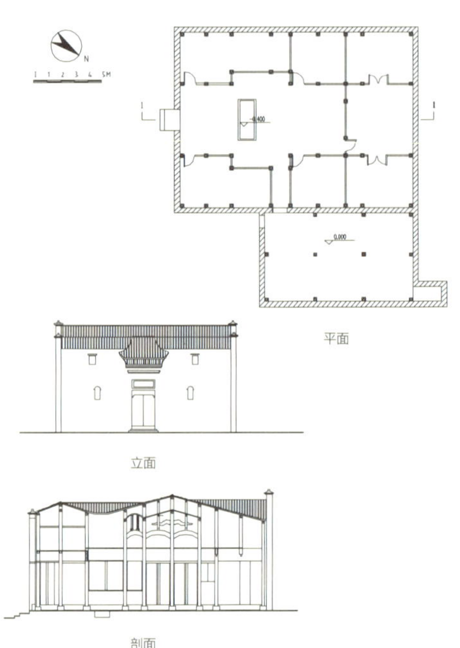

图 9 许家房路 36 号民居建筑测绘图

倒入簸箕中，放在通风处晾 1 天，第二天用被单或黄枝盖上保温，以便真菌生长。先长出的真菌是白色的，等到真菌变成黄色时，就要及时翻边，不断搅动，到真菌长满，略带绿色就好了。最后将它晒干收藏好，豆豉胚就做好了。制作黄豆豉时间选在每年农历的立冬以后立春以前这段时间。要挑选优质红辣椒、生姜、大蒜等。将生姜、大蒜去皮、红辣椒去蒂，擦干净。再将生姜、大蒜、红辣椒剁碎，放入豆豉胚，加入适量食盐搅拌均匀，第二天装瓶，贴上商标，打包，放入通风阴凉的地方即可。名口村中有许多人都会制作这种美食，或自家食用或售卖。

价值特色

名口村山川钟秀，人杰地灵，物阜民安，凭借得天独厚的传统贸易优势、渊远深厚的宗族仁孝观念、保存完整的村落格局，荣列第二批中国传统村落名录。村落空间布局严谨和谐，街巷肌理条理清晰，村庄的水系、街巷井然有序，传统建筑保存完好，特别是许氏宗祠布局完整，结构巧妙，装饰优美，营造精良。名口村因其特殊的地理环境，是研究滨水聚落的典型案例，同时也是商业型聚落的代表。

横路村

［景德镇市乐平市双田镇］

村落概况

横路村位于乐平市东北部双田镇，东起横路与田车荡自然村的交界处，南至官塘岭下九房港，西至横溪河西岸，北至小港北侧，距乐平城区 20 公里。据统计全村现有 1700 余户，户籍人口 7126 人，皆为汉族。村落生产经营以农业林业为主，耕地 3418 亩，林地 17690 亩。2013 年 8 月横路村被列入第二批中国传统村落名录。

历史文化

横路村开基祖叶承晏于唐僖宗乾符六年（879 年）由徽州梅林迁居于此。此地因有两条溪水在村西交汇而得名，原名为“横溪村”。后又因双溪旁有一条路叫横路塅，而后改名“横路村”。该村为叶氏单姓聚居的血缘村落，奉春秋末楚左司马沈尹戌之子诸良为一世祖，奉迁居横路村承晏公为三十八世祖。自三十八世繁衍生息至今已七十二世，共 34 代。

横路村历史悠久，人才辈出，叶树生曾在光绪十三年（1887 年）被清德宗诰封为修职郎，后又敕升为同知。叶氏族人崇尚孝行，叶国祥的妻子段氏，在民国曾得到黎元洪大总统赐褒词及匾额“竹孝松贞”。叶氏家族作孝行录，同时又作义士录，供后人纪念。

空间格局

选址 横路村所处地势较为平缓，三面环山林，溪水绕抱，村落的西南方向双溪交汇，环境优美（图 1）。周边多为丘陵地带，山体不高，山脚可用作农耕、居住。该村建在山脚下，因地理环境的影响，村落内部建筑布局分为南、北两个片区。

整体布局 村落依山傍水而建，布局形态呈集中团块形，村中分布着数口水塘（图 2）。

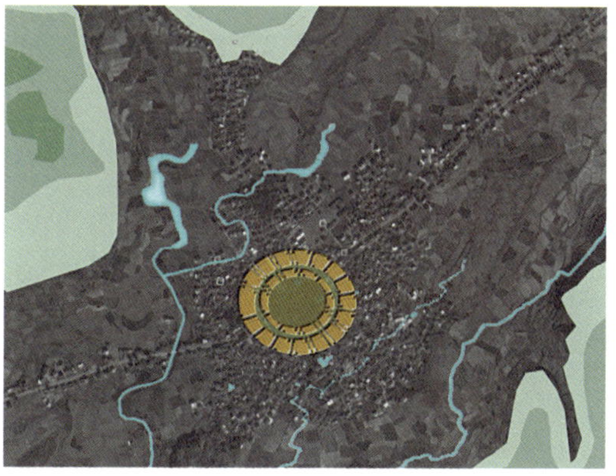

图 1 村落选址图

村落入口门坊位于村南。村落南部的万年台是整座村落的文化核心空间，是连接南、北两个片区的重要节点。位于村落东南处的关帝庙石桥在村内外的交通上起到了不可忽视的作用，是村内重要的空间节点之一。纵横交错的历史街巷将村落内部节点串联起来。村中主要街巷垂直于乐涌公路往南北延伸，整体路网呈网状结构。

空间结构 村落整体呈“一心、一轴、两片区”的结构（图3）。“一心”指的是以万年台为主的精神文化核心区；“一轴”即为贯穿村落东西走向的乐涌公路，为村中的交通轴，村内建筑布局依其朝南北向发展；“两片区”是指乐涌公路两侧的建筑群，整体呈团状分布。

街巷格局 横路村街巷呈不规则网络状自

交通主轴
文化核心区

图3 空间结构图

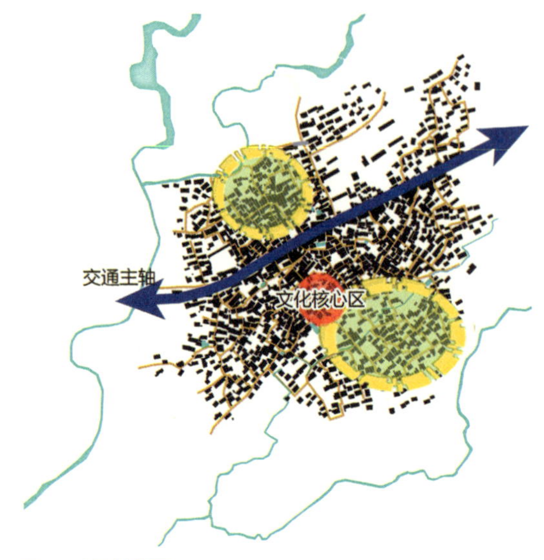

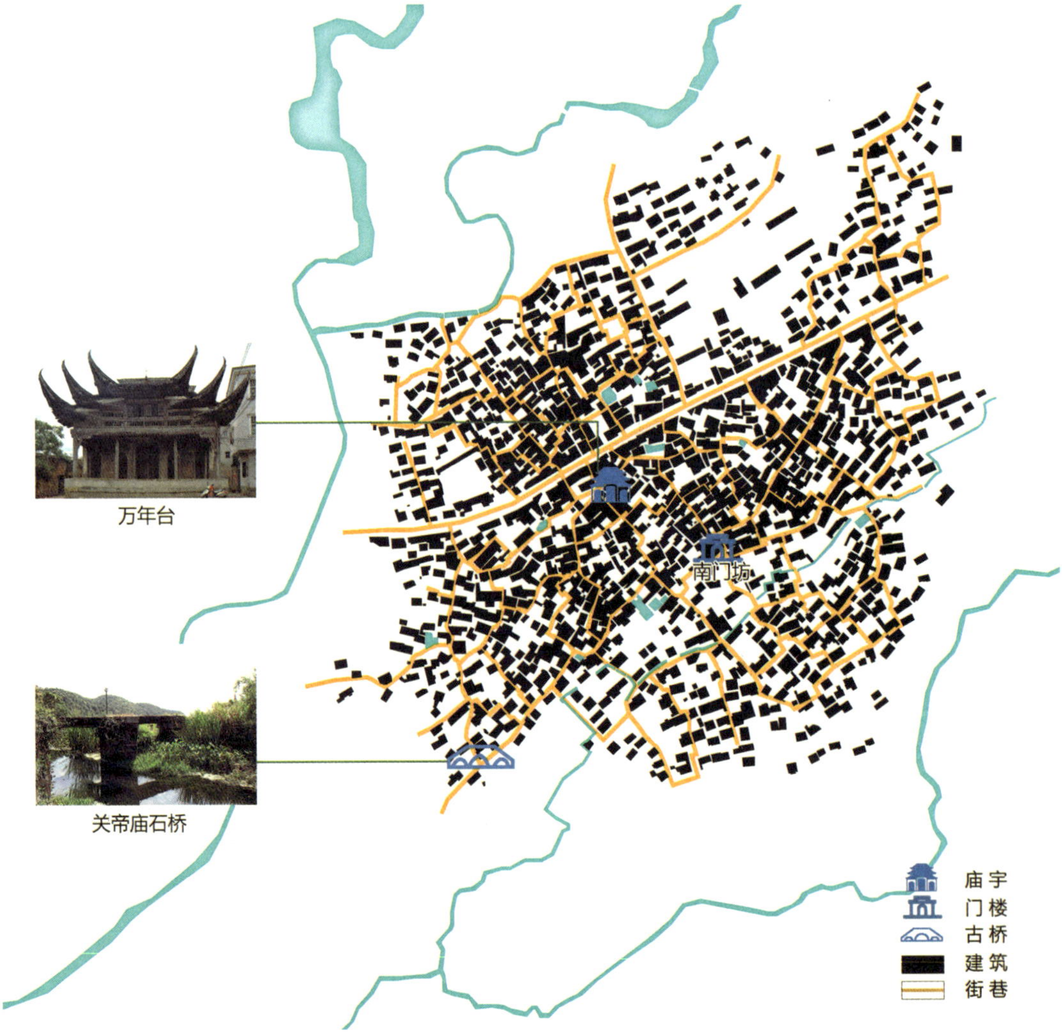
万年台
关帝庙石桥
南门坊
庙宇
门楼
古桥
建筑
街巷

图2 整体布局图

由布局。历史巷道肌理完整，数量较多，包括文秀西路、文秀中路、文秀东路、月秀路、社前路、东塘巷、古木巷、横溪路、横路巷、糙米巷、庆云巷等共计 11 条，总长约 3433 米。其中主要街道有 4 条，即横溪路、社前路、文秀中路和文秀西路。

历史环境要素 村落有古塘 7 处，古井 7 口，古巷道 11 条，古桥 1 处和古树 4 棵。

典型建筑

村内历史建筑遗存数量众多，省级文物保护单位 1 处（万年台），不可移动文物 21 处。此外还有历史建筑 16 处，传统风貌建筑 459 处，多以民居为主。

万年台 该建筑始建于万历五年（1577 年），历时数月，于万历六年正月竣工，故名曰“万年台”。万年台大体上坐西北朝东南，由前后两部分组成，后部是砖木结构，前部是木结构，面阔三间，进深四柱（图 4）。戏台表演空间三面开敞，方便更多观众从 3 个方向观看演出。该建筑结构匀称，上至飞翘，中至台额，下至台口，比例合理，造型优美。该戏台虽为清水造，但木构件如狮撑、垂花等，件件雕刻精细（图 5），尤其是飞翘翼檐下的斗拱，构造奇特，巧夺天工。

851 号民居 该建筑建于清代，主体建筑布局为三开间一进式，占地面积 450.3 平方米（图 6）。中轴线上布置下堂、天井、上堂。正门入口设木质的门罩，两侧入口设石质门仪、门枕，门楼饰面层脱落严重，砖石裸露。建筑为穿斗式木构架，单层，屋内漏窗雕花精巧。

“景星庆云”宅 该建筑始建于清代，主体建筑布局为三开间一进式，面阔 10 米，进

图 5 万年台内饰

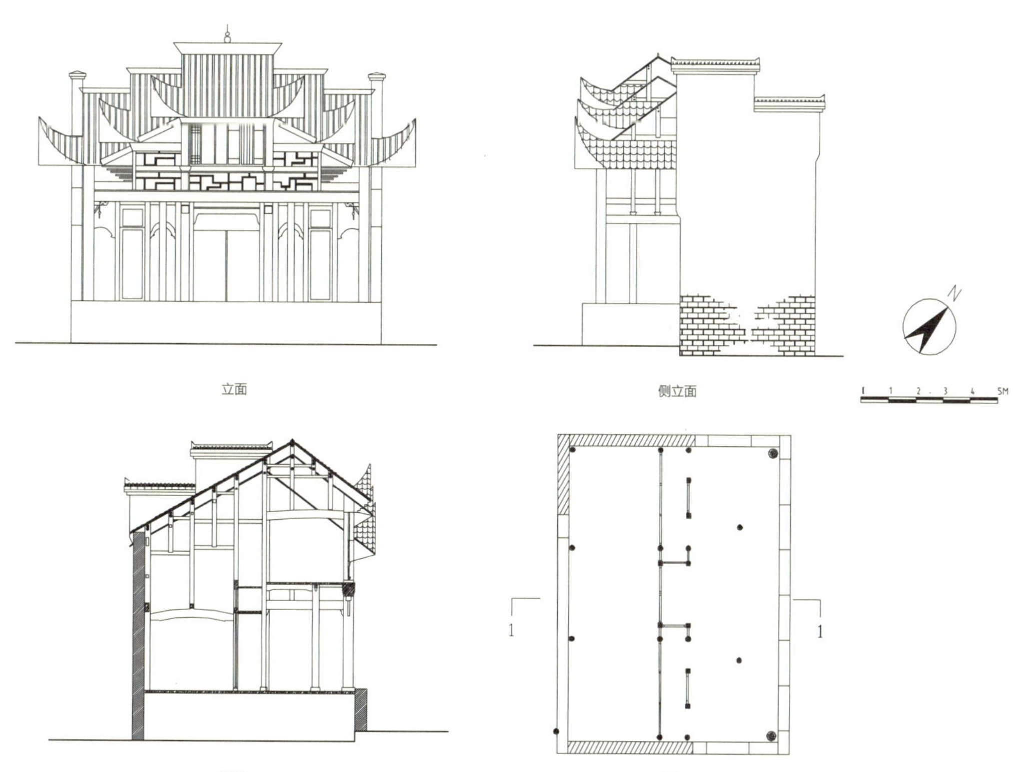

图 4 万年台建筑测绘图

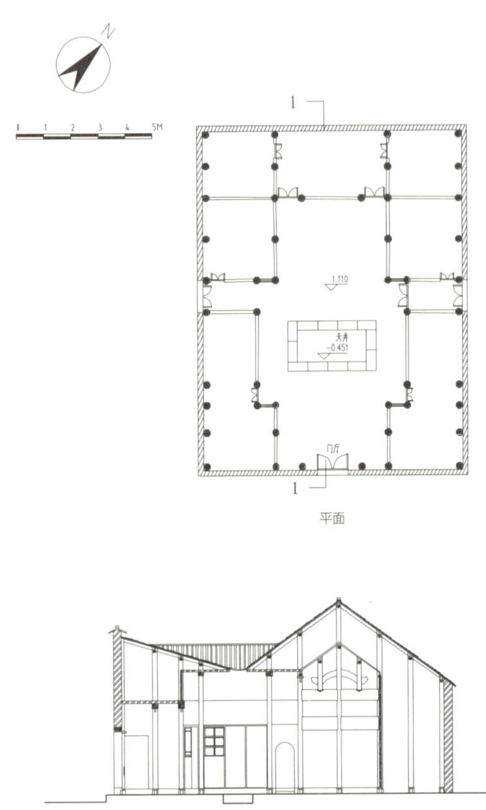

图 6 851 号民居建筑测绘图

图 7 “景星庆云”宅外观及门罩

深 11.5 米，右侧带陪屋。中轴线上布置的是下堂、天井和正堂。入口设石质门罩和门仪、门槛、门枕。天井宽 2.9 米，长 1.6 米，深 0.5 米。建筑为穿斗式木构架，单层。门罩上刻有“景星庆云”4 个字，陪屋墙饰面脱落破损较严重，砖石裸露（图 7）。内部梁架上施雕刻，精美绝伦。

非物质文化遗产

乐平传统戏台建造技艺 戏台建造技艺属第四批国家级非物质文化遗产，属传统技艺类。在古戏台建造传统技艺中，主要由锯工、大木工、小木工、雕工（以木雕为主，也有砖雕、石雕）、泥工、漆工、绘画工等通力合作，各尽其能，共同完成一座戏台的制作。戏台采用古典牌楼式样加以雕镂、敷金与彩色，取穿斗、抬梁混合架构辅以抱檩、穿枋等，使得戏台“建筑奇巧复杂，装饰豪华艳丽”。戏台由下部宽大的台基、中部的墙柱结构和上部巍峨的屋顶三部合成，形成庑殿厅堂立面形象。戏台主要部件、构件有油梁、狮子枋、八字枋、月亮枋、斗栱、雀替、狮撑、悬柱、吊钵、吊篮、屏风和花格窗棂等。在古戏台建造过程中其雕刻最为关键并有着其独自的特色，一是雕刻技法种类齐全，浮雕、平雕、阴刻和镂雕皆备，极少二次打磨，刀痕清晰有力，质感亲切；二是突出浮雕，特别是油梁和狮子枋浮雕深达 2-3 寸，以便民众远视和仰视，立体感强，栩栩如生；三是雕刻内容丰富，以戏文人物为主，花鸟风景为辅。

价值特色

横路村生态地理环境优良、仁孝宗族观念浓厚，有极具特色的古戏台文化。叶氏族谱编著严谨，体例完善，质量上乘，体现了叶氏族人对家族的依赖与荣耀。村落空间布局独特，轴线清晰，水系发达，建筑布局呈团状。万年台体态优美，木作精致，是乐平古戏台杰出典范。横路村较完整地体现了中国传统宗族文化的传承，展示了村落的传统风貌，具有较高的历史文化价值和科学艺术价值。

涌山村

[景德镇市乐平市涌山镇]

村落概况

涌山村位于乐平市东北部，地处乐平、浮梁、婺源三县市交界处，距景德镇市区 25 公里，距乐平市区 32 公里，东连洪岩镇，南接双田镇，西靠塔前镇。村内共 1347 户，总人口 5235 人。全村总面积 26 平方公里，耕地面积 2503 亩。2012 年，涌山村被评为江西省第四批省级历史文化名镇名村；2013 年 8 月涌山村被列入第二批中国传统村落名录。

历史文化

涌山村开基祖王仲举在唐朝时迁居此地，因其山明水秀初名锦溪，后更名为涌山。原有王、吴、余等几大姓氏旅居于此，其中王、吴二支为当时的名门望族。此地的山能产煤、石可烧灰、水能通舟亦可养鱼的得天独厚的自然地理条件，几大家族在此共同开拓基业，繁衍至今已有千余年。

涌山自古以来以生产石灰闻名，有过“日楫夜泊，绕岸灯辉”的历史。明清时期，王巳山、王夔书（五品红顶商人）、王宅仁祖孙三代富商因做煤炭业生意致富，不忘回报乡梓。道光皇帝御赐的“乐善好施”牌楼就是对他们三人品格的嘉奖。涌山村人杰地灵、贤士人才辈出，其中有官至都巡王姓始祖仲举公，宋朝的进士金极。金极为人十分正直，被人形容为“乞斩蔡京以谢天下”。据族谱记载，涌山村历史上共出了 13 名进士，68 名举人。

空间格局

选址 涌山村西依鸡公山，东傍锦溪河，北面为秀美的田园风光，南面有共产主义水库

图 1 村落选址图

的渡槽，山峦绿色葱郁、河流清澈灵动，生态环境十分优美（图1）。村庄整体地势西高东低，南北边缘高，中部腹地低，地势升降平缓。锦溪河由北向南在村东缓缓流过，在村庄南部有共产主义水库人工干渠。涌山村与所处的地理环境共同构成了“山－水－居”的景观特色。

整体布局　村落依锦溪河西侧而建，整体形态呈带状（图2）。村落东侧建于水上的古桥与码头是整座村落与外界交流的中心节点，连接村内外，与对岸的景色遥相呼应，长寿亭建于古桥西侧。位于村落中心的王氏宗祠（昭穆堂）以及万年台，则是全村公共活动文化空间。村中主要历史街巷纵横交错，整体呈网格状结构。

空间结构　涌山村整体呈“一核、一带”的空间结构（图3）。村落内部空间由王氏宗祠、

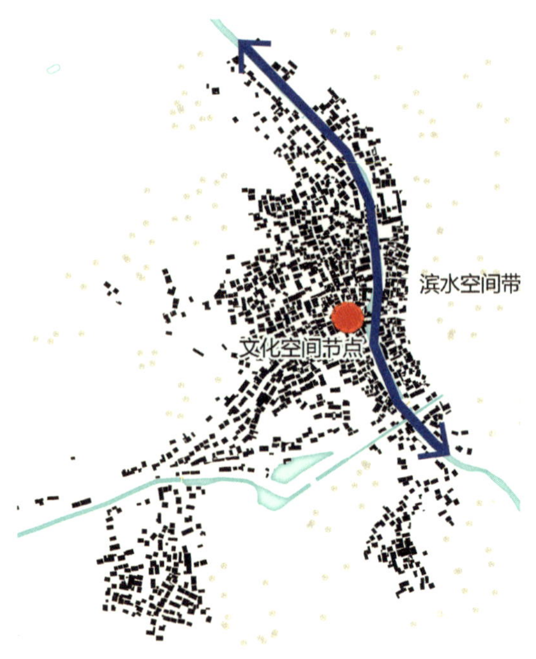

滨水空间带
文化空间节点
图3　空间结构图

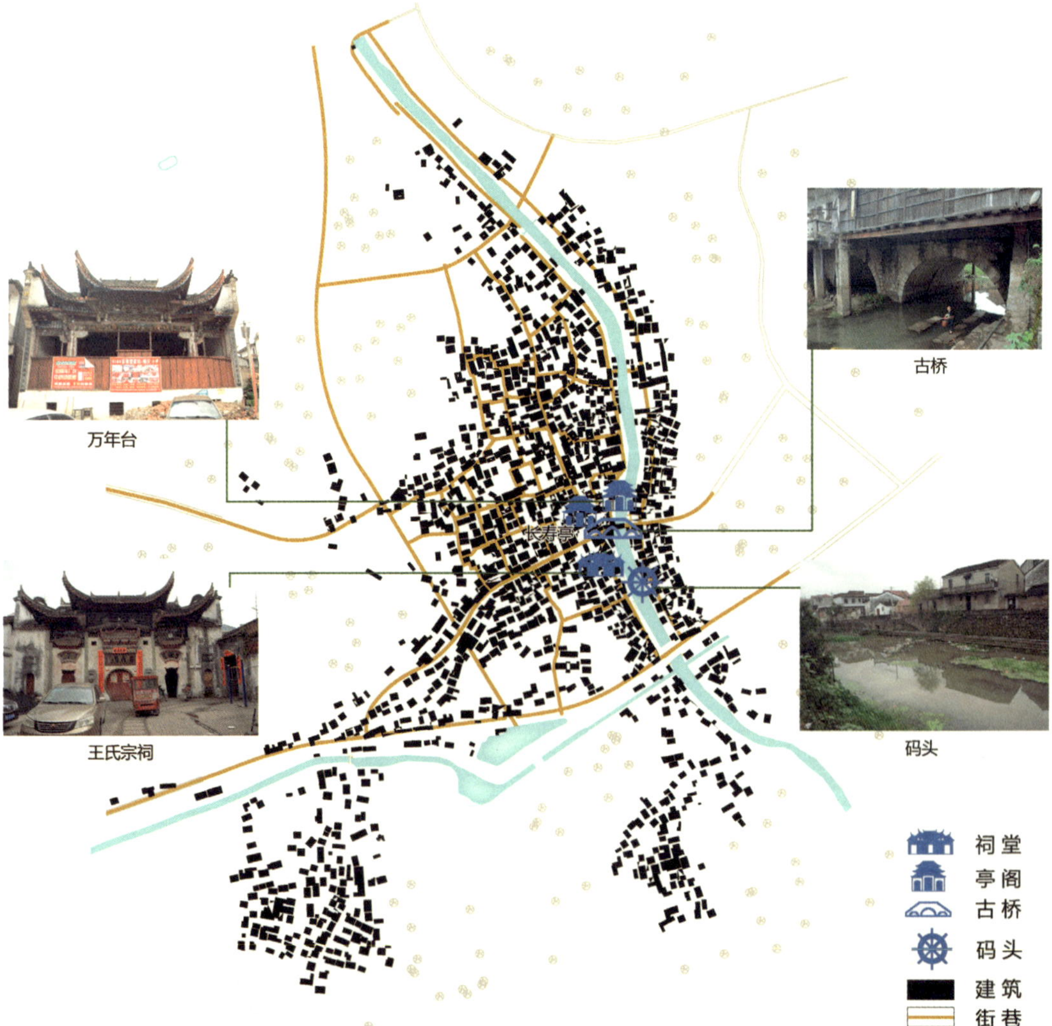
万年台
古桥
长寿亭
王氏宗祠
码头
祠堂
亭阁
古桥
码头
建筑
街巷
图2　整体布局图

戏台以及长寿亭三者构成文化空间节点，共同组成文化核心。由锦溪河南北向在村东穿流而过，并沿锦溪河形成滨水带，景色优美，商贸繁华。

街巷格局 涌山村的主要历史街道由东南至西北延伸，街道纵横交错，呈不规则网络状自由布局。村内现存一条保存完好的青石板街－王家街，建于清朝，南起戏台广场，北至锦溪路，全长500米，宽为3-5米，路面为青石板铺筑，石板上尚留有车轮印痕。村落内其他巷道基本都是石板铺砌而成，两旁虽有新建的住宅，但基本保存村落原有的街巷肌理。

历史环境要素 村落有古桥2座，古亭1处，古石碑1处和古渡槽1处。

典型建筑

涌山村有20处清代建筑，8处各级文物保护单位，2处省级文保单位（涌山洞穴遗址、昭穆堂）；6处市县级文保单位，分别是大弄仂5、6号民居（江南私塾），沿河西路6号民居（州判府），王家街10号（王氏民居），涌山大桥（八涧桥），戴安公墓。

昭穆堂 该建筑位于涌山村南部，始建于明代崇祯年间，是历代村民进行文化生活的场所。大体坐南朝北，整体布局是三开间两进式，前带小院，由仪门、小院、门楼、戏台、前天井、檐廊、正堂、后天井、后堂及边门陪屋等组成，建筑面积630平方米（图4、图5）。昭穆堂门楼为四柱三开三楼式，门额上“训贤门”匾额证实了王氏世族重视贤能的家风（图6）。

王金水宅 该建筑位于王家街西侧，建于清代。建筑整体坐北朝南，整体布局为三开间一进半式，总建筑面积为300平方米，东西厢房为2层，穿斗式木结构（图7）。屋顶为硬山顶，山墙为鹊尾式马头墙。

非物质文化遗产

腊猪头肉 腊猪头肉是涌山的一道名菜。很早以前，涌山人就有杀年猪的习俗，时逢腊月，温度低、宜保存，将猪头肉用盐腌制三五天后，再在太阳下暴晒数天，干后吊在灶头钩上，利用烧饭时的烟熏，直到大年三十下午洗

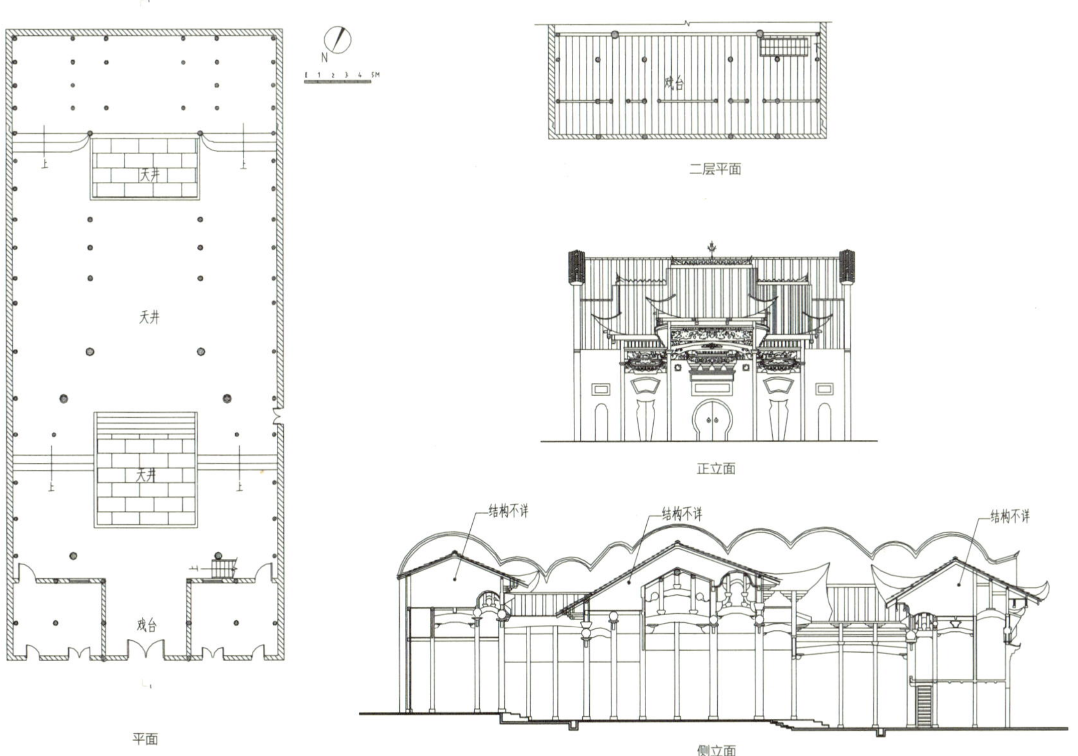

图4 昭穆堂建筑测绘图

图 5 昭穆堂内部

图 6 昭穆堂外观

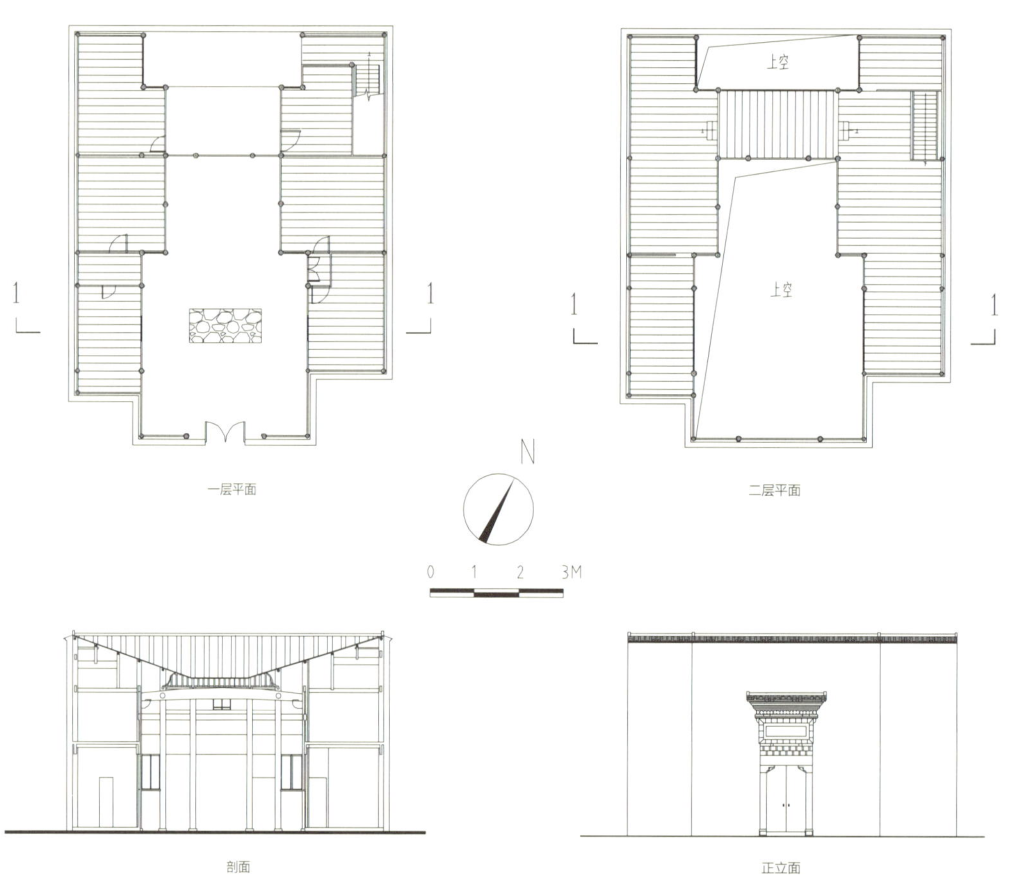

图 7 王金水宅建筑测绘图

干净，蒸熟后整个猪头用饭盆装好，再带到土地公庙祭拜，祭拜后把猪头带回家用菜刀切开，装上一大盆当作年夜饭的菜肴，余下的一直吃到元宵，象征着来年五谷丰登，六畜兴旺。

价值特色

涌山村人杰地灵，贤士人才辈出，以其优美的自然生态环境、古朴的人文环境、辉煌的戏台文化体现赣鄱地区、源远流长的村落文化。该村地处山水之间，村落空间布局井然有序，街巷肌理保存完整，文物古迹分布集中，尤以戏台营造独具匠心，精美绝伦，是乐平古戏台杰出典范。涌山村古村落较完整地体现了中国传统宗族文化的传承，展示了村落的传统风貌，具有较高的历史文化价值。

上徐村

[景德镇市乐平市塔前镇]

村落概况

上徐村位于乐平市北部塔前镇，距离乐平市约 16 公里，距离镇中心约 9 公里，北枕太阳尖山，南临磻溪河水，西邻下徐村，东可越科山北界首进入浮梁县。据2014年年底统计资料，上徐村有 360 余户，户籍人口 1596 人，村落占地面积 160 亩，耕地面积 900 亩。该村有着千年历史文化传承，2013 年 8 月被列入第二批中国传统村落目录。

历史文化

上徐村由徐氏先祖在宋代时由下徐村迁居于此。据《南州徐氏宗谱》记载，上徐村南州砚山徐氏家族为汉高士徐孺子（徐稺）后裔，而下徐村开基祖为徐孺子第十四代孙徐进，宋初由豫章迁居乐平。徐进原居豫章土坊因李唐衰乱避世隐居砚山，因山下有田，田中有石如砚，故名石砚山；又因村旁有田，形似葵花，故又名葵田。宋淳祐年间，徐迴公迁居于葵田上游，从此，上游叫上葵田，下游叫下葵田，徐氏后裔便在此繁衍生息，清代时改为上徐。

上徐村历史文化悠久，名人辈出，宋朝出 6 进士 8 举人，可谓是人才济济，其中最出名的人物为宋代的驸马、武状元徐衡。村内留存的“世泽流芳”门额体现出了历史上徐氏祖辈或从官或从商的辉煌成就。

空间格局

选址 村落选址背山面水，依山而筑，北靠太阳尖山，南临磻溪河水，西靠邻下徐村，东接陈家村，上徐村与下徐村仅天马山一山之隔（图 1）。上徐村南 、北两侧群峰耸立，中间为平坦盆地。村南的磻溪河蜿蜒辗转，自东向西穿流而过。

整体布局 村落位于磻溪河北岸，沿着古驿道展开，整体形态呈现集中团块形（图 2）。村前的古驿道贯通东西，是村内外交流的要道。村南的“世泽流芳”门楼为村落的重要公共空

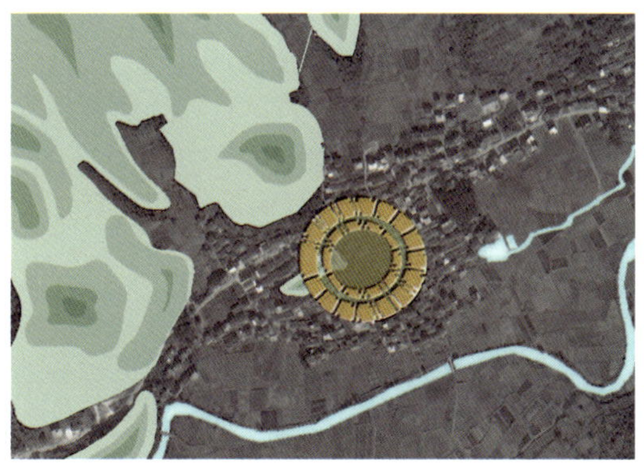

图 1 村落选址图

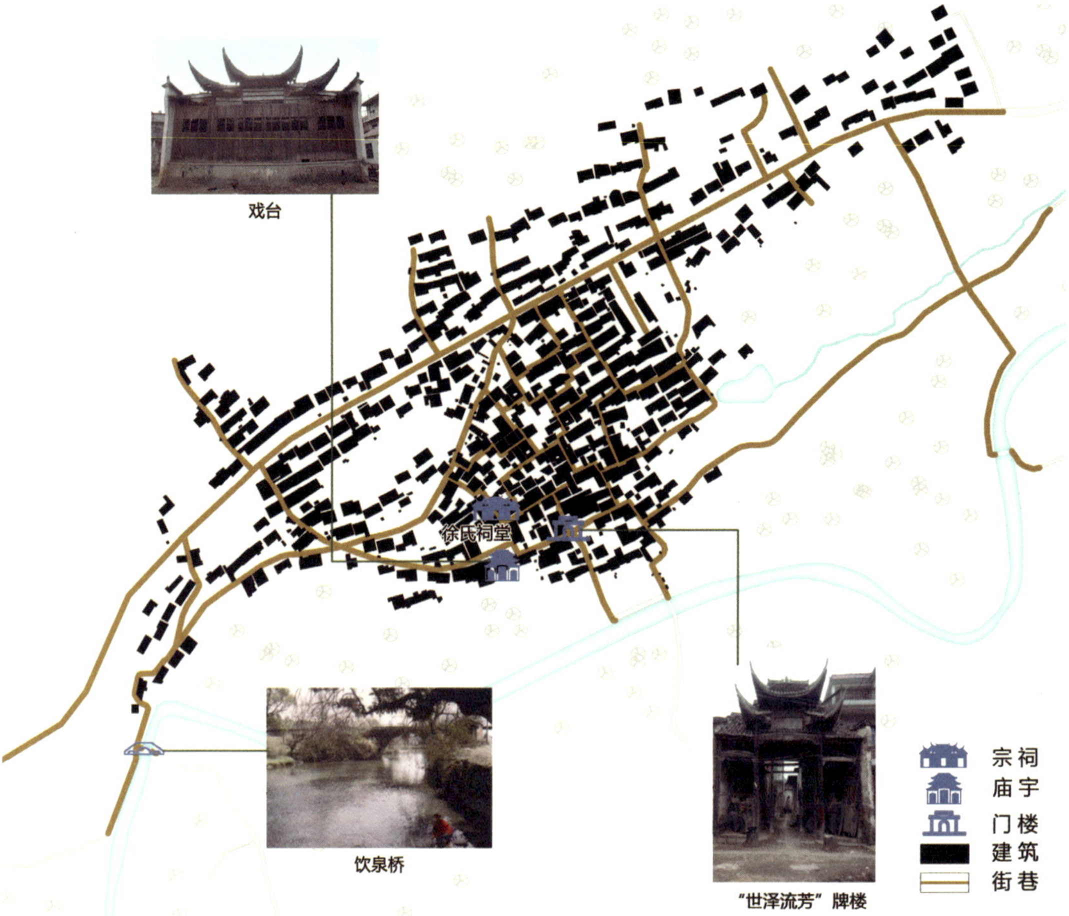

图 2 整体布局图

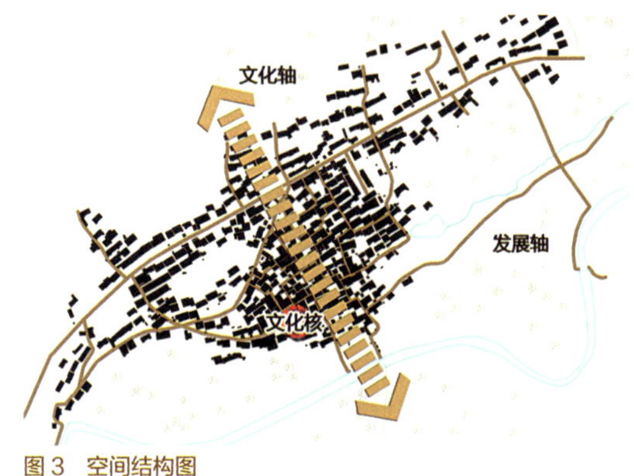

图 3 空间结构图

间节点。戏台位于门楼西南古驿道旁。徐氏祠堂建于村落南部，为徐氏祭祖的场所。村内主要巷道呈网格式布局。

空间结构 上徐村整体呈“一核、两轴”的结构（图 3）。“一核”即徐氏祠堂，为村中的精神文化核心；“两轴”其中一轴为古驿道，整体村落沿着古驿道展开，建筑自磻溪河以北，沿着古驿道自西向东发展，改革开放后又沿着古驿道北面向东延展，可以说古驿道是上徐村的发展轴；另外一条轴是以“世泽流芳”门楼和徐氏香火堂为主形成的村落文化轴线，古戏台位于文化轴线一侧。

街巷格局 村内巷道布局为网格状，现保留较为完整的有 1 条古驿道和 10 条较为完整的历史街巷。东西走向的古驿道，长度 1200 米，从天马山西侧至村东村界，为村落内最长交通干线。历史街巷共长 2495 米，其中南北向共计 1920 米，东西向共计 575 米。除古驿道为沙石和石板结合铺就，其他巷道皆为石板铺就。

历史环境要素 村落内有古树 10 棵（李树 2 棵，樟树 8 棵），牌匾 2 处，古驿道 1 条，历史巷道 10 条，古桥 1 处。

典型建筑

村内保留各级各类历史建筑 17 处，市级保护单位 4 处、建议历史建筑 12 处。重点建筑有“世泽流芳”门楼、“环山绕水”宅、徐氏香火堂、徐红崽宅、徐时正宅等。

戏台 该建筑建于民国时期，位于村西的广场上，是村民娱乐听戏的场所。戏台坐南朝北，面阔三间，采用砖木结构，占地面积 138 平方米（图 4）。戏台立面为主楼部分歇山顶，两侧为硬山式，封火山墙。戏台整体结构为穿斗式，正中有螺旋式藻井，四围以垂花分界，呈外八字形（图 5）。

徐红崽宅　该建筑位于村落的西北，建于清朝，砖木结构，局部 2 层。建筑大体上坐北朝南，布局三开间一进式，面阔 10.8 米，进深 14.7 米，总建筑面积 158 平方米（图 6）。外立面采用青砖灰瓦材质，厅内木门窗以镂雕为主。

非物质文化遗产

板龙灯　乐平市一带在每年的元宵节前后，都有舞板龙灯的习俗。板龙灯即用竹骨彩纸扎成龙头龙尾，龙身由各户自扎，每家每户各置一长条形板凳，上扎 2 – 5 个花灯为龙身。各节花灯内点蜡烛，每节板上 2 盏花灯，长达 2 米，由一人手持。一条龙灯由上百节板灯连接而成。元宵之夜，村民手举龙灯穿行于村镇小道，灯火闪烁，如巨龙游走在人间，为百姓带来福气，引来万人空巷，场面非常壮观。这种习俗需要每家每户都参与到其中，增加了村民之间的凝聚力，增添了乡村气息和传统节日时期的节庆气氛。板龙灯得到较好传承，已被确定为江西省非物质文化遗产。

价值特色

上徐村历史文化悠久，贤才辈出，因宋代武状元、驸马徐衡故里闻名于世。村南临水，沿驿道而发展，空间格局严整有序，街巷纵横交错、别具韵味。传统建筑类型齐全、造型精致，“世泽流芳”门楼、古戏台、“环山绕水”宅、饮泉桥等文物古迹是历史的积淀，见证了上徐村繁荣与文明的发展历程。非物质文化遗产异彩纷呈，板龙灯实现活态发展，传承至今。上徐村布局典型、历史环境要素保留完好，为研究村落的发展演变及民俗文化、生产生活方式提供了范例支撑，是该地区传统聚落的典型代表。

图 5　古戏台内实景

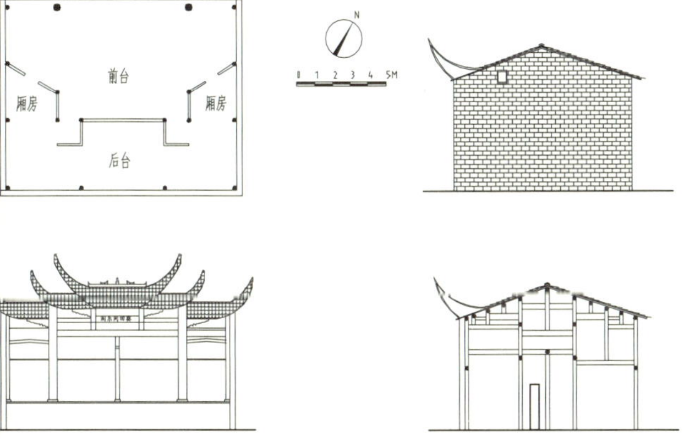

图 4　戏台建筑测绘图

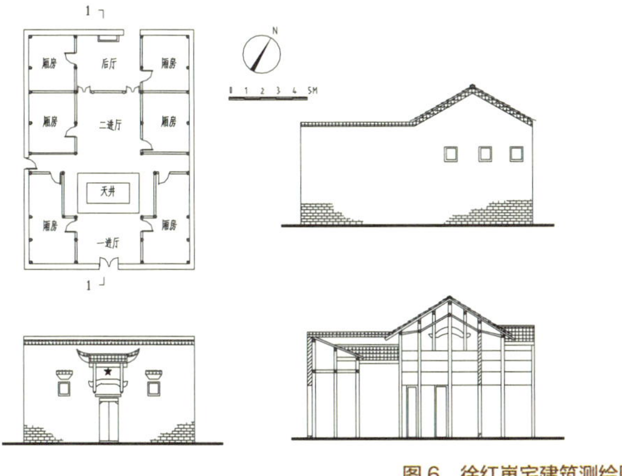

图 6　徐红崽宅建筑测绘图

下徐村

〔景德镇市乐平市塔前镇〕

村落概况

下徐村位于乐平市塔前镇，距乐平市11公里，距塔前镇镇区约9公里，北依浮梁县寿安镇，东临徽州，南至乐平市中心城区，北端有乐平至景德镇古驿道。村内常住居民460余户，人口2100人，村域面积29平方公里，村基占地面积236亩，耕地面积约900亩。下徐村现存明清古建筑数量较多，以“世科”牌坊和“仁寿楼”最具代表性，是为纪念该村北宋文进士武状元驸马徐衡所建，故有学者提名下徐村为“江南皇家驸马第一村”。2013年8月下徐村被列入第二批中国传统村落目录。

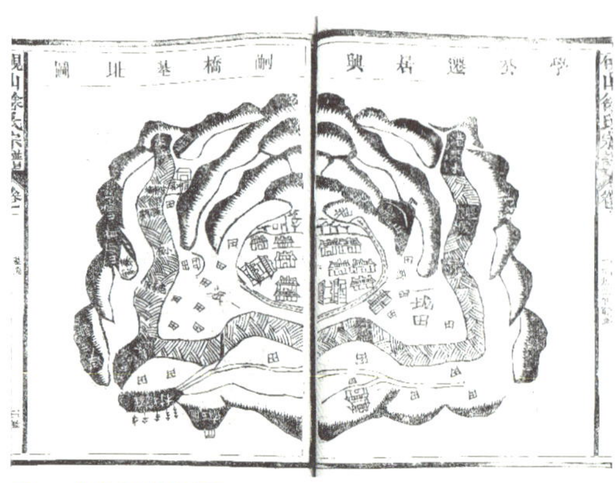

图1　族谱上的村形图

历史文化

据《南州砚山徐氏家谱》记载，徐氏原本姓瀛，始祖号称东海郡，徐氏第七十一世孙徐孺子迁居砚山，八十五世孙徐进宋迁居乐平下徐村，至今已传34-35代，历史文化传承千年。

下徐村代代相传下来的门额和牌匾昭示了主人的身份，家族的历史。明初所建的“世科”木牌楼和“仁寿楼”皆是为纪念下徐村北宋文进士武状元徐衡所建。任康州（今广东德庆县一带）防御使的徐衡告老还乡之时，宋高宗亲写了“仁、者、寿”三个字赐给他，徐衡八十寿辰时皇上又下令在他家乡下徐村建了一座仁寿楼，现存仁寿楼为清中期复建。徐氏家族人文蔚起，历朝历代人才辈出，仕宦众多，其中著名的有北宋进士徐庚、武状元徐衡等。

空间格局

选址　下徐村背靠青山，东向面临良田、磻溪河，河水由北绕村前而过，村北有乐平至景德镇古驿道（图1、图2）。下徐村四周山脉环抱，负阴抱阳，且村西有梅树坞溪水由北向南而过，与由北向南的磻溪河河水交汇于村西，

图 2 村落选址图

为水运提供了便利的条件。

整体布局 下徐村整体形态呈集中团块状（图 3）。村口处的“世科”牌楼是村落空间序列的开端，古戏台（万年台）位于下徐村西侧。仁寿楼位于从“世科”牌楼通往万年台的古驿道上，通过纵横交错的巷道，将重要历史建筑仁寿楼及万年台等节点空间相互串联，共同组成居民文化交流的空间，是村民日常集会，活动的重要场所。

空间结构 下徐村整体布局呈“一核、一轴、一带”的空间格局（图 4）。“一核”是以村西的徐氏祠堂是村中的精神 、文化核心。“一轴”是以仁寿楼为中心沿着古驿道东西向延伸发展，形成的村落发展轴。“一带”即沿村西梅树坞溪水形成的景观带。

街巷格局 下徐村巷道空间井然有序，保存了 8 条较为完整的历史街巷，纵横交错，呈网格状。南、北走向的街道为贯通式，中间 3

图 4 空间结构图

图 3 整体布局图

条里巷则将村落分隔成里坊。其中古驿道共计1600米，南北向历史街巷计330米，东西向历史街巷共计180米，青石板铺砌。

历史环境要素　村落有古树8棵，古塘1处，古桥2处，历史巷道8条以及古驿道1条。

典型建筑

下徐村内有景德镇市级文物保护单位1处、乐平市市级文物保护单位2处，建议历史建筑12处，另有大量保存完好的传统民居。

图6　万年台外观

图7　万年台藻井

万年台　该戏台建于民国时期，一层砖木结构，占地95平方米（图5）。戏台四柱三开间，中为单檐歇山顶，两侧为硬山式（图6）。台阔9.40米，纵深8.60米，台口至中央屏壁进深5.2米，演出区开阔。台面高1.62米，台口净高2.92米，檐口距地面高5.99米，正脊距地面高9.90米。戏台正中藻井为螺旋式（图7），四周以垂花分界，呈外八字形。

“世科”门楼　该建筑始建于明洪武二十六年（1393年），成化二十年（1484年）重建，为纪念先祖宋代文进士武状元徐衡而建造。该门楼位于下徐村村口，坐北朝南，三重檐、檐牙高啄，一层采用的是普通的坡屋面形式，二层与顶采用斗栱连接，整体造型美观大方，高雅别致。雕刻精细，是下徐村的标志性建筑（图8）。

仁寿楼　该建筑始建于宋朝，清中期复建，为纪念下徐村北宋文进士武状元徐衡所建，内设牌匾“仁寿楼”。建筑坐北朝南，硬山顶，青砖灰瓦，砖木结构，平面布局为传统的“四水归堂”式，三开间两进式，面阔9.3米，进深23.8米，建筑面积约221平方米（图9）。屋内门窗保存多处以镂雕为主，雕刻内容有人物、动物、花草等生动形象、题材丰富，不仅反映出当时的建造技术与艺

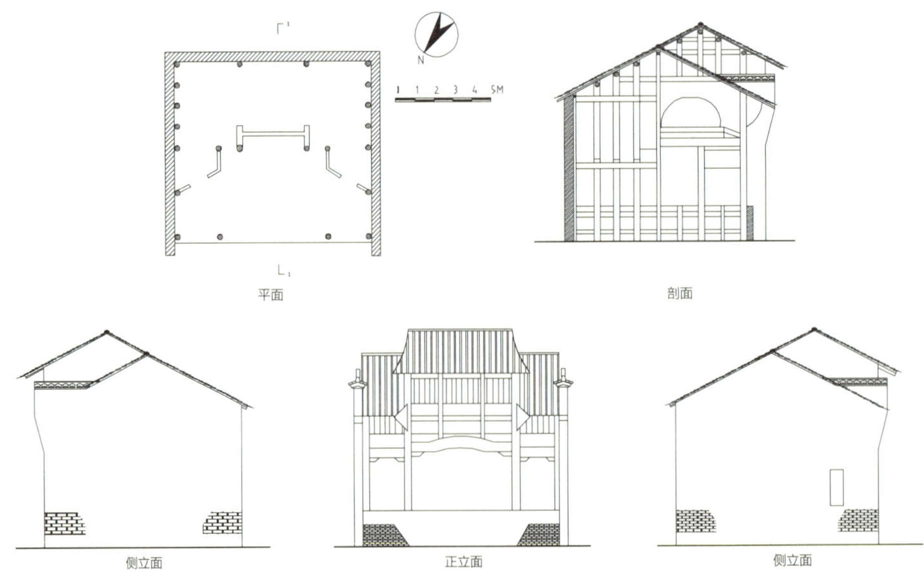

图5　万年台建筑测绘图

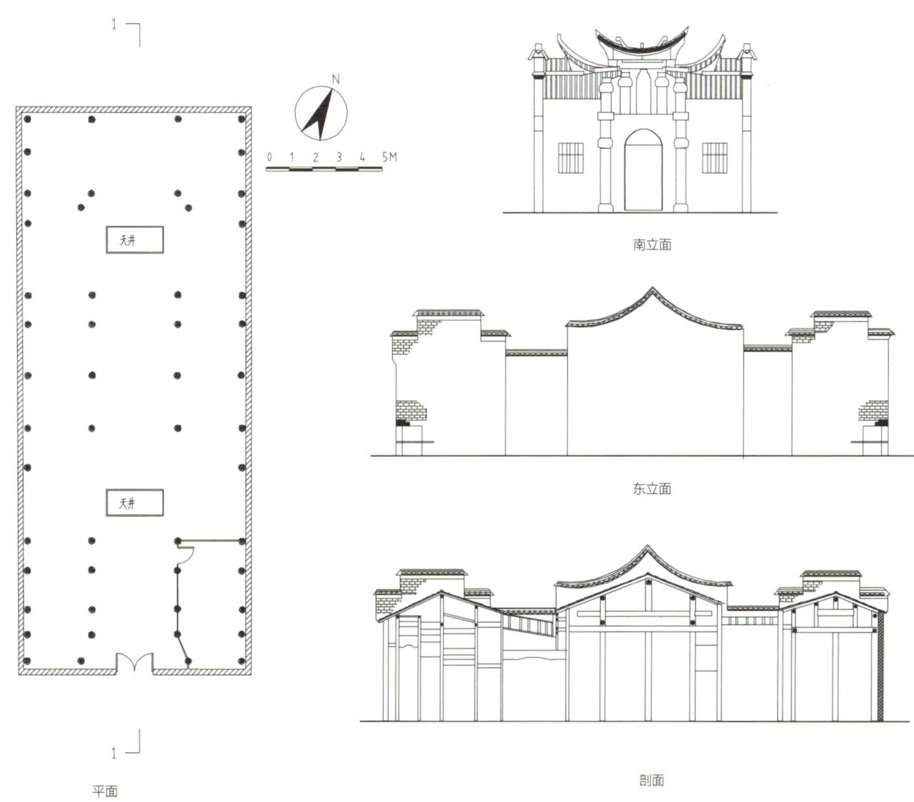

图 9　仁寿楼建筑测绘图

图 8　“世科”门楼

术美，也反映出当时人民的生活形态及对美好生活的向往，对研究清中晚期南方建筑雕刻技艺有重要的参考价值。

非物质文化遗产

赣剧　乐平的赣剧与古戏台遐迩闻名。赣剧的演出活动在乐平城乡盛况空前，有首民谣“深夜三更半，叫天明亮，还有锣鼓响。”乡村自办的太子班多至数十个，学员数千。虽岁月蹉跎，时盛时衰，但赣剧艺术已深深地植根于乐平这块沃土之中。

古戏台营造技艺　2014 年古戏台营造技艺正式成为国家非物质文化遗产项目。古戏台建筑技艺是乐平民间乡土建筑中一项重要的传统技艺。该营造技艺在上徐村做了详细介绍，故此处不再赘述。

价值特色

下徐村历朝历代人才辈出，人文底蕴传承有序，因其“世科”门楼和“仁寿楼”是为纪念下徐村北宋文进士武状元驸马徐衡所建，故有学者提名下徐村为“江南皇家驸马第一村”。村落空间布局独具一格，街巷网格脉络清晰，村落内部空间丰富且富有变化。独特的古戏台体态优美，木作精致，堪称乐平戏台的上乘之作。下徐村较完整地展示了村落的传统风貌和地域风格，具有较高的历史文化价值和科学艺术价值。

瑶里村

［景德镇市浮梁县瑶里镇］

村落概况

瑶里村位于景德镇市东北部瑶里镇，距景德镇市区 59 公里，距浮梁县城 48 公里，东邻安徽、婺源，位于镇区，西接鹅湖镇桃岭村，北至白石塔村，南枕黄梅岭。据 2007 年统计，全镇共有 3610 户，总人口 13253 人，辖区面积 192.18 平方公里，山林面积 22.5 万亩，耕地 1.4 万亩，生态环境优美，素有“瓷之源、茶之乡、林之海”之美称。瑶里村是江西省级风景名胜区、省级自然保护区，2007 年被建设部批准为全国第一批 24 个国家级生态村（镇）；2014 年 11 月瑶里村被列入第三批中国传统村落名录。

历史文化

西汉末年，刘氏在瑶里建村，后李、曹、姚、何等姓相继迁入，与此同时，汤、方、舒、张等姓氏也先后徙居于此。这些家族在瑶河两岸定居，逐渐人丁兴旺，不断拓展。唐代中叶，由于紧邻盛产优质瓷土的高岭山，又有便捷的水路和驿道，当地陶瓷业迅速发展，于是被称为“窑里”。清末，由于瓷业衰落，瓷窑外迁，便以山水美景为依据，把窑里改为“瑶里”，有瑶台仙境的意境。

瑶里物华天宝，人才辈出，是西汉长沙王吴芮、南宋开国侯李椿年、清朝工部员外侍郎吴从至等历史名人的故里和邻里。开国元帅陈毅曾在此工作和生活过，并领导了新四军改编。

空间格局

选址 瑶里四周高山林密，峡谷纵横。村落沿瑶河两岸而建，南踞象山，北卧狮山，浩荡瑶河穿流而过，形成山水萦绕的生态景观，体现出中国传统的人与自然和谐共存的风水理论及“天人合一”的思想（图 1）。

整体布局 村落背山面水，沿瑶河而建，整体形态呈带形（图 2）。村东南方向的明清商业街为进入瑶里的门户。南起明清商业街北达河东街形成瑶河东岸的理水空间。位于河东街中部的程氏宗祠为村中重要的节点空间。与河东街隔河相望的是河西街，河西街北起一步岭，南至陈毅旧居。河东的程氏宗祠与河西街的宏毅祠、高际禅林寺沿瑶河两岸相呼应，是村民举行祭祖及公共活动的空间。位于瑶河中段的廊桥，串联起瑶河两岸的重要节点，是村

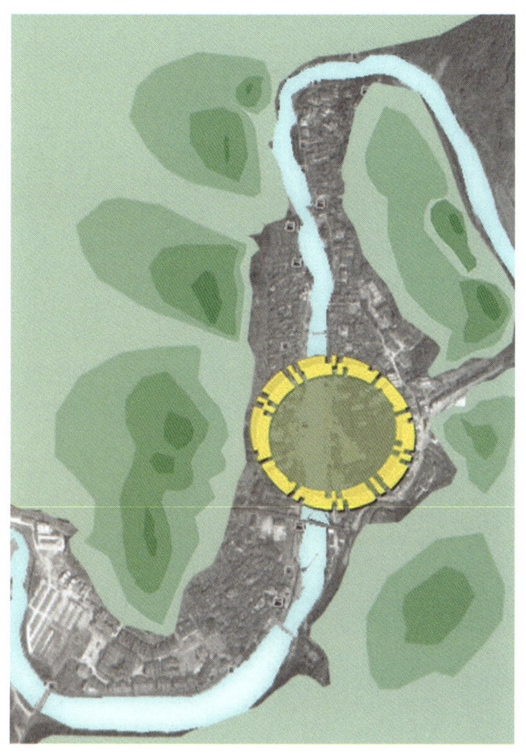
图 1 村落选址图

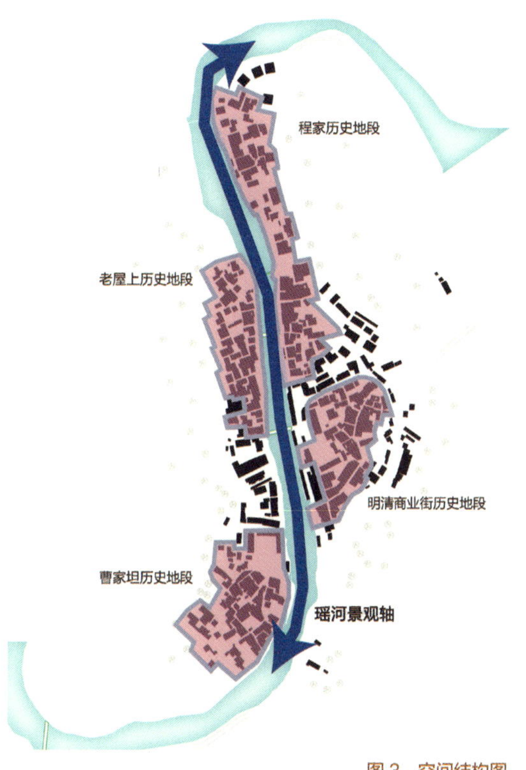

图 3 空间结构图

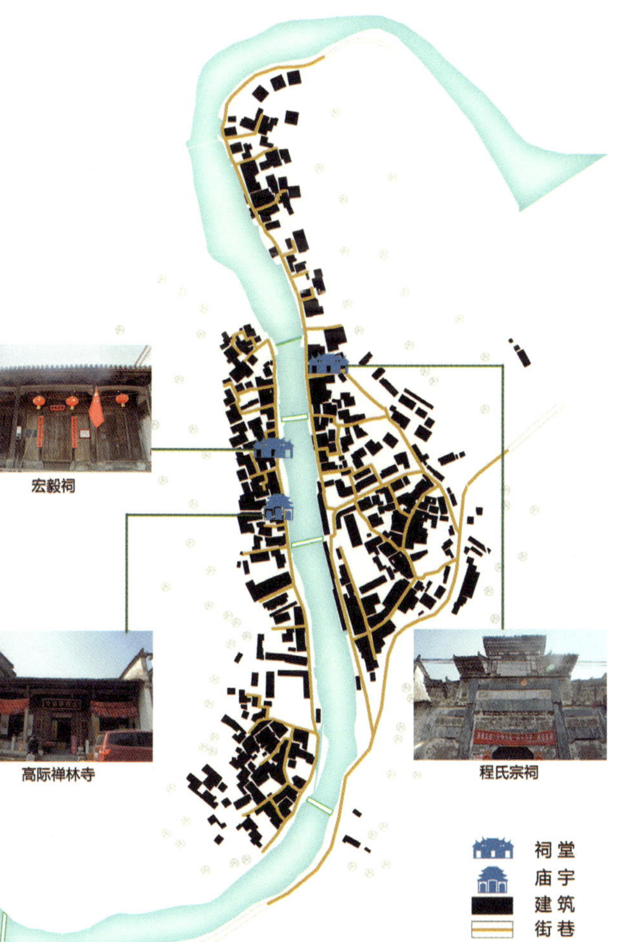

图 2 整体布局图

落滨水序列的高潮。

空间格局 村落整体呈“一轴、四片区”的空间结构（图 3）。瑶里人居环境与自然完美融合，从狮山与瑶岭、象山之间川流而下的瑶河，是瑶里的景观轴线。位于瑶河西岸的老屋上历史地段和曹家坦历史地段以及位于河东岸的程家历史地段和明清商业街历史地段形成瑶里的 4 大片区。

街巷格局 瑶里目前保留完好的主要街巷有明清商业街、河西街、河东街，次要街巷沿河东、河西街向一侧延展，呈网格状分布。明清商业街全长 252 米，中间为石板铺就，一侧设排水沟。河东街为沿河街道，南通明清街，连接程氏宗祠，明清居等建筑，全长 1022 米。河西街与河东街隔河平行于西岸，河西街南起

图 4 传统街巷风貌

图 5　明清河堤

狮岗胜览，经过大夫第、进士第，通过宏毅祠、高际禅林寺，最后到达吴氏宗祠，全长 480 米。历史街巷多以卵石和石板铺就（图 4）。

历史环境要素　明清古码头 1 处，明清河堤 3000 米（图 5），生活埠头 17 处，河西百年古柳树 1 棵，古碑刻 3 处：瑶里改编纪念碑、禁渔碑、路碑“徽州大路转弯”。

典型建筑

瑶里现存明清民居建筑共 215 栋，各级文物保护单位共 33 处，其中 3 处省级文物保护单位，1 处市级文物保护单位，29 处县级文物保护单位。

程氏宗祠（又名“惇睦堂”）　该建筑位于瑶里河东街北部，面临瑶河，正对瑶岭，始建于明代中叶，清代道光年间重修。建筑大体坐东朝西，建筑主体为三进式，分下、中、上三堂，进深 33 米，面阔 12 米，总面积将近 400 平方米（图 6）。下、中堂和两侧单开间的回廊围合成一宽敞天井，回廊上层阁楼。明间木构架为插梁式，用材粗硕，柱径约 50 厘米。入口正门为四柱三间的砖雕牌楼式，镶嵌着各具特色、寓意不同的砖石雕。下堂为号称“万年台”的戏台，台板为活动式，上部一口斗八藻井，有雕刻彩绘装饰，营造极为精良。祠堂附属建筑有书塾、厨房、花厅等，总占地面积达 865 平方米。2000 年程氏宗祠被批准为省级文物保护单位。

宏毅祠（红军改编旧址）　该建筑位于瑶里的中心位置，面对瑶河，背靠瑶岭，周围建筑有大片古建筑群。此屋原为吴姓一栋支祠，建于清朝乾隆年间（1736-1795 年）。宏毅祠

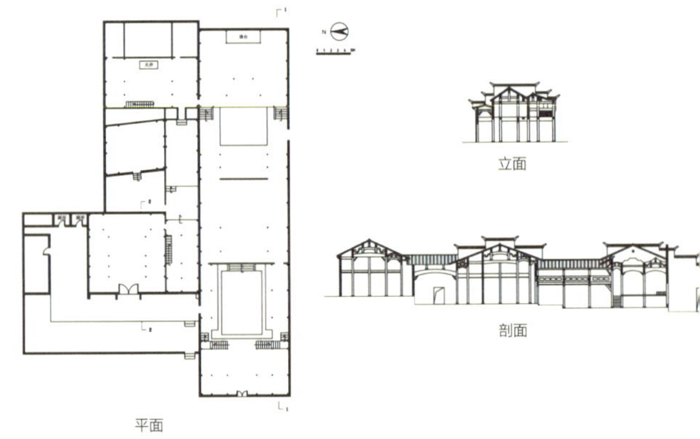

图 6　程氏宗祠建筑测绘图

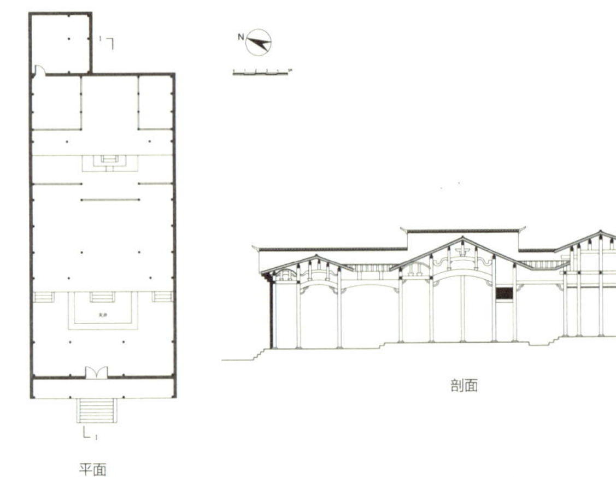

图 7　宏毅祠建筑测绘图

图 8　宏毅祠外观

平面布局为三开间两进式，宽敞高大，总面积达 529 平方米，建筑建于高台之上（图 7）。中轴线上布置的为下堂、中堂、上堂。正门为门廊式，三开间，门前八级台阶，两侧五花山墙，清灰瓦覆顶（图 8）。1937 年底至 1938 年初，参加瑶里改编的红军游击队驻扎在此，进行文化和纪律教育。该建筑 2000 年被批准为省级文

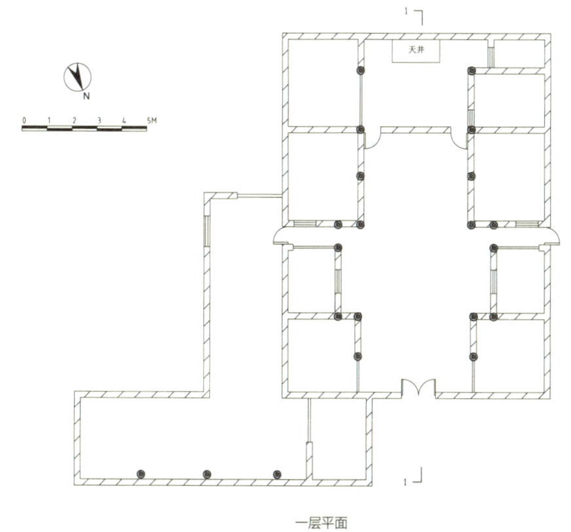

一层平面

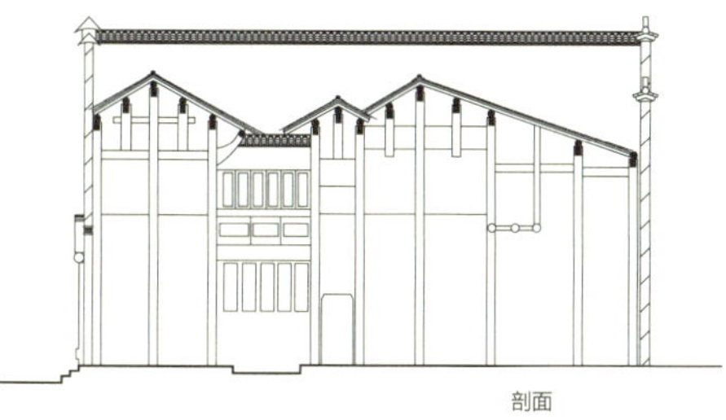

剖面

图 9　狮岗胜览建筑测绘图

图 10　狮岗胜览外观

物保护单位。

“狮岗胜览”宅　该建筑为清末所建，主人经营釉果、茶叶生意，出国留过洋，故而建造了这样一栋中西合壁的住宅（图 9），外部为巴洛克式风格（图 10），内部为典型徽派天井式建筑，即“三间搭两厢”。正房三开间，中央为堂屋，两边为卧室，天井两侧的厢房可作卧室。二楼多作储藏，也可居住。建筑结构为抬梁、穿斗相结合的木构架。建筑内有 100 多幅精致的木雕作品，主要取材于四大名著、古典戏文、神话故事、寓言故事等。木雕多为透雕和高浮雕，雕花构件主要沿在天井四周分布。建筑外立面石灰饰面，门额上镌刻“狮岗胜览”四个大字，还有不少铁质装饰，铁栅杠、镂空八卦图案的铁铺首门环。“狮岗胜览”宅于 1997 年被批准为县级文物保护单位。

非物质文化遗产

“瓷之源，茶之乡”　瑶里是景德镇陶瓷原料的重要产地，自南宋时期就盛产制瓷原料，为景德镇瓷器生产供给的主要原料，元代以后，高岭土、得尔坝和白石塔釉果等瓷土的开采，巩固了瑶里在成为景德镇瓷业生产重要地位。至今为止，瑶里还延续着瓷土矿和釉果矿的开采、加工。宋、元、明时期瑶里的制瓷业也因瓷土的开采一度达到了顶峰，曾是景德镇地区的三大制瓷窑区之一。至今在瑶里区内已发现 30 多处保存完好的古窑址。诗人白居易《琵琶行》中的名句“商人重利轻别离，前月浮梁买茶去”的浮梁买茶，其实就是去瑶里买茶。可见当时浮梁茶在唐代茶商心中的地位，也可以看出浮梁是全国最大的茶叶集散地。浮梁茶的产量非常大，有典籍记载“浮梁每岁出茶七百万驮，税十五余万贯”。瑶里是浮梁茶的主要生产地，生产历史悠久。现在被冠名为“人民大会堂特供茶”的“得雨活茶”原材料即是瑶里茶。

价值特色

瑶里村因其风景秀丽，自然资源丰富，瓷文化和茶文化源远流长，发展至今，素有“瓷之源、茶之乡、林之海”的美誉。瑶里“一轴、四片区”的空间格局完整，街道肌理明晰，反映出村落的传统风貌。村内古迹众多、集中且保存良好，既富有当地特色建筑风格，又引进西方建筑文化，形成了多元化的建筑风格，具有较高的历史文化价值和科学艺术价值。瑶里由于得天独厚的自然地理环境，自古以来商业贸易发达，是商业型聚落的典型代表。

朱砂村

［九江市修水县黄坳乡］

村落概况

朱砂村位于九江市修水县黄坳乡南部，北靠丁桥村、东南倚九龙村，西南毗邻黄港镇，距修水县城53公里，距黄坳乡11.4公里，乡域内有南北、东西向的两条县道与修水县城相连，交通便利。朱砂行政村辖港口、瞿家老屋2个自然村。据2014年相关资料，全村共有8个村小组，总户数188户，人口745人，耕地1358亩，农业以优质水稻、茶叶为主，林业以毛竹种植为主。该村生态环境优美，待字闺中，2013年被江西省人民政府确定为第五批省级历史文化名村；2014年11月被列入第三批中国传统村落名录。

历史文化

朱砂村的历史可追溯到1000多年前的唐朝，当时九世祖瞿令奕公从浙江省金华迁来本地，取名柜竹湾。瞿氏家族在此繁衍生息。清乾隆年间，有一夜突降暴雨、河水暴涨，第二天早上村民起来发现在新屋里门首的河洲之处卧有一巨型朱砂，白天跟普通石头一样，但到了晚上就显灵发光、光芒四射，闻名乡里，故该村取名为“硃砂村”。到了20世纪80年代，由于行政区划调整，“硃砂村”简化更名为“朱砂村”。

朱砂村崇文重教，清代以来，涌现出许多贤才名士，有瞿树芬、瞿海门、瞿焕、瞿少虞、瞿学清等。该村至今仍保留一定数量的匾额，如“德润花辉”“孝义之门”“嘉惠士林”“善德可风”等，文化底蕴深厚。如今，朱砂村以瞿姓为主，有少数余、雷等他姓。

空间格局

选址 村落选址与自然山水相契合，山环水绕，体现了“天人合一”的人居环境理念。村基居于群山之中，朱砂河从村中穿流而过，

图1 村落选址图

植被山脉形成天然的多层次景观带，充分体现了回归自然的思想（图 1）。

整体布局　朱砂村的布局为典型的组团式，沿河谷布置，南北方向延伸，整体形态呈带状（图 2）。村落沿河流自南向北分别为城下、上位贤、三幢堂、下位贤、洋屋里、新屋里等 6 个古建筑群落。村中屋舍、道路顺应地形、水系自由布局，人工环境与自然环境完美契合。纵贯全村的朱砂河将村落分为南、北两部分，村落入口位于北部。

空间结构　朱砂村建筑布局自由，分布较为分散，由 6 个小组团构成。受宗法制度和礼制文化影响，每个组团对应家族中的一个分支（图 3）。洋屋里、新屋里和下位贤是村北部 3 个组团的中心，三幢堂、城下和上位贤是村落南部 3 个组团的中心。各个组团之间有街巷和水系作为轴线进行串联，离合有序，合理布局。

街巷格局　朱砂村现存的街巷主要由古驿道、石砌河道及历史巷道组成，呈不规则自由布局。现存的古驿道贯穿全村南北，总长 1800 米，宽度大约 1 米，由青石板铺成，是全村的主要交通要道。位于步瞿桥和培士小学附近的石砌河道保存完好，是村内重要的历史环境要素，也是村落历史的重要见证。除古驿道和河道外，村内还保有总长为 120 米的石砌围墙，主要分布在下位贤、三幢堂古建筑周边，起到一定围合的作用，形成家族聚居院落空间的半私密性和领域感。

图 3　空间结构图

历史环境要素　村内有书院 1 处，古河道 2 处，古桥 1 座，古井 1 口，古树名木 27 棵，古围墙 3 处。

图 2　整体布局图

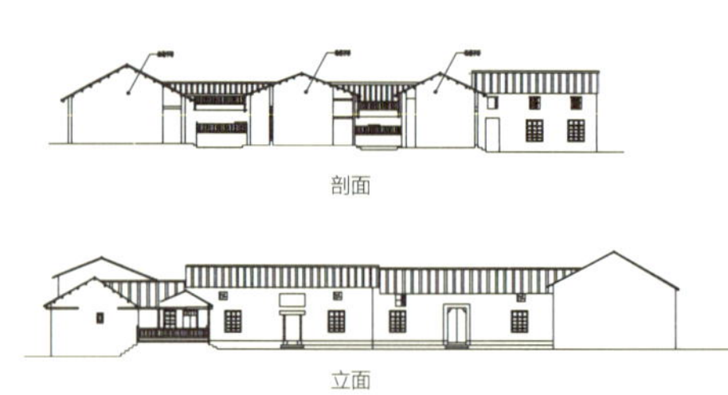

平面

图 4　三幢堂建筑测绘图

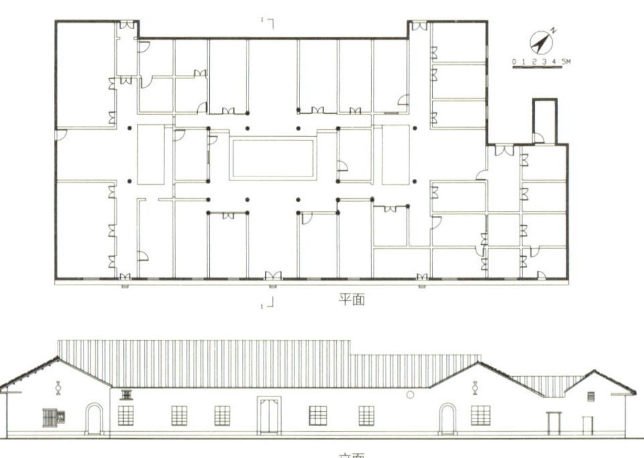

图 5　上位贤建筑测绘图

典型建筑

朱砂村古建筑成群，气势恢宏，其历史建筑总面积达 11183 平方米。村落内共有 6 处集中成片的历史建筑群，每个群落以 1 栋老屋为中心，这 6 栋老屋中 5 栋建于清朝。最大的老屋为三幢堂，总建筑面积 3835 平方米，最小的亦有 3000 平方米。村内还有大量反映地域建筑特色的宅第。

三幢堂　该建筑位于村中部，始建于清乾隆四十五年（1780 年），是乾隆皇帝老师万承枫亲妹夫瞿必义所建，落成之际万承枫赠巨匾“润德花辉”，现今高悬祖堂内。整个建筑规模宏大，功能完善，共有 90 余间，16 个天井，占地面积达到 3725 平方米，建筑面积 2835 平方米（图 4）。三幢堂为青砖灰瓦的砖木结构，石砌的地坪围墙工艺精湛、恢宏气派。现在的三幢堂保存完好，仍然延续了其居住功能，现仍有 20 余人居住其中。

上位贤　该建筑位于村落南侧，建于公元 1808 年，为当代名医瞿朋年所建。建筑共有房间 40 余间，天井 5 个，占地面积为 5438 平方米，建筑面积为 2832 平方米。整体为砖木结构，石砌地坪，青砖灰瓦，门窗梁柱施木雕（图 5）。整个建筑周边环境良好，建筑前侧有保存较好的石砌河道，建筑内部棋盘式的走廊也保存完好。

非物质文化遗产

朱砂瞿氏采茶戏　朱砂瞿氏采茶戏创始于道光年间，戏班因浙江流浪艺人宋氏传艺朱砂瞿守帜而成立。到 1911 年，瞿海门先生将朱砂采茶戏进一步发扬光大，达至盛期。瞿氏采茶戏经历风雨至今仍广为流传。朱砂采茶戏班在修水、武宁两县有着悠久历史，对当地戏曲文化的发展具有重大影响。瞿家采茶戏的表演内容主要是表现当地劳动人民劳作与爱情生活的场景，体现了当地人们质朴、勤劳的生活形态和千百年来当地生态、文化、生产、生活的精神文化内涵。

价值特色

朱砂村以其优美的自然环境、浓厚的文化底蕴、独特的建筑特色，而备受社会各界关注。村落整体格局完整，依山形、水势自由布局，村落形态呈组团式组合而成的带状。古驿道和街巷空间引导村内外交通，街巷肌理明晰。村中传统建筑保存较好，内涵丰富，传承有序，彰显浓厚的瞿氏家族文化，有很高的历史文化价值和科学艺术价值。

庄前潘村

［九江市湖口县流泗镇］

村落概况

庄前潘村位于九江市湖口县流泗镇，距离镇区南偏西4公里处，与大垅、张青、凰村三乡交界，距湖口县城15公里。此处山环水绕，由花尖山脉南来蜿蜒回转来龙至此，类似龙爪五指中的大拇指（其余四指皆为祖坟山），前临三水岭之发源港溪，流经黄茅潭汇入长江。2014年底，全村151户，625人。2014年11月庄前潘村被列入第三批中国传统村落名录。

历史文化

元至正十二年（1352年）始祖胜六公因避战乱，从都昌乘舟出鄱阳湖走长江入黄茅潭，顺史家桥港溪来到下坂桥，溯溪而上，溪南边有5座小山峦。山旁边是一座旧的庄园，据传原是陆逊开辟的庄园，开基祖在庄前（今樟树前）搭棚安居，故名庄前潘村。开基祖胜六公迁居于此，生二子，长名舜字伯运，幼名轼字伯仪。次子伯仪考取功名，生5子，5子又生14子，人丁兴旺，故将房屋向西南方向修建，至明代中叶发展到40多户，便建了一座祖堂，即家庙。至清代中期盛世时，该村仅理公一房就有70户，人口繁盛，子孙众多。

庄前潘村历史上名人辈出，清乾隆举人潘锦江，曾为鹿洞书院主讲、拣选知县，柘塘书屋即由潘锦江所建。自明至清，该村九品至三品（授职和候补）官（阶）员48人（不包女眷）。另有功名的秀才、贡生、监生等未授职的68人。该村有旗杆石8块，系马桩14处，朝廷封诰、赏赐匾额多处。关于庄前潘村所出的历史人物在《湖口县志》（选举志·人物志·艺文志）和《九江府志》多有记载。

空间格局

选址 村落选址非常考究，村落背靠一座不高的小山丘作为靠山，形成依山傍水的村落格局，房屋围绕古塘布局，营造前有水塘辉映，后有山岭支撑，形成前有照，后有靠的山水意向（图1）。

整体布局 庄前潘村整体形态呈集中团块形（图2）。村落古驿道西接至湖口县城的荥阳桥，村落以柘塘书屋为中心，沿柘塘书屋前的柘树塘四周拓展，逐步形成了环柘树塘、祈福塘、沥水塘、余家塘的村落形态。传统村落内部重要的节点空间有潘氏祠堂、柘塘书屋、

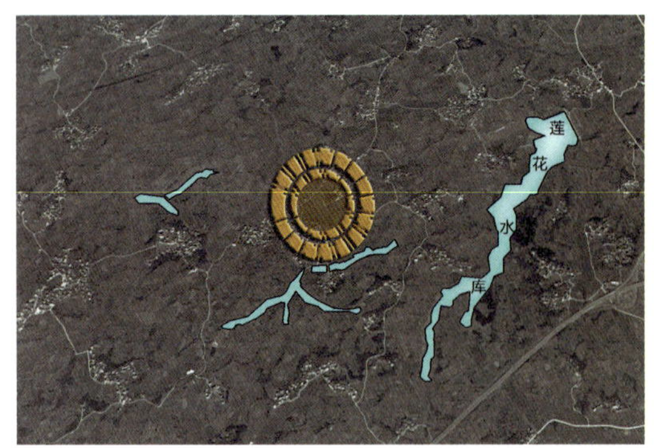

图 1 村落选址图

祖堂、五祖殿等。潘氏祠堂位于柘塘书屋东侧。供一房祭祀的祖堂位于潘氏祠堂北面。在村外西北建有佛寺五祖殿。

空间结构 庄前潘村形成“一心、一核”的向心式布局（图 3）。“一心”指柘塘书屋及其前面的柘树塘，整个村落形态以此为中心，形成向心式布局。潘氏祠堂位于村落中部，为村落的精神文化核心，是整个村落中最为重要的空间节点，具有较强的场所凝聚力。

街巷格局 村内纵横交错的石板古巷道别具古韵，布局规整，构成了村民主要的交往、交通空间。保存完好的历史街巷有 8 条，主要分布在沿村口至沥水塘两侧、沿柘塘书屋至荥阳桥、柘塘书屋两侧，总长度为 1300 米，宽度为 1.0-2.0 米。历史街巷是庄前潘村清代时期聚落整体空间结构和历史风貌的重要组成部分，是不可或缺的重要历史环境要素。

历史环境要素 庄前潘村保留了古树 2 棵:（1 棵 600 年紫薇树及 1 棵 600 年古樟树），古桥 1 座，古塘 4 口，较为完整的历史街巷 8 条，旗杆石 8 块，系马桩 14 处，匾额多处。

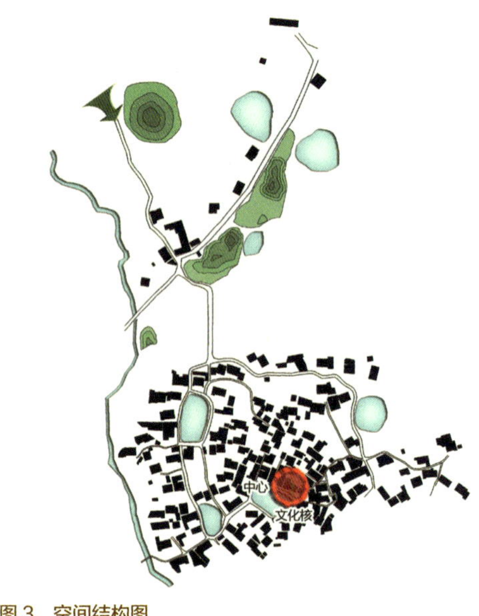

图 3 空间结构图

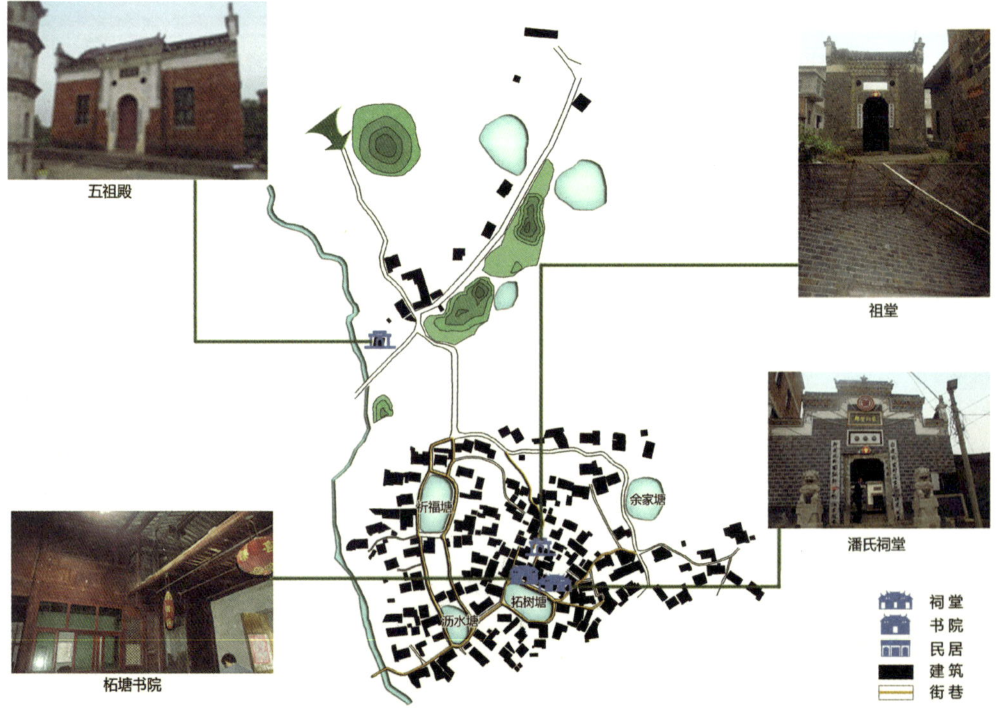

图 2 整体布局图

典型建筑

村内保留了82处各级各类保护建筑，文物保护单位3处，其中重点建筑有柘塘书屋、“仰荫垣薇”宅等，另有历史建筑15处，传统风貌建筑66处。

柘塘书屋 该建筑建于乾隆年间，位于柘树塘北侧，距今约380年，具有较高的文物价值，对于研究鄱阳湖地区文化、民风、民俗和藏书史，具有较高的价值。书屋高8米，建筑面积230余平方米，砖木结构，共有88根柱子，屋顶前后左右共有4个天井（图4）。书屋前门有旗杆石1对，系马桩1排。

青阳腔剧社旧址 该建筑建于清末，坐落在柘树塘北侧，由前后两栋房屋组成，格局尺度大致相同。中间有一处空旷场地用于剧社排练，前后房屋均坐北朝南，前屋面阔10.9米，进深6.8米，后屋面阔10.2米，进深6.5米，均为三开间，砖木结构，青砖灰瓦，保存状况较好（图5）。

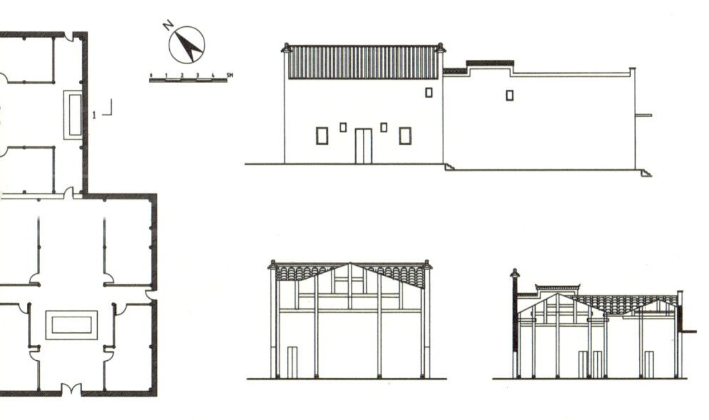

图4 柘塘书屋建筑测绘图

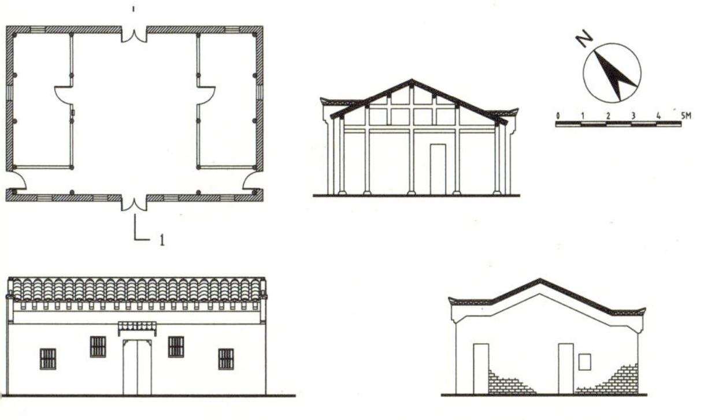

图5 青阳腔剧社旧址建筑测绘图

非物质文化遗产

湖口草龙 湖口草龙2008年6月被列入国家级第二批非物质文化遗产保护名录（图6）。草龙以稻草为原料，庄前潘村垅田肥沃，盛产稻谷，一直以来，每年正月及元宵都要扎龙参游，即用稻草系一束，每节草把的中间用稻草绳穿起作龙筋，趣味横生，精编细扎的草龙成为工艺品，不可多见，甚为宝贵。

图6 草龙参游

湖口粑俗 粑成为村落内传统习俗中必不可少的一种食品，又是村民改变单一饮食习惯的佳肴。该习俗于2008年被列入省级非物质文化遗产保护名录。庄前潘村水草丰美，土地肥沃，为“瓜盘地”，盛产各种农作物，为制作各种粑奠定了很好的原料基础。逢年过节，生养寿庆，订婚成亲，丧葬敬祖，参神拜佛，栽出割木，做屋上梁，待客馈赠等，村民们尤个做粑，以此表达自己美好的心愿和祝福。粑的形状各异，颜色多样，并且有多种吉祥字形、动物形状加以修饰，具有很高的文化价值和艺术价值。

价值特色

庄前潘村历史悠久，在聚落构成、文化习俗等方面都有较高的研究价值。村落格局、传统建筑、历史环境要素都保留完好，为研究村落的演变和人们居住、生活习惯提供了有价值的线索。村内传统建筑檐牙高啄，气势轩昂，内部构件生动形象，雕饰精美，是赣派建筑的典型代表，反映出了当时建造技术和建造艺术，同时也反映出人们的生活形态及价值取向。

4

江西传统村落

JIANGXI

赣东地区

流坑村

［抚州市乐安县牛田镇］

村落概况

流坑村隶属于抚州市乐安县牛田镇，位于乐安县城西南方约37公里处，地处赣江支流乌江之畔，面积3.16平方公里。2013年底，全村共有1280户，人口6200余人。

五百年耕读、五百年农商的流坑，历史上科举文化昌盛、宗族遗存积厚流广、乡土文化绚丽多彩，被誉为“千古第一村”。2001年6月，流坑村古建筑群被公布为第五批全国重点文物保护单位；2003年10月，流坑村被评为首批12个中国历史文化名村之一，为江西省第一个国家级历史文化名村；2012年12月流坑村被列入第一批中国传统村落名录。

历史文化

据记载，流坑肇基于五代南唐升元年间（937-943年）建村，至今已有1000多年的历史。该村为董氏单姓聚族而居的血缘村落，尊西汉大儒董仲舒为始祖，又继以唐代宰相董晋为先祖。据族谱记载，董晋裔孙董清然在唐末战乱时，由安徽迁入江西抚州的宜黄县，其曾孙董合再迁至流坑定居，成为流坑的开基祖。

流坑董氏耕读传家，崇文重教，以科第而勃兴，成为江南望族，科宦进入鼎盛时期时有“一门五进士，两朝四尚书、文武两状元，秀才若繁星”和“欧（欧阳修）董（流坑董氏）名乡”之美称。明清时期，村中有识之士昭继祖业，兴教办学，修谱建祠，并发展竹木贸易，使流坑村又一次繁荣兴盛。从宋代到清初，村中书塾、学馆历朝不断，明万历时有26所，清道光时达28所。全村曾出文、武状元各1人，进士34人，举人78人，进入仕途者，上至参知政事、尚书，下至主簿、教谕，超过百人，是江西耕读世家之典范。

空间格局

选址　流坑坐落在于山山脉（南干龙脉支脉）的金谷峰下，是一块“二龙并落，三水夹行，雌雄交遘”的风水宝地（图1）。远有青山环绕，形成“天马南驰，雪峰北耸，玉屏东列，金峰西峙”的格局；近有江水绕流，乌江水自东南流入，西北流出，为风水学上的玉带水模式。村落处在山环水抱、藏风聚气的环境中，是典型“负阴抱阳、背山面水、藏风聚气”风水观念的真实写照。村落从选址到建村，注重人与自然的高度和谐，自然美与艺术美的相互交融，充分体现了“天人合

图1　村落选址图

一”“道法自然”的传统文化思想。

整体布局 流坑村位于乌江南岸，人工挖掘的龙湖与江水连为一体，建筑布局紧凑，村落形态为“活水排形”（图2）。流坑村在明代进行了大规模的建设，建宗祠、造书院、修街道、筑戏庙、立楼阁、树牌坊、围村墙，规划设计合理，俨然如一方都会。族人按照房派支系分区居住，围绕房祠居住，各房派族众犹如众星拱月。董氏大宗祠建于村外西北部陌兰洲，为祀奉流坑董氏的开基祖董合所建，为全村的总祠。由于流坑历史上读书之风尤盛，村内的书院(书屋)数量众多，最为典型的是文馆，是村内至今保存最大、最完好、最古老的一座书院，位于村西北，比邻董氏大宗祠。为旌表族人在科举上所取得的成就，村中建了具有典型纪念意义的空间节点，如状元楼和五桂坊等。状元楼位于龙湖南岸的棋盘街旁，为纪念南宋绍兴十八年（1148年）流坑董氏第八世孙恩榜状元董德元所建。五桂坊位于状元楼北侧棋盘街的街道口是为纪念流坑董氏一门五人同中进士（时称“五桂齐芳”）这一盛事所建。宫观庙宇均建于村外，以符合礼制的要求，如竹山庙位于村外西北，武当阁位于村外西侧，玉皇阁位于村外西南，三官殿位于村外东南，形成四周村庙拱卫的格局。村中的民俗活动空间为仰山庙戏台，为跳傩舞的活动场所。街巷肌理清晰，东西向主要为7条宽巷，在宽巷的头尾均建有巷门望楼，用于关启防御。望楼又与村庄沿江七个码头一一连接，同时7条东西向的巷道与龙湖边一条南北向的主街相连，互为贯通，形成了梳状的“一纵七横”街巷格局。

空间结构 村落布局进行了精心规划，建筑集中布局，严整紧凑，形成“中心——住居领域”的空间格局（图3）。董氏大宗祠是村

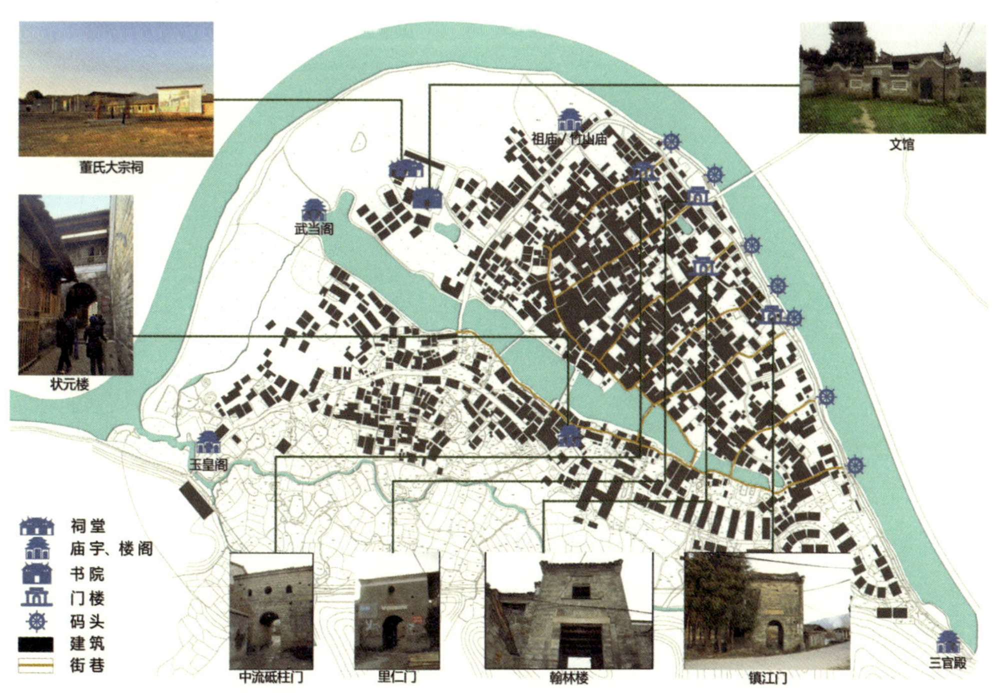

图2 整体布局图

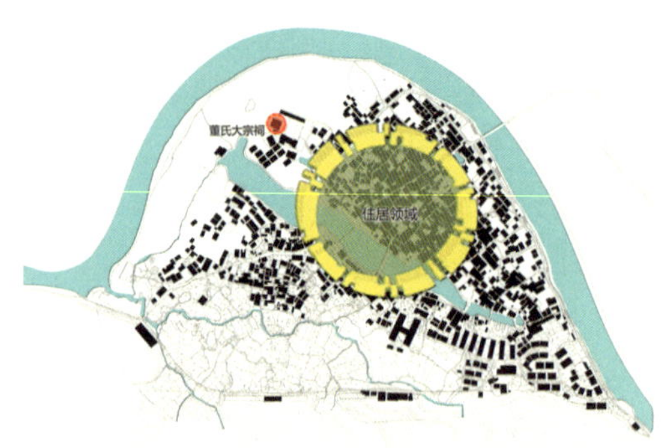

图 3　空间结构图

中的总祠，位于村西北，是村落布局形态的重要空间节点，具有强烈的场所感，也是整个村落中最重要的文化空间和精神祭祀空间，对整个村落的布局有重要的影响，与居住领域起着呼应作用。董氏大宗祠作为村中建筑等级最高，规模最大的公共空间，体现出村落整体布局的中心性。宫观庙宇位于外围，形成村庙拱卫的格局。

街巷布局　流坑村的街巷肌理为“一纵七横”，一条南北向主街，七条东西向巷道与之相连。这七条横巷均为东西走向，平行排列，从南至北依序为：上巷、闯家巷、明经巷、墟上巷、贤伯巷、中巷、隆巷。南北走向的竖街称沙上巷，与七条横巷的西端相连接，互为贯通。在巷头、巷尾的主要进出处，均建有具有关启、防御功能的望楼。历史巷道均保存较为完好，路面以鹅卵石铺就为主，宽度在 1.0-3.0 米。龙湖之西，沿湖建南北向街巷一条，名曰“朝朝街”，是流坑村的圩市所在，沿街屋宇多为货店、米铺和药房。

历史环境要素　村中现存有古井 4 口，古桥 1 座，庙宇 6 座，古墓葬 2 处，码头 7 处，风水林 2 处，历史巷道数条。

典型建筑

村内古建筑及遗址 260 处，其中明代建筑、遗址 19 处。全国第三次文物普查中流坑古建筑群 192 个文物点为全国重点文物保护单位。

文馆　该建筑又称“桂山严祠”“江都书院”，文馆位于村北陌兰洲，其东侧紧靠大宗祠，坐北朝南，既是书院又是祭祀孔子和文人的聚会之所。文馆始建于明代中晚期，后代历有修葺，现存为清道光年间重修之物。前有泮池庭院，后为二进式主体建筑。院前墙中央置双开门，入门即为庭院，东西侧各建有三开间的硬山顶庑厢（图 4）。庭院中央用石砌成长方形泮池，一座单拱石桥（状元桥）纵向建于池上。文馆主体建筑分上、中、下三堂，堂之间置前后两个天井，两厢为学子书屋（图 5），中堂是先生讲坛，上堂供奉西汉大儒董仲舒等祖先、名臣、乡贤等的牌位。文馆装饰颇具特色，以木雕、彩绘为主。前门廊有仙鹿衔芝木雕，构思极妙。厢房隔扇以浮雕手法刻出缠枝花卉和人物故事，上堂顶上装饰有天花和斗六藻井。文馆西侧建有藏书楼，楼上为“文昌阁”，上悬“日进高明”匾，

图 4　文馆外观

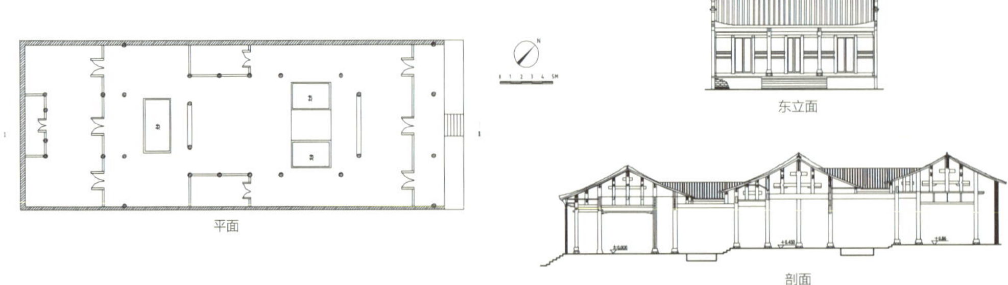

图 5　文馆秘阁校书祠建筑测绘图

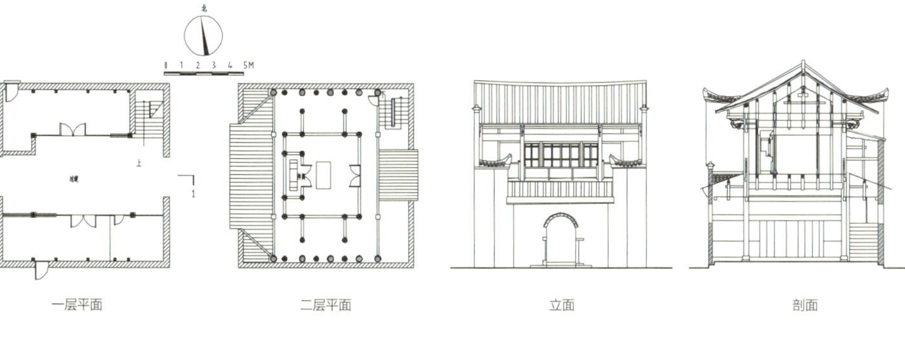

图 6 状元楼建筑测绘图

图 7 状元楼

为文人阅览与雅会之所。由东侧登木梯可通达上堂顶上的敕书楼。藏书楼下层为一小厅堂，其前置一小花园，花园前墙两侧辟有漏窗，内中影壁刻“瞻之在前”横额，园内植有桂树，寓“蟾宫折桂”之意。文馆是目前流坑保存最完好、也是最古老的书院，亦是流坑历史上“科兴教盛”的真实写照。

状元楼 该建筑位于村西的棋盘街旁，为纪念南宋绍兴十八年（1148 年）恩榜状元董德元而建。该楼为砖木结构的硬山式二层楼建筑（图 6、图 7）。楼的下层前后门直通，后门右侧有转折式木梯通二楼檐廊。檐廊四周相通，中间部分装有隔断屏风，壁上绘有麒麟、灵鹿等瑞兽。正中有神阁，内设神台，上置牌楼式“灵屋”，安放牌位。祭堂柱上挂有“南宫策士文章贯，北阙传胪姓字先”的木刻楹联。阁门上悬有端庄雄浑、遒劲有力的“状元楼”题匾。状元楼气派轩昂，造构精巧，登楼可俯瞰流坑全貌，近观龙湖之景，远望东华秀峰。状元楼作为纪念性建筑，为董氏门户的象征，显耀董氏科宦之盛，以激励历代子孙勤奋读书。

非物质文化遗产

流坑麻将－玩铜钱牌 在流坑，经常可以看到村中妇女围坐着玩铜钱，村里人称之为打铜钱牌。所有的铜钱为“康熙通宝”，以铜钱的背面写字作区别，类似于今天的麻将。

流坑供神－游老爷 流坑的游神又称“游老爷”，是正月里最热闹的活动。“老爷”是村里人对庙里菩萨和神的总称。游神那天，由村里的青壮年抬着“老爷”，前面鸣锣开道，穿过流坑的每个街巷。“老爷”走到哪，香火旺到哪、鞭炮放到哪。

流坑跳傩－玩喜 流坑人把出傩神、跳傩舞称为“玩喜”。流坑的傩舞是古时驱鬼逐疫的典礼，后来发展到中举、添丁、娶妻等喜事也要请傩，表演的娱乐性增强。傩舞表演者头戴面具，身着彩袍，手舞足蹈。傩舞不用语言，只用肢体来表现各种神话传说里的人物，辟邪祛妖，祈福平安。演员的每个招式都有板有眼，把角色性格表演得惟妙惟肖。傩班演出的主要剧目有“钟馗扫台”“天官赐福”“出将”等民间传说。流坑傩剧最后的节目一般是“抢罗汉”，非常有特色。“抢罗汉”时全部演员都取下面具，一起登台献艺，各逞其能。演员们现出打拳、踢腿、翻筋斗、跳桌子等绝活，把演出推向高潮。

价值特色

流坑村是一座以血缘关系为纽带的董氏乡土聚落，其特色主要体现在天人合一的生态人居环境、科学系统的村落布局、规模宏大的古建筑群及深厚的农商耕读文化底蕴，是一部典型的中国农耕社会宗族发展的史书。“千古一村”流坑作为全国首批12个历史文化名村之一、江西省第一个国家级历史文化名村，建村历史源远流长，宗族遗存积厚流广，民俗风情古朴纯美，拥有丰富的儒家文化、宗法文化、农耕文化、风水文化、书院文化、民俗文化等，是有形的历史文化遗存与无形的精神文化遗产高度结合的杰作，是赣文化孕育下的传统村落的典范。

湖坪村

［抚州市乐安县湖坪乡］

村落概况

湖坪村隶属于抚州市乐安县湖坪乡，坐落在乐安县西南部，距县城40多公里，地处雩山山脉北部冲积盆地，北面与流坑村相接壤，东侧临地势险峻的闻华山。湖坪行政村辖东山、西头、街上、汉上4个自然村，面积约25平方公里。2015年全村人口8423人，2000多户。现有耕地面积6698亩、山林面积23190亩，经济作物以水稻、蚕桑为主。湖坪村为省内首屈一指的王氏大村，族人耕读传家，经商致富，历代英才辈出，沉淀了深厚的历史文化，有“文献世族”的美誉，2012年12月被列入第一批中国传统村落名录。

历史文化

据族谱记载，北宋初年王氏延年公徙居于此，成为湖坪的开基祖。王氏家族仰赖一方水土，精心经营，繁衍生息，家族不断壮大，家业不断拓展。在1000多年的漫长岁月里，湖坪王氏依靠严密的封建宗族制度来凝聚族众、维系秩序、稳定发展，历史上呈现科甲连芳、仕宦辈出的一派兴旺景象。宋、元、明、清共出过1名状元、11名进士和200多名官宦，上至翰林学士，下至主簿、教谕。村内古迹众多，其中价值较高的有元延祐年间(1314-1320年)建造，纪念元朝进士王晋的“青宫侍讲”牌坊。

同时该村是一块保护完好的红色史迹重地，在党史、军史上书写了光辉的一页。1933年春，红一方面军在周恩来、朱德的指挥下，坚持毛泽东同志正确的军事路线，取得了第四次反围剿的伟大胜利。黄陂战役之后，1935年5-7月，周恩来、朱德、彭德怀等率领红一方面军在湖坪、善和等地休整，并进行了一次重要的军事整编，史称“大湖坪整编”。大湖坪整编期间，在明德先生书院、国宝公祠、祥轩公祠等处居住过的我党我军领导及将帅有周恩来、朱德、博古、彭德怀、陈毅、滕代远、萧克、董振堂、朱瑞等数十人。

空间格局

选址 湖坪村位于临溪平地上，东南面多山，西北面多丘陵，地势东南高、西北低。发源于东南和西南的两条水系，夹村而过，在村西北的赖岗山脚下汇合（图1）。从村南端大岭发源的河水，顺着南高北低的地势不断地冲

图 1 村落选址图

蚀着盆地，将其分割成 4 座长长的山丘。4 座山丘之间，夹着 3 条宽宽的水蜸。湖坪的先民在山丘上建宅，把宅前的水蜸用石头垒成 40 余口水塘，形成了村落独特的川字形布局。村落整体布局和民居的建造手法都体现了善待自然、重视人与环境和谐相处的理念，蕴含着丰富的“天人合一”的生态智慧。

整体布局 湖坪村因势而建，以三排水塘为框架，形成了“川”字形的布局形态（图 2）。位于村中北部的国宝公祠为湖坪王氏的总祠，另外还存各房派的专祠 30 余座。村内公共建筑类型丰富，有书院、牌坊、戏台、庙宇等。明德先生书院位于村中南部，为祀奉湖坪王氏第十五世祖王受训而建，兼具书院与祠堂功能，是村中典型的文化空间。村内的牌坊起到宣传封建礼教、彰显功德的纪念性作用，有“青宫侍讲”坊、尚义门坊、“文献世族”坊遗址及节孝坊。“清宫侍讲”坊位于村落中北部，国宝公祠北侧，横跨于主干道上，昭示着王氏家族的荣耀。尚义门坊位于村中南部花洲街旁，明德先生书院北侧，为旌表明代敕旌义官王丕烈而建，赞扬王丕烈一门以民为怀，助国赈灾的功德，是村中重要的公共空间节点。“文献世族”坊现仅存遗址，位于国宝公祠前村中最为重要的精神空间，为缅怀先贤、彰显家族荣耀和激励后人，王氏族人在嘉庆年间立此坊。节孝坊位于湖坪东山村“通衙大道”北段西侧，既是光耀王氏门庭也是宣扬古代封建伦理思想

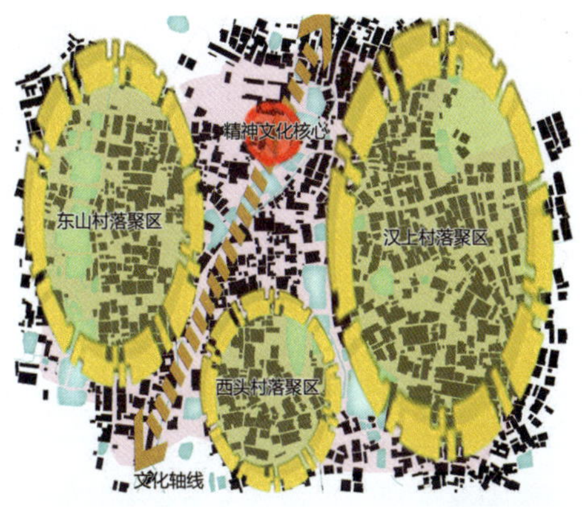

图 3 空间结构图

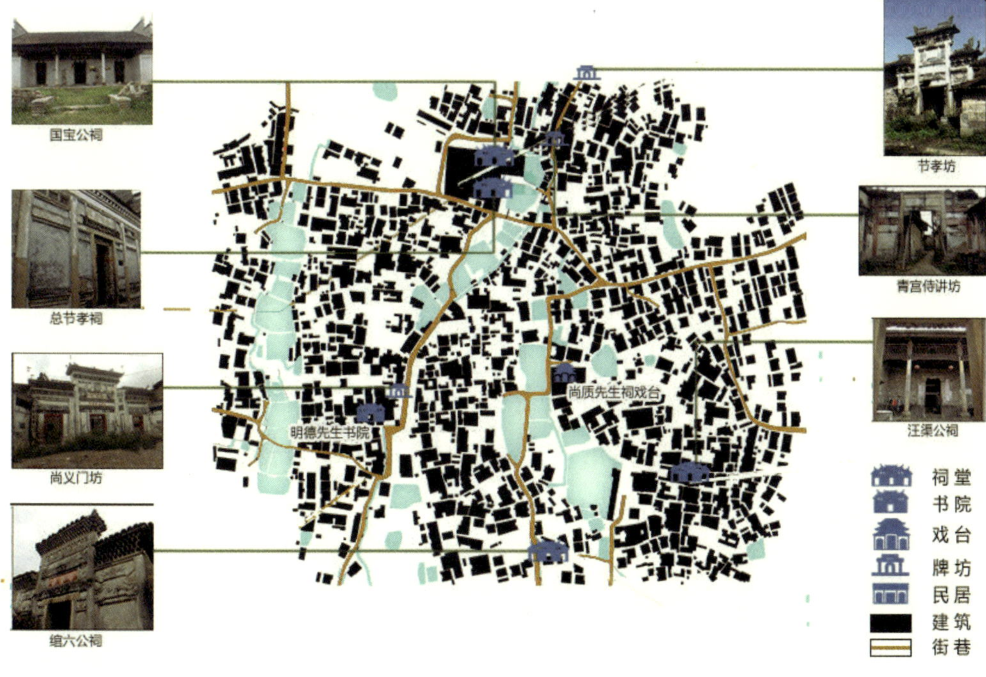

图 2 整体布局图

的丰碑。湖坪村因人口众多，酬神娱人的祭祀活动自然也非常兴盛，村内所建庙宇为数甚多，多数庙宇建于村四周，其中祥麟阁位于村北下阳山麓，西侧紧靠王氏大宗祠，建于此既可祈求神灵的保护又可得到祖宗的庇佑。明清时期湖坪一带的戏台多与祠堂、庙宇建为一体，成为族人祭祀先贤、文娱活动的重要场所，现存尚质先生祠戏台。该戏台位于村中部，靠路面塘而建，是村中典型的文化空间。

空间结构 湖坪村布局紧凑、规模宏大，形成“一核、一轴、三组团”的空间结构（图3）。国宝公祠为村中的总祠，是全村的精神文化核心。国宝公祠前的巷道贯通南北，为村中的主巷道，串联了“青宫侍讲”坊、尚义门坊、“文献世族”坊遗址及节孝坊等重要的空间节点，形成了村内的文化轴。村落整体由3排水塘隔开，形成由三组团构成的“川”字形结构，由东到西，分别为汉上、西头和东山3个组团。

街巷格局 村内的街巷纵横，交通便利，形成不规则的网格状。现保存较完好的主要传统街巷有10条，花洲街、方牌下巷、东塘谌巷、受公巷、尚义巷、忠义巷、武显巷、汪渠巷、绾六巷和三吉巷。

历史环境要素 村落有古树1棵，古井7口，古戏台3处，古驳岸3处，古牌坊4处。

典型建筑

湖坪村中现存完整的明清古建筑及遗址390余处，包括省级文物保护单位3处、县级文物保护单位10处、尚未核定公布为文物保护单位的登记不可移动文物25处。

国宝公祠 该祠堂始建于清乾隆庚申年（1740年），是为祀奉湖坪王氏十一世祖王国宝而建，毁于咸丰丁巳年（1857年），重建于同治甲子年（1864年）。建筑位于村中部，坐西向东，规模宏大，面阔23米，进深90多米，占地面积2300多平方米，与总孝节祠、子祥公祠并排相连（图4）。祠内有石柱9对，木柱12对，颇具气派。祠门前立有两对石柱，支撑前轩廊，祠门左右有2座高大的石狮子，气宇轩昂（图5）。建筑工艺考究，梁柱用料较大，主体建筑正贴梁架为插梁式。前厅为穿斗木梁架，饰藻井雀替雕刻鳌鱼、凤凰以及各种花卉，千姿百态，栩栩如生。中间为方形大天井。左右两旁长廊，廊门上雕饰各种花纹与几何形图案。整个祠堂布局合理，结构严谨，装饰精美，是研究清代宗法、族法、建筑文化的宝贵案例。

明德先生书院（周恩来旧居） 该建筑位于村中部，大体上坐西朝东。1933年“大湖坪整编”期间，周恩来居于此处。该建筑整体布局为三开间一进式，通面阔13米，通进深23.4米（图6）。入口门厅为门廊式，门额上墨书“明

图5 国宝公祠门厅

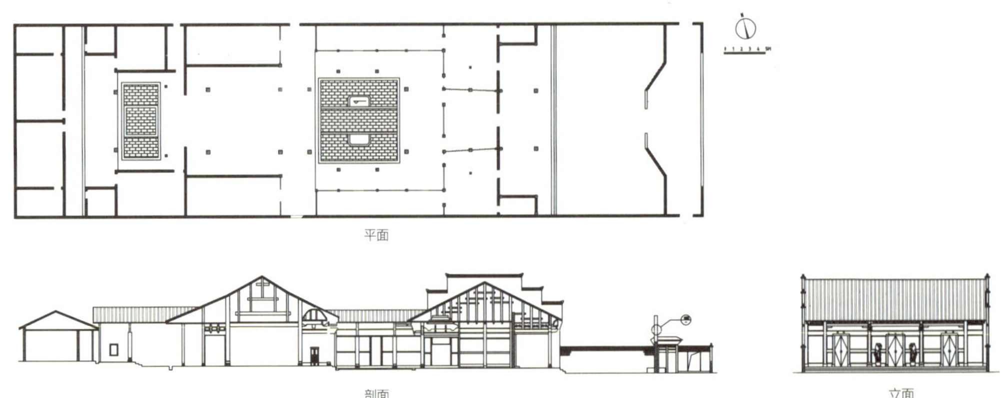

图4 国宝公祠建筑测绘图

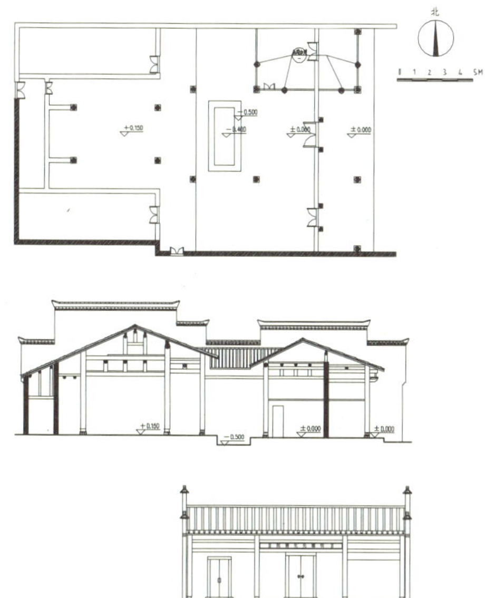

图 6 明德先生书院建筑测绘图

图 7 明德先生书院外观

德先生书院”，山墙为叠式马头墙，硬山顶（图 7）。主体建筑明间梁架为插梁式，砖木结构。上堂正中悬“思齐堂”墨匾。该建筑装饰简洁，石柱素面无纹，梁头雕成鱼尾状，隔扇直棂窗式，绦环板刻花草纹，体现简约的建筑风格。

非物质文化遗产

该村不仅拥有极其珍贵的历史建筑群落和完整的聚落形态，还拥有丰富的历史传统文化，如装故事、滚龙、唱花鼓戏，玩桌神、扇子神、扁担神等。

湖坪装故事 这一民俗迄今已有数百年的历史，主要反映古代戏剧和现代生活中所发生的典故、传奇，属于脸谱化、服装化的娱乐戏，是一项颇受当地居民喜爱的娱乐活动，具有较高的艺术品位。湖坪村共有 7 台故事，每台故事有一个故事架（台），台上竖一根上有圆圈的铁柱；每台故事要选 2-3 名儿童来表演（一般柱上坐挂 1 人，台上站 2 人），孩子们着古戏装，穿靴挂髯，戴冠插靠，扮演“三国”“杨家将”“包公戏”等忠孝仁义剧目中的主要人物；每台故事由 4 个成人抬，1 人掌耙，2 人执火把前后照映，若干人吹拉弹奏相伴。“装故事”在每年农历八月初九夜开始，到十五晚上结束，夜里游村，白天在街上游街，十分热闹。湖坪“装故事”具有很强的典型性，首先，其流传历史之久远，保存状况之完好，在江南一带比较少见，对研究古代群众性文化活动具有一定的价值；其次，儿童在活动过程的参与程度之深，是非物质文化遗产项目中不多见的。该民俗 2008 年列入省级非物质文化遗产项目名录。

湖坪滚龙 滚龙民俗又分滚大龙与滚稻草龙。滚大龙，湖坪村原来共有黑、红、黄、绿、白五条龙，每一房族支派一条龙，一年滚两次（即正月初一至十五、八月初一到十五），后来只玩正月初一到十五；舞龙时鼓乐伴爆竹声不断，接龙的人家或单位以饼食或红包相谢。滚稻草龙一般是青少年的活动，每年八月初一到十五，各村青少年就会用稻草扎成一条条稻草龙，每到晚上，稻草龙头上、身上插了许多点燃的焚香，用小锣伴奏，挨家挨户去讨喜庆。

价值特色

湖坪村山水秀美，文化底蕴深厚，是一座有着千年历史、万人规模的王氏血缘聚落，鸿儒雅士、商贾名流在这里创造了不朽的功绩。村落青山拱挹、秀峰叠翠，因势而建，以村中三排水塘为框架形成了“川”字形的格局。村落规模之大，在赣东地区极为罕见，文物古迹众多，现存明清建筑 390 余处，体现了浓郁的地域特色。同时村中还保存有大量红军史迹，古建筑与红色遗迹交相辉映。村内民俗文化丰富多样，非物质文化遗产活态传承，构筑起一座璀璨的文化宝库。湖坪村在聚落构成、建筑形制、价值观念上都集中体现了地域特色，展现了鲜明的地方风格，具有十分重要的保护与研究价值。

竹桥村

[抚州市金溪县双塘镇]

村落概况

竹桥村隶属抚州市金溪县双塘镇，东临白沙村，西靠阳光村，距金溪县城10公里，距抚州市区57公里，地理位置优越，交通便利。竹桥村为余氏血缘聚落，有206户，820人。诗词“山环水抱画图中，拓地开基论祖功。百亩桑麻千亩稻，万家烟火一家风”，形象描绘了竹桥秀丽的山水地势、稻粱物产、民风淳朴的传统历史。竹桥村具有特殊的业态，是明清时期雕版印刷的基地，体现了我国封建社会时期农商与耕读并重的村落文化，具有非常高的历史文化价值，2009年7月被评为江西省第三批历史文化名村；2010年7月评为第五批中国历史文化名村；2012年12月被列入第一批中国传统村落名录。

历史文化

据《竹桥余氏宗谱》记载，竹桥余氏始祖为唐代吏部尚书余褐（又授银青光禄大夫），

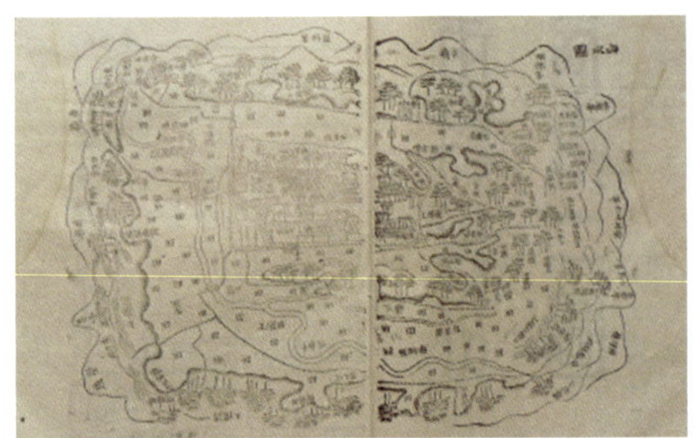

图1 族谱上的村形图

居福建邵武蓝田，余褐长子克忠公任昭武校尉，五代后周显德年间（954-959年）奉命镇守抚之临川上幕镇，即今金溪，因爱恋金溪火源山水，遂迁居之，为金溪余氏之开基祖。克忠公在火源传五代至稹公，迁到上源，传至十三世祖文隆公，约在元代中期迁月塘（即竹桥），距今已达700多年的历史。

赣东俗谚“临川才子金溪书”，而竹桥村明清时期雕版印刷业发达，是“金溪书”的重要支撑地。该村历史上科举出身的人才官员不多，而长期从事商业贸易的商贾众多，有书商、布商、纸商等，生意成功则衣锦还乡大兴土木，捐建祠堂、学堂等，形成了以商兴村的传统。与中国很多村落的“一等人忠臣孝子，两件事读书耕田”有较大区别，竹桥村历史上一直有重商传统，弃农经商、弃学经商现象非常普遍。

空间格局

选址 竹桥村山川秀丽，背山面畈，村前溪水如带，良田千顷，后山木竹繁茂，郁郁葱葱，是典型的“背山、临水”的选址。村西一条小溪缓流，村内水塘嵌绕，强调人与自然环境的融合，追求“天人合一”的和谐境界（图1、图2）。

整体布局 竹桥村为赣东地区典型的村堡式布局（图3）。进村入口处一座锡福庙，旁立古樟，为村落的水口。村外原有一圈村墙围合，东南西北各有一座门楼（为进村的关卡，也称山门）引导内外交通。村墙大部分已被损

图 2 村落选址图

毁，仅残存数米，对外的村门也仅存总门楼，其余 3 座已无存。村内由门楼引导空间序列，总门楼、上门楼、中门楼、下门楼 4 座门楼按照递进的方式组织空间，在村落布局中具有典型性。村落布局有序、空间开合有度，呈现出丰富的空间序列和层次感。文隆公祠位于村落入口处，为村内的总祠，前有一口较大的水塘，为村中重要的公共空间，具有较强的场所凝聚力。养正山房位于村东北，仲和公祠南侧，是古时刻印书籍的作坊。苍岚山房位于十家弄上首，布局精致典雅，古时文人读书吟诗的场所，后为大房的书院。

空间结构 竹桥村整体集中布局，村内有明确的中心，形成特定的空间秩序（图 4）。文隆公祠作为余氏总祠，为整个聚落空间的中心，其余房舍围绕其展开布置。在赣东地区村堡式聚落中，“中心 - 住居领域”的布局结构分为两种：一种是以竹桥村为代表，祠堂作为中心位于村内，另一种是以东源村为例，祠堂作为中心位于村外。

街巷格局 竹桥村街巷精心规划，整体上以梳式为主，纵横交错，形成了整个村落的骨架。以东西向直街为主轴，数条小巷南北对接，巷道由青石板铺成，纵横交错。为加强防卫，村内建筑组团则依托水塘展开，4 座门楼及其他建筑大门基本都是面向水塘，街巷狭长通幽，宽窄不一，窄的仅 2 尺宽，蜿蜒曲折，拐弯抹角，似迷宫。

排水和消防系统：村内水塘与各条排水沟渠（明沟和暗沟）连为一体，雨水通过排水沟

图 4 空间结构图

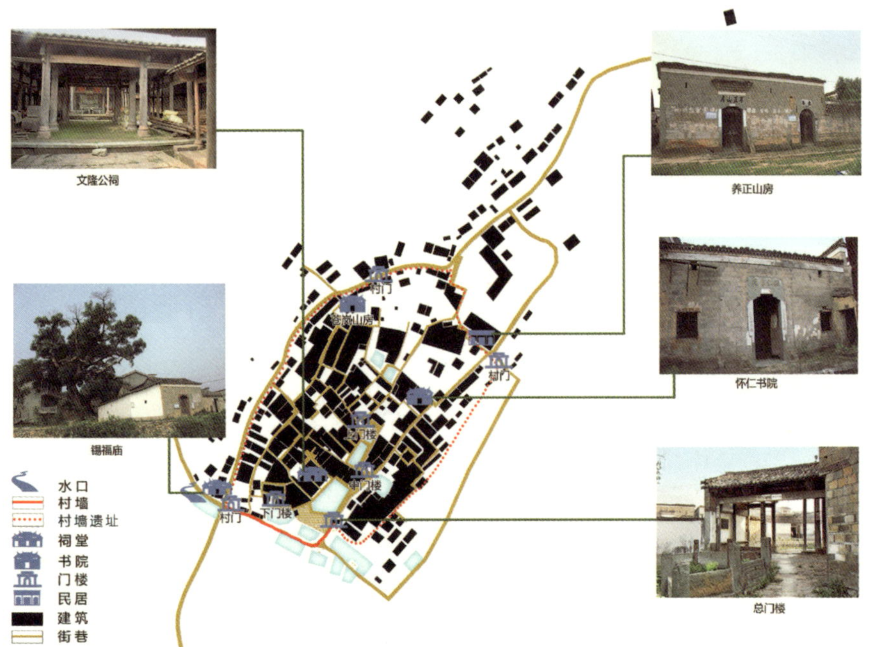

图 3 整体布局图

渠排入水塘，当水塘的水涨到一定程度，溢入水沟再排到下一方水塘，一方接一方，最后排到村外的小溪之中。蓄在水塘里的水既是防火的重要取水源，也是居民的日常生活用水。其人工水体处理极具科学性和实用性，为中国古代村落水体布局典范之作。

历史环境要素　竹桥村现存门楼 4 座，古井 3 口，古桥 2 座，古庙 1 座，历史巷道数条。

典型建筑

竹桥村现存各类明清古建筑 108 幢，其中明代民居 7 幢，明代祠堂（文隆公祠）1 幢，清代祠堂 4 幢，还有总门楼、后山门、怀仁书院、养正山房、苍岚山房、公和堂、锡福庙等。

总门楼　该门楼始建于明初，咸丰七年（1857 年）太平天国军队至此，门楼被焚，后族人集资按原式重建。门楼面阔三间，进深三柱，占地 57 平方米。硬山顶，青砖黛瓦，插梁式和穿斗式结合的木构架，具有典型的明代建筑风格，是金溪县传统村落中总门楼的典型代表（图 5、图 6）。门楼青石作基，圆木立柱，两侧墙体与村外围墙相连为一体，原为进村的总关卡。

文隆公祠　该祠堂为纪念竹桥开基祖文隆公而建，建于明洪武八年（1375 年），至今历 600 余年。该建筑坐西北朝东南，整体布局为五开间二进式，中轴对称，中轴线上依次分布前厅、享堂和寝堂，面宽 15 米，进深 29 米，面积达 390 平方米，村内的重大活动都在此举行。明间梁架采用插梁式，株树大柱，红石巨磉，用材较大，工艺考究，极有特色，呈现出典型的明代建筑风格（图 7、图 8）。

非物质文化遗产

雕版印刷手工技艺　竹桥雕版印刷始于明，盛于清，是金溪雕版印刷技艺的重要组成部分，金溪雕版印刷又以竹桥人开的“余大文堂”为最大最早。村中的养正山房其上堂及后堂就是印书之所，乾隆时期书板盈架。据竹桥余氏家谱记载，康熙时期竹桥就有人在全国做卖书生意，如余仰峰，少时随父在外贩卖书籍，后回乡自开印书房，“刊书板置局于里门，昼

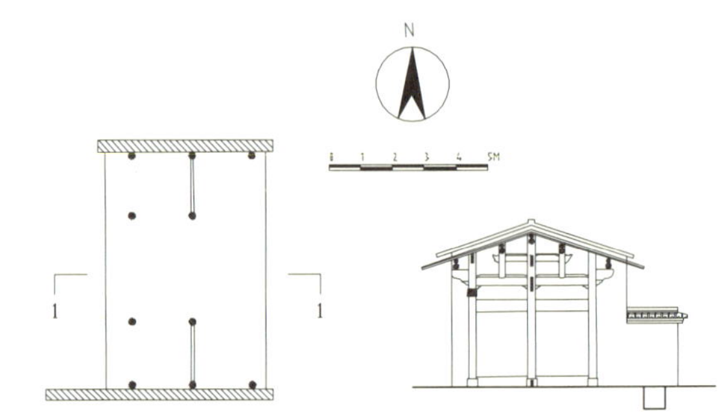

图 5　总门楼建筑测绘图

图 6　总门楼外观

图 7　文隆公祠内景

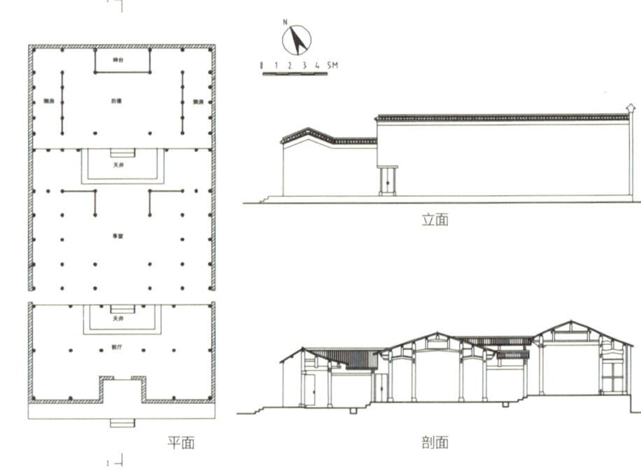

图 8　文隆公祠建筑测绘图

则躬耕于南亩，暮则肆力于书局，以刻书印书为业。”竹桥人在金溪雕版印书中发挥了巨大的作用。

价值特色

竹桥村在聚落构成、建筑形制、价值观念、生活习俗上都集中体现了突出的地域文化特性，是临川文化影响下的赣东地区传统聚落的典范。该村完整的村落格局、大量的民居建筑群、雕饰精湛的天井式民居及浓郁的雕版印书文化遗韵承载了厚重的乡土文化，是一座独具特色的活态博物馆，具有很高的艺术、科学、文化价值。

东岗村

[抚州市金溪县合市镇]

村落概况

东岗村隶属于抚州市金溪县合市镇，位于合市镇东部，东邻双塘镇莲溪和柏林村，南靠霞澌龚家村，西与塘霞村毗邻，北接联桥和双塘镇翁塘村，距金溪县城23公里，地理位置优越，交通便利。全村有96户，364人，均为傅姓。现有耕地791亩，山地3200亩，其中原始生态林1300亩，以农为主，主产稻谷。东岗村自古文风昌盛，现存古建筑数量众多，尤其是建筑雕饰极其精美，是建筑艺术的宝库。该村2014年8月被评为江西省第五批历史文化名村，2014年11月被列入第三批中国传统村落名录。

历史文化

东岗村为傅氏血缘村落，其始祖于北宋初年在此开基，距今近千年，繁衍30多代，人丁兴旺。村名因崇峰向东绵延至七里岗，故称“东岗”。

东岗村人才辈出，在金溪县有“文武世家”之称。从北宋至清末，东岗村共有2人高中进士，7人考中举人(其中有2人为武举人)。明清两代，东岗村共有24人登仕，其中有布政使1人，知州和同知3人，知县4人，县丞1人，将军1人，千总2人。该村儒商并重，商贾如云。族谱中记载的成功商贾达30多人，且多数是弃学从商，最知名的富商为傅昌臣，明崇祯年间授潜山县丞，长期居于金陵，一生经营刻书业，是明末很有名的刻书家，现存其刊刻的书籍被列入《第一批国家珍贵古籍目录》的达4部之多。东岗人文昌盛，诗歌著述颇丰，如傅孟宾所著《仁义家箴》和《草堂诗集》被收入同治版《金溪县志》；傅文兆所著《羲经十一翼》5卷，被收入四库全书存目。

空间格局

选址 东岗村地处丘岗地带，坐北朝南，负阴抱阳，是典型背山面水的聚落选址。村东、

图1 族谱上的村形图

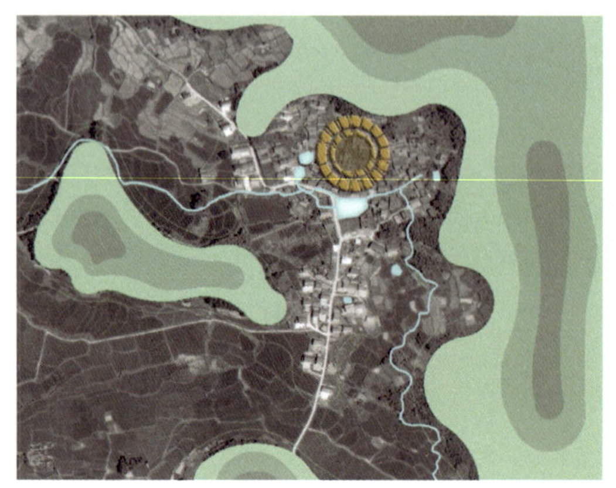

图 2 村落选址图

北两面环山，树林茂密；南、西为开阔的田畈、水塘、小溪，良田百亩。村中有一口大塘（杨沽塘），并与腰带状的小溪相连（图 1、图 2）。

整体布局 东岗村布局紧凑，整体形态呈集中团块形（图 3）。村内建筑类型丰富，有祠堂、书院、官厅、庙宇、门楼、民居等。傅氏祠堂规模宏大，位于村西部，是全族的总祠，是村中重要的公共空间。“是亦轩”书院位于村东主街南侧，是村中的文化空间。官厅位于村前水塘南侧，村落最南部。泰显祠和观音堂位于村西，傅氏祠堂的西侧，独立于村外。“文武世家”门楼坐东朝西，位于村西南，为村中重要的关卡，推测原为古村的西门，其他几座门楼已毁。

空间结构 东岗村背岗面塘，为金溪县传统村落典型的梳式布局，空间结构为“一核、一轴”（图 4）。梳式布局即街巷布局为“一横 N 纵”式，村前一条主街贯通，若干条与主街相连的小巷垂直分布。“一核”为村西的傅氏祠堂，为村中的精神文化核心。“一轴”为村南贯通东西的主街，是村落的主要交通轴线。

街巷格局 东岗村村前一条主街，次要巷道垂直主街由东向西依次延伸，呈“一横七纵”

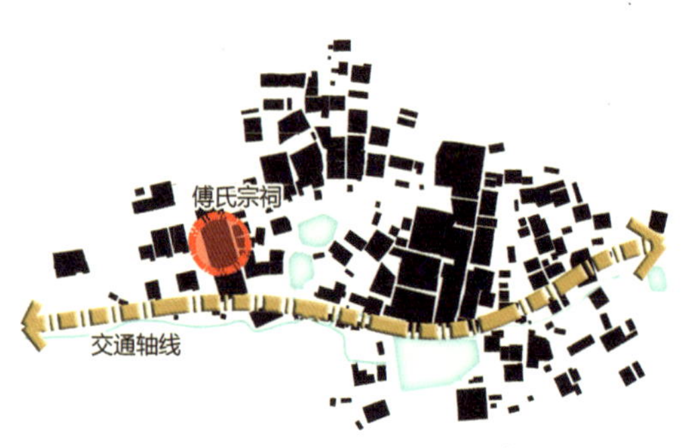

图 4 空间结构图

图 5 传统街巷风貌

图 3 整体布局图

梳式布局。主街长 429 米，宽度 2.0-3.0 米；七条纵向巷道从东往西依次为：上位一弄、上位二弄、楼崽弄（也称东房弄）、中位一弄（也称西房弄）、中位二弄、樟树弄和下位弄。巷道长度不一，在 103-257 米，下位弄最长达 257 米，上位一弄最短 103 米；街巷宽度也不等，多数在 1.0-2.0 米，上位二弄最宽，达 2.0-2.5 米。街巷路面主要由条状青石板铺筑，一侧设排水沟。每个巷口均设有巷门，具有防火防盗的功能（图 5）。

历史环境要素 村落有门楼 1 座，古桥 1 座，古井 3 口，古塘 3 口，风水林 2 处，古树多株。

典型建筑

东岗村现存 100 余栋各类建筑，其中明清传统建筑 30 余幢，重点建筑有傅氏祠堂、怀郁公祠、大善堂、“逊志斋”官厅、“是亦轩”书院、大夫第、“文武世家”门楼等。

傅氏祠堂 祠堂位于村西，坐北朝南，始建于明嘉靖辛酉年（1561 年），12 年后被兵焚，明万历癸酉年（1573 年）重建。该祠宽约 20 米，长约 80 米，建筑面积 1600 平方米（图 6）。四堂直进，下堂为中位祠，中堂为下位祠，上堂为上位祠，后堂为寝堂，始迁祖神位均陈列于中，二、三、四世祖及有功爵者列左右。下堂设三门，中门上方悬挂“傅氏祠堂”木匾，宽 4 米，高 1.5 米。原门坊为八字形砖石结构牌楼，今不存。现存傅氏祠堂主体建筑明间为插梁式结构，用材较大，后堂四排大柱，一人难以合抱，柱礎高 50 厘米，为典型的明代制式（图 7、图 8）。

大夫第 该建筑即“父子登科”旧居，坐落在村中南部，坐北朝南，建于清道光年间，为清道光甲午科举人傅翼和同治庚午科举人傅士鸿父子故居。整体布局为三开间一进式，建

图 7 傅氏祠堂匾额

图 8 傅氏祠堂木构架

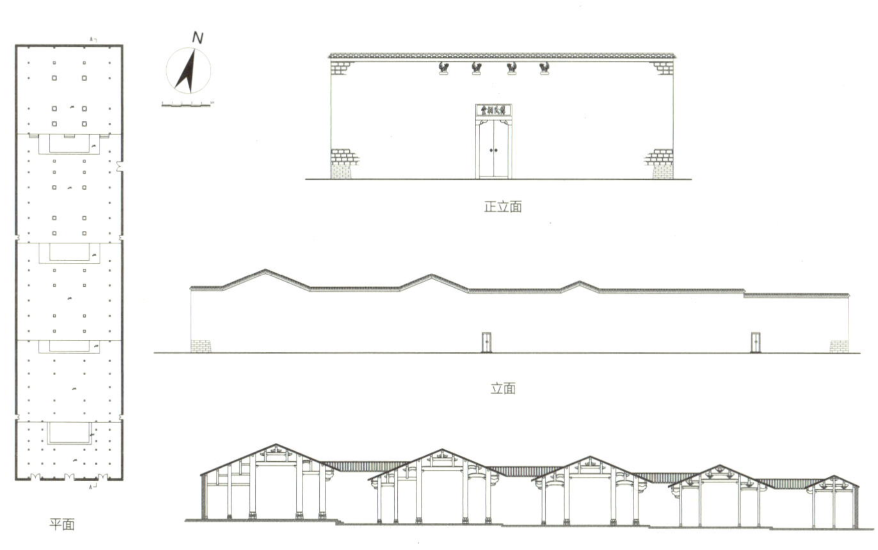

图 6 傅氏祠堂建筑测绘图

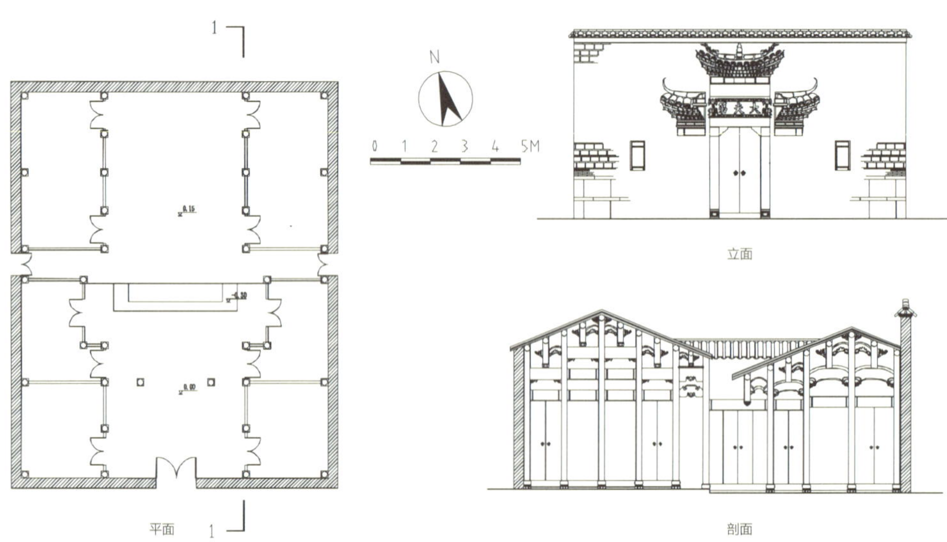

图 9　大夫第建筑测绘图

筑面积约 200 平方米（图 9）。该屋梁架用料硕大，且注重装饰，梁托、雀替、斜撑、门窗隔扇等多雕刻吉兽、花纹、线脚，梁架构件组合巧妙，工艺与技法精湛（图 10）。入口饰三滴水门罩，雕饰精美，门楣上共有 4 排 13 块石雕，雕有郭子仪拜寿、狮子滚绣球、鲤鱼跃龙门、双凤朝阳等图案。石墙裙是该建筑的重要雕饰部位，精美的灵禽瑞兽栩栩如生，工艺极为精致（图 11）。

图 10　室内木雕

图 11　墙裙石雕

非物质文化遗产

春节舞灯　东岗村每年农历正月初三至十五，都要举行舞龙灯或狮子灯、马步灯活动。初三开始起灯，将龙头置于祠堂，供上祭品，点香燃烛，祭拜天地后，打着仪仗到古井中取水，再由村中长者揭去龙眼封底，用笔蘸水“点睛”，表示龙眼已开，一年一度舞龙活动开始。龙灯所到之处，锣鼓齐鸣，男女老少争相观看，热闹非凡。特别新婚夫妇的新房最时兴接龙灯、图吉利。村民们边喝彩边舞灯，表达对往年丰收的庆贺，同时预祝来年风调雨顺，五谷丰登。舞灯结束后，将龙灯送往水口，众人撕去龙身上的各种彩纸，就地焚烧，谓之龙体升天。龙头、龙仓、龙架等带回，收藏在祠堂里。

价值特色

东岗村是一处以血缘为纽带形成的千年宗族乡土聚落，历史悠久，人文昌盛。村落布局严整有序，形成“一横七纵”的梳式格局，肌理清晰。各种类型、形制的明清建筑群，古朴典雅、恢宏壮美，尤其石雕工艺和装饰手法高超精湛，保存完好，堪称赣东地区石雕艺术的典范，具有较高的历史文化和科学艺术价值。

全坊村

[抚州市金溪县合市镇]

村落概况

全坊村隶属于抚州市金溪县合市镇田南村委会，位于合市镇东南部，东邻合市镇朱家边和黄家湾村，南靠田南村，西边隔田与崇山相望，北接水东傅家村，距金溪县城仅 8 公里。全村均为全姓，有 108 户 432 人。村民现有耕地 725 亩，山地 3126 亩，其中原始生态林 1300 亩，经济以农为主，主要种植水稻。全坊村文化底蕴深厚、风貌古朴、格局独特，2014 年 8 月被列入江西省第五批历史文化名村；2014 年 11 月被列入第三批中国传统村落名录。

历史文化

全坊村历史悠久，据《全氏宗谱》记载，全坊是金溪、临川、东乡三县十余村全姓的发源地，建村已有千余年的历史。全坊村先祖本姓王，自西汉恒德公避王莽祸，因其父亲字全节，始改王为全，并由京兆徙居浙江钱塘。北宋初，明经及第的全同（始迁祖），在抚州为官，遂迁于抚城沙井巷，晚年放情山水，东游至金邑七里岗，慕此地青山叠翠、溪水清清、沃野平畴，致仕（退休）后筑室于衡溪旁，命其居之地为衡塘，后人改名全坊。

全坊村历史上文人辈出，据谱牒记载，先后有 15 人登仕，其中知府 2 人、经历 1 人、知县（处长）5 人、千总（正六品）3 人、巡检 1 人、县丞 2 人、县尉 1 人。村中历史上曾有 7 名贤士著书立说，如全楷（1503-1562 年），著有《三松堂诗集》四卷；全璞，清道光年间女诗人，著有《全恭人诗集》，并收入于《晚晴簃诗汇》之中。

空间格局

选址 全坊村北靠青山，东临衡塘溪，背山面水，依山傍水而建，村后山岗竹木茂密，风景秀丽，村东、南为开阔的田畈、水塘、小

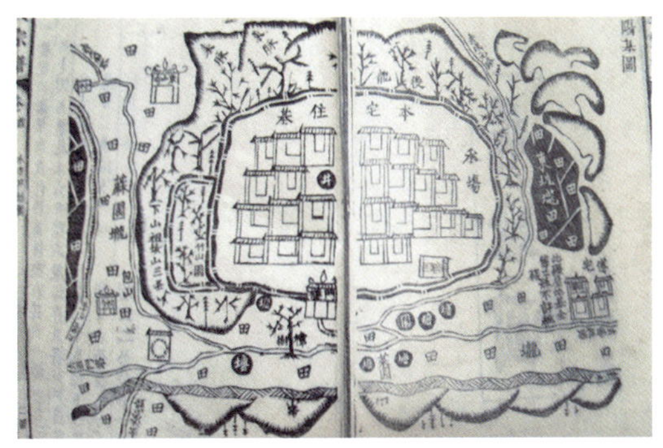

图 1 族谱上的村形图

图 2 村落选址图

图 4 空间结构图

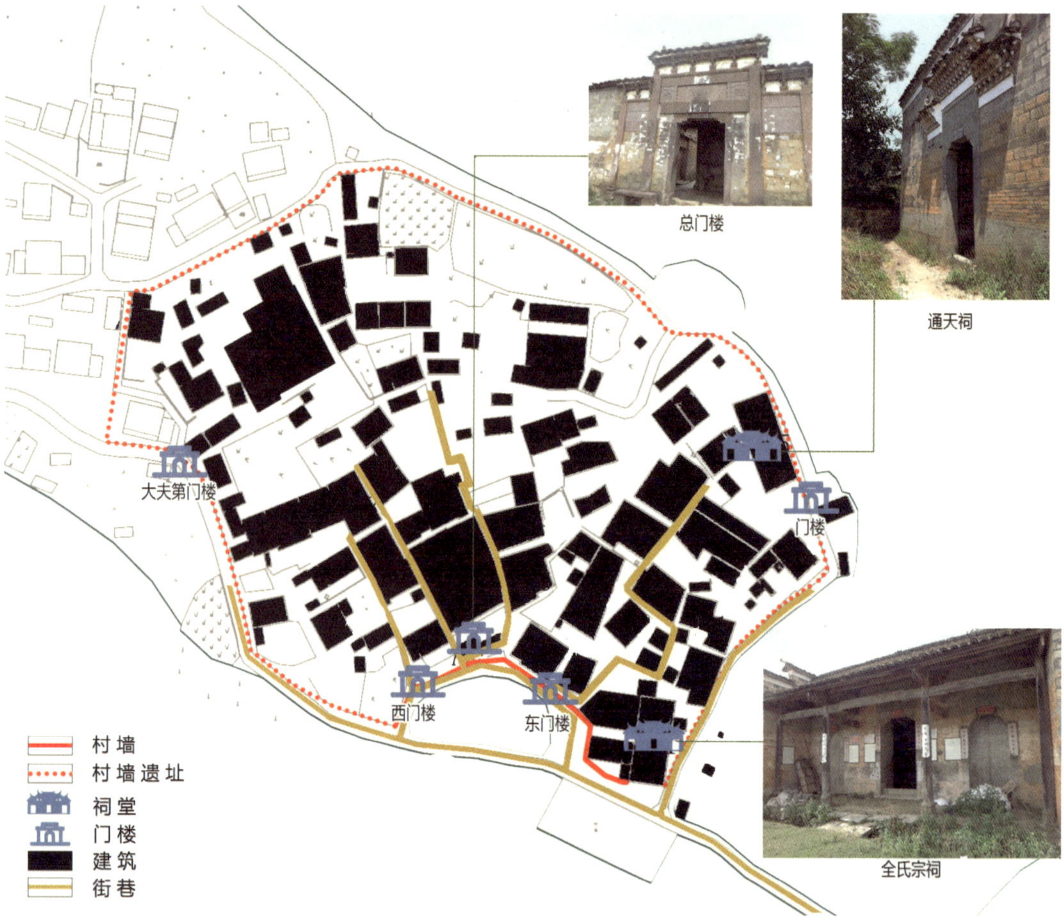

总门楼
通天祠
大夫第门楼
门楼
西门楼
东门楼
全氏宗祠
村墙
村墙遗址
祠堂
门楼
建筑
街巷

图 3 整体布局图

溪，良田百亩，集中表现了我国古代聚落选址"枕山、环水、面屏"的风水理念，体现了"天人合一"的自然唯物史观（图 1）。村前有一口大塘（明塘），并与小溪相连，水流最后汇入村东的衡塘溪（图 2）。

整体布局 全坊村布局紧凑，规划严整，为赣东地区村堡式布局的代表（图 3）。环村原建有 3 米高的围墙，现村墙大部分已被损毁，

图 5 传统街巷风貌

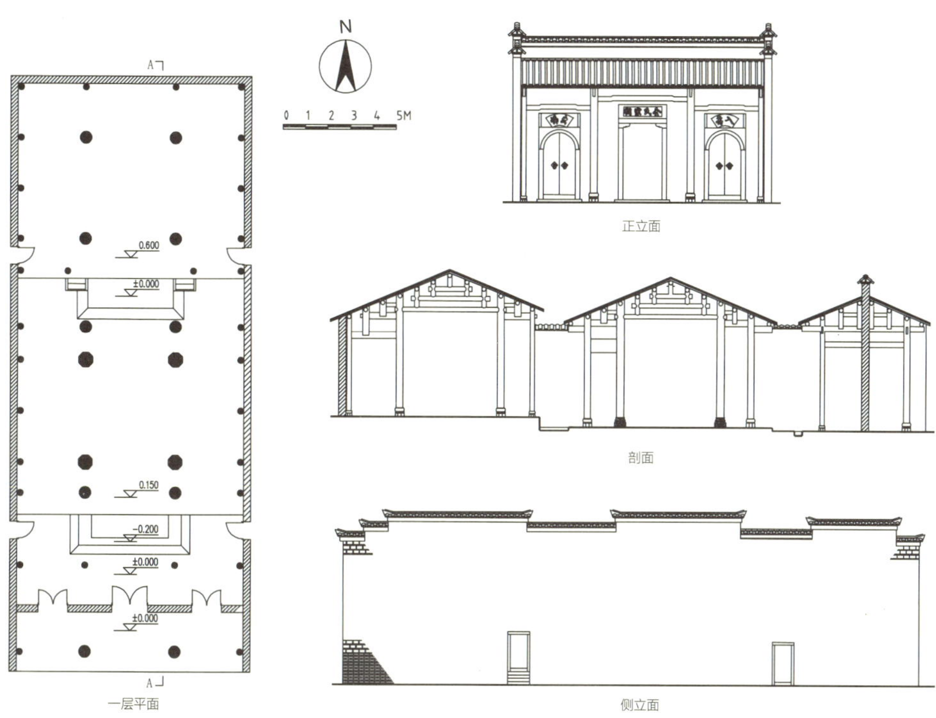

图 6　全氏宗祠建筑测绘图

图 7　全氏宗祠外观

村前设 3 座门楼（总门、东门和西门），村后设山门。除北门楼山门毁坏外，其余 3 座仍保存完整。全氏宗祠位于村东，为村中重要的精神文化空间。节孝牌坊位于村中总门楼东侧，作为村中重要的节点，昭示着族人曾获得的荣誉。通天祠坐落于东北部，寄托着人们的精神信仰。全村街巷肌理清晰，以村前门楼为起点，以东家弄为中心，分支出 6 条巷道，巷道之间又有小巷相互连通。

空间结构　全坊村环塘而布，形成以水塘为中心的向心性布局，整体形态呈扇面形（图 4）。这种向心性布局成为村堡式中特殊的一种村落形态。沿塘而设的界面成为村中的主立面。村前的水塘为村中重要的中心元素。

街巷格局　全坊村的街巷肌理清晰，主街环塘设，其他街巷主街相连向北延展，形成放射性布局。主街东家弄，长 56.9 米，宽度 1.3-2.1 米；因其起源最早，其他巷道均是后建，东为大，故名东家弄。其他巷道有西家弄、直弄、里坊弄、八家弄、仓下弄等，长短不一，在 51.9-184 米，里坊弄最长达 184 米，西家弄最短 51.9 米；街巷宽度也不等，多数在 1.0-2.0 米，蜿蜒曲折，路面均用青石板与卵石铺就（图 5）。每条巷道都有或明或暗的排水沟，主要巷口均设有巷门，具有科学的排水和防火防盗功能。

历史环境要素　村落现存庙宇 1 座，门楼 3 座，古井 2 口，古桥 1 座，古树多株。

典型建筑

全坊村现存完整的明清古建筑 77 栋，包括县级文物保护单位 8 处，尚未核定公布为文物保护单位和不可移动文物 14 处。重点建筑有“科第”总门楼、“圣旨”节孝牌坊、全氏宗祠、官厅、东家弄建筑群、八家弄建筑群、明代民居等。

全氏宗祠 祠堂坐落在全坊村东南，为全姓宗族的总祠，始建于明万历初年，坐北朝南，为金溪县文物保护单位。该祠为砖木结构，规模宏大，整体布局为三开间两进式，长27.5米，宽11米，建筑面积286.7平方米（图6）。祠堂为三堂直进，由两个天井把堂与堂之间相互隔开，显得高大宽敞。入口门厅为门廊式，正门门额上刻“全氏宗祠”四个大字，两扇大门上各画一名门神，虽然模糊不清，但颇具特色，在金溪传统村落中较少见（图7）。

“科第”总门楼 该门楼为村中的总门，坐落在村前正中，坐北朝南，始建时间不详，重修于清嘉庆辛酉年（1801年）。因全坊村始迁祖同公宋初科举及第，故立此门激励后人，希望科举连捷。总门楼高6米多，宽6.5米，四柱三楼，红石砌筑，少有雕饰。大门门楣上有一块长0.5米，宽1.6米的石匾额，镌刻“科第”两个苍劲有力大字（图8、图9）。

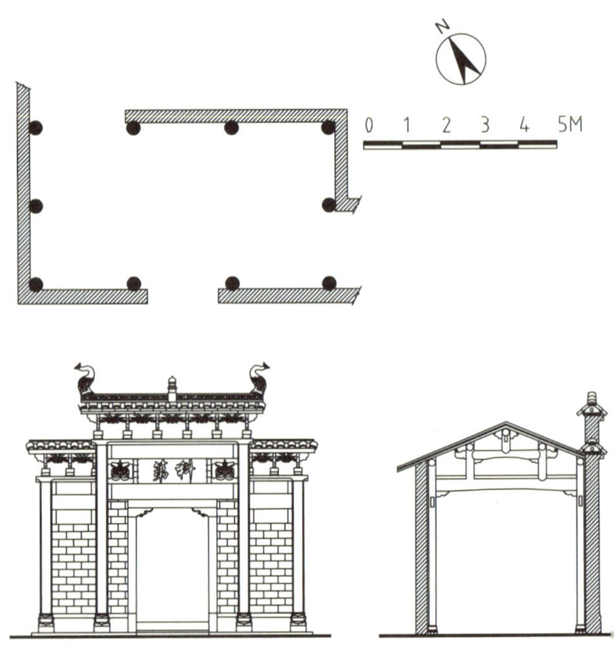

图8 “科第”总门楼建筑测绘图

图9 “科第”总门楼

非物质文化遗产

正月十五闹元宵 全坊村不仅拥有极其珍贵的历史建筑群落，还拥有丰富的非物质文化遗产，最有代表性的是正月十五闹元宵。元宵节前两天，头年嫁进来的新媳妇会主动把龙灯的仓布洗干净。男丁则要准备好舞灯用的纸捻并用菜籽煮好。元宵节晚上，舞龙灯从宗祠出发，先沿村内街巷走一圈，然后挨家挨户去拜年，走厅堂、钻厨房、探卧室，舞龙灯的主角会撕下几根象征龙须的彩纸带交给每户主人，张贴在房门或床头，以示保佑一年平安吉祥。龙灯所到之处，主人均准备好果品、茶水，并用爆竹迎送舞灯。舞龙灯结束，则在祠前空地上舞马步灯，表演《采茶》《采桑》《小放牛》等节目，村民驻足喝彩。元宵当晚，全村彻夜通明，热闹非凡。

价值特色

全坊村为全姓宗族聚族而居，历史悠久、人才辈出，文化内涵丰富，其孝友传家、重儒不轻商、乐善好施的文化精髓传承至今都有良好的教育意义。村落格局保存完好，规划匠心独运，向心式布局为村堡式聚落的典范。村落整体历史风貌保存完好，古建筑数量众多、类型齐全，是赣东地区明清民居博物馆。全坊村规模小巧、布局独特、人文底蕴深厚，物质遗存丰富，是赣东地区富有特色的传统村落之一，具有较高的历史文化价值。

疏口村

[抚州市金溪县琅琚镇]

村落概况

疏口村位于抚州市金溪县琅琚镇西北部，疏溪河北岸，西靠浒湾镇，东望莒溪村，北连枣树村，东南接安吉村，距金溪县城 22 公里，交通较为便利。疏口村现有 290 户，1120 人，拥有耕地 1980 亩，山地 4100 亩。村前林壑沃野，溪水潆洄，疏山拱护，村内人文景观十分丰富，处处体现着宋明理学的流风遗韵。该村 2014 年 8 月公布为江西省第五批历史文化名村，2014 年 11 月被列入第三批中国传统村落名录。

历史文化

据《疏溪吴氏宗谱》记载，疏口吴氏祖籍延陵，宣公吴守德为始祖，是后蜀孟知祥女婿，于后晋天福二年（937 年）从四川阆中县迁江西临川长乐乡石井，后迁南丰祝家山金斗窠。三传至吴熊，从南丰金斗窠迁至疏山，北宋初再迁居疏溪，距今已有 1100 多年历史因村处疏山北口，后人将村改名为疏口。

疏口村文化底蕴深厚，以理学立村，最有代表性的人物是明代的吴悌，素有“学继象山”“理学醇儒”之称，与陆象山先生齐高。理学文化在疏口得到了大力弘扬，不再仅是少数士大夫或读书人的事而是深入百姓生活，成为普遍的思想意识与社会舆论，沉淀了疏口深厚的历史文化底蕴。

空间格局

选址 疏口村地处疏山东北，南邻疏溪河，地势西高东低。村前有一排水塘，村后有靠山，背山面水，形成藏风聚气的小气候（图1、图2）。村畔良田平沃，透过村前翠樟茂林，隔田溪水曲涧，远山层峦叠嶂，营造出如画般的田园风光。

整体布局 疏口村规模较大，整体呈带形布局（图3）。村落整体格局尚存，原有东、南、

图1 族谱上的村形图

图 2　村落选址图

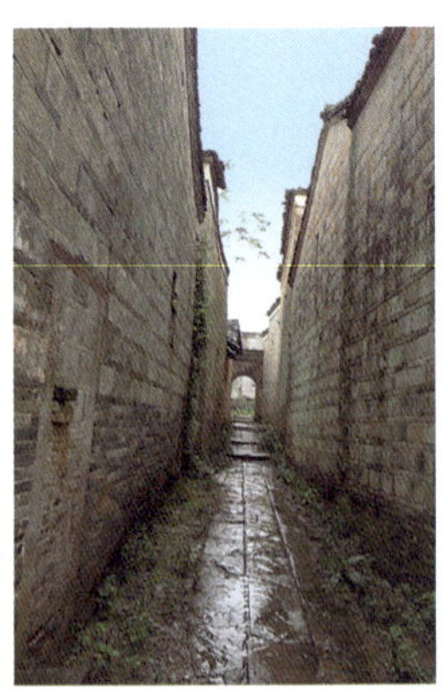

图 4　传统街巷风貌

西、北四座门楼，现存东门、西门、南门三座。疏口村建筑类型极为丰富，村中原有众多公共建筑，其中祠堂便多达十余座。村中总祠为吴氏大宗祠，位于西门处，现已不存。目前尚存的祠堂有增祠、溢祠、恒三公祠、咨礼公祠四座。村中书院数量众多，充分表现了其崇文尚学风气之盛，现存的书院有疎溪书院、砚琴书院及东壁书房。现村内尚存两座节孝牌坊，车氏节孝坊在恭祠巷内，唐氏节孝坊位于下边街。村中池塘密布，多达 21 方，村前村后均青山密林，植被茂盛。

街巷格局　疏口村的街巷格局为梳式布局，村前主街即上边街与下边街贯通东西，18 条南北向的里巷与主街连接，形成“一横十八纵”的巷道格局。街巷肌理清晰，由于地势前低后高，有“九岭十八巷，巷巷通山上”之说。村落巷道总长度约为 6300 米，宽度 1.0-3.0 米，最长主街下边街长达 200 米，宽 2.0-3.0 米。街巷路面主要由条状青石板铺筑，主要街巷有上边街、下边街、天官街、恭祠巷等（图 4）。

历史环境要素　村中现存古门楼 3 座，古井 4 口，村墙 1 处，古桥 1 座和古亭 1 处，香樟林面积约 1.98 公顷。

典型建筑

疏口村现存完整的明清古建筑及遗址 149 处，包括县级文物保护单位 18 处和尚未核定公布为文物保护单位的登记不可移动文物 14 处。

溢祠　祠堂位于村东门上首，地势高爽开阔，建于明代。整体布局为五开间两进式，面宽 20 米，进深 38 米，共 100 根柱子落地（图 5）。祠中巨柱皆两段组成，下部为高约 1.5 米的巨圆石柱，其上再承接大木柱，既美观又坚牢。覆莲式石磉雕刻精美，呈现出典型的明代风格。现下堂与门面倒塌，原大门坊高峻券拱，门外有庭院，院外有牌坊，整个祠堂占地约 1 亩，极为气派，可惜现仅存正祠的享堂和拜殿。

“书山垂荫”宅　该建筑位于下边街，为元代进士吴会之的后人所建，吴会之号书山，人称“书山先生”，故总门石匾刻有“书山垂荫”四字（图 6）。该建筑由通道、正屋和“堂下楼”三部分组成，占地面积达 570 平方米（图 7）。进入总门为宽 3 米，长 14 米的板石通道，通道西侧开有一高大石拱门，6 级石阶进入宽 11 米，长 7 米的条石铺砌的院子。正屋宽 14 米，进深 16 米，分上 、下两堂，中间以天井相隔，两侧均建有厢房。石院东墙开有一门，是正屋

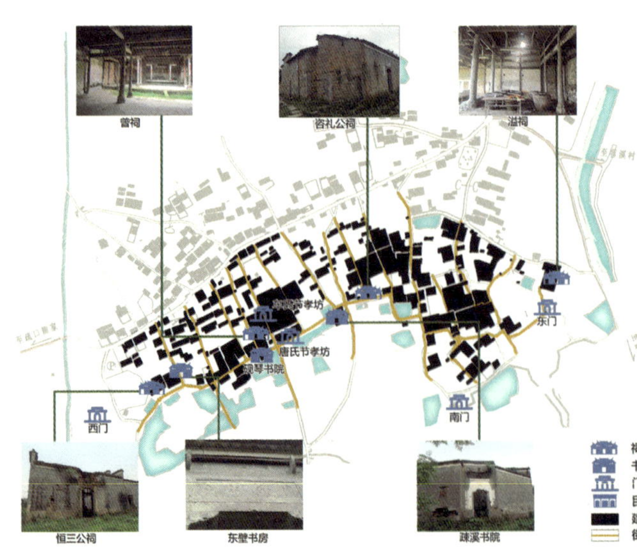

图 3　整体布局图

与“堂楼下”连接的大门，“堂楼下”带私居性质，是户主年老时幽居之处，比正屋更为精致华美。“堂楼下”面阔15米，进深6米，2层，南北均设有通风采光的天井，用拼花门罩和天井隔开，上面是骑马楼，雕花栏板。“堂楼下”背后是一排舍屋，为下人的住处，开有耳门供下人进出。整栋建筑高大宽敞，布局独特，保存完整，现仍有人居住使用，是我们研究传统民居重要的实物资料。

图5 溢祠建筑测绘图

非物质文化遗产

疏口八角藕丝糖 藕丝糖最早产于明万历年间，至今已有400多年的生产历史，是一种以糯米熬制、拉成的棉糖。藕丝糖做工精细，工艺独特，选用本地出产的优质糯米、大豆、麦芽，经选料、浸泡、蒸煮、发酵、滤浆、熬制、拉丝包馅、成形包装工序制作而成，熬制和拉丝是最为关键的两道技术，因外形酷似一团洁白无瑕的藕丝而得名。其甜而不腻，脆而不碎，外形美观，入口即化，是金溪独有的传统小吃，金溪藕丝糖又以疏口八角藕丝糖最具盛名。

价值特色

疏口村吴氏族人著书立说颇丰，文化底蕴深厚，是江西不可多得的理学名村。村落选址疏山拱卫、疏溪萦绕、村前水塘密布，自然与人文景观交相辉映，是一方寄托乡愁的精神故园。疏口村规模较大、明清建筑数量众多、类型齐全，较完整地反映村落的格局与历史风貌，是临川文化影响下抚河流域地区传统村落的杰出代表。

图6 “书山垂荫”宅入口

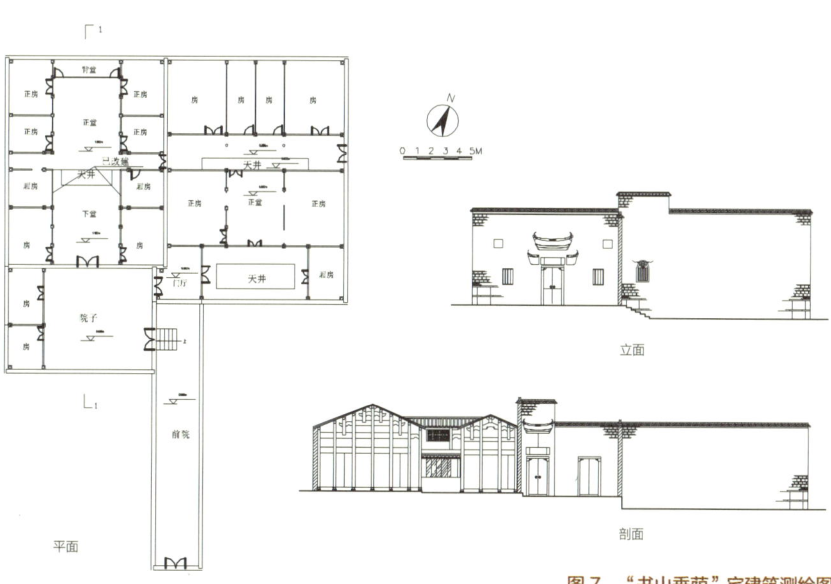

图7 “书山垂荫”宅建筑测绘图

东源曾家村

［抚州市金溪县琉璃乡］

村落概况

东源曾家村隶属于抚州市金溪县琉璃乡，坐落在琉璃乡北偏东5公里处，东靠合市镇桂家村，南接琉璃乡蒲塘村，西北与陈坊积乡润湖村交界，距县城29公里。该村曾氏聚居，共有146户，860人，是金溪西北部一大望族。村民现有耕地1050亩，山地3020亩，水面面积约500亩。东源村风貌古朴，格局完整，是赣东地区村堡式布局的典型代表，2012年2月被公布为江西省第四批历史文化名村；2014年3月被评为第六批中国历史文化名村；2014年11月被列入第三批中国传统村落名录。

历史文化

据《东源曾氏宗谱》载：孔子学生，被人们尊为“宗圣”的曾子是他们的先祖。其祖上由南丰迁来，为纪念南丰先祖曾洪立葬于南丰东源，而改名为东源村。开基祖子实公自元代早期在此定居，繁衍生息至今已有700多年。

东源村匾额题刻众多，内涵丰富。总门楼上的门额题字“南丰世第”表明了其家族的历史渊源，两侧的楹联为“东鲁家声旧，南丰世泽长”。“东鲁家声”是对太子巫奔鲁及曾参父子等与鲁地历史渊源的一种概括性表达，“南丰世泽”表明东源曾氏为南丰曾氏的后裔。村内还保存大量的匾额题字，如“竹韵松涛”“沂水渊源”“学习南丰”“秀启南丰”等，具有深厚的历史文化内涵。

空间格局

选址 东源曾家村地处丘岗地带，远村峻岭交错，村外田园平沃。村落大体上坐北朝南，背山面塘，村北一座小山，竹林茂密，村前有2口大水塘（图1）。村北一条小溪绕村而过，古时运输货物的重要通道。村周青山绿水与村内明清古建筑群融为一体，彼此映衬，形成一

图1 村落选址图

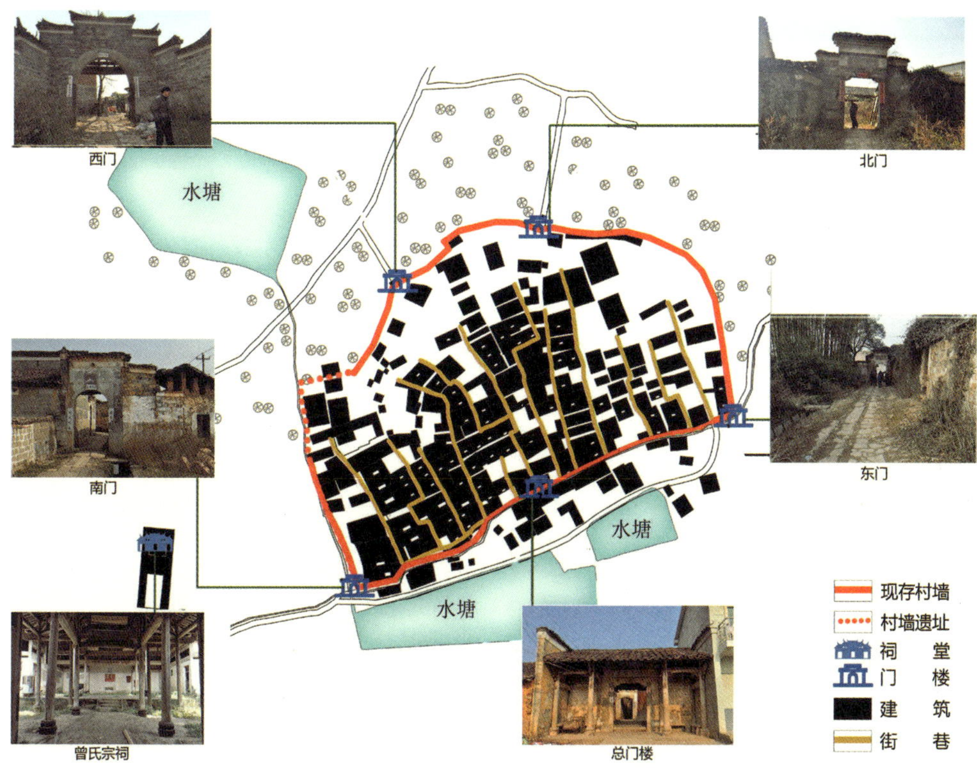

图 2 整体布局图

幅“青墙灰瓦马头墙，绿水青山蔚蓝天”的优美画卷。

整体布局 东源曾家村的布局模式为典型的村堡式，整体形态呈集中团块形（图 2）。村四周原有高 2-3 米砖砌的村墙，形成明确的村落边界。村墙大多已倒塌，仅南面和东面局部保存完好（图 3）。村墙四面设有东、西、南、北 4 座门（门楼），除西门为不久前重建外，其余 3 个门均建于清康熙庚辰年（1700 年）。门楼上镶嵌的石匾分别有“龙先发祥”（东门）、“阳德含晖”（南门）、“东源西门”（原来的题字为“长庚耀彩”）、“旋星共极”（北门）。村南正中设“南丰世第”总门楼，不但有交通引导、空间转换作用，还承担一定的社会功能，村民逢婚丧嫁娶都要经过总门楼（图 4）。村内街巷呈梳式布局，建筑布局紧凑，排列严整有序。

空间结构 东源曾家村建筑集中分布，布局均质化，形成“中心 - 住居领域”的布局模式（图 5）。曾氏宗祠是村中的总祠，立于村口，位于村外进村的通道上，是村落布局形态的重要空间节点，具有强烈的场所感，也是整个村

图 3 村东村墙

图 4 总门楼

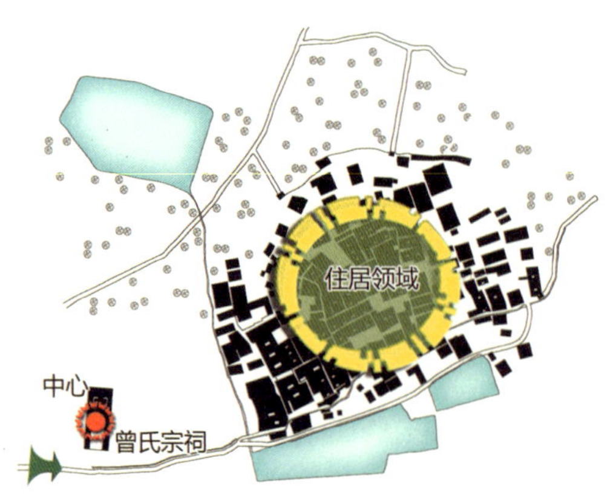

图 5 空间结构图

落中最重要的文化空间和精神祭祀空间，对村落的布局有重要的影响，与居住领域起着呼应作用。

街巷格局 村中主街为东源街（又称直街），次要巷道垂直东源街由东向西依次延伸，呈不规则的“一横六纵”梳式布局。“一横”的东源街（又称直街），长300米，宽度2.0-3.0米，顺建筑的外轮廓顺势蜿蜒，空间退让、转向、收放，有丰富的层次感，尺度较为开阔；“六纵”巷道从东往西依次为奉政巷、六房弄、中井弄、沂水巷、下井弄、青云路。支巷相对于主街尺度较小，长度不一，在95-200米，其中奉政巷最长达200米，青云路最短95米；街巷宽度也不等，多数在1.0-2.0米，空间尺度上形成了明确的主次关系。街巷路面主要由条状青石板与卵石铺筑，相当平整（图6），两侧设或明或暗的排水沟。排水沟顺着巷道，依地势从高向低，水从排水沟流入东源直街主渠，最后流进水塘，再由水塘流向村外，形成完整的排水系统。

历史环境要素 村落有门楼6座，庙宇2座，古桥1座，古井4口，古塘2口，风水林2处，古树多株。

典型建筑

东源曾家村现存古建筑100余处，明清古建筑及遗址54处，其中明代建筑3处，省级文物保护单位3处，市县级文物保护单位51处。重点建筑有曾氏宗祠、“中议世第”官厅、门楼、仙师殿等，另有大量保存完好的民居。

曾氏宗祠 祠堂位于进村入口处，是曾氏家族的总祠，始建于明万历年间，经过历代修葺，道光乙未年（1835年）修总祠前堂，丁未年（1847年）建总祠中亭。该祠坐北朝南，规模宏大，长50多米，宽16米，建筑面积达981.6平方米，中轴对称，为三堂两进式（图7）。第一进天井狭长，中间近300年2株巨桂，枝叶郁勃繁茂，苍翠喜人。享堂和寝堂之间建风雨亭，两侧为天井。享堂明间梁架结构为插梁

图 6 传统街巷风貌

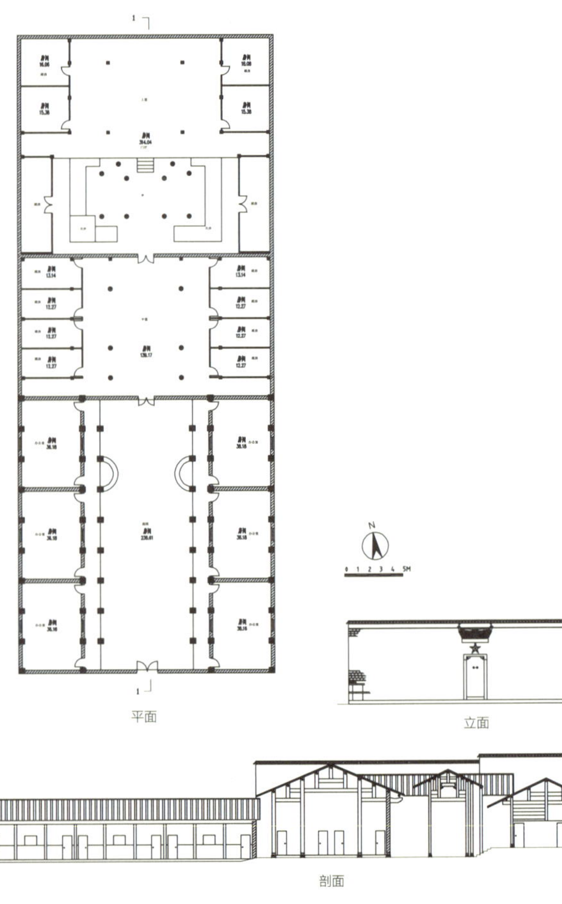

图 7 曾氏宗祠建筑测绘图

式，用材较大，工艺考究，中间 2 排 8 根木柱，围径达 2 米，石磉为典型的明代制式。寝堂及中亭乃清代和后人维修，亦高大明亮，原有“追远堂”大匾。第一进两廊为近代所建。该建筑呈现出典型的明代特征，是研究明代建筑的珍贵案例（图 8）。

“中议世第”官厅 该建筑位于蚕门西侧古井之北，坐北朝南，是有知府之称的曾喜顺兄弟于清同治年间所建。建筑规模宏大，面阔 20.6 米，进深 33 米，建筑面积 748.5 平方米，整体布局为三堂直进结构，中堂与上堂有楼道相通，屋内不仅有住房，还有花园、鱼塘、绣花楼、接客厅等，布局完善，功能齐全。临街总门石刻“竹韵松涛”四个飘逸潇洒大字，进门设有青石铺砌的大院，大门高大轩昂，因其父覃恩诰赠中议大夫，故门额刻有“中议世第”，照壁题刻“鸿禧”二字，侧边耳门上刻“退憩居”。官厅门窗梁桁均有雕刻，砖雕石刻精美细腻、

图 8 曾氏宗祠实景

图 9 “中议世第”官厅实景

内容丰富，有“喜上眉梢”“福禄寿”等吉祥图案，造型优美、构图别致，是民间建筑中不可多得的精品（图 9）。

价值特色

东源曾家村整体格局完整，为典型的村堡式布局。整体规划严整布局有序，门楼节点空间引导村内外交通，梳式街巷肌理明晰。村中传统建筑风貌保存较好，传承有序，重要建筑如曾氏宗祠、官厅等具有很高的文物价值。门额题匾数量之多，内涵丰富，彰显浓厚的家族文化，有很高的文物价值和聚落文化代表性。

印山村

[抚州市金溪县琉璃乡]

村落概况

印山村隶属抚州市金溪县琉璃乡，位于琉璃乡西部，东靠黄源村，西与临川区梅岗村紧邻，距县城约 42 公里。该村现有 140 户，500 余人，拥有山地 2680 亩，耕地 570 亩，旱地 354 亩，经济以农业和外出务工为主，特色产业主要种植水稻、生姜、西瓜。金溪有一俗语：“黄坊是府，尚庄是县，印山好比金銮殿”，从侧面反映了印山村建筑恢宏精美，质量上乘。印山盛产石料，有“印山石”之称，曾畅销江南，是上好的建筑材料。印山村 2014 年 11 月被列入第三批中国传统村落名录。

历史文化

印山村属于杂姓聚居的村落，有徐、杨、黎 3 个主姓，其中徐姓占 2/3 且为当地名门望族。据《印山徐氏宗谱》载，徐易为汉代高士徐孺子后裔，北宋时任新城（今黎川）知县，因爱印山山水地势，遂举家迁居，为印山徐氏开基祖。另据《黎氏重修宗谱》载：黎氏六一公从临川小郏迁居印山，至今已有 900 多年。因村后山顶上有一石，形似印章，而得名为印山。

印山村历史上人才济济、文化沉淀深厚，曾经出过 4 名进士，14 名举人，有过“一门三进士，父子同登科”的荣耀，列入县志的名宦、仕绩、忠义达 10 人。传世的古诗文辞《英巨山房稿》多达 20 余卷。印山村石材资源丰富，开采历史悠久，从宋代开始开采石料，明、清达到鼎盛时期，不仅畅销江南数省，还被运送到北京，成为京城雕刻、建筑的上乘材料，被誉为“采石之乡”。

空间格局

选址 村落坐落在印山脚下，岗间平地上，东侧为山岭、南面和西面是低丘，北为农田。村落坐东朝西，枕山面水，后有靠山，前有案山，

图 1 族谱上的村形图

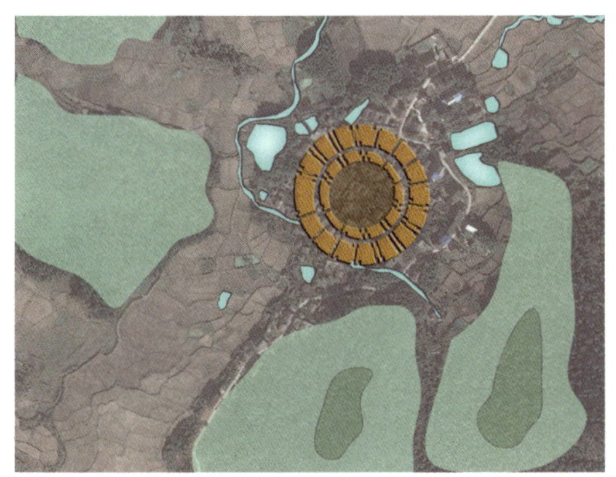
图 2　村落选址图

选址充分体现了天人合一的风水哲学（图 1、图 2）。房屋街巷布局因地制宜，东南高西北低，一条溪流从南向北环村而过。

整体布局　印山村布局紧凑，整体形态呈集中团块形（图 3）。村落格局完整，南北各有一个关口，下关为“科甲联芳”门楼和上关为“南州世第”门楼。“科甲联芳”门楼为入村的总关口，门楼旁竹林掩映，形成一个虚实相称的别致的入口空间。进入门楼后沿古道走不远即村中最重要的建筑——徐氏宗祠。山东庙位于村北，独立于村外，庇佑着一方百姓。街巷肌理主次分明，呈鱼骨状。村中古水塘多达 5 口，村落周围树木繁茂，风景宜人。

空间结构　印山村肌理清晰，规划严整，整体呈“一核、一轴、二组团”的空间结构（图 4）。村口的徐氏宗祠为村中的精神文化核心。村内一条古街贯通南北，串联南、北两座门楼，成为村中重要的交通轴。若干条东西向支巷与主街从南、北两侧相接。在南部以东西向穿村而过的小溪将村落分成一大一小两个组团。

街巷格局　印山村街巷系统呈鱼骨状，主街贯通南北，支巷与主街相连，纵横相通。村落历史街巷总长度约为 1116 米，宽度 1.0-2.5

图 4　空间结构图

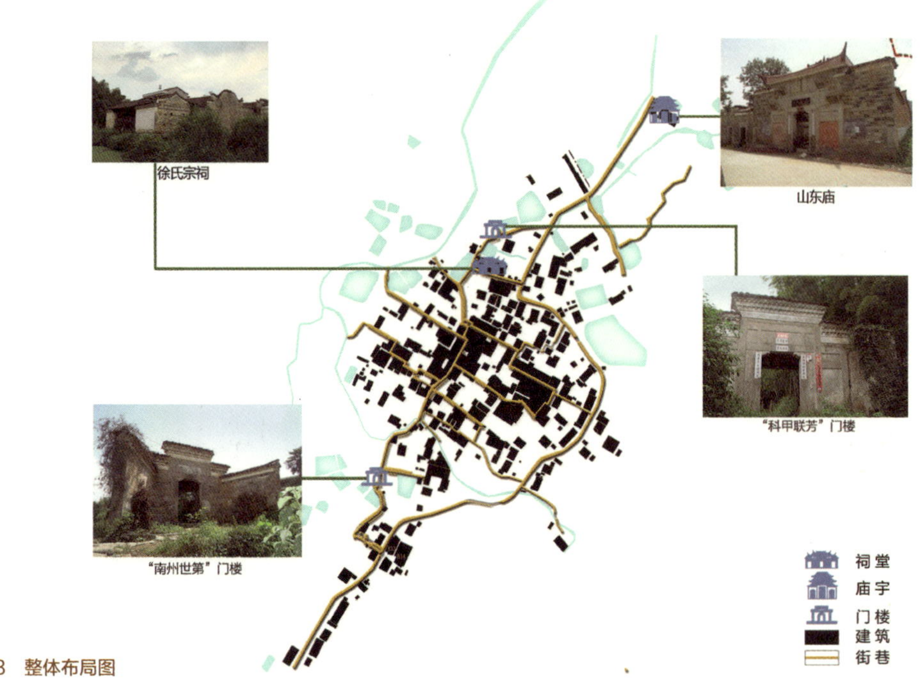

图 3　整体布局图

图5 传统街巷风貌

米。主街长达435米，宽达2.0-2.5米，最短的巷道长47米。支巷有上巷、中巷、下巷、前巷等，路面主要由条状青石板铺筑（图5）。每条街巷都设或明或暗的排水沟，顺着巷道依地势从高向低排水，具有科学的防水排水功能。

历史环境要素 村落有庙宇1座，门楼4座，古井3口，村墙遗址1处，古桥7座，古采石洞6处，古树2棵。

典型建筑

印山村现存完整的明清古建筑及遗址42处，包括县级文物保护单位4处和尚未核定公布为文物保护单位的登记不可移动文物14处，其中典型的建筑有徐氏宗祠、“科甲世家”门楼、徐澜仕商宅、翰林第等。

徐氏宗祠 该建筑为印山村徐氏总祠，位于村北入口处，坐东朝西，建于清代。建筑规模宏大，占地583.5平方米，建筑面积499.6平方米，为金溪县文物保护单位（图6）。该祠堂整体布局为五开间两进式，中轴对称（图7），正对大门有一照壁，照壁上镶嵌着一块刻有“世泽宏深”四个大字的石匾。徐氏宗祠的特色是有4根直径为50厘米的石柱。门厅前设有走廊，走廊两侧也有2根石柱。建筑山墙独具特色，门厅为人字形、寝堂为弧形的滚龙脊和寝堂为叠式马头墙共同组成了丰富的轮廓形态。祠内有一副“祖孙进士，父子进士；兄弟同榜，叔侄同科”的对联，昭示着徐氏族人曾经的荣耀。

“科甲世家”宅 该建筑是“一门三进士”的徐鹏举住宅，位于村中部，建于清代。建筑规模宏大，占地774平方米，平面呈L形，布局独特，分为主体建筑和辅助建筑两路（图8）。建筑坐东朝西，砖木结构，主路为一进式，除中部的天井外，左右两侧各有一虎眼天井。左右都是纵向7栋房屋相连，中间为正厅，两侧是厢房与陪屋，前后栋及屋内各房均有巷道相通，特别是房屋中间有一间全部使用石料，方石柱上拴着横石梁，石梁上铺设石板块的晒台。前栋有庭院，并设有一门楼，石匾上镌刻着“青云一直”四字，表达了徐鹏举对后人的期许。

图6 徐氏宗祠实景

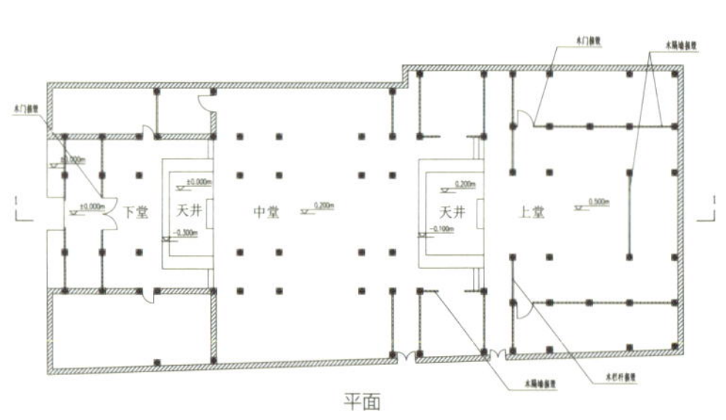

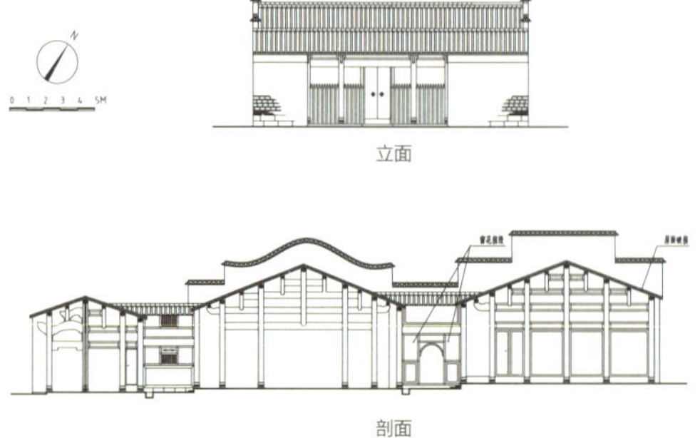

图7 徐氏宗祠建筑测绘图

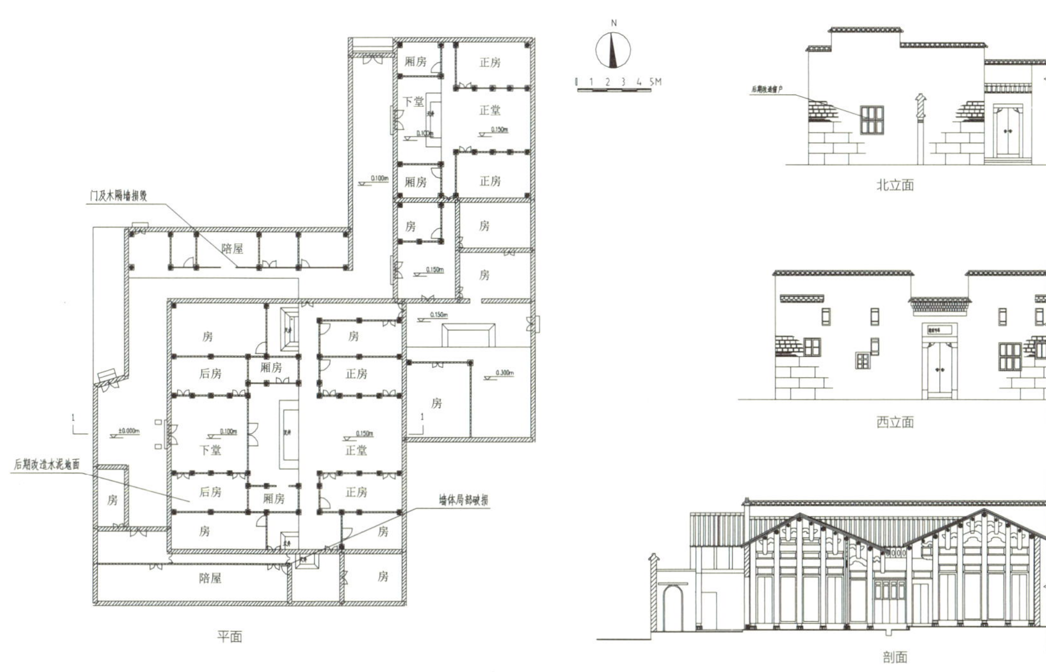

图 8　“科甲世家”宅建筑测绘图

图 9　绣花楼实景

绣花楼　该建筑位于清代中期印山商贾徐澜仕的故居内，坐北朝南，2 层，砖木结构，占地 223 平方米，总共有 20 余间，建筑面积达 409 平方米（图 9）。建筑面阔五间，四周用高墙围合，高大雄浑。高墙有花雕窗户，花园与后厅隔墙，嵌上镂空砖雕，主楼后间有一约 20 平方米的天井，后壁是一堵高墙，中间有彩绘图案。二层及屋顶出檐都用鹅颈轩。屋顶部分檐柱和金柱间还采用了罗锅椽，形成一个轩廊空间，室内空间层次丰富。二层栏杆稍间和次间采用方格形，明间采用菱形。整栋花楼做工精细雅致，各个柱础石造型各异，其上一圈都是水果的造型，屋内木雕、石雕、砖雕美轮美奂，古朴优雅，房檐、门窗、护栏也布满精美雕刻，有人物花鸟图案，形象逼真。绣花楼南面有一方洗墨池，被徐澜仕命名为“泮水”，面积约 30 平方米，池畔为清石块修筑而成，池水约 1 米深，南端有数级台阶可下到池内。

价值特色

印山村为徐孺子后裔聚落，历史上人才辈出，村内的匾额石刻旌表着昔日徐氏家族科举的辉煌与荣耀。村落格局完整，空间组织有序，入口空间别致，街巷肌理明晰，其布局形态呈现出独特性。村内建筑气宇轩昂、奢华典雅，雕刻精美绝伦，石雕尤为精彩，充分体现了当地印山石的质地精良。印山村在聚落构成、建筑形制、价值观念上都集中体现了抚河流域地区的聚落特性，具有较高的研究价值。

浯溪村

［抚州市东乡县黎圩镇］

村落概况

浯溪村坐落在抚州市东乡县黎圩镇中东部，东邻西湖村，南靠黎圩镇，西与危家村毗邻，北接宗家村，距县城28.5公里。全村有114户，378人。现有耕地698亩，旱地152亩，经济以农业为主，主要种植水稻、桑树、油菜、甘蔗等经济作物，兼养猪、牛、鸡、鸭、鱼等。浯溪村为王安石家族后裔村，村内明清建筑集中连片，历史环境要素丰富，状元路、“奕世甲科”门楼等特色节点彰显出深厚的文化底蕴。该村2007年7月被公布为江西省第二批历史文化名村，2014年11月被列入第三批中国传统村落名录。

历史文化

据《浯溪王氏族谱》记载：浯溪村始建于宋庆元元年（1195年），王氏始祖为十一世纪改革家王安石之弟王安国第四世孙王子春，子春公于1195年初从黎圩镇上池村迁入浯溪，繁衍44代，距今已有800多年历史。

浯溪村书香绵延，人才辈出，特别明、清时期更为荣耀。该村先后有13人登科及第（其中状元1人），21人中举。明成祖永乐年间，王汝为一家四代先后7人荣登甲科，在朝为官，轰动一方，至今传为佳话，并建“奕世甲科”门楼以示旌表。历史上主要官宦商贾代表人物有王浩、王汝为、王常、王显、王昌、王统、王盛和王廷垣等，其中王廷垣官至礼部侍郎兼翰林院编修，任内务府佐侍郎，并著有《潜复奏议》《观生草》《国朝明辅考》等，另外还有多部著作出自浯溪村儒士。

空间格局

选址　村落地处赣东低山丘陵地带的岗间谷地，东、西两侧为山岗，地势东高西低，道路、水系、农田、房屋呈带状向南北方向延伸。村落坐东朝西，前有面前山，背靠后龙山，面朝浯溪河，是“天人合一”的理想聚落选址（图1）。面前山脚下20多米宽的浯溪河（水龙港）从北向南流过，长17公里，其

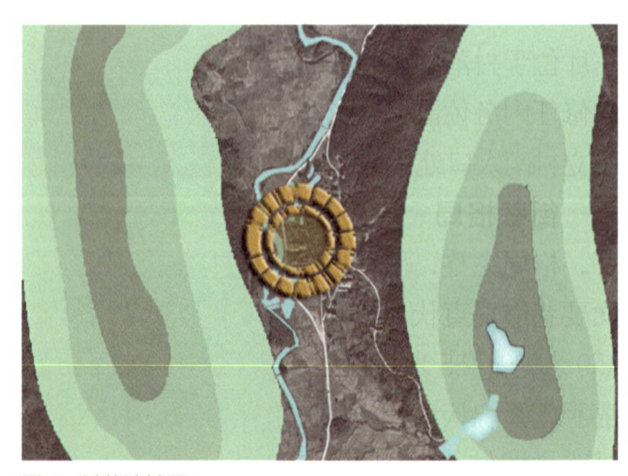

图1　村落选址图

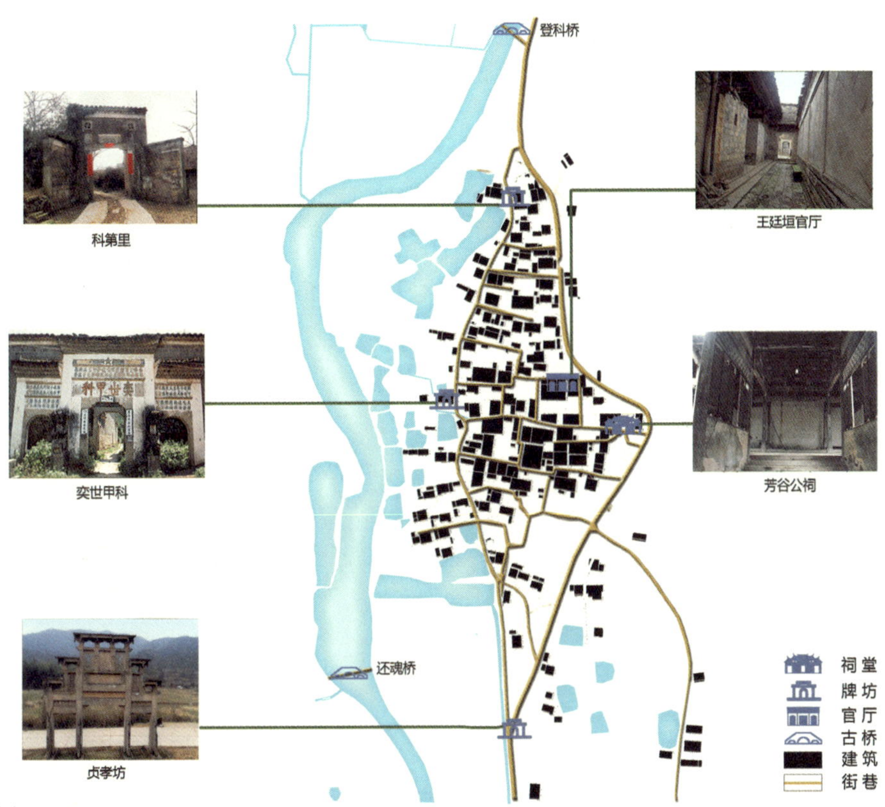

图 2 整体布局图

中在浯溪村境内长度约 750 米，至今仍然是浯溪村生产和生活的主要水源。“饮则有水，行则有道，耕则有田，筏则有山”是浯溪村利用自然、改造自然的真实写照。

整体布局 浯溪村处在狭长形的岗间谷地，呈带状分布（图 2）。村南北各存一座门楼，南为“南垣萃秀”门楼，北为“科第里”门楼，沿后龙山脚下连接南北门楼原建有村墙，现仅存遗址。村内的祠堂芳谷公祠位于村东部山脚下，为村中的精神文化空间。浯溪村因历史上文运昌达，科甲联芳，村内遗留众多旌表登科及第的文物古迹，登科桥位于村北，“奕世甲科”门楼位于村前的古道上（状元路）（图 3）。官厅位于村落中部，为官至礼部侍郎兼翰林院编修任内务佐副侍部的王廷垣所建。节孝牌坊伫立村南入口处，成为村中的重要节点（图 4）。

街巷格局 浯溪村历史街巷风貌保存完好，格局完整，呈梳式布局。主街为状元路，次要巷道垂直状元路由东向西延伸。状元路长 450 米，宽 2.5 米，是当地学子、官员当年因敬慕明朝天启状元王廷垣还乡所建。这条街巷的铺设方式较为特别，中宽 0.9 米，深 8 厘米，用条石竖立隔开，形如“铁道”，两侧各宽 0.75 米。次要巷道共有 18 条，总长度达 685 米。街巷均用麻条石板铺设，一侧设有排水沟。

历史环境要素 村落有牌坊、门楼 5 座，古桥 2 座，古井 2 口，古塘 2 口，古树 7 株。

典型建筑

浯溪村现存各类明清建筑近 50 栋，其中明代建筑 4 幢，重点建筑有官厅、绣花楼、芳谷公祠、门楼等。

官厅 该建筑坐落在浯溪村中部，坐北朝南，是明天启五年（1625 年）进士王廷垣所建，现为市级文物保护单位。整体布局为三开间二进式，前设一个跨院，中轴线上依次为门厅、中厅和后厅，面阔约 15 米，进深约 24 米，建筑面积 784 平方米（图 5、图 6）。官厅南 、北 2 栋，砖木结构，中厅明间梁架为插梁式。两栋共一墙体，墙开有 2 个券门，大门外立有高 4.1 米与房同宽的照壁，墙正面有青砖拼凑的斜方图案，照壁至大门口之间地面均由石板铺成。该官厅现存建筑较完整，规模宏大，有较为确切的纪年，具有极高研究价值。

绣花楼　该建筑位于浯溪村南部，坐北朝南，建于清代，砖木结构，2 层。绣花楼一层高 3 米，平面布局中间为正厅两侧是偏房。第二层高 3.5 米，正厅偏房均为三开间，二楼有廊，砖木结构（图 7）。此楼是清代儒士王士柏妻子李氏所居。因王士柏未婚先殁，18 岁的李氏扶棺嫁入，住进“斋月轩”，后人称之为“绣花楼”。绣花楼及村口的李氏节孝枋，是封建社会时期对女性进行思想禁锢的物质载体。绣花楼保存基本完好，雕刻极其精美，2007 年被列为市级文物保护单位。

非物质文化遗产

浯溪跳马灯　浯溪村在春节过后，为祈求新年的平安、幸福，增添吉祥如意的喜气，便载歌载舞，人神同欢，天地共乐，是当地民众从先辈继承下来的一种祭祀、取悦社神以驱邪祈愿的民间乐舞形式。据浯溪村族谱记载，跳马灯源自明代，代代相传，至今已有 32 代 600 多年的历史。跳马灯融舞蹈、音乐、说唱为一体，是综合性较强的一个舞种，期间以演员跑马步表演为中心，以马童翻、滚、牵马、驯马、护马灯杂耍为辅助，整个表演配以打击乐和吹奏乐，做到舞步与音乐的和谐配合。跳马灯中的 4 匹马，亦有久远的历史文化渊源，它们分别命名为“赤兔追风”“黄骠逐电”“白驹腾云”“乌骓奔月”。依次为关羽的赤兔马、隋末唐秦琼的黄骠马、唐朝薛仁贵的白龙驹以及楚汉争霸时项羽的乌骓马，可谓历史上名副其实的四大名马，以示对历史英雄人物的崇仰。浯溪村的跳马灯 1956 年曾代表东乡县参加上饶地区民间舞蹈调演并获奖；2000 年参加东乡县首届农民艺术节，获得一等奖。

价值特色

浯溪村为王安石家族聚落之一，书香绵延，人才辈出，独特的才子文化是临川文化浓墨重彩的一笔。村落呈现出独特的选址和布局形态，融于自然，山水相依，体现出古人“天人合一”理想追求。村内祠堂牌坊、官吏府第、商贾私宅、民居门楼等，保存完整，质量精良；历史环境要素众多，以旌表登科及第的门楼、古桥、街巷尤为突出。浯溪村文化底蕴深厚、格局完整、古建筑群规模宏大、建筑雕饰精美，具有极高的历史文化与科学艺术价值，是赣东地区传统村落的典范。

图 3　门楼

图 6　官厅

图 4　节孝牌坊

图 7　绣花楼

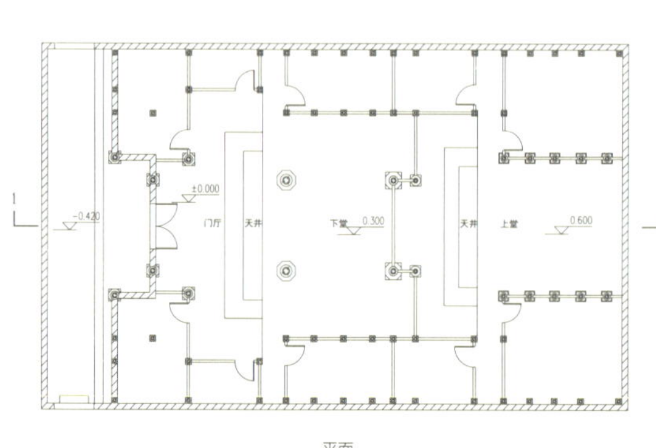

平面

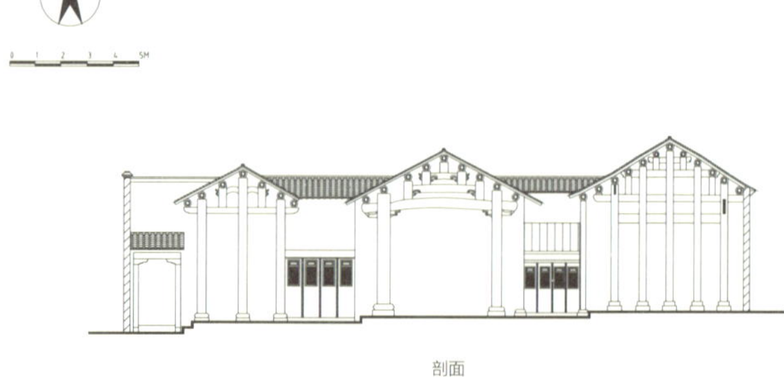

剖面

图 5　官厅建筑测绘图

尧坊村

［抚州市南城县天井源乡］

村落概况

尧坊村位于抚州市南城县县城南部，距县城约 10 公里，东起天井源乡，西靠株良镇，南邻上尧坊村，北依良湖村。据 2014 年资料统计，全村常住居民 240 余户，户籍人口 936 人，常住人口 830 人。村域面积 2.75 平方公里，耕地 900 亩，另有其他种植业。该村“大夫第”建筑群布局独特，号称有“一百零八间屋”，规模宏大，气势磅礴，为赣东地区有名的船屋。2013 年 8 月尧坊村被列入中国第二批传统村落名录。

历史文化

尧坊村开基祖宁士高于宋绍兴年间（1131-1162 年）由四川古名为黄塘嵊的地方迁至现今尧坊村，宁氏一族奉唐朝的宁太四为始祖，开基祖宁士高是他的第八世孙。该村主要有宁、尧二姓，曾名宁家庄，近现代随着尧氏人口逐渐增多，改名为尧坊村。

宁氏祖辈善于经商，财力日益雄厚，沿巷道、驿道发展，依次修建了圳背宅、树德居、宁光斗宅等，宁铨在清朝同治年间修建“大夫第”建筑群。宁氏祖辈们很重视教育，清朝时，曾先后出过高居五品以上的官员达 7 名。宁铨积极参与科考，培养后辈，后光绪甲午年（1895 年）宁文琳中举。大夫第的北侧为书屋，前院内树立的 4 块旗杆石是宁氏取得辉煌举业的见证，其中一块上面阴刻文字，依稀可见“光绪甲午科举人宁文琳”十个字。

空间格局

选址 尧坊村地处丘陵地区，南、西、北三面环山，东面是广阔的良田，地势西高东低，松溪由南往北从村外环绕而过，最终汇入盱江（图 1）。村基因地制宜，建在山脚平缓的地带。

图 1 村落选址图

整体布局 尧坊村整体形态为集中团块形（图2）。村东北松溪水流出转弯处为水口，观音桥架于溪上，旁设观音堂。走过观音桥，由古驿道往南可以到达村内另一重要节点树德居。往东可以到达“大夫第”古建筑群，其西南为张王殿。纵横交错的历史街巷将村落内部空间节点串联起来。

街巷格局 尧坊村内部历史街道为古驿道和传统巷道，纵横交错。村内的历史巷道路面宽约1.0米，并以鹅卵石、青石板铺筑为主。该村保存了7条较为完整的历史街巷，圳背古宅前、瑞蔼古宅周边、树德居前等历史街巷共长1265米，构成了村民主要的交往空间。

历史环境要素 村落有古树10棵，历史街巷7条，古塘13处，古井6口，古旗杆石4块，古桥1座。

典型建筑

村内尚保留了县级文物保护单位1处，不可移动文物6处。重点建筑有大夫第、官厅、观音堂、树德居、张王殿等。

官厅 该建筑位于尧坊村的西北部，建于明代，单层、砖木结构（图3）。主体建筑布局为三开间二进式，占地面积358平方米。中

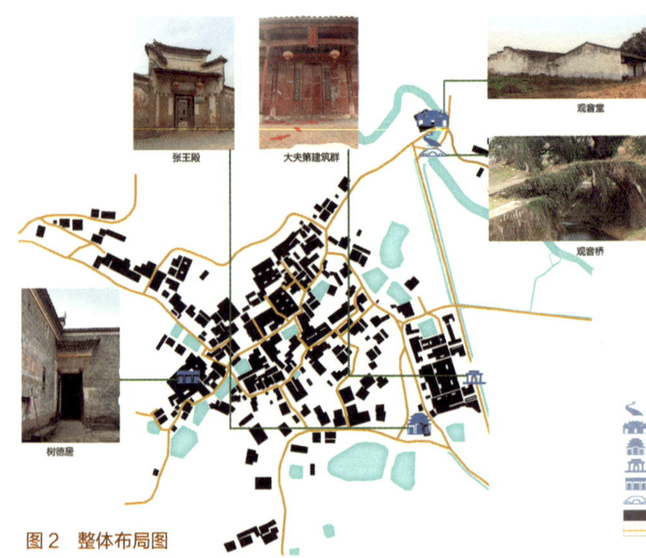

图2 整体布局图

轴线上布置门厅、天井、前厅、天井和后厅，两侧为厢房。正门入口简单低调，符合明代建筑气质。

树德居 该建筑位于尧坊村西南方向，建于清代，为官居四品大员宁尚也修建。树德居主体建筑分东、西两部分，均为三进三开间，建筑面积共约1491平方米（图4），其中西侧建筑面积638平方米，东侧建筑面积853平方米。硬山顶，青砖灰瓦，马头墙，砖木结构，穿斗式木构架，单层。西侧厢房门额题刻“树

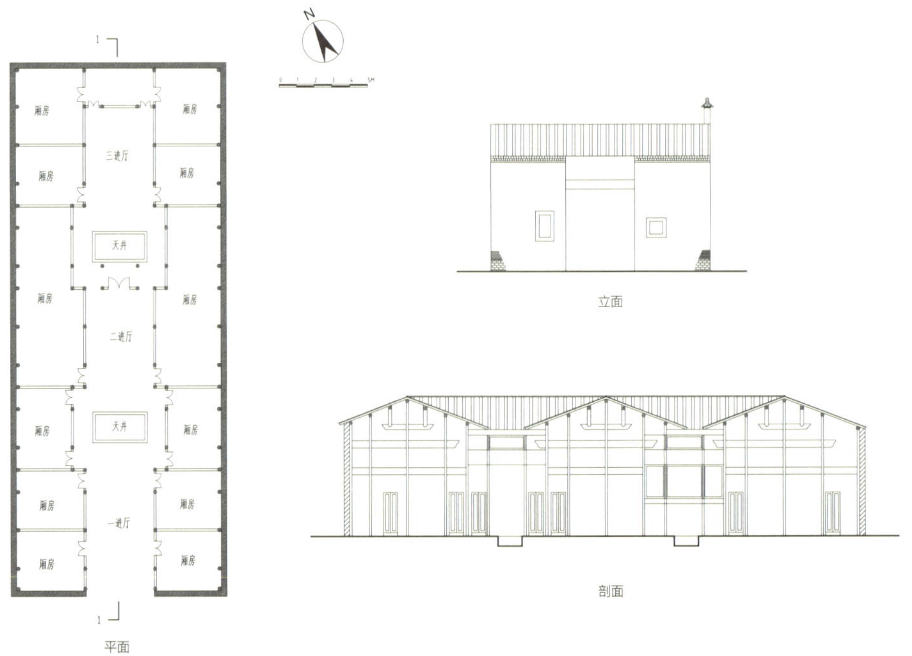

图3 官厅建筑测绘图

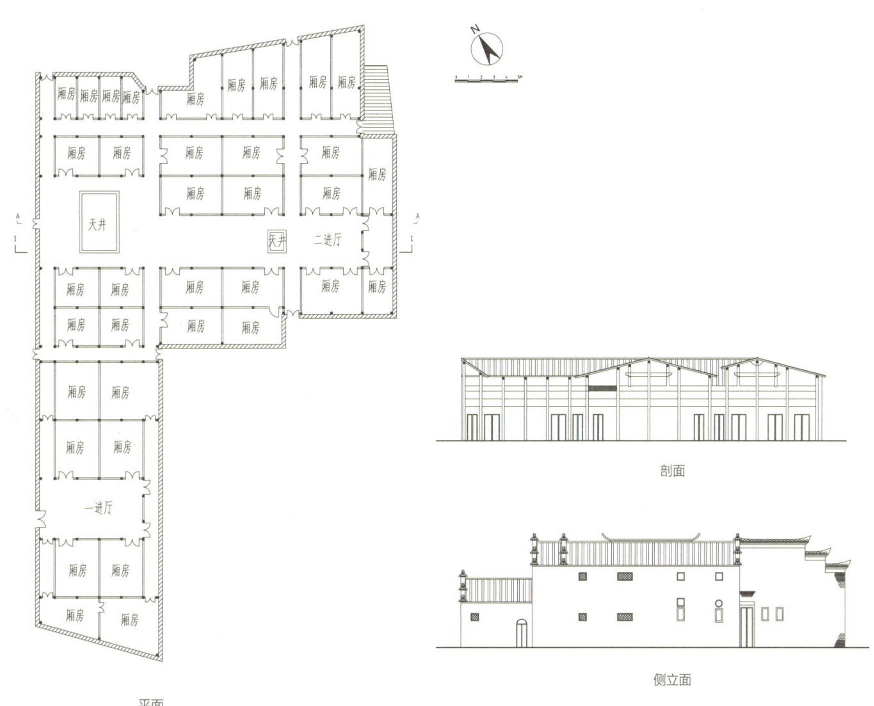

图 4 树德居建筑测绘图

图 6 观音堂侧立面

图 5 树德居

德居”（图 5），保存相对完整，但西侧主厅的门罩已丢失，门额损坏。东侧现状保存状况一般，内部第二个天井损坏情况严重。

观音堂 观音堂位于尧坊村东北部，坐北朝南，建于清代，主要供奉观音菩萨（图 6）。整体布局一进式，穿斗式木构架，建筑面积约 247 平方米。东侧门额题“社公庙”，西侧门额题“观音堂”，前厅进深 6.4 米，面宽约 20 米，后厅进深 8.4 米，面宽约 15 米。

非物质文化遗产

游神庙会 农历正月十六，村民来到观音堂，由壮丁将神像抬出，游遍周边村庄，家家户户都会准备蜡烛、爆竹、黄纸、水果等迎接神像，祈福新年后事事顺心，事业蒸蒸日上，日子红红火火，岁岁平安，子女学业有成等。在队伍中除了抬神像队，还有各村小组出的舞龙队、执镖旗队、锣鼓队、游灯队、礼炮队等。

传统戏曲三脚班 抚州采茶戏唱腔，大都来自民歌小调，具有鲜明的地方色彩。其传统的唱腔是专曲专用的曲牌体腔调，后经发展创新，已出现大量板腔体唱腔。

价值特色

尧坊村历史源远流长，保存了较为完整的谱系传承，对研究宁氏家族文化有较高的历史价值。村落格局和历史环境要素的完好保留，为研究村落的演变和古时人们居住、生活习惯提供了有价值的线索。村内保存完好的号称“一百零八间屋”的“大夫第”古建筑群最具特色，为研究古代建筑文化提供了最直观最完好的实体范例。

進脉土星

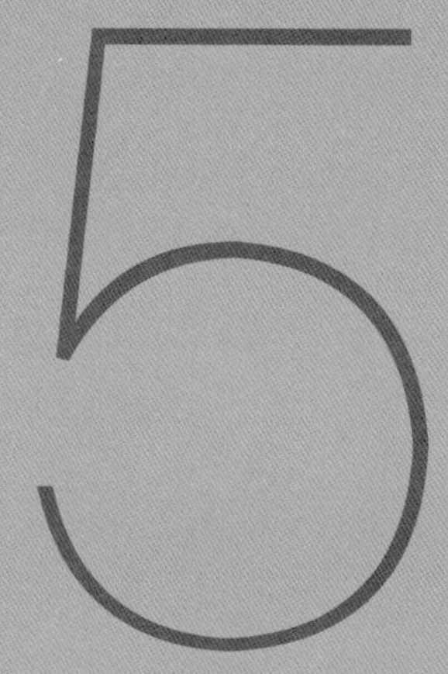

江西

传统村落

JIANGXI

赣西地区

赵家村

［宜春市丰城市白土镇］

村落概况

赵家村坐落于丰城市白土镇镇区东北 0.3 公里处，位于龙岭、禅师岭之南，村东南有株山风景区，距丰城市区 25 公里，距白土镇镇区中心 0.3 公里，小袁线公路穿境而过。村域面积约 1.6 平方公里，包括山林 1200 亩、外围耕地 1015 亩及村基 1173 亩。村内以赵氏为主，常住人口 1100 人。赵家村自然环境优美、村落格局完整、明清古建筑众多、家族谱系传承有序，2013 年 8 月被列入第二批中国传统村落名录。

历史文化

赵家村历史悠久，赵氏子孙在此繁衍生息，至今已有 600 多年。明洪武七年（1374 年）秋，同宾公由甘棠迁此，村落因姓得名。公元 1732 年，赵希立领帖开圩，命名白土圩。据《赵氏村志》记载，赵氏的始祖赵灵，是北宋的太宗皇帝。而白土镇赵氏的开基祖赵同宾，是太宗皇帝十四世孙。赵氏家族的发展过程中产生了很多具有影响力的人物。赵仲秀是第四世孙，曾任洪州刺史，在任期间，对州内税款的数额清理得分毫不差，兴办学校、疏浚沟洫，爱民实政，受到百姓的称颂；第七世孙赵善择任职广东时，时值岁荒，盗贼四起，其他官吏多选择外逃，唯独他与百姓据守，并以忠义激励部队。亲自带领部队主动出击寻找贼众。他披上甲胄，率领坚锐力量，冒着弓箭飞石，奋力杀敌。虽颇有斩获，但终究不能以力敌众，战死沙场。

空间格局

选址 村落选址于地势相对比较平整的地带，四周良田沃野，村域内无较大的自然水系（图 1）。地势中高四周低，东北较西南更低，整体上相对比较平整。村前三塘环绕，村东一

图 1 村落选址图

处为莲塘，村南两处为日塘和月塘，村外有一处枫林塘。

整体布局 村内建筑集中分布，严整有序，村墙连为一体，入口设门楼或巷门，有明确的村落边界，为典型的村堡式（图 2）。门楼（巷门）为村落进出的重要关卡，从东侧自北向南为“钟英”“毓秀”“斗尺流芳”“拱辰”南侧巷门自西往东为“蹈和”“明义”“怀德”“崇文”“光裕”“居仁”巷门。戏台场位于日塘和月两塘之间，面积约 400 平方米，主要用作节日表演场地。坐落于莲塘一侧的赵氏宗祠与祠前莲塘场是村落公共空间的重要节点。莲塘场面积约 1400 平方米，狭长如新月形，既是村民平日休憩、浣衣等娱乐生活的地方，也是重大节日庆典举行民俗活动的场所。村内有分祠，名廷华公祠，建于村中部，因火灾毁于 20 世纪 90 年代，现仍存基址。村东、南侧村墙交会处有护龙庙和护龙庙井。村落整体布局肌理明晰，街巷呈梳式分布。

空间结构 村内建筑集中布局，整个村落以赵氏宗祠为精神核心，呈现出“中心—领域”的空间结构（图 3）。整个村落四周外墙封护，门楼作为关卡，具有较强防御性。村北的赵氏宗祠为全村的精神文化中心，与居住领域相呼应。

图 3 空间结构图

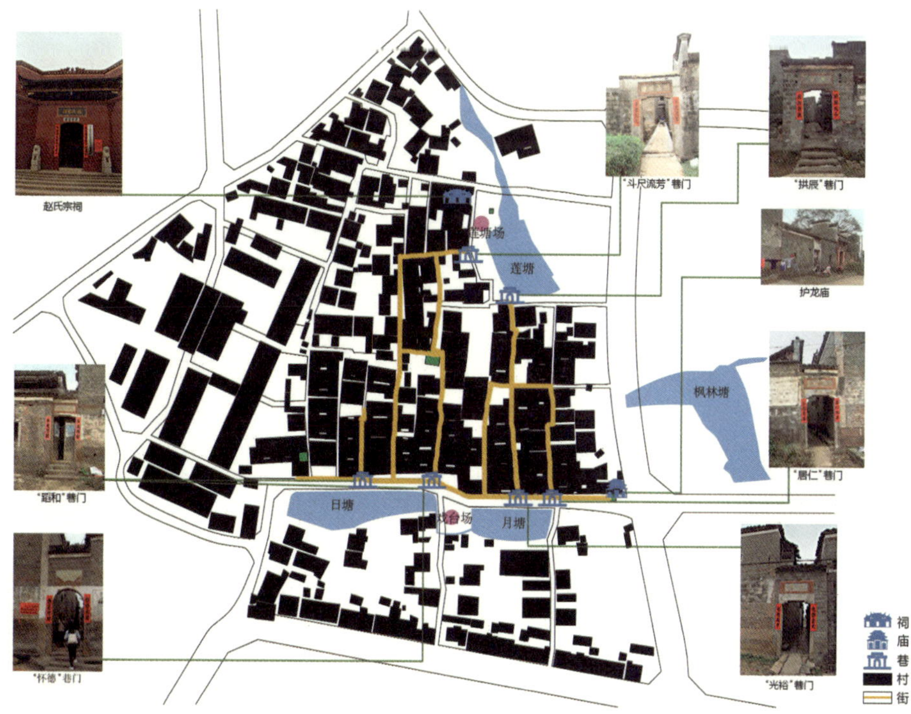

图 2 整体布局图

图 4 传统街巷风貌

图 6 古树

图 5 古井

街巷格局 村落街巷呈“梳式”布局，村前主街贯穿东西，采取以纵向为主，垂直于主街分布。村中原有 10 条街巷，其中东侧由北往南依次为钟英巷、毓秀巷、斗尺流芳巷、拱辰巷，南侧由东往西依次为居仁巷、光裕巷、崇文巷、怀德巷、明义巷、蹈和巷、物仁巷、世德家馨巷，每巷皆有巷门。现钟英巷、毓秀巷破坏严重，巷门不存，其余 8 条巷道及门楼犹在。大夫第西侧居仁巷、巷门与原吴宅分界的世德家馨巷保存相对完好。街巷两旁高耸的建筑山墙界定巷道空间，构成高墙窄巷的空间形态（图 4）。

历史环境要素 村落内现存历史街巷 8 条、古井 4 口（图 5）、古塘 4 口、门楼 10 处以及古树 1 棵（图 6）。

典型建筑

村落范围内现保存有明清建筑及遗存计 57 处，建筑面积约 8200 平方米。其中，已登记不可移动文物 49 处，建议历史建筑 11 处（具有一定保护价值，能够反映历史风貌和地方特色）；传统风貌建筑 42 处（虽然建成年代稍晚，但仍能反映历史风貌和地方特色）。

大夫第 该建筑始建于清代，砖木结构，外墙采用清水砖墙，建筑内部为木构架，局部加以雕刻装饰（图 7）。大夫第整体平面布局为三开间两进半式，八字门，门楣处刻有“大夫第”。入口居中，有石质门罩，雕式精美。

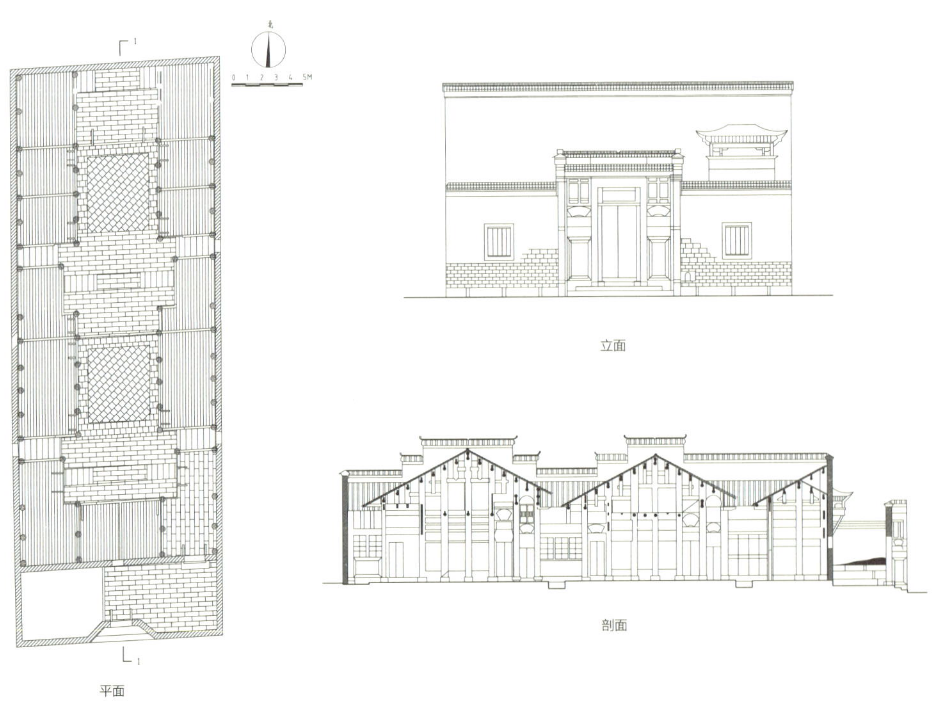

图 7 大夫第建筑测绘图

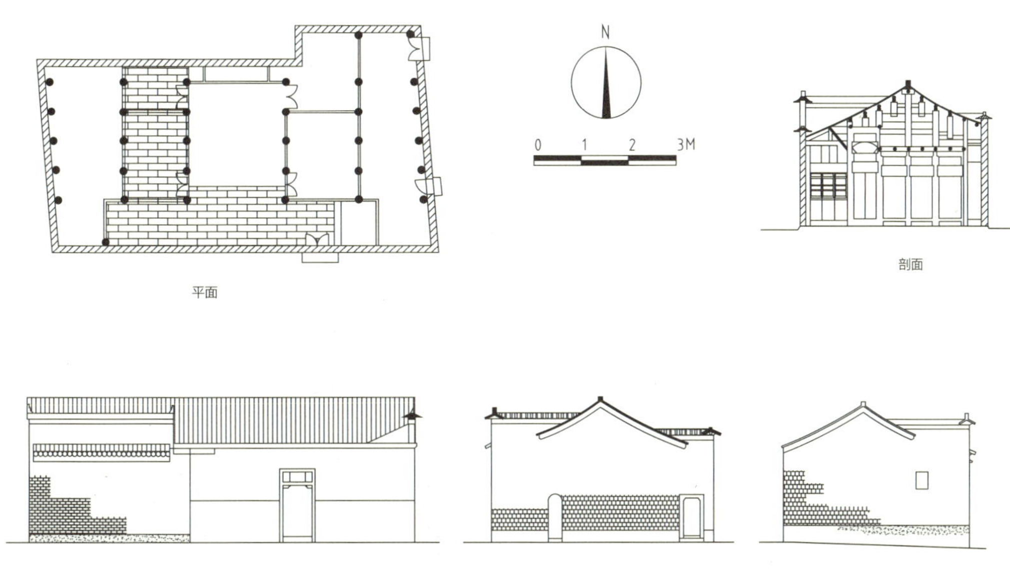

图 8 赵延文宅建筑测绘图

厅堂及两侧厢房有阁楼，作储物间用。

赵延文宅 该建筑位于居仁巷 1 号，始建于清代，建筑面积 159.08 平方米，整体布局为三开间一进式（图 8）。两侧各有坡屋顶，檐口处有吊顶木雕装饰，厅堂及两侧厢房有阁楼，做储物用。入口门楣处刻有“水天开第”四字。

非物质文化遗产

赵家村内现有已登记的非物质文化遗产 3 项，其中省级 1 项，宜春市级 1 项，丰城市级 11 项。

图 9 赵文尚先生与花钗锣鼓

番锣鼓 十番锣鼓原创于京师，是在明代万历年间盛行于江南的一种民间吹打乐种。十番锣鼓的演奏主要用于宗教的超度和民间的各种风俗礼仪活动，丰城民间又简称之为“吹打”，分为“清锣鼓”和“管弦锣鼓”两大类。清末光绪年间，丰城白土一带，吹打较为红火。这种民间音乐在赵家村仍有传承，并在一些重要的节日庆典活动中演奏。目前赵文尚老先生为该项非物质文化遗产的传承人，可十分熟练地演奏十番锣鼓（图 9）。

价值特色

赵家村历史悠久，历经 600 余年的岁月沉淀，宗族观念和民俗文化得以传承，为后人研究传统文化提供了活标本。村落规划有序、布局严整，经过了精心的营建，具有较强的防御性，其布局模式为丰城地区典型的村堡式，是研究该地区村落空间形态的典型案例。赵家村仍保存大量的明清代建筑遗产、完好的巷道及门楼等历史遗存，对延续和发扬江西省及丰城市的地方文化传统和特色，具有不可替代的作用。

厚板塘村

［宜春市丰城市筱塘乡］

村落概况

厚板塘村位于丰城市东北部筱塘乡，距丰城市 17 公里，东北靠丰山岗，西南靠曾篱村，具有良好的区位优势。村基占地面积 336.3 亩，种植产业为水稻 600 亩。全村人口 226 人，为涂氏血缘村落，是封建时期官商结合的典型案例。2003 年厚板塘村被评为江西省首批 29 个重点历史文化名村之一；2013 年 8 月被列入第二批中国传统村落名录。

历史文化

据《涂氏宗谱》记载，明宣德年间（1426-1436 年），涂逊孚、涂守孚两人带领子孙后代由丰城市正信乡五坊迁居至厚板塘。涂守孚四世孙涂日光任广东三水县巡司三年，后因不满官场习气，辞职回乡，掌管族中事务 28 年。明末清初，涂逊孚七世孙涂时燮，在业儒无望的情境下，设学馆教书授徒，后被推为族长。涂守孚十二世孙涂士良先业儒，后被生活所迫，到湖南衡阳府（现衡阳市）从商，发达后回乡，出巨资造房，兴建家业。

厚板塘村大部分建筑保存完好，如大夫第、逊守公祠、通奉第、凝秀轩等。该村历史上著名的人物有涂逊孚、涂守孚、涂士良等。

空间格局

选址 村落以大嵊山为背景，“腰带水”绕村而过，形成良好的田园景观（图 1），地势较为平坦，由南至北逐步缓缓升高。村前场地布局南向正对七星伴月塘，西面是吴氏塘，东面是袁氏塘。

整体布局 厚板塘村具有较强的防御性，四周利用建筑的墙体围合，形成一个封闭的村堡，整体形态呈集中团块形（图 2）。村落肌理明晰、严整有序，南边地势开阔，利用村前

图 1 村落选址图

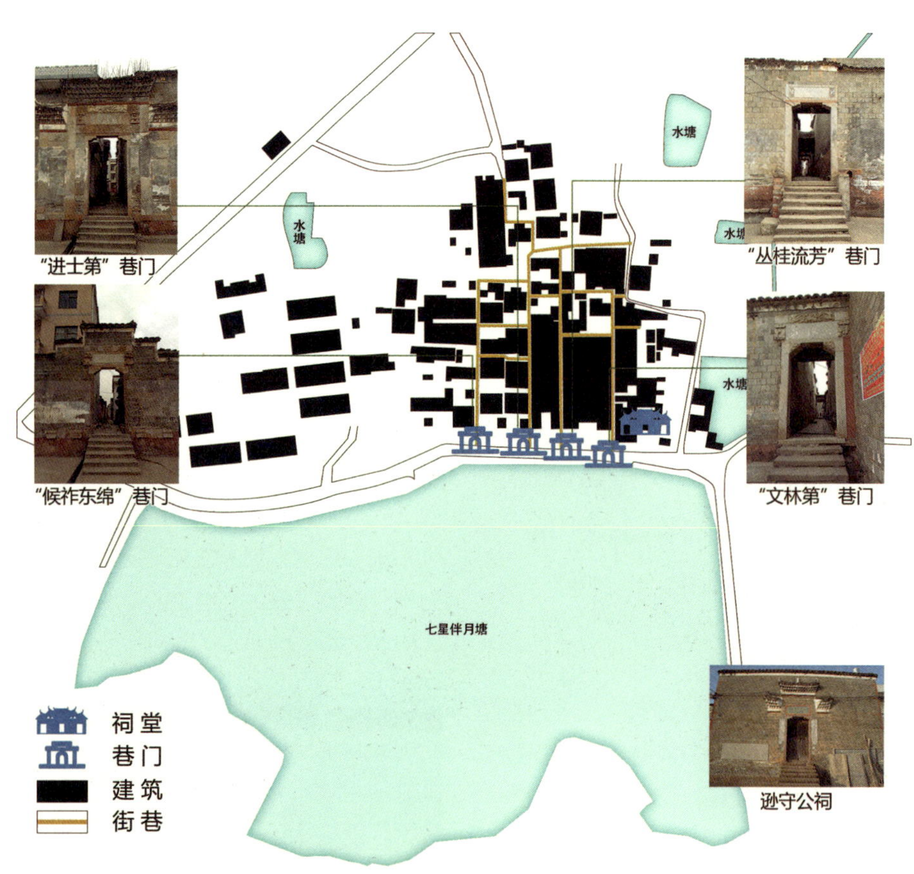

图 2 整体布局图

水塘营造空间序列的节点。与水塘相望的逊守公祠则是全村的精神文化核心。村前为横贯东西的主街，纵向巷道与主街垂直，每条巷道都建有巷门，进入村内的巷道设门，将巷道门或进入沿街立面的宅门关闭后，外边的人难以入内。村东南立一座白塔，占据村落制高点。街巷肌理主次分明，整体形成梳式街巷。

空间结构 村落整体形态以门楼和村墙为界，具有明确的内外边界，形成了"中心—领域"的布局模式（图3）。由历史巷道串联的传统民居为住居领域，其中位于村落东南的逊守公祠是整个村落精神文化核心。村前的七星伴月塘为滨水景观，是村落的入口特色景观空间。

街巷格局 村内街巷格局以纵向为主，村前一条宽阔的横街贯穿东西，纵向巷道与主街垂直相连，形成梳式格局。村内次要步行道需

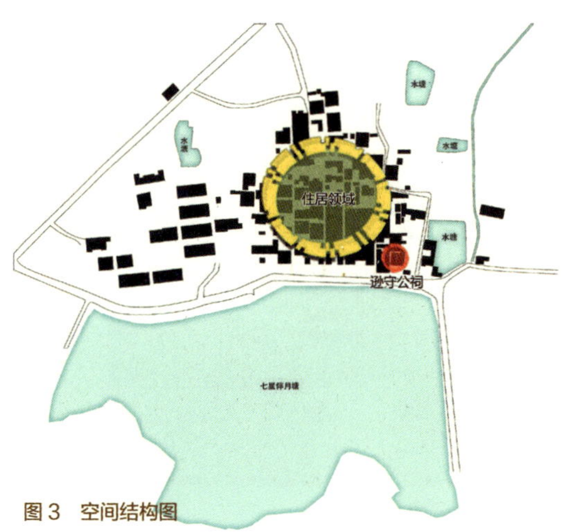

图 3 空间结构图

图 4 传统街巷风貌

要从村前主干道的“侯祚东绵”“进士第”“文林第”等门坊进入，青石小巷纵向从主街向北延伸，进深达百米（图4）。村内纵巷街道2米宽，而横巷尺度较小约1米，从空间尺度上形成了明确的主次关系。主街沿着建筑的外轮廓顺势蔓延，空间延伸、拓展、交错，错落有致，形成丰富的层次感。

历史环境要素 村落有古塘1处，历史巷道4条，古塔1座。

典型建筑

村落风貌古朴，传统建筑数量众多，其中市级文物保护单位6处，分别是“大夫第”“通奉第”“逊守公祠”“长工住房”“凝秀轩”和“忠厚传家”，建筑面积达3452平方米。

逊守公祠 该建筑位于村东，涂氏子孙祭拜先祖的场所，始建于清代。光绪年间因损毁严重而重建。祠堂坐北朝南，整体布局为两进三开间式，总占地面积182平方米（图5）。建筑材料为青砖墙体，灰瓦屋顶，木质装修，入口三滴水门罩（图6）。

大夫第 该建筑始建于清中期，砖木结构，清水砖墙，青瓦屋顶，穿斗式木构架（图7）。整个建筑沿中轴对称布置，面阔三间，中为厅堂，两侧为室。中间入口门楣处刻有“大夫第”字样，为八字门楣，木质门扇。地上则抬高六步台阶，跨越门槛，进入内院。第一进为房和轿房，第二进为小客厅，第三进为贵宾厅，第四进为主人住房，第五进为祖宗堂，第六进为后厅，由前至后一进比一进高，寓意步步高升。

“三妙流芳”门 “三妙堂”为涂氏的堂号，因三世祖涂瑞公被皇帝封为翰林“三妙”，即“笔妙、刀妙、舌妙”，比喻一个人既有学问，又有口才，既能创作，也能评论，这是对读书人最大的褒扬。整个建筑组群的八字大门向东开，而不是向南开，一是因为涂氏兄弟晋封官衔皆为募捐所得，非正式科考录取，囿于封建社会的陋规而不得向南开八字大门；二是承应“紫气东来”之意，晨起出门观薄之日出，纳东来之瑞气尽收于家宅，含有朴素的风水理气思想（图8、图9）。

图6 逊守公祠入口

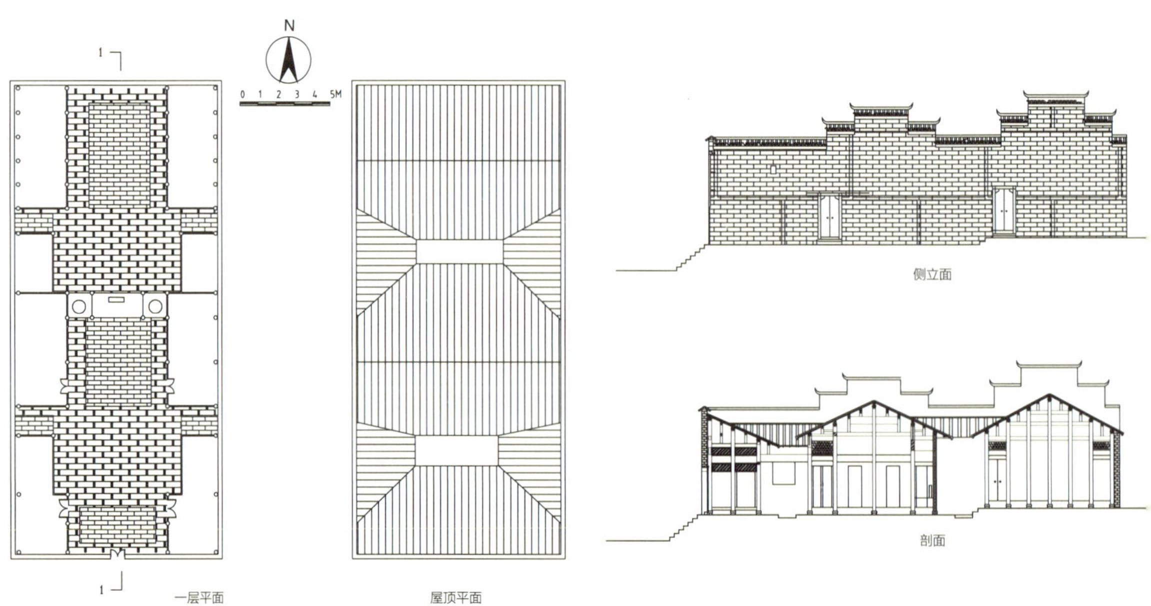

图5 逊守公祠建筑测绘图

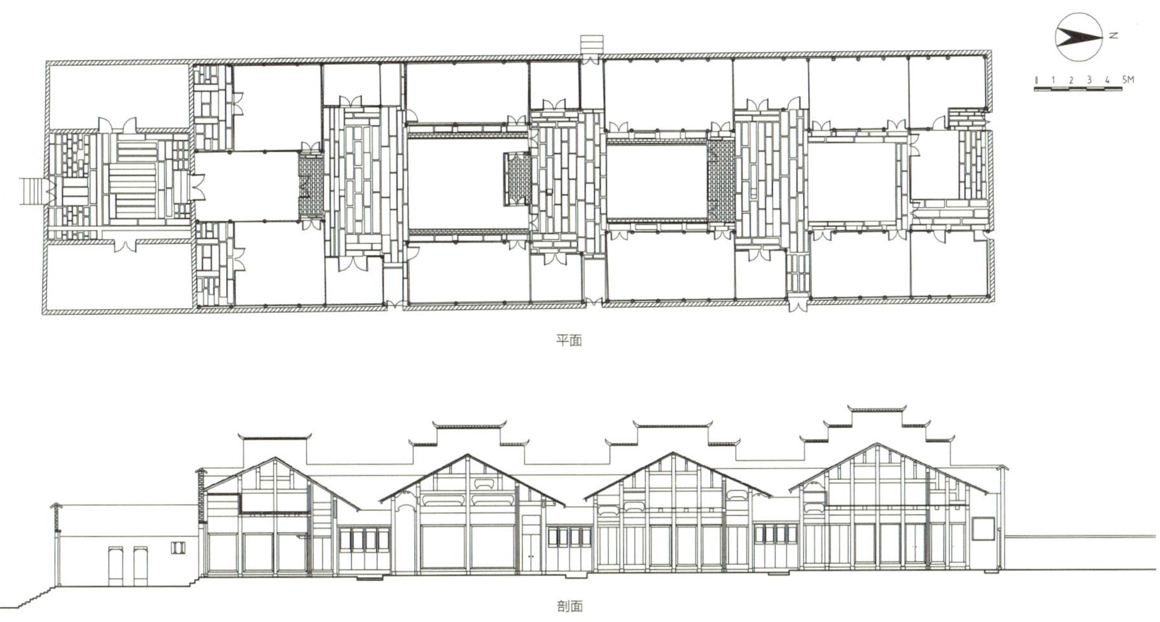

图 7　大夫第建筑测绘图

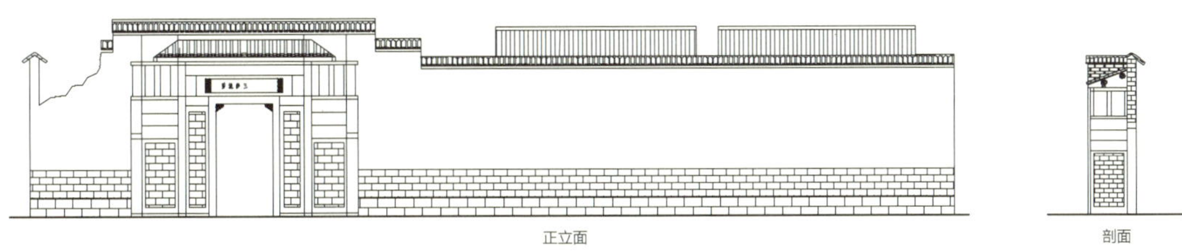

图 8　“三妙流芳”门建筑测绘图

图 9　“三妙流芳”宅外观

非物质文化遗产

冻米糖制作工艺　冻米糖制作工艺相传已有 200 多年的生产历史，以“江南小切”而出名。每年中秋一过，农村家家户户把糯米饭晾干，炒成爆花米，用米糖拌粘，切成块块，待客解茶。这种糕点叫作“炒米糖”“米花糖块”。更讲究者，用上等糯米饭做成冻米“干饭”，再用清茶油煎泡干饭，使干饭变成爆花米，再用饴糖黏结，冷却后用薄刀切成小块，前后经过半成品和成品共 20 个工序加工而成，俗称“小切”。

价值特色

厚板塘村历史文化底蕴深厚，是封建社会典型官商结合的村落范本。村落布局独具特色，为村堡式布局，街巷道布局严整有序，主次分明，呈梳式，总体布局较为完整地体现出赣派传统村落的特征。此外，村落内建筑组群具有浓厚的地域特色，具有较高的建筑营建水平，对于传统建筑的研究具有较高的参考价值。

介桥村

［新余市分宜县分宜镇］

村落概况

介桥村隶属新余市分宜县分宜镇，位于江西省的中西部，袁河流域的中游地段，西枕七峰山，北距县城中心仅 2 公里，南距仙女湖风景名胜区钤阳湖景区也仅 2 公里，地理位置优越。据统计，全村 407 户，共 1276 人，耕地 847 亩，以水稻种植为主。介桥村历史悠久，声名远扬，为明朝宰相严嵩的故里，素有“方伯世家”“八世一品”的美誉。2009 年，介桥村被江西省人民政府公布为江西省历史文化名村；2013 年 8 月被列入第二批中国传统村落名录。

历史文化

介桥村为严氏血缘聚落，严氏先祖严恒于北宋元祐元年（1086 年）从福建邵武到袁州府（今江西宜春市）做官，而后其孙严季津（介桥严氏始祖一世）定居袁岭北麓的“打铁坑”，即现在公昌里村西的煬铁坑，至第四代严大华迁至介桥村西面的坑头，到第六代严洪伯定居今址，历经数代繁衍，至今已有九百多年的历史。因明朝宰相严嵩字介溪，所以介桥村又名介溪村。

介桥村曾一度人文蔚起，历代科甲蝉联，英贤辈出，累计出了 7 位进士，其中严嵩一家就有 3 人，除严嵩外，还有严嵩高祖严孟衡、严嵩曾孙严云从。据《介桥严氏家谱》记载，在明朝科举考试大力扩招的永乐十三年（1415 年）至天启元年（1621 年）的 200 多年间，当时全村八代男丁总数 511 人中，154 人获得秀才以上功名，70 人进仕为官。因严嵩与其曾孙严云从都贵为一品，隆及亲人，使获得一品官职和朝廷诰封的达 8 人之多，所以介桥村又有“八世一品”的美称。村内至今保存众多的历史匾额，昭示着介桥村深厚的文化内涵。

空间格局

选址　介桥村素有“屋后七峰袁岭秀，门前一水介溪清”的美誉，背靠袁岭（七峰山），面对介溪，合乎古代风水学顺应自然选址理念（图 1）。所谓“七峰”是指袁岭的 7 个山头，从正面看 7 座山峰错落有致；介溪则是村北 100 米外的一条小溪，村落地势平坦，整体呈现南高北低的态势。

整体布局　介桥村保存了较完整的明清时

图 1 村落选址图

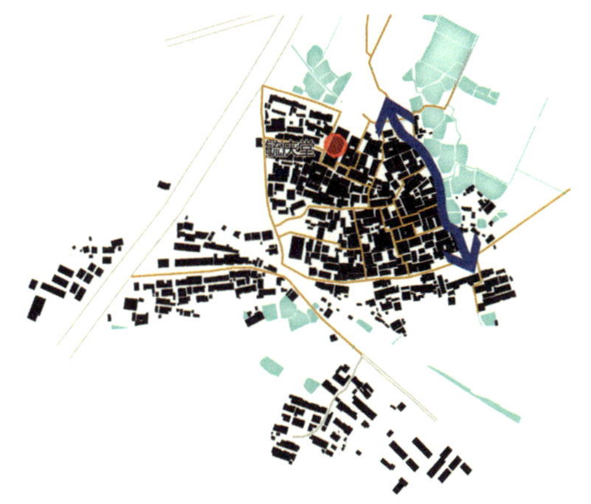

图 3 空间结构图

期的村落格局，整体形态为集中团块形（图 2）。该村祠堂数量多，不仅保留了从严氏世祖传承下来的三屋七房，还有为数不少的家祠，现存祠堂达 10 座之多。毓庆堂位于村北，为村中的总祠。飨褒堂（二房房祠）、余庆堂（四房房祠）位于村落东南部。华光庙为道观，位于村北。村中街巷垂直于村前古道往西南方向延伸，形成棋盘式布局。

空间结构 介桥村整体呈“一核、一轴”的空间格局（图 3）。位于村北的总祠毓庆堂为全村的精神文化核心，是严氏家族共同祭祀先祖的公共活动空间。村前古道贯穿南北，为村落的主要交通要道，同时是对外联系的通道，为该村的交通轴。

街巷格局 村内历史街巷相互交错，肌理明晰，保存相对完好。其中南北向历史街巷共 3 条，总长约为 360 米，路面宽约 1.0 米，主要由青砖铺筑；东西向历史街巷主要集中在东部，总长约 300 米，路面宽 0.8-1.2 米，由青砖砌筑或青砖与石块共同铺筑（图 4）。现存比较完整的历史街巷有 6 条，长垅堪、宗伯巷、华光巷、祺远巷、方伯巷和石鼓巷。明清时期，村东的驿道是介桥村与外界联系的重要媒介，是对外交流联系的通道。

历史环境要素 村落有古樟树 29 棵，古塘 13 口，古井 1 口，古墓 2 座，古驿道 1 条。

图 2 整体布局图

图 4 传统街巷

典型建筑

村内尚保留文物保护单位 1 处（鯍庆堂），重点历史建筑 17 处，一般历史建筑 21 处，其中重要的建筑有鯍庆堂、䭚褒堂、御史第、进笏堂、世德堂等。

鯍庆堂 该建筑位于村落北部，始建于明洪武年间，至今已有 600 余年历史。该建筑整体布局为三开间二进式，中轴线上依次分布门厅、拜殿和寝殿，占地面积 554 平方米（图 5）。鯍庆堂前天井尺度开阔，呈现出雄伟的气势，梁架做工考究，施以精美的木雕（图 6）。该祠堂历经大小维修 13 次，主要是由于受风水观念影响对祠堂门厅座向的调整所导致的变更，拜殿和寝殿的架构基本未变。拜殿脊檩下方仍有字迹依稀可见“咸丰乙卯莆月中晥”。2005 年，鯍庆堂被评为新余市市级文保单位。

䭚褒堂 该建筑位于村落东，始建于清嘉庆十九年（1814 年），主体建筑布局为单层砖木结构，五开间两进式，两侧带有虎眼天井，面宽 22.2 米，进深 30.6 米，占地 695 平方米（图 7）。建筑坐西朝东，正面对村前古道，门厅为门廊式，气度不凡，造型讲究，装饰精美（图 8）。䭚褒堂为二房祠，保存较完整。

御史第 此宅第位于方伯巷上，内有上下两幢建筑，上为“久大堂”，为严开昶建于清康熙年间；下为“光大堂”，为严开昶后裔严鼎元于清光绪末年所建。久大堂破损严重，已无人居住；光大堂保存尚好，占地面积 602 平方米，2 层砖木结构。正门入口设有木质的门斗，石质门枕，防火山墙雕花精美细腻，大多部分已经破损脱落（图 9）。

非物质文化遗产

夏布制作技艺 夏布是一种将天然苎麻纤维通过手工纺织加工而成的平纹布（图 10）。苎麻纤维细长，质轻，强力大，光泽好；其构

图 6 鯍庆堂木雕

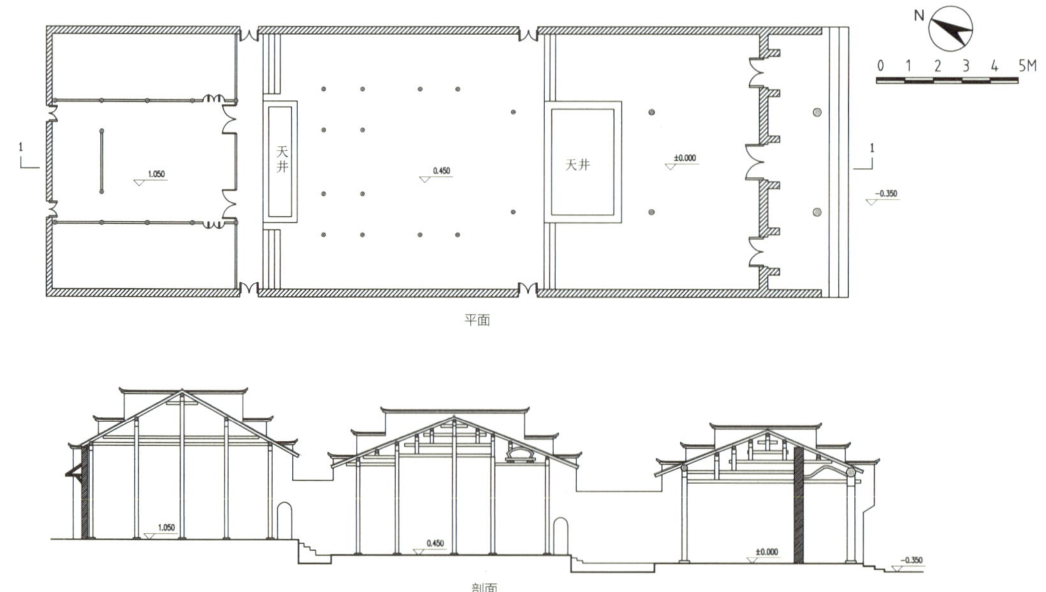

图 5 鯍庆堂建筑测绘图

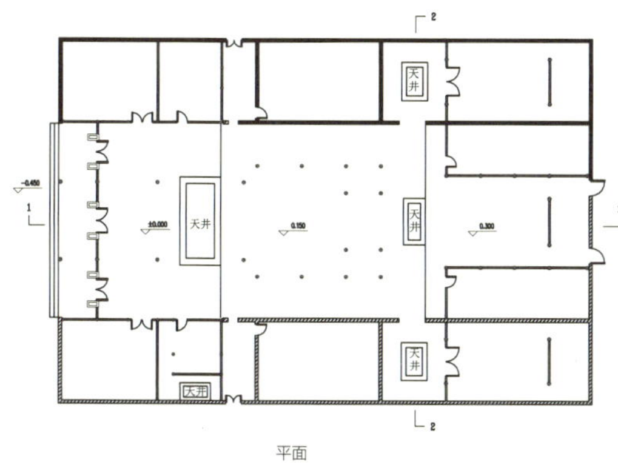

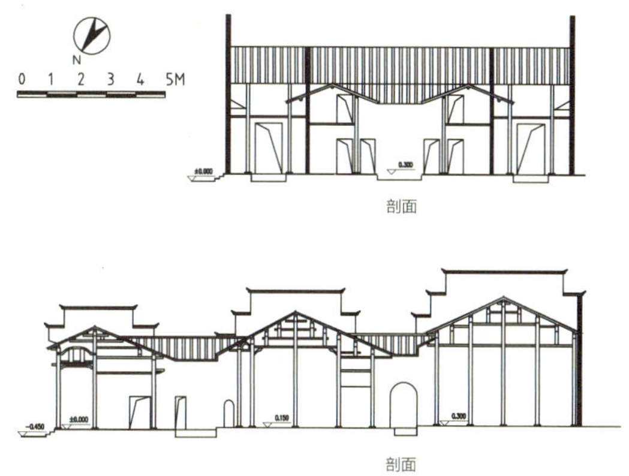

图 7 飨褒堂建筑测绘图

图 8 飨褒堂门厅

图 10 夏布制作过程

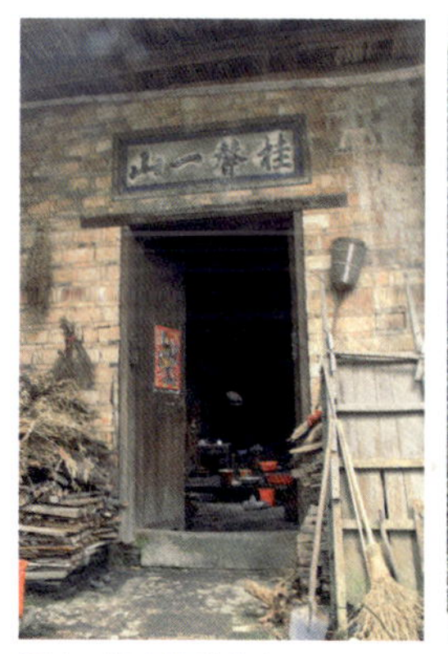

图 9 御史第建筑入口

造中的空隙大，透气性好，传热快，吸水多而散湿快，是天然纤维之王，有“中国草”之美称。这些特性使其制作的布料牢实耐用、挺括滑爽、透气排汗，用途广泛，可作高档的服装、床上用品、褥垫、墙布、门帘、工艺美术品等面料。1997 年经县农业局申报，分宜县被国家授予全国唯一“中国夏布之乡”称号。分宜具有全国最大的夏布染印加工企业，早在唐宋时期，就开始向朝廷进贡精制夏布。宋时袁州知府刘克庄在进贡表中称“袁郡之邑，向进苎布，今俱归分宜督办”。明崇祯年间，科学家宋应星（奉新人）在任分宜教谕时期，对种麻织布进行实地考察，在其名著《天工开物》中就有“腰机”和“夏布”两章，图文并茂，真实地阐述了这种麻织布情况。中国历史博物馆至今还珍藏着当年乾隆下江南时从双林调走的一匹夏布。

价值特色

介桥村文化底蕴深厚，是明朝嘉靖年间一代名相严嵩的故里，人文荟萃，明清时期共出 7 位进士，被誉为“八世一品”。村落格局基本保存完整，祠堂数量众多，历史街巷肌理明晰，传统建筑分布集中，建筑风格体现了浓郁的地域特色，较完整地呈现了村落的传统风貌。该村保存了完整的宗族、宗法体系，对严氏子孙认祖归宗和研究、展示中华民族氏族文化有较高的价值；同时对史学家研究严嵩提供了珍贵的历史素材。介桥村为袁河流域传统村落的代表，为研究袁河流域传统建筑文化提供了珍贵的历史信息。

防里村

［新余市分宜县钤山镇］

村落概况

防里村位于新余市分宜县最南端，属钤山镇管辖，距分宜县城 38 公里，新余市市区 68 公里，南与安福县接壤，距安福县城 23 公里，吉安市区 73 公里。据统计，全村有 270 户，1200 余人。防里村村域面积为 7.5 平方公里，农业以种植水稻为主，水稻播种面积达 2000 余亩，油茶嫁接繁育和葡萄种植等特色种植产业 160 余亩。防里村历史悠久，素有“才子之乡”“进士村”“千年古樟村”等美誉。2008 年 3 月，防里村被新余市委、市政府授予“新余市首届十大美景”荣誉称号；2013 年 8 月被列入第二批中国传统村落名录。

历史文化

防里村由孙子庚于东晋永和元年（345 年）开基，至今已有 1000 多年。该村名的由来，源于门前流淌的枫溪河成为地域之分的天然界标，加之先祖对仁德之居的期许和向往，取意孔子“里仁为美”之说，因此得名“防里村”。南唐保太三年（945 年），欧阳殊任袁州府宜春县令时，曾与此处孙氏家族交好，遂率家人从庐陵府（吉安）永和迁居于此。《欧阳氏族谱牒》上记载：“四十四世（吉州派八世）：万公，唐僖宗乾符年间（874-879 年）安福令，为安福始祖。万六世孙‘殊’令宜春，留居分宜防里。”明嘉靖五年（1526 年），杨昶娶欧阳氏迁入此地，后防里村形成孙氏、欧阳氏与杨氏多姓聚居的村落。

防里村自古以来文风鼎盛，人才辈出，唐代至清代，考取了 19 名进士，其中孙氏家族曾考取 5 名进士，欧阳氏家族考取 12 名进士，杨氏家族考取 2 名进士，历代莘莘学子，崇文尚学，好读成风。古代官员经过防里，文官必下轿、武官必下马，是名副其实的“进士村”。

空间格局

选址 防里村依山而建，三面邻水，形成背山面水的风水格局（图 1）。防里村地处丘陵地区，来龙山与白虎山、案山、水口山共同组成村落的天然屏障，枫溪河绕防里村而过，形成山环水抱的风水宝地。

整体布局 村落布局较为紧凑，整体平面形态呈集中团块形（图 2）。南面的登瀛桥和其东面的星拱桥是古时防里村通往吉州和安福的必

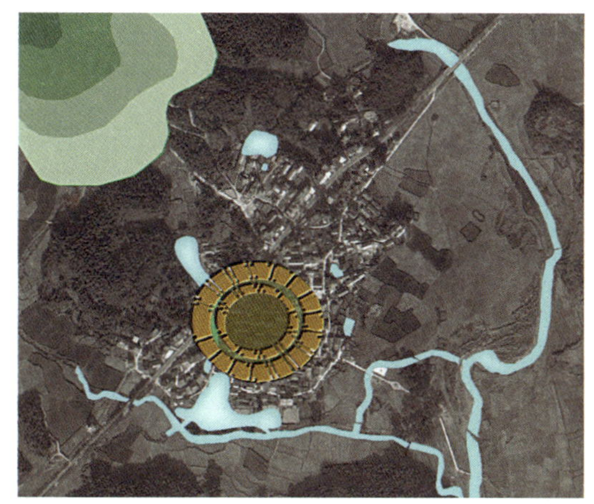
图 1 村落选址图

经之路，现已弃用。众合堂是村落的主要精神核心空间。豫生公祠位于村北。村内建筑类型丰富，除祠堂民居外，还有意山书院，贞节楼等。村中主要街道沿南北方向延伸，呈网状结构。

街巷格局 村落主要道路南北延伸贯穿全村，次要道路与主街相连，整体呈不规则网络状自由布局。南北向的防园路、东西向的防里路，共同构成村落街巷的骨架。村落内若干条支路东西向延伸，串联起贞洁楼、功名碑等节点。其中绍祁宅前的巷道为南北向，全长约 30 米，宽约 2 米不等；古井道长约 55 米；贞节楼门前街长约 120 米，还有庆远堂巷长约 50 米，均由青石板铺就。

历史环境要素 古樟群有 30 余棵，古井 2 口，历史街巷 6 条，古桥 2 座，功名碑 12 块，池塘 4 口。

典型建筑

防里村有现存传统建筑 17 处，其中文物保护单位 2 处，登记不可移动建筑 5 处，历史建筑 8 处，建筑遗址 2 处，重点建筑有欧阳豫生宅、欧阳绍祁宅、贞节楼、众和堂、惟重堂、古店铺等。

贞节楼 该建筑位于村落的南部，也称贞孝楼，建于明朝正统年间（图 3）。贞节楼大体坐北朝南，整体布局为三开间一进式带陪屋，2 层，砖木结构，建筑面积 210 平方米（图 4）。部分木门、木墙板和楼顶有精制的木雕工艺，内设主房、厢房、前厅、后厅、厨房和走廊，共 8 间。该建筑之所以得名“贞节楼”，是由于原主人欧阳行外出湖南经商，病逝，其妻段

图 2 整体布局图

图 3 贞节楼外观

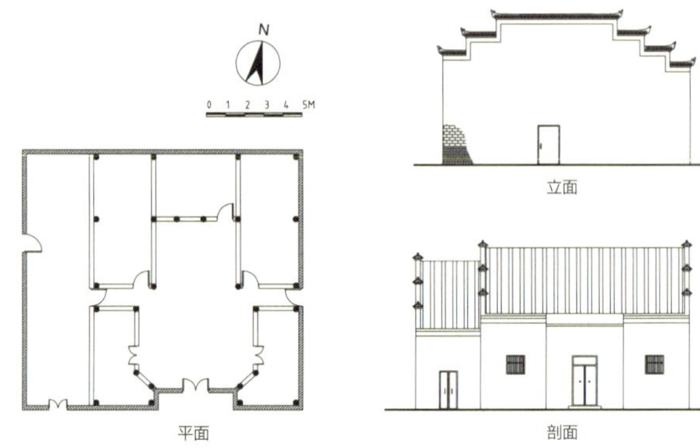

图 4 贞节楼建筑测绘图

图 6 惟重楼外观

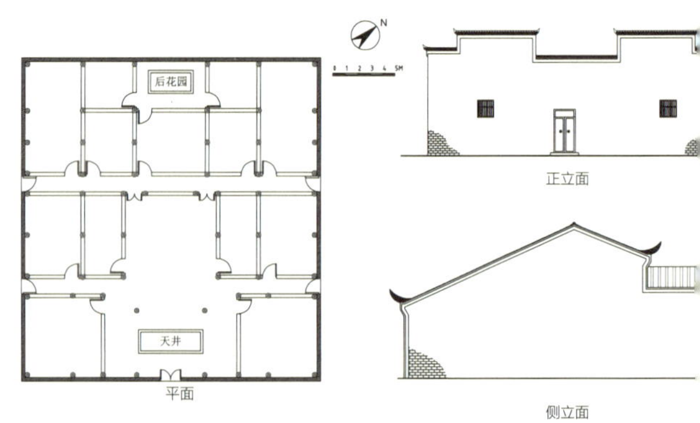

图 5 惟重楼建筑测绘图

氏时年 23 岁甘贫守节，人皆敬服，当地知县为其动用官银建了一面牌坊，并把其住宅改名为“贞节楼”。

惟重堂 该建筑位于分安公路东侧，建于明朝嘉靖四十三年（1565 年），建筑面积 248 平方米。惟重堂布局保留完整，布局为五开间一进半式，2 层，砖木结构（图 5、图 6）。墙体为清水墙，屋面为小青瓦，室内装饰细部雕刻精细，造型优美，形象生动，寓意深刻。

非物质文化遗产

舞龙灯 舞龙灯是防里村的历史传统，历史悠久。据族谱载：元至正二年（1342 年）翰林学士欧阳玄首创防里邑令祠（今众和堂），竣工庆典而组建首演，从元朝末期至今有 670 多年历史。村民舞龙欢庆节日或庆祝重大喜事。每年到了正月初七舞龙之日，村民从当地龙王庙或祠堂请出“龙”，接上龙头龙尾，举行点睛仪式，龙身节节相连，每隔五六尺有一人撑竿，首尾相距约五六丈，龙头前由有一人持竿须前，竿顶竖一巨球，称“龙珠”，走村串户，街道店铺，户户舞龙拜年，恭贺各家各店，五谷丰登，生意兴隆，直到正月十五元宵佳节晚上在本村舞龙散灯后再把“龙”请进庙中或祠堂。在中国的民俗文化、宗教文化中，舞龙文化反映了民族心理、道德伦理、精神气质、价值取向和审美情趣，并带有浓郁民族色彩。

价值特色

防里村以其优越的生态环境、浓厚的人文底蕴、独特的舞龙文化，赢得“进士村”“千年古樟村”等美誉。村落格局基本完整，街巷肌理清晰，建筑类型丰富。村内文物古迹分布集中，建筑风格体现出浓郁的地域建筑特色，较完整地呈现出村落传统风貌，具有较高的历史文化价值和科学艺术价值。

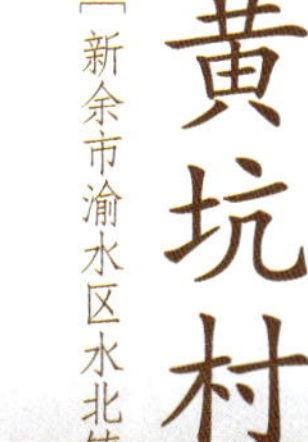

黄坑村

［新余市渝水区水北镇］

村落概况

黄坑村位于新余市水北镇镇区东南部，距水北镇 6 公里，距新余市市区 36 公里。据统计，黄坑村有 233 户，966 人。全村有旱地 100 亩、水田 600 亩、山林 170 亩。该村生态环境优美，人才辈出，素有“才子之村”的美誉，2014 年 11 月被列入第三批中国传统村落名录。

历史文化

黄坑村具有近千年的历史，开基祖希圣公于元泰定二年（1325 年），从渝北黄塘迁至此。该村为傅氏聚居的血缘村落，是中国封建制度下宗族发展的缩影和典型代表。清初，黄坑村除一户当官外，各户均参与经商，在外的当铺就有 18 家之多，曾一度垄断江南的棉花布匹生意，其贸易在清道光年间达到鼎盛。

黄坑村有“才子之村”的美誉，与村里的两位名人有很大的关系。清顺治康熙年间出现的父子知州，进士出身的父亲傅芬做过湖广靖州及贵州普安州知州；其子傅世烈，做过四川渠县、河南延津县县令及滇南、曲州知州。到清中期，傅氏共有举人秀才 10 余人，其中傅陶镕中了举，傅学周做了州司马。

空间格局

选址 村落选址注重山水的处理，背山面水，三面环山，后龙山、翔凤埈、流霞山三山形成村落的天然屏障，村东南有一条水系，沿东西方向舒展延伸（图 1）。村前有良田千顷，

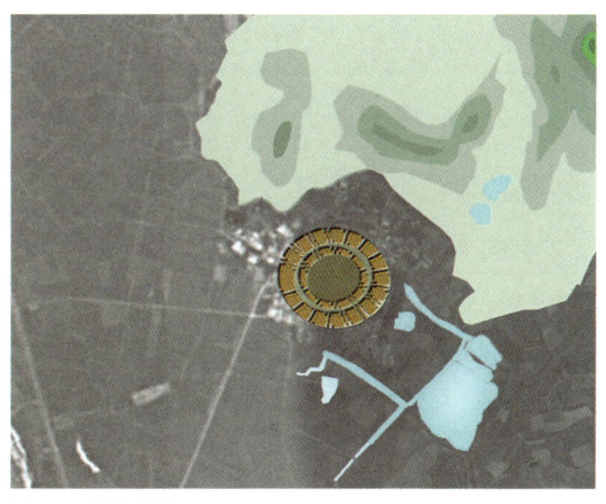

图 1 村落选址图

村基建在山脚下，房屋街巷布局因地制宜。

整体布局 黄坑村整体形态呈集中团块形（图2）。大夫巷、余庆巷等7条历史巷道串联历史建筑，村落以集中分布的历史建筑群为中心向外发展，位于历史建筑群中心的余庆堂（傅氏宗祠）是村落中核心的精神空间。大夫第、养正斋、聚星里等民宅围绕祠堂分布，形成村民的生活空间。村中主要街道沿南北方向延伸，整体呈网状结构。

街巷格局 村落主要道路南北延伸贯穿，次要道路与主要道路横纵相连，呈不规则网络状自由布局。村落中南北向延伸的主要道路和东西向延伸的道路组成T形路网，是整个村落的骨架。巷道宽度1.3-4.5米，总长628米，路面主要由青石板铺筑。保存比较完整的巷道有大夫巷、松竹巷、余庆巷、司马巷、聚星巷、北溟巷、爱吾巷等。

历史环境要素 村中现存古井1口，古桥3座，牌匾3块，历史街巷8条，石凳1条，古树2棵。

图2 整体布局图

典型建筑

黄坑村保留了16处传统建筑，其中有1处省级文保单位，13处历史建筑，2处建筑遗址。

余庆堂 该建筑始建于清康熙年间

图4 余庆堂门厅

图5 余庆堂内景

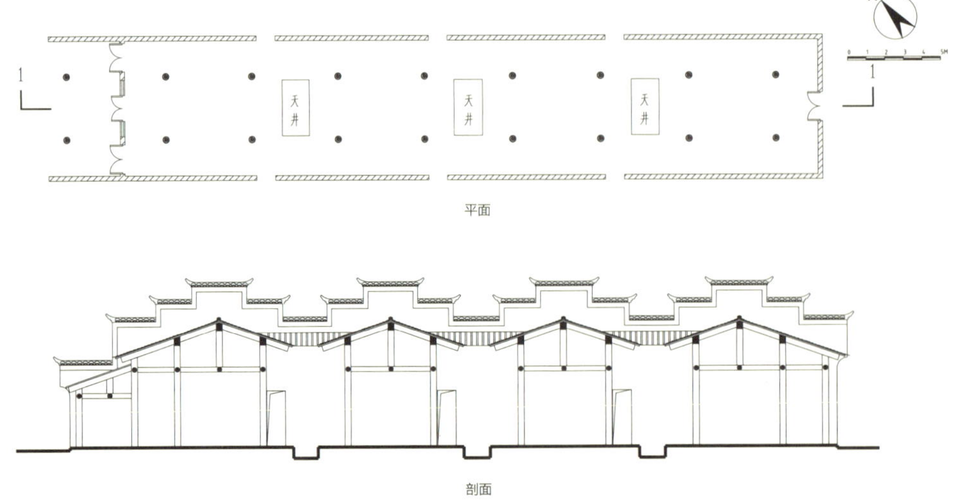

图3 余庆堂建筑测绘图

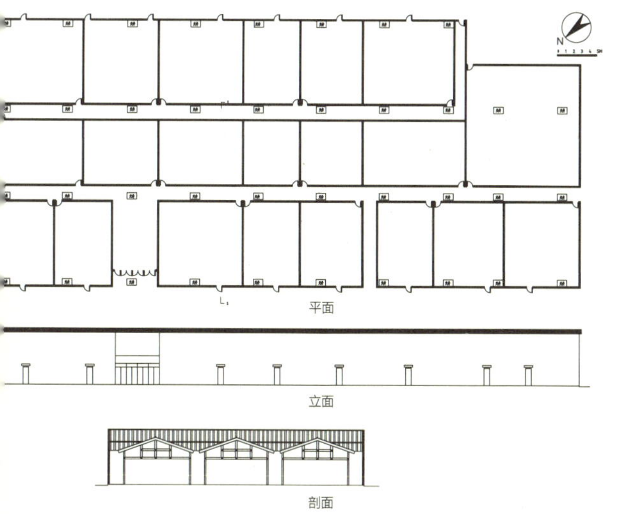

图 6　大夫第建筑测绘图

图 7　大夫第厅堂内部

图 8　聚星里厅堂内部

图 9　聚星里丁头拱

（1661-1722 年），位于村中部，为傅氏宗祠。余庆堂坐东朝西，整体布局为三开间三进式，砖木结构，进深 38.5 米，占地面积 458 平方米（图 3）。祠堂中轴线上布门厅、享堂、寝殿。入口门厅为门廊式（图 4），门前有两根石柱，舒朗舒展，实属罕见。厅内原来挂满了官匾寿匾，除堂匾还幸存外，其余均已不在。余庆堂整体保存完好，被列为省级文物保护单位（图 5）。

大夫第　该建筑始建于清康熙年间（1661-1722 年），是帅官的住宅，与余庆堂仅隔着一条窄巷，且有偏门直通余庆堂。大夫第坐东朝西整体布局为三开间一进式，主体构架穿斗式木构，二层设阁楼，进深 27.6 米，占地面积 937 平方米（图 6）。主体建筑有马房、花厅和寝室三部分，厅堂上设阁楼。前面是马房、轿厅，中间是两个花厅，两边是寝室，后面是书房和绣楼（图 7）。建筑为风火马头墙，清水砖墙，硬山屋顶，屋面覆小青瓦。

聚星里　该建筑位于余庆堂北侧，始建于清代道光年间（1821-1850 年）。建筑坐东朝西，整体布局为三开间三进式，主体构架穿斗式木构，进深 43 米，占地面积 774 平方米（图 8）。主体建筑有客厅、傍房和寝室三部分。建筑上、下 3 栋相连，3 个客厅，2 个寝室，6 个傍间，前为店铺，为前店后宅式布局。房屋损毁严重，但屋内梁架上的丁头栱花纹纹饰依旧精美（图 9）。

非物质文化遗产

手工挂面制作技艺　黄坑村传承着精湛的手工挂面制作技艺，其选料考究，制作精细，入口绵软，回味悠长，是以小麦粉添加盐、碱、水，经手工拉制悬挂干燥后切制成一定长度的干面条。

手织布织造技艺　手织布织造技艺极为复杂，有 72 道工序，采用纯手工工艺。图案可以从简单的几种色线变幻出多种绚丽多彩的图案，图案意境就是靠各种色线交织出各色几何图形来体现，通过抽象图案的重复、平行、连续、间隔、对比等变化，形成特有的节奏和韵律，富有艺术魅力。

价值特色

黄坑村是山水环境优美，人文底蕴深厚，是中国封建制度下宗族发展的缩影和典型代表。村落文物古迹分布集中，建筑风格体现出浓郁的地域性，较完整地呈现出村落的传统风貌。历史巷道格局形成于清代，其中 7 条历史巷道与分布集中的 13 栋历史建筑共同构成村落古朴的历史风貌，形成了连续的景观界面，具有一定的研究价值。

北
恒德堂
繼述堂
崇善堂
光裕堂
纘緒堂
若公書舍
下城坊
關帝廟
土主廟
田
低田
南田

江西

传统村落

JIANGXI

吉泰地区

渼陂村

［吉安市青原区文陂乡］

村落概况

渼陂村位于吉安市文陂乡集镇的南部、富水河西岸，距离青原城区 22 公里，是文陂乡政府所在地。该村约 600 户，2800 余人。村中耕地 1446 亩，水面 300 亩，林地 340 亩。村中主要物产有水稻、番薯等。渼陂村生态环境优美，是江西省目前保存最完整的传统村落之一，有“庐陵文化第一村”的美誉。2009 年渼陂村被评为国家 4A 旅游风景区，2012 年 12 月被列入第一批中国传统村落名录。

历史文化

“渼陂”一词原为陕西户县古湖泊名，南宋初年，北方饱受兵乱，户县人梁仕阶带领族中子孙迁徙至江西，因怀念故乡，故以“渼陂”为村名。渼陂村以梁氏为主，南宋初年梁氏先祖在此开基，从开基祖绅公至今传了 33 代，已有近千年的历史。

村落地处古时庐吉泰交会点，临近赣江的支流富水河，水运便利。宋元时，梁氏按照古代宗法制度，建祠堂，修族谱，订族规，建立起尊祖敬宗、强化族权的宗法秩序。梁氏奉“耕读为身家之本”，教育子孙孝悌力田、勤读诗书，培养出一批文人学士，如大常博士梁昭伯、江州教授梁君庸等。他们在外则勤于公事，在家则热心族业，使渼陂得到了发展，被文天祥称为“文献名宗”“衣冠望族”。元末明初，渼陂街随着商贸发展的需要不断延伸，至明宣德年间，街市日趋完善，店铺鳞次栉比。至清光绪年间，渼陂街处于鼎盛时期。渼陂梁氏四大房坐地行商，以商助儒，商农合一。在生意场上注重商业道德，讲究商业信誉，不仅在当地，而且在广东都赢得了很高的声誉。梁氏不惜花

图 1　村落选址图

重金换取功名爵位。据统计，清代渼陂梁氏捐至三品以上官阶的达7位之多。

新中国成立前，时局动荡，梁氏的商业受到很大冲击，一些富绅、地主携带钱财外出避难，许多青壮年参加红军、投奔革命，渼陂迅速衰败。同时也出现了共和国名将梁兴初、梁必业、梁仁芥，革命烈士梁一清等。

空间格局

选址 渼陂村山环水抱，“芗峰东立，象岭西护，瑶山南耸，富水北流”，天然形胜(图1)。村落周边平畴沃野，田亩整齐划一，北邻富水

商业文化带
住居领域

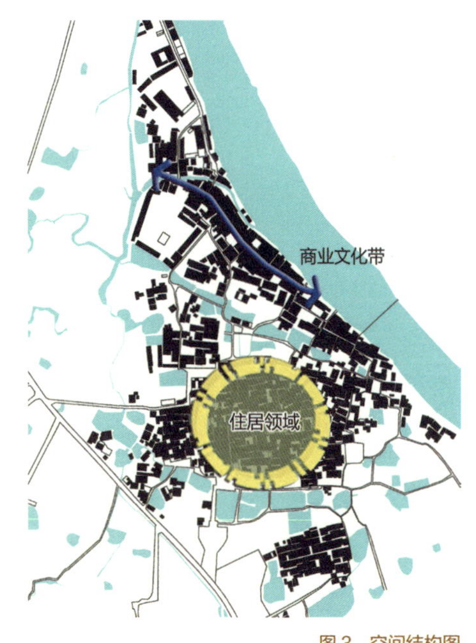

图3 空间结构图

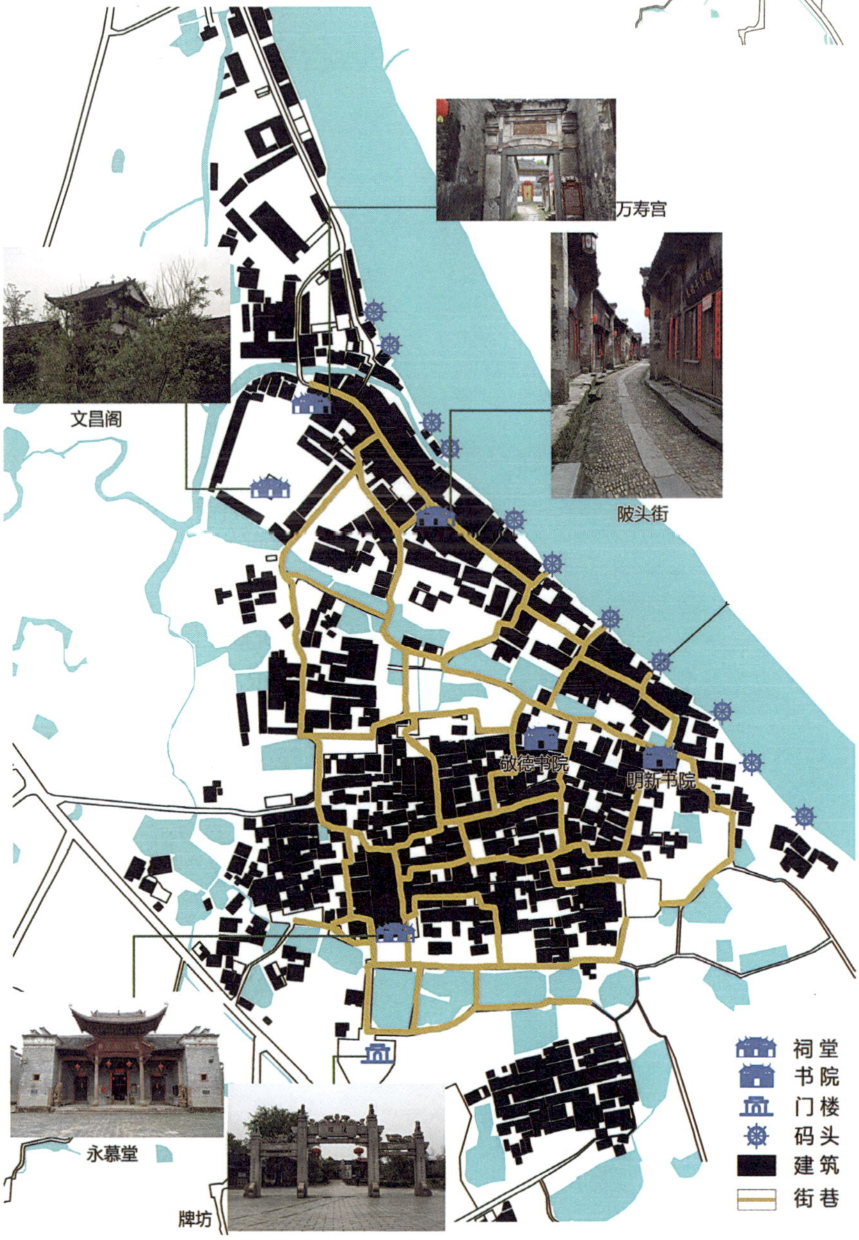

万寿宫
文昌阁
陂头街
敬德书院
明新书院
永慕堂
牌坊
祠堂
书院
门楼
码头
建筑
街巷

图2 整体布局图

图 4 传统街巷风貌

河，南有连片池塘，营造了富有诗意的栖居意境。

整体布局 村落依富水河西岸而建，整体形态呈组团和带状相结合的布局形式（图 2）。组团状空间主要分布在村落南部，为集中紧凑的居住空间。渼陂牌坊限定村庄入口空间，正对牌坊的是梁氏宗祠——永慕堂是村落的核心，其余支祠散布村内。敬德书院、明新书院位于村中部东侧，为典型的赣中书院。文昌阁位于村庄的西北角，其北侧是万寿宫。带状空间主要是沿富水河畔因码头而兴的带状商业街（陂头街），是典型的滨水商业街模式。

空间结构 渼陂村整体呈“一带、一组团”组合式布局结构（图 3）。“一带”为沿河的商业街和滨水理水空间带，陂头街形成了重要的商业文化带。“一组团”为村南围绕各祠堂分布的团簇式住居领域空间。商业文化带与住居空间组团形成组合式布局结构。

街巷格局 渼陂村街巷四通八达，纵横交错，街巷系统为村落的骨架。主街为东北的商业街陂头街，串联起万寿宫、文昌阁等重要节点，全长 900 多米。次要巷道沿陂头街向南延伸分布在村子南部，街巷呈网格状分布。村内街巷主要由青石板、鹅卵石铺筑（图 4）。

历史环境要素 村落有池塘 28 口，古树 2 棵、古井 3 处、古码头 16 处，书院 4 座，庙宇

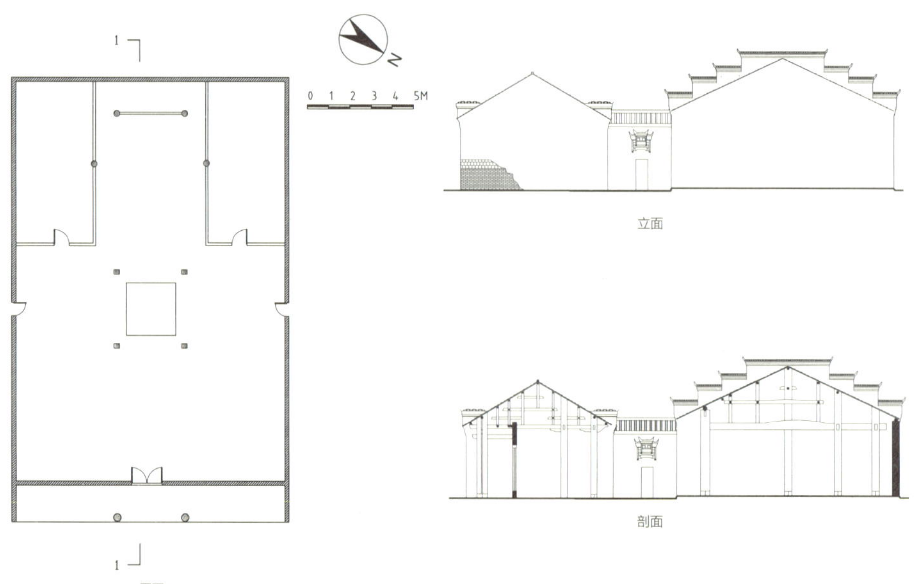

图 5 洪庆堂建筑测绘图

1 座，楼阁 1 座，牌坊 4 座。

典型建筑

全村现有保存完好的明清建筑 367 栋，其中各级文物保护单位建筑 6 栋，登记不可移动文物 129 栋，历史建筑 233 栋，重点建筑有永慕堂、“二七”会议旧址、毛泽东旧居、朱德旧居、赣西南和江西省苏维埃政府旧址等，另有大量保存完好民居。

洪庆堂 该建筑位于渼陂村中部，建于清代中期。洪庆堂大体坐北朝南，整体布局为三开间一进式（图 5）。祠堂主体有门厅、享堂和寝堂三部分。祠堂砖木结构，保存现状一般，遗留下来的木雕石雕较为精美。

文昌阁 该建筑位于万寿宫西北侧，始建于清光绪八年（1882 年）。平面近正方形，重檐歇山式，砖木结构，明二暗三层。通面阔 23.7 米，进深 23.2 米，高 15.75 米（图 6、图 7）底层面阔三开间，前墙为板壁、隔扇和双开式槅扇门，四檐柱径 35 厘米。明次间砌以砖墙，将次间隔成房间。明间后檐步有板梯，通楼层。二楼布局与底层相仿，但北侧墙外有通间平座，带扶栏。三层内收，楼板不存，墙外四周的平座仍在，亦带扶栏。

图 6 文昌阁

价值特色

渼陂村以其优美的自然环境、浓厚的人文底蕴、完整的村落格局、浓郁的红色文化赢得“庐陵文化第一村”“红色古村”的美誉。村落多姓聚居，规模大，规划严整，含有商业空间，是庐陵地区传统村落典型布局模式。文物古迹众多，规模宏大的明清建筑鳞次栉比，是江西省目前保存最完整的传统村落之一，是江南地区的传统建筑博物馆。渼陂村的营建反映了庐陵人非凡的智慧和生活趣味，折射出博大精深的庐陵文化，是江南地区珍贵的乡土建筑文化遗产，具有较高的研究价值。

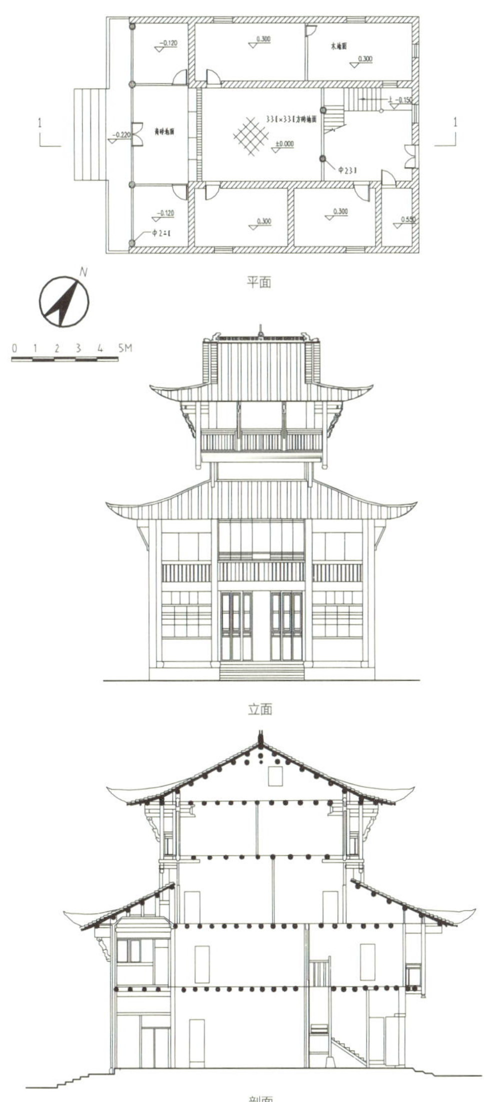

图 7 文昌阁建筑测绘图

陂下村

［吉安市青原区富田镇］

村落概况

陂下村位于吉安市富田镇，距吉安市青原区 50 公里，距富田镇政府西 2 公里，东邻匡家、江城，南与泰和洞口、舟山、车下相邻，西与泰和巷口交界，北与王田、zz田相接。村内有胡、罗两姓，400 多余户，1800 多人，其中胡姓占 90%。陂下村面积约 1.5 平方公里，山水环绕，古樟散布，竹林夹杂其间，风貌古朴，是赣中地区著名的传统村落和革命圣地。2008 年 10 月，陂下村被评为第四批国家级历史文化名村，2014 年 12 月被列入第三批中国传统村落名录。

历史文化

陂下村古名潭溪，自唐代起，罗姓在此立基，同时期迁入的还有陈姓，之后，又有曾、昌、张三姓相继迁入。在北宋末年时，胡氏胡晃从芗城甲村（今新圩镇）迁入，建有“敦仁堂”（胡氏宗祠）。胡晃为陂下胡姓开基祖，是吉州开国侯公霸公第八世孙，更是北宋狄青元帅的参军。因军功显著，仁宗皇帝赐予銮驾 48 件（现存 45 件），另外还有御笔题匾嘉奖，清道光皇帝亲笔题写“黄耇繁衍”匾额，以示赞赏，现仍镶嵌在迎龙门上。胡姓中经廷试、会试、恩试和恩赐的进士 8 人，明经进士 4 人，举人 26 人，民国以前七品以上官员 42 人。

近代大革命时期，陂下村是公略县委和公略县中心县委所在地，“中共赣西南第一次代表大会”在敦仁堂召开，红军学校搬至“竹隐堂”，“乐善堂”成为红军学员宿舍。毛泽覃在“星聚堂”主持召开过中国共产主义青年团积极分子会，并在会上做了报告。公略县保卫局驻扎在“志笙堂”，红军模范营驻扎在“潭滨堂”，后改为红军独立师。毛泽东、朱德、毛泽覃、张震等老一辈无产阶级革命家都曾在这里工作和战斗过。村里参加红军的有 100 多人，曾担任过各级苏区干部的有 20 多人，革命烈士 58 人，其中有中华苏维埃政府土地部副部长兼代理部长胡海，新四军第一支队参谋长、江南抗日义勇军副司令胡发坚等。

空间格局

选址 村落位于富水河南岸，滨水而立，前有紫瑶山，甫公山拱翠，后有龙山，紫砂庙揽护。村落四周平原沃野，古樟古枫连成一片，竹林夹杂其间，风景秀丽。村北的鸿溪沿东西

图 1　村落选址图

方向延伸舒展而过（图 1）。

整体布局　陂下村沿富水河而建，四周被古樟包围，地势形似竹排，故又称“排形”（图 2）。据记载，村落四面设村门，分别为迎龙门、朝天门、延福门、安人亭，作为进村的关卡。村中的总祠（敦仁堂）位于朝天门北侧，是村落中最主要的精神文化空间。村内支祠较多，分布分散，数个祠堂空间相互呼应，整体布局开合有序。村内水塘水系密布，几乎贯穿全村，集聚积、沉淀、净化、排泄四大功能的“五水朝东”排水系统，体现了古人的营建智慧。

空间结构　陂下村整体形态呈团状，并且呈现“圈中圈”的布局结构。明清时期匪患频发的时代，村落在规划建设时防御性是作为第一要解决的问题。陂下是个多姓氏的村落，村落内以宗族为单位设立封闭的巷道，构成封闭的空间，形成“外封闭圈”套“内封闭圈”的格局，起到较强的防御作用。外围通过建筑的外墙或村墙联系形成一圈封闭的边界，仅设村门作为出入的关口。内部以宗族或家族为小单位形成封闭的区域，留巷道门作为进入的通道。后因村落扩张或民居改建，外围封闭的界面部分被破坏。

街巷格局　村内的巷道街巷肌理呈网格状，自由式布局。街巷主次严明，小巷宽 70 厘米左右，多为鹅卵石铺筑，少部分是由青砖立砌铺成。尺度大的街道多用青石板辅以鹅卵石铺就，宽度 2 米左右（图 3）。陂下古街又名为扁担街，是村中的商业街，始建于清道光甲午年（1834 年），距今 180 多年。古街仅百余米长，西起延福门，东至安人亭。古街空间虽然不大，但业态丰富，是村子的商业中心，在扁担街东面百余米处有一处码头，旧时人们靠水运到扁担街进行交易，现在码头已经废弃。

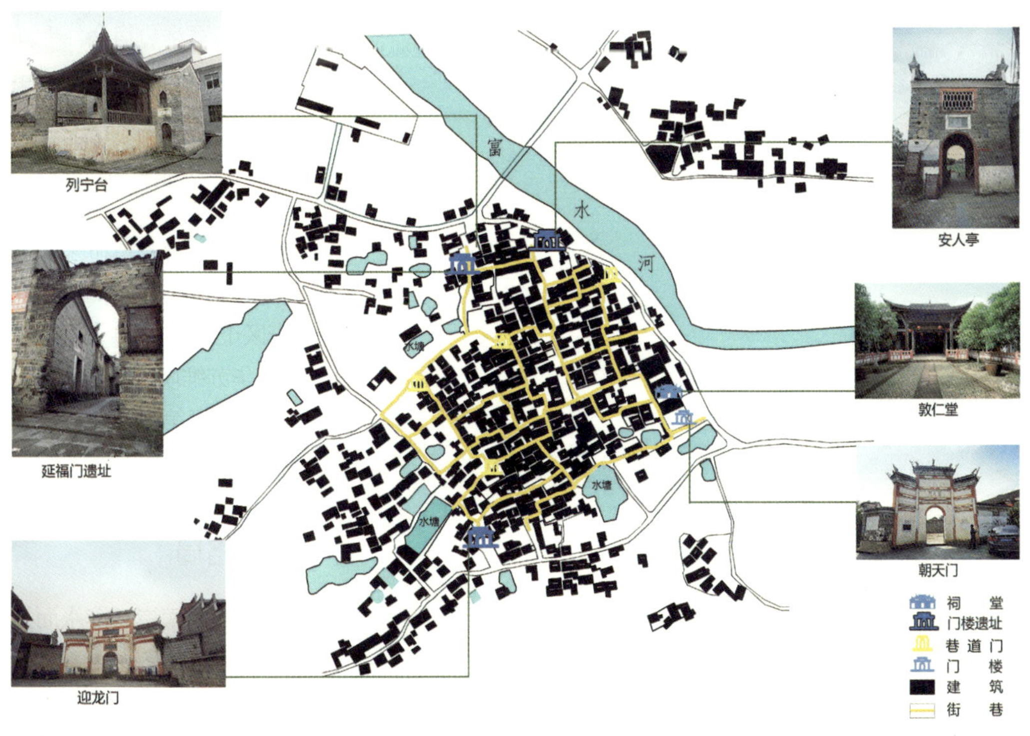

图 2　整体布局图

图 3 传统街巷风貌

扁担街在很长一段时间非常兴旺，直至新中国成立后才停圩。

历史环境要素 村中有古井 18 口，其中以十八桌井、南明井最具特色。此外，该村内外古樟群连片生长，沿河一带的千年古樟有 10 多棵，享有“樟树之村”美称。

典型建筑

村中传统建筑数量众多，省级文物保护单位 2 处，保存完好的祠堂有 36 座，门楼 3 座，牌坊 6 座。祠堂文化内涵丰富，布局形式各不相同，较为典型的有敦仁堂、星聚堂、竹隐堂等。

敦仁堂 该建筑是陂下胡氏的总祠，坐落在富水河畔，始建于明万历年间，距今约500年。敦仁堂入口在东南向，砖木结构，保存完好。整体布局为五开间两进式，占地约 300 平方米（图 4、图 5）。祠堂主体建筑有门厅、参亭、享堂和寝堂 4 个部分。入口门楼为朝天门，内院的影壁上留文天祥所书的“魁”字，时刻提醒胡氏子孙要用功读书，考取功名。门厅有 4 根石柱和 2 尊石雕。参亭前天井尺度开阔。“宋参军府”牌匾悬于参亭檐下，此牌匾是因为胡氏开基始祖胡晃官拜狄青元帅参将得来，享堂

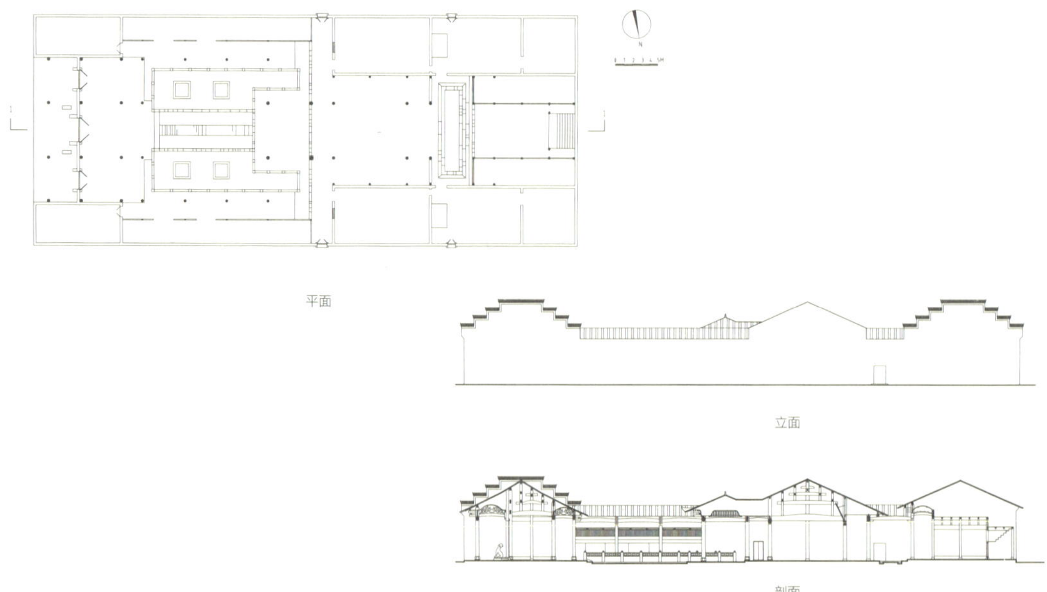

图 4 敦仁堂建筑测绘图

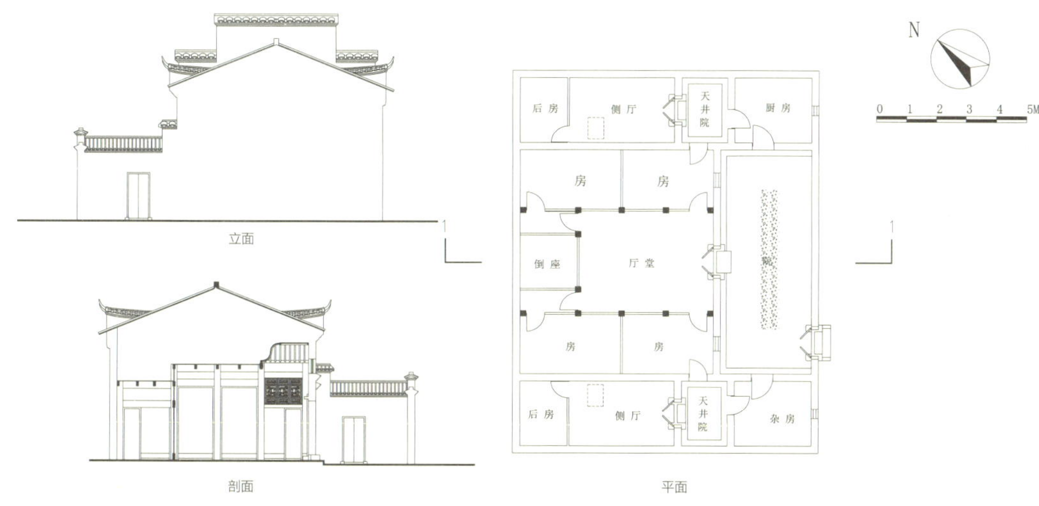

图6 胡显恩宅建筑测绘图

图5 敦仁堂内景

悬挂的匾额的“敦仁堂”和楹联为清朝状元刘绎的手迹。

胡显恩宅 该建筑位于村中部，瑞公祠北，始建于清末，为毛泽东旧居。其布局为吉安地区典型的天井院式，正堂前带院，占地203平方米，保存完整（图6）。建筑砖木结构，入口处门楼精美。正堂为一明两暗的格局，厅堂左右布有4个房间。建筑局部2层，保存较好，屋内木雕精美。

非物质文化遗产

“喊船” “喊船”是江西所特有的民俗，具有浓郁的地方特色，距今已有1000多年的历史。通俗地讲，“喊船”就是民间“求神祭神”或“接神送神”的祭祀活动，以祈求神灵保佑一方百姓平安，风调雨顺。此活动一般在朝天门里举行，村民们燃烧起一堆旺火，10多名壮年男子手执书有“祝福”“平安”“一路顺风”等吉祥语的红、黄、蓝各色小旗，分别围坐在熊熊燃烧的火焰旁，进行“喊船”。“喊船”词分段，念起来像唱歌，又非常押韵。唱完喊船歌，村民们便举彩旗抬彩绘龙舟沿着整个村环，期间穿插舞龙、打狮、神舞、放河灯等民俗节目。

价值特色

陂下村环境优美、历史源远流长，文物古迹众多，其中几块匾额尤为珍贵，彰显了胡氏家族的荣耀。村落整体规划严整，布局有序，门楼节点空间引导村内外交通，形成“外封闭圈”套“内封闭圈”的防御格局。180多栋传统建筑，类型丰富，具有较高的研究价值。该村是红军的根据点之一，对革命进程的推进起到了一定作用。陂下村集古色、红色和绿色为一体，深受庐陵文化影响，呈现出鲜明的地域特色，堪称赣派聚落的典范。

横坑村

［吉安市青原区富田镇］

村落概况

横坑村位于吉安市青原区富田镇，距镇政府2公里，距吉安市青原区58公里，交通便利。据2011年统计资料，全村有170户，680人。村域面积约3平方公里，村基占地面积约100亩，耕地面积约860亩，主要产业为水稻、林木和水果。村落拥有较多保存完好的祠堂和红色革命旧居旧址群，田野阡陌，柳树成荫，自然风光优美。2012年1月横坑村被评为第四批省级历史文化名村；2012年12月被列入第一批中国传统村落名录。

历史文化

横坑原名泓溪，村基位于突出的平台上，横截十里长坑，今名"横坑"。该村现为杂姓聚居，由钱、李、曾、黄、叶、朱6个姓氏组成，其中钱姓占绝大多数，其他姓氏均是在新中国成立后迁入。元至顺辛未年（1331年），钱尧翁从富田镇钱家源迁居于此，为横坑钱氏一世祖，至今已繁衍30代，有近700年的历史。村中至今保留一架清朝光绪年间的古屏风，苏东坡撰文"表忠观"，阳文雕刻，黑底鎏金，花板镂空雕，是目前吉安市发现的最大的古屏风，彰显了横坑深厚的历史文化底蕴。

横坑村历史上崇文重教，清朝出了3个六品衔的官员，1个武举人；现代出了一个共和国少将钱江。横坑村是曾山同志在中央苏区革命试点的第一村，红色遗址、遗物众多，有曾山旧址及相关文物、红军模范营旧址、红二营旧址、花岩乡群众大会旧址、红军特务连旧址、3个炮楼、1个岗哨等。遗存的红色武装设备有步枪、刺刀、剑、大刀、铁叉、梭镖、土铳、重机枪子弹壳等。

图 1　村落选址图

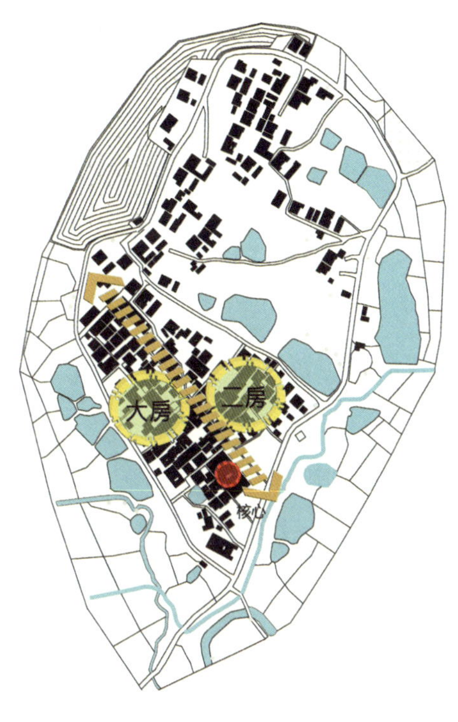

图 3　空间结构图

空间格局

选址　村落选址背靠后龙山，泓溪、融江两水夹流，三面环水，典型的背山面水格局（图 1）。村北后龙山山脉发祥于正东方的安仁山，山脉绵延数十里，直至横坑的后龙山高岭上。村基位于后龙山山脚下，房屋朝向大体坐北朝南。

图 2　整体布局图

整体布局　横坑村的布局整体形态似“船形”（图 2）。村前一棵古樟（“凉伞树”），称之为“竹篙”“船”停泊于此。钱氏宗祠（孝敬堂）位于村庄主入口处，是全村最具凝聚力的场所。村内现存祠堂 10 座，其中位于巷道中段的养性堂和俱庆堂，隔巷相望。位于巷道尾端的是清代三排九栋封闭式建筑群呈现出鲜明的防御性。全村主要街巷贯穿南北，呈鱼骨状结构。

空间结构　横坑村整体布局结构呈“一核、一轴、两组团”的特征（图 3）。孝敬堂是钱氏的总祠，位于村落南中心位置，是整个聚落精神文化核心。以贯穿南北主巷道为轴线，将村子分为东、西两个组团，其中东侧为二房居住组团，西侧为大房居住组团，突出表现了宗法社会时期社会结构与空间结构的对应关系。大房、二房的房祠分别是俱庆堂、养性堂，各房派绕房祠为聚族而居。

街巷格局　巷道布局规划严整，中间为主巷，两侧支巷垂直于主巷，形成鱼骨状布局。现保存较好的 3 条明清小巷，分别是孝敬堂北巷道，长 260 米；遗安堂南巷道，长 60 米；清隐堂西巷道，长 55 米。巷道是由鹅卵石和石板

图 4 传统街巷风貌

铺成，有的中间铺竖向石板，两侧为鹅卵石，有些巷道全部为鹅卵石，局部铺砌成古钱币状（图 4）。

历史环境要素 村内存古井 2 口，古桥 2 座，历史巷道 3 条，千年古树多株。

典型建筑

村中有 24 幢保存完好的明清古建筑，其中明代建筑约有五六处。清乾隆年间集中规划了三排九栋小型民居，围合成一个小的防御单元。重点建筑有孝敬堂、崇义堂、遗安堂、俱庆堂等，另有大量保存完好的民居。

孝敬堂 该建筑为钱氏宗祠，位于村前，始建于元至元六年（1340 年），明正德三年（1508 年）扩建。建筑大体坐北朝南，整体布局为五开间一进式，前带跨院，有开阔的祠埕空间，总占地面积约 1169 平方米（图 5、图 6）。主体建筑有门厅和寝堂。跨院中左边立有旗杆石，右边立有武举石，上书“第四十二名武举钱宝俊立”字样。门厅硬山顶，开三扇大门，寓意祖业的辉煌（图 7）。祠堂里外雕梁画栋，装

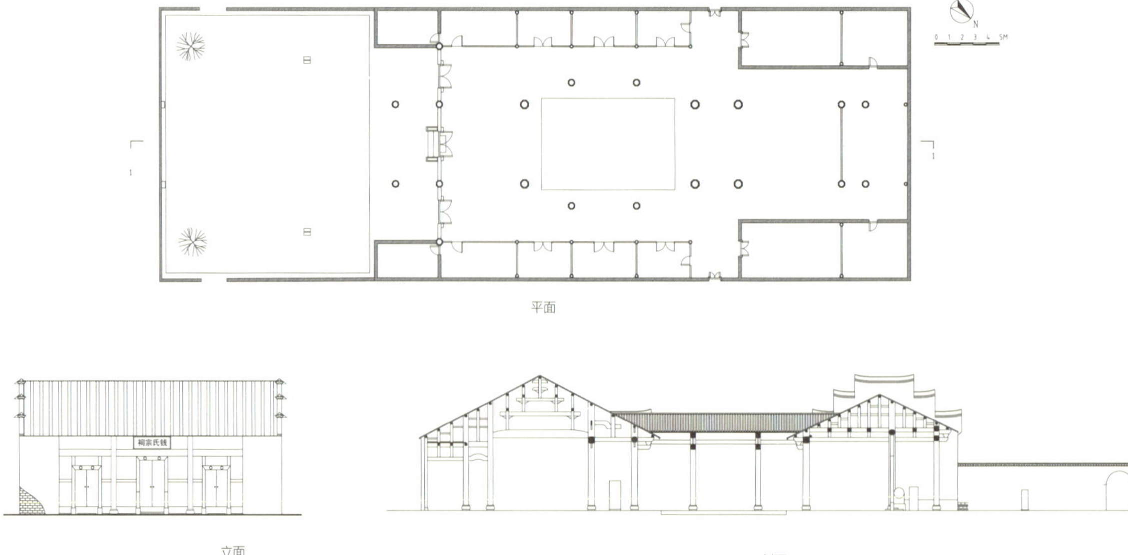

图 5 孝敬堂建筑测绘图

图 6　孝敬堂内景

图 7　钱氏宗祠门厅

饰精美。正堂的屏风为 12 块，每块高 2.8 米，宽 0.42 米，上刻苏东坡撰写的“表忠观”碑文，黑底鎏金，上 、下花板均有雕刻，内容是“钱塘射潮”等历史故事。孝教堂曾是曾山同志创建富田第一革命示范乡花岩乡时召开第一次群众大会的旧址。

钱日浲宅　该建筑始建于清代，面阔三开间，一明两暗的格局，入口上方设天窗，占地面积约 60 平方米（图 8）。墙体采用蓝灰勾缝工艺，青砖眠砌，砖木结构，硬山顶，马头山墙，为赣中地区典型的小型民居。

非物质文化遗产

油槽制作技艺　横坑油槽制作技艺师承鲁班，流传至今已有 86 代，现有传承人 5 名。油槽制作工艺有选槽树、搬运槽树、开龙口、挖槽肚、做槽尖（楔子）、水车、旱车、碾盘等，有一些特制的工具如曲斧、挖斧、赵公脚、平铲等。

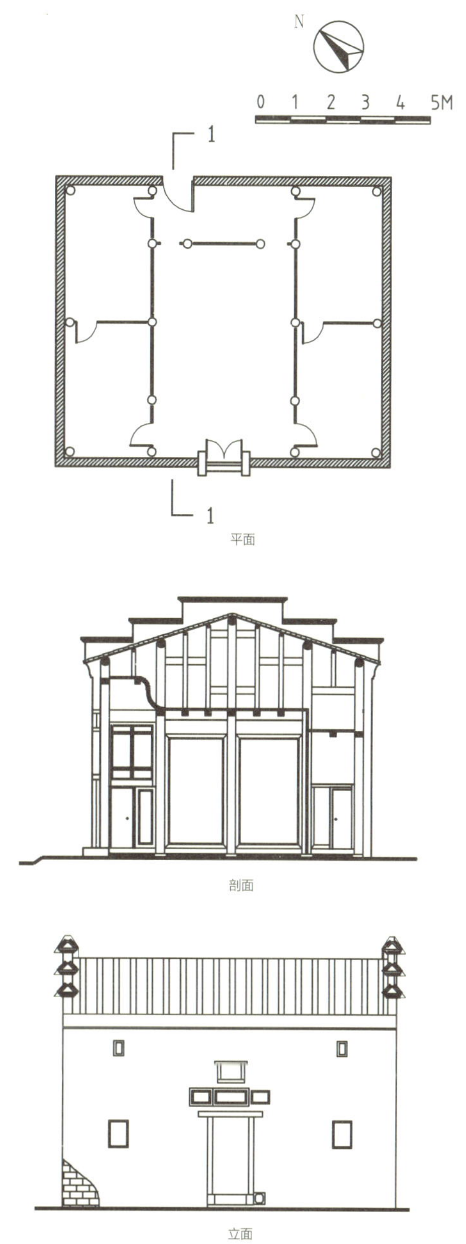

图 8　钱日浲宅建筑测绘图

价值特色

横坑村格局完整，布局独特，鱼骨式街巷肌理明晰。村中传统建筑保存较好，三排九栋民宅自成体系，组成一个严密的小型防御单元，为研究该地区这一建筑布局模式提供了珍贵的案例支撑。横坑村历史资源丰富，虽年代久远，饱经战火的洗礼，但仍保留着原来的格局，具有较高的历史文化与科学艺术价值。

奁田村

[吉安市青原区富田镇]

村落概况

奁田村位于吉安市青原区福田镇，距镇政府约2.5公里处，立于富水河东畔。据相关资料，该村现有270余户，1000余人。村域面积7016亩，其中山林5000亩，粮田1500亩，旱地300亩。村落传统风貌保存较好，古建筑数量众多，大量的红色旧址都保存尚好，古建筑墙壁上依旧印有大量的红军标语，红军战士曾经用过的手雷、土炮、梭镖大刀等都保存了下来，承载了厚重的红色文化。2013年8月奁田村被列入第二批中国传统村落名录。

历史文化

奁田村绝大部分为李姓，另有谢、尹、刘、肖、曾五姓。李氏始祖唐西平忠武王李晟公传二十一世至云叔公开基庐陵纯化。宋雍熙四年（987年），李云叔由吉水谷坪徙居白竹溪，入赘罗家，生二子，长子文兴，次子文遂。文兴迁富田奁田，文遂迁新圩周塘。李文兴于宋景德四年（1007年），继娶富田邹氏，增庄田数亩，就田隐居，取名奁田，时属吉州庐陵郡。李氏自宋雍熙至今已繁衍36代，有千余年历史。

奁田村自宋代以来，李氏家族人才辈出。李文兴，宋庐陵儒学教授；李鹤鸣，赐进士第吏部观政；李廷直，宋行十一郎庠生。清咸丰年间，邑庠生更是不胜枚举。

空间格局

选址 村落地势平坦，傍富水河东滨而居。属滨水平地型聚落（图1），村西与王田村隔河相望，北面平畴沃野。古村东南面有“吊桩”（六脚茶亭），村庄似“排形”，几十口池塘环绕，村中古樟掩映，格局独具特色、环境十分怡人。

整体布局 村落大体上坐西朝东，整体形

图1 村落选址图

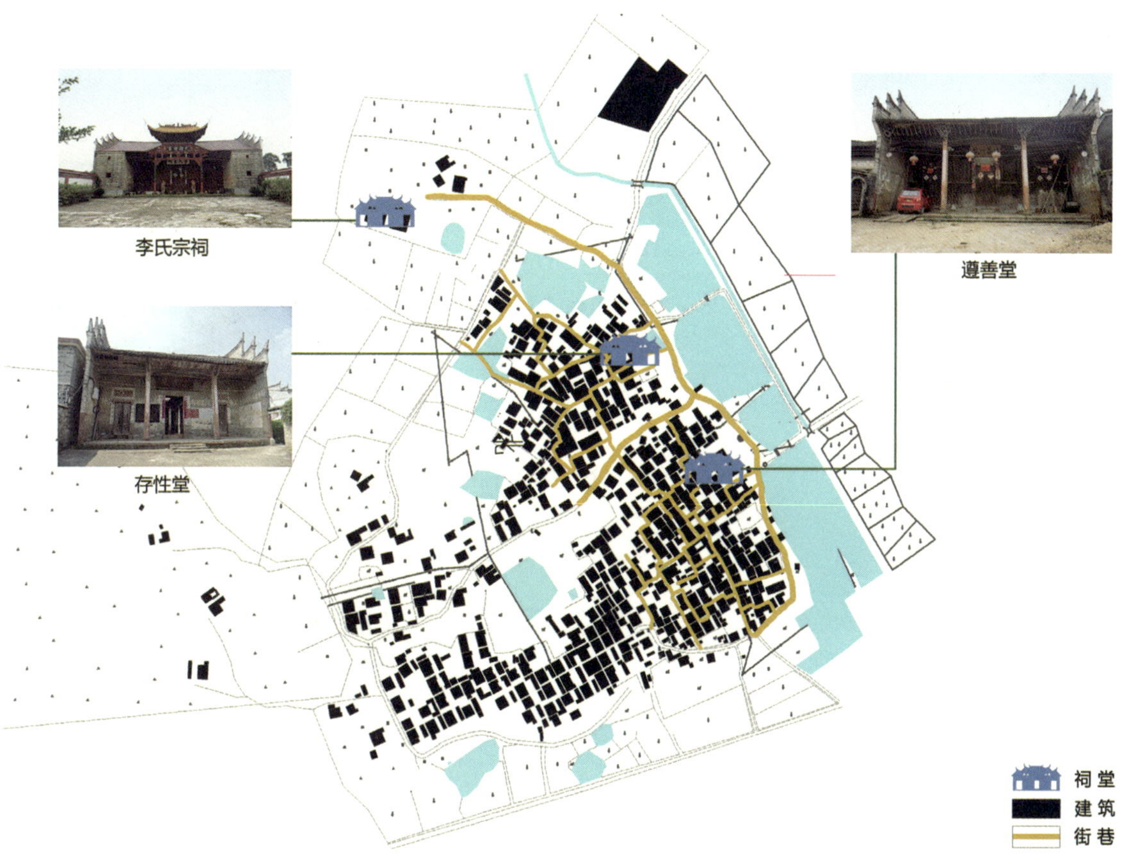

图 2 整体布局图

态呈集组团式（图2）。李氏宗祠位于村西北角，独立于村外，为村中的精神文化空间。存性堂和遵善堂为房祠，分别位于村庄的南、北两个居住组团内。理水空间主要以点状以及带状组成，并由沟渠、古井、池塘形成了“西水东流”的天然排灌系统。村中主要街巷也沿东西、南北走向，整体呈网格式结构。

空间结构 㙟田村整体呈“一核、两组团”布局结构（图3）。村中重要的精神空间——李氏宗祠，位于村落外部，是村落祭祀空间的高潮，与村落主体相呼应。一条贯穿东西向主要道路将住居部分分成南、北两个组团，各自以存性堂、遵善堂为中心，形成团簇式组团。

街巷格局 村外主街横贯南北，将居住区与水系分隔开。村内街巷主次分明，纵横交错，形成网格状布局。主街长1000余米，宽度1.3-2.5米，上起“盘谷第”门楼，下至“水光

图 4 传统街巷风貌

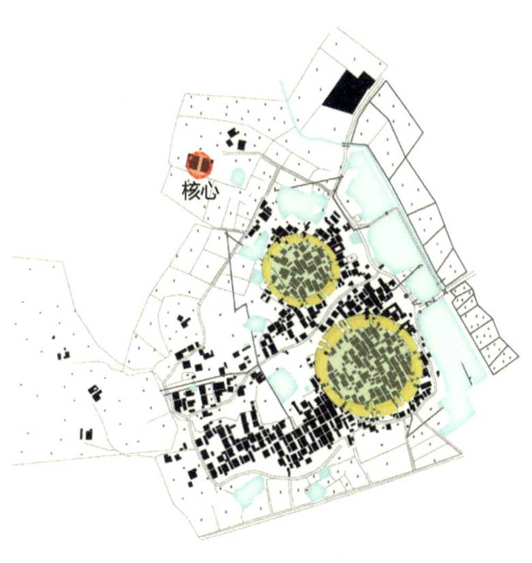

图 3 空间结构图

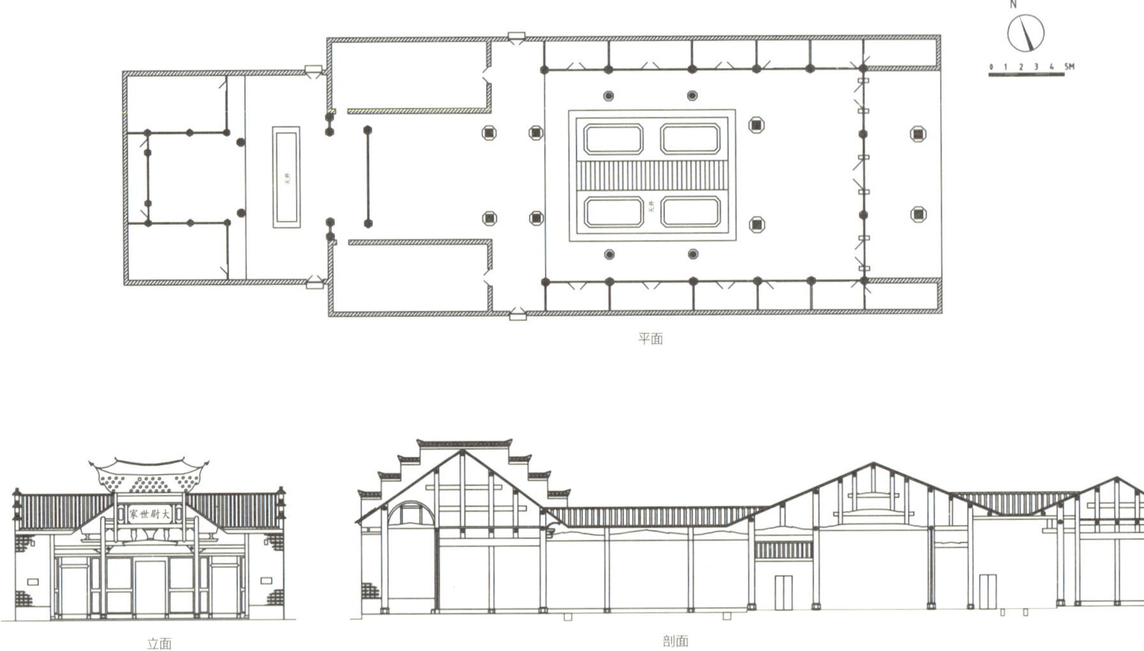

图5 李氏宗祠建筑测绘图

图6 李氏宗祠内景

接天”门楼。巷道相对于主街尺度较小，从空间上形成了明确的主次关系，路面主要由鹅卵石铺筑（图4）。现保存较好的3条明清小巷，分别是从李信贤宅北侧到李述茂宅南侧，从玉竹堂到承裕堂南侧，从玉琢堂到“水光接天”门楼。

历史环境要素 村中有池塘几十余口，古井2口，历史巷道5条，庙宇2座，千年樟树数株。

典型建筑

奁田村传统建筑数量众多，类型丰富，有祠堂、门楼、庙宇、民宅等。祠堂建筑有李氏宗祠、存性堂、遵善堂等，另有大量保存完好的民居。

李氏宗祠 该建筑位于奁田村外，始建于明洪武己酉年（1369年），建筑面积889.4平方米。祠堂为曾山旧居，江西省红色旧址。建筑大体坐西向东，整体布局为三开间两进式（图5）。祠堂主体建筑有门厅、享堂和寝堂三部分，布局精巧，古朴典雅（图6）。门厅前牌楼高耸，翘角重檐，藻井天棚斗栱雕饰精美，二尊红石狮子各踞一旁，威风凛凛。下堂有三间，六房供瞻仰者休息之用。享堂乃合村老少敬祖念宗之处，左右阁楼与回廊相接，右为鼓楼，左为钟楼，两侧耳门出入成双，中有尺度开阔的天井。寝堂供有神龛，“燕翼贻谋”4个黑底金字匾额悬在神龛上方，显得肃穆端庄。

李纯湖宅 该建筑位于存性堂西南，始建于清代。李纯湖住宅建筑布局为三开间式，中轴线上布置厅堂、后堂，左右设房，为吉泰地区典型的一明两暗的格局，总占地80.8平方米（图7）。房屋门头上采用门楣装饰，正门上方设900毫米×600毫米天窗，朴素简洁（图8）。建筑结构为砖木结构，明间两

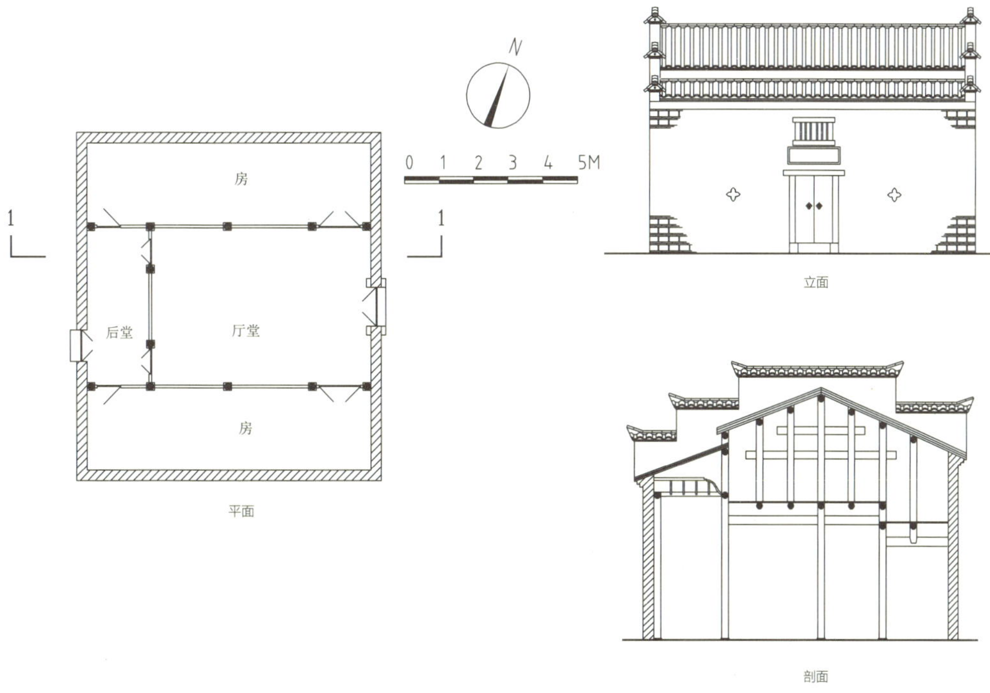

图 7 李纯湖宅建筑测绘图

图 8 李纯湖宅实景

梠为穿斗式木构架。

非物质文化遗产

蚌壳灯 蚌壳灯用彩布和竹篦扎制而成，形如河蚌。表演时，一年轻貌美的少女，身居蚌内，谓之蚌壳精。另一男子扮作渔翁，手持渔网，表演各种各样的捕鱼动作。蚌壳精则以丰富多彩、千姿百态的优美动作，戏弄渔翁，最终被渔翁所获。蚌壳灯是当地农民为庆祝丰收而自娱自乐的一种民间灯彩，为丰富当地群众的精神文化生活发挥着积极而重大的作用。

价值特色

孜田村环境宜人、历史厚重、格局独特，承载了深厚的红色历史文化。整体布局严整布局有序，空间结构关系明显。传统建筑保存较好，形制完备的祠堂和天窗式、天门式民居，体现了庐陵建筑风格特色。该村落是赣中地区传统村落的典型代表，有一定的历史文化价值。

钓源村

[吉安市吉州区兴桥镇]

村落概况

钓源村位于吉安市吉州区兴桥镇西北部，距离兴桥镇政府驻地8公里，距吉安市中心城区18公里，距革命摇篮井冈山约163公里。全村200多户，共800余人。钓源村主要以优质水稻种植及鱼的养殖为产业，是兴桥镇的主要产粮区，有着大片的耕地，其中山地300多亩，水田860亩左右，并同时发展旅游业。钓源村蕴含丰富的祥瑞文化、科举文化、宗族文化、宗教文化、生态文化，素以“神秘的八卦文化，独特的江南民居”著称，2014年4月被评为中国历史文化名村；2012年12月被列入第一批中国传统村落名录。

历史文化

钓源村在唐朝末年，肇基于此，至今已近千年，其祖先欧阳琮为吉州刺史，因居吉州，称吉州始祖。延至第五代祖欧阳万，为安福县令，定居安福，后其子孙繁衍，徙为安福黄石、庐陵钓源、永和岗头、永丰沙溪和分宜防地等地，因而钓源欧阳氏与沙溪欧阳修、永和欧阳珣、欧阳守道等为同一宗脉。随着人口繁衍，后代分为“仁、义、礼、智、信”五派。长房“仁派”和三房“礼派”的后裔分别居住在钓源村的渭溪和庄山两个组团。

钓源村人才辈出，历史上先后进士及第9人，明代有“一门四进士、兄弟连科”的举业。后受“东林党案”连累，族人多弃官经商，到清代中叶，钓源商贾、号铺遍及两湖两广，富甲一方。在外经商的欧阳氏将大量财富转运回吉州，营造钓源。据清道光年间的记载，钓源人口过万，不仅建有大批祠堂，而且灯楼酒肆林立，店铺连街，各种设施齐备，像座都市社会，因而有“小南京”之称。清末咸丰年间，太平天国石达开攻打吉安时，钓源村最繁华的部分毁于当时的战火，再加上土地革命时期的红军、白军割据战以及“文革”破四旧等历史原因，现存钓源村仅剩原规模的1/3。

空间格局

选址 村落处于山水环绕之中，活水池塘贯穿整个古村落，遍布村庄四周及内部的古樟掩映全村（图1）。钓源村由庄山、渭溪两个自然村组成，东为渭溪，西为庄山，两村分别

图 1　村落选址图

落位于长安岭类似太极图的“少阴”位和“太阴”位。庄山地势呈现南北隆起、中央低凹、东西走向的“带状盆地”的地貌状态，若干个水塘位于盆地内。渭溪地势呈现南、西南及东部高起，中部向北部为倾斜的“坡谷地”的地貌状态。

整体布局　钓源村整体布局契合太极八卦，由庄山、渭溪两部分构成，由一座人工填造的“S”形的“长安岭”隔开，整体形态呈组团状（图 2）。村内古树林立，分布于“长安岭”上。位于钓源村入口的欧阳氏宗祠为整个村落的核心精神空间。开长房“仁派”和三房“礼派”的后裔分别居住渭溪和庄山两个组团。庄山组团、以礼派祠堂为中心进行布局，带状的七星伴月塘形成了村落重要的理水空间，两侧紧邻灯楼酒肆林立的娱乐空间(已毁)。渭溪组团以仁派祠堂为中心，周围分布池塘和民居。吉泰地区传统村落中祠堂数量众多，是一大特色。钓源村除了欧阳氏宗祠、仁派祠堂和礼派祠堂外，还有明善祖祠，经祖祠、楚畹公祠、文忠公祠等。

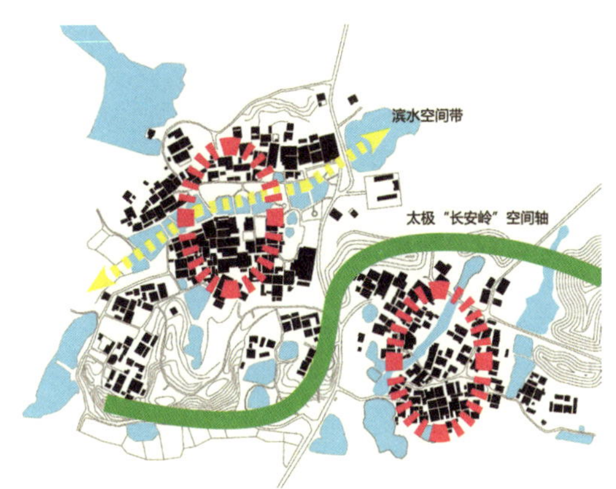

图 3　空间结构图

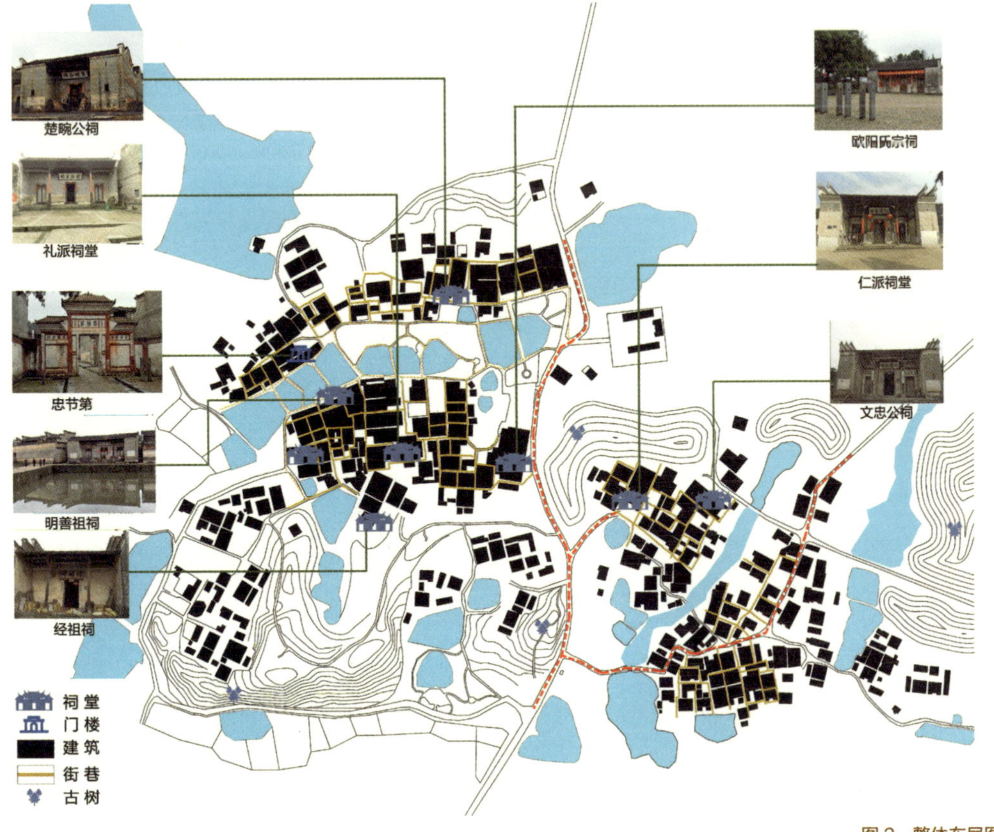

图 2　整体布局图

图 4 传统街巷风貌

图 5 欧阳氏宗祠实景

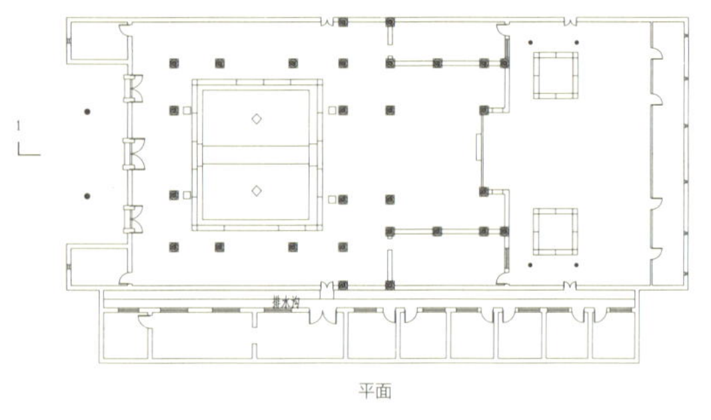

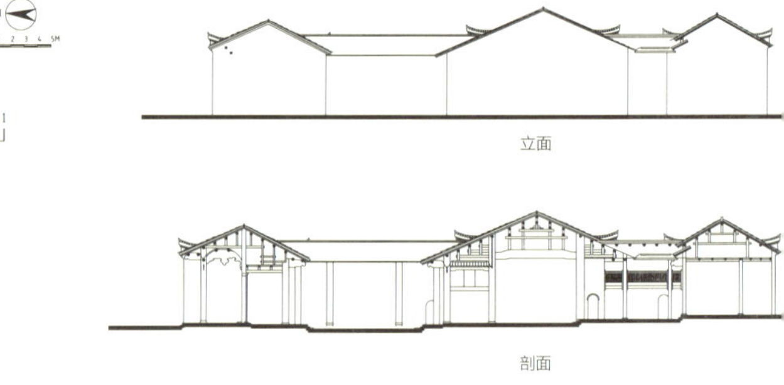

图 6 欧阳氏宗祠建筑测绘图

空间结构 钓源村整体呈“一轴、一带、两组团”的布局结构（图3）。“一轴”为将庄山和渭溪分割开的东西走向S形长安岭。庄山和渭溪分别坐落在S形的两个弯里，构成太极式布局。庄山内七星伴月的7个池塘形成滨水空间带，使得村落布局疏密有致。

街巷格局 村内的历史街巷纵横交错，整体呈自由网格状布局。庄山主街位于七星伴月塘两侧，呈东西向，其街巷道则沿南北向延伸，形成折线形的网状结构，总长度约为1000米，路面主要由青石板铺筑。其巷道根据当地的风场气流变化，巧妙运用堪舆理论，大量使用夹角，形成了墙折、路弯、巷曲的形态，宽度为1-2米（图4）。其中具有代表性的是喇叭巷，南窄北宽，青条石铺就。

历史环境要素 村中有池塘10余口，古树数株，古井1口，庙宇1座，古墓1座。

典型建筑

村内仍保留有明清古建筑130余幢，其中祠堂8座，书院3座，别墅式庄园1座，民居87栋，庙宇1座。传统民居总建筑面积2万多平方米。古建筑中超过1/3为文物保护单位，其他为历史建筑。

欧阳氏宗祠 该建筑位于村入口处，始

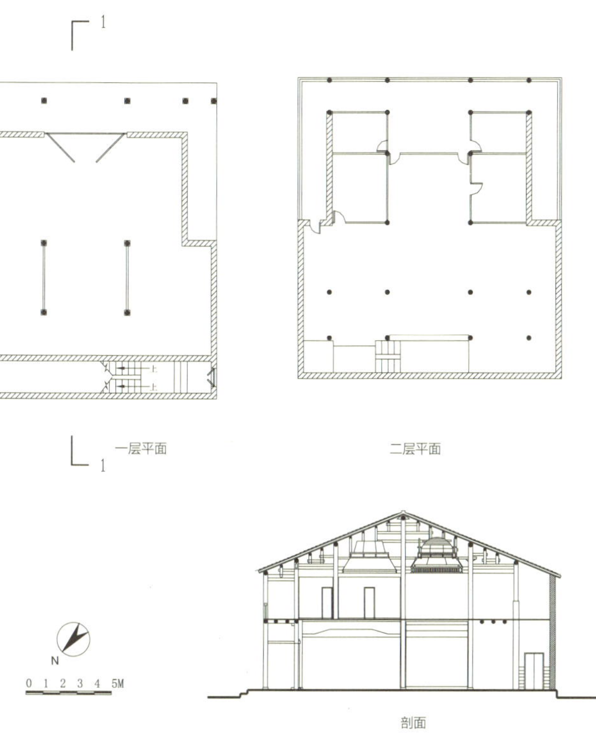

图 7 八老爷别墅建筑测绘图

图 8 八老爷别墅实景图

建于明正德年间。祠堂大体坐南朝北，整体布局为五开间两进式，西侧带陪屋，占地面积 1057.77 平方米，建筑面积 971.41 平方米（图 5、图 6）。中轴线主体建筑有门厅、享堂和寝堂，寝堂与享堂通过连廊相连接，形成工字殿及双天井的形式。工字殿提供了更大的祭祀活动的空间，能容许更多人同时进行祭祀仪式。在工字殿的地面铺装上带圆圈的站立点，通过一个个的圆圈铺装来规定祭祀时族人站立的位置。

八老爷别墅 该建筑位于庄山的东北部，始建于清道光末年。此屋初为家庙，后八老爷欧阳杰于此养老，因此称作“八老爷别墅”。建筑布局为前进式布局，面阔五开间，2 层，后带楼梯，占地面积 47 平方米，建筑面积 44 平方米（图 7、图 8）。第一层整体布置为厅堂，第二层中间布置厅堂，左右两侧布置寝房，外部有回廊环绕，朴素简洁。

非物质文化遗产

钓源村民风古朴纯正，各种节日风俗，都充满着团结、平和、吉祥的热闹氛围和村民真诚、勤劳、团结互助的良好风气。

送神 农历十二月二十四日当天子时起，人们便早早开始祭拜送灶神们上天庭述职，也使灶神们可以上天庭占个好位子，期望诸神能有风神协助早些升天；正月初四接神时，则希望能下雨，此被视为天神下凡时所携来的神雨。

灯彩 又叫“花灯”，每年的农历正月十五元宵节前后，人们都挂起象征团圆意义的红灯笼，来营造一种喜庆的氛围。

价值特色

钓源村历史人文景观富集，曾经如都会般繁华和喧嚣，有着“小南京”的美誉。村落布局有着独特的文化内涵，八卦式布局独具特色，组团式空间结构反映了古时宗法社会结构。村中有众多祠堂建筑和民居建筑，被誉为我国江南建筑的瑰宝。钓源村历史文化底蕴深厚，村落格局独特，文物古迹集中分布，是庐陵文化影响下的传统聚落典范。

上街村

[吉安市安福县洋门乡]

村落概况

上街村位于吉安市安福县洋门乡西北角，南临洋门乡中心区约3公里，西临金田至彭坊公路，至分文铁路金田乡站约5公里，距县城约30公里，交通便利。上街村常住居民约480户，1900人，耕地面积约4500亩，主要产业为种植和养殖。村落拥有较多保存完好的祠堂和红色革命旧居旧址群，格局完整，风貌古朴。2012年12月，上街村被列入第一批中国传统村落名录；2014年8月被评为第五批省级历史文化名村。

历史文化

上街古称“上城”，因村落四周环绕的群山，合抱如城而得名，后因人丁兴旺，商贸交流繁荣，贯穿村落主干道两边店铺作坊林立，犹如城中之街市，便称“上街”。上街因商贸发达，多个姓氏家族聚居于此。据《梁氏族谱》载，唐贞观元年，湖南长沙梁氏先祖彦俊公迁至此金溪山开基，故上街之姓有“先有梁、唐、周、段，后有伍、胡、冯、刘之说”。又据《上城刘氏族谱》记载：五代时期，西汉楚元王刘交之十五世孙刘遐于西晋为安成太守，留居安福之笪桥，至五代时，遐公二十一世孙刘谦从泰和韭洲迁上城，为爱敬堂基祖，后发展成望族。

上街村历史悠久，仕宦众多，自宋至清曾出14位进士，30位举人，有联曰：秀才百九三十举人两博士，明经卅二十四进士一翰林。上街村尚存多处门坊、牌匾，如“蝉联第”坊、“世科甲第”坊、“五美第”坊、众妙之门、瑞麟书室、瑞日祥云等，彰显了深厚的历史文化底蕴。

在第二次国内革命战争时期，上街村属于老革命根据地，1928年建立了红色政权——农会。1930年1月，中共湘赣苏区西北特区第十一区区政府设在上街村爱敬堂。同年3月，苏维埃安福县第一区区政府设在上街村爱敬堂。1931年中共湘赣省委、省政府并把列宁学校也设在上街村刘氏宗祠内，为红军培养了一批又一批的优秀干部。

空间格局

选址 村落选址背靠金源山，前望陈山河，体现了中国古代风水学“背山面水、负阴抱阳”的原则。村落位于金源山山脚下，地势相对平

图1 村落选址图

坦，北高南低。村前有一条宽阔的陈山河，沿西北向东南方向舒展延伸（图1）。

整体布局 上街村19口水塘镶嵌其中，整体形态呈组团式自由布局（图2）。七星北斗街沿东西向贯穿整个村落，位于街道中段的刘氏宗祠是刘氏家族组团的中心。村中部“蝉联第”建筑群与“五美第”建筑群相邻，规划严整，做工精良，外围设有“蝉联第”门坊和“五美第”门坊，形成封闭的居住组团，有很强的防御功能。“世科甲第”门坊位于七星北斗街的东部位置，虽然破败，但形制严整，砌筑精致。上街集儒、佛、道建筑文化为一体，有代表道教文化的金溪观、代表佛教文化的上城龙洲庵和代表儒文化的刘氏宗祠。金溪观位于街道尾端、村落北部，体现当地老百姓的精神寄托。村中主要街巷垂直于七星北斗街往北延伸，整体呈网状结构。

空间结构 上街村整体布局结构呈“一轴、三组团”特征（图3）。商业街呈北斗七星状走向，故称北斗七星街，贯穿东西主街道形成商业轴线，街道两旁商铺延续至今，对研究明清安福县历史社会环境和经济状况有较高的价值。上街村有3个聚居组团，其中西侧为“蝉联第”居住组团和“五美第”居住组团，东侧为世科甲第居住组团，3个组团均为刘氏聚居。刘氏宗祠占据了街上最有利的位置，说明了刘氏为当地望族，具有较大的影响力。

街巷格局 上街村主街为七星北斗街，次要巷道垂直七星北斗街向北延伸分布，呈不规则网络状自由布局。保存较好的有1条古街及2条历史巷道，主要由青砖、卵石铺筑。七星北斗街东西向，长449.7米；后山巷南北向，

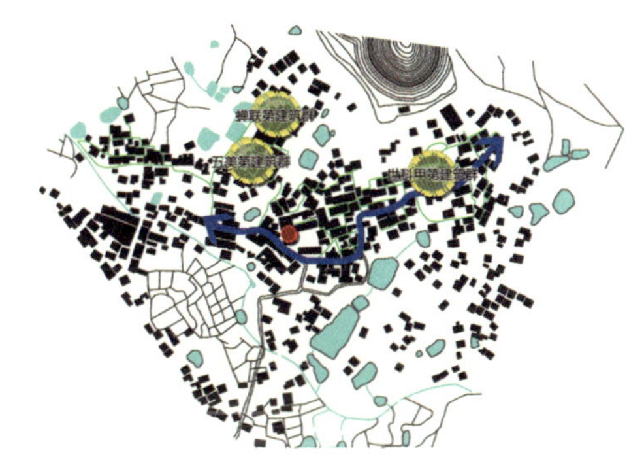

图3 空间结构图

图2 整体布局图

长 39.6 米；长房巷南北向，长 39.9 米。

历史环境要素 村内存古井 5 口，古塘 19 口，1 条古街，2 条历史巷道，古樟树 12 株。

典型建筑

村内尚保留了 4 处古建筑群，28 栋明清古建筑，6 处清朝门坊，重点建筑有刘氏宗祠、金溪观、“五美第”民居群、“蝉联第”民居群等。

刘氏宗祠 该建筑位于上街村刘氏组团的中部，又名爱敬堂，是上街村刘氏清明祭祖最重要的空间（图 4）。建筑大体坐南朝北，整体布局为五开间二进式，前带跨院，总占地面积约 1200 平方米（图 5）。主体建筑有门厅、享堂和寝堂。入口门楼中的门斗木雕精美，其上完好地保存了村落中唯一的堂匾，上书“上城刘氏祠”。享堂进深 5 柱，前带轩廊，轩廊两侧开门通向外街。建筑山墙采用叠式马头墙，马头墙的檐角、樨头等部位都进行了精细的装饰。

“世科甲第”坊 该建筑建于清代，砖石结构，长 7.1 米，宽 0.5 米，坊门宽 1.55 米（图 6）。坊门书楷体字“世科甲第”坊和“大清同治八年成存堂子孙重建”字样，后面写有“瑞日祥云”四个字。

图 6 “世科甲第”坊实景图

非物质文化遗产

十碗菜 十碗菜又称“十大碗”“十贵席”，是当地的一种饮食风俗。一般婚丧喜事都上（当时大户）十碗菜，说十碗菜其实是九种十碗（其中虾米占两碗），这种饮食特色盛行于江西中西部安福、永新一带。

图 4 刘氏宗祠实景

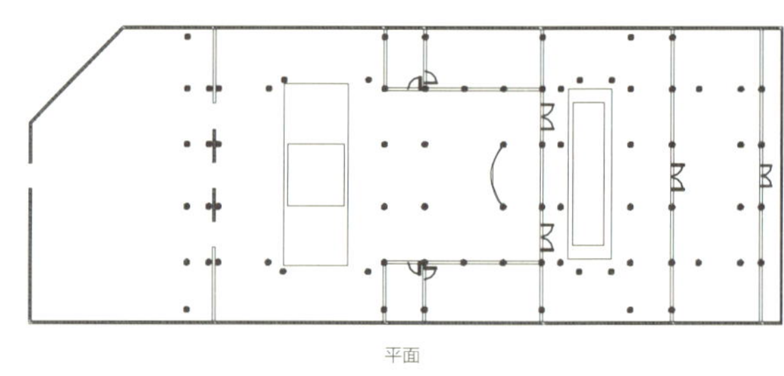

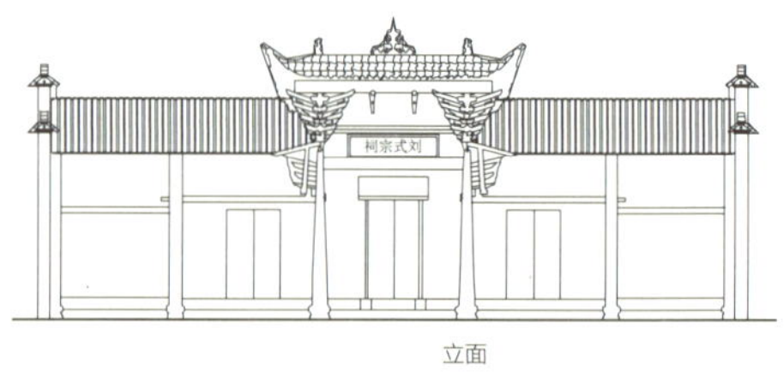

图 5 刘氏宗祠建筑测绘图

价值特色

上街村保存了完整的宗族、宗法体系，其中刘氏族谱历经多次修编延续至今，是一份有形与无形的氏族文化的珍贵遗存。上街保存了祠堂、道观、佛寺等传统建筑，为研究儒、佛、道传统文化提供了实物资料。该村受交通环境的影响，古今分别呈现了两处不同的商业中心，特别是村中古街七星北斗街，对研究当时社会环境和经济状况有较高的价值。

塘边村

［吉安市安福县洲湖镇］

村落概况

塘边村位于吉安市安福县城南，距县城约30公里，东接南旺村，南有扶椅形、东坑、紫霞坛等生态林场保护区，西与永新县接壤，北靠洲湖镇区。塘边村常住居民600余户，2700多人，耕地3800亩。村目前主要的经济产业是种植业、养殖业、部分个体企业也占有一定比例，经济较为富裕。2012年12月塘边村被列入第一批中国传统村落名录。

历史文化

村落因在池塘边建筑房屋，取名为“塘边”。该村为刘氏血缘聚落，系出西汉长沙王发，家谱上称之为长沙刘，与本县西乡茨溪刘氏同宗同祖，后汉乾祐末年（950年）由中书舍人刘景洪徙塘边开基，至今已有千余年历史。

塘边人经商初盛于宋元，辉煌于明清。明代后期，资本主义萌芽出现，商品经济开始活跃，在这新的历史条件下，塘边人抓住时机经商创业，在吉安、赣州、袁州开的商铺可以连接成一条街。清雍正年间，塘边富豪刘克绍在吉安永叔路开的“同源金号”乃“望都”首家，其资本无他号可抗衡。随着商品经济的发展，塘边商人的视野更宽，从商、外出赚钱的更多，家族邻里相互带动，遍及湘、鄂、桂等邻省，还远涉到大西南，以至东南亚。明末清初塘边人在四川数县开发盐产，商户达40多家，数百人之众，遍布各州县。“塘边老表一把伞，走到外地当老板”，可见其经商之风极其盛行。

空间格局

选址　塘边村地处丘陵盆地，不靠山，不临河，周边平畴沃野（图1）。塘边村地势平坦，整体呈现南高北低的态势。村落被众多池塘环绕，连成一片。

整体布局　塘边村规模较大，依塘而建，形成组团式布局（图2）。村落由东、西两个组团构成，西部组团围绕中间5口水塘而建，大体上呈向心式布置。西部组团南有上山刘氏大宗祠（已毁），东有致美堂、八栋屋，西有继美堂，北为文明坊、七栋屋、滋德堂以及其民居组团；东部组团规模较小，向塘而建，坐南朝北，中为奎光堂，东为思本堂。村内外水塘嵌绕，建筑绕池塘而建，溪水绕建筑而过，有招财聚财聚宝，细水长流之意。

图1 村落选址图

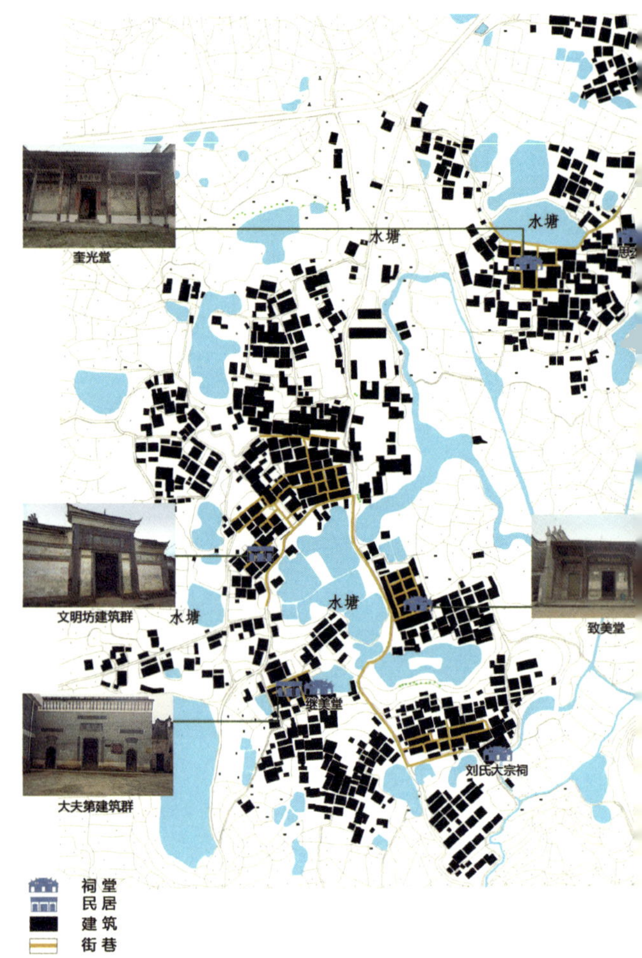

图2 整体布局图

空间结构 塘边村整体呈“一核、两组团”向心式布局结构（图3）。塘边村分为东 、西两个组团，每个组团都环池塘布局，房屋绕其四周分布，形成向心式布局。在大组团中又分小组团，宗祠与民居并排连成一体，多用排式布局，组团中部分建筑群体用院墙对房屋进行围合。刘氏总祠（已毁）位于村南，是整个村落空间的精神文化核心。

街巷格局 塘边村的主街以池塘为中心环绕布置，民居巷道成规整的向心网格状布置，构成了各房村民主要的交通、交往空间。现保留八栋屋前、文明坊前及东边大夫门前等历史巷道10条。主街共长1588米，宽度为2.5-5米，巷道相对于主街尺度较小，宽度约为1-2米，由条状青石板或者鹅卵石铺筑（图4）。

历史环境要素 村落有古树29株，古塘众多，古堤1处，风水林一片，历史街巷10条。

典型建筑

塘边村现有县级文物保护单位3处，包括大夫第、上山刘氏大宗祠和奎光堂，重点历史建筑11处，有八栋屋、大夫第、文明坊等。

八栋屋 该建筑位于塘边村西部，与致美堂相连，始建于清朝道光年间。建筑坐东南朝西北，前后各4栋，占地面积为1280平方米（图5）。建筑为砖木结构，硬山顶。建筑布局为中部正房四排两列，两侧为廊房，隔巷道与正房相对。正房皆以巷道相隔，墙垛高跷，室内装饰雕刻兽禽花卉、喜剧人物故事。廊房为木吊楼，木雕彩绘精美，内容丰富，工艺精湛（图6）。

奎光堂 该建筑位于塘边村东部，始建于

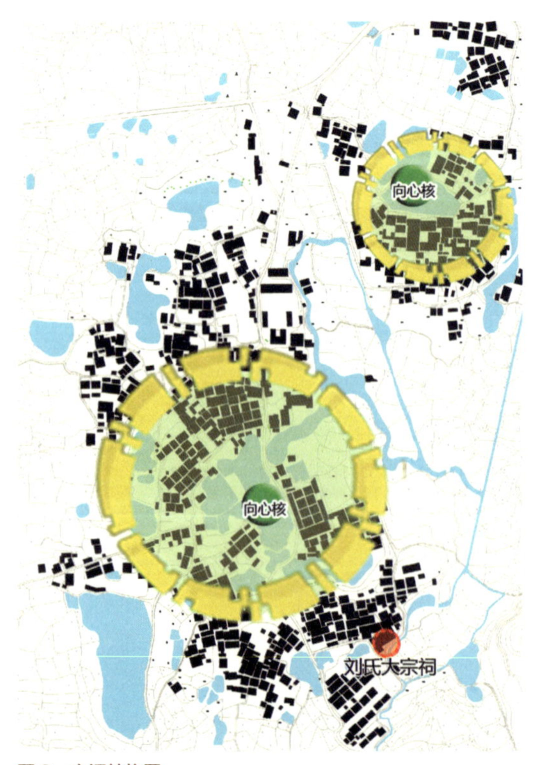

图3 空间结构图

图 4　传统街巷风貌

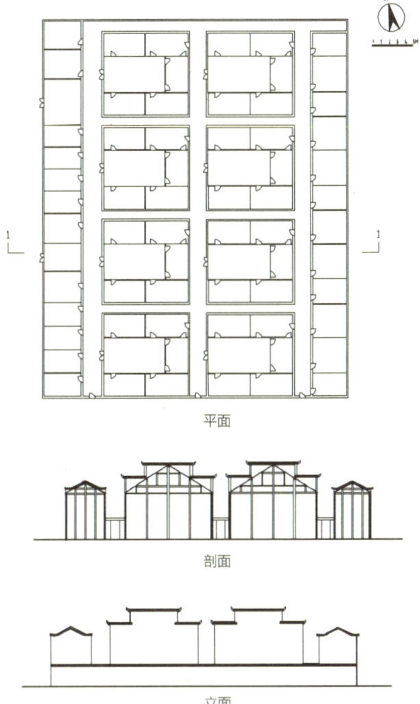

图 5　八栋屋建筑测绘图

图 6　八栋屋雕饰

明代。建筑大体坐南朝北，占地面积为 688 平方米，砖木结构。整体布局为两进式，中轴线上分布门厅、享堂和寝堂（图 7）。前门悬“世科甲第”牌匾，左右对联赋之。前廊檐彩绘人物山水壁画，有松风水月、春夏秋冬风景画，栩栩如生。享堂木对联“耘庐书台气节，金马玉堂文章”，左右书“忠节孝义”，有透雕花窗，鹿形石雕户对，工艺精美。

非物质文化遗产

中秋烧塔　农历八月十五晚上，全村男女老少纷纷齐聚垒好的塔前，鸣放鞭炮祭月烧塔。中秋烧塔习俗由佛教造浮屠（佛塔）衍变而来，成为安福县祈求风调雨顺、日子兴旺、欢庆中秋佳节的重要民间活动。

吃新节　农耕时代一年当中历经“三荒五月”后夏粮丰收，开镰时节为庆祝丰收，感谢上苍赐予的风调雨顺，祈求土地神给予更多的恩赐，使各家各户过上温饱富足的生活。一般约定于每年的 7 月 6 日 -10 日间为“吃新节”。

价值特色

塘边村池塘众多，环境宜人，村落与自然融为一体。村落空间布局独具特色，建筑环塘而布，具有明显向心性。文物古迹分布集中，建筑风格体现出清代安福商贾文化特色，同时呈现出鲜明的时代演变特征，对赣派民居的研究提供了珍贵的案例。

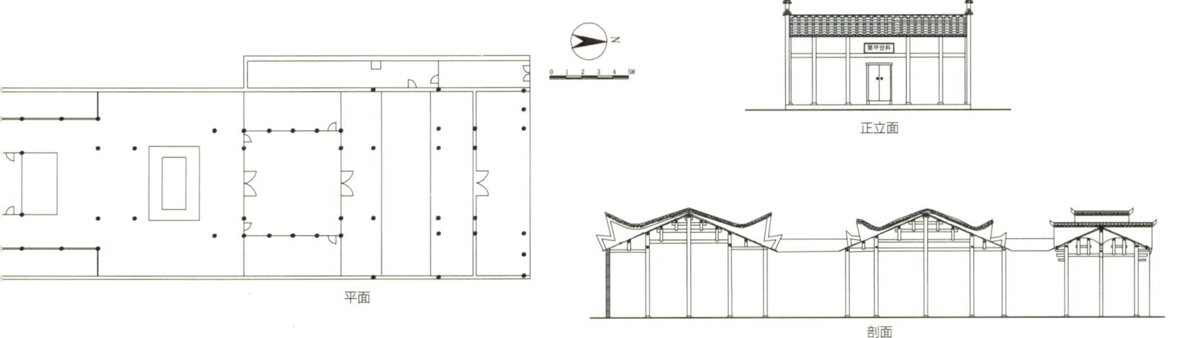

图 7　奎光堂建筑测绘图

沂溪村

[吉安市峡江县水边镇]

村落概况

沂溪村地处吉安市峡江县水边镇的东北部，因地处沂水之滨而得名，其北部靠近下痕村，东部比邻加坊村、馆头村，距峡江县城2.8公里。村落分为上、下沂溪，沂江河水环绕、地形平坦。据2015年统计资料，全村有446户，2089人，耕地398亩。村落历史悠久、文化底蕴深厚，有“蒙馆之首，戏剧之乡”的美誉，2013年8月被列入第二批中传统村落名录，2014年9月被评为省级历史文化名村。

历史文化

沂溪村始建于宋仁宗天圣三年（1025年），距今已有近千年历史。起初，曾氏四十三派俨公偕其胞弟从庐陵永丰迁至馆头，为馆头始祖。而后，又有部分族人从馆头迁至嘉坊，最终，在明永乐四年（1406年）曾氏五十二派由嘉坊迁居沂溪。因迁徙演变发展历程，沂溪村分为上沂溪（又称嘉坊）、下沂溪（又称黄荆州），均为曾氏聚居地。

该村人文蔚起，文运昌达。据《曾氏族谱》记载，圣曾参十五世孙，创办书院，抵兴文风，贤达辈出，曾氏“一门三进士，父子同登科”被传为佳话。宋、元、明、清先后走出了曾三复、曾三聘、曾先之等41位进士，于是在坊间有“无（该）馆不开考”的传说。由于文风鼎盛，后来受到宋朝皇帝的嘉奖，赐封曾氏村落为“馆头”。

空间格局

选址 沂溪村建于平地，三面环水，东南向倚靠蜈蚣山，东为农田（图1）。沂江水自村前自东向西流入赣江，冷溪从南面与沂江汇合。

图1 村落选址图

整体布局 村基建于沂江东岸，整体形态呈集中团块形（图2）。冷溪南端设有地户，通过沿溪码头组织起整个村落的理水空间。承恩堂为村中的总祠、此外还有四美堂，为村民提供祭祀、集会等活动场所，是村中重要的空间节点。村西北部的戏台及观音庙，演绎着乡村世俗生活。

空间结构 沂溪在空间上呈现“一带、一核”的空间结构（图3）。沂江水系自西侧环落而过，河岸上连续建有9个码头，形成一条滨水商业空间带。村中的总祠——承恩堂是村内精神文化核心。村中建筑布局紧凑，绕祠堂而布。

街巷格局 沂溪村保留多条历史街巷，纵横交错、呈棋盘式布局。其中有2条东西走向、1条南北走向的主街，其他小巷相互交错、连通，曲折迂回，形成了完整的交通体系。街巷主次分明，或宽或窄，长的187.1米，宽1.5米，短的也有98.6米，宽1.3米。路面中间采用石板，两边用鹅卵石砌铺布成，巷道两侧设排水沟（图4）。主要街巷有古居街、民安巷、福惠巷、承恩巷等。.

图3 空间结构图

图4 传统街巷风貌

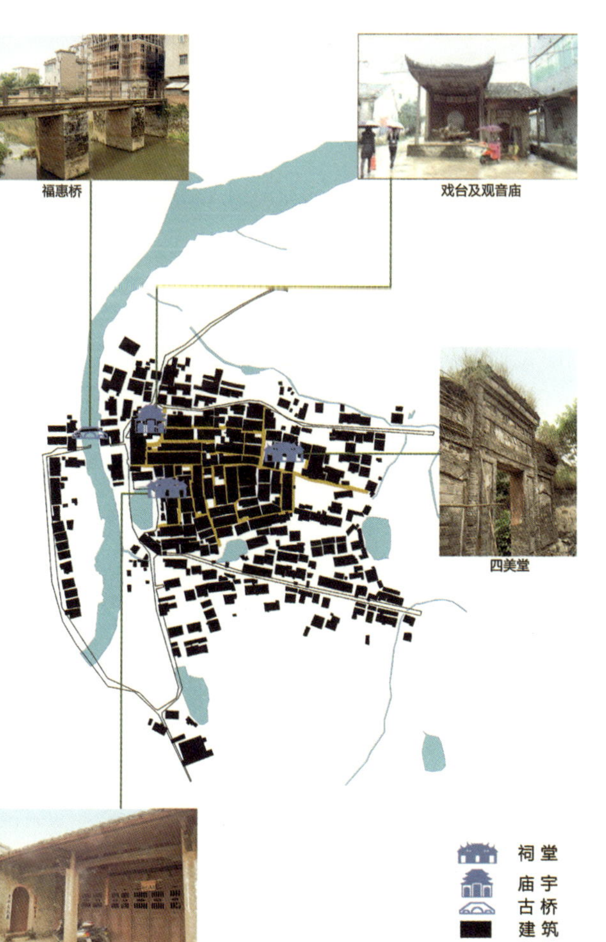

图2 整体布局图

历史环境要素 村中现存古渡口3处，古井4口、古桥2处，石雕木刻116处，古树70棵。

典型建筑

村中保存明清庐陵风格传统建筑26栋，典型建筑有承恩堂、绳忠堂、四美堂、一法庵等，具有较高的文物价值。

承恩堂 该建筑位于沂溪村东部月塘前，始建于明景泰三年（1452年），是皇帝嘉奖曾

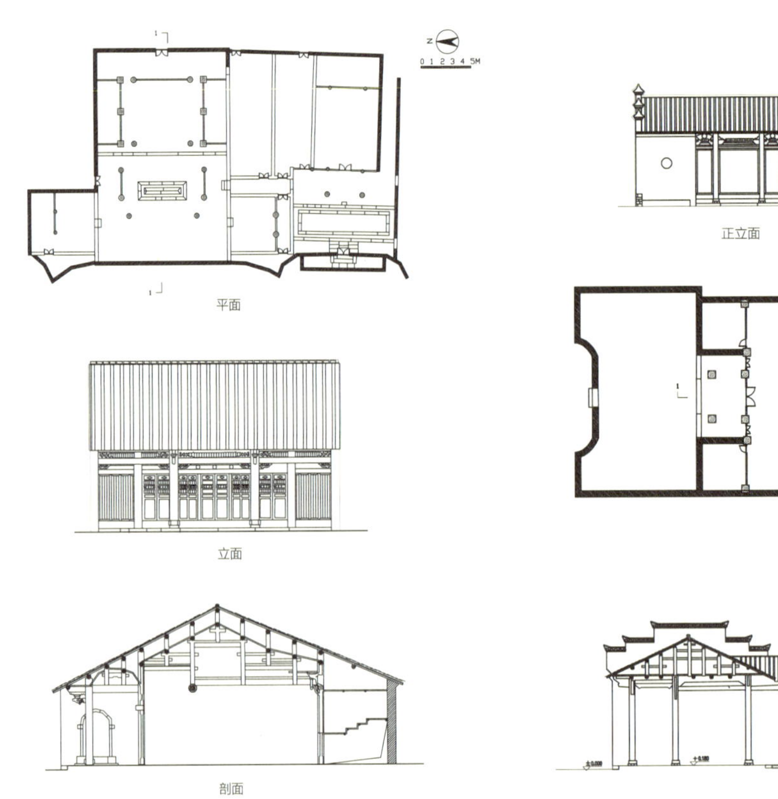

图 5　承恩堂建筑测绘图

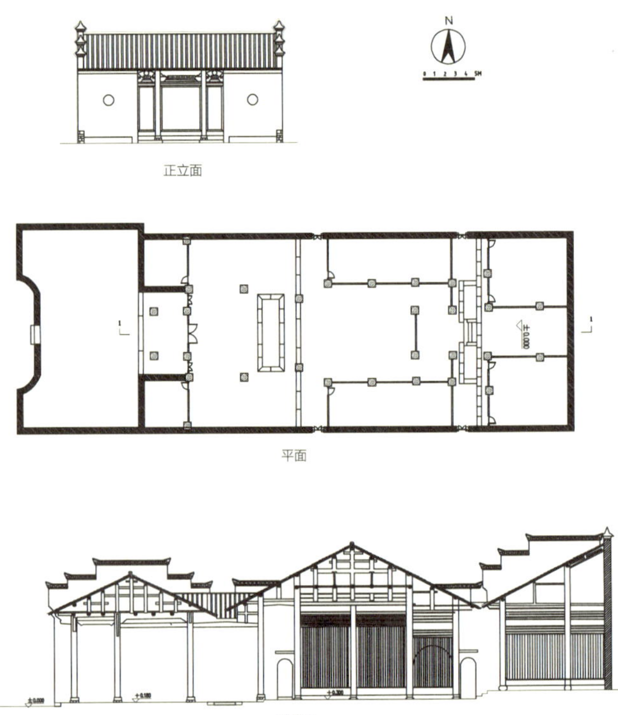

图 6　四美堂建筑测绘图

氏族人乐善好施而建，清代重修。承恩堂主要供祭祀与集会时使用，坐东朝西，共占地 692 平方米（图5）。祠堂主体建筑有门厅和寝堂，寝堂又分上下两厅；南边紧贴着的是一个神厅，主要用来摆放沂溪始祖的神位。祠堂局部雕饰精美，柱坊间有狮子绣球的雕刻，石柱上还刻着楹联，厅堂上留存着清代遗存下来的多块牌匾。

四美堂　该建筑位于沂溪村东北部，始建于明朝初期，为分祠。祠堂坐东朝西，砖木结构，整体布局为五开间两进式，中轴线上依次分布着上堂、天井、中堂、天井和后堂，中堂和后堂两边分别有两个偏房，占地463平方米（图6）。建筑青砖灰瓦，雕饰精美。

非物质文化遗产

舞草龙　沂溪在中秋特有的传统民间习俗擎草龙又称舞草龙，自宋代以来，一直延续至今。据《峡江县志》载："传统灯舞是正月元宵玩布龙，八月十五玩秆龙，其舞弄套数大体相同，只是布龙用灯光，秆龙用香火。"其做法是龙头、龙尾、龙身用稻秆轧制，龙头由几组粗稻绳盘结而成，龙尾由两组稻穗杆分叉组成，龙身由稻秆结绳连贯而成，晚上舞龙时在龙身斜插香炷点燃挥舞，甚是壮观。

竹编　竹编在沂溪有着悠久的历史，产品种类丰富、样式精美。传承下来的技法种类繁多，有独经独纬、二经二纬编的人字纹梅华眼、辫子等编法。编织的篾丝每寸可排列数百根，十分精致。

价值特色

沂溪村有着近千年的历史，乡土资源丰富。独特风水选址、棋盘式的街道，联排式的房屋，精美的雕刻图案，有较高的历史文化与科学艺术价值。村落布局严整紧凑，建筑与环境融合，营造出人与自然和谐共处的氛围。

沙溪村

［吉安市安福县竹江乡］

村落概况

沙溪村位于吉安市安福县东部，竹江乡集镇东部，离临竹江乡中心区约 3 公里，西接省道 S224，距县城中心区约 26 公里，交通较为便利。村内现常住 41 户，村民 212 人，共有耕地 600 多亩，林地数千亩，村民主要以种植、养殖为主业。该村古建筑、古巷道、古塘、古樟树等要素保存完好，2013 年 8 月被列入第二批中国传统村落名录。

历史文化

该村开基于明朝景泰年间，开基祖为沙溪颜氏先祖颜玖，颜氏直钦十一世孙，至今已有 500 多年、19 代人。因村前一条小溪多沙，所以取名为“沙溪”。沙溪村历史上曾出多名文人、富贾，据记载，有举人 3 名，最大的官至州司马。历代的沙溪颜氏子孙，行商至川、湘等地区，都会在当地建祠庙，以诰先祖、荫庇后人。

空间格局

选址　沙溪村地势平缓，南高北低。村落环山抱水，南有靠山，村北有溪水绕村而过，北部远处山体连绵（图 1）。沙溪村自然风光旖旎，风景宜人，村内古塘散布，古樟树林、枫树林分散在村前小溪边。古樟树龄多在 200-500 年之间，郁郁葱葱，是沙溪的风水树。

整体布局　村内建筑布置严整，整体形态呈集中团块形（图 2）。村中有门楼 2 座，分布于村落的东西两侧，东为退省轩，与心斋公祠相连接，形成沙溪村的东入口。西侧的门楼现仅存遗址，离村落约 300 米，原来是整个沙溪村的西大门。颜氏宗祠位于村西，前有风水塘，后有风水林，坐西朝东，与村落相呼应。学堂、书院、祠堂等分散布置在村内。学慧堂位于村西，是古时上学受教育的场所。心斋公

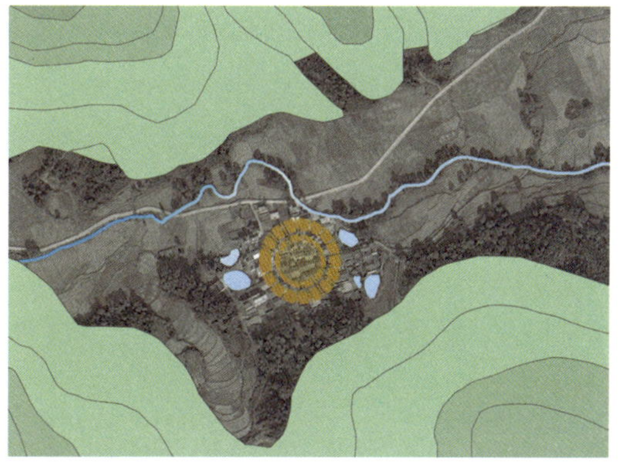

图 1　村落选址图

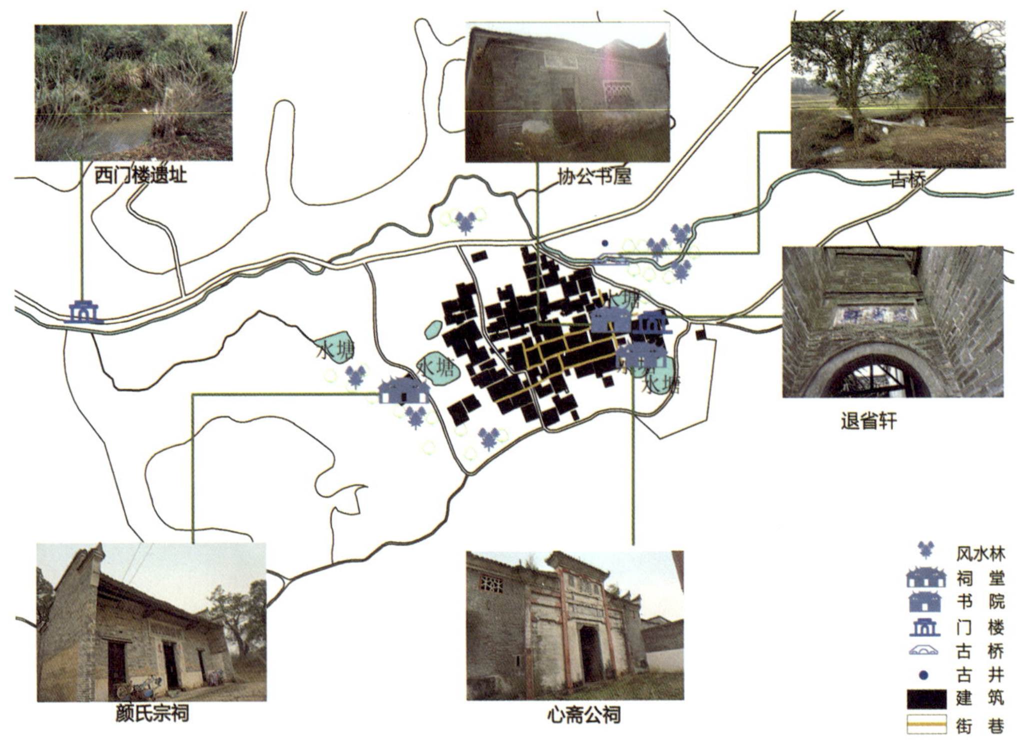

图 2 整体布局图

图 3 空间结构图

图 4 传统街巷风貌

祠为最大的房祠，位于村东。协公书屋紧邻心斋公祠。村内巷道纵横，交错相连，呈棋盘状。

空间结构 沙溪村在村落空间上呈现出“中心-住居领域”的空间结构特征（图 3）。独立在村西的颜氏宗祠，是村中的总祠，为村落的精神文化核心，也是村中最重要的公共空间。以民居为主的居住组团是颜氏族人的住居领域，主要的生活场所。

街巷格局 村内的街巷布局呈棋盘状，横纵相接。保存较为完整的历史街巷 9 条，纵横交错，是村落历史风貌和空间格局的重要组成部分。颜寿平宅前、刘春华宅前、颜惟兵宅前、颜寿道宅前等历史街巷共长 436 米，风貌保存较好。街巷大多宽 1.2 米左右，多数以青石板少部分以鹅卵石铺就（图 4）。

历史环境要素 沙溪村现存古井 1 处，古塘 5 口，古桥 2 座（一处为万福桥，另一处为横江桥）。

典型建筑

村中古建筑数量众多，县级文物保护单位 1 处，历史建筑 23 处，保存较好的典型建筑有颜氏宗祠以及少数民居。

颜氏宗祠 该建筑位于沙溪村西，始建于清代，坐西朝东，近代重修，为颜氏子孙祭祖之地。建筑整体布局为三开间一进式，砖木结构，占地 283 平方米（图 5）。建筑主轴线上依次为

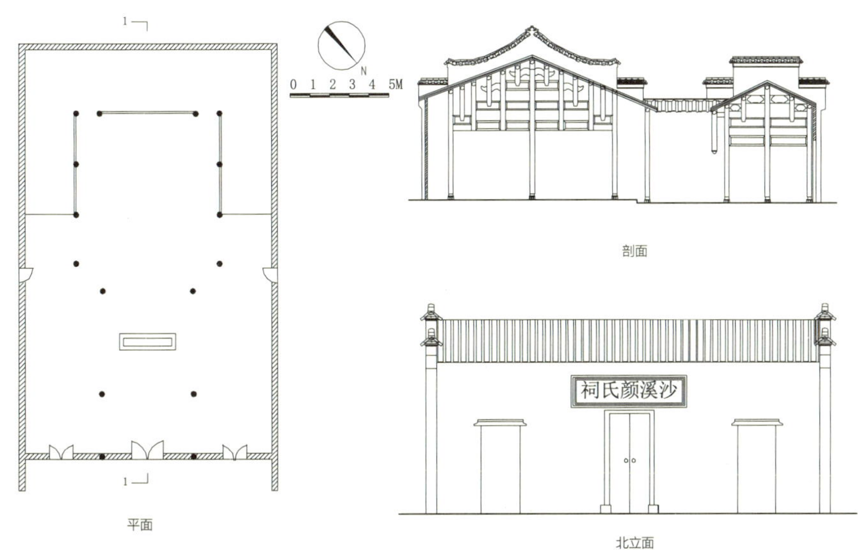

图 5 沙溪颜氏宗祠建筑测绘图

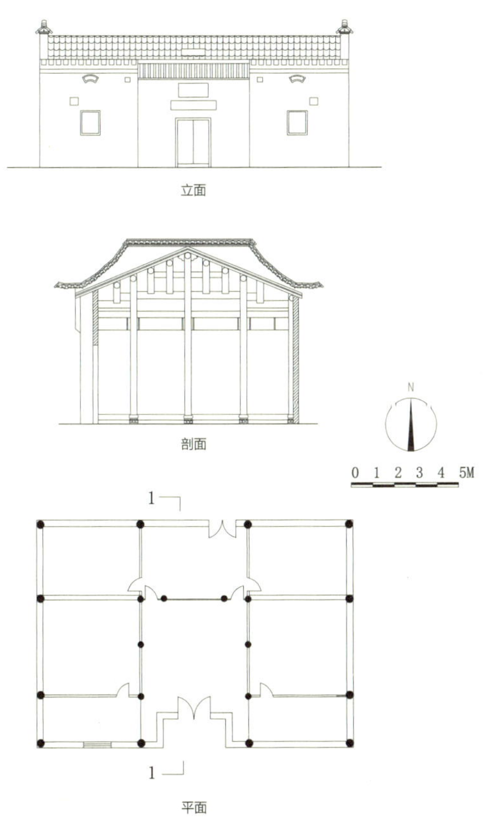

图 6 颜寿道宅建筑测绘图

门厅和寝堂，两侧设有厢廊。建筑内部木构架，窗洞设置普遍较小，且外小内大，便于防盗和采光。祠堂前正对风水塘，背靠山坡，背山面水，风水极佳。入口处有数对旗杆石，彰显了历代沙溪村祖先的功绩。

颜寿道宅 该建筑始建于清代，坐落在村东。建筑坐南朝北，一字形三开间，砖木结构，占地15平方米（图6）。大门正对着一处影壁，上面的雕刻已经模糊。建筑屋顶开有天眼，便于采光，窗洞设置的较小，且位置较高，便于防盗。屋内木雕精美，局部有损坏。

非物质文化遗产

吃新节 吃新即尝新，在“小暑”至“大暑”之间，早稻开镰之前举行。节前要用轿子接外公外婆前来赴宴，亲朋好友，长辈老师也是节日必邀的客人。新中国成立后，当地政府每年统一规定“吃新”之日，以免互相请客，耽误夏收。吃新这一天，人畜（耕牛）不用劳作，家家户户过节。男丁们首先到稻田里选取新熟的丰满的稻穗，供奉于家中神龛之上，主妇们则持少量新谷用碓舂成新米。节日主食为新米饭和粉蒸肉，以庆丰年来临。

价值特色

沙溪村为颜氏血缘聚落，历史悠久，文物古迹众多，古木成林，环境优美。村落布局严整有序，宗祠与居住组团相呼应，形成具有明确中心性的空间结构。沙溪村规模不大，格局基本完整、肌理清晰，是吉安地区庐陵文化影响下的小型聚落的代表。

银圳村

［吉安市安福县金田乡］

村落概况

银圳村位于吉安市安福县金田乡，距县城中心区约 37 公里，南有安永公路相隔，东经东荫桥与洲湖镇相连。全村常住居民约 200 户，近 800 人。村基占地面积约 210 亩，耕地面积 841 亩，主要经济产业为种植业和养殖业。村落自开基以来，人丁兴旺，文运昌达，至今保存了大量文物古迹，2013 年 8 月被列入第二批中国传统村落名录。

历史文化

银圳之名始于银陂水，因水陂在本地常说成水圳，银陂也称银圳。该村均为金田金溪王氏后裔，而金田金溪王氏又由太原王氏后裔迁徙而来。其始祖王德载榜中进士，任吉州刺史，于唐乾符年间徙金田开基以来，历 1100 余年，发展至“一族两房十三团”，素有“金田千烟村”之称。

据考证，银圳王氏历代达官显人及鸿儒乡贤达 219 人，明代以王时槐、王懋中为代表的京官达 10 余人。清嘉庆时期，王氏家族出了一位大商人王瑞爵，以经营木材和山林特产为业，积聚财富后部分捐献朝廷被诰封“大夫”衔后，大兴土木建了“一山第”民居群。

空间格局

选址 银圳村四周小山岗环绕，北有高山，东有银陂水，村基建在中间平坦盆地之上(图 1)。银圳村与周边村落处于同一盆地，四周小山环绕，形似盛开的莲花，故古人相传此地为“莲花形”，而银圳处在莲花形的东南边沿。

整体布局 村落坐北朝南，整体形态呈集

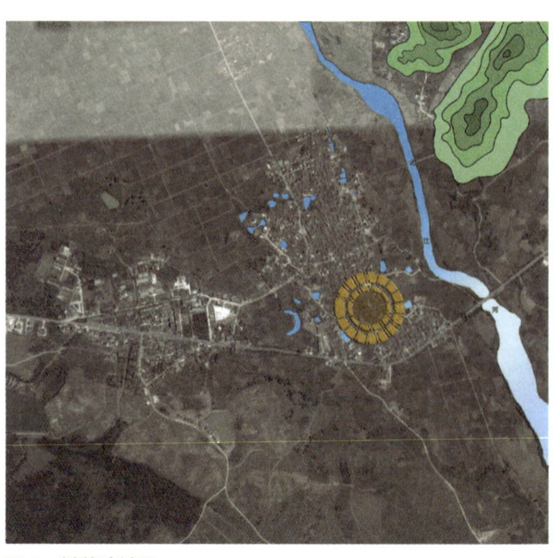

图 1 村落选址图

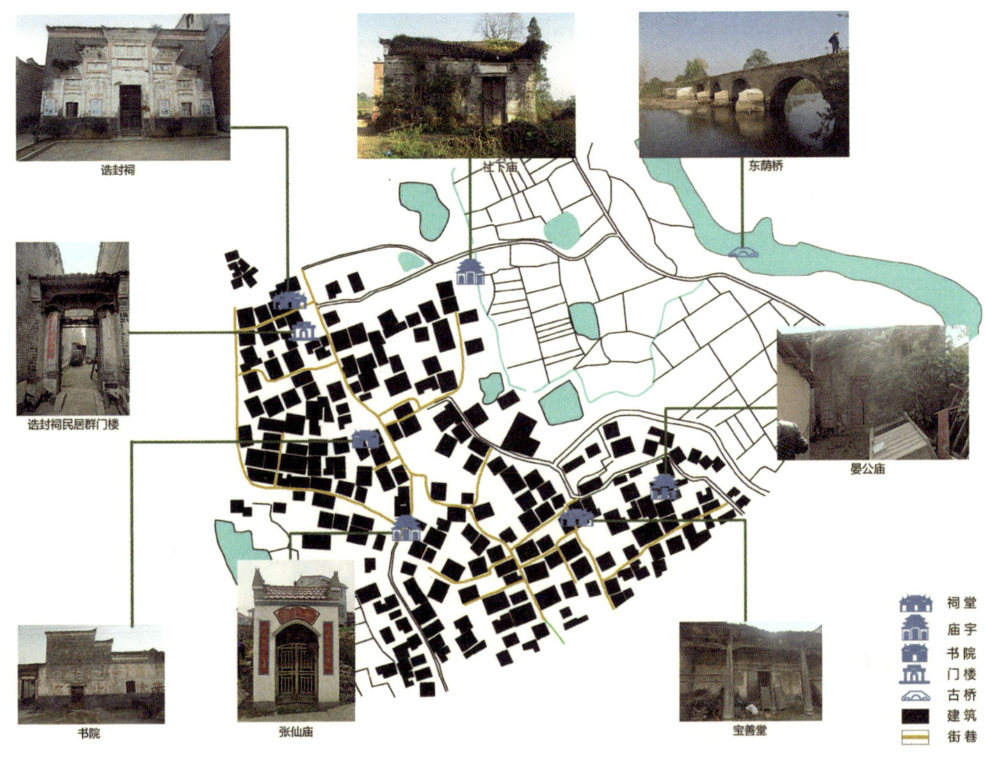

图 2 整体布局图

图 3 空间结构图

图 4 传统街巷风貌

中团块形、群落的布局特征（图 2）。村内的祠堂有宝善堂、诰封祠等。村内现存书院 1 座，位于村中部。村落外围分散布置 3 座小庙，张仙庙、晏公庙和社下庙，庇佑着整个村庄。村中主要街巷交错纵横，整体呈网状结构。

空间结构 银圳村整体布局结构呈“一核、多群落”的特征（图 3）。宝善堂为村落的精神文化核心。村落从南至北以时间先后、血缘亲疏、发展快慢、财力雄弱为依据，分地段、分堂、分组合分别构建祖祠与民居组合的建筑格局。南至中段有“宝善堂”及民居群落 3 栋，“二房祠”及民居组合 15 栋，“马廊下”宗祠及民居群组合 5 栋；中至北段有“一山第”祠及民居群组合 7 栋、“诰封祠”及民居群组合 4 栋。各民居群一般都有一个总院门出入，或设坊门，或设门楼。有的总门后再设小院门，形成院中有院，巷中有巷的格局。每个居住组团又有各自的房祠。

街巷格局 村内保存了 12 条较为完整的历史街巷，纵横交错，保留了原有的村落肌理。“马廊下”民居群、“一山第”民居群、“二房祠”民居群、“诰封祠”民居群、“宝善堂”等建筑周边历史街巷共长 1588 米，巷道尺度较小，宽约 1 米，多为鹅卵石铺就（图 4）。

历史环境要素 村内存古井 1 口，古桥 2 座，历史巷道 12 条，古塘多处，古树数量众多。

典型建筑

村内尚保留了68处各级各类保护建筑，各级文物保护单位共25处，重点建筑有宝善堂、二房祠、一山第祠和诰封祠等，另有历史建筑22处，传统风貌建筑21处。

宝善堂 该建筑位于村东，始建于明代，大体坐南朝北，第三进规模较小，总占地面积约237平方米（图5、图6）。祠堂砖木结构，外墙青砖眠砌，山墙有叠式马头山墙和鱼背山墙，造型丰富。

王光先宅 该建筑位于村尾，始建于清代。建筑大体坐西朝东，面阔三开间，一堂六房，北侧带一排陪屋，占地面积约215平方米（图7）。大门入口处向内凹退，有一个木雕门斗，

图5 宝善堂实景图

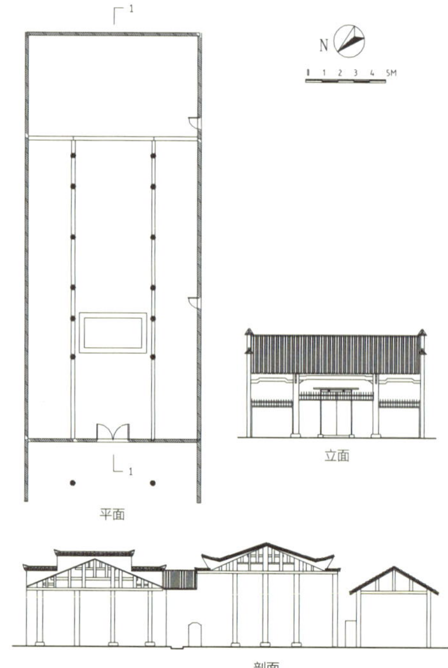

图6 宝善堂建筑测绘图

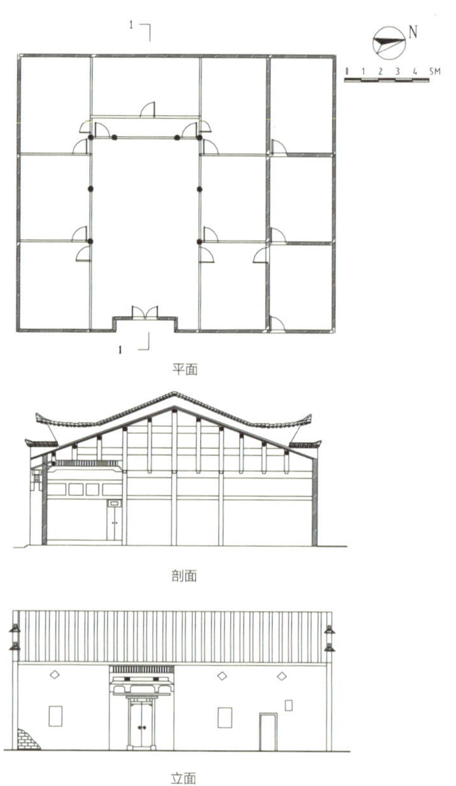

图7 王光先宅建筑测绘图

前檐墙顶开口字形扁窗，用以采光。下堂设藻井，手工雕饰后粘贴拼接而成。

非物质文化遗产

滚龙灯 滚龙灯是该地民俗特色之一，俗称“打滚子”。每年正月十五日元宵节晚上吃过汤圆后，族人聚会一起，打锣鼓、吹唢呐。抬龙灯先到宗祠、庙宇拜神，然后挨家挨户收灯，一直闹到天亮。一般龙灯队称“打龙灯”，而该村称“滚龙灯”，是因为在龙灯表演时要在地面上翻转龙身让龙游行。

价值特色

银圳村历史悠久，文化底蕴极其深厚，仕宦鸿儒人才辈出。传统建筑保存较好，建筑格局极具特色，各民居群自成体系，形成多个有设防的民居群落，是吉安地区传统聚落营建模式独特代表。该村乡土文化厚重，古迹集中分布，非物质文化遗产活态传承，是赣中地区庐陵文化影响下的聚落典范。

圳头村

［吉安市吉安县敦厚镇］

村落概况

圳头村位于吉安市吉安县敦厚镇，东邻高唐，西接下村，南为连山和社前村，北与丁家洲接壤。村落南接庐陵大道，西距吉安县政府约300米，北距禾水河约1.8公里，交通便利。全村现有1032户，共4863人，村域面积约2.3平方公里，耕地面积约2000多亩，林地面积约8000多亩，主要经济来源以出租房屋、种植水稻和外出经商为主。2013年8月圳头村被列入第二批中国传统村落名录。

历史文化

圳头村含敦厚、厚丰两村，原有刘、邹、杨、曾、萧等五姓居住，明洪武年间其他姓氏相继迁出，仅剩刘姓。南宋宝祐年间，湖北荆州江陵县刘徽乡举吉州通判，定居南城益彰滩，为圳头刘氏一世祖。明正统年间，庐陵圳头第七世祖刘友信迁居圳头溪，为始迁祖。清康熙年间，因居所在一泓溪源头，改为圳头村。

圳头村文化底蕴深厚，人才济济，历代出了中宪大夫和朝仪大夫5人，奉政大夫和奉直大夫15人，有六品、七品官员41名，九品以上官员401人。自“中华民国”自今，有解放军大校1名、厅级干部2人，县级干部7名，科级以上干部168人，有博士1名，教授、高级工程师5名，本科生以上大学生143名。

该村是赣南苏区重要的红色革命根据地。1930年，毛泽东、朱德率领红四军战士来到圳头村，召开了重要的扩红会议。会后，村内有三四百名赤卫队员参加了红军，投入歼灭唐云山旅的战斗中。圳头西家塘是驻吉安国民党军邓英部的外围阵地，圳头则是江西地方红军独立团的驻地。九打吉安后，部队向樟树方向前进。圳头村在抵御日本侵略者和国内土地革命战争中，做出了巨大的贡献，留下宝贵的红色革命精神和革命遗址。

空间格局

选址 村落地势较为平坦，周边水体资源丰富。村基建于相对开阔的平原之上，大体坐北朝南（图1）。村内水塘密布，受东南方向水体的影响，村落整体形态向西北方向发展。

整体布局 圳头村布局集中，整体形态呈团块状（图2）。村内祠堂众多，现存11座，其中有代表性的有刘氏宗祠、素定公祠、素器

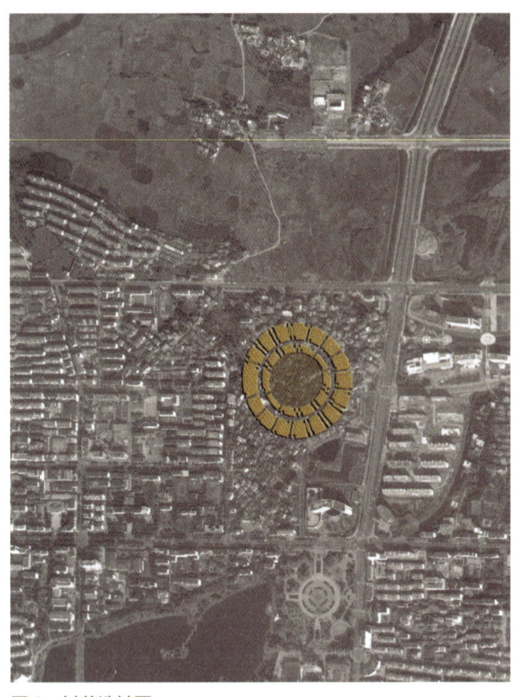

图 1 村落选址图

公祠、体恕公祠、荣先公祠等。刘氏宗祠位于村东南，为村中的总祠。人民公社具有典型历史特征，位于村北部。

街巷格局 村内现有道路系统由巷道和部分历史街道改造的车行道组成，呈不规则方格网状。主巷位于素定公祠前，支巷为垂直于主巷，巷道由青石板或鹅卵石铺砌，宽度大约都在 1-3 米，长度在 150 米左右。

历史环境要素 村落有古塔 3 座，惜字亭 3 座，庙宇和古井多处。

典型建筑

圳头村有 85 幢保存完好的明清古建筑，明清时期的祠堂现存 19 栋，明代民居建筑有 3 栋，清代民居建筑 63 栋。其中天门式建筑形制的有 62 栋，天井院式建筑形制的有 4 栋。

刘氏宗祠（五伦堂） 该建筑位于村南，建成于明成化戊戌年（1478 年），历经多次修缮，重建于清咸丰二年（1852 年）。“君臣有义，父子有亲，夫妇有别，长幼有序，朋友有信”为五伦，五伦堂取名于此。五伦堂大体坐北朝南，整体布局为三开间两进式，总占地面积为 500 多平方米（图 3、图 4）。主体建筑有门厅、高堂和寝堂，中轴对称，中间有 2 口天井，32 根大型屋柱。祠堂内刻有“大明皇帝敕书奉”字样，有大量木雕、石雕、砖雕和泥塑，还存有较多匾额，历史底蕴深厚。

大夫第 该建筑位于村落北部，修建于清代，正房面阔三开间，偏房由天井采光，占地面积约 204 平方米（图 5 、图 6）。建筑为砖木结构，天门式民居，有宅地外门和正大门，外立面有独具特色的火焰形窗花。室内隔扇窗花精美，存有大量的书写雕刻文字，内部构架柱保存完好，具有较高的艺术价值。

非物质文化遗产

元宵灯会 刘氏后裔为缅怀先祖刘邦斩蛇起义，亡秦灭楚，一统天下的丰功伟绩，融拜神、祭祖、舞龙等民俗活动于一体，每年全村

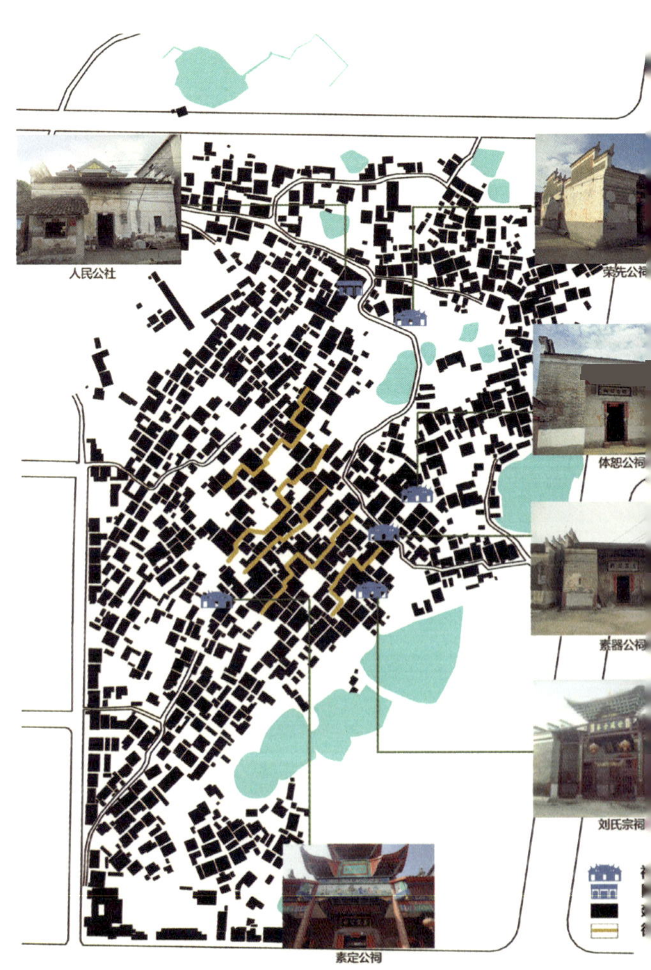

图 2 整体布局图

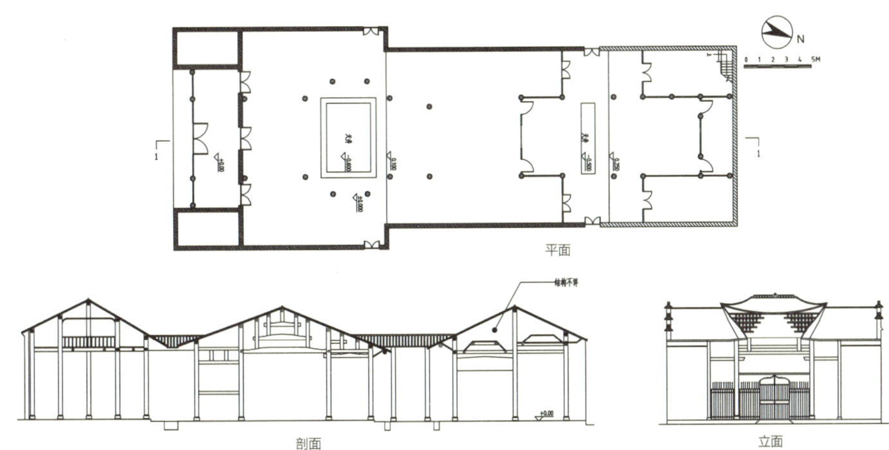

图 3　刘氏宗祠建筑测绘图

图 4　刘氏宗祠实景

图 6　大夫第鸟瞰图

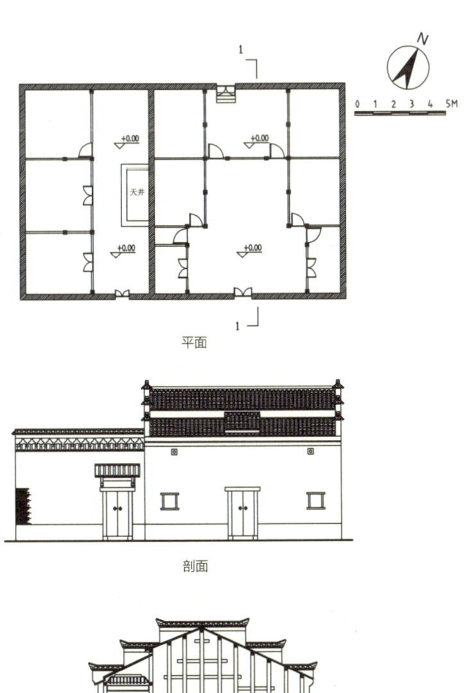

图 5　大夫第建筑测绘图

四五千人参加，舞动 8 条巨龙游村，规模宏大，具有鲜明的地方特色。1992 年 11 月，江西省文化厅命名吉安县为“灯彩之乡”。2012 年 6 月，敦厚元宵龙灯入选江西第三批非物质文化遗产名录。

中秋烧瓦塔　八月十五夜，在全套的锣鼓声中，先在刘氏宗祠点燃香烛爆仗祭祀祖先，继而小孩唱着《化秆歌》到各家各户去“化秆”，将村中多处瓦塔烧得通红，浇以白酒，烈焰腾空，借以禳灾驱邪，永保平安。

价值特色

圳头村是一座以血缘为纽带形成的刘姓宗族聚落，在文化理念、村庄布局、宗族特征、建筑风格以及传统习俗等方面均集中体现了庐陵文化的特征，是吉泰地区传统村落的典型代表；村内保存了大量的祠堂和独具特色的赣中传统民居，是研究我国古代吉泰盆地古建筑极为珍贵的实物资料。

鄠溪村

［吉安市遂川县堆前镇］

村落概况

鄠溪村位于吉安市遂川县西北部山区、堆子前镇东南方向，距县城43公里，东邻草林镇，南连西溪乡，西与井冈山市下七乡接壤，北抵大坑乡。鄠溪村现有300多户，户籍人口1100余人。村民依靠种植金橘、水稻、竹笋、山茶籽和加工农产品作为主要经济来源，生活水平较高，被称为“井冈山下第一镇”，是井冈山革命根据地的重要组成部分。2013年8月鄠溪村被列入第二批中国传统村落名录。

历史文化

鄠溪村开基祖文海公明朝永乐年间带领族人在此开基。此后，子孙不断拓土开疆、耕读立业，不但在本地拥有广阔的田地和山场，还在草林、西溪、廖坊、水口、集龙、河濑、大坑、赤坑、大汾、寨溪、青塘等地置有可观的田产和林地，先后建立了鄠溪屋场、下源屋场、南岭大屋、大若寺等聚落点。现在鄠溪黄氏为堆子前镇第一大姓。

黄氏子孙艰苦创业、崇文重教、耕读传家，人才辈出，村中有名望的贤士有广西太平知府黄存铨、婺源巡检黄仁波和黄由相及其子义方、义齐、义言等。据记载，鄠溪黄氏清朝后期出进士1人、巡检1人、诰授武德尉郎守卫千总1人，儒林郎4人，登仕郎1人，秀才4人，大安人5人，军功六品入祀县昭忠祠4人，孝节双全受朝廷旌表2人，以及国学生、从九品邑庠生等28人。民国至今，在不同领域有成就的有120多人。

空间格局

选址 鄠溪村选址注重山水的处理，背山面水，遵循了风水学理论（图1）。村落位于山间平地，北侧鄠溪环绕而过，南侧倚靠后龙山，房屋街巷因地制宜，沿东西方向舒展延伸。

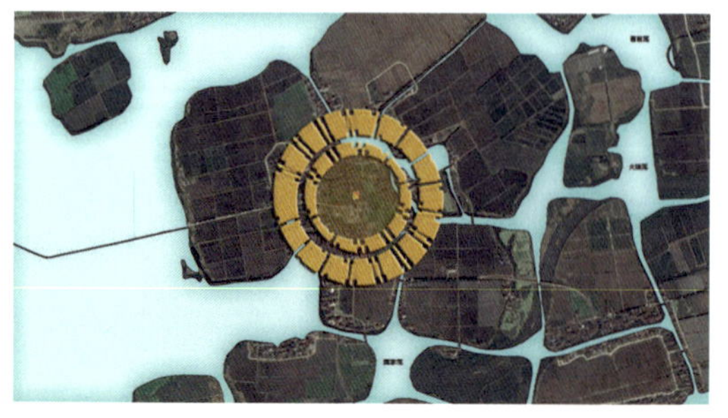

图1 村落选址图

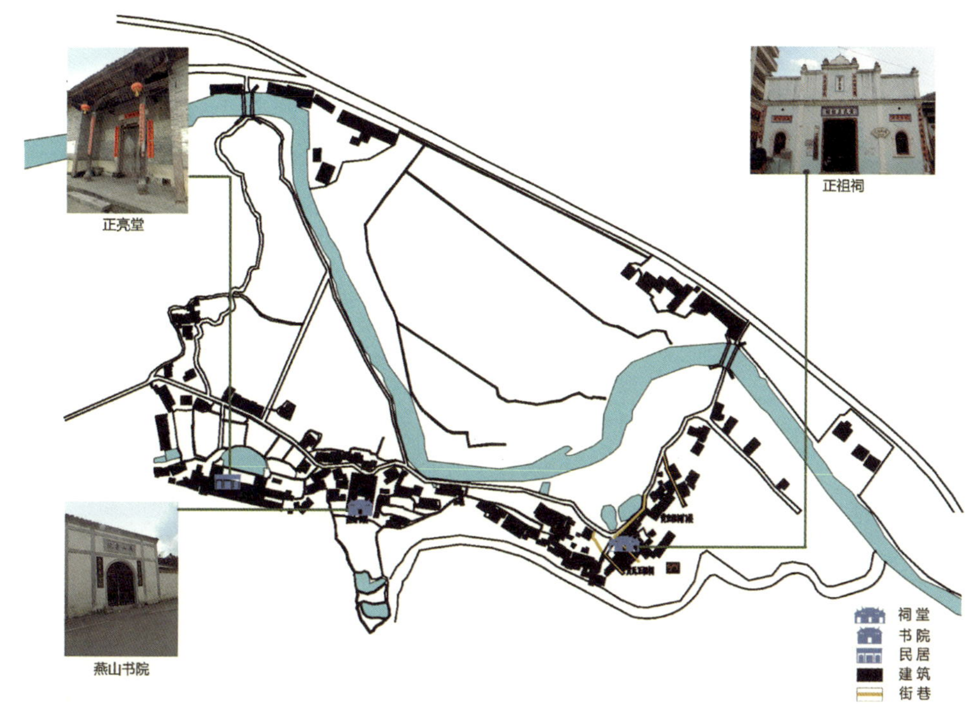

图 2　整体布局图

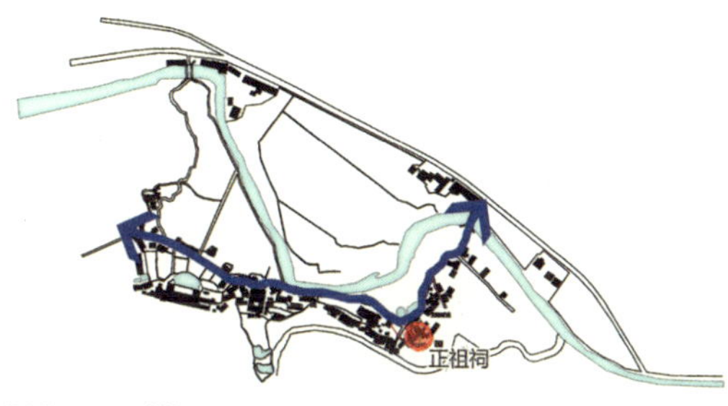

图 3　空间结构图

整体布局　村落背靠后龙山，前依鄢溪水系而建，布局较为自由，整体形态呈带状（图2）。黄氏正祖祠位于村口处，是村落的精神核心。燕山书院地处村西，旧时为教育子孙的场所，为村内的文化中心。村内主街把正祖祠、燕山书院、正亮堂等重要建筑节点串联起来。

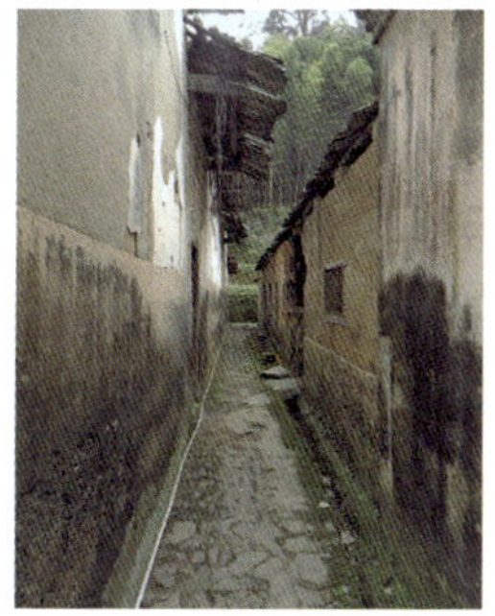

图 4　传统街巷风貌

空间结构　村落沿山脚自由布局，呈“一核、一轴”的布局结构（图 3）。黄氏正祖祠位于村东部，为精神文化核心。村内的主街串联正亮堂、燕山书院为重要节点，形成交通轴。民居沿着山体走向依山而建，形成带状的村落空间。

街巷格局　村落东南部现存传统巷道 3 条，街巷肌理清晰，大致呈现梳状，布局自由，路宽 1.5-2.5 米，总长 266 米，用青石板或鹅卵石铺就（图 4）。

历史环境要素　村内有古井 2 口，古樟 3 棵，古塘 5 片，古桥 1 座。

典型建筑

鄢溪村中现存完整的明清古建筑及遗址 5 处，其中省级文物保护单位 2 处，已登记尚未核定公布为文物保护单位的不可移动文物 3 处。村中典型的重要建筑有黄氏正祖祠及其上首的正亮堂和下首的燕山书院。

燕山书院　该建筑位于井下组，于乾隆五十九年（1794 年）开工，嘉庆十一年（1806 年）竣工。书院坐南朝北，整体布局为七开间一进式，占地约 3000 平方米，建筑面积达 1982 平

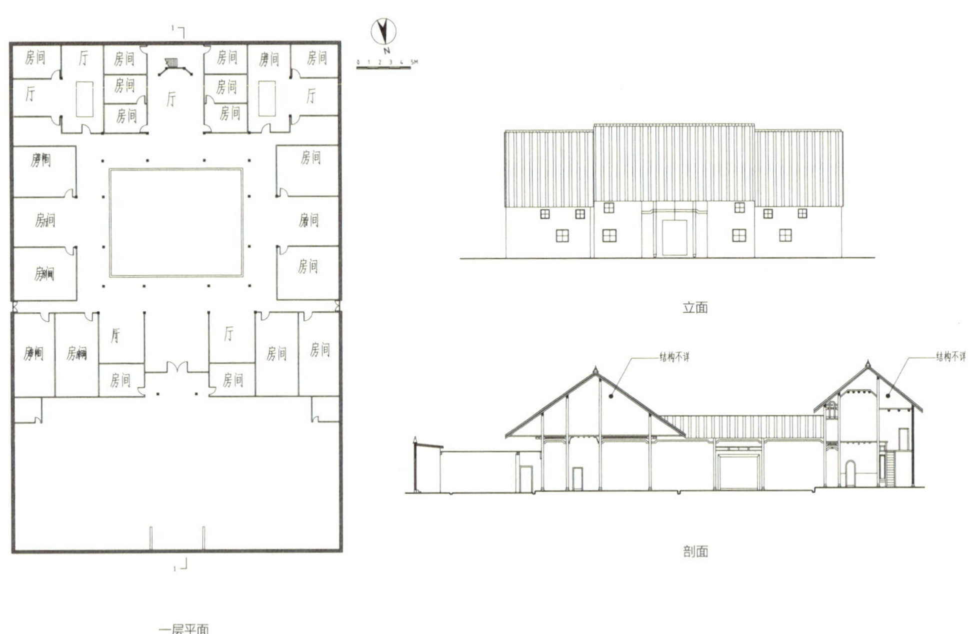

图 5 燕山书院建筑测绘图

图 6 燕山书院实景

图 7 黄氏正祖祠实景

方米（图 5、图 6）。书院为砖木结构，由内外两部分组成，外部空间依次为院门、棂星池、院坪、马厩，内院空间以天井为中心，天井四周布置前厅、下房、左右厢房、讲学堂、文昌阁及辅房等。正楼为书楼，两侧厢房与文昌阁相接。大门门廊到两侧回廊及文昌阁内天花板上布满彩色人物故事画，共有 100 多幅。该建筑保存完好，是书院类建筑的典型代表，2006 年 11 月被列为省级文物保护单位。

黄氏正祖祠 该建筑位于东部井下组，于民国 25 年（1936 年）在原宗祠的遗址上修建，呈现出中西合璧的建筑风格。作为黄氏家族祭祖的主要场所，总占地面积约 300 平方米，整体布局为三开间一进式，砖混结构，建筑主轴

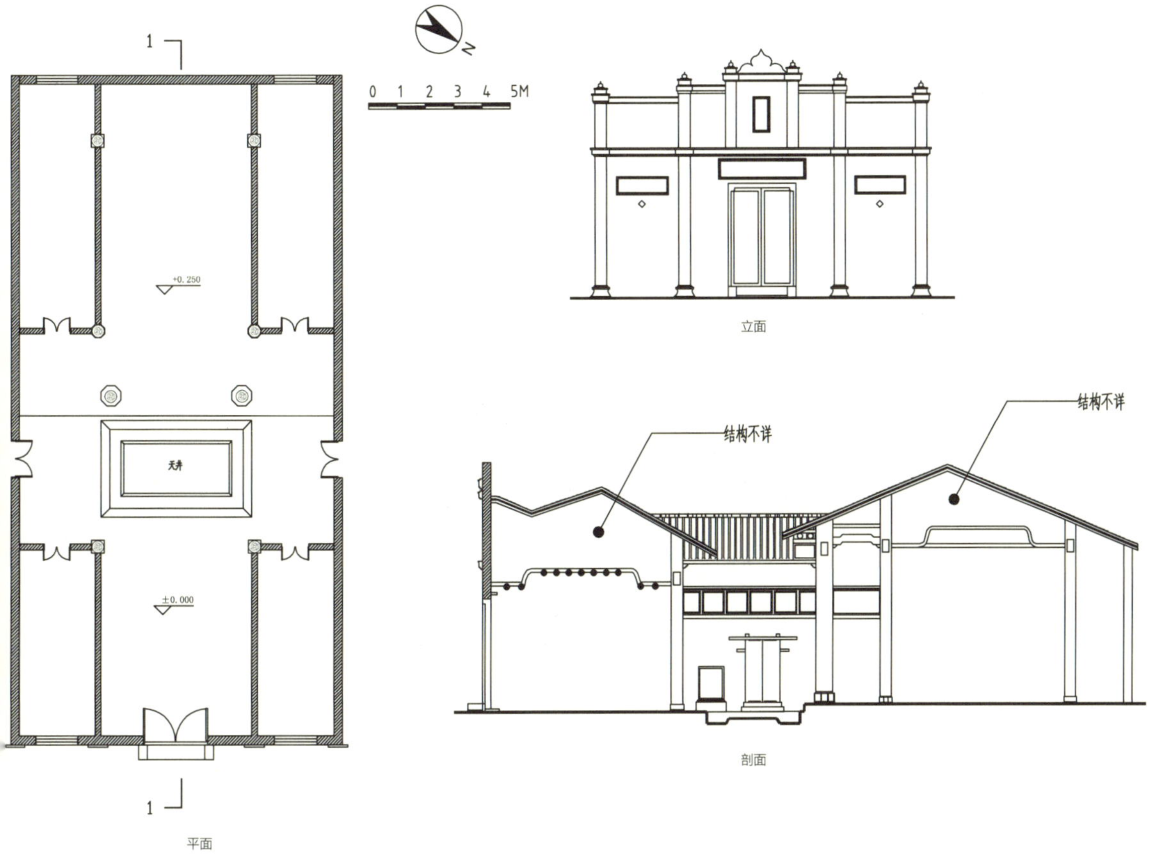

1
0 1 2 3 4 5M
+0.250
天井
±0.000
1
平面

立面

结构不详
结构不详
剖面

图 8　黄氏正祖祠建筑测绘图

线上依次为门厅、天井、正堂，两侧设有厢房（图7、图8）。祠堂内有大量彩绘书画和精美的木雕。

鄢溪村的建筑大都保存较好，砖雕，木雕都非常精美，以龙凤狮象、花鸟虫鱼、人物典故、梅竹松荷为主，有些建筑的藻井绘制彩绘以作装饰。石雕多镂空图案，大都是人物故事，少许为植物花鸟，既可通风采光，又可装饰（图9）。

图 9　建筑装饰

非物质文化遗产

鄢溪村作为客家人集聚地，民风淳朴，大部分人都喜欢听客家采茶戏，会制作各类精致的客家小吃、美酒、美食等，还有传统节日、农业生产、婚丧嫁娶、耕读传家、留产祭祖等方面的风俗。

价值特色

鄢溪村繁荣昌盛、人才济济、代代相传，并留下了极其丰富的历史文化遗产。该村至今仍保存较完整的传统村落风貌，村落因地制宜，布局自由；建筑布局严谨、风格古朴典雅，体现了独特的客家风貌和气质。鄢溪村是庐陵文化影响下的客家聚落，具有较高的历史、科学、艺术价值。

下源村

[吉安市万安县百嘉镇]

村落概况

下源村位于吉安市万安县百嘉镇西北，赣江东畔，西邻百嘉村，距百嘉镇96.8公里，S225省道穿境而过。据统计，全村现常住人口合计约900人。村落地处丘陵地区，依水而建，与水共生，绿树掩映古樟环抱，环境优美；村内文物古迹较多，历史环境要素丰富，2013年8月被列入第二批中国传统村落名录。

历史文化

下源村古称夏源，始建于南宋末年，自湖州刘氏迁入后，经过数代的繁衍生息，逐渐发展成一方大聚落。该村古时归属于滩头镇，也就是现今的百嘉镇。

重要的人物主要是刘氏后代第十四世孙用利公以及第二十世孙绍锜公。刘用利，万历会试第三，登翁正春榜进士第二甲第二名，选翰林院庶吉士，授编修，进文林郎。戊子奉命册封荆蕃，官至知府。刘绍锜，下源村历史上清嘉庆九年（1804年）甲子科举人，道光六年（1826年）丙戌大挑一等，以知县用。初任浙江淳安知县，后补常山县调嘉善县，其为官清廉，为民造福，率总亲自抗倭寇。灾害年间，开仓赈民，甚得民心。众敬仰，离任时，淳安百姓建生祠祀之。

空间格局

选址 下源村地处丘陵地带，依赣江东岸而建，东南侧紧邻山脉（图1）。村内古樟葱郁，七片水塘环绕其中，古称“七朵莲花”。村子依水而建，顺应自然地势，朝向视野开阔之地，风景秀美。

整体布局 村落依赣江而建，因地制宜，呈自由式布局（图2）。村落入口位于西南，有数个水塘，寓意招财聚宝。村东的刘氏祠堂

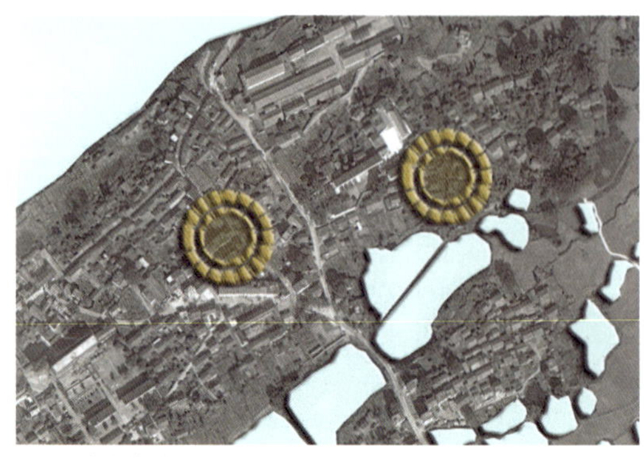

图1 村落选址图

图 2 整体布局图

为祭祀场所，是村落的精神空间。村西的百嘉老街为历史上的商业街。建于民国时期的百喜教堂位于老圩镇。

街巷格局 村内街巷纵横交错，肌理清晰。由于该村因水而兴，村内最重要的历史街巷为百嘉商业街，街道两侧为骑楼，采用中西结合的建筑艺术风格（图 3），宽约 4 米，鹅卵石铺就，

图 3 传统街巷风貌

形成独特的历史风貌。沿赣江总共有 8 个渡口由东到西分别为丰泰行码头、益丰码头、阁干街码头、赖正盛码头、脱骨码头、舒狗仔码头（彭家码头）、曾家祠码头、锅厂码头。

历史环境要素 村中有池塘 10 余口，古树数株，古井 1 口，庙宇 1 座，古墓 1 座。

典型建筑

村落内尚保留了县级文物保护单位 1 处，不可移动文物 13 处，包括 1 处商业建筑群，1 处教堂，10 处民居，1 处祠堂。

刘氏祠堂 该建筑位于下源村北部，始建于明朝，南北朝向，整体布局为三开两进式，总占地面积为 341.11 平方米（图 4）。入口门厅的横梁上有花草纹雕刻和彩绘堆塑，门前的石狮云纹石鼓保存完好，石鼓座雕有长方形卷草纹饰。厢房的隔扇镶嵌倒梯形云龙花草彩绘雕刻大花板。该建筑历史悠久，工艺考究，地

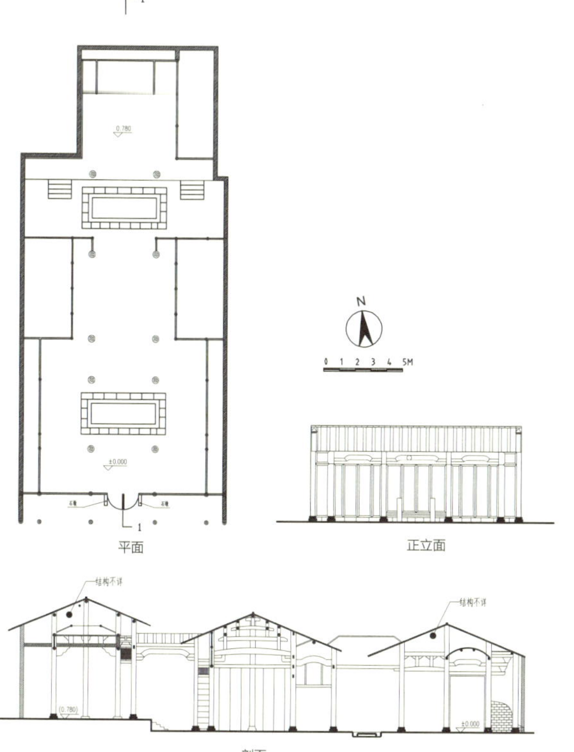

图 4 刘氏祠堂建筑测绘图

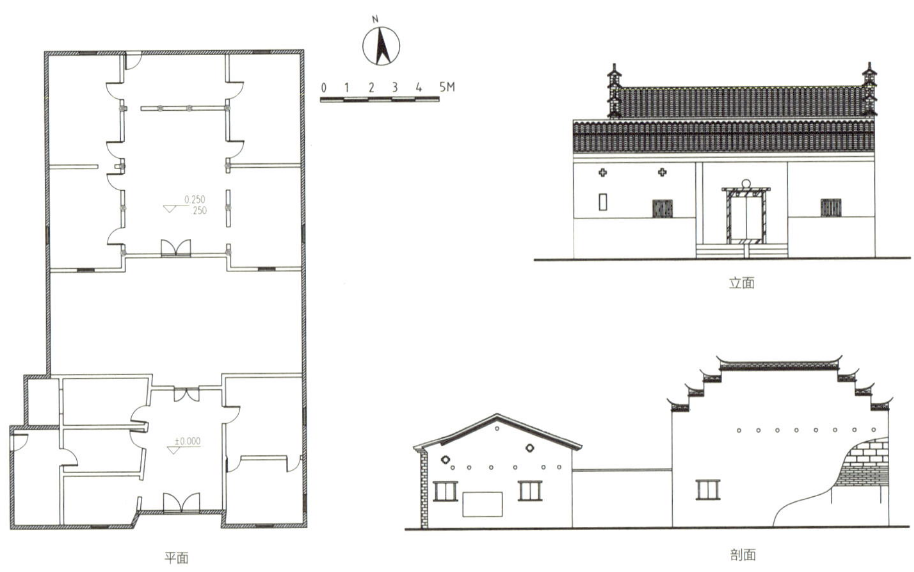

图 5 刘思铤宅建筑测绘图

图 6 刘思铤宅实景

域特色鲜明，保存较好，有较高的文物价值。

刘思铤宅 该建筑位于下源村东南部，始建于清末民初，大体坐北向南，面向水塘，整体布局为三开间一进式，总占地面积为 224.73 平方米(图5、图6)。整座建筑分为前后两部分，中间用庭院连接。后部正厅砖木结构、一明两暗式布局，硬山顶。大门外墙有梅花形石窗，额枋两边有四面形灯笼状垂花，上方有长方形花格窗。建筑主体结构保存完好。

非物质文化遗产

百嘉酒 在万安流传着一句俗语“窑头豆腐，百嘉酒”，可见百嘉酒在万安人心中的地位。百嘉酒是万安乃至江西省的特色酒，不含添加剂，是天然绿色饮品，酒精浓度较低，营养含量高，包括多种有机酸、微量的高级醇和多种维生素，适量饮用能舒筋活血，使人气色红润、延年益寿。

龙舟竞渡 该村从建村开始至今每年端午节从阴历五月初一到五月初五会与韶口乡举行为期 5 天的龙舟竞渡，声势浩大。龙舟竞渡对于当地居民来说一直是一项重要的活动，已列入市级非物质文化遗产。

价值特色

下源村历史悠久，传承有序，因水而兴，历史上商贸发达，是一座传统商业型聚落，曾有过“百家商铺共聚，千户商贾云集”的繁荣。村落格局尚存，村内文物古迹丰富，建筑特色突出，尤其是百嘉老街的传统建筑风格多样，具有较高的研究价值。该村落突出反映了庐陵文化影响下的地域风俗、建筑文化等，是赣中地区传统村落的代表。

菖蒲村

[吉安市井冈山市厦坪镇]

村落概况

菖蒲村位于井冈山市东北的厦坪镇，距厦坪镇镇区中心 3.5 公里，距离井冈山市区 7 公里，南侧和东侧临井泰高速公路和 G319 国道，交通便利。村落面积共 1.0 平方公里，其中耕地面积 380 亩，水域面积 80 亩。村落生产经营以农业、林业、商业服务业为主，经济基础较好。现有 112 户、460 人。菖蒲村生态环境良好、传统风貌古朴，2013 年 8 月被列入第二批中国传统村落名录。

历史文化

菖蒲村始建于明朝末期，迄今已经 500 多年，辖山田陇和南城陂 2 个村小组。山田陇以尹氏为主，始祖为彦当公，即鄱阳侯七大宗之歆祖十代世孙。唐末五季回避马氏乱，由洪都洗马池迁居到了溪洲尾（今井冈山市洲尾村）。自此尹氏家族在此繁衍生息，彦当公的后裔繁衍了 10 个支系，人口有上千人之多。

南城陂以王氏为主，以周灵王太子晋为始祖。据史料记载，晋的十九世孙泽始迁江东；泽的十二世孙遵业公，从江东迁到了北湖镇。遵业的十世孙溥，又从北湖镇迁江右的抚州金溪。又经过了五代以后，德载公的二十六世孙业禄公又迁到了双源。业禄公的第五子命承字承恩，又名启易，在清朝康熙初期从安福县双源迁到了南城陂，堂号承恩。自启易公在此开基，到现在已经繁衍生息了 12 代，历经了 300 余年。

菖蒲村人杰地灵，人才辈出，尹氏族人共有进士 4 名，贡士 1 名，举人 1 名，秀才 29 名。官职文官在县教谕以上、武官在千总以上者有 22 名。

空间格局

选址 村落选址遵循传统风水学原理，背山面水，背靠井冈山，面临拿山河（图 1）。村内田园景观风貌较好，水塘众多，成腰带状环绕村落。村落地势西南高东北低，整体上比较平整。居民分布因地制宜，主要沿山脚带状分布。

整体布局 村落格局完整，沿拿山河呈带状分布，山田陇在位于东北，南城陂在位于西南，两村之间有农田相隔（图 2）。山田垄内有保存完好的祠堂建筑——尹氏宗祠。尹氏宗

图1　村落选址图

祠位于山田垄的东部，是山田陇的核心精神文化空间。南城陂村入口处有一古樟树，高大茂盛，为村民的休憩空间。古樟的南侧有一保存完整的公共建筑，现改为菖蒲大食堂。村中主要街巷平行于拿山河往东北方向延伸，整体呈网状结构。

空间结构　村落的空间结构呈“一带、两组团”（图3）。村落沿着拿山河岸由西南向东北分布，东南顺山脚布置，在山体与河流之间呈带状分布。拿山河串联起两个组团，形成带状的滨水空间。其中山田陇以东西走向的黄洋界巷为轴心，民居并排横向布置；南城陂受河谷地形影响，民居沿河呈带状分布。

街巷格局　由于建筑布置朝向不同，山田陇的街巷肌理以横向为主；南城陂的街巷主要平行于水系，成东南——西北走向（图4）。山田陇村街巷多以鹅卵石铺就，以东西走向为主，南北巷道较为狭窄，巷道平直，两侧建筑山墙高耸，形成狭长的巷道空间。山田陇主要的历

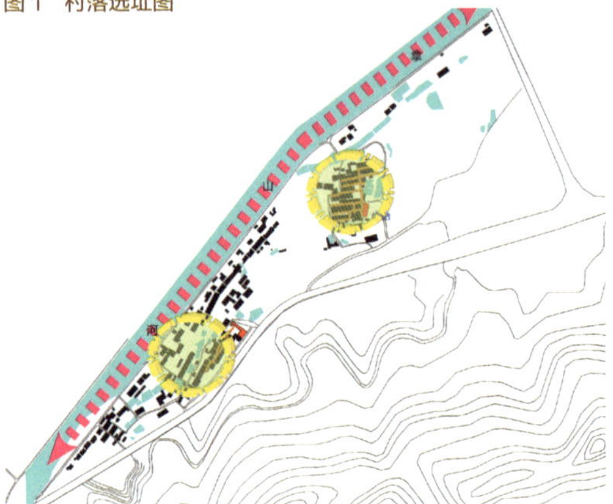

图3　空间结构图

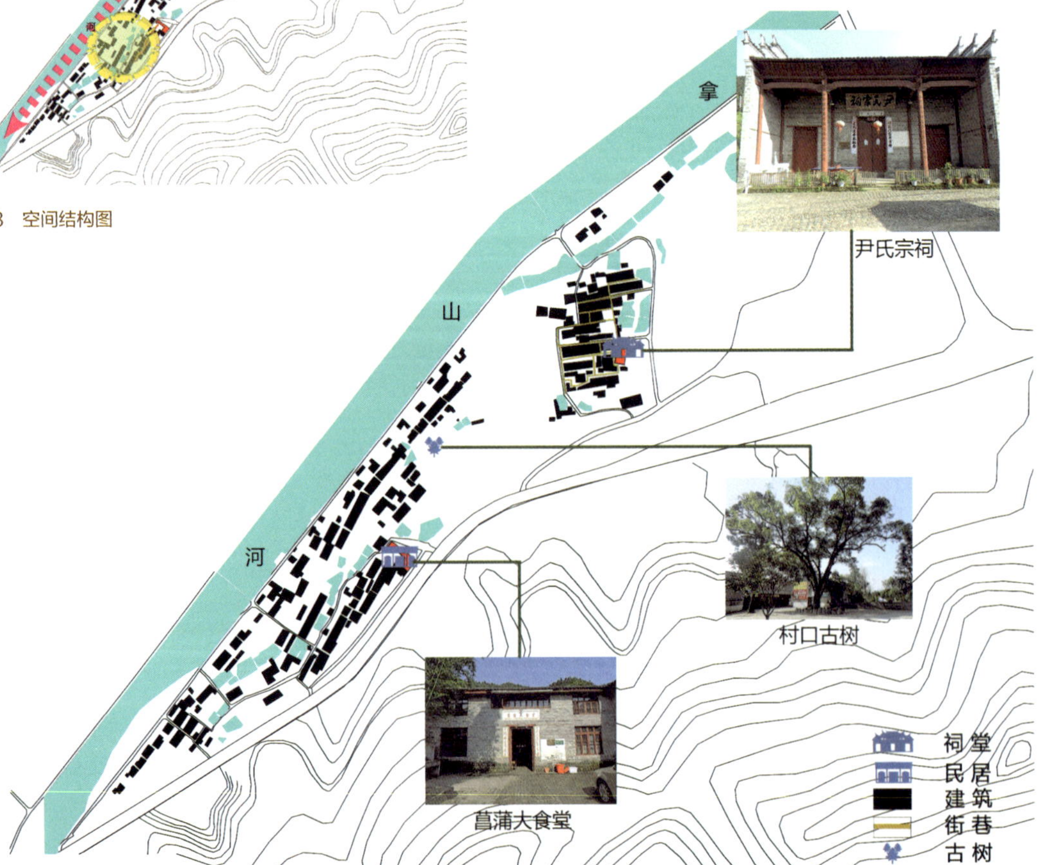

图2　整体布局图

图 4　传统街巷风貌

史巷道有黄行坳巷、茅坪巷、黄洋界巷、八面山巷、长坪巷等。南城陂历史街巷卵石铺就，界面连续且巷道笔直，两侧设有明沟。受主导因素地形的影响，巷道沿着水系流向两端延伸，主要的历史巷道为南城陂巷。

历史环境要素　村落内有拿山河道 1 处，历史场地 2 处，古树 3 株，历史街巷 8 条，莲塘 1 处、池塘 30 口。

典型建筑

村落范围内现存有民国时期建造的建筑和遗存共计 8 处，其中已登记为不可移动文物 3 处，建议历史建筑 5 处。此外还有 79 处传统风貌建筑。主要的传统建筑有尹氏宗祠、菖蒲大食堂等。

尹氏宗祠　该建筑位于山田陇东南部，建于清代。主体建筑为三开间一进式，砖木结构，占地面积为 382.42 平方米（图 5、图 6）。建筑主轴线上依次分布上下两堂，入口门厅为门廊式，设 3 门，明间正上悬“尹氏宗祠”牌匾。建筑为硬山顶，两侧为马头山墙。两堂中间设天井，天井两侧厢房有阁楼。寝堂当中悬挂“合理堂”牌匾，保存良好。

菖蒲大食堂　该建筑位于南城陂，建于民国时期，保存完好，呈现出鲜明的民国建筑风格。建筑主体为三开间，砖木结构，占地面积

图 5　尹氏宗祠实景

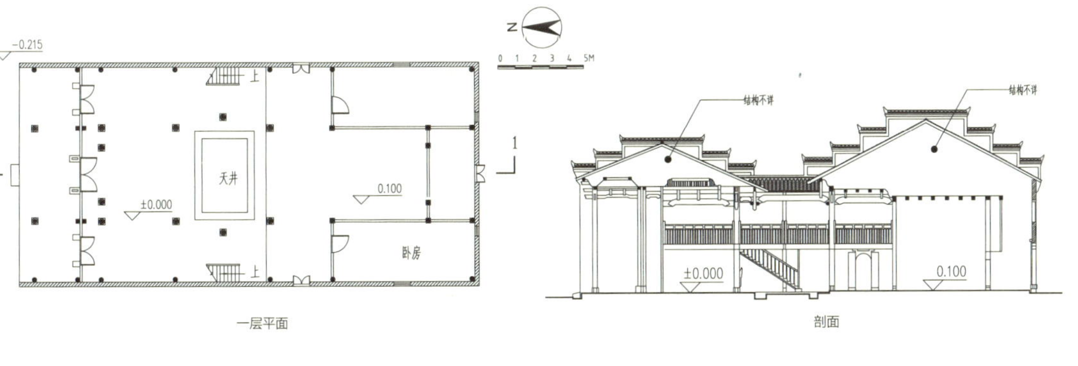

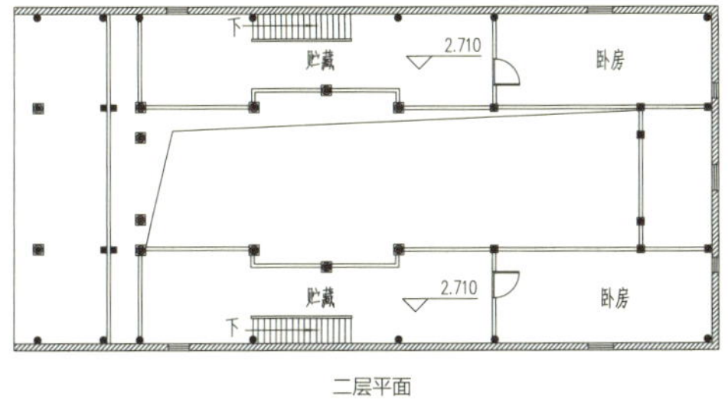

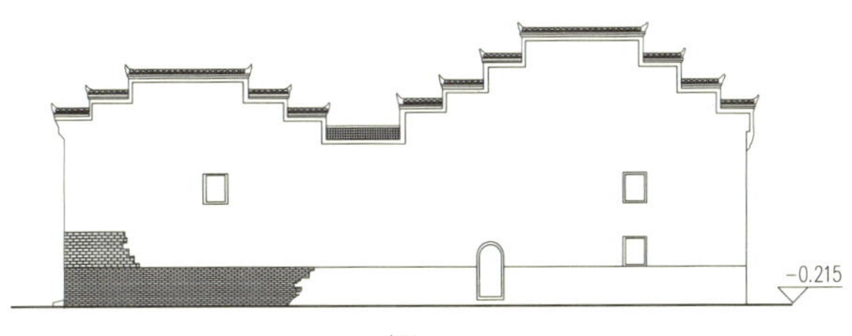

图 6　尹氏宗祠建筑测绘图

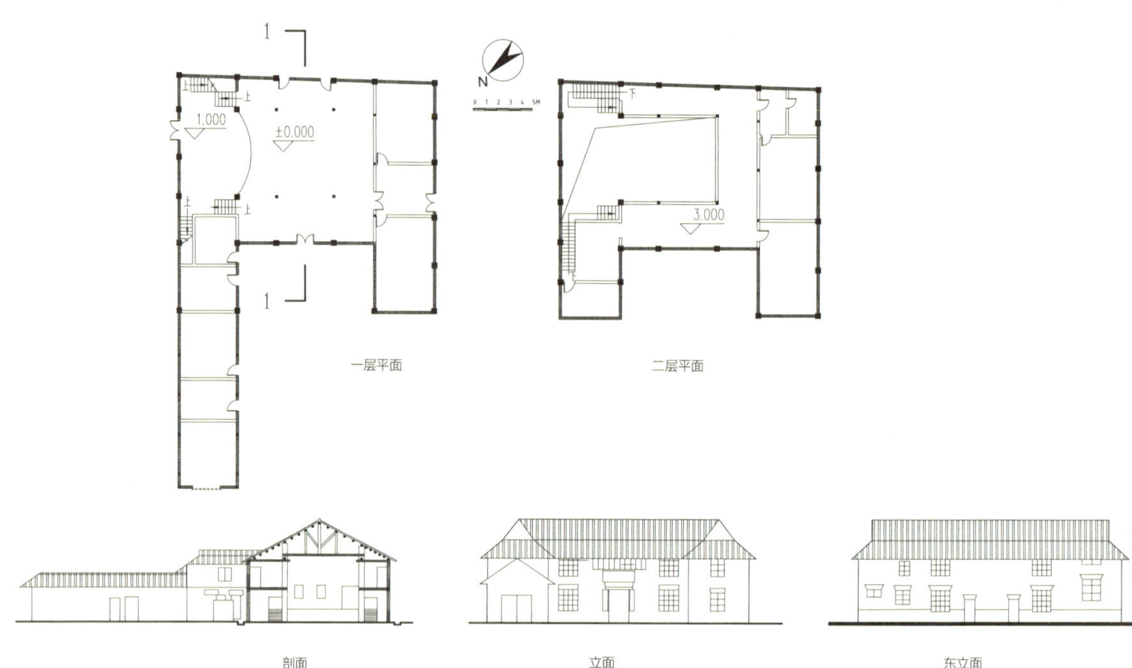

图 7 莒蒲大食堂建筑测绘图

图 8 莒蒲大食堂实景

为 384.4 平方米（图 7、图 8）。建筑平面呈凹字形，北侧一翼稍长，建筑主体为青砖砌筑，青瓦屋面，屋顶为木构架，当中 2 层通高的大厅，两侧有阁楼，当中有一戏台，常有戏剧团在此演出民间传统戏剧。

非物质文化遗产

井冈山竹编技艺 据拿山牛岭古墓挖掘考证，井冈山竹编技艺起源于宋末元初，至今已有七八百年的历史。在长期的生产劳动实践中，经过无数代民间艺人的传承和发展，形成了极具地方特色的竹编手工技艺。在莒蒲村地区许多农家竹编技艺都是世代相传，老少妇孺皆会，所编的各种小玩意是惟妙惟肖，栩栩如生。现如今莒蒲村中仍有老人会竹编工艺，将竹子制造成手工艺品售卖，继续传承着这门极具地方特色的传统竹编手艺。

井冈山红米酒酿技艺 据说这门技艺起源于宋代，在公元 1000 年左右，由迁移至井冈山的客家人传入的。经过近千年的发展演变之后，井冈山红米酒酿技艺已经沉淀出了井冈山当地的味道。每至酿酒的时节，井冈山地区酒香随风香飘十里。这项技艺不仅彰显了中华民族传统佳酿的独特风味，更是为后世流传下了宝贵的文化遗产。

价值特色

莒蒲村落历史悠久，人文昌盛，历经百年的传承，不仅有优美的自然环境、完整的村落格局、众多的传统建筑，还有深厚的文化传承和近现代红色史迹，特色鲜明。莒蒲村两大组团山田陇和南城陂以血缘关系为纽带，是以单姓聚居为主的乡土聚落。该村沿拿山河呈带状分布，格局完整，文物古迹分布集中，呈现独特地域性，较完整地呈现出村落传统风貌，具有较高的历史文化价值。

长塘村

［吉安市井冈山市拿山乡］

村落概况

长塘村位于井冈山市拿山乡，位于井冈山市新城区西北1.5公里、泰井高速公路出口2公里，地理位置优越，交通较为便利。据相关资料，长塘村人口为660人，136户，均为李姓。现有耕地面积1090余亩，山场面积23000余亩，产业主要为水稻种植，人均纯收入约5000元。长塘村是中国革命的农民革命根据地之一，为国家级重点风景名胜区，拥有丰富的人文资源、历史名胜和美丽怡人的自然风光。2013年8月，长塘村被列入第二批中国传统村落名录。

历史文化

长塘村因村内原有一口很长的塘，故而得名“长塘”。据李氏族谱记载，一世祖是李文捷，唐末为避战乱与其弟由长安迁居至泰和前程，其后李氏子孙不断迁往遂川、永新、井冈山等周边地区。明朝末年长塘龙山派开基始祖十五世桂高公由泰和迁居于此后，先是在村西北地势较高的地方建立房屋，周边地势较平缓的地开垦成农田，村北为林场，后随着子孙的繁衍，人口增多，逐渐向东南延伸，形成今天的聚落格局。

长塘村是中国革命的农民革命根据地之一，有丰富的红色文化底蕴，保留了大量的革命旧居旧址和红色标语。

空间格局

选址 村落选址于丘陵地带，地势北高南低，村基建于山脚下地势相对平坦的地带（图1）。村落南侧、西侧有山体作为屏障，村内水塘密布，建筑围绕水塘呈组团而建，呈

图1 村落选址图

现出与自然融合的景观风貌。

整体布局 村落北高南低，建筑沿山脉走向两端延伸，整体形态呈集中团块形（图2）。李氏宗祠位于村西，是村落中核心的精神空间，与西南侧山体遥相呼应，知青馆位于村南。

街巷格局 长塘村的街巷格局呈现网状，巷道路面宽度为2.0-4.5米，地面主要以青石板和碎石铺就（图3）。除了一般街巷外，尚存富有历史文化印记的红军小道。

历史环境要素 村落现存池塘4口，古树29棵，传统巷道4条，历史遗址3处。

典型建筑

长塘村现存清代晚期和民国时期的建筑32处，祠堂1座，其他的大多为民居，建筑总体保存较好。

李氏宗祠 该建筑位于长塘村西部地势较高的位置，始建于清代，是昔日族人心中的圣殿（图4）。祠堂大体坐北朝南，为三开间一进式，建筑主轴线上依次分布有门厅、天井、正堂3部分，占地面积为248平方米。祠堂砖木结构，局部雕饰精美，其门廊上的斗栱雕刻精美，做工精细，砖雕、木雕以龙凤狮象、花鸟虫鱼、人物典故、梅竹松荷为主，有较高的艺术价值。

李庆民宅 该建筑始建于清末年间，位于村落中部，坐东朝西，砖木结构，面阔12.7米，进深12.8米，占地158平方米。整体布局为三开间两进式，由上厅、两侧厢房和后堂组成（图5、图6）。墙壁绘有精美人物花鸟彩绘，主要装饰以木雕为主，雕刻细腻，做工精美。

非物质文化遗产

盾牌舞 盾牌舞是清康熙年间由广东传入吉安，在永新、井冈山、安福、吉水等地流行。长塘村流传下来的盾牌舞，至今已传承百年以上。该舞蹈形象地表现古战场上两军对垒、破阵，短兵相接、互攻互守的传统舞蹈，有着浓

图3 传统街巷风貌

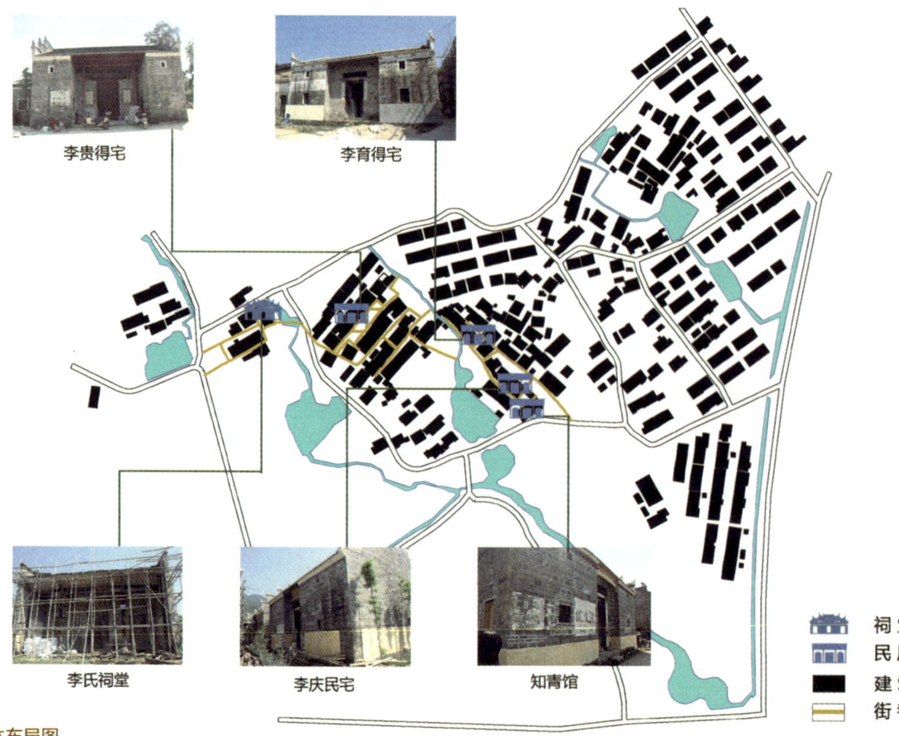

图2 整体布局图

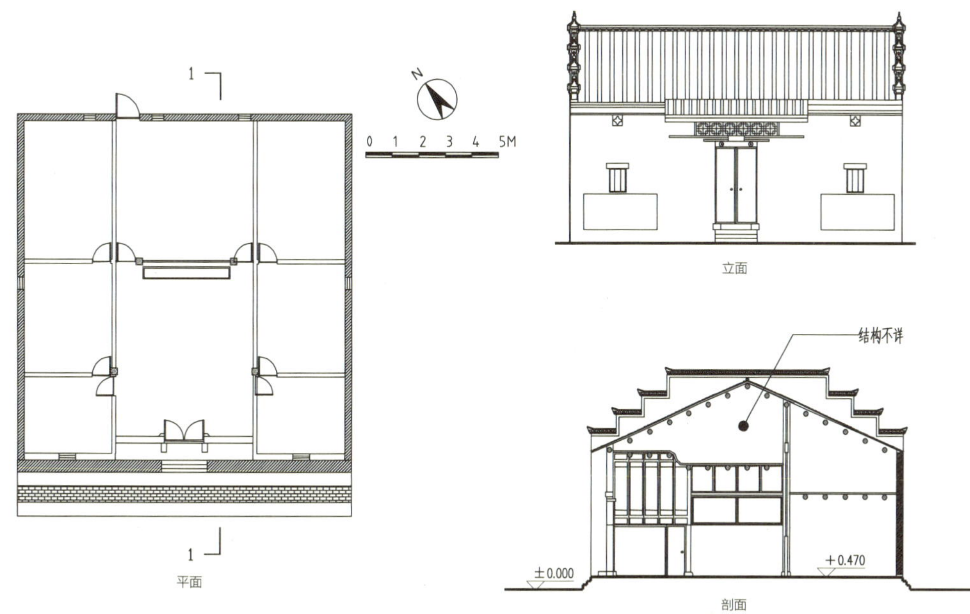

图 5 李庆民宅建筑测绘图

图 6 李庆民宅实景

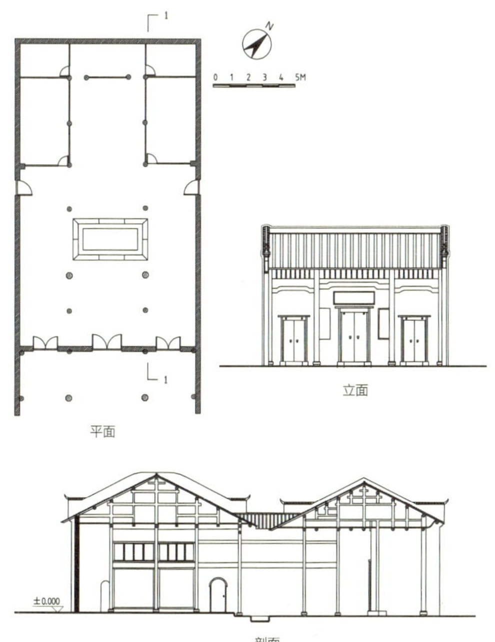

图 4 李氏宗祠建筑测绘图

郁的民族特色和强烈的战斗气氛。表演者一副武士的打扮，身着黑衣，扎绑腿、系腰带。盾牌是用竹子编制而成，然后再套上牛皮，彩绘上图画。在鼓、唢呐等传统乐器的伴奏下进行表演。

采茶舞 采茶舞是传统戏曲与舞蹈的结合体，有着悠久的历史。它属于民间舞蹈，由1位角4位旦角共同完成表演。丑角为男性化角色，须身着短裙，头戴毡帽，手持布扇。旦角则须身着彩衣彩裤，头戴插花，脚穿彩鞋，手上拿着手帕或花篮，描述的是男女之间的爱情故事，具有相当强的民俗底蕴。该项非物质文化遗产传承情况良好，突显出了浓郁的地方文化特色。

价值特色

长塘村因其遗存丰富的红色文化遗址及地处革命根据地井冈山，建立了知青文化馆，形成了知青文化村与其他传统村落相比较而言更具独特性。村落历经500年的发展，谱系传承清晰、文物古迹较多、红色文化遗存丰富，清晰记录了家族的发展变迁，反映了当地的历史文化特色，具有较高的历史文化价值和科学艺术价值。

仁和店村

[吉安市吉水县金滩镇]

村落概况

仁和店村位于吉安市吉水县金滩镇，隶属曾家村，距中国历史文化名村——燕坊村不到0.5公里，距金滩镇约5公里，距吉水县城5公里，交通便利。据2014年底相关资料，村内人口约350人（其中曾家大院居住20余户，人口70余人），生产经营仍是以农业、果业、养殖业等农副业为主。该村以曾家大院而闻名，2007年被评为江西省第二批历史文化名村；2013年8月被列入第二批中国传统村落名录。

历史文化

仁和店村历史悠久，文化底蕴深厚，清朝中期从下曾家村迁入此地，又称下曾新村。仁和店开基祖从四川经商发财回家，购置田地，大兴土木。当时由于他有7个儿子，于是便建造一座前后2排16栋的大宅院。由于主人在四川经商的药店号是“仁和店”，于是给这座大宅院也取名为“仁和店”（即曾家大院）。

空间格局

选址 村落选址与布局秉承了江西风水学理形派的传统，凸显“枕山面水”的风水格局（图1）。村西北面是后龙山，海拔约为270米左右，北面和东北面都是高地丘陵，东面是一片较为开阔的小平原，南面对着金溪，距离赣江西岸2.6公里。金溪发源于西面的群山之中，往东汇入赣江。仁和店村坐落于金溪北面的坡地之上，既取临水之便，又可避免水患。

整体布局 村落因地制宜，整体形态呈组

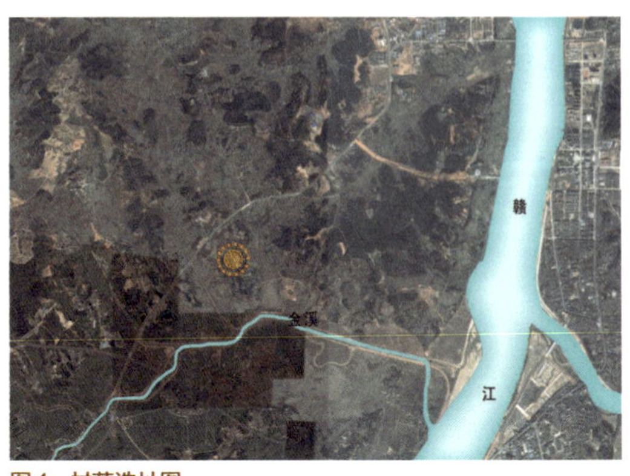

图1 村落选址图

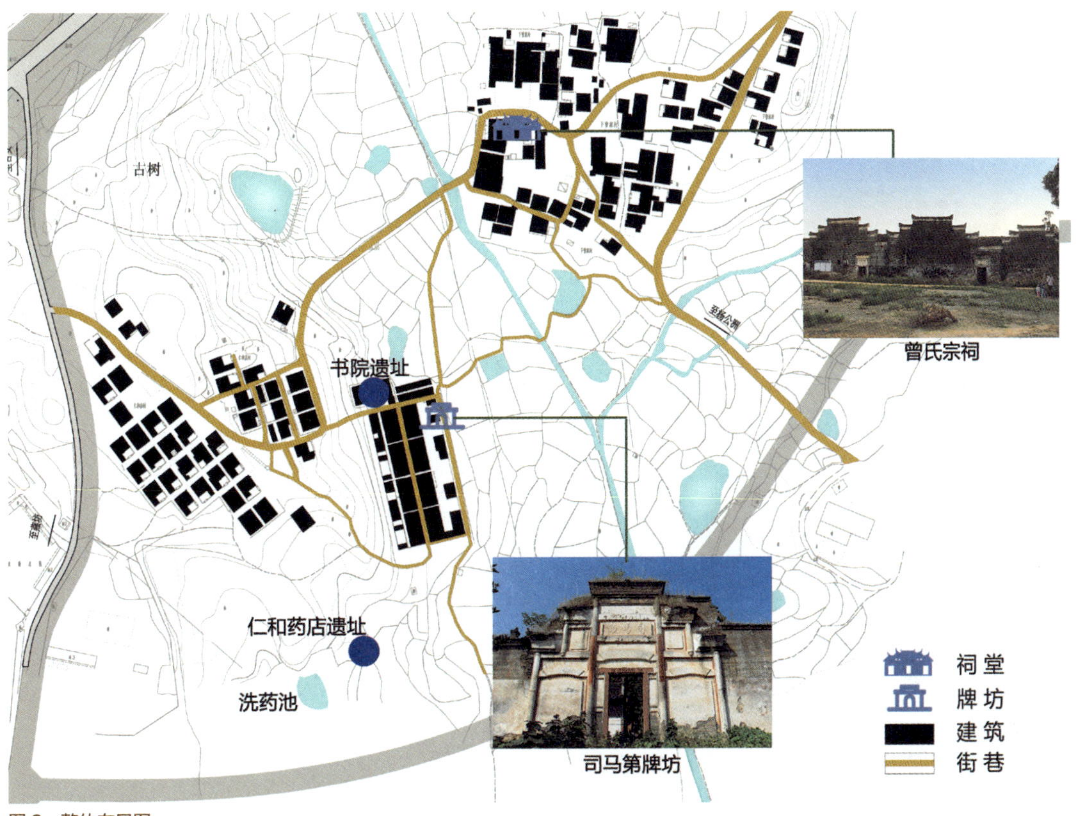

图 2 整体布局图

团状（图 2）。村落由南北两个小组团构成，一条南北向的青石板路将两个组团相连。北部组团以曾氏宗祠为中心布局，南部组团即为规整的曾家大院（图 3）。曾家大院的北部原建有书院，现仅存遗址。曾家大院南部存仁和药店的遗址和洗药池。

街巷格局 村内主街为南北向连通曾家大院与曾氏宗祠的石板路，宽约 1.5 米。曾家大院内的巷道布局规整，横向为主，纵向为辅，巷道均是鹅卵石铺就，纵向巷道约 1.5 米宽，两侧设有排水沟。横向巷道约 3 米宽，单侧有明沟，整体布局也顺应了村庄西高东低的环境，有利于排水。

历史环境要素 村落现存古井 1 口，古水池 1 处，古巷道 6 条，古树 12 棵。

典型建筑

仁和店村现保存基本完好的古建筑 50 余处，其中尚未核定公布为文物保护单位的登记不可移动文物 23 处，建议历史建筑 2 处，传统风貌建筑 27 处，具有代表性的建筑有曾家大院、

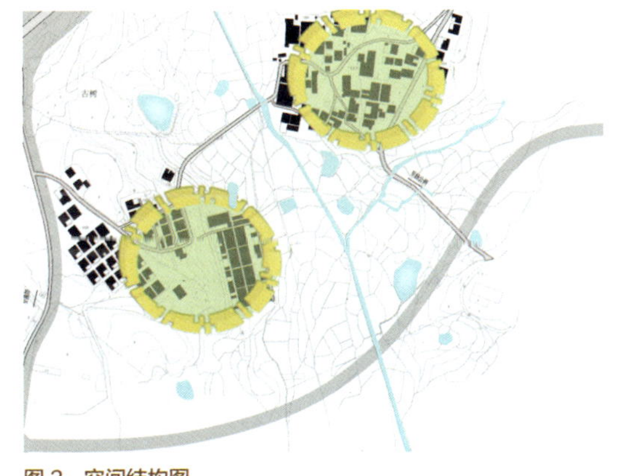

图 3 空间结构图

曾氏宗祠及其“气蕴清淑”门坊、“运启文明”门坊、“司马第”门坊等。

曾氏宗祠 该建筑位于曾家大院东北 300 米，是曾氏家族最为重要的建筑，村民凡祭祖、诉讼、喜庆等宗族中人事均在此举行。建筑面积 260 多平方米，整体布局为三开间二进式，主体建筑有门厅、享堂、寝堂（图 4、图 5）。入口为门廊式，主体构架为插梁式，中门之上有“曾氏宗祠”门匾，中门两侧门上有“庚宿联辉”“卿云呈瑞”门匾，堂内正中悬挂“常春堂”牌匾（开基祖名常春）。

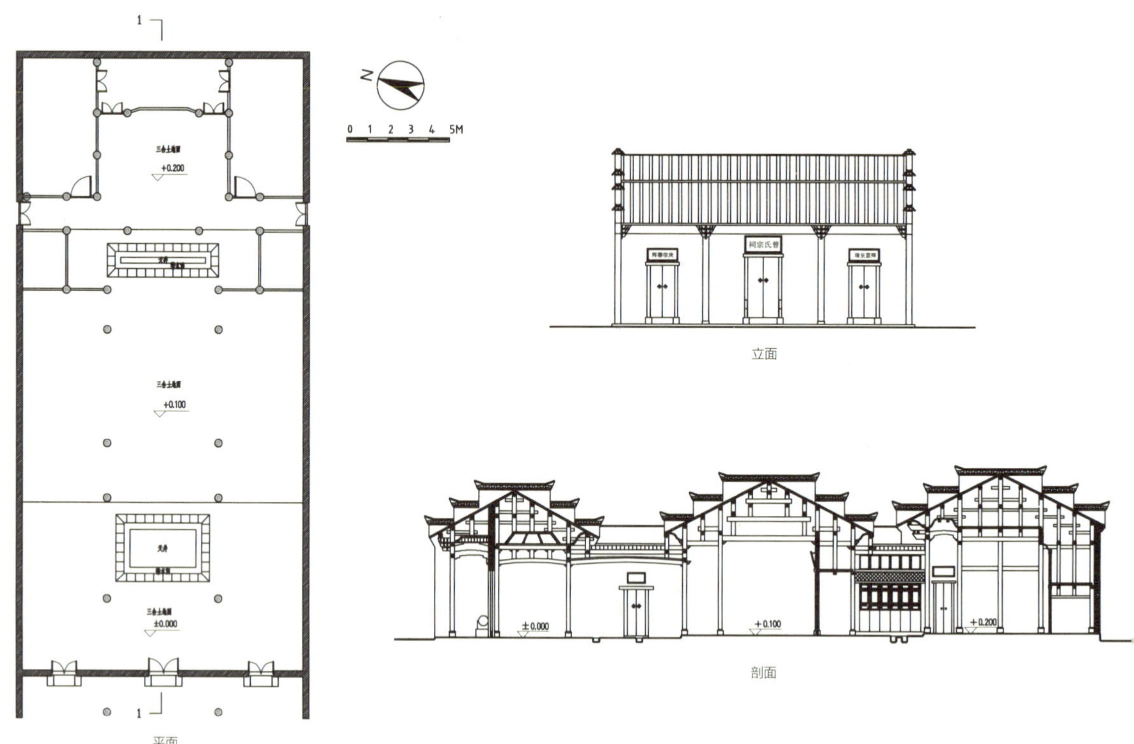

图 4 曾氏宗祠建筑测绘图

图 5 曾氏宗祠实景

曾家大院 该建筑群建于清代，是一座前后 2 排 16 栋的大宅院，坐东朝西，长 104 米，宽 49 米，占地面积 5094 平方米，是仁和店村最具代表性的民居群，现为县级文物保护单位（图 6、图 7）。曾祥熙民居为大院内其中一栋，面阔三间，青墙黛瓦，叠式马头墙，为吉泰地区典型的民居范式。大院外围建有封闭式围墙，围墙两侧面各有侧门入内，正面有三座高大的门楼式牌坊入内，除此之外，无任何出入口，防盗甚为严密。3 个门坊的正楼主牌上分别刻着“司马第”“运启文明”“气蕴清淑”字样，均高约 6 米、宽约 5 米，两侧有阴刻对联，门楣的两侧是雕刻的图案，大多为人物故事、吉祥动物、名贵花草、珍禽异兽，雕刻栩栩如生，建筑装饰显得古朴而典雅。历经几百年沧桑，宅院建筑仍保存完好，是非常珍贵的历史文化遗产。

非物质文化遗产

三角班 是由小生、小旦、小丑三个角色组成的戏班，故名“三角班”，又因它的曲调（采茶调）是用锣鼓过门，所以又叫“锣鼓班”，是一种唱采茶调的地方小戏（图 8）。三角班人数不多，连乐队在内也不超过 10 人，有“七紧、八宽、九轻松”之说。就是说整个戏班只有 7 个人，显得人手紧了些；如果有 8 个人，宽松一点；要是有 9 个人，那就轻松多了。三

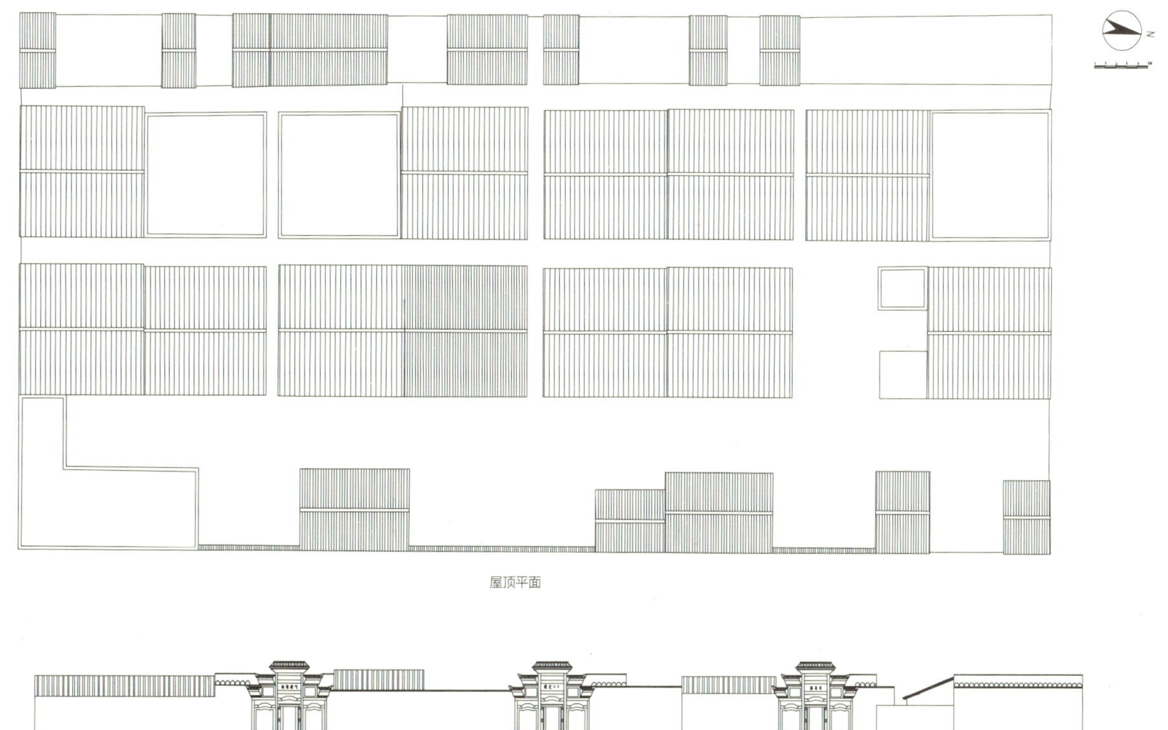

图 6 曾家大院建筑测绘图

图 7 曾家大院门坊

图 8 仁和店三角班

角班的设备简单，服装道具连同乐器还不满一箩担，人们称之为“一套锣鼓两把琴，草帽、折扇和短裙”。艺人们就凭这点点“家当”活跃在乡间的舞台上。

价值特色

仁和店村是以血缘为纽带形成的曾姓宗族聚落，历史悠久，文化底蕴深厚。村落格局布置严谨，建筑规整，连接成片，尤其是以曾家大院规模宏大、布局严整、防御性突出，体现出古人高超的营建水平。仁和店村体现了传统风水文化和生态环境文化，是研究庐陵地区传统村落及民居建筑极为珍贵的实物，具有较高的研究价值。

桑园村

[吉安市吉水县水南镇]

村落概况

桑园村位于吉安市吉水县金滩镇以北 1 公里处，东临赣江，距县城 5 公里、吉安市城区 20 公里。2015 年底，全村近 400 户，约 1300 人，耕地 1170 亩，主要农作物为水稻。村落规划整齐，赣派建筑的黛瓦青墙和精巧雕琢的马头墙鳞次栉比，被建筑界称为“东南半壁独一无二的古村落”。桑园村，2003 年被评为首批省级历史文化名村，2012 年入选江西省第三批省级生态村，2013 年列入被第二批中国传统村落名录，2014 年被评为第六批中国历史文化名村。

历史文化

桑园村因“屋舍前后桑树成荫”而得名，以养蚕著称。桑园村多姓聚居，由夏姓、杨姓、曾姓等，其中以夏姓为主。夏氏开基祖夏伯时在明永乐年间（1403-1424 年）迁居于此。杨氏开基祖杨伦开因明末郑芝龙踞闽海作乱而携子杨瑞芝避居至此。曾氏开基祖廷试进士曾允鸿约在清嘉庆时期（1796-1820 年）从源溪徙居到桑园村。三个家族在桑园村各占一片，和睦共处，传承数百年。清代是桑园村繁荣发展期，因经商、出仕而兴。

桑园村历史上人才辈出，与当时社会时贤名流交往甚密。杨氏官宦文人有杨国佐、杨之琅等，富商大贾有杨心余、杨桂亭、杨竹园等，德行兼备的有杨心谷等。他们与廷试进士陈许熊、礼部进士李一球、翰林院编修段友兰、灵山知县萧开启、吉水县知县张肇基等交往甚密。夏氏官宦文人有夏霖、夏伯伦、夏性垣等。他们与兵部侍郎李陈玉、文渊阁大学士胡广、刑部尚书廖庄、礼部进士黄弁阶等交往甚密。

空间格局

选址 桑园村地处丘陵地区，面朝西南而立，村落西北面是后龙山，村前良田千顷，东依赣江，地势由东北向西南微倾（图 1）。

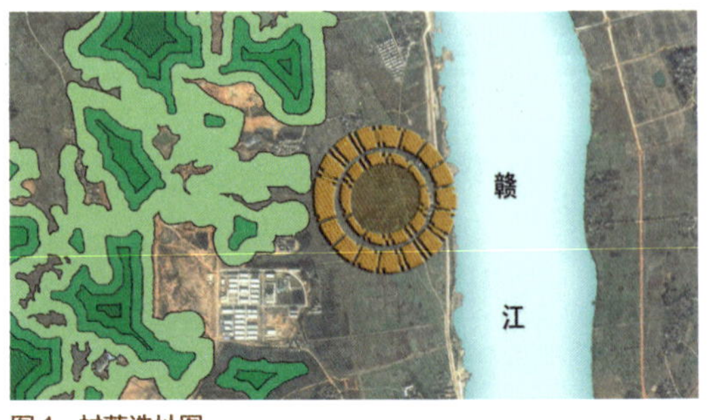

图 1 村落选址图

整体布局 桑园村规划严整，布局独特，整体形态为村堡式。护村河和护村墙将村庄包围，护村墙沿河而建，整个村子只有一前一后两道门，可见其规划设计具有周密的防御性。夏氏宗祠、杨氏宗祠和曾氏宗祠分别位于村庄西、东、南隅，三大家族绕祠堂而建形成3个组团，每个组团建筑成排布置规整。村西南面立有一座风水塔，村民以塔为笔，以护村河为砚台，祈求文运兴盛。村落街巷呈规整的棋盘式布局，形成明晰的村落肌理（图2）。

空间结构 桑园村整体呈组团式布局，夏氏、曾氏、杨氏三大家族分别以夏氏宗祠（儒林堂）、曾氏宗祠、杨氏宗祠为中心，向外发展，中密外疏，形成三大组团。随着村落的发展，三个组团形成一个片区，其整体形态仍维持着以三个祠堂为中心的布局形态，多中心格局较为明显（图3）。

街巷格局 桑园村内现存历史巷道21条，串联三大建筑组团，呈规则棋盘式布置。山墙间纵向巷道较窄，约1.5米宽，两侧设排水明沟；横向巷道约3米宽，单侧设排水明沟。巷道均由鹅卵石铺就，排水沟为砖石所砌，四通八达，雨天入内无泥泞之患，自古如此(图4)。

历史环境要素 村落有护村墙遗址6处，护村河1处，古桥1座，古树14棵。

图3 空间结构图

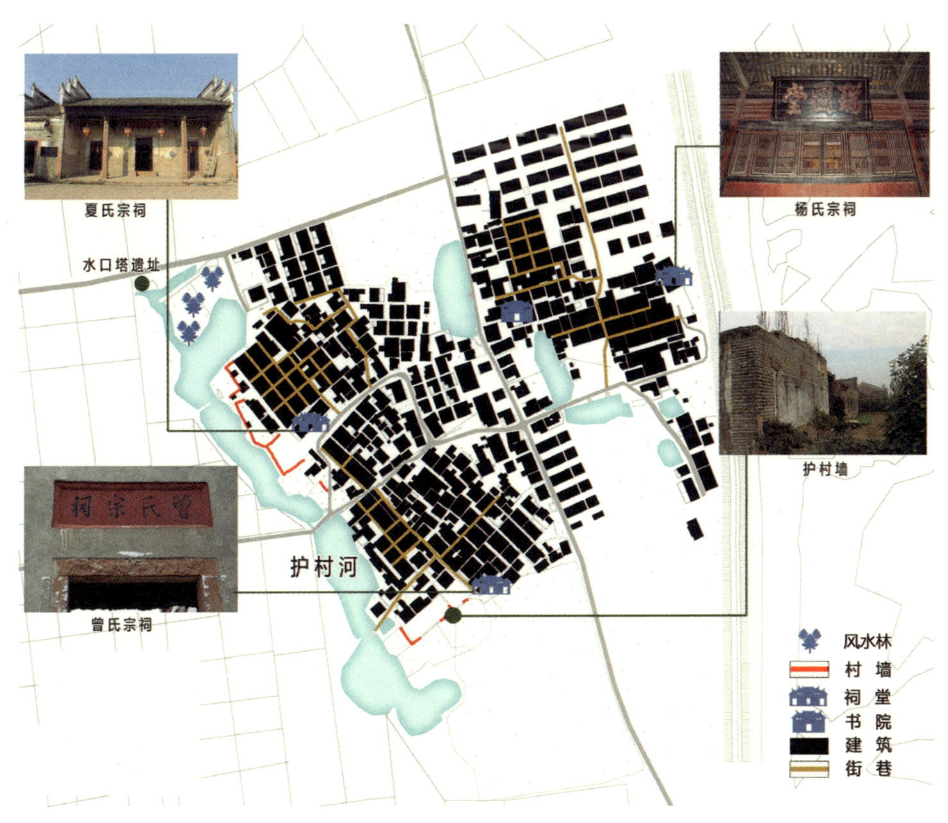

图2 整体布局图

图 4　传统街巷风貌

典型建筑

村内现有古建筑 80 余栋，其中有县级文物保护单位 2 处，尚未核定公布为文物保护单位的登记不可移动文物 60 处，最具代表性的有夏氏民居群、夏氏宗祠（县级文物保护单位，即儒林堂）、曾氏宗祠（县级文物保护单位，即忠恕堂）、杨氏宗祠、南宫庙、“浦润山辉”门坊、联芳书院等。

夏氏宗祠（儒林堂）　该建筑原名“崇先堂”，位于夏氏居民群中心位置。祠堂建于明末清初，整体布局为三开间二进式，西侧带陪屋，占地面积 476 平方米（图 5、图 6）。主体建筑有门厅、享堂、寝堂。入口门厅为门廊式，主体构架为插梁式，砖木结构，是村内保存最为完整、规模最大的建筑。祠堂大门石柱刻有对联“南极光分门第泛新频焕彩，午峰秀挺山川仍旧倍钟灵”，堂中有匾额“儒林堂”，堂内石柱刻有对联“东粤仰宗工轮扶大雅，南宫宏甲第队领群英”。

夏佐起宅　该建筑建于清乾隆、嘉庆年间，距今 200 余年，面积百余平方米，正中前为厅堂后为后堂，左右对称为房，外观为青砖灰瓦（图 7、图 8）。庐陵地区的民宅大多不是采用内部天井的形式，而是利用“天眼”来解决整个建筑的采光、通风。“天眼”下方用“元宝斗”承接落入的雨水，由大门两侧排至屋底排水口。“天眼”“元宝斗”是吉水传统民居独有的建筑构造，具有地域典型性。

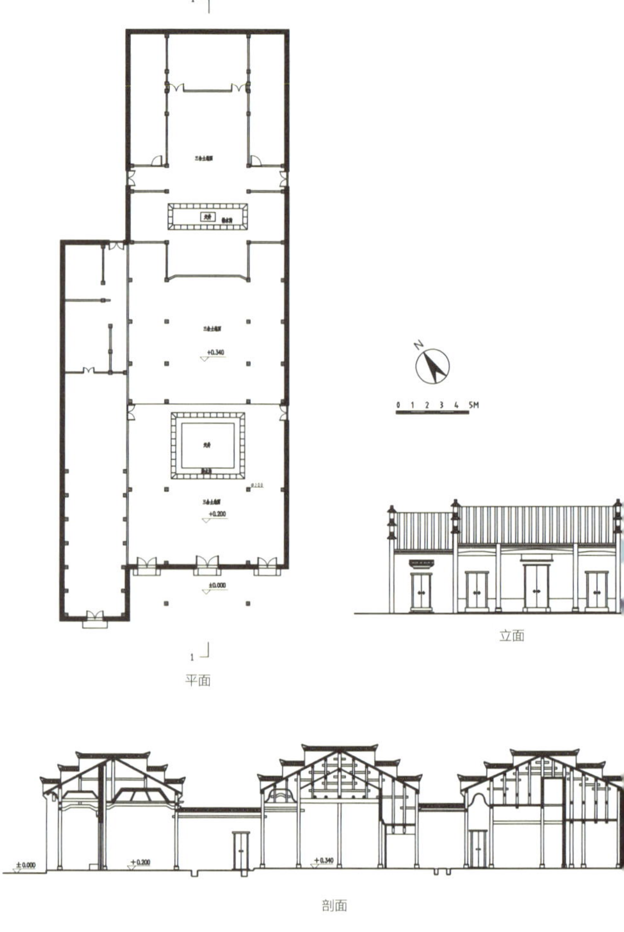

图 5　夏氏宗祠建筑测绘图

图 6　夏氏宗祠实景

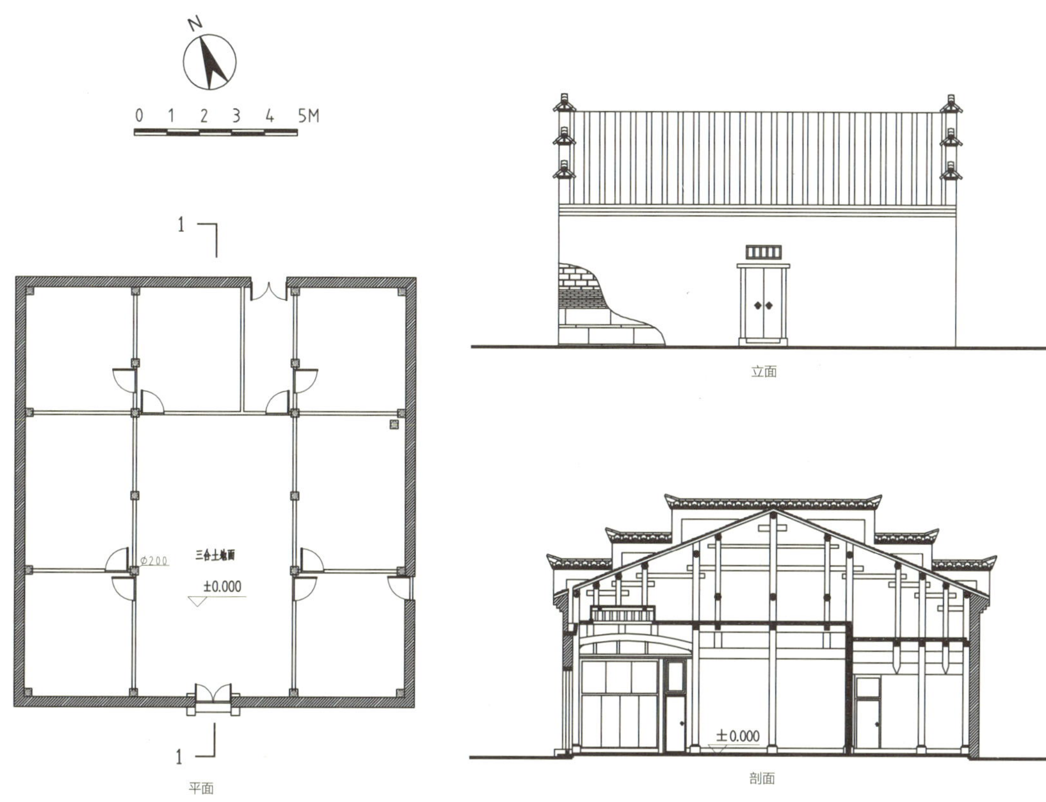

图 7 夏佐起宅建筑测绘图

图 8 夏佐起宅实景

非物质文化遗产

长龙 长龙是吉水县传统灯彩，由九节布龙发展而来，以长著称，龙头龙身龙尾共333节，1000多米长，400余人同时舞耍，舞长龙常见的花节有会圈、倒四门、串四方、团龙、倒龙等，表演要求协调性高，注重队形变换。

价值特色

桑园村拥有优越的生态环境、厚重的历史文化、严谨的村落布局，号称“东南半壁独一无二的古村落”。村落空间布局独具特色，是防卫周密的村堡式布局，建筑规划有序，巷道横平竖直，沟渠相连，采光、排水、防火、防盗、防涝等设施一应俱全。天井院式、一字形民居，体现着庐陵地域特色。该村是庐陵文化影响下的传统村落的典范，是研究赣江流域传统村落、庐陵民居极为珍贵的实物资料。

店背村

［吉安市吉水县水南镇］

村落概况

店背村位于吉安市吉水县水南镇以南 3.5 公里处，泸江南岸田垅中，四周良田千顷，沃野百里。据 2014 年底的统计资料，共 133 户，510 余人，耕地 900 亩，林地 251 亩，主导产业为水稻和油茶。该村风貌古朴，格局完整，2013 年 8 月被列入第二批中国传统村落名录。

历史文化

店背村历史源远流长，村内以刘姓为主，刘氏先人北宋年间在此开基，其开基祖刘彦肃（1104 年生）从夏朗村迁居于此。因古时该村祠堂前几百米处曾建有一条小街，名为上步街，街有土围，里人谓之城，故村名“城北”。上步街铺面林立，人来如潮，而该村正好坐落于店铺之背后，故又称“店背”。

该村建村以来，科举文化发达，人才辈出，出了不少官宦人物，如分宜县尉刘荣、桂阳军教授刘天声、武林知县刘文虎、阜县教谕刘仲达、知县刘仲通、河南道监察御史刘循、赵州知州刘震、兵部郎中刘迪、左春坊大学士刘悟、文林郎刘长辅、四川副使刘鼎贯和进士刘新民、进士刘象琛、武士刘维允等。

空间格局

选址 村西面和南面远山环绕，北面为开阔的田畈，泷江支流泸江由东南向西北紧邻村东北穿过（图 1）。村基落于西华山东侧的平原之上，房屋街巷因地制宜，西高东低。

整体布局 村落整体形态呈自由式布局

图 1 村落选址图

（图 2）。村西北面泸江水流出口为水口，两处古樟林为风水林，为村落的挡风林，意阻挡煞气，锁阴聚财。崇义堂和秩叙堂坐东朝西，位于村落中心，是村落的精神文化空间。村北伫立一座小型土地庙。街巷呈网状结构，村内水塘分布众多，与街巷、建筑、良田相互呼应。

街巷格局 店背村内现存历史巷道 7 条，呈网状布置，连接崇善堂、秩叙堂、达远公祠、古井等节点。巷道宽度在 1.6-2.8 米，采用鹅卵石铺装，主要满足日常生活交通的功能。

历史环境要素 村内现存古桥 2 座，古井 4 口，庙宇 1 座，樟树林 2 处。

典型建筑

村现有传统建筑 60 幢，现保存下来的文物古迹有文物保护单位 1 处，建议历史建筑 13 处以及传统风貌建筑 46 处。村中典型建筑主要有崇义堂、秩叙堂等。

崇义堂 该建筑位于店背村中心，又称刘氏祠堂、大夫第，始建于元代，清至民国曾多次维修，1979 年重修，是店背村村民举办红白喜事、聚会祭祖的主要场所。该建筑大体坐东朝西，整体布局为五开间一进式，长 27 米，宽 13.4 米，占地面积 361 平方米（图 3、图 4）。祠堂主体建筑有门厅、寝堂两部分，砖木结构。门厅为门廊式，正中门楼高耸，做工精细华美，门楼屋顶有一组雕刻精美的动物群雕，红石门楣上雕刻着人物故事、动物花草、山水等图景。祠堂内有 6 根红石，柱上均刻有对联，分别为“基肇宋朝历元明清而鹊起，榜登解试腾乡会殿以蝉联”，“系本金陵瓜绵椒衍蕃城北，源询珠浦桂秀兰芳耀水南”，“成仁取义负心维万古纲常，业广功崇伟绩焕千秋俎豆”。

图 2 整体布局图

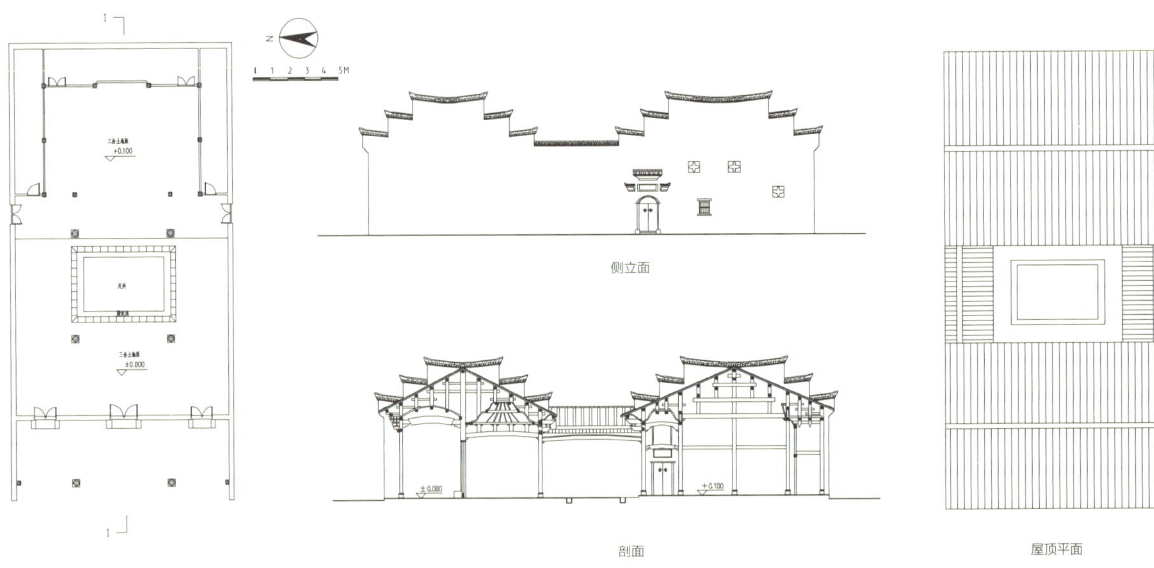

图 3 崇义堂建筑测绘图

图 4 崇义堂建筑实景

秩叙堂 该建筑位于崇义堂西侧，又称“科第世家”，建于清代以前，1982 年重修。祠堂大体坐东朝西，整体布局为五开间一进式，总占地面积约 239 平方米（图 5、图 6）。祠堂主体建筑有门厅、寝堂两部分。门厅为门廊式，门楼做工精细华美，檐角高挑，门楼屋顶有一尊菩萨雕像，此乃“魁星点斗”，取意该村人才辈出。门楼四个鎏金大字“科第世家”刚劲有力，彩绘鲜活生动，雕刻精美细腻。大门左右两侧有红石质的抱鼓石，门上挂有“博古通今”牌匾。秩叙堂前约 40 米处有一口古井，与秩叙堂的“魁星点斗”塑像相呼应，井台和井水成了砚台和墨汁的象征，寓意魁星有永远点不完的墨汁。

非物质文化遗产

打作 “打作”就是用鼓、锣、钹、镗、唢呐等五种乐器，根据寿、婚、节日、丧葬等不同场合，吹打出或高亢激越，或低沉凄婉，或悲痛，或喜悦的器乐，营造出与场合相符合的气氛（图 7）。古时，店背村的锣鼓远近有名，在水南一枝独秀，后又传入杨家村。

舞龙灯 舞龙灯历史悠久，已有数百年的历史。龙由竹片扎成，外敷彩纸，由龙头、龙身和龙尾组成，有 9 节、11 节、13 节、15 节龙，还有超过 15 节的长龙，节与节之间用画有鳞片的黄布连接，龙灯先在祠堂敬天地、敬祖宗，接着在祠堂或在祠堂门口的广场，尔后到新婚、新房、新添丁的“三新”家庭道贺，再走村串户，进圩镇舞。龙灯舞动时，唢呐高亢，锣鼓喧天，鞭炮齐鸣，烟花绽放，通过“横空出世”“蛟

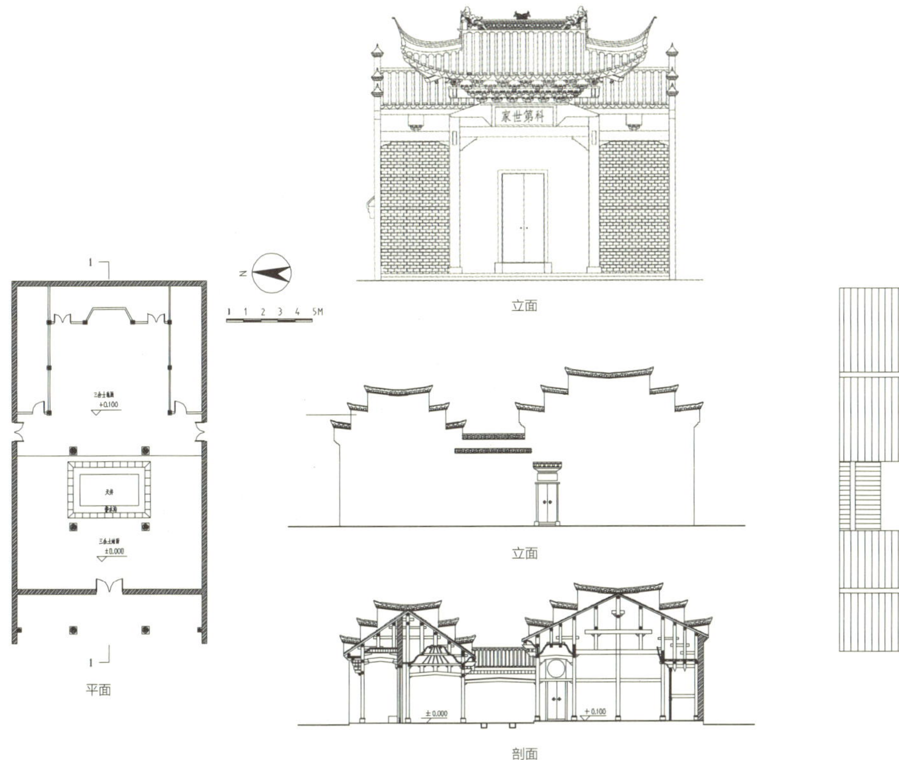

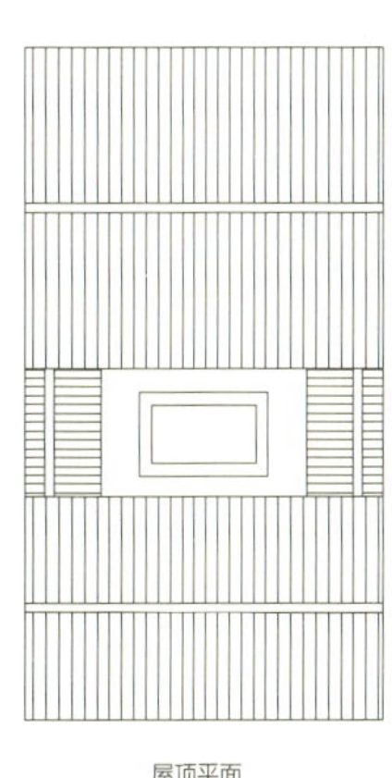

图 5　秩叙堂建筑测绘图

图 6　秩叙堂实景

图 7　打作

龙戏珠”“游龙戏水”“苍龙入海”“上下翻滚”等众多舞姿和造型，展现出龙的矫健、雄壮。另还在龙头和龙身内点燃小蜡烛或者置手电筒，使龙的通体灯光闪烁，更加吸引观者眼球。

价值特色

店背村生态环境良好，历史悠久、科举文化发达。村落格局规划严谨，中心突出，形成具有凝聚力的空间形态。文物古迹分布集中，村内保存有大量独具特色的赣中传统民居，是研究我国吉泰盆地传统建筑极为珍贵的实物资料，具有较高的历史文化价值和科学艺术价值。

赛塘村

[吉安市吉安县固江镇]

村落概况

赛塘村位于吉安市吉安县固江镇西南方向，距固江街约 1.2 公里，南临吉福公路，北依泸水河。2014 年底，赛塘村有 143 户，571 人，耕地 1044 亩，水田 744 亩，旱地 300 亩。该村土壤肥沃，以种植水稻、花生、油菜、大豆、红薯、甘蔗、蔬菜为主，是典型的江南鱼米村庄。赛塘村格局完整、风貌古朴，2014 年 11 月被列入第三批中国传统村落名录。

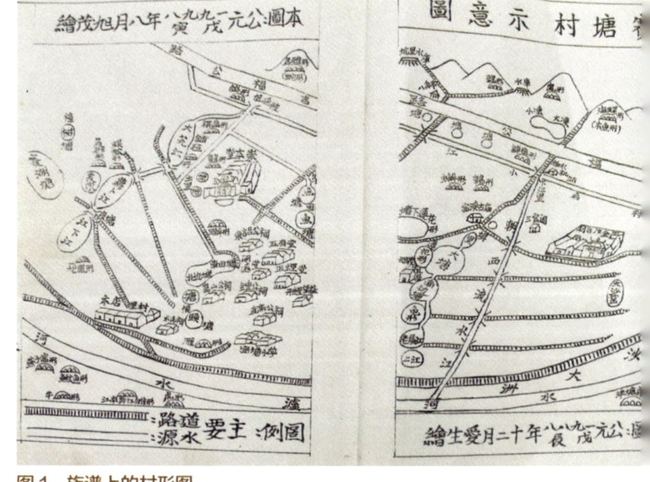

图 1 族谱上的村形图

历史文化

明朝初年，赛塘王氏开基祖王三征从在泰和梅冈迁出且辗转多地后，在此开辟基业，随着人口繁衍，于明中期形成规模。王氏宗族传承有序，历史脉络清晰。村中初分四房，长房建五有堂；二房建正经堂；三、四房建念初堂。

历史上，赛塘村村民以务农经商为主，登科及第的人物不多，仅有怀远将军王接武、清道光举人王道平。

图 2 村落选址图

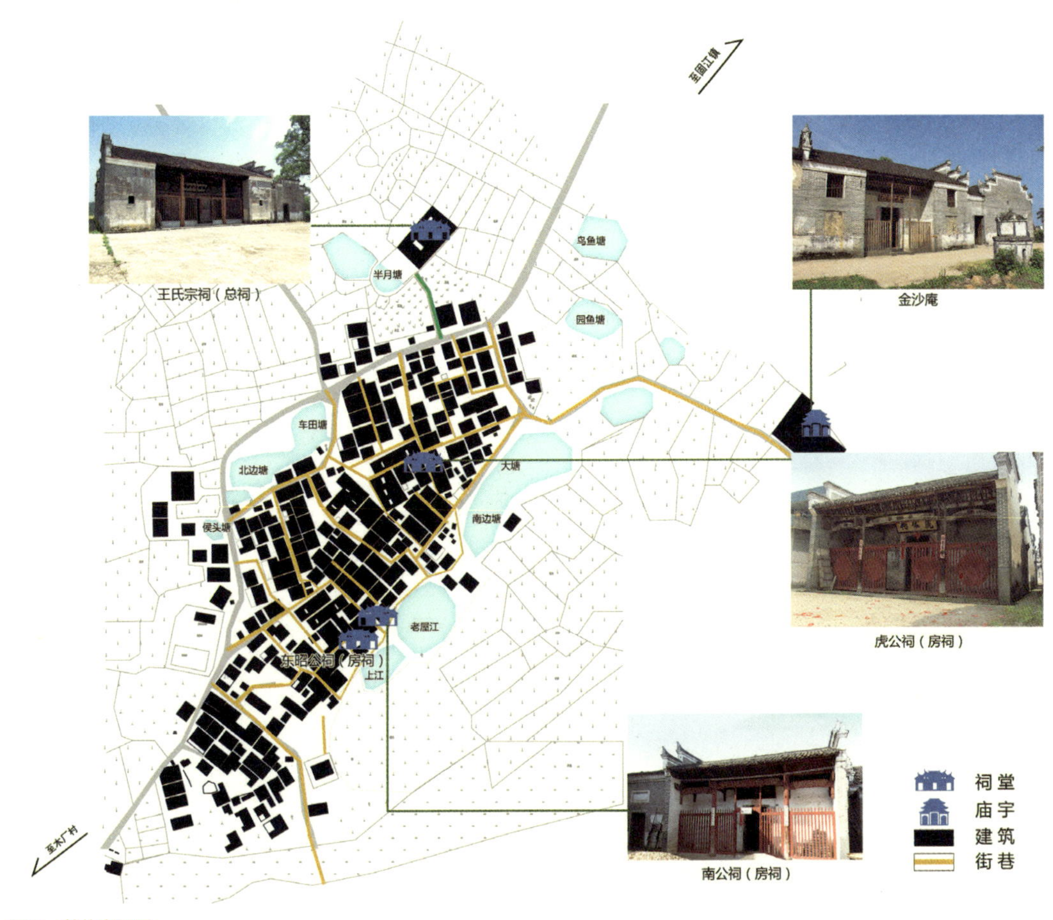

图3 整体布局图

图4 空间结构图

空间格局

选址 赛塘村坐落于泸水河边的山间平地，远山拱卫，北有龙脉，左右砂山围绕，前有案山，发源于武功山的泸水河在村前自西向东流过，形成依山面水的村落布局（图1、图2）。村落南北各布局7个池塘，以水塘为“星”，以村落为“月”，形成“双七星伴月”之态。村落布局坐东北向西南，地势西高东低，前景开阔，田园阡陌，风景如画。

整体布局 村落临泸水河而建，形成集中团块形，村民称之为“排形”（图3）。王氏宗祠位于村外北侧，为村庄总祠。各房祠分散在村庄内部，各房以房祠为中心，形成各自的居住组团。金沙庵为宗教类建筑，位于村东部。村内街巷，纵横交错，连接总祠和各房祠，呈网状结构。

空间结构 赛塘村规划严整，整体呈“一心、三组团”结构（图4）。王氏宗祠为全村的精神文化核心。各房以房祠为中心，形成三大组团。随着村落的发展，其整体形态仍维持着以各房祠为中心的组团式布局形态，以五有堂为中心的长房位于村落北部，以正经堂为中心的二房位于村落中部，以念初堂为中心的三房、四房位于村落南部（图 4）。

街巷格局 村内部街巷布局规整，大多为南北向，呈网状布置。巷道普遍较窄，约 1.5-2.5 米。主街为东西向，巷道向南北发散，形成“街－巷－院”的体系。街巷铺地就地取材，以鹅卵石或石板为主，顺应地形地势，因地制宜，利于排水。村落内部的水圳系统保存完整，并沿用至今。

历史环境要素 村落现存古庙 1 座，古桥 3 处，古树 14 棵。

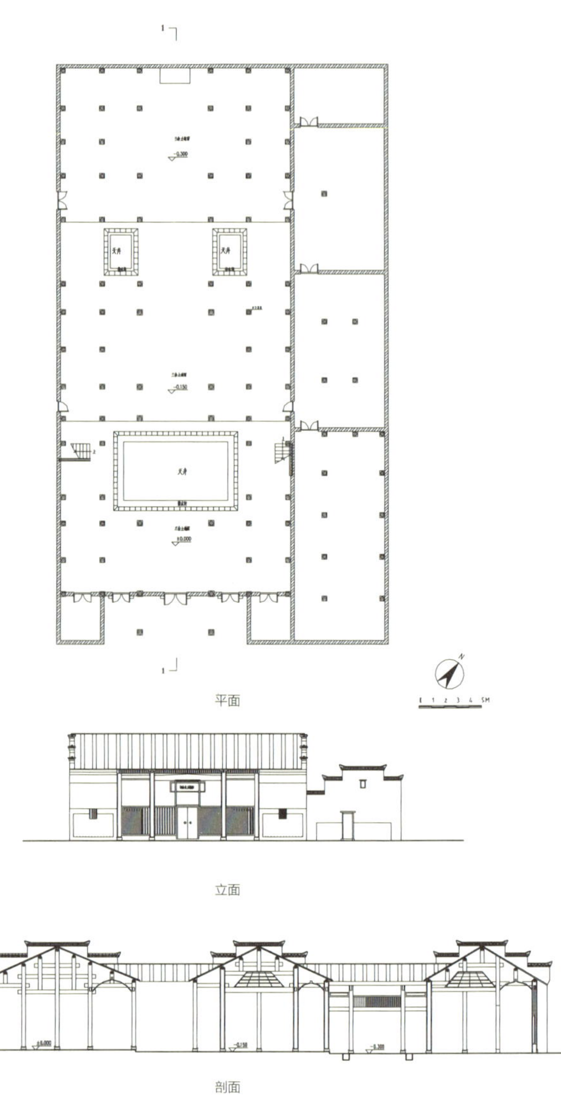

图 5 王氏宗祠建筑测绘图

图 6 王氏宗祠外观

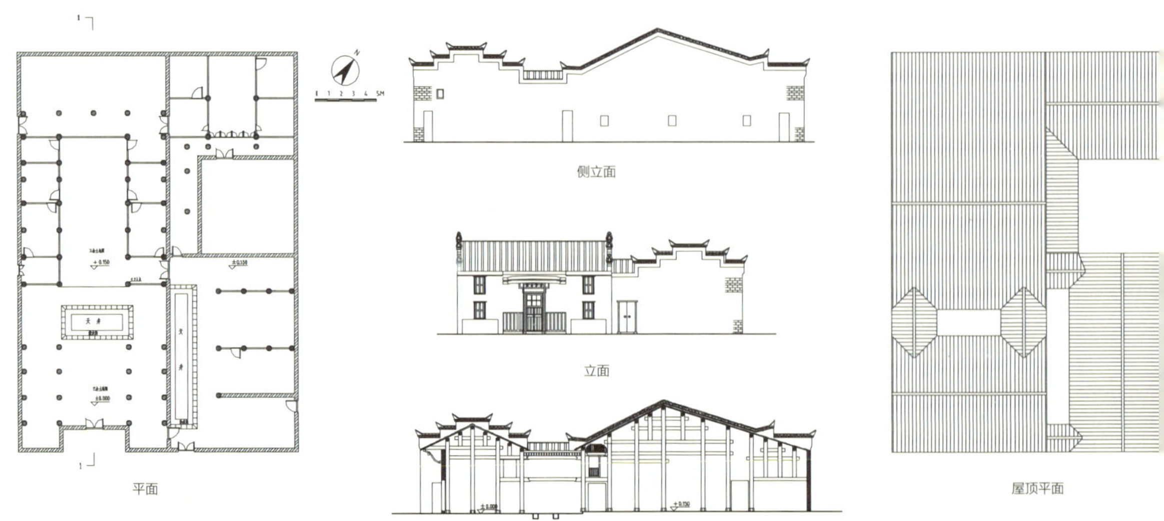

图 7 金沙庵建筑测绘图

图 8 边厅立面

图 9 金沙庵外观

图 10 龙骨

图 11 龙布

典型建筑

村内现保留有 80 余处各级保护建筑，县级文物保护单位 1 处，尚未核定公布为文物保护单位的登记不可移动文物 1 处，建议历史建筑 16 处，传统风貌建筑 68 处。重点建筑有王氏宗祠、金沙庵、虎公祠、南公祠等。

王氏宗祠 该建筑又名“崇本堂”，原为元至正癸未年（1343 年）王重礼建的永思堂，经过历代修缮，现存建筑重建于 1925 年。该建筑坐东北向西南，长 45 米，宽 27.1 米，占地面积 1039.5 平方米。整体布局为五开间二进式，东侧带陪屋，主路中轴线上分布门厅、享堂和寝堂（图 5、图 6）。正堂挂“崇本堂”木匾。小青瓦顶，青砖铺地。如此宏大而完整的祠堂在我国南方地区十分罕见，具有较高的文物价值。

金沙庵 该建筑以建于泸水河畔金沙洲而得名。建此庵的目的是风水上补村东隅之空。历史上曾作为王氏家塾，多次被毁后又被重建。现存建筑建于清光绪十七年（1891 年）。整体布局由主路和附属用房组成，进深 31.30 米，面阔 32.30 米，占地面积 1023.36 平方米（图 7）。主路为三开间一进式布局，边厅布局独特（图 8），内设两处半天井。门厅坐东北向西南，三开间单檐，清水砖墙眠砌，蓝灰勾缝，叠式马头墙（图 9）。附属建筑为三开间（院）楼房，三级马头墙。入口门厅为门斗式，门额上悬挂“金沙古刹”四个大字。门厅门前有“惜字塔”一座。金沙庵 1985 年由吉安县人民政府列入县级文物保护单位。

非物质文化遗产

舞龙灯 春节舞龙，也叫“龙灯舞”，在古代人们用舞龙祈福，以求得风调雨顺，五谷丰登（图 10、图 11）。赛塘村民在大年三十，由村内年轻小伙组成舞龙灯队，挨家串门，喜迎年新年，到了正月初一至初八期间，龙灯队伍便会到邻村拜年交流或者一起去镇里欢庆。

价值特色

赛塘村历史文化源远流长，宗族谱系传承有序。村落布局独具特色，呈“双七星伴月”形态，建筑布局严整有序，以宗祠为村落核心，各房以房祠为中心形成组团，体现了古代宗法制度下社会结构与空间结构的对应。赛塘村格局完整，风貌古朴，传统民居反映了鲜明的地域性特征，是庐陵文化影响下的传统村落典范。

义富村

[吉安市吉水县水南镇]

村落概况

义富村位于江西中部吉安市吉水县水南镇东北、泷江上游，距圩镇5公里，距县城37公里。据2014年相关资料，村内有人口约650人，以萧姓为主，耕地1094亩，主导产业为水稻。村外泷江水系缠绕，“一水缠福、胜似鹭洲”，2014年11月被列入第三批中国传统村落名录。

历史文化

义富村历史悠久，自开基之始，已有千年之久。村落似处湖中，古称倚湖，衍为倚富。昇元（南唐烈祖李昪的年号）初，始祖萧俨到庐陵做官，侨寓在螺陂，爱上游有水口之胜，于是卜居于泷江的富源，迎基祖萧霖，后定居于倚富（清道光年间将倚富改名为义富），繁衍生子，直到如今。

义富村文化底蕴深厚，崇尚教学，力举教育，文学昌盛，科甲蝉联，儒绅显赫，英贤辈出。唐末至今，励学之风源远流长。据史料考证，唐末至清末，全村涌现了许多青年才俊，可谓人才辈出。村内至今保留了一批内涵丰富的精妙古联，还有翰林学士春坊大学士解缙、宰相周必大、太常博士杨万里、邹元标等名人为义富萧氏族谱书序写记。

1930年10月，朱德同志率领红军独立二、四团和红三军，以及公略县地方游击武装，强攻公略县白区义富村，因此地三面环山，一面临江，形成孤岛之势，易守难攻，最后经过两天一夜的战斗终于攻下。

空间格局

选址 义富村位于水南镇东北面、泷江上游，泷江将义富村拦腰环抱，犹如玉带环腰，形成玉带水，与东面和南面的西山、五胜山、

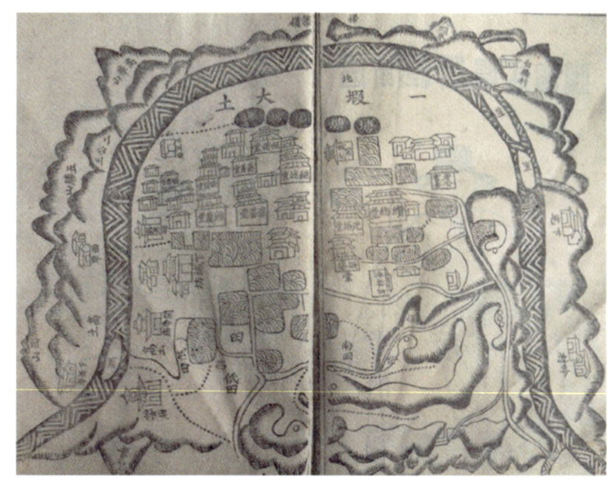

图1 族谱上的村形图

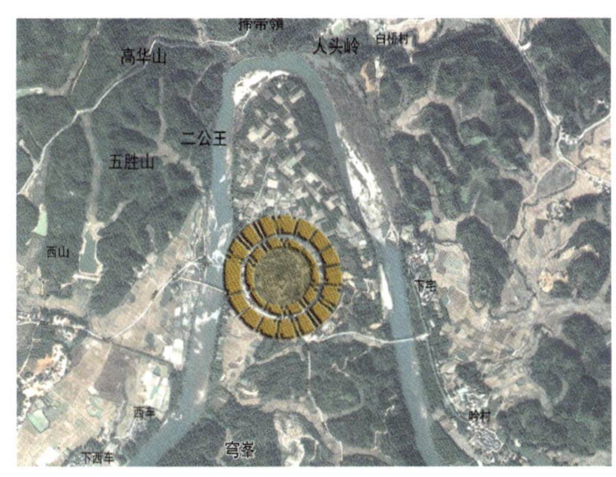

图 2 村落选址图

图 4 空间结构图

嵩华山、穹峰、扫帚岭、人头岭等山丘遥遥相望（图 1、图 2）。该村选址既考虑了水上交通运输的便利性，同时又符合风水学上背山面水的布局模式。明代东林党首领之一的邹元标特地为义富村写下了《穹峰砥流》《三台拱秀》《巽水归塘》《一水缠福》《二祠锁水》《双龙渡江》《仙阁镇艮》《灵祠障乾》等八景诗，足见义富村山水之胜、选址之妙。

整体布局 村落四周高，中间低，坐西北朝东南，依地势呈自由式布局（图 3）。馀庆堂、崇善堂、缵绪堂由西至东分布，村东南有一座戴氏节孝牌坊。街巷呈网格状结构，村内的 20 多口水塘嵌绕。沿江千多米的古树和翠竹相互辉映呈半圆形之势环抱村落，甚为壮观。村落西侧沿江由北至南分布上、中、下游码头，中游码头直通下城坊，是村落的主要出入通道。

空间结构 义富村整体呈“一核、一轴”的布局结构（图 4），馀庆堂是萧氏总祠，是村落的精神文化核心。“一轴”指古代由西至东的商业街，为一条重要的交通轴。村落依水而建，发达的水运使义富村商业繁盛，中游码头直通下城坊，形成贯穿东西的商业街，为村中具有活力的空间场所。

街巷格局 义富村内现存有 12 条历史巷道，呈网格状规整布置。巷道宽度在 1.3-2.8 米，采用鹅卵石铺就（图 5）。街巷走向因地制宜，传统水圳系统十分发达并且一直在使用。

历史环境要素 义富村有古牌坊 2 座，古

图 3 整体布局图

图 5 传统街巷风貌

码头 3 座，古树 18 棵。

典型建筑

村内现有传统建筑 88 幢，其中文物保护单位 1 处，建议历史建筑 32 处以及传统风貌建筑 55 处，主要建筑有崇善堂、缵绪堂、馀庆堂、光裕堂等。

崇善堂 该祠堂位于义富村中部，始建于 1253 年，为祭祀十一世祖萧邦植而建。该建筑大体坐北朝南，整体布局为三开间二进式，总占地面积 320 平方米（图 6）。祠堂主体建筑有门厅、享堂、寝堂 3 部分。门厅为门廊式，门额上刻有“大夫第”三个字。祠堂砖木结构，山墙为叠式马头墙，外墙为清水砖墙（图 7）。

缵绪堂 该建筑位于义富村东侧，始建于雍正癸卯年（1723 年），于嘉庆戊辰年（1808 年）重修。缵绪堂大体坐北朝南，整体布局为五开间一进式，西侧带陪屋，占地面积约 1157 平方米（图 8、图 9）。祠堂主体建筑有门厅、寝堂两部分。门厅为门廊式，门口有一对重达千斤的红石狮。寝堂有 4 根石柱，柱上有对联“缵承溯祖考将相公侯八叶渊源归一本，绪业贻子孙友恭慈孝五伦纲常著千秋”等。祠堂内雕梁画栋、刻檐飘脊、木雕壁画样样俱全，山水人物、花鸟栩栩如生。

非物质文化遗产

吉安采茶戏 采茶戏是江西省的汉族戏曲剧种之一。清中叶以来，在吉安府的中部和北部几县农村流行一种由灯歌演变而成的花鼓戏（图 10）。一个戏仅有一旦、一丑、一生三个角色，故又称“三脚班”或“三小戏”。伴奏乐器有竹木梆、小锣和正反手胡琴各一件，演出剧目多为表现古代汉族劳动人民的劳动和爱

图 7 崇善堂外观

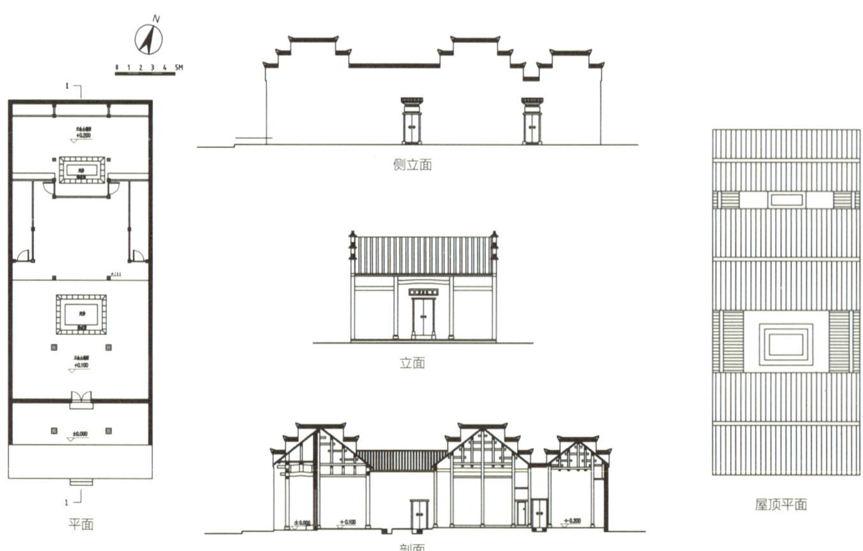

图 6 崇善堂建筑测绘图

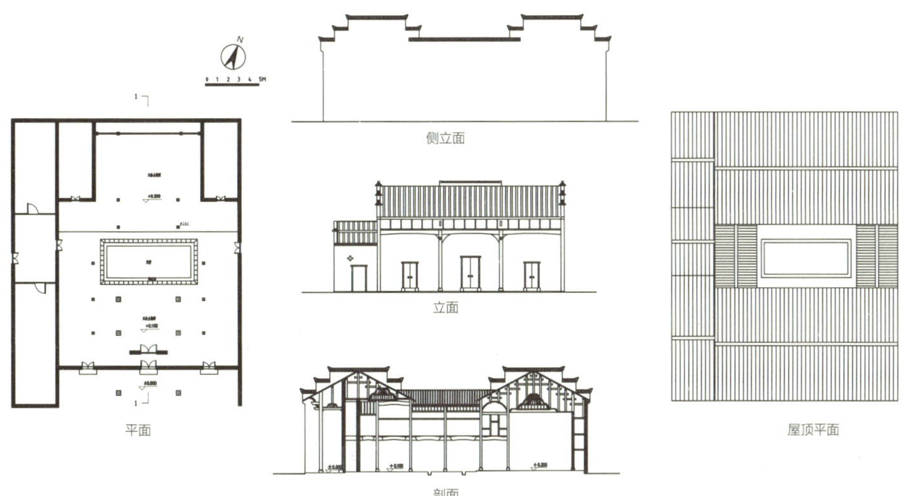

图 8 缵绪堂建筑测绘图

图 9 缵绪堂外观

情的单头戏和“三小戏”。

采茶戏的传统剧目很丰富，分为三大类：单头戏、三脚班戏和半班戏。采茶戏的唱腔和表演具有鲜明的吉安地方特色，唱腔吸收了山歌小调的素材，粗犷、朴实，易于表现现实生活，共有曲调100余种，表演保留了灯彩的风格、诙谐、欢快，如小丑坐矮桩、走矮步，小丑走小脚步，小生耍折扇等。在第二次国内革命战争时期，井冈山一带曾用采茶戏形式和采茶戏曲演出过《大放马》《欢送哥哥上南方》《志愿当红军》等节目。

水南腐竹制作工艺 义富村隶属水南镇，元末明初之际，水南域内就有多家腐竹生产作坊。腐竹制作已有 600 多年的生产史。水南腐竹选用本地自产的黄豆、优质的山泉水，再加上选豆、浸泡、磨浆、煮浆、挑皮、晾干、上浆、晾晒等传统老手艺，做一次腐竹要从凌晨3时一直忙碌到下午3时左右，再经晴好的天气、冬日的寒风吹晒而成（图 11）。水南人谨记老祖宗留下的“2 斤黄豆做 1 斤腐竹、不能添加任何辅料配料”的祖训，一直延续到今天，正因如此，水南腐竹名声远扬。

价值特色

义富村村落选址优越，为庐陵地区为数不多的玉带水格局；历史悠久，文运昌盛，出了众多有名望的著名人物；红色文化是村中的又一亮点，集绿色、古色和红色于一体。村落空间布局考究，讲究风水，轴线清晰。古建群保存完整，风貌古朴，是赣中吉泰地区庐陵文化影响下的传统村落典范，具有较高的研究价值。

图 10 吉安采茶戏

图 11 腐竹晾晒

社边村

[吉安市吉安县固江镇]

村落概况

社边村位于吉安市吉安县固江镇瑞溪村，赣江支流泸水中游，距吉安县城 30 公里，距固江镇 4 公里。据 2014 年底相关资料，全村共 110 户，350 余人，耕地 706 亩，林地 678.3 亩，主导产业为水稻和油茶。该村历史文化底蕴深厚，格局完整，2014 年 11 月被列入第三批中国传统村落名录。

历史文化

社边村历史悠久，传承发展已有千余年。村内以黄姓为主，社边黄氏曾为庐陵四大望族之首，其开基祖黄澄湫于元末明初从该乡上观社迁居于此，沿用原村名社上，后称作今名“社边”。社边村黄氏以血缘关系为纽带，为黄璠后嗣，奉黄嵩为一世祖，奉迁居社边黄澄湫为十七世祖。

社边村文化底蕴深厚，人文蔚起，自明永乐以来，中进士 14 人，中举人 20 人，厅局级以上官员 14 人。明万历黄衮官居山东布政使，授荆州王，封九千岁；清黄赞汤任广东巡抚、翰林院庶吉士、兵部侍郎；黄赞汤子黄祖络为江苏布政使、兵部右侍郎。明代黄鼎象、黄震象和清代黄作渠、黄赞汤、黄祖绪 5 人著书立说21 部，书卷灿烂，蔚为壮观。从晚清同治至“中华民国”的七八十年间，社边村有 7 人分别任工部郎中、兵部郎中、民国最高法院书记官等职务。民间流传“钓源的银子，社边的顶子”，说的是钓源村经济富庶，社边村则官多位高。

空间格局

选址 社边村位于由西南向东北延伸的山丘中，四周田畈环绕，背靠后龙山、钟形山，面临牡丹江，形成依山面水的村落格局（图 1、图 2）。村基依山谷顺着缓坡依次而建，村落坐西北向东南，地势东高西低。牡丹江在社边

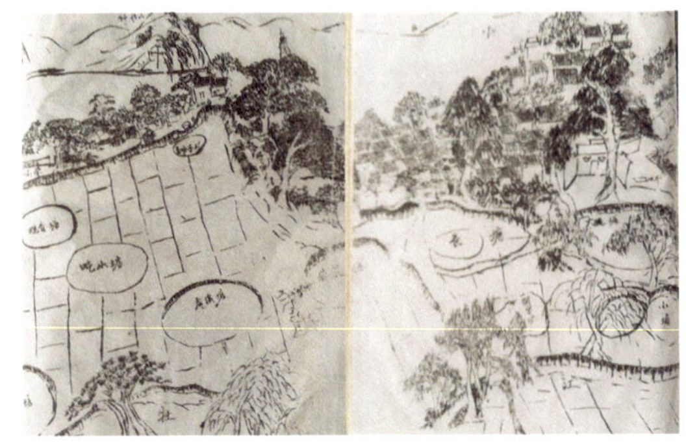

图 1 族谱上的村形图

图 2 村落选址图

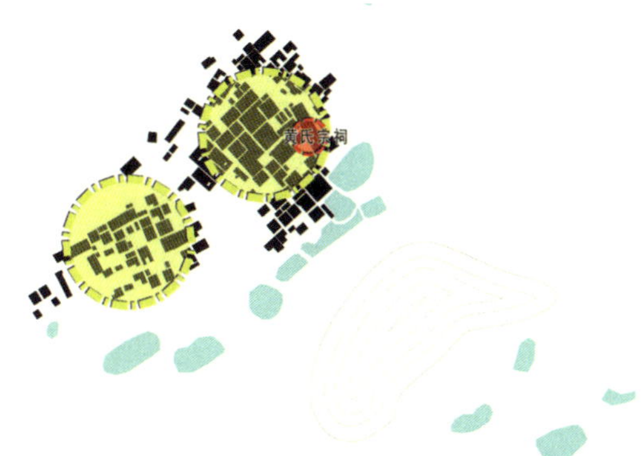

图 4 空间结构图

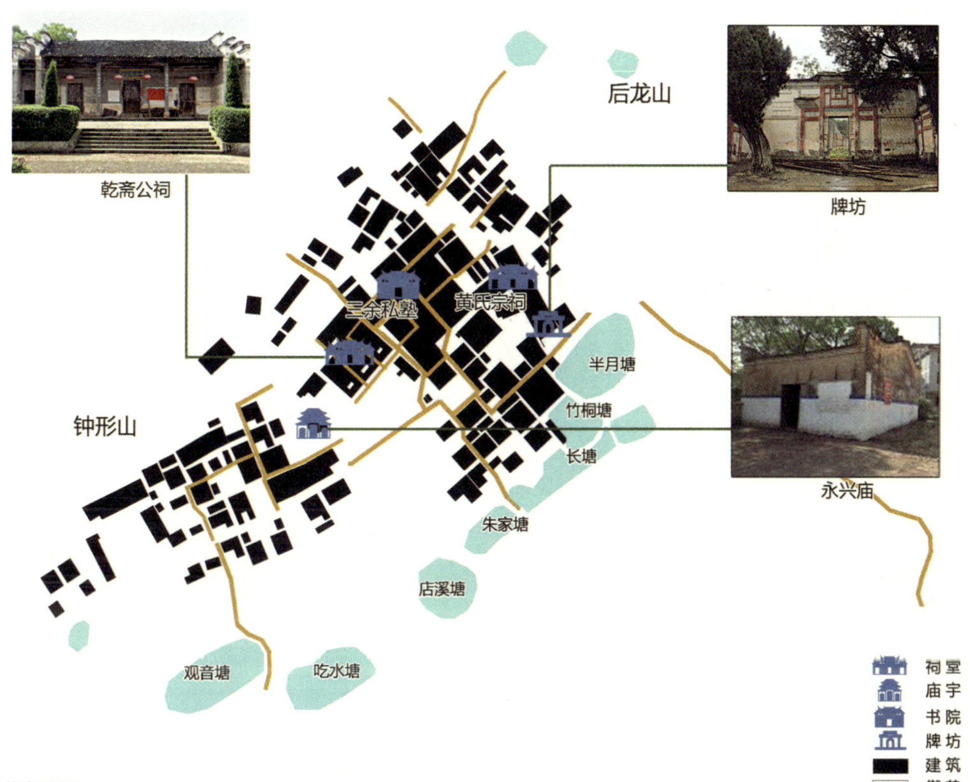

图 3 整体布局图

村东南侧由东北向西南流过。

整体布局 社边村依山谷而建，整体形态呈组团型（图 3）。黄氏宗祠坐北朝南，位于村东部。永兴庙坐落于村中部，承载着人们的精神寄托。三余私塾位于黄氏宗祠西侧，是村中文化传承的空间。街巷呈网状结构，纵横交错。村前布局七口池塘，呈“七星伴月”之态，村庄东南面牡丹江流出处有风水林，为村落的挡风林，意阻挡煞气。

空间结构 社边村整体呈“一心、两组团”结构（图 4）。黄氏宗祠为整个村落的精神文化核心。村落布局因地制宜，形成南部的一个小组团和北部的一个大组团。

街巷格局 村内历史巷道现存 7 条，呈不规则网络状布置。主街为 L 形，是整个村落巷道系统骨架，次要巷道向两侧分散布局。村落巷道总长度约为 350 米，宽度 1.7-3.5 米，路面主要由鹅卵石铺砌（图 5）。主街串联永兴庙、都庭公祠、乾斋公祠、萃农公祠、进士第、三余私塾等重要建筑节点，支巷呈自由式，连接各民居。

历史环境要素 村现存古井 1 口，旗杆石 34 块，古牌坊 1 处，古桥 2 处，古树 14 棵。

典型建筑

村内现尚保留有52处各级各类保护建筑，尚未核定公布为文物保护单位的登记不可移动文物2处，建议历史建筑30处，传统风貌建筑20处。重点建筑有都庭公祠、乾斋公祠、萃农公祠、永兴庙、黄氏宗祠门坊和进士第等。

乾斋公祠 该建筑位于社边村中部，与都庭公祠毗邻，建于清代。由黄赞汤兄弟俩为其父亲建的祠堂，黄赞汤父亲名学颜，号乾斋，故名乾斋公祠。该建筑大体坐北朝南，整体布局为三开间二进半式，东侧带陪屋，建筑宏大，总占地面积818平方米（图6、图7）。祠堂中轴线上布有门厅、享堂和寝堂等主体建筑。入口门楼为门廊式，堂内的两个天井规格宏大，厅堂正上方悬有长1米，宽70厘米的金匾，匾内排书“圣旨”二字。门前有2根石柱，镌刻一副对联“金马玉堂门第，月卿星使家声”，“金马玉堂”寓意身任文武高官，“月卿星使”寓意朝廷贵客位高权重。

图5 传统街巷风貌

图6 乾斋公祠实景

曾广诚宅 该建筑位于村南部，毗邻永兴庙，始建于清代。大体坐北朝南，整体布局为三开间一进式，总占地面积132平方米（图8、图9）。建筑主体构架为穿斗式，内部雕饰丰富。入口门楼为门罩式，内部无天井，用“天眼”进行采光，属于吉水地区特有的高位采光民居。

非物质文化遗产

吃九皇斋 村民吃九皇斋从九月初一开始至九月初九，共9天。初一开始，打爆竹、上香、上斋供，开始斋戒，每日吃素，荤腥不得进村，

图7 乾斋公祠建筑测绘图

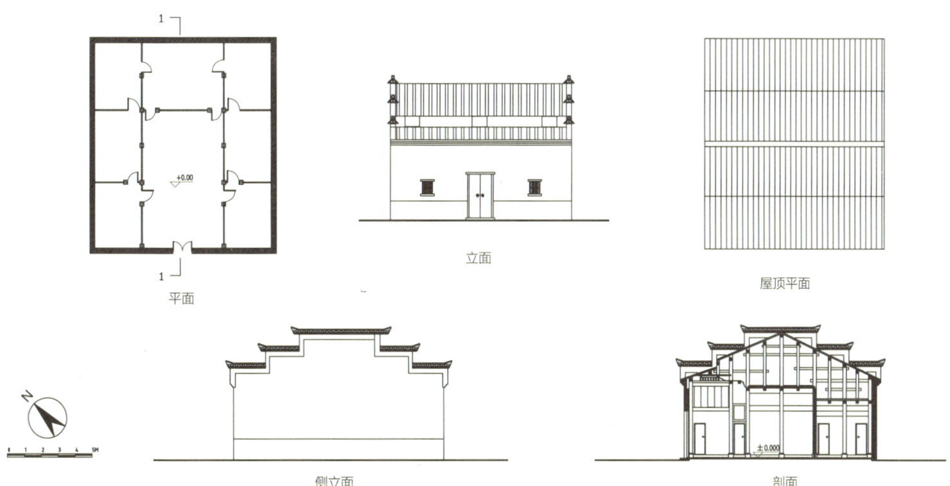

图 8 曾广诚宅建筑测绘图

图 9 曾广诚宅实景

且每日斋供。其间进行全面卫生大扫除，屋内屋外，清理一新，所有墙角、阴沟，均要进行清理，不留卫生死角，不留任何污垢。家中所有生产工具、生活用具要全面清洗、晒干。至初九日，则买肉买鱼杀鸡，叫“开斋”，鸣爆竹、上香、上供。晚餐后九皇斋活动和仪式结束，九月初十恢复正常。这期间，有时还会举行大型祭祀活动，如朝拜等仪式。九皇斋活动的意义，在于清除夏季酷热留下的污垢，清理湿热的胃肠，适应即将到来的寒冬，为寒冬的到来做好卫生和身体生理准备。

朝拜 朝拜为村里传统大型祭祀活动，三年一小朝，五年一大朝，具体时间一般为正月。朝拜需制作全套的朝拜銮驾，銮驾基座材质为杉木，外面装饰绣罩。其中一个銮驾上供庐水侯黄播及其麾下一员大将的排位。朝拜队伍中前导为黄、蓝、绿三色的鸾伞，并标以道家先锋的名号。在选定黄道吉日后。凌晨在民乐、爆竹声中，道士祭祀仪式完毕后，朝拜队伍从永兴庙出发，前往吉州区兴桥镇界牌岭祭拜八方神灵、祈祷国泰民安，风调雨顺。朝拜队伍在当日回到永兴庙，銮驾进庙前，举行道士牵引祭祀仪式。在锣鼓声当中，随着节奏，道士与銮驾在祠堂前的场地上踏着八卦步进殿，朝拜仪式结束。

价值特色

社边村历史悠久，文化底蕴深厚，文运昌盛，科第连绵，英贤辈出。村落格局完整，肌理明晰，布局严谨。村内民居独具特色，是吉水特有天门式民居，具有浓郁的地域特色。该村文物古迹分布集中，且保存完整，是庐陵文化的物质载体，是研究吉泰盆地传统村落极为珍贵的实物资料，具有较高的研究价值。

旧居村

［吉安市吉安县梅塘镇］

村落概况

旧居村位于吉安县梅塘镇，距县城约 23 公里，东靠泸河，西至莲塘村，南至梅塘镇区，北至固江镇区，连接固江镇区与梅塘镇区的 129 乡道从旧居村村西经过。据 2014 年统计资料，旧居村常住居民 160 户，525 人。村落占地面积 162 亩，村域面积为 6 平方公里，耕地 20.5 亩。旧居村目前主要经济作物有水稻、花生等。村中自然环境优美，传统农业发达，物产丰富，为鱼米之乡。2014 年 11 月旧居村被列入第三批中国传统村落名录。

历史文化

旧居村原名“东界旧居”，俗名“旧洼下”。旧居村的远祖为东晋时期的安成太守刘遐，开基祖为德崇公，其曾祖父、遐公的第三十五孙成德公，于元至正年间中进士，在重庆为官，从安福笪桥迁至重庆。成德公的孙子子燃公念及故土，迁至东界麻园。子燃公生两子德崇公和德懋公，明洪武癸酉年（1393 年），德崇公迁居至离麻园数百米远的旧居，不断繁衍发展，故旧居村由此而来。

旧居村自古以来名人官员众多。据谱牒记载，东晋年间至清道光年间的 1000 多年中，旧居村出进士 4 人，举人 5 人，被“贡选者”3 人，仕宦 8 人。

空间格局

选址 村落东依罗霄山，与泸水相邻，泸水自南向北流过，东、西、北三面环水，形成“四水归流”的风水格局（图 1）。村基建在罗霄山山脚下，整体呈现北高南低的态势。旧居村

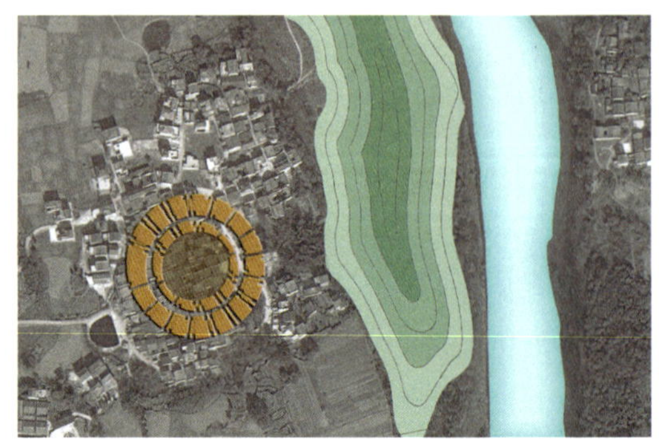

图 1 村落选址图

图 3 传统街巷风貌

东侧河岸边有古渡口，河岸上是一片河洲。

整体布局 旧居村东邻泸水而建，布局紧凑，整体形态为团状（图 2）。旧时入口的池塘与四周小溪连成一个整体，只能靠一座石桥入村。刘氏家庙位于村前中部，为村中的总祠，是整个聚落空间的高潮，为聚落的核心。家庙前有一半月形池塘，入口建有“世科第”门楼，位于刘氏家庙东侧主巷道为轴线，将村居分为 3 个组团，其中西侧为大房居住组团，东侧为二、三房居住组团，突出表现了宗法社会时期社会结构与空间结构的对应关系。 节孝祠位于村落中部。

街巷格局 村内保存较为完整的历史街巷 10 条，纵横交错成网格式。刘氏家庙、节孝祠、大夫第、怡穀堂等建筑周边村落巷道总长度约为 983 米，路面主要由青石板和鹅卵石铺筑，宽约 1.5 米（图 3）。

历史环境要素 村落有古树 1 棵，古塘 3 口，古桥 1 座，门额牌匾 19 处，古渡口 1 处。

典型建筑

村内保留了 54 处各级各类保护建筑，重点建筑有刘氏家庙、大夫第、太基祖祠、长房祖祠等。

刘氏家庙 该建筑位于村前正中，建于清中期，是村中核心的精神空间，也是村中最重要的祭祀空间。建筑坐东向西，整体布局为三开间两进式，主体建筑有门厅、享堂和寝堂。总占地面积为 387 平方米（图 4、图 5）。天井的长宽比约为 2：1，地面由条石铺砌。门厅硬山顶、两侧为马头山墙，屋架前带轩顶。享堂顶端装饰木雕藻井，挂“惇典堂”木匾，主柱上楹联为：惇怀九族，典祀万年。

图 2 整体布局图

图 5 刘氏家庙实景

图 7 大夫第实景

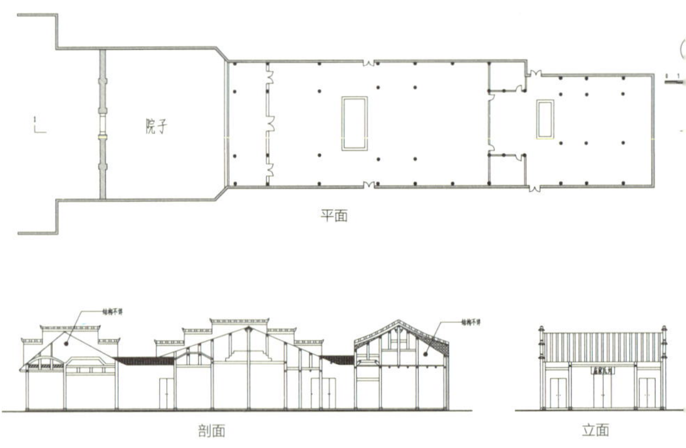

图 4 刘氏家庙建筑测绘图

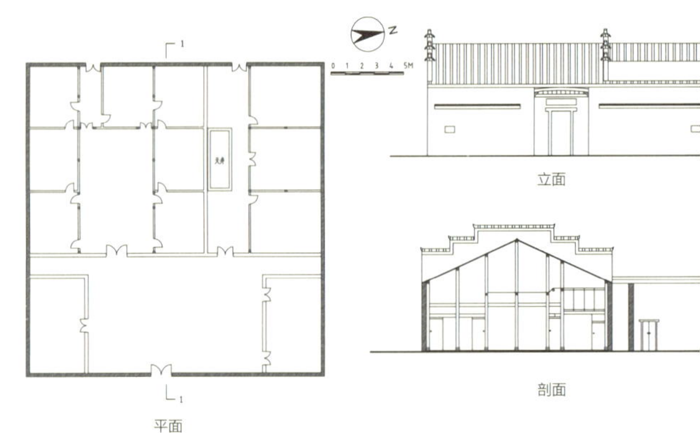

图 6 大夫第建筑测绘图

大夫第 该建筑位于旧居村中心主巷道处，建于清宣统时期，坐西朝东，砖木结构，总占地面积为 446 平方米（图 6 、图 7 ）。建筑庄重典雅，局部隔板雕刻有花草树木纹饰。门框为石质，门额上书“大夫第”三个大字。庭院水池上方墙壁有联一对：“一家喜气如春酿，小筑幽楼兴拙宜”。横批：“揪敛吉祥”。厅内悬挂有 3 副红底黄字楹联，分别为：“诚实人生励志克勤臻大道，敬亲贤圣崇耕尚读振家声”“于德成临为人处事为忠厚，以仁为道立命安身在信诚”“里闾敦睦和风丽日乡谊好，仁宅欣荣知水乐山子孙贤”。

非物质文化遗产

旧居村有丰富多彩的民风民俗，大年三十中午年饭之前，各家各户都要祭拜天神与祖先。每年元宵从十一日至十五日的夜晚，都要举行龙灯、狮灯、敲锣打鼓吹喇叭等活动。正月的“喊船”和“七月初七朝拜”较为典型。

喊船 喊船是江西所特有的民俗，每当正月初一，村民请出龙船，以传统的“奉神”（俗称“喊船”）仪式庆贺丰收，距今已有 1000 多年的历史。通俗地讲，“喊船”就是民间“求神祭神”或“接神送神”的祭祀活动，以祈求神灵保佑一方百姓平安，风调雨顺。

七月初七朝拜 七月七日当天是道德腊日。《八道秘言》言：正月一日名天腊，五月五日名地腊，七月七日名道德腊，十月一日名民岁腊，十二月八日名侯王腊，此五腊日，并宜修斋，并祭祀先祖。七月七日为道德腊，是“五帝校定生人骨体枯盛”之日，是日道民要斋戒礼诵，以求忏罪消灾，增福增寿。

价值特色

旧居村整体格局完整，规划严整有序，街巷肌理明晰。村中传统建筑保存较好，保留完好的刘氏家庙、大夫第、节孝祠等具有较高的研究价值。村落格局和历史环境要素的完好保留，体现出浓郁的庐陵文化特色，为研究村落的演变和古时人们居住、生活习惯提供了有价值的线索。

燥石村

［吉安市新干县七琴镇］

村落概况

燥石村位于吉安市新干县七琴镇境内，地处七琴镇东北部，距七琴镇约 20 公里，距新干县城约 50 公里。据 2014 年统计资料，燥石传统村落范围内总人口为 422 人，共 136 户，耕地 1284.8 亩，主要以种植单季稻、油茶等传统农作物为主。该村空间格局保存完整，是江西省独具特色的山地型石头村，拥有独特的石头建筑群和优美的自然景观。2014 年，燥石村被吉安市旅游局评为省级 AAA 级乡村旅游点；2014 年 11 月被列入第三批中国传统村落名录。

历史文化

燥石村又名文溪村，含大街上、上燥石和下燥石三个自然村，距今已有 300 余年的历史。其中，大街上和上燥石以徐姓为主，下燥石以李姓为主。据族谱记载，下燥石李氏开基祖为芃英公，其远祖为唐朝西平忠武王李晟。后其子孙繁衍，其中燥石芃英公的祖辈，先后经高村、吉水谷村、乐安河南、新干大坑，由燥石村始祖光叶公迁至茅头，最终其孙芃英公才迁居至今日的燥石村。燥石李氏繁衍至第二十五代，李氏从住场里繁衍发展到下燥石、上燥石等周边 13 个自然村，鼎盛时期多达 1300 余人。

空间格局

选址 村落选址北靠玉华山，东临德华山，西面法华山，背山面水，形成藏风聚气的风水格局（图 1）。村基位于德华山和才地岩两侧之间的峡谷地带，四周层峦叠嶂，形成了一道道天然屏障，整个村落处于前有护

图 1 村落选址图

守，后有倚靠的格局之中。村落地处山高地陡之处，左右护山环抱，梯田分布周边，文溪从村东缓流而过，汇聚到村南的水库。

整体布局 燥石村由下燥石、上燥石、大街上 3 个组团组成，呈点状分布于文溪西岸（图 2）。其中下燥石组团规模最大，山地建筑特点最为显著。下燥石的传统建筑群依山就势，呈台阶式布置，为顺应地形，建筑朝向各有不同。其“西平世第”门楼、芃公厅等公共建筑位于整个组团的中心部位。村东北部现存一座私塾。古桥横跨与村东南的小溪上。大街上组团规模居中，上燥石规模最小，建筑布局较下燥石更规整。

空间结构 燥石村整体呈组团式布局，各个组团分布在山间谷地上（图 3）。下燥石的“西平世第”门楼、芃公厅、私塾等为公共建筑和周围分布的传统风貌建筑一起，组成一个较大的建筑群落。上燥石和大街上是以传统风貌建筑组成的两个较小的组团。三

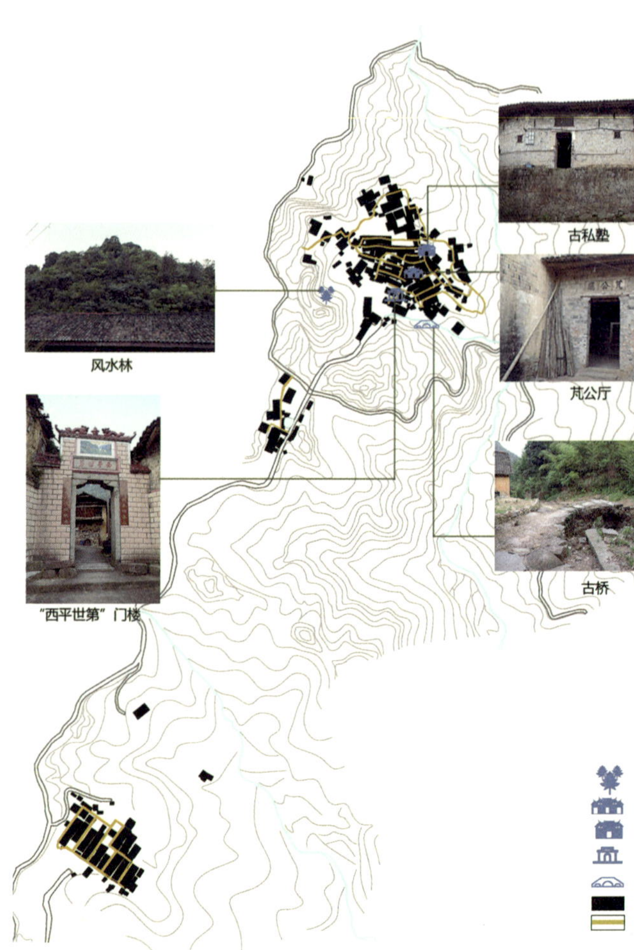

图 2 整体布局图

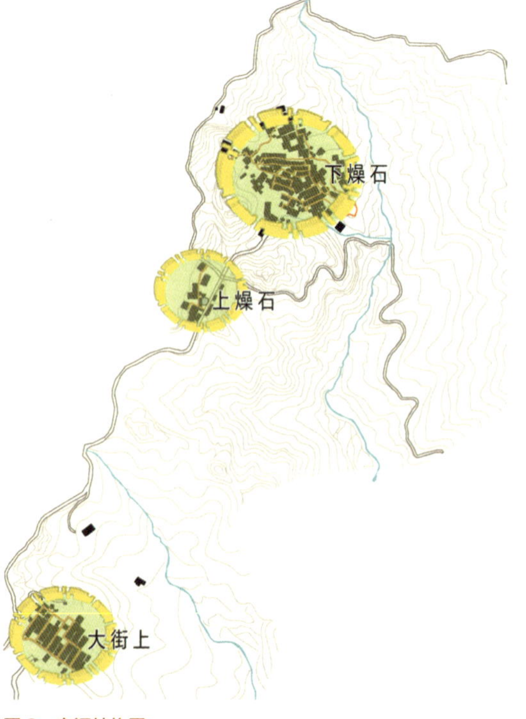

图 3 空间结构图

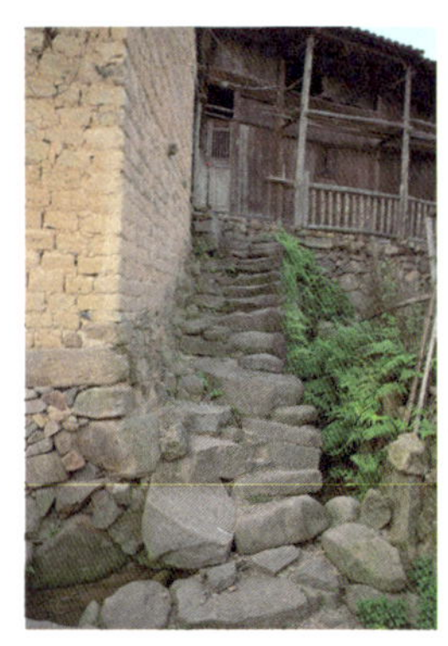
图 4 传统街巷风貌

个组团即彼此独立，又相互呼应，由一条山间道路串联在一起，互联互通。

街巷布局 传统巷道主要呈网络状、自由布局形式(图4)。巷道宽为0.5-1.2米之间，部分巷道较窄，仅容一人通过。传统巷道地面铺装的主要物料选择有毛石、青石板、青砖、鹅卵石等(图4)。

历史环境要素 村内有古桥1座，古墓1座，门楼1座，古红豆杉2棵，古樟树1棵，古甜槠300余棵，古松100余棵。

典型建筑

燥石村传统建筑以民居为主，因燥石村历史悠久，地处偏远山区，对外交通不便，经济发展滞后，其传统建筑通常就地取材，石、砖、木、土坯结构建筑较为常见，其中石材是最为常见的建筑材料(采自村西侧才地岩的石砻群)，广泛用于各类建筑外墙、基座、街巷地面等部位，充分体现了燥石石头建筑群的地方特色。

艽公厅 该建筑位于下燥石中部，始建于清代，后经历次维修。艽公厅大体坐北朝南，占地面积72.67平方米。外墙砖石砌筑，内部主体构架为穿斗式木构，屋顶为传统的坡屋顶形式(图5、图6)。艽公厅是村民举行葬礼和祭祀仪式的活动场所。厅内保留较为完好的清代牌匾2块，具有较高的历史研究价值。

李龙如宅 该建筑位于下燥石中部，在艽公厅北侧，建于清代。建筑坐北朝南，面阔三开间，占地面积110.47平方米(图7、图8)。建筑正立面门额上设花窗，花窗使用复杂的砖雕饰，既有采光功能，又有装饰功能。室内横梁上雕刻着精美的木雕，内容主要以动物、花卉图案为主。

非物质文化遗产

图5 艽公厅实景

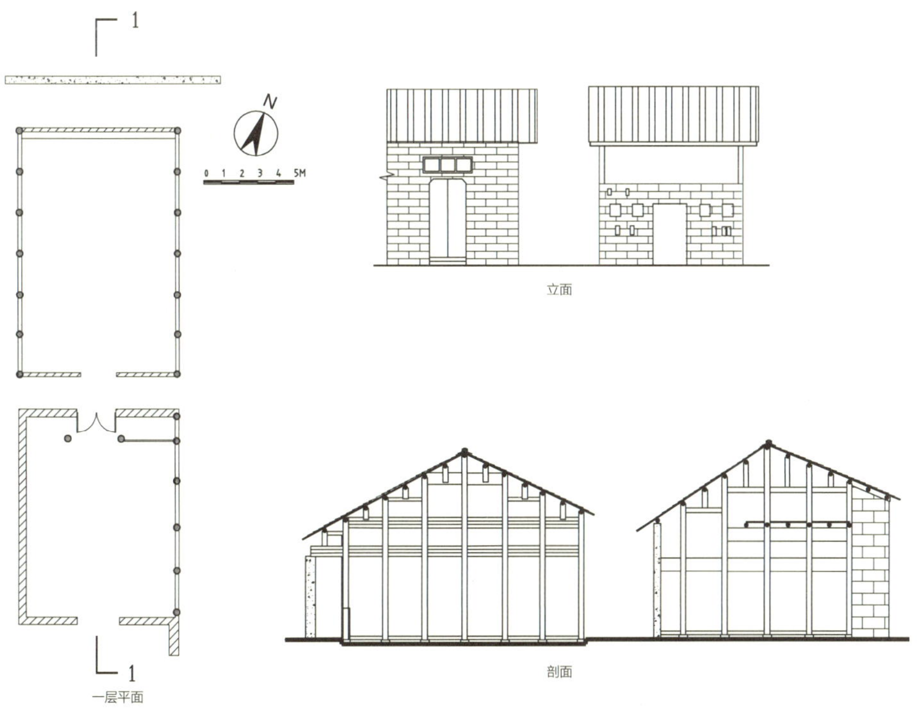

图6 艽公厅建筑测绘图

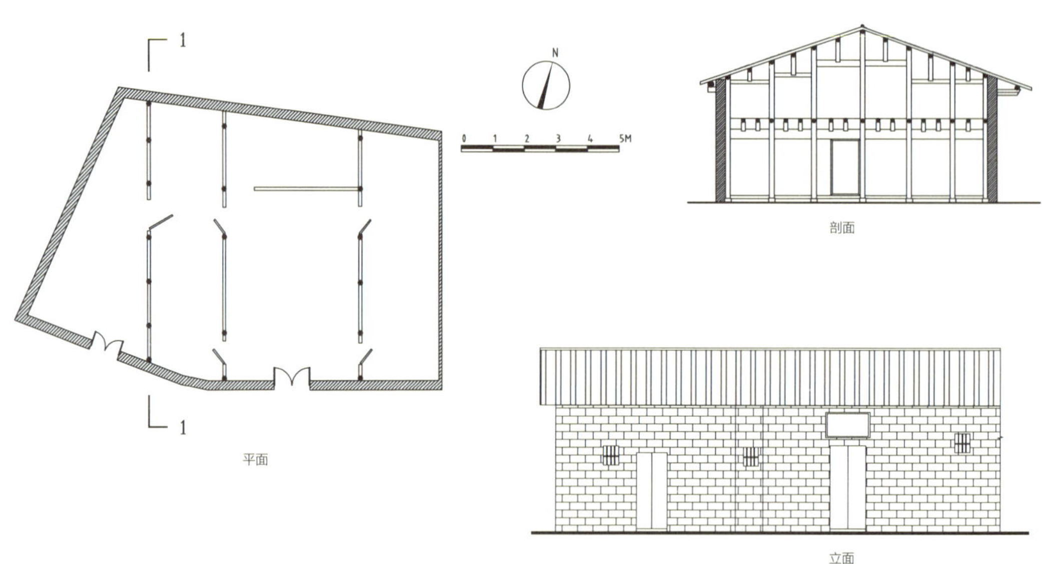

图 7 李龙如宅建筑测绘图

民间剪纸 燥石剪纸是当地最为盛行的民间传统技艺之一。在民间风俗、宗教思想影响下，剪纸内容多为婚嫁、年节、丧事以及地方民风民俗，气氛热烈，感情淳朴，有广泛的群众基础（图 9）。剪纸著名传承人洪桂珍老人是该村民间技艺传承的杰出代表。

新中国成立后，特别是改革开放以来，燥石村剪纸注入了新的元素，表现了社会生活的方方面面，既有群众喜爱的大红大绿热烈气氛，又有寓含福气、财运、顺遂、兴旺等美好愿望，传统风俗与现代生活相互结合、渗透，融为一体，成为现在燥石村剪纸赖以存在、延续的基础。

价值特色

燥石村作为江西较为独特的山地型石头村，其以保存完整的空间格局，特色的石头建筑群、优美的自然景观及原生态的地方风情为主要特色，是一座典型的因山而建、因人而存的中国传统聚落，是吉泰地区山地聚落的代表。

图 8 李龙如宅外观

图 9 剪纸

河下村

［吉安市永丰县沙溪镇］

村落概况

河下村位于吉安市永丰县沙溪镇，泷江河畔，距县城 70 公里，距沙溪西阳宫 0.8 公里。据 2014 年统计资料，全村有农户 316 户，共 1195 人。永丰沙溪为欧阳修故里，河下村现今是欧翁故里唯一遗留且保存完整的传统村落。2014 年 11 月河下村被列入第三批中国传统村落名录。

历史文化

河下村地处泷江上游，在水浆乡水系与沙溪河汇合之处。河下有一古码头（下街码头），主要用于运送生活与生产资料。由于西阳宫在文化传播方面具有很大的影响力，当地乡绅倡导义学，使得沙溪镇成为沙溪河流域及周边地区的经济文化中心。明清时期此处设置巡检司，进一步促进了河下村的繁荣。

该村历史悠久，文化底蕴深厚，自唐朝开基，已历经千年。河下为多姓氏聚居，唐中前期，唐归县令张焴为河下张氏开基祖；随后漫长岁月中，黄、梁、罗、吕、蒋、邹、彭等众多姓氏家族均在此聚居过；晚清时期，孙氏、王氏、刘氏、李氏、艾氏构成了河下村的五大家族，由此形成的村落格局基本保留至今。

空间格局

选址 河下村选址注重山水环境处理，强调天人合一的风水哲学。村落背山面水，背靠后龙山（风水上的“五虎下山”），前有玉带水（图 1）。后龙山山脉延绵数里，对村落形成环抱之势；东南面泷江环绕半周。古语“门前一条玉带水、宅后两座贵人山”即是对河下村风水格局生动写照。村基建在后龙山山脚下，

图 1　村落选址图

图 3 传统街巷风貌

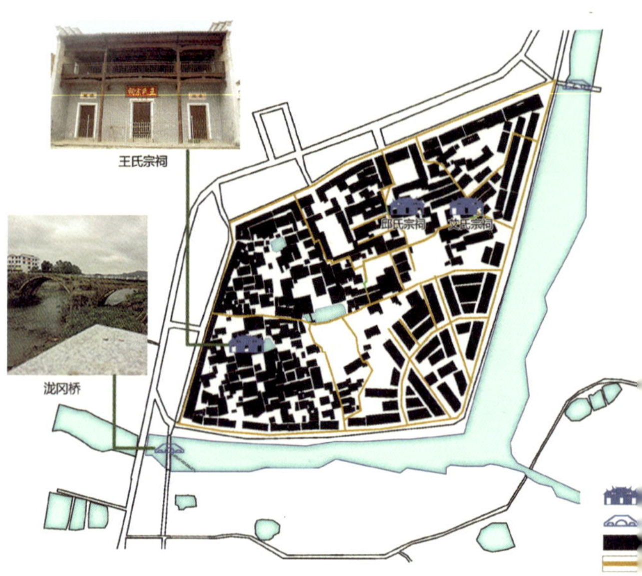

图 2 整体布局图

坐西北朝东南，房屋街巷布局因地制宜，地势东高西低。

整体布局 河下村依泷江北岸而建，以巷分宗，多姓氏建筑群落整体组合成扇形形态。村西泷冈桥是进出村的主要门户（图 2）。沿后龙山山脚形成东北至西南走向的河下古街，古街南侧分布不同姓氏组团，其中王氏、孙氏、李氏、刘氏、艾氏祠堂分别是各族的核心精神空间。现存王氏宗祠、艾氏宗祠和邱氏宗祠。村中主要街巷垂直于古街向泷江方向延伸，整体呈网状结构。村东南侧的泷江和村里内的古塘（李氏长塘、王家塘、孙家月塘）构成整个村落的理水空间，其中位于古街南端的泷冈桥与下街码头是空间高潮节点。

街巷格局 河下村主街为古街，次要巷道垂直古街向泷江方向延伸分布，呈不规则网络状自由布局。巷道串联各个宗族组团，鲜明有序，主要街巷有古街、横街、新街等。巷道宽度 2.5-3.0 米，路面主要由鹅卵石，碎石，条状青石板铺筑（图 3）。

历史环境要素 村落有古樟树 1 棵，古井 3 口，古池塘 3 口，古墓 2 座，古桥 2 座，牌坊 3 座。

典型建筑

村内保留了 50 余幢传统建筑，重点建筑有王氏宗祠、金德堂、思敬堂、敦本堂、进士第、大夫第、营前第等。

王氏宗祠 该建筑位于河下村西南，始建于清代晚期，保存完整。祠堂大体坐北朝南，3 层，砖木结构。整体布局为三开间一进式，总占地面积 410 平方米（图 4、图 5）。入口门楼处有一题匾，上书“王氏宗祠”。享堂名为“永思堂”，穿斗式木构架，前带轩廊。

金德堂 该建筑位于王氏宗祠的东南，始建于清中期，大体坐北朝南。整体布局为三开间一进式，中轴线上布置是前厅、天井、正堂，砖木结构，占地面积 480 平方米（图 6、图 7）。前厅两柱六檩，天井较窄，正堂进深两柱，前带轩廊，穿斗式木构架，装饰较为朴素。

图 4 王氏宗祠实景

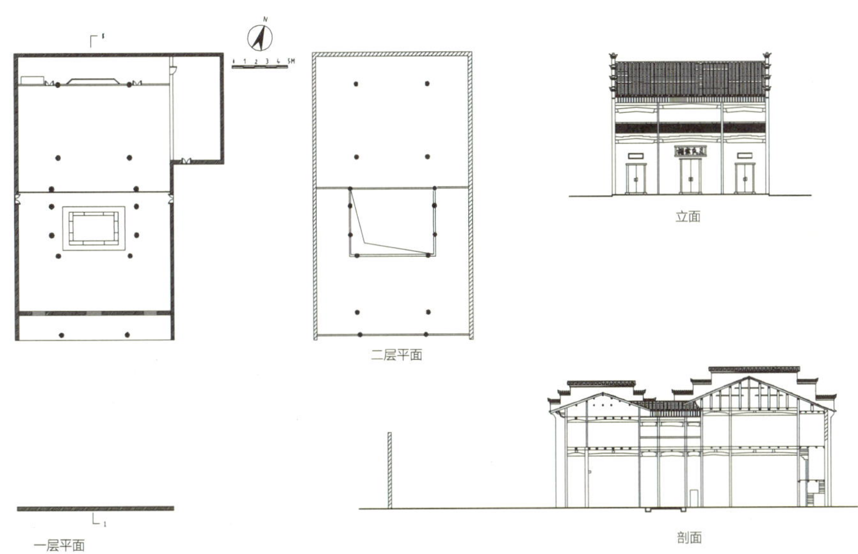

图5 王氏宗祠建筑测绘图

非物质文化遗产

“画荻教子” 这是一个古代民间传说故事，是指欧阳修的母亲用荻在地上书画教育儿子读书，用以称赞母亲教子有方。北宋文坛宗师欧阳修的母亲，被誉为中国古代“四大贤母”之一，是一位被世代尊崇的伟大母亲，其“画荻教子”故事家喻户晓，传颂古今，影响一代又一代的中华儿女，激励了一代又一代的后学晚辈。这则成功的教子故事，成为古今母教文化的典范。

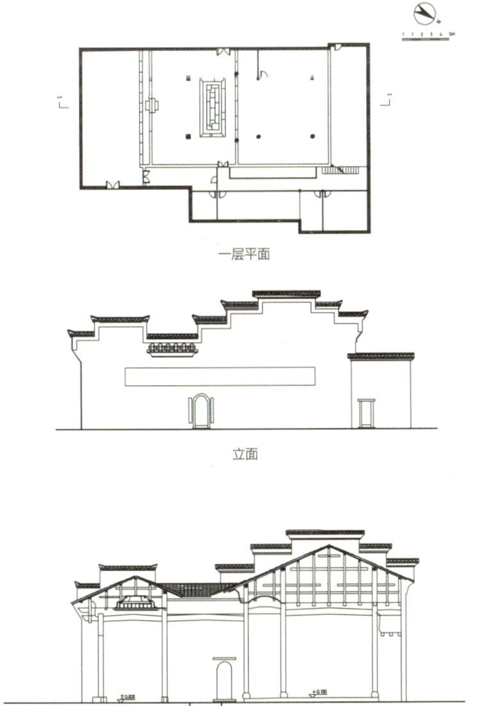

图6 金德堂建筑测绘图

价值特色

沙溪河下村是永丰欧公故里唯一遗留的传统村落，历史悠久，保存完整。村落空间布局因地制宜，族以巷为界。该村的传统建筑风格体现了庐陵建筑文化与客家建筑文化的融合，以庐陵风格为主，呈现出浓郁的地域特色。此外，河下村保留了较为完整的堪舆文化、“画荻教子”等非物质文化遗产，具有较高的民俗文化价值。

图7 金德堂实景

三舍村

［吉安市安福县甘洛乡］

村落概况

三舍村位于吉安市安福县甘洛乡，东、南、西分别与吉安县的里田乡、官田乡和天河镇接壤，北与甘洛乡西溪村、南阜村交界。三舍村传统经济以种水稻为主，兼种大豆、红薯、花生、油菜，养殖以猪、牛、鸡、鸭为主，林业以松、衫、竹为主。少数村户有面积不大的果园，兼有少量的油茶、油桐、茶叶。三舍村具有浓厚的文化底蕴，布局严谨的村落格局，数量众多的明清古建筑，2014 年 11 月被列入第三批中国传统村落名录。

历史文化

三舍村自刘氏始祖刘适于北宋嘉祐年间定居以来，兴旺发达，人丁最盛时“男妇丁口盈万，僮仆，号小姓者数万户，人溢于地，财溢于库”。千年历史，地名也几度变更。初为上井，因有一池清泉喷涌，用砖围砌于村西头，故称上井。继而开塘养鱼，塘前是宽广的米谷垅，后是撑天大树，名曰谷木塘。人丁繁衍，因村盘太小，人口遂向东移。此时刘适的孙子璞，重孙愍，玄孙员，皆中上舍生（相当于后来的进士）“乡人荣之”，称为“三舍”，一直沿袭至今。

三舍村文运昌达，人才辈出。自南唐以来，人文蔚起，文艺科名甲于邑内，著名的人物有：刘适，南唐工部尚书，为三舍开基鼻祖；刘宣，明景泰辛未年进士，官至工部尚书；刘戬，明成化乙未榜眼，曾作为正使；刘铎，明万历进士，学识渊博。三舍村民居一副对联“官至尚书不大不小，粮积万担不多不少”，记录了明代当时三舍为官者众，百姓富裕，且村内有“千烟百顶”之说。

空间格局

选址 村落地处平势，四面环山，江水环绕，选址秉承了江西风水学派的传统，充分体

图1 村落选址图

现了“龙、穴、砂、水、向”的风水哲学。三舍村坐落于高头岭的一条由西南向东北呈袋状的山谷平原中段，北以高山岭为龙脉，左右砂山围绕，前有案山、朝山对景，洽水江穿村而过，由“龙、砂、水”包围的明堂，定位着三舍村的穴基，布局坐北朝南，地势西高东低，来自西南高山方向的龙泉溪、观音佘溪、老虎坑溪，在三舍村汇合成洽水江（图1）。

整体布局 三舍村布局紧凑，整体形态呈集中团块形（图2）。邦伯坊位于村落入口处，为村中的标志性建筑。村北部的风水林古樟茂盛，形成聚气空间。刘氏宗祠位于村东，现已衰败，是村落的精神文化核心。村内重要祠堂沿洽水江而建，由南至北依次为刘氏宗祠、雪轩公祠、小宗祠、蓉轩公祠、君所公祠、忠义祠。青石步行道沿水而建，贯穿整个村落，古桥跨水而建，联系洽水江两侧的交通。

街巷格局 村中重要的主街为桥过边街，次要巷道垂直桥过边街向西、北方向延伸分布，呈鱼骨状布局。L形的桥过边街的是整个村落巷道系统的骨架，西起忠义祠南至雪轩公祠，总长度约为300米，宽度为1.68-3.68米，路面主要由鹅卵石铺筑。现保存较好的2条明清小巷，分别邻近刘祖德民居和柏树下民居群。

历史环境要素 村落有古树数株，古井4口，石堤1处，古驿道1条，古塘12口，古桥2座和古牌坊1处。

典型建筑

三舍村保留了祠堂8座，邦伯坊1座，传

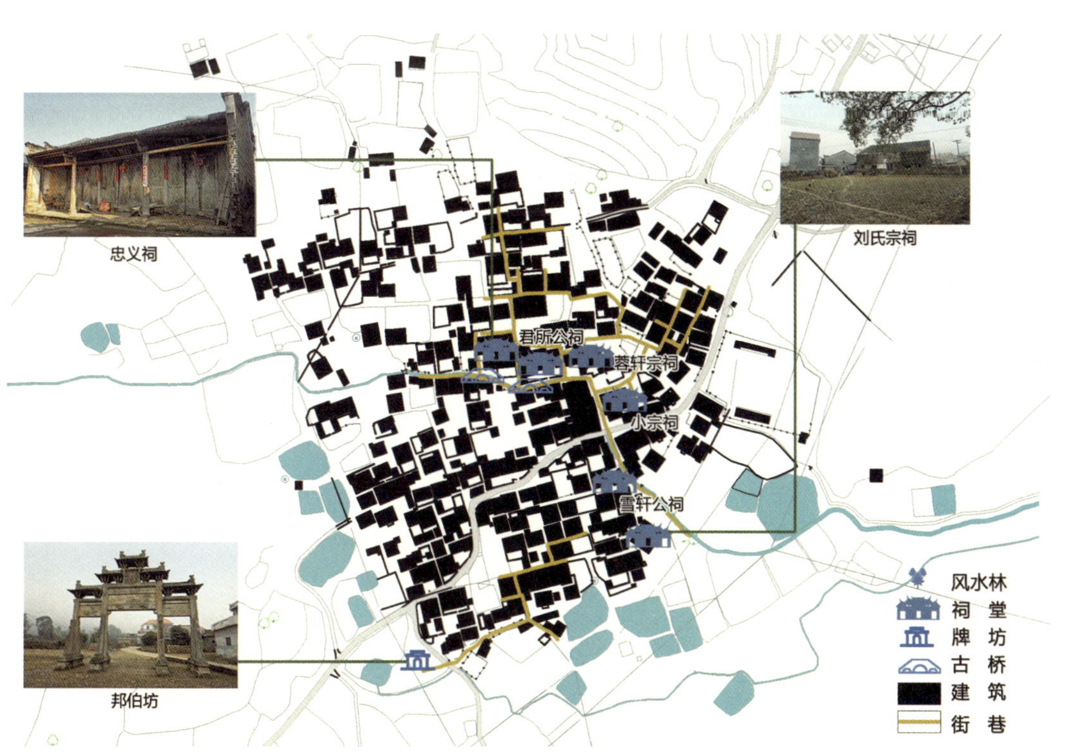

图2 整体布局图

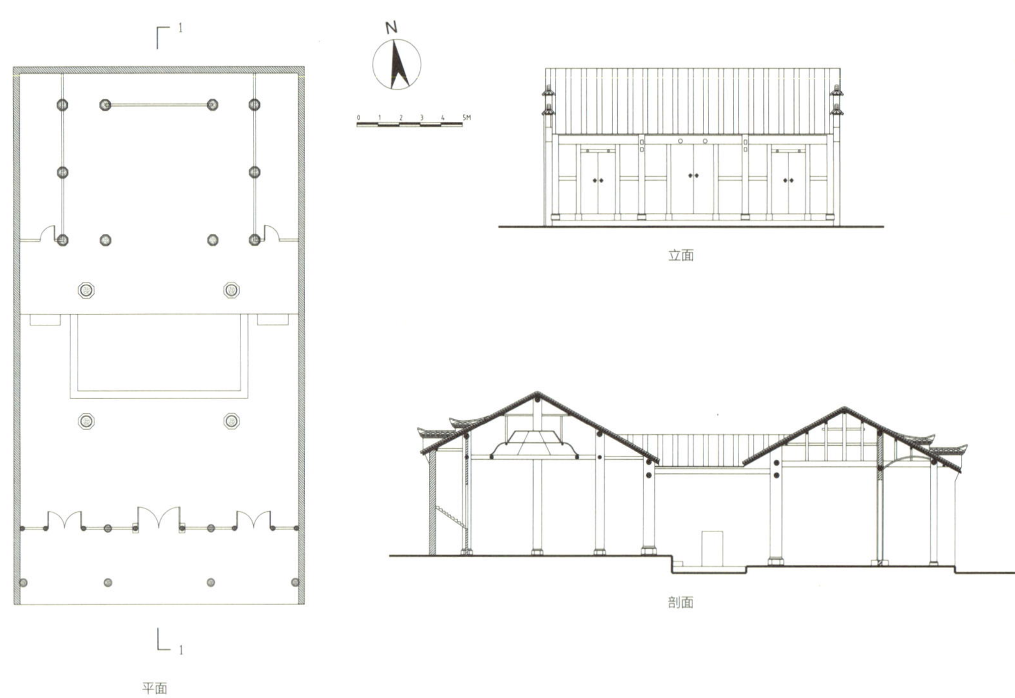

图 3　忠义祠建筑测绘图

图 4　忠义祠实景

统民居 30 余幢。

忠义祠　该建筑位于三舍村北部，始建于明代，大体坐北朝南，总占地面积 340.17 平方米（图 3、图 4）。整体布局为三开间一进式，主体建筑有门厅、寝堂。门厅有一对六边形石柱，舒朗舒展，简朴大方。寝堂供有神龛，前方带有一对座石柱，进深五柱，主体构架正贴为插梁式，边贴是穿斗式，前带轩廊，两侧通廊，通向享堂两侧附属用房。堂内有精美的砖雕、石雕，异彩纷呈。

邦伯坊　牌坊位于三舍村南部，始建于明嘉靖十一年（1532 年）。邦伯坊系表彰村内（海州知州）刘戢功勋显赫，由明正德当朝皇帝御勅而兴建的功德牌坊。邦伯坊为 4 柱 3 门，仿木楼阁式，麻石结构通高 7.53 米，宽 10.14 米（图 5、图 6）。基座用方形巨石叠压 4 层，厚重典雅。门额为巨大月梁，明间宽 3.5 米，额坊前高浮雕“双狮戏珠”，后为“双凤朝阳”图案。次间宽 2 米，左右额坊前浮雕双马奔驰纹，后为鲤鱼腾空图案。明间上下额枋间有楷体“邦伯”大字。主楼下正中嵌长方形竖匾，上刻“承恩”二字。顶部及楼上方均是斗栱连接，用石材雕琢成莲瓣形，上承石质顶盖，屋面两坡雕饰青瓦面纹。

非物质文化遗产

花朝节　花朝节是纪念百花的生日，是汉族的传统节日，流行于东北、华北、中南一

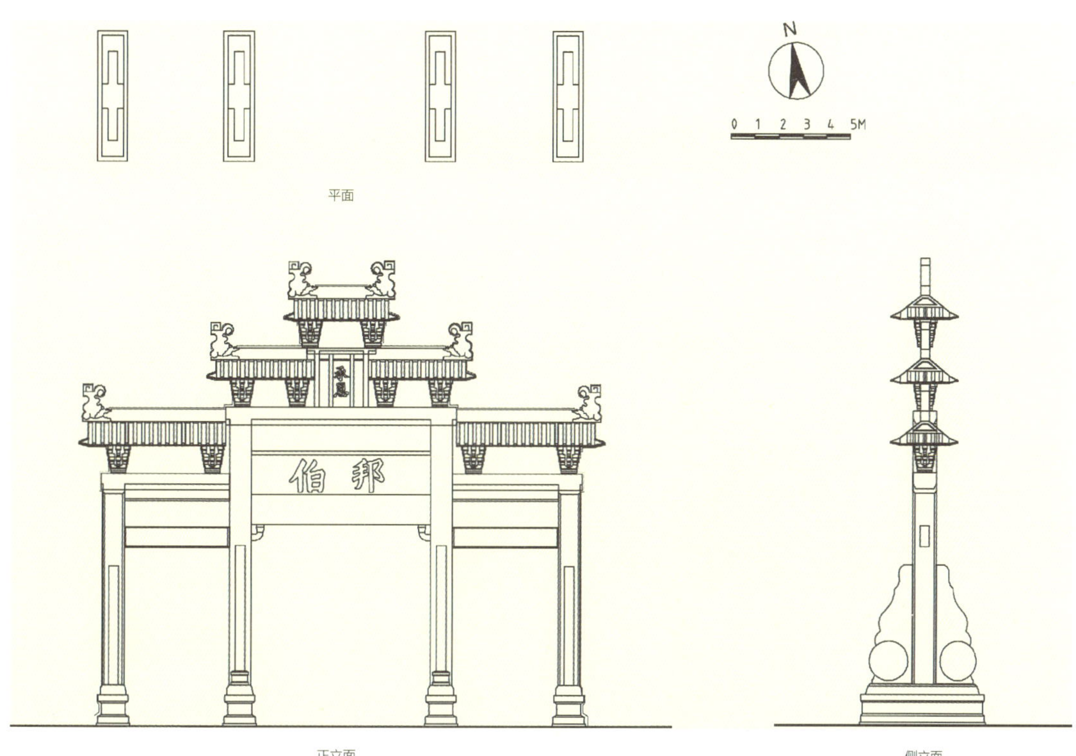

图 5 邦伯坊建筑测绘图

图 6 邦伯坊实景

带。三舍村花朝节在农历二月初一至二月十五举行。农历二月十二日是百花的生日。同时纪念本村一名悬梁自尽的节烈少妇。初一在忠义祠起神，用十案福神供奉新老康王菩萨，十四日到各支祠和各户朝拜，十五日送神，在忠义祠开道场、做法事。从初一至十五，全村人不下田劳作。

采茶戏 全部由本村村民组成，依靠传承、代代相继。演员、器乐、道具均有族堂资金提供支持。至今保留剧目有《花亭会》《血手印》《十五贯》《林冲》《三世仇》《赖煮饭》《英烈传》《一杆秤》，固定演职人员约16-18人，基本道具齐备。刘维开现任三舍村农民业余地方戏团团长及民间艺术传承人。

价值特色

三舍村历史悠久，具有深厚的人文底蕴。村落布局严谨有序，祠堂居于村中部，有强烈的中心性，具有明显的宗族聚落特征。三舍村在聚落构成、建筑形制、价值观念上都集中体现了地域特性，反映出明、清、民国等历史阶段的基本面貌，对研究这一历史时期江西社会发展和宗法制度下乡村社会的政治、经济、文化等提供了丰富的实物资料。

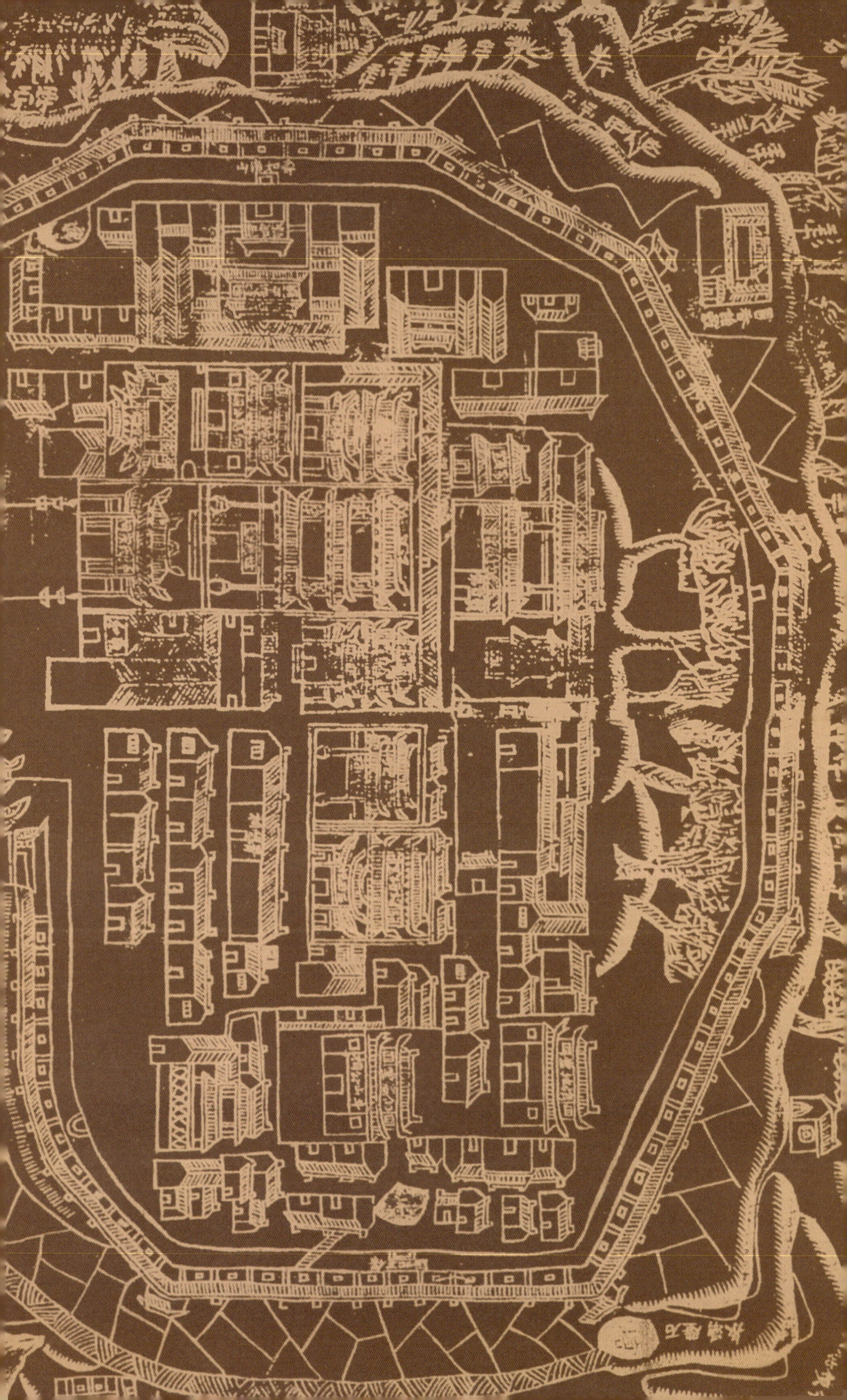

7

江西

传统村落

JIANGXI

赣南地区

白鹭村

［赣州市赣县白鹭乡］

村落概况

白鹭村隶属于赣州市赣县白鹭乡，位于赣县最北端，东北毗邻兴国县、西接万安县，故有“一足踏三县”之称。该村为钟氏聚居的客家聚落，至2017年底，村内约有600户，2600人，耕地约2000亩。该村历史悠久，是江南保存最完好最集中的客家古村落之一，拥有为数不少的“第一”和“唯一”：中国第一座也是唯一一座以女性命名的女祠，中国第一所希望小学，江南第一个村级民俗博物馆，故宫唯一一块遗留在外的金砖等。2006年，白鹭村作为中国十大古村之一在“中国郴州生态（民俗民居）旅游节”上推广；2008年被评为第二批中国历史文化名村；2012年被列入第一批中国传统村落名录。

历史文化

白鹭村于南宋绍兴六年（1136年）由钟氏始祖钟舆（世昌）在此开基。据1986年版的《江西省赣县地名志》记载，钟舆放鸭露宿该地，夜梦白鹭云集栖息于此，遂以白鹭命名。白鹭村的发展史大致可分为3个阶段：南宋绍兴六年至明永乐四年（1136-1406年），钟氏先民在此筚路蓝缕，开创基业；明永乐五年至清康熙六十一年（1407-1722年），先民沿鹭溪通往万安良口赣江主流的60华里畅通水路放竹排谋生，并外出经商，打入吉安、南昌和苏、鄂、皖等市场，不断扩大其经商范围，为经商致富繁盛期；清康熙二年至光绪元年（1663-1875年），大力重教兴学，学馆、私塾大量兴起，为兴学入仕期。自南宋建村至今880多年来，少有外来移民杂居，形成了一座文化相对纯粹的客家村落。

白鹭人自古重视教育，文人墨客辈出。历史上著名的“章贡四曾”曾求学于此，民族英雄文天祥等杰出人物与白鹭均有情缘。明清两朝曾出过秀才568人，文武举人17人，知州、知县6人，形成“农而优则商，商而优则学，学而优则仕”的民风。

空间格局

选址 白鹭村选址背山面水，村后是树木郁葱的后龙山，村前是九曲连环的溪水。龙岗山叠嶂绵延，五条山脚伸至村后，得名“五龙山形”。鹭溪下游河畔有2座山岭，一称“狮蹲”，

图1 村落选址图

图2 整体布局图

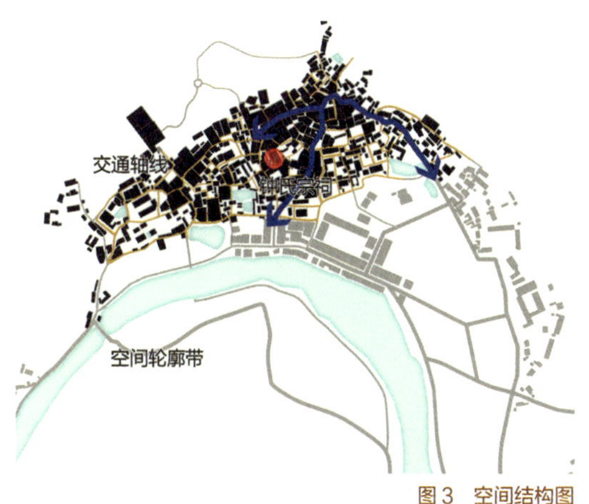

图3 空间结构图

一谓“象跃”，称之“狮象把门”。此地山环水抱、峰回路转，是一处灵山秀水风水极佳之地（图1）。

整体布局 村基建于鹭溪北岸，地势北高南低，整体形态呈月牙形分布，长约1公里、宽约0.5公里（图2）。村落北部的龙岗山与鹭溪河交汇处形成村落的水口，并建有永福桥。沿着村落主要街巷分布着大小祠堂十余座，大部分属居祀型。位于中部的世昌堂（钟氏宗祠）属专祀型，是整个村落的精神文化核心。福神庙、戏台与绣花楼，位于村落的西北部，是村中主要的宗教祭拜与文化活动空间。位于戏台南侧的王太夫人祠，为居祀型祠堂，兼有义仓和私塾的功能，是白鹭人心中物质和精神的救济圣地，是一座罕见的以女性姓氏命名的祠堂。村西部的十字街为商业贸易场所。从总体上，白鹭村精神文化空间集中在东部，贸易世俗生活区则分布在村落西部。村内街巷整体随地势和建筑布局规整与自由相结合，布置相对紧凑。

空间结构 白鹭村空间上整体呈“一心、一轴、三带”布局结构（图3）。以世昌堂为主体的祠堂群及其前开阔聚集广场，形成整个村落的空间核心。而由福神庙至世昌堂的由西向东的街巷是村落的主要轴线。白鹭村从视觉上形成了三条分别以水、山、村为主题的特色空间轮廓带，一是依托鹭溪形成的水轮廓，二是利用后龙山、龙岗山等群山形成的山轮廓，三是以古街巷和建筑群为主构成的村庄轮廓。

街巷格局 村落北部串联福神庙、世昌堂东西走向的街道为主街，次要街巷顺地势和建筑纵横交错。村西的十字街由东西向和南北向

图4 传统街巷风貌

的街道交叉成十字，形成村西部街巷网络的骨架。村中主要街巷大致呈南北向和东北—西南走向，多为石块铺就，宽度1.5-3.5米（图4）。街巷布局紧凑，设计巧妙，严整与自由结合。

历史环境要素 白鹭村现存古树名木数量多且种类丰富，包括罗汉松2株、桂花1株、古楠3株以及鹭溪河北岸多株古樟树；古井十多处（如八角井）、古桥1座、古亭1处。

典型建筑

白鹭村现存古建筑类型丰富，有民居、祠堂、书院、戏台、楼阁、庙宇、店铺等。其中有传统建筑41处，包含8处文物保护单位：兴复堂（省级文保单位）、恢烈公祠（省级文保单位）、绣花楼（县级文保单位）、福神庙（县级文保单位）、王太夫人祠（省级文保单位）、兰善堂（县级文保单位）、世昌堂（县级文保单位）、洪宇堂（县级文保单位）。

葆中堂 该建筑又名“太守敬公祠”，位于白鹭村北部，建于清乾隆年间，是被人们誉为“山沟里的大观园”恢烈公祠的头栋。葆中堂左右两路，每路布局一进半，主体建筑中轴线上布局门厅和正厅，两侧设厢房(图5、图6)。横向长天井两侧的通墙、上有“寿”字及套格花纹的灰塑，起装饰和隔热作用。正厅为七开间，明次间合为厅堂，两侧的房分别是主人和重要客人的卧室。明间后金柱之间连以屏板，屏后侧门可进入后天井，并通往后墙边门进入中栋。正厅和前天井以西是“观音厅”、仓库、厨房、厕所、马厩等附属建筑，均由小天井分隔，错落有致。观音厅为三开间，是主人的子女和其他眷属居住和供奉观音神像的地方，楼上可住人和置放稻谷等。葆中堂为钟崇俨和钟谷的故居，也曾是土地革命时期江西省四分区驻地。

世昌堂 该建筑为祭祀白鹭村钟氏始祖舆公（字世昌）而建，初建于南宋宝祐四年（1256年），清乾隆年间重建，历经数十次重修扩建，面积400余平方米。作为村中最大祠堂，不同于其他居祀型祠堂，世昌堂只准族人在此举行集会祭祖、喜事庆典和文艺演出。祠堂院墙上

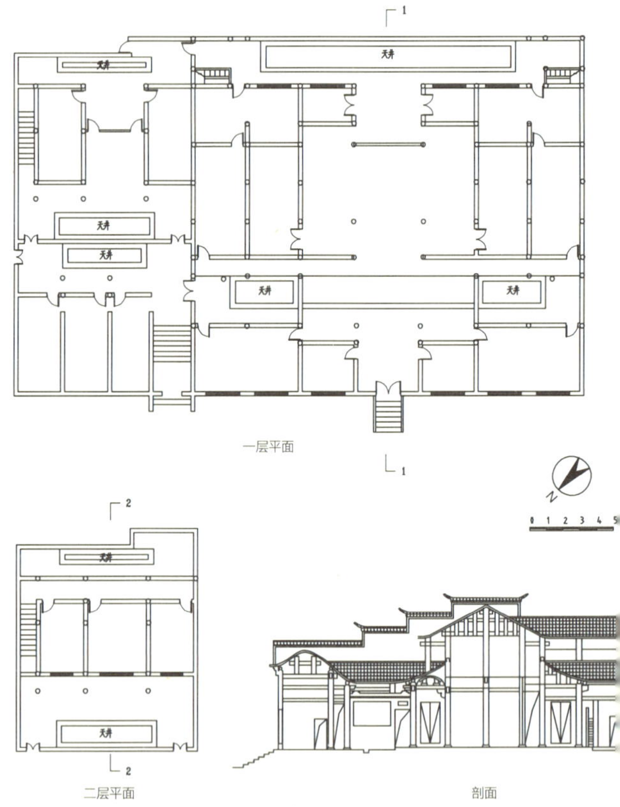

图5 葆中堂建筑测绘图

图6 葆中堂外观

图7 世昌堂外观

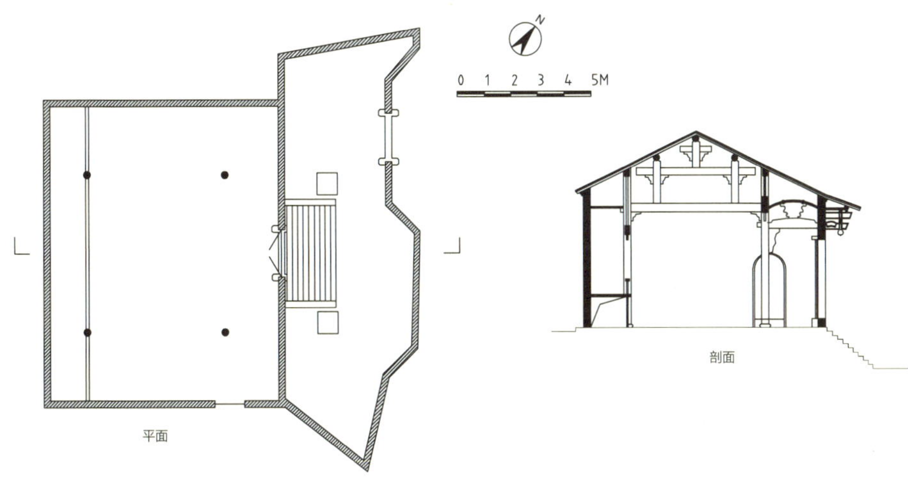

图 8 福神庙建筑测绘图

横书“越国世家”黑体字，门厅匾额横书“钟氏宗祠”鎏金大字，堂内巨匾横书“世昌堂”皆系名家手笔（图 7）。世昌堂是白鹭村最重要的文化活动场所，每年农历正月在这举行“唱大戏”“迎彩灯”“扮神会”等表演，时间跨度为 6 天至半个月，场面热闹非凡，乐鼓喧天，令人叹为观止。

福神庙 该建筑位于白鹭村北部，背靠五龙山，地势较高，始建于南宋咸淳六年（1270 年初），康熙年重建（图 8、图 9）。福神庙作为少见的佛道合一的庙宇，庙内供奉黄飞虎天君、观音神像。福神庙内存明、清朝古钟以及钟维藩、屏南（崇价）重修捐献的木联。庙内每年农历十二月除夕前一日香火最盛，农历正月庙里要唱 3 天大戏，是白鹭村宗教祭祀、文化活动的重要场所。福神庙同时也是白鹭会议旧址，1931 年 9 月毛泽东、朱德在此召开红军军团长会议，指导第三次反围剿，因此被载入中国革命的历史史册。

非物质文化遗产

东河戏 戏曲形成于赣州东的贡水流域，故名东河戏。该戏种源于明嘉靖年间赣县清唱“坐堂班”，正式形成于清初。东河戏作为江西古老剧种之一，唱高腔、昆曲，后陆续吸收二黄、西皮等乱弹腔，艺术遗产丰富。一百多年来，东河戏凝秀昆腔，源出江浙，生根于白鹭，

图 9 福神庙外观

发展于东河，与地方戏曲融会贯通，无论是语言、声腔、化妆、表演等都表现出浓厚的地方特色，形成了有赣南特色的东河昆腔体系，成为独特的赣南大剧种。古老而独特的赣州东河戏没有彩扮表演，而是围桌而坐、和琴而唱，形式简单灵活，是客家先贤创造的戏剧艺术财富。

价值特色

白鹭村是至今江西保存最完整的客家传统村落之一，历史悠久，底蕴深厚。村落格局完整，古建筑类型丰富、保存完好，还有大量具有典型客家民俗文化特征的木雕、砖雕、石雕、日用器物、楹联、匾额等多种民间传统艺术，是研究客家文化艺术的宝库。白鹭村遗存丰富，具有鲜明的地域特征，对了解、认识客家传统聚落的风水思想、建筑营建技艺，赣南客家发展史具有重要研究价值。

老围村

［赣州市安远县镇岗乡］

村落概况

老围村位于赣州市安远县镇岗乡圩镇东北，地跨镇岗村和老围村两个行政村，距乡政府2公里，距安远县城20公里，距赣州市172公里。据2013年统计资料，全村共有19个小组，395户，1675人。农户以果业和生猪养殖为主要收入来源，人均纯收入7500元。老围村历史悠久、环境优美，村落传统格局和历史风貌均保存较完好。2003年7月，老围村被评为首批江西省历史文化名村；2012年，老围村的主体——东生围围屋群作为赣南围屋“三群五围”之一，被列入中国世界文化遗产预备名单；2013年3月，东生围被批准为第七批国家重点文物保护单位。2012年12月老围村被列入第一批中国传统村落名录。

历史文化

明代中后期至清代中晚期，因政治腐败、社会矛盾尖锐，常年战乱导致社会动荡不安。在当时远离经济与政治中心的赣南地区，盗匪猖獗，且械斗时有发生，官府应接不暇且鞭长莫及。鉴于此，民间建造围屋来保卫家园，一来应付土匪或一般民事复仇者的突袭；二来若遇强敌大寇，也可依托围屋坚守，等待要数日才能赶到的官军救援。老围村在这样的历史大背景下形成、发展并延续至今。

根据《安远县志》和《颍川堂陈氏族谱》记载，老围村陈氏始祖琏公号朝宰，宋时任浙江绍兴府山阴县巡检，南宋嘉定十三年（1220年），从河南省登丰和宝丰县一带南下江浙至闽中，尔后入赣迁入安远县，居住于县城外东南方军寨头。清道光至咸丰年间（1840-1867年），陈氏子孙三代先后建成蔚庭围、东生围、磐安围、德星围、尊三围（1933年毁于战火）。

空间格局

选址 老围村坐落于南北向狭长的山谷之中，南北两面绵延的山脉沿东西向展开，镇江河自东北向西南从山谷中部流过（图1）。整个古村落处于山环水绕之中，自然环境优美。

整体布局 村落依山面水而建，呈带状分布在大体南北走向的镇江河两岸（图2）。老围村现共存围屋5座，祠堂1座及部分一字形民居。围屋群整体布局综合考虑风水理论，兼具群体防御特点。蔚庭围、东生围位于河东田

图 1 村落选址图

畈中心，占据最有利的位置。磐安围位于东生围西南河畔，尊三围位于东生围西北河对岸，规模较小的德星围位于最东部。这 5 座围屋形成夹镇江河鼎立格局。围屋除其本身为可抵御敌害的单元城堡，相互间的防御照应亦在总体战略布局中予以考虑。村中的总祠——陈氏宗祠位于村北，风水林位于村南镇江河岸。

街巷格局 围屋之间相距较远，联系松散，因此村内的历史街巷多存于围屋之内，如东生围内“七纵三横”，蔚庭围内“五纵两横”、尊三围遗址的“五纵三横”等（图 3）。围内巷道纵横垂直交错，巷宽 3-5 米，大多为碗口大的卵石铺面，沿巷设排水明沟。

历史环境要素 村落有古树 7 株，古林 1 片、古井 5 口，古塘 4 处，历史铺地多处。

典型建筑

村内有东生围（国家级）、磐安围（省级）、尊三围遗址（县级）3 处文物，蔚庭围、德星围 2 处历史建筑。

东生围 该围屋为全国占地面积最大方形围，始建于清道光年间（1842 年），直至同治七年（1868 年），分三次历时 26 年之久方建成。围屋、门坪和附属设施及外大门总占地面积 10673 平方米，其中围子长 94.4 米，宽 73 米，占地面积 6891 平方米（图 4 、图 5）。外大门设在围屋西北角，为四柱三间三楼牌坊式门楼。门坪东侧为围屋主体建筑，围内有 9 个天井，

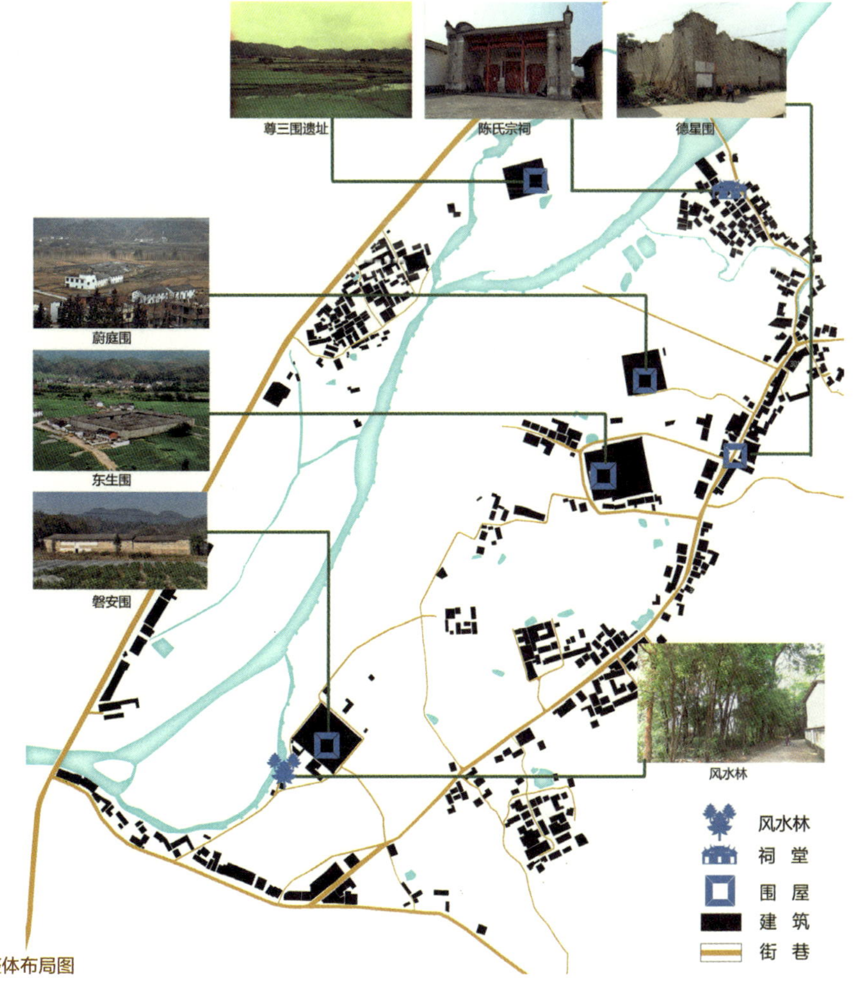

图 2 整体布局图

18 个厅堂，俗称“九井十八厅”，共计 199 间房屋。围屋由东南向沿门坪一字排开的 7 座大门直入，正中大门门额镶嵌砖雕“东生围”3 个楷字（图 6）。入门直通 3 幢大厅，3 幢大厅均为抬梁式和穿斗式，每根大梁下的梁托和雀替均有镂雕精细的龙凤、花鸟、花卉等图案，外表抹金，古色古香。围绕 3 幢大厅构成的中轴线两边布置 2 排 2 层楼房的矮围，与三进大厅呈合院式布置。

东生围外墙高 9.3 米，厚 1.3 米，墙基用鹅卵石垒砌、桐油石灰灌缝，墙身采用“金包银”砌法：即 1/3 厚的外皮墙体用青砖砌成，另 2/3 墙体（约 1 米厚）用土坯砖垒砌。外墙在一层和二层设有用青条石预制成的内大外

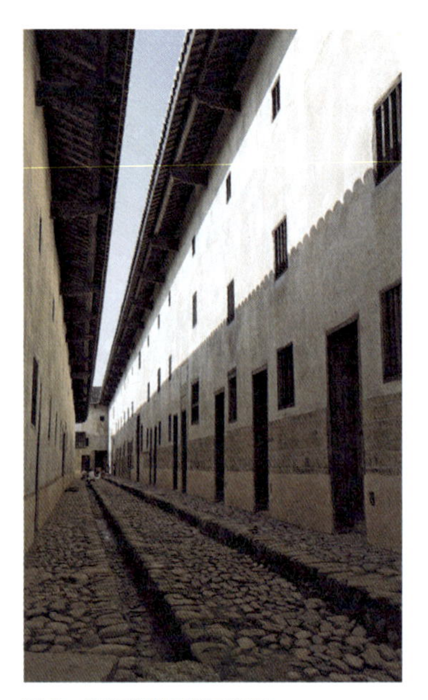

东生围“七纵三横”

蔚庭围“五纵两横”

尊三围“五纵三横”

图 3　传统街巷风貌及肌理

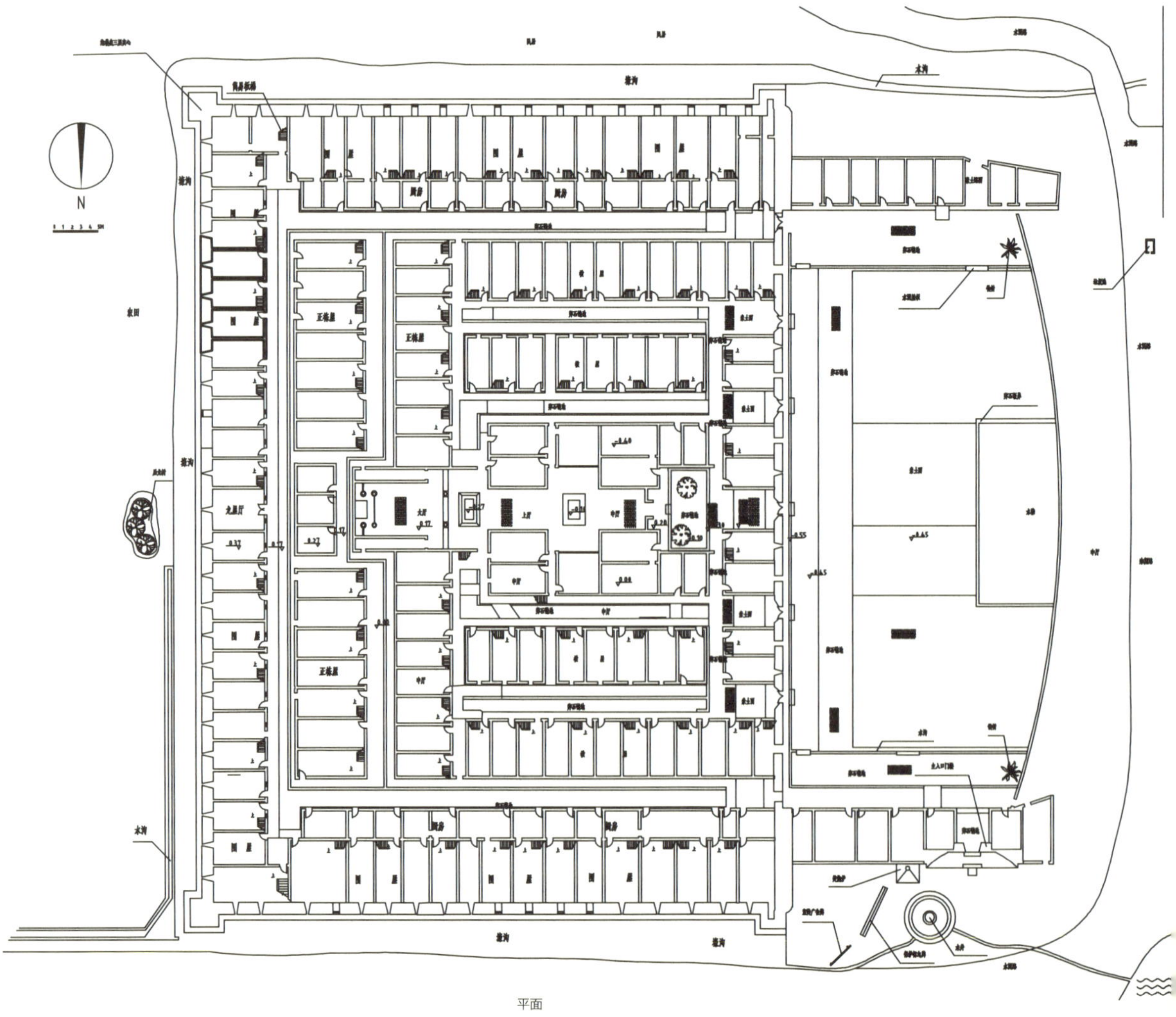

平面

图 4　东生围建筑测绘图一

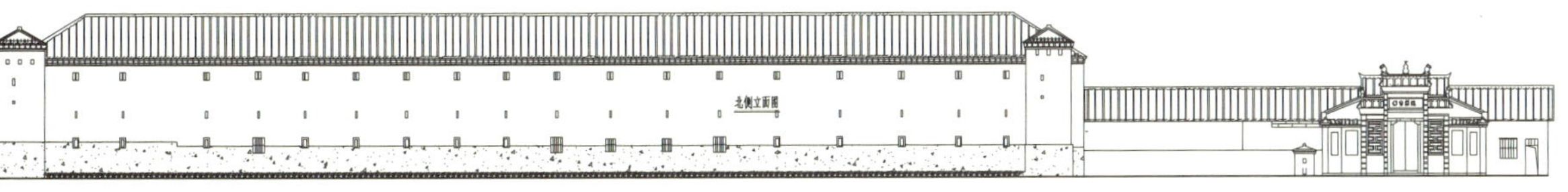

立面

剖面

图 5 东生围建筑测绘图二

小，高 50 厘米、宽 15 厘米的射击孔；围屋第三层楼设长廊，俗称“走马楼”，沿廊向外设置正方形射击孔。围屋四角均置 4 层炮楼，高 13 米，凸出围屋墙体和屋顶，以监视围屋墙基和瓦面。围屋墙体外则环有宽 2-3 米的壕沟，兼具排水和防御功能。

整座围屋布局合理，美观坚固，1993 年元月列为县级文物保护单位，2000 年 7 月列为省级文物保护单位，2013 年 3 月被评为全国重点文物保护单位。

图 6 东生围门坪内景

非物质文化遗产

车马灯 该民俗是有 170 多年历史的传统民间舞蹈，其表演形式与浓郁的赣南采茶戏风味融为一体。整个表演展现欢庆、热闹氛围为主旨，赞语辞令皆为“年年风调雨顺，岁岁五谷丰登，荣华富贵万万年”等吉祥辞令，结合自然经济时代人之期盼，因而群众喜闻乐见盛传久远。直至今日安远民间依然保留着“车马灯”这种古朴的原始表演艺术，每逢喜庆节日，“车马灯”便巡回于乡村演出，群众喜闻乐见（图 7）。

图 7 车马灯表演

价值特色

老围村环境优美、历史悠久、底蕴深厚，无论是在村落环境、建筑空间，还是民俗文化、人文风情等方面都极具特色。其选址与空间格局既考虑风水理论与宗法礼制，又突出满足对外防御的独特要求，更有保存完好形制独特的大型方形围屋——东生围，是围屋建筑的典型代表。老围村对于研究不断迁徙、融合而成的客家文化和赣南地区的围屋建筑文化，提供了珍贵的实物资料。

杨村村燕翼围

［赣州市龙南县杨村镇］

村落概况

杨村村燕翼围传统村落位于赣州市龙南县杨村镇镇区东部，东邻杨太村，南靠马屋村，西以东水河为界，北连丰田村，曾经是杨村镇镇政府所在地。杨村村有19个村小组，691户，3038人。该村以燕翼围为代表的客家围屋，极具地方特色，它与闽西的土楼、粤东的围垅屋共同构成了客家民居的独特文化景观。2012年12月杨村燕翼围被列入第一批中国传统村落名录。

历史文化

杨村，得名缘于最早在此建村的杨氏。据赖观荣主编的《太平志》载：杨村圩场，位于东水河与新蔡河交汇处，南宋末年由杨、周、谢、马、高、张、李、刘、朱、任、廖、曹所谓“十二户”，在西岸大竖镇开辟“崇德圩”，圩期为三、六、九；明永乐年间赖姓入迁此地后，赖姓又在东岸矮寨脚下建店开业，名为“杨村圩”，圩期为一、四、七。通畅的水路交通，加上商业的繁华，杨村得以繁盛至今。

空间格局

选址 村落选址反映了我国古代风水观念中村落选址提出的负阴抱阳、背山面水的基本原则。在传统风水理念中，山之南水之北为阳，负阴抱阳之场所为最佳的人居环境。村北的为塘背岭与背夫岭为村落的后龙山；其南面隔东水河相望则有庐岭寨为朝山（图1）。

整体布局 村落位于东水河与塘背岭、背夫岭之间的冲积小平原上，整体呈带状（图2）。

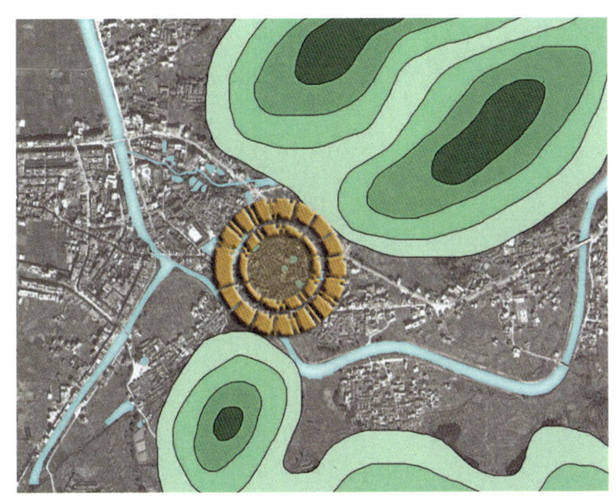

图 1　村落选址图

位于中心处的龙船会古塘，是整个村落的聚宝盆——村落的大多水流汇聚于此后泄入南面紧接着的东水河。建筑沿水塘周边分布，形成村落的空间核心与高潮。围屋分布其中，体形硕大，气势恢宏，有燕翼围、新围、敬安堂围、景庆围、围坝围、细围等。

燕翼围历史久远、保存基本完好、形式独特，是村中最大的一座围屋。龙船会古塘为村落的景观中心。

街巷格局　村内街巷沿东西和南北走向穿插交会，长短不一，呈不规则网络状布局巷道。巷道宽约 1-2 米，以河卵石铺砌为主（图 3）。由于年久失修，部分街巷铺装已毁，保存较为完整的有 6 条，分别是围背巷、高水巷、光裕巷、田心巷、明胜巷、道士街。

历史环境要素　村落有古树 2 棵，古井 7 口，古塘 5 处。

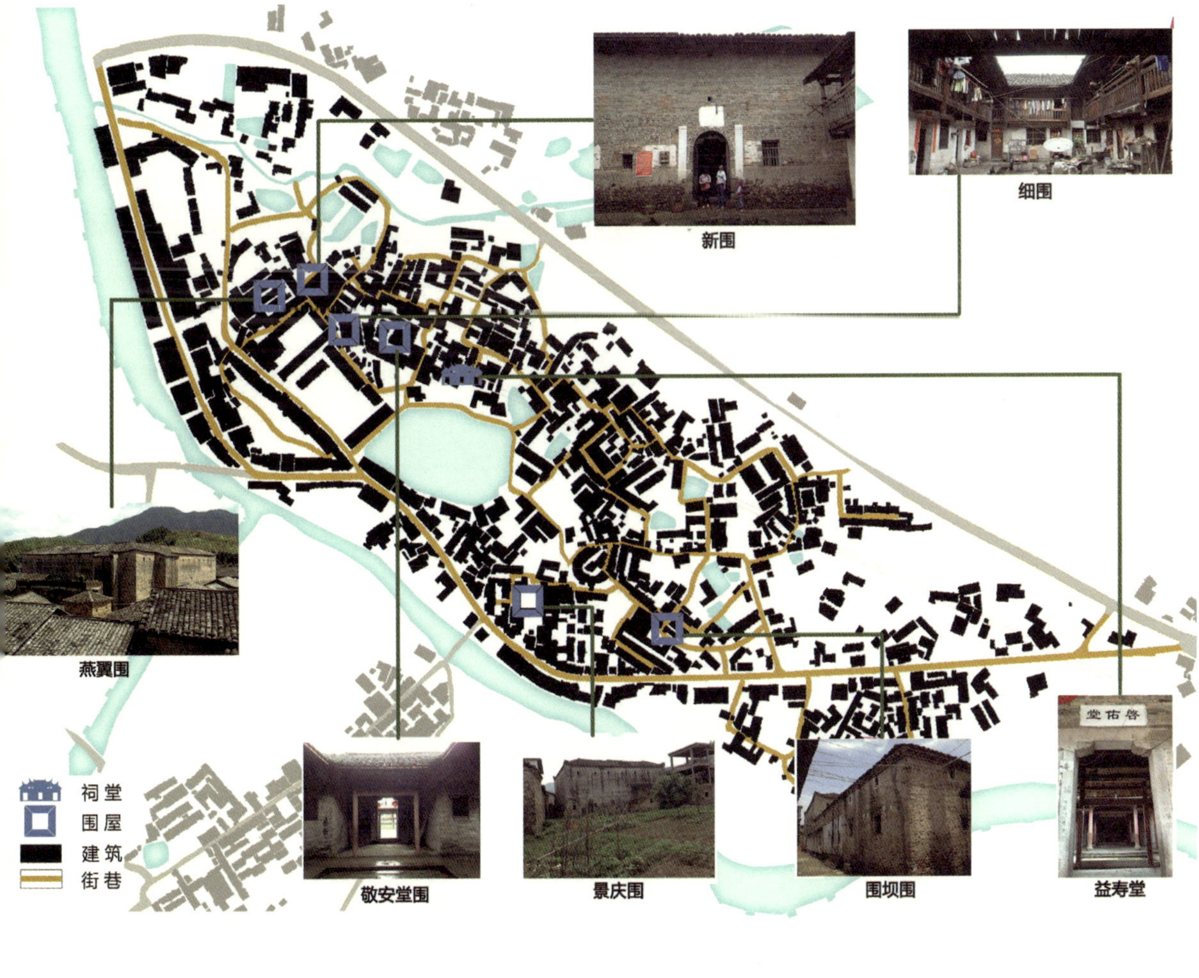

新围
细围
燕翼围
祠堂
围屋
建筑
街巷
敬安堂围
景庆围
围坝围
益寿堂

图 2　整体布局图

典型建筑

村内有 1 处全国重点文物保护单位——燕翼围，8 处已登记尚未核定为文物保护单位的不可移动文物：新围、细围、敬安堂围、益寿堂、景庆围、围坝围、新屋围、石门昌围，另有光裕围等 14 处建议历史建筑。

燕翼围 该围屋位于杨村村西北处，建于清代初期，规模宏大、保存完整，是赣南口字形围屋的典型代表。建筑布局科学、结构严谨、坚固实用，是集家、祠、堡多功能为一体的建筑（图 4）。建筑平面呈长方形，面阔 41.5 米、宽 31.8 米，占地 1367 平方米（图 5），共 4 层，每层建房 34 间，共 136 间房。一至三层为人居住房及厅堂，走马廊沿内圈环行连接各个房间。一层平面呈中轴线三堂制布局，即门厅为下堂、禾坪为中堂、祖堂为上堂。四层为御敌时用的战楼，走马廊沿外圈环行。建筑四面高墙封闭，只留底层一门朝东北出入。围门有三重，深 2.25 米，最外面为带漏水眼可防火攻的铁皮门，其后为活动闸门，最里面为平时用的房门。门口有一生活用井，围内有 2 口暗井，一为水井，一为粮库井，平时以土埋之。建筑三、四层外墙密布火枪射击口 58 处，南、北相对两角设有平面凸出主体外墙约 1.8 米的炮楼，构成无死角的防御视线。建筑外墙采用“金包银”做法，外围的底层墙体外侧用麻石垒砌，墙体厚度达 1.5 米。燕翼围因高大坚固，易守难攻，有“高守围”别称，2001 年被评为全国重点文物保护单位。

图 3 传统街巷风貌

图 4 燕翼围内景

非物质文化遗产

杨村村龙舟赛 杨村镇古时属于名为“太平堡”的区域，明清时期，杨村村属太平堡的核心，故杨村村龙舟赛又称太平龙舟赛、太平堡龙船盛会。这项活动起源于明弘治年间，随着 500 多年的发展演变，形成了祀奉龙神、请龙神、龙船会、扫邪、决赛、游船、龙神归位、送船等一系列民俗活动组合而成的传统龙舟民俗文化，是龙南县杨村镇独有的一种端午民俗。杨村村龙舟赛是在面积15亩的大水塘里举行，其将民间信仰与竞技娱乐相结合，仪式感强，场面热烈壮观，成为附近赣粤近十万客家人喜爱的传统民间活动。

价值特色

杨村村燕翼围村落选址是传统风水理论指导下形成的经典案例，而保留完好的燕翼围更是赣南客家方形围屋的代表。村内保留的围屋、宅堂，反映了赣粤边陲客家人居的发展与演化，是一部生动的客家变迁史，具有较高的历史文化价值。

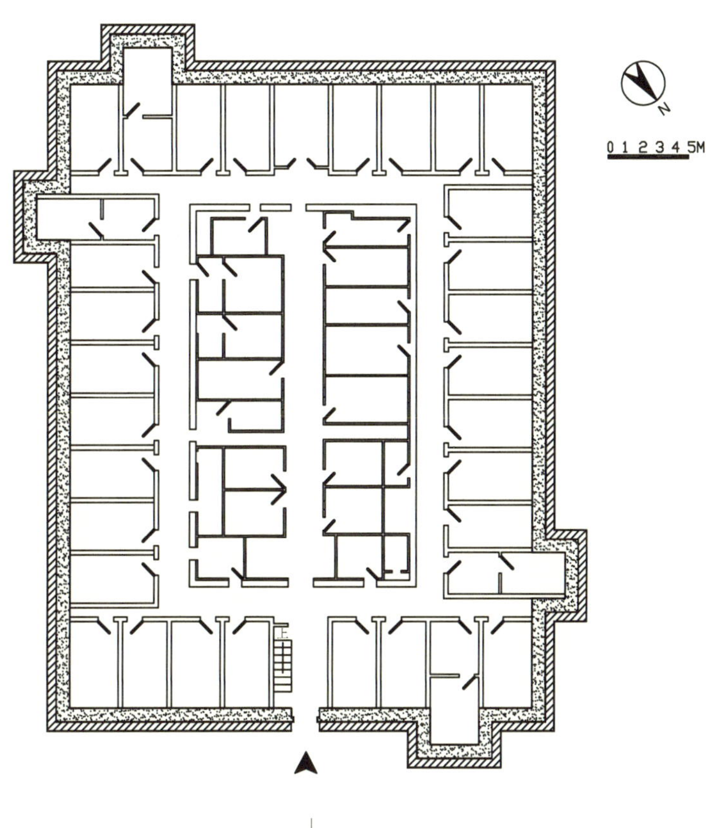

一层平面

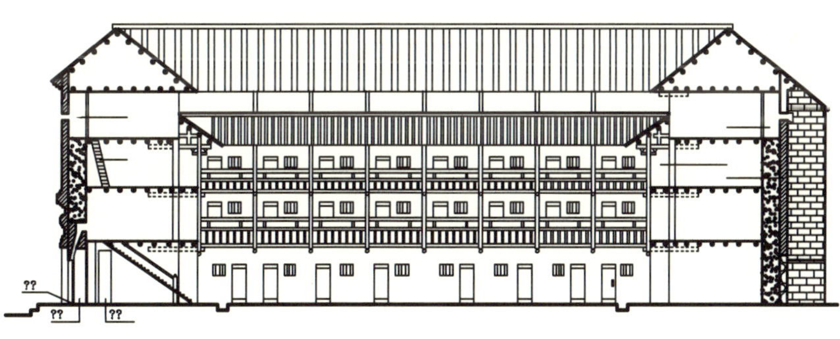

剖面

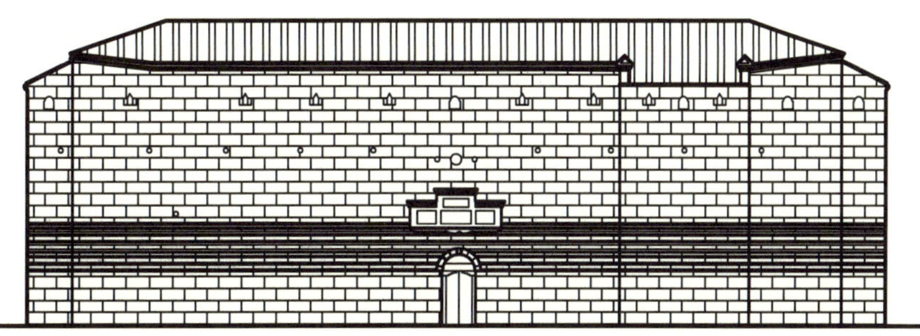

正立面

图 5 燕翼围建筑测绘图

关西村

［赣州市龙南县关西镇］

村落概况

关西村位于赣州市龙南县城东南部 20 公里处的关西镇，东连定南县的月子乡、车步乡、下历镇，南接汶龙镇，西邻黄沙乡，北毗里仁镇，古时有通往定南、安远、广东的古驿道。关西村为关西镇镇政府所在地，与关西圩镇相距仅 300 米。关西村因保存有以国家重点文物保护单位、被誉为“汉晋坞堡活化石”的关西新围为首的赣南客家围屋而闻名于世。2003 年，关西村被评为首批省级历史文化名村，关西新围作为赣南客家围屋的代表与福建闽西土楼、广东粤东围拢屋被共同列入世界文化遗产后备名单。2006 年，关西新围以独特的民俗风情被评为全省十大特色美景，以其为代表的客家民俗被列为首批省级非物质文化遗产。2009 年关西围景区被评为 4A 级旅游风景区。2010 年关西村被评为第五批中国历史文化名村；2012 年被列入首批中国传统村落名录。

历史文化

据考古发现关西在新石器时代就有人类活动。明正德年间，南赣巡抚王阳明率兵前往广东平剿“三利”曾在程岭（与定南交界处）一带安营设关，因村址正处关隘之西，故名关西。南宋理宗嘉熙丁酉年（1237 年）徐有翁举家自万安皂口徙泰和再辗转迁至关西下燕定居，成为关西徐氏的始姐，至今已有 780 年的历史。

关西徐氏尊师重教、人文鼎盛。据资料统计，清代关西徐氏出了 6 个进士（其中 3 个为翰林），13 个举人，受封者达 148 人之多。近代书法家徐思庄，号游初老人，道光壬午年（1822 年）恩科会试中进士，为关西徐氏十五世后人。十四世徐名均则是嘉庆年间赣南著名的富商，历时近 30 年修成气势恢宏、声名远扬的关西新围。

空间格局

选址　村落坐落于狭长的呈南北走向的山谷间平地，关西河自南向北穿过，自西下燕方向流出的下燕溪，与关西河垂直交汇，村基建于两水交汇处。村落紧依西面高耸延绵的青峰山，东临关西河，并隔沿河平原与东向远处的朝山相对，西北向的山顶设有关西塔震慑四方。西山南耸古塔护，关水北流山水抱，为风水理论中难觅的天然形胜福地（图 1）。

图1 村落选址图

图3 传统街巷风貌

整体布局 关西村由围屋与一字形民居组成，呈自由式布局。围屋相对集中地集聚于下燕溪南、北两岸，另有部分散落东面的山脚下。围屋内聚性很强，屋内自有一方天地。村落依地就势而建，各建筑与围屋间通过阡陌小径串接，自南向北包括田心围、新围、鹏皋围、西昌围、圳下围等7座围屋（图2）。

街巷格局 村内现存步行道主要为房前屋后通道，呈不规则网络状自由布局。街巷宽1.0-3.0米，大多是碎石、砖土路面（图3）；从下燕到西昌围之间有一条古道，长约1100米、宽1.2米，由青砖、碎石铺筑。

历史环境要素 村落有古树1棵，古井1口，古驿道1条，古墓1处，古塔1座。

典型建筑

村内现有文保单位建筑3处：国家重点文物保护单位1处（关西新围），县保单位2处（关西塔与西昌围）。另有下燕围、圳下围、鹏皋围、福和围等历史价值较高的传统建筑遗存较为丰富。

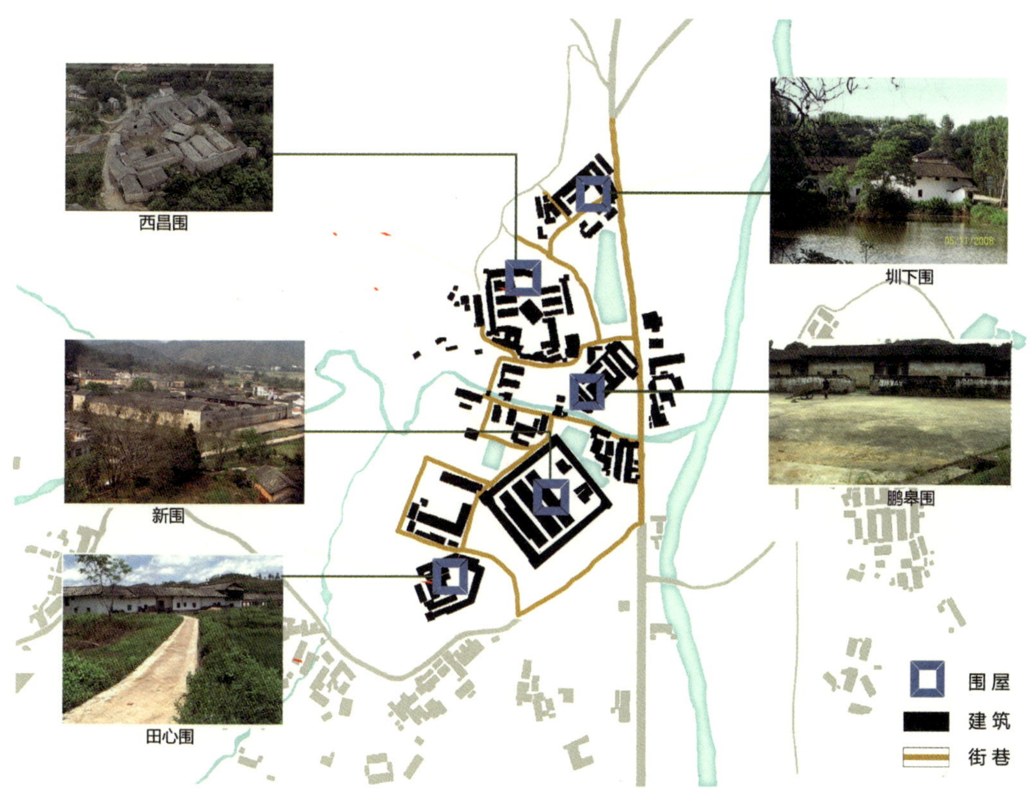

图2 整体布局图

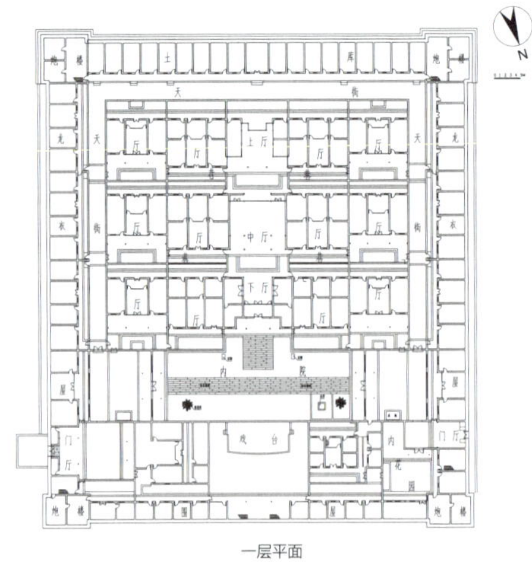

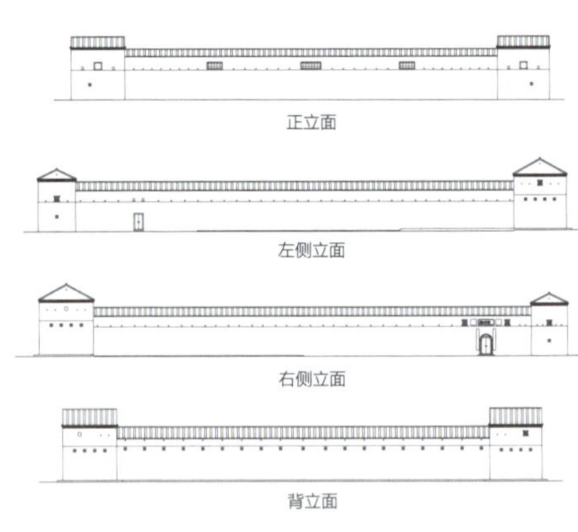

图 4 新围建筑测绘图

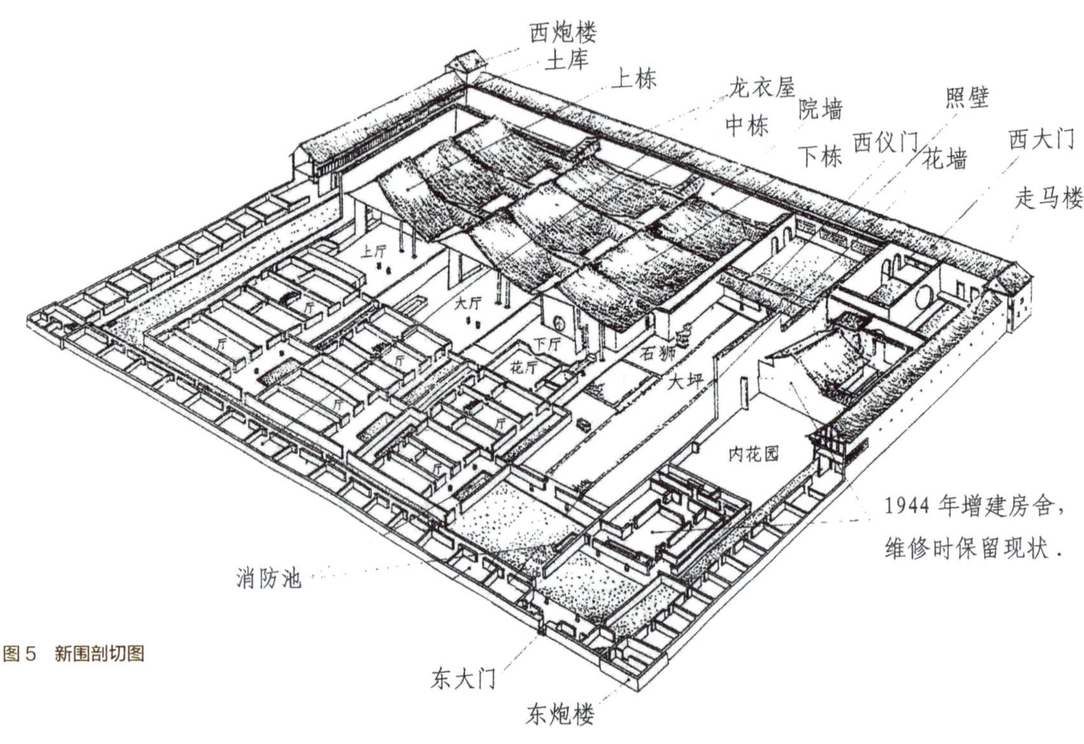

图 5 新围剖切图

图 6 新围鸟瞰

新围 该围屋位于关西村的中心位置，始建于嘉庆三年（1798 年），于道光七年（1827 年）完工，历时近 30 年。关西新围是围屋与天井式民居的创新组合，其平面布局呈“国”字形，正面朝东北，面阔 83.54 米、深 92.16 米，占地面积 7426 平方米，建筑面积 11477 平方米（图 4、图 5、图 6）。新围入口有 2 处，对称分设在靠近正面的侧角处，称之为东门、西门。入内分为东、西两侧院，侧院前与内花园相通，后与中心建筑的入口前院相连。中心建筑为三进三列的九井十八厅格局，沿中轴线依次为下

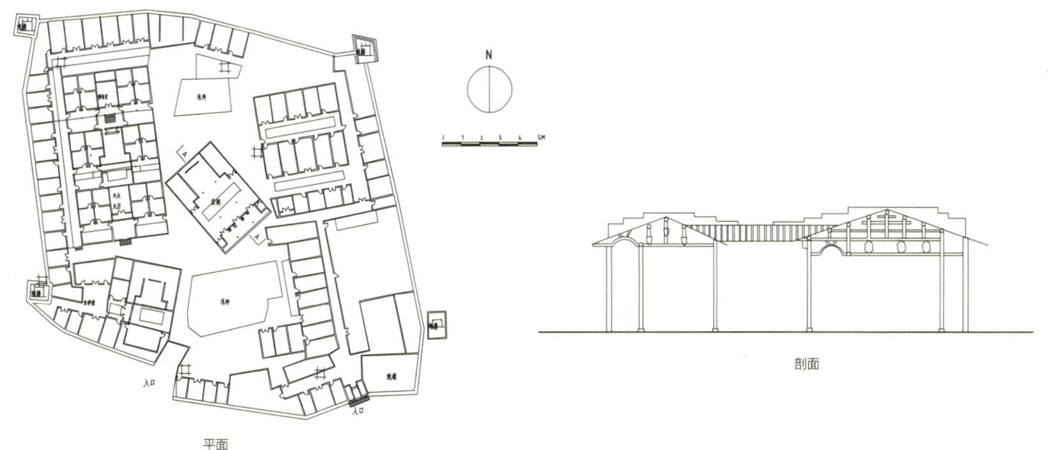

图 7　西昌围建筑测绘图

厅、中厅、上厅，与厅并列的三列建筑称为下栋、中栋和上栋。厅是围屋内的公共活动场所，主要用于商讨围内公共大事，举办红白喜事及祭祀仪式等。厅两侧的边屋则是围内家族主要成员的居住用房。每栋由四组建筑分列于下、中、上厅的两侧构成，每组 3 开间，中为小厅两侧为住房。每组之间开有廊门相通，每栋用天井分隔。厅、屋建筑结构较为复杂，三厅中上厅较小，中厅最大，下厅次之。中心建筑四周则围有一圈 2 层的围屋，用作闲杂人等的次要住房及库房等辅助用房，对外只在二层开有火枪口，围屋四角设有突出外墙的 3 层高炮楼以形成三维立体的强大防御功能。当地百姓将新围的总平面概括为“三进四围五栋、九井十八厅、一百零八间”。

西昌围　该围屋位于新围北侧，由徐立孝及其儿子所建，相对于新围而言，俗称“老围”，本名“西昌围”，因徐氏从泰和迁来（泰和古称西昌），故名。围屋的总体布局主要根据建造者的家庭结构关系分布，主要由立孝公堂（立孝，即徐立孝，徐名均的父亲）、祠堂、六大伙厅（徐立孝有 6 个儿子，这一组房屋属于 6 个儿子共有房，故名）3 幢主体建筑，以及名增（老三）、名均（老四）、名植（老五）3 房后裔的住房组成，占地面积约 6028 平方米，建筑面积为 9250 平方米（图 7）。相传整个围屋是建在徐家的风水宝地蛤蟆形上，因此，围屋的形状也如同青蛙（蛤蟆）。入口设门楼。

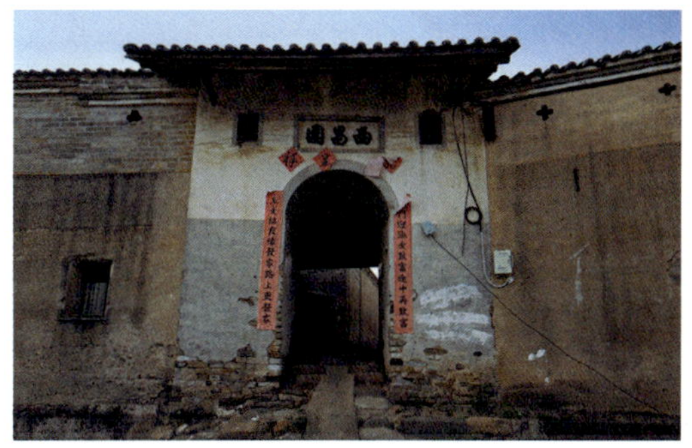

图 8　西昌围入口

门额上镌刻“西昌围”三个大字（图 8）。外墙底层为三合土夹卵石，二层为青砖。围屋有乾、坤两座大门进出，围内以祖堂为中心，左侧有六大伙厅、立孝公堂，右侧已改造，建筑雕梁画栋，古朴大方。

价值特色

关西村属于典型的赣南客家村落，与山水环境呼应融合，是风水理论指导下的杰作。村内文物古迹分布集中，围屋布局独具特色，与福建土楼同属世界遗产。关西新围结构完整、轴线清晰，建筑对外形成立体、多变、完备、牢固的防御体系，内部则形成空间层次丰富的天井、院落式宅院。以关西新围为主角的关西围屋群是人类不可多得的文化遗产，是赣南客家聚落发展的一个典型，具有客家文化的突出代表性，对于研究赣南客家建筑文化、民俗文化有十分典型的意义，具有较高研究价值。

东龙村

［赣州市宁都县田埠乡］

村落概况

东龙村隶属于赣州市宁都县田埠乡，位于县城东南部40余公里处，西距石城县城约20公里。其东、北、西、南四面分别与石城小松镇的迳里、罗溪和同乡的马头、杉涧、王沙村相邻。东龙行政村下辖13个自然村，18个村民小组，其中11个自然村坐落在东龙盆地上，400多户,1600多人。该村距今已有1000多年的历史，被誉为“中国封建宗族社会繁荣和谐的典范”,有极高的客家文化研究价值。2013年8月东龙村被列入第二批中国传统村落名录，2013年12月被国家农业部确定为“美丽乡村”创建试点村。

历史文化

该村历史悠久，开基始祖李氏翊俊公于宋乾德五年（967年）迁徙至此，开基谋生。随着李氏宗族的不断壮大，到明朝后期，东龙已发展成为有800户、5000人的一方大聚落，直至民国时期都具有很高的声誉。明崇祯八年（1635年）临川陈际泰称其为“万瓦参差，如一都会”，清代文学家东龙人氏李腾蛟称其“田塘秀错，户口云莲”，民国三年（1914年）廖鼎芬称其“生其地者，名臣巨富，代不乏人，为一邑冠”。仅明清两代，东龙李氏共中文、武举人5名，庠、廪、增生170名、贡生12名，其中被授予各种官职者27名，更有理学名人李大集、“易堂九子”李腾蛟等鸿儒芳古留名。

空间格局

选址 村落坐落在一块群山环抱的盆地中（图1），气势雄伟的东龙岭和南桥岭作为后龙山，其一支余脉在村东面形成东龙岭，此岭向内延伸形成5座山梁。村头水口北面山体形如大象，风水上称为“象山”；水口南面一个形如狮头的小山，称为“狮山”，在村落的东面形成高耸入云的东龙峰“虎嶂”，其向村内延伸的部分形如5匹奔驰的骏马，称为“五马归槽”。“五马归槽”处即村寨所在地；在村落的中部，又从“五马归槽”中分出一支低矮的小山梁，名之曰“凤形”。另一支则由东北奔向西南，在村落的西北面隆起雄伟的南桥岭，该岭向村内延伸的部分，形如蹲踞的玉兔，称为“兔形”。村落依山而建，外围由山体围合形成环状天然防护屏障，由外而内依次为梯田

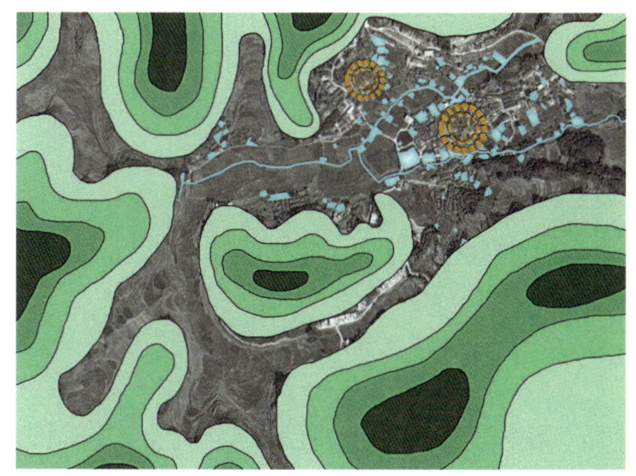

图 1　村落选址图

荷塘空间、山坡散落式空间及街巷聚落，三个空间序列与道路阡陌相连，浑然天成。

东龙村对水的处理与运用也是别具匠心。从四面环山中汇成三条溪流，一条源于村西北的南桥岭沿着“兔形”山脚从村子的西北部蜿蜒而过。另两条则发源于村东南的尖峰山，出山后水分两支，一支沿着村落南面的糖罂寨山脚绕过南坑由东南向西经流；另一支则沿着“凤形”山脚，由东向西经流。三条小溪在村子的西面先后汇合后从盆地的西北角虹桥锁水处曲行而出，把整个村落环抱入怀，天设地成。为了消除来自村东北和村东南两个山坑里的风煞，李氏先祖在建造村落时，还在村内挖掘了大小 100 多口池塘，使得所有房祠、民居几乎都依水而建，形成山、水、人的自然和谐。

整体布局　村落布局依山就势、自然天成，大体上呈带状（图 2）。水口位于西南虹桥处，其旁有宝塔寺坐镇守护。“凤形”小山梁下建有众多的祠堂与庙宇，是村民千百年来与天地、神灵、祖宗对话的场所，与对岸的村居宅第相向而对。以李氏上、下祠为核心的祭祀区背靠凤形山梁，坐西朝东，遥对东南端的尖峰寨，为整个村落的精神文化空间。东里一望，因内有房屋百间，又称“百间大屋”。

空间结构　村落分布在梭状盆地边缘，呈现出“一心、一轴、三片”的空间结构（图 3）。“一心”即以凤形山下宗祠祖先祭祀区形成的村落中心。“一轴”是村中自古形成的东北——西南走向的古街，是繁盛多年的古市所在地，也是多年来村民的聚会场所，构成了带动村落发展的发展轴。“三片”为以祠堂为中心的祖先祭祀区；以村西南的玉皇宫为中心的神明祭

图 3　空间结构图

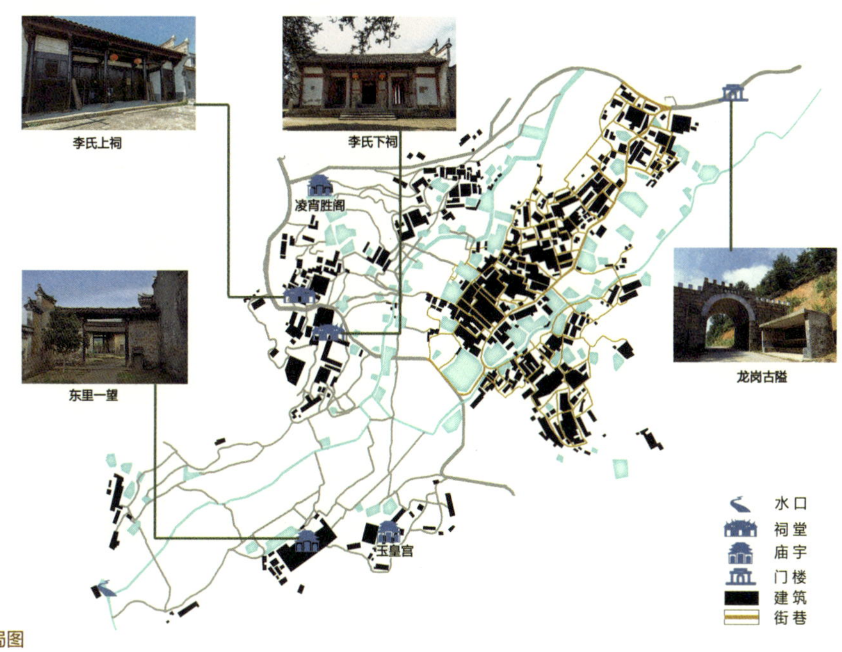

图 2　整体布局图

图 4 传统街巷风貌

祀区；以村东南房祠、民宅为中心的人居空间区（含集会、休闲、商业）。3 个片区之间由阡陌道路相连接，形成有机统一体。

街巷格局 村内的街巷格局体现了商业发展的脉络特征，同时又受地形的限制，呈自由式布局。村内现存 1 条古街，土石路面，宽度为 3 米，沿街门楼形态变化及地形高差使得古街的沿街界面非常丰富，轮廓线也变化多样；另有几条古巷残存局部路段，宽 1-3 米，以土石、顽石路面为主（图 4）。

历史环境要素 现存大小池塘 130 多口，古隘口 7 处，石亭 7 座，寨堡 4 座，古驿道 1 处，古树 5 棵、石桥 11 座。

典型建筑

东龙悠久的历史留下了众多的建筑古迹，现保存完整或基本完整的有祠堂多座，书院 2 座，义仓 1 处，寺庙 3 座，店铺和民居建筑 140 余间。村中有文保单位 8 处，为李氏上祠、李氏下祠、凌霄胜阁、君绪祖祠、东里一望、育斋翁祠、文峰塔及虹桥锁水。

李氏下祠 该建筑动工兴建于明正统九年（1444 年），竣工于明弘治四年（1491 年），历时 48 年建成，现保存完好。建筑高约 12 米，宽约 35 米，长 30 米，占地总面积 1000 余平方米（图 5、图 6）。建筑为中轴对称敞院厅堂式布局，门廊式入口进入，一圈走马廊，中间为一方形敞院，后为上厅。建筑为砖木结构，室内无墙，采用“梁挑介柱”技术，由 75 根杉圆木及梁坊构件穿缝斗榫支撑，均饰有鲤鱼、莲花、龙凤、麒麟、象鼻等图案。外墙体顶端以“囍”字头形木料做框架圈梁，以将外墙与柱框成一整体，这既减轻墙体负荷，节省木料，又起装饰作用，还可起到“墙倒屋不倒”的效果。祠门一大两小，正门首悬“李氏家庙”匾额。祠门口安放 1 对石狮，祠前设宽广照壁，壁前有古杉 2 株。

东里一望 该建筑亦称“仁方公祠”，整座建筑占地面积约 4300 平方米，由祠堂、廊房、厢房、绣花楼、仆人房等 100 多间房屋组成，故又俗称“百间大屋”（图 7）。据李氏家谱记载，该建筑群始建于清雍正十二年（1734 年），于清乾隆二年（1737 年）竣工。该建筑群体虽历经数百年的风雨侵蚀，至今保存完

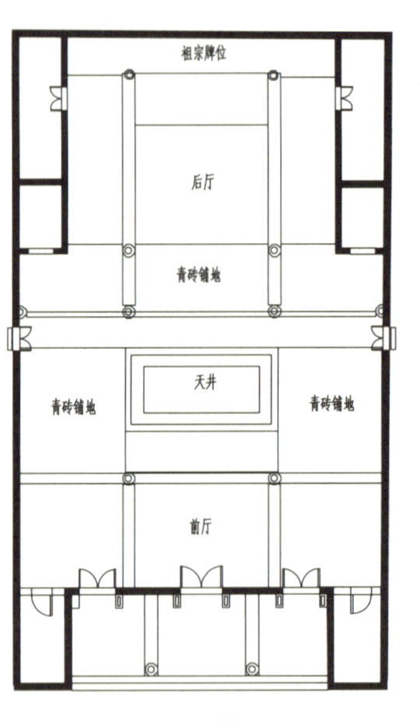

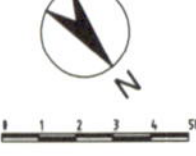

图 5 李氏下祠建筑测绘图

图 6 李氏下祠实景

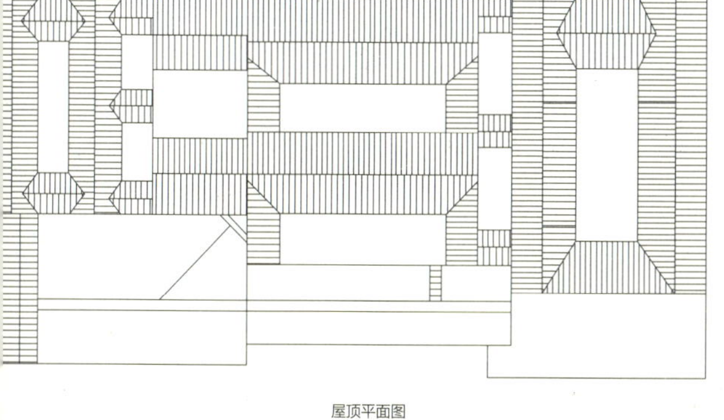

图7 东里一望建筑测绘图

图8 窗户细部

好，具有极高的历史价值。整个建筑为院落式布局，四周砌有围墙，大门向东。前院麻石嵌砌地面，花墙高1.2米，视野开阔，墙外为水塘。主体建筑占地面积200平方米，高8米，青瓦覆顶、青砖山墙，分左右两栋平行布置，东名“东园”、西称“西圃”。整座建筑处处可见雕梁画栋，美观大方、别具一格，称得上是当年李氏大家族的一座大观园。

建筑细部 东龙村建筑类型多，建筑结构有府第式（如上下祠）、牌楼式（南窗祠、芸窗祠）、客家围屋式（东里一望）等。建筑多为砖木结构，门窗梁柱有雕饰，工艺精湛、内部精巧，门窗、房顶多配以花、鸟、鱼、虫、戏剧人物雕刻装饰，工艺精细、巧夺天工。最有特色的莫过于其形式各异的窗户，从早期的木质隔扇梅花窗到近代的中西合璧式的石雕窗，造型十分丰富多样，被赞誉为“窗户博物馆”（图8）。

非物质文化遗产

醮会 醮会为东龙村遗传下来颇具特色的民俗活动，每年正月与七月的吉日在玉皇庙举行。醮会理事会要提前几天张榜告示，村民见到告示后便立即安排清扫、更衣。醮会期间各家均入斋，圩上也禁止荤腥上市。醮会分成儒、佛、道三坛同时进行：儒坛设在玉皇宫楼上的玉皇殿前，由村里的全体生、童在这里念诵七天六夜的《玉皇经》；佛坛设在楼下上厅的观音殿前，由村里妙觉庵里的尼姑在此念诵七天六夜的《观音经》；道坛则设在楼下的下厅，由本村的六七个道士在这里念诵七天六夜的《三官经》。期间，念经道士要在村中巡游三次，各家各户要备好香案，用竹筒盛一升白米置于茶上，米上插一道由道士事先制作的神主牌，牌前设香火、果品供奉。道士巡游时，要到各家所设立神主牌前施礼、念咒、上香。最后一次巡游时，道士将白米带走，并收走神主牌归集庙中火化。醮会最后一天的晚上，三教要集中在玉皇宫门前空坪上举行“施食”仪式：村庄四周高山上点起了火把，在空坪中置餐桌，设酒、饭、牲畜祭品款待孤魂野鬼，并烧孤衣、冥钱相送。仪式完后，在空坪上烧化所有的纸扎品以“送神”归天，至此醮会结束。

价值特色

东龙村历史源远流长，人才济济、代代相传，留下了极其丰富的历史文化遗产。村落以山川溪河形势为基本要素的村落选址，以祠堂、庙宇为核心的空间配置，以分区明晰为特征的村落布局，以隘亭、寨堡为防御体系的村落安全设施，体现了古人高超的营建智慧。保存完整的明清建筑群建造工艺精湛，建筑装饰精美，体现出村落独特的客家风貌和气质。东龙村作为赣南地区典型的客家传统村落，具有较高的历史、科学、艺术价值。

三僚村

【赣州市兴国县梅窖镇】

村落概况

三僚村位于赣州市兴国县东南的梅窖镇境内，地处兴国、宁都、于都三县的交界处，距赣州市 146 公里，兴国县城 67 公里，宁都县城 47 公里，于都县城 55 公里。三僚村域总面积为 14.92 平方公里，全村下辖 18 个村民小组，主要居住着曾、廖两姓村民，人口约 5000 人，耕地2976亩，主要种植水稻、烟叶、花生和番薯。三僚村因其独树一帜的风水文化，被海内外易学界誉为“中国风水文化第一村”“中国风水文化的发祥地”。2006 年 4 月三僚村入围江西省乡村游十大最美景点；2013 年 8 月被列入第二批中国传统村落名录。

历史文化

三僚村风水环境极佳，据传风水大师杨筠松经过三僚时发现此处为一块肥沃的盆地，山水环绕，盆地中间有一座长条形的石峰，在遥远的盆地边缘有一棵高大的松树，树底下卧着一块圆形的巨石。在这位风水大师的眼里，看到的是一块适宜风水先生世代居住的地方：整个盆地就是一个硕大的罗盘，盆地中间的长条形石峰酷似罗盘的指针，而松树和巨石则是风水先生随身携带的雨伞和包裹。杨筠松和他的两个弟子即曾姓开基祖先曾文辿和廖姓开基祖先廖瑀，一起在盆地中间搭起茅草棚住了下来。茅草棚为“寮”，一人一座茅草棚，故称“三寮”，“三僚”村名由此而来。

杨筠松及两个弟子隐居三僚著书立说，奠立中国风水文化“形势派”理论体系。三僚曾、廖两姓的风水术一再为朝廷所看重，恩宠和封赏有加。历朝明师迭出，其中白衣承诏，由皇帝钦封为钦天监博士的风水师达 36 人，享誉世界。仅明清两代，两姓取得贡生、增生、廪生资格的便达到 375 名，经科考入仕的有 11 名。在曾姓取得生员资格的 175 人中，注明专修《易经》的有 16 名。古都南京、北京的著名建筑如明十三陵、故宫、长城、清东陵等都是三僚风水先生堪择。

空间格局

选址 村基位于东、南、西、北四面环山，东北略有开口，由西向东倾斜的小盆地上，因风水而闻名，其选址更是深刻体现了风水的理念。村落坐北朝南，山峦丘陵环抱，其东为东华山，西为西山，南为天马峰，北为蜈蚣山和屏障峰、东北方向为村口，有罗经石。自西和

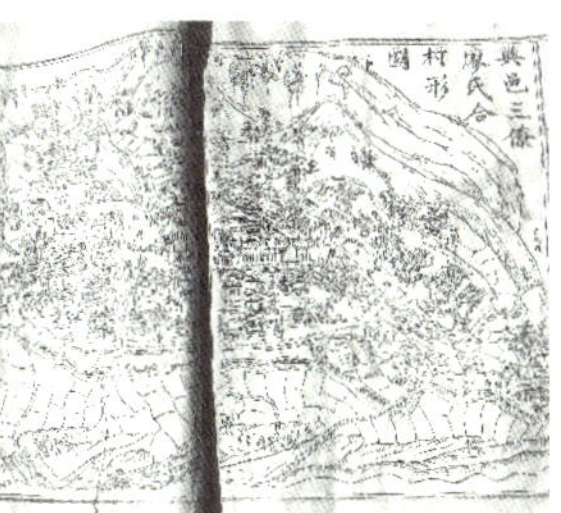

图1 族谱上的村形图

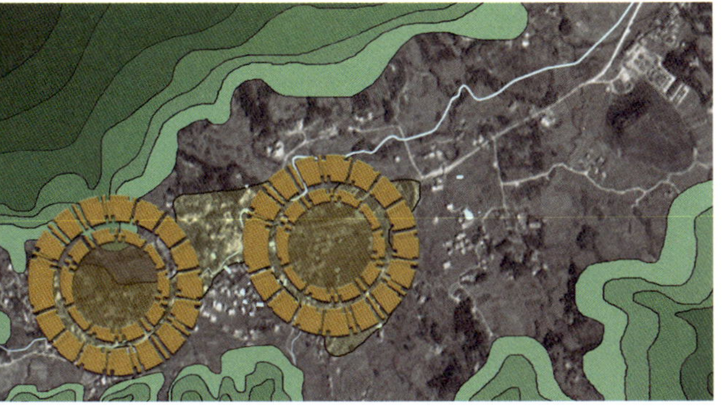

图2 村落选址图

自南而来的两条小溪于曾屋杨公祠前汇合再向东北方向蜿蜒而去。三僚村处在熔岩、石英石岩两大地质板块的交接点上。村北的后龙山属石英石岩，山头有一些形态各异的巨石突起，植被稀疏无几；村南的几座大山却草木丰盈，泉水涌流长年不息。三僚村的地形犹如一个巨大的太极图，整个村落是一个盆地，盆地中间的条状石山恰如罗盘中的指针，曾氏组团和廖氏组团分别居住在指针的两侧，犹如太极图中的两仪，尽显形势派风水选址理论精华（图1、图2）。

整体布局 村落整体布局体现出典型的形势派风水格局，形成组团状（图3）。曾氏居于东面开阔的盆地中，廖氏则集聚于西端的山间峡谷内。各自的祠堂建在组团的中部，廖氏祠堂群沿山的等高线南北向竖向排列，曾氏祖祠则面向东南面开阔场地一字陈列排开，各自形成组团的中心。在曾氏祠堂开阔的空地前，有一条小溪一年四季长流。小溪由两股水组成，靠近曾姓这边的水流冬天暖、夏天凉，水质清澈；靠近廖姓这边的水流则是冬天冷、夏天热，水质浑浊。水流分别从南北面的山中源源而来，互不相犯，三僚人称之为“阴阳河”。两仪生四象，四象生八卦，曾氏和廖氏组团各自包含8个景观节点，在廖氏组团有活龙脑、九尾杉、西竺寺、南箕庵、多士石、章光土、七星池、甘泉井等，曾氏组团则有眠弓峻岭、独石巉岩、汾水龙潭、留记珠石、西山晚照、东郭朝云、北浦渔歌、南林晴翠等。与东、西、南、北四面山峦中的东华寺、西竺寺、南箕庵、北斗寺等4座寺庙一起，形象地阐释了风水师们对“太极生两仪，两仪生四象，四象生八卦”的理解。曾氏组团北部建有蛇形祠和狗形祠，均为曾氏的房祠。三僚村布局设计独具匠心，体现出风水上的玄机。

空间结构 村落空间结构呈“两核 、两组团”的S状自由布局（图4）。三僚主要由曾氏与廖氏组团组成，曾氏组团位于村落的东面，用地相对开阔，建筑布局较为松散；廖氏组团位于

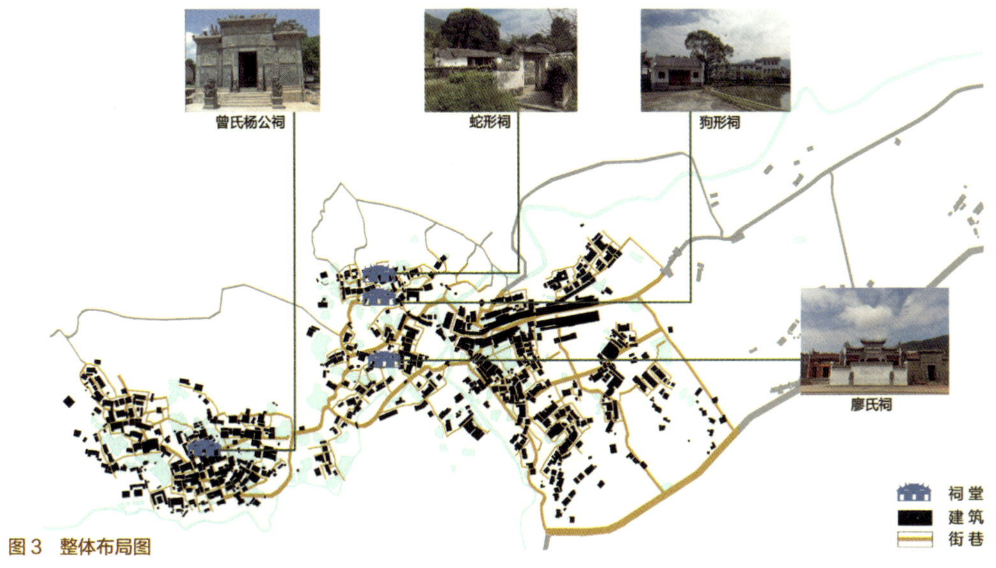

图3 整体布局图

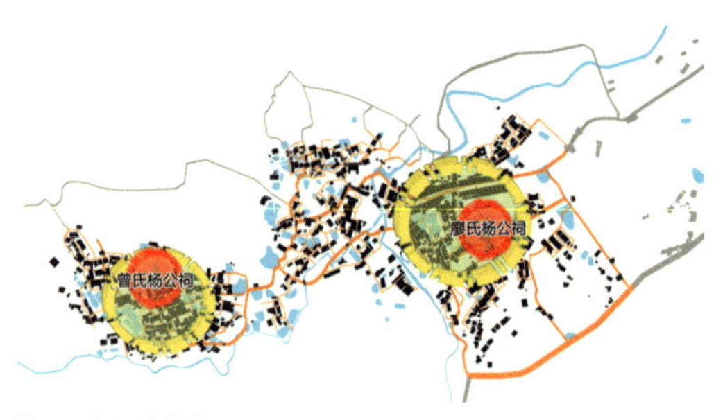

图4 空间结构图

村落西面山间谷地，用地相对局促，建筑布局密集。“两核”即曾氏组团和廖氏组团内的曾氏祠堂和廖氏祠堂。

街巷格局 三僚村街巷体系，呈不规则网络状自由布局。曾氏组团的主街为坛街，宽3-5米，为石板路，长约300米；巷路1-2米，多为砂土地。廖氏组团的主街临水塘而建，长近60米，宽2-3米。

历史环境要素 三僚村的历史环境要素类型丰富，有阴阳溪、汾水龙潭、留记珠石、南林晴翠、七星池等；有古树名木15棵，树种主要有杉树、樟树、松树、榕树等，尤其是位于廖屋的九尾杉尤为珍贵，相传由杨公亲手种植。另有古墓11处，古桥1座，古牌坊1座。

典型建筑

三僚有大小祠堂42座，如“挂壁天井”“龟蛇会”“半坑祠”“无蚊祠”“月洲祠”“美女照镜祠”等，每一座祠堂都蕴藏着高深的风水玄机和传奇的故事。重要历史建筑物有18处，主要有蛇形祠、万方祠等。另有历史、建筑艺术和科学文化价值较高，院落格局和建筑保存完整，建筑构架体系保存完备，构件装饰有特色的遗迹遗构30处。

蛇形祠 该建筑为曾氏的房祠，建于清末，平面布局三间一进式，外形朴素、其貌不扬，却暗藏玄机（图5）。祠堂建在后龙山一个蛇形山梁之下，整个祠以蛇的特性设计，屋后是一条蜿蜒的山梁宛如蛇身，祠堂正好坐落在山梁落穴处喻为蛇头；祠堂后坡用石块摆成蛇鳞形，状如蛇颈；建筑正立面两侧的小窗似为蛇眼，门户为蛇口。祠堂门前开了一口半月池，祠堂院门开在右侧，门口有一堵墙挡着，院墙不高，但院内一堵照墙很高，把祠堂大门挡得

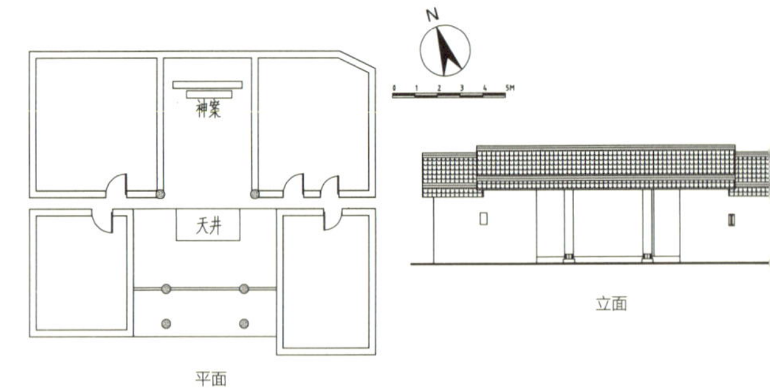

图5 蛇形祠建筑测绘图

很严实。整个祠堂造型低矮、曲仄，到处都不对称，连房沿都是一边大一边小，屋后的墙角一边方一边圆。堂内香炉摆法也怪，神案上一个香炉，神案下一座香炉。这座祠堂经过了精心设计，构思非常独特。

非物质文化遗产

建筑风水文化 三僚村作为我国风水文化的发祥地，不仅表达风水文化的自然环境和建（构）筑物众多，而且从来没有间断的风水文化人物和独特的风水思想理论与术数，这才是三僚的灵魂和精要所在。三僚风水的非物质文化要素主要有各门派中的人物、思想、典籍、经验、心得、故事等及各门派在术数中的仪式、礼仪、法器（如罗盘的制作、样式），围绕着风水文化的其他非物质文化有戏曲、餐饮、拜师仪式、宗教信仰等。除此之外还有杨公戏、福主戏、豆腐宴等三僚民俗文化非物质文化遗产。

价值特色

三僚村是中国风水文化的重要发祥地，在村落的选址与布局、建造上的独特之处，无不体现古人对风水的思考，是体现中国风水文化的典范。村内至今保存了大量的风水作品，如龟蛇相会、曾氏砂手、蛇形祠、虎形墓、七星池等，是中国风水文化保存最为完好、风水作品最为集中的传统村落，成为世界风水文化爱好者朝觐的圣地。该村享有“堪舆文化的发祥地”“中国风水第一村”等赞誉，具有很高的研究价值。

密溪村

［赣州市瑞金市九堡镇］

村落概况

密溪村位于瑞金市九堡镇凤凰山下，距瑞金市 30 公里，距九堡镇 12 公里。密溪村东西分别与大柏地乡、冈面乡接壤，北面与宁都县交界，南临环溪水库及本镇富田、富村两个行政村。该村有耕地 1560 亩，山林 29800 亩，有村小组 21 个，住户 630 户 3100 人，绝大部分是罗姓。村落历史悠久，是独具特色的罗氏同族宗亲村，是研究明清时期客家社会发展变迁的重要实物史料。2003 年 7 月，密溪村被列入江西省第一批省级历史文化名村名录；2013 年 8 月被列入第二批中国传统村落名录。

历史文化

该村历史悠久，已有 700 多年的历史。南宋咸淳年间（1265 年）罗氏始祖“念四郎”迁徙至此，开基谋生。后经罗姓数代之开辟，利用驿道生财，带来经济繁荣，创造十代人的殷富，延续了三百年的昌隆。

据族谱记载，在罗氏未到之前，原有王、宋两姓分居于密溪东、西两边。在宋度宗咸淳年间，宁都大布罗氏“念四郎”与其两个儿子明亮、明善，因于瑞金与宁都之间经商，必须经过密溪，长此以往对密溪地理环境渐生爱意，便举家迁移定居于此，为密溪罗氏始祖。随着宋、王二姓日衰而罗姓渐兴，至元朝初年，王、宋两姓田户基本卖与罗姓之人。最终王、宋两姓索性各具一契，将密溪全境十余方里之山场尽数卖归罗姓后他迁而去。于是密溪成为罗姓一家之天下，成了名副其实的“罗屋”。

密溪为清代著名理学家、佛学家罗有高的故乡，罗有高字台山，号“尊闻居士”“天目山人”，生于清雍正十二年（1734 年），32 岁中举人拣选知县，著有《尊闻居士集》，因论述佛学与儒学间有诸多相通处，为世人推崇。

空间格局

选址 村落选址于四面山丘环绕、四水汇聚的盘状盆地，自北往南的板坑河与大坑河将盆地一分为二，最终呈 Y 字形汇成南端的密溪河，小板河、赤下河则分别沿盆地东、西两边绕行最终亦汇入密溪河。村落主体集中建于赤下河与板坑河间，另有一小片在东面小板河端的山坳处。其四面环山、四水环绕的村落格局，独具特色（图 1）。

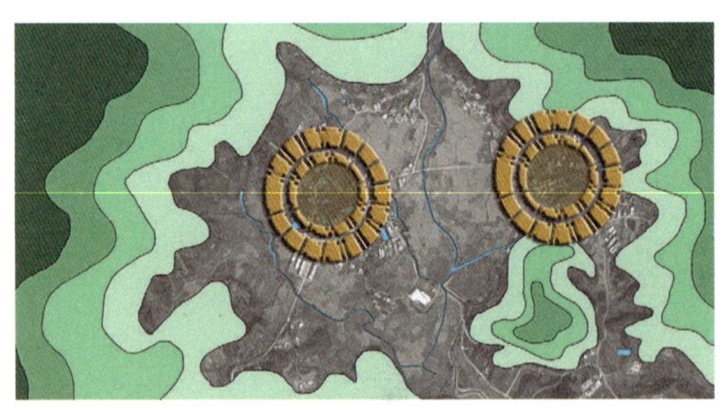

图 1 村落选址图

整体布局 村落主要沿密溪河的主干板坑河西岸而建，呈一大一小团块状（图 2）。水口位于板坑河与大坑河的交汇处。以罗氏大宗祠为首祠堂群是村落的核心精神空间，同时也是村落空间的高潮。村落主要街巷围绕着核心精神场所，呈自由网状散向外围。在村落东南西北四处山峰各建有一座风水塔，古塔分别对应《易经》八卦阵中巽、丁、坤、辛四个卦象，是典型的风水择居村落。

空间结构 村落布局自由，整体呈现“一核、两带、一环”的空间结构（图 3）。以罗氏大宗祠为主的祠堂群结合祠堂前的水塘，形成一片开阔空间，为整个村落的空间核心。“两带”是沿小板河形成的自然与人居和谐共处的两条生态景观带。“一环”是指是由 4 座古塔依东、南、西、北 4 个方向建在远处山顶上，统领环绕的群山构成天然屏障，更形成保佑村民安居的风水环。

街巷格局 村落道路多为鹅卵石铺砌，呈不规则网状分布（图 4）。主街道宽 4-8 米，次要街巷宽度约 1.2-2 米，纵横交错。旧时瑞金至宁都的古驿道遗存宽约 1.8 米，可容两马并骑。

历史环境要素 村落有坤峰、辛峰、巽峰 3 座风水塔，明清牌坊 2 座，古塘 1 口，戏台 1 处，石墩 12 柱，古驿道 1 条。

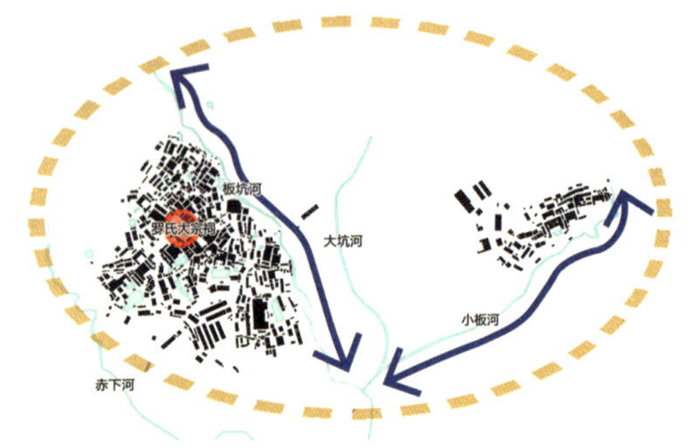

图 3 空间结构图

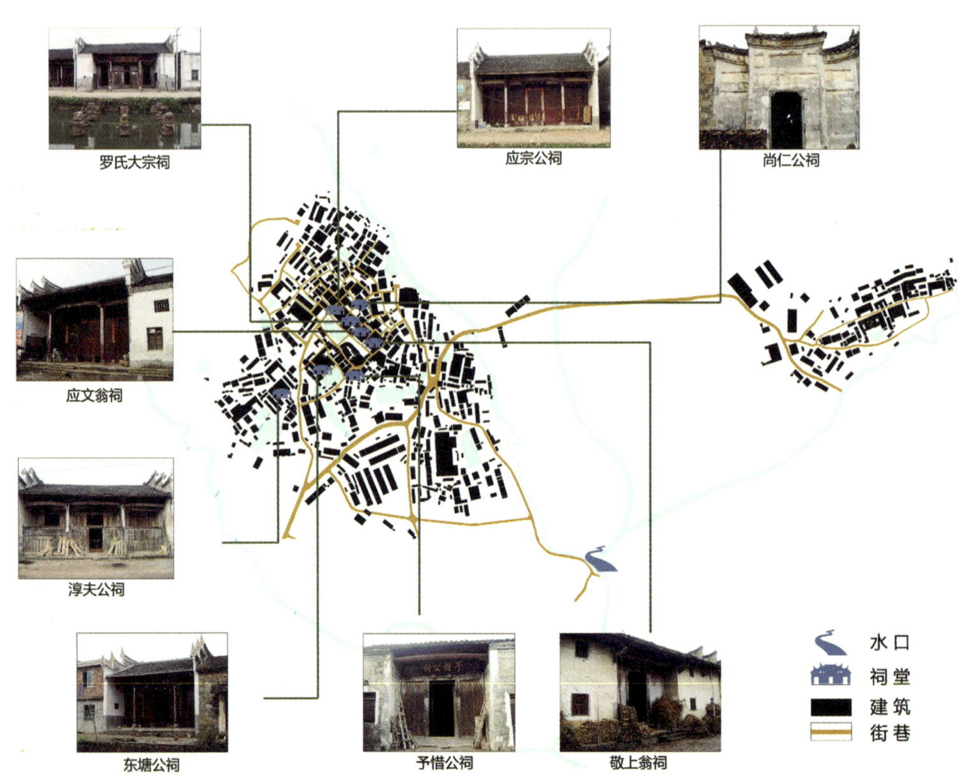

图 2 整体布局图

图 4 传统街巷风貌

典型建筑

村内现存近百幢大大小小的古祠堂、古民居，包括有 7 处文物保护单位、8 处登记不可移动文物、21 处历史建筑，多为明清时期所建。规模宏大的建筑主要有罗氏大宗祠、罗应文公祠、应宗公祠、石泉公祠、淳夫公祠、皋泽公祠、密峰太公祠等十几处，占地面积都有三四百平方米。民宅一般规模较小，散布在村内。

罗氏大宗祠 该祠堂又称峰铎公祠，建于清康熙三十七年（1698 年），为砖木结构，现为市（县）级文保单位。祠堂是密溪罗氏的精神文化核心，至今仍为祭祀祖先的总祠。祠堂面朝西南，平面为三开间一进式，对称布局，有上房、下房、上堂、下堂，建筑面积为 340 平方米（图 5）。入口门厅为门廊式，两侧有一排明清碑刻，青石板台阶两端屹立着一对威武的红石狮，门槛边置一对精雕细琢的荣鼓石（图 6）。门廊处的木立柱、顶棚、雀替、挑檐和斗栱上都巧妙地装饰有多种手法雕刻的图案，祠堂内的柱梁斗栱之间保存有不少绘画。整栋建筑庄重精美，气势恢宏。

图 6 罗氏大宗祠外观

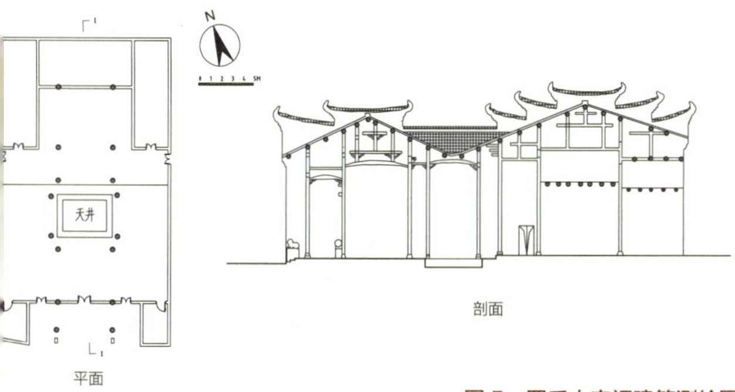

图 5 罗氏大宗祠建筑测绘图

非物质文化遗产

密溪庙会 密溪每年正月初十至十六日举行迎送“忠烈东平王”福主庙会，独具特色。庙会时，在大宗祠前水塘中 12 柱石墩上搭好水上戏台，戏班上台演唱京戏、楚剧等各式精彩剧目。村民们每天成群结队聚集在祠堂门口观看演出，直至庙会结束。正月初十接神，众人擎着印有“东平王”字样和龙虎图案的绸质大帅旗，在三炮连响后伴着锣鼓声向众祠方向前进。福主坐的大轿，香炉花瓶、金架月斧、翰林伞、签筒笔架等一列颇具深意的祭品一并随行云集至众祠门首，静默等待接神时刻。三连炮声轰隆巨响，二十多台锣鼓齐鸣，将五尊大神请上大轿，群情激荡地请回众祠。众祠内外人山人海，深情地迎接“福主”，将大神安坐在众祠的神台上。三连炮声、锣鼓声、唢呐声、杀猪声、戏台上演出“大天官”开台的演奏声响彻云天，震耳欲聋。正月十六日这一天是送神吉日，全族人用接神时类似的群情激昂，将福主等五尊大神送归福主庙内入宫。所不同的是在送神的队伍前加上一送瘟神龙船，到了庙前的河坝里将纸做龙船焚毁，“纸船明烛照天烧，一年四季保平安”。至此，一年一度的密溪庙会圆满结束。

价值特色

密溪村为赣南地区同族宗亲血缘聚落，因古道而兴，依然保留着浓郁的客家文化传统。村落布局山环水抱、四塔拱卫，体现“天人合一”的哲学思想和深刻的风水文化内涵。村内文物古迹与传统建筑保存较为集中，能较完整地反映明、清时期的传统赣南客家村落风貌和民族风情，呈现出较高的历史、文化、艺术和科学价值。

云山村

［赣州市大余县左拔镇］

村落概况

云山村位于赣州市大余县左拔镇西北部，东南连左拔村，西接崇义县接壤北靠樟斗镇，距左拔镇区 1 公里，距离大余县城 28 公里。据 2014 年统计资料，云山行政村共有 16 个村小组，465 户，共 1846 人。全村耕地面积 901 亩，林地面积 22000 亩。云山村自然资源丰富，植被保持完好，有野生名贵中草药深藏于密林。云山村围里古堡存有众多明清古建筑，2014 年 11 月被列入第三批中国传统村落名录。

历史文化

明宣德年间（1426-1435 年），云山村开基祖曹允信在广东省博罗县任知县一职后弃官返乡，初居大余县青龙镇地心村的燕子窝，在打猎途中发现此处依山傍水，山清水秀，便举家迁居于此。明正德四年（1509 年）曹允信后人开建祠堂祭拜祖先，之后人口繁衍又立分祠，村落规模也不断扩大。至明嘉靖年间，为了防御流寇和深山猛兽的侵扰、保护族人，曹氏宗族又在建筑群外围设置了村墙。云山村为曹氏单姓聚居的血缘聚落，奉迁居云山村的曹允信为十六世祖，至今已繁衍到 20 多代。

空间格局

选址 云山村围里古堡坐落在一处四面环山、藏风纳气的山谷中（图 1）。村落四周山脉高耸，呈环抱之势。谷底有左拔河自西北往东南呈“外拱形”穿行而过，谷底形成平坦肥沃的冲积小平原。

图 1 村落选址图

图 4 传统街巷风貌

整体布局 村落布局规划严整，村墙围合，呈堡寨式（图2）。围里古堡靠近南面主山狮形岭而建，由一两米厚质地坚硬的干打垒土墙围合，呈卵石状。古堡有正门（平阳第）、保障门、东门和南门4座门楼，西北侧的门楼平阳第是古围的主要入口。门楼正对110米长、宽3米的主街巷，尽端为氏族的总祠。村落沿主街两侧布置，呈对称棋盘状。

空间结构 云山村古堡空间组织具有明确的中心，呈“中心－住居领域”的布局结构（图3）。曹氏总祠（敦叙堂）是村围的精神文化核心。村落以总祠为中心向外规则发展，至土围为界，“外圆内方”，形成具有较强封闭性的堡寨式布局。

街巷格局 古围周长约400米，内巷道宽0.8-3米，纵横交错呈棋盘状布置。主巷道两侧有横巷道，横巷道两端又各有纵巷道，铺地材质大多为鹅卵石铺砌，可概括为“一主八横多纵”的方格网状布局（图4）。

历史环境因素 村落有门楼2座，围里古城堡外围围墙，古桥1座，祠堂5处，古井2口，古树15棵，水塘5口，功名旗杆石8组。

典型建筑

围里古堡是赣南目前发现的唯一一座圆形围屋，重点建筑有曹氏总祠堂、4个分祠堂，正门（平阳第）和南门等各级文物保护单位共计9处。

敦叙堂 该祠堂坐落在围里古堡中部，明嘉靖四十三年（1564年）取名“敦叙嗣”，为村中的总祠。清康熙三年（1664年）被烧毁，康熙二十五年（1686年）重建，并更名为“敦叙堂”。建筑为三开间一进式，敞厅布局，前厅比后厅宽，整体呈中轴对称形态（图5、图6）。紧靠敦叙堂有一处分祠堂“谯国堂”，建筑布

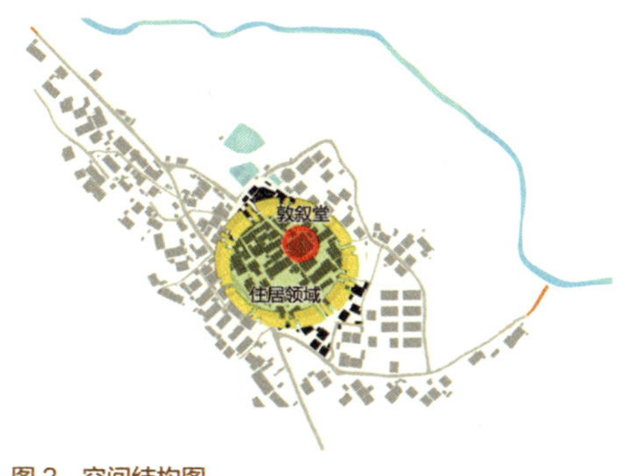

图3 空间结构图

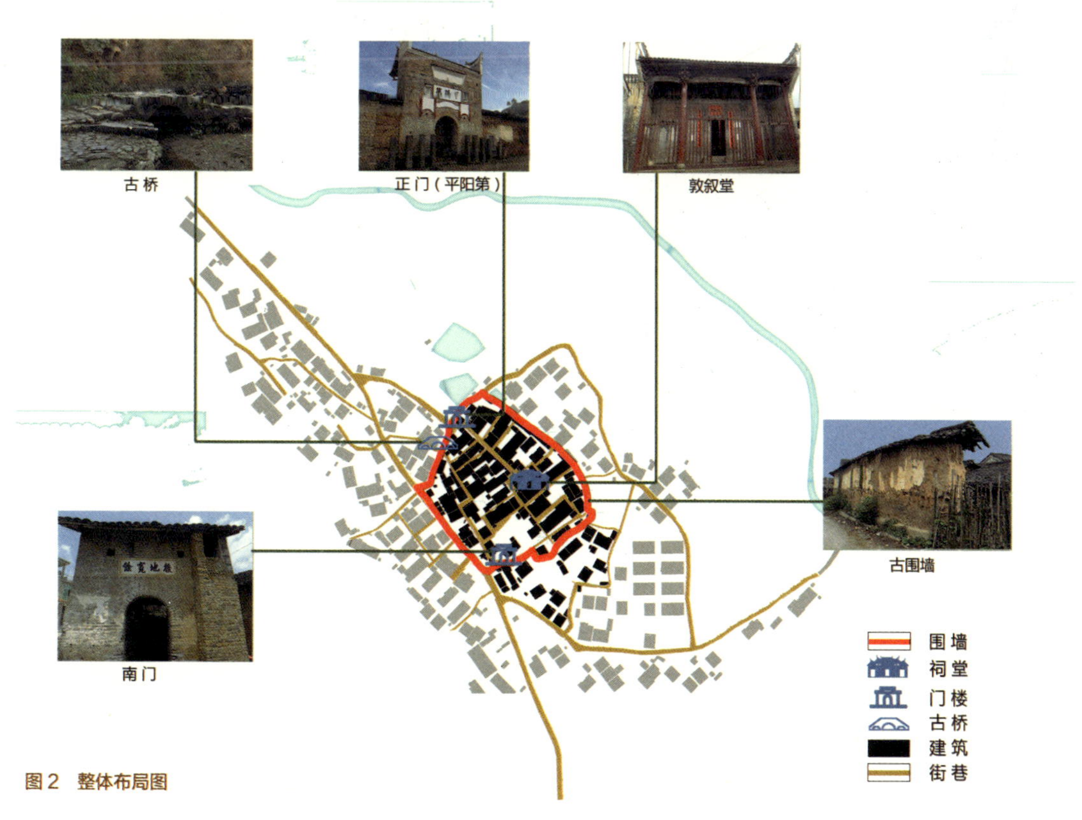

图2 整体布局图

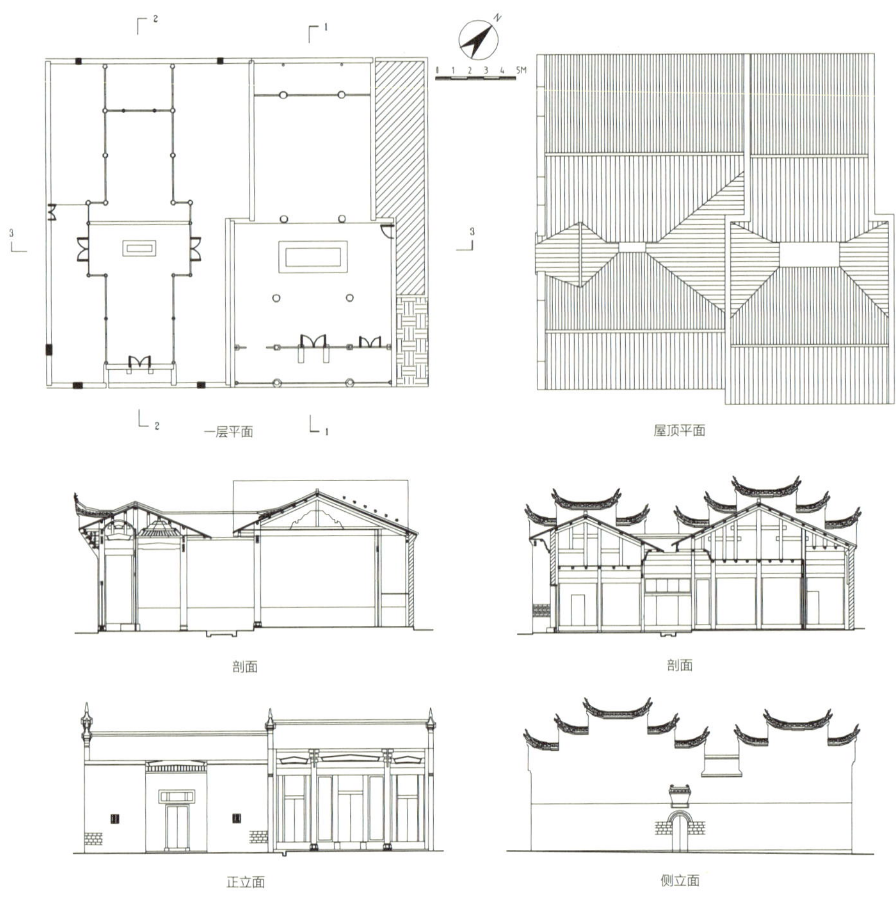

图 6 敦叙堂建筑测绘图

图 5 敦叙堂外观

局为三开间一进式，前厅与后厅同开间，天井处的侧厅连向两侧寝堂。

非物质文化遗产

舞龙 舞龙的龙身安置在当地的龙王庙中，舞龙之日一般在大的节日，以旌旗、锣鼓、号角为前导，自庙中请出龙身并接上龙头龙尾，完成点睛仪式。龙身用竹扎成节节相连的圆龙状，外面覆罩画有龙鳞的巨幅红布，每隔五六尺有一人掌竿，首尾约十来丈长。龙前有一人持竿领前作为引导，竿顶竖有一醒目巨球。持竿者前后左右摇动巨球，龙首则迎合作抢球状，龙身随龙首或高仰或起伏游走飞动，活灵活现精彩纷呈。舞龙每至一处都会受到村民热情款待，酒宴必备，俗称“龙换酒”。舞龙完毕后将首尾烧逝升空，龙身则送回庙内供养。

价值特色

云山村围里（古堡）是赣南目前发现的唯一一座圆形围屋，是研究赣南围屋十分珍贵的案例。围里古堡的山水格局和整体环境特色价值突出，是传统村落选址营建的典范。古堡空间组织有序，规划严整，其布局模式在赣南地区呈现较强的典型性，具有很高的研究价值。

羊角村

［赣州市会昌县筠门岭镇］

村落概况

羊角村位于赣州市会昌县东南70公里的筠门岭镇羊角村，距筠门岭集镇约10公里，坐落于闽、粤、赣三省交界处，东与武平县东留乡接壤，南与寻乌县罗珊乡毗邻，西北与清溪乡、周田镇交界，北与中村乡相连，东北靠洞头乡。全村共有10个生产小组，计1780人，村民以农业生产脐橙种植为主。羊角水堡是赣南仅存的一处规模宏大的军事堡，2006年被公布为江西省第五批文物重点保护单位，2013年被公布为第七批国家级文物保护单位。2014年8月羊角村被列入第三批中国传统村落名录。

图1　村落选址图

历史文化

羊角村地处通往赣之门户，以一隅之地而遥制千里，故数百年来一直成为屯兵防守的军事要塞。明成化十九年（1483年）官府在羊角村设羊角水堡提备所，驻军防守。明嘉靖二十三年（1544年）始建围墙，周长三百丈，高二十尺，辟三门，东“通湘门”，南“向阳门”，西“镇远门”。清顺治五年（1648年）羊角水堡因战火严重毁坏，康熙、雍正年间历次修补。

空间格局

选址　羊角村位于两山对峙的山谷中，三面环水（图1）。湘水自北向南而下，绕其东、南蜿蜒向西南延出。西、北则紧靠汉仙岩，整体地形四周高中间低。沿湘水形成一南北向狭长的山谷盆地，两侧均为陡峭山体，形成可长居固守的天然隘口。

整体布局　羊角水堡依山水间盆地而建，集中式布局，赣南地区典型的堡寨式聚落（图2）。早期的格局是明代建立的防御寨墙为外围界线，北面为练兵场地，内部为居住生活区域。四周寨墙围合，东有“通湘门”，南有“向

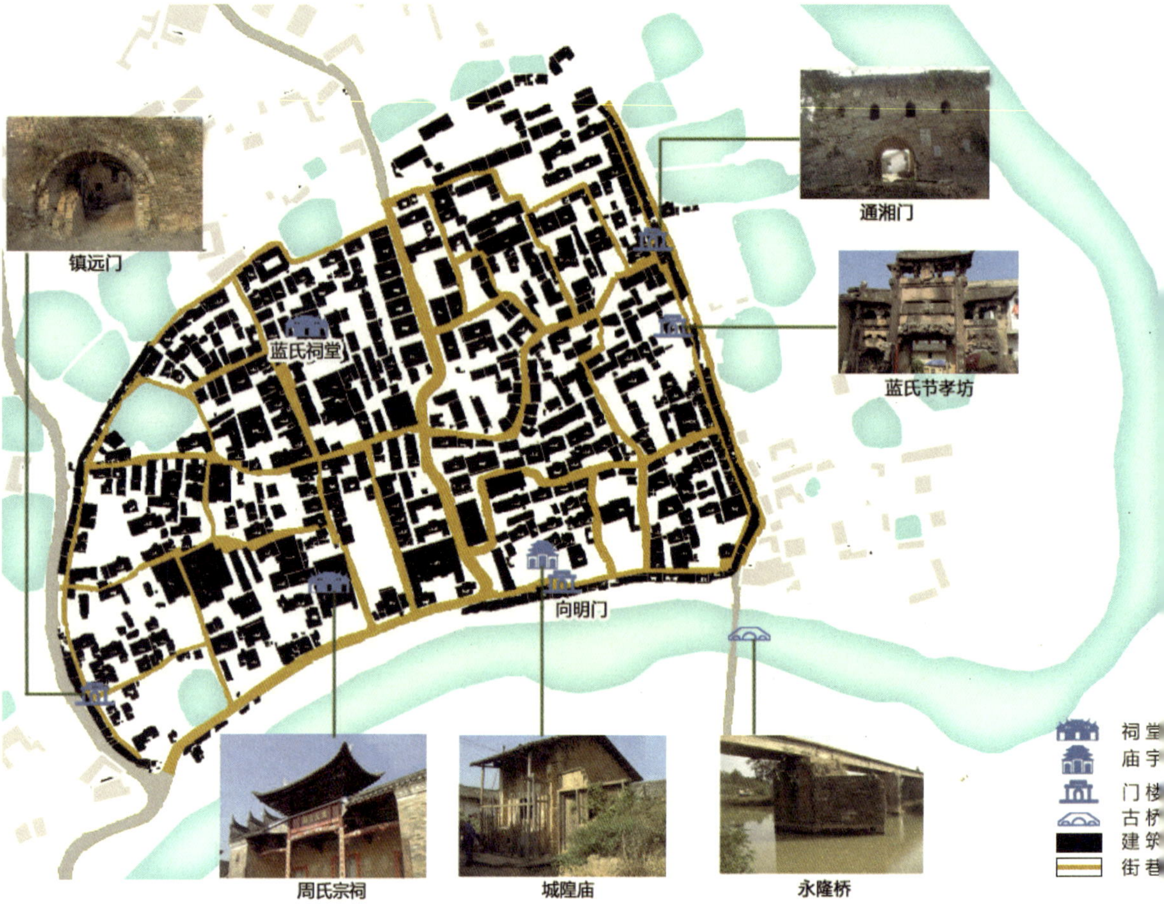

镇远门
通湘门
蓝氏祠堂
蓝氏节孝坊
向明门
周氏宗祠
城隍庙
永隆桥

图 2 整体布局图

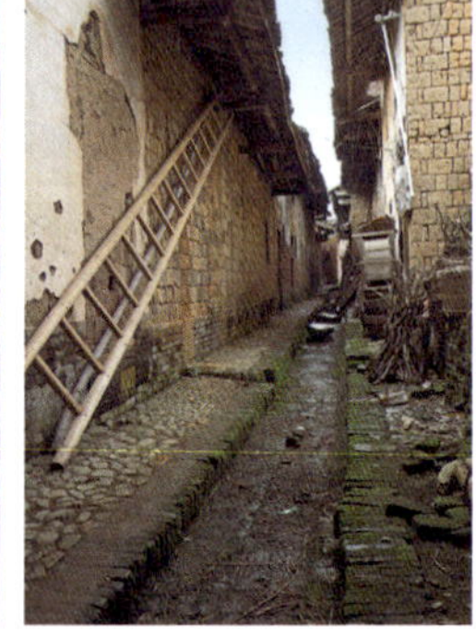

图 3 传统街巷风貌

明门”，西有“镇远门”，3 座门为进出的关口。堡内祠堂数量众多，最有代表性的为周氏宗祠和蓝氏祠堂。蓝氏节孝牌坊作为纪念性的建筑位于堡东部。庙宇处于堡的四周，有城隍庙、真君庙、土地庙宇等。永隆桥跨于湘水上，成为重要的交通节点。

街巷格局 堡内保存完整的主要古街道为添丁街，添丁街东西走向贯穿全村，东端起自通湘门，呈 S 状蜿蜒穿行至中心僑门及添丁亭处，与南北走向的东街成丁字垂直相接，后继续往西直至堡墙西炮楼。南北走向的东街则最终通向堡南面的向明门及城隍庙。一横一纵丁字形主街巷形成村落的路网骨架，次要巷道与主街纵横交织，整体呈网状规则分布。主街巷路面宽约 3.5 米，次要巷道宽约 2 米，均用厚约 80 毫米的卵石铺就（图 3）。

历史环境要素 村落有古驿道 1 处，古码

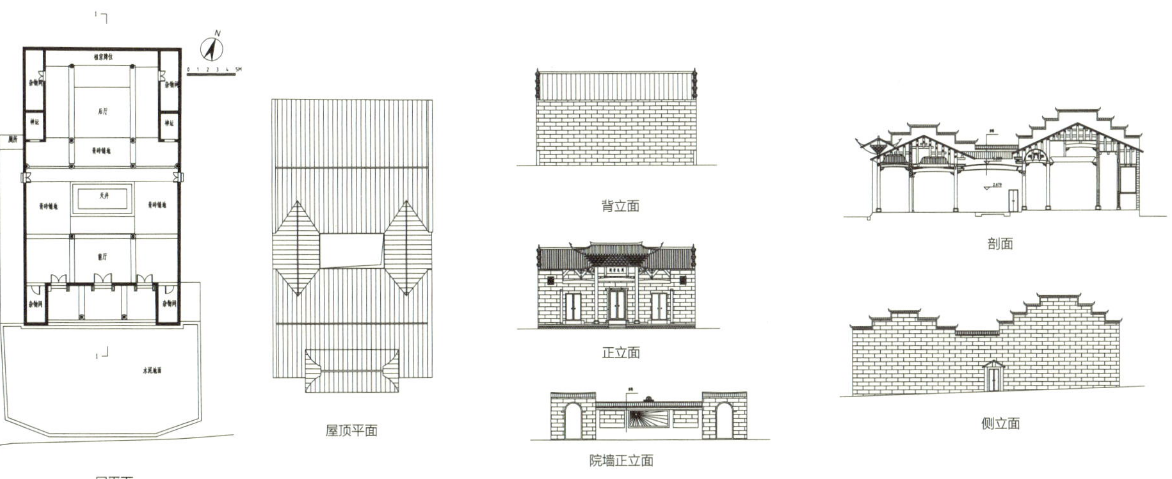

图 4 周氏宗祠建筑测绘图

头 4 处，古桥 1 座，古街巷 2 处，古榕树 1 棵，古牌坊 1 处，古城墙约 1092 米。

典型建筑

村内有各级文物保护单位 10 处，重点建筑有周氏宗祠、城隍庙、周龙一宅、蓝氏节孝坊、芳公祠、世能祠、绍福祠等。另有历史建筑 10 处，传统风貌建筑近百处。

周氏宗祠 该祠堂始建于明英宗正统七年（1442 年），由筠门岭羊角寨周氏四世祖周君宝（任湘乡里长）倡建，清康熙、同治年间两次重修。祠堂位于堡内中南部，坐北朝南，砖、土木混合结构，占地面积 808 平方米，建筑面积 553 平方米（图 4）。平面为中轴对称布局，由前后两进院落组成。入口门楼檐下有做工精美如意斗栱、翼栱，顶部装有镂雕精美的藻井、轩棚（图 5）。正对前厅大门处建有高 4 米照壁，顶部正中立有“魁星点斗”塑像，照壁两侧开门楼。

非物质文化遗产

会昌汉帝庙会 羊角村汉帝庙会已被列入县级非物质文化遗产名录。汉帝庙会是会昌县汉族群众以汉帝信仰为主题，举办隆重的汉帝游街出巡等民俗展演的庙会活动。明

图 5 周氏宗祠外观

成化年间（1465-1487 年）由刘氏迁居羊角村时传入，每年农历九月初八至初九日，举办隆重的游街出巡活动。清初因民众矛盾激烈，汉帝被塑造成无所不能的保护神，汉帝庙会达到繁盛之顶峰。庙会期间有精彩的戏剧演出，大多宣扬忠、孝、节、义、仁、勇等传统伦理道德。庙会时曾民众云集、万人空巷，甚是热闹。

价值特色

羊角村历史悠久，文化底蕴深厚，地处藏风聚气的山谷中，堪称村落选址的典范。羊角水堡内保存大量建造精美的祠堂、民居、庙宇，同时还形成了一套独特的军事防御体系。该堡作为赣南地区典型的军事防御型堡寨，具有很高的文物价值。

澄江村

［赣州市于都县葛坳乡］

村落概况

澄江村位于赣州市于都县葛坳乡北部、地处丘陵地区，北接宁都、东靠曾子村、南邻杨梅村、西与陈田村毗邻。村域总面积约6.50平方公里，现有耕地1809.9亩。现辖15个村小组，619户，3034人。澄江村为谭氏血缘聚落，历经千年，传承有序，风貌古朴，格局基本完整。2014年澄江村被江西省人民政府公布为江西省第五批省级历史文化名村，同年被列入第三批中国传统村落名录。

历史文化

澄江开基始祖谭文景，为后梁处州防御使谭全播（835-920年）第九世孙，原出生于宁都砎柴岗，宋代时官任都指挥使出镇于汉阳，于宋仁宗时辞官还归故里。谭文景习得先祖谭全播之子谭文谟延传下来的堪舆秘技精华，回谭文谟祖居地澄江勘查后发现澄江确实是一块非常难得的风水宝地，便回迁澄江祖地开基发展，成为今澄江之始祖。

谭氏家族以忠厚传家、礼仪维世、孝友睦姻为家训。谭文景之曾孙谭子清经吉安谭氏宗亲介绍，曾聘请吉安名师文革斋先生到澄江执教，其子文天祥随父侍读于澄江村十余载，受到谭氏族人厚待。文天祥中状元官至显宦后，为报谭氏厚待之德，为谭氏首修族谱作序，并为澄江村建东、南、西、北四座大门。清代是谭氏家族发展最为昌盛的时期，谭氏子孙在外经商或为官，回乡建立祠堂、修建书院、宅第，形成了一方文化气息浓厚的聚落。

谭氏家族崇文重教，人文蔚起，从谭文谟算起至民国年间，澄江谭氏受七品以上职衔的23人，其中唐末（五代）2人，宋朝3人，明朝4人，清朝11人，民国时期3人。另有恩贡、附贡、岁贡、例贡共28人，获功德嘉奖21人，其中获朝廷制诰嘉奖7人。

空间格局

选址 村庄地处山谷，坐西朝东，依山面水而建（图1）。后龙山由北向南延伸，如宽敞的太师椅盘位于村后。后龙山龙势活跃，如五虎下山，地属真龙正结；落定后的龙穴亦结成阳宅之平阳局，砂护案朝齐备、堂局宽阔明朗，面前良田百顷、田连阡陌。东面朝山群山环绕，村北则远山山峰秀丽，高耸入云。村东

图1 村落选址图

众多山间田塅来水汇聚入澄溪河，过明堂后向左九曲而去，可说是天门大开。村南三四百米处，后龙山与朝山环抱交会，地户不见出口，形成有似城郭般紧密护卫。村落四周山体围护，溪水环绕，风藏气聚，风水环境极佳。

整体布局 村落依山而建，整体形态呈带状（图2）。水口位于村落南部两山交会处。村落原有东、南、西、北4座门楼，作为进出村的关口，门楼间用1米多宽的土石混砌村墙相接，形成一完整的防御体系。村中主街南北走向，蜿蜒曲折，两侧分布大小各异的多座祠堂。谭氏宗祠位于村落北部组团的中心位置，是整个村落的精神文化中心。位于村落中部的接官厅与古驿道连接，是村落的主要接待场所和政治中心。村落南部建有古戏台，坐北朝南，兼具文化表演与宗教祭拜功能，其前亦为圩市，村落之商贸集聚中心。财神庙位于村落最南部。村庄支巷垂直于南北向的主街向东西延伸，整体呈鱼骨状结构。

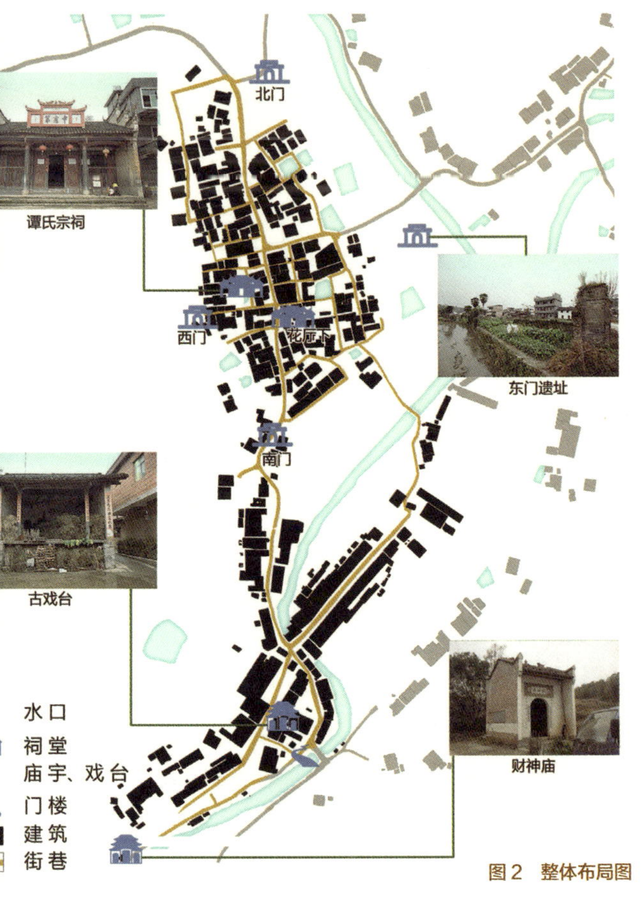

图2 整体布局图

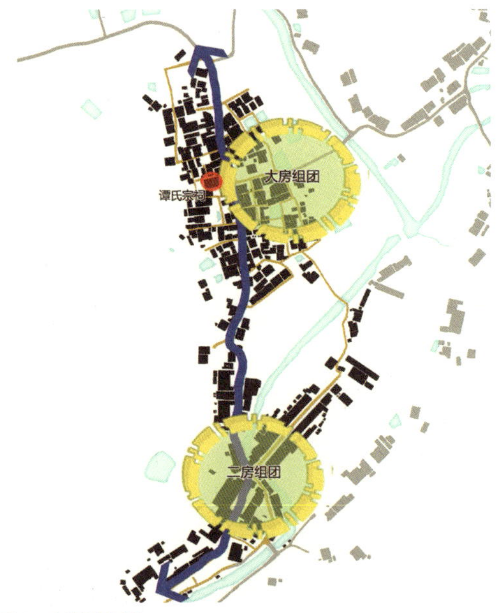

图3 空间结构图

空间结构 澄江村整体呈“一轴、一核、两组团”空间结构（图3）。“一轴”即自北向南穿过全村的主街，是村中的交通轴，同时沿主街两侧分布有十余座祠堂，有谭氏宗祠、渊泉祠、文渊祠等，又兼具了村落的文化轴线。“一核”是村落中部的谭氏宗祠，具有较强的场所凝聚力，是整个村落的精神文化核心。“两组团”是村北部的大房居住的组团和南部的二房居住组团。

街巷格局 街巷肌理明晰，村中部一条主街串联，支巷分列两侧与主街相连，整体呈“鱼骨”状布局。街巷尺度主次分明，主街宽约2-3米，小巷宽1.5米左右，主要由鹅卵石铺就（图4）。

历史环境要素 村中有古树11棵，古井1处，古戏台1座，大门遗址4处，古驿道约1公里。

典型建筑

澄江村建有祠堂24座，比较有代表性的

图 4 传统街巷风貌

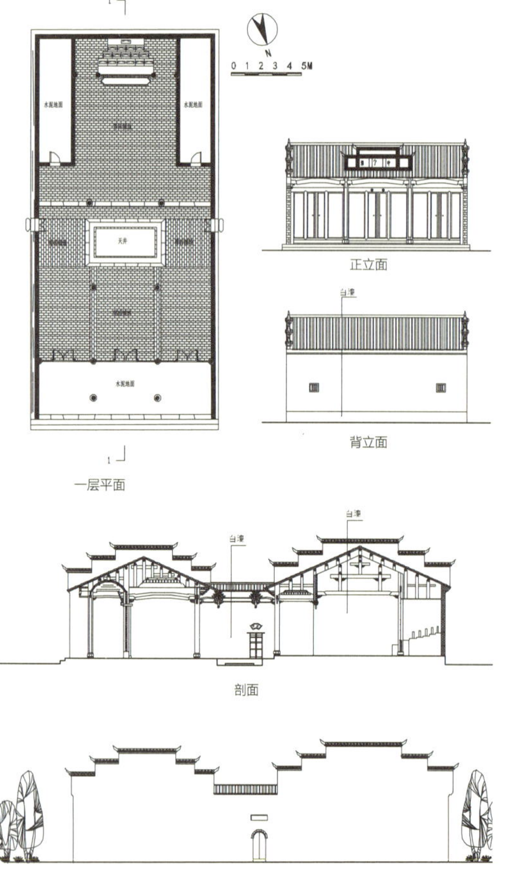

图 5 谭氏宗祠建筑测绘图

图 6 谭氏宗祠外观

有谭氏宗祠（文景祠）、雪窻祠、渊泉祠、文渊祠、云窻祠等，另有寺庙 2 座，圩市 1 处，古戏台 1 座，民居多座，古建筑群总面积约 18000 平方米。

谭氏宗祠 该建筑建于同治十一年（1872 年），为这一地区谭氏的大宗祠，为纪念开基祖谭文景而建。祠堂位于澄江村的中部，坐西朝东，砖、土木混合结构。平面为中轴对称布局，三开间一进式，占地面积 422 平方米，建筑面积 323 平方米（图 5）。入口门厅为门廊式、硬山顶，叠式马头墙（图 6）。宗祠上厅高悬“佑启堂”横匾，顶部装有藻井、轩棚、倒板及镂雕精美的斗栱、雀替等。

雪窻祠 该祠始建于明弘治正德年间（约 1500 年左右），后历经修建，屋顶及部分梁柱为清代维修。祠堂坐西朝东，砖木结构，总占地面积约 202 平方米，总建筑面积约 184 平方米（图 7）。平面为三开间两进式，前一进呈中轴对称布局，后一进沿中轴向西倾斜了约 15 度，平面呈不规则形状。建筑入口门厅为门廊式，门前置石狮 1 对（图 8），内部空间包括门厅、享堂、天井、寝堂及两侧厢房等。

建筑细部 村内祠堂都建于明清时期，由九五制式青砖和优质木料建成，外表壮观、内饰精致。除古朴建筑风格外，装饰也很讲究，有石雕、木雕、砖雕、彩绘等。这些雕饰绘画题材也相当广泛，有人物故事、花鸟虫鱼等（图 9）。

非物质文化遗产

于都唢呐《公婆吹》 于都唢呐《公婆吹》

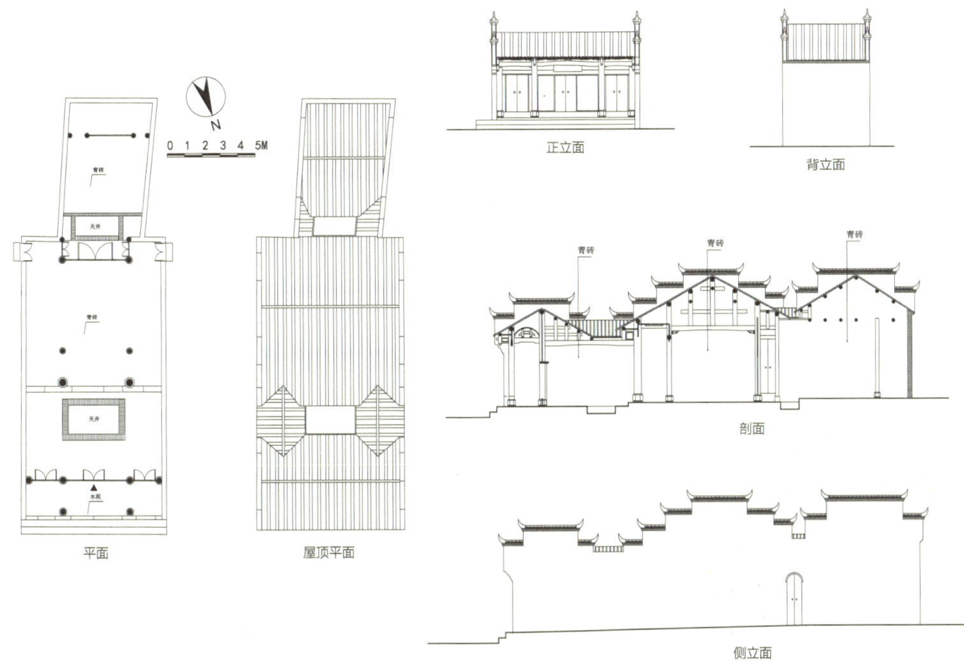

图 7　雪窟祠建筑测绘图

图 8　雪窟祠外观

图 9　建筑细部

历史悠久，据于都县史料记载，早在 1000 多年前，“鼓手举于道路，往来人家，夏闲不歇”。于都唢呐《公婆吹》的乐器主要为“公”“婆”两支唢呐，唢呐由本地制作的串子（木制）、喇叭口（铜制）、天心（铜制）、哨片（民间艺人用一种专门制作哨片的芦草制作）、铜皮子（铜制或用蛙壳制成）等部件组成，“公”唢呐稍短、哨片略尖，音色高亢嘹亮，“婆”唢呐略长些，哨片呈扁圆形，音乐低沉浑厚。演奏时，配以大钹、小钹、大锣、小锣、大鼓、小鼓、梆子等乐器进行吹打。其主要曲调有《四季调》《反合调》《五尺调》《乾调》《中调》《高调》《满身调》《赵山坡》《鹧鸪梅》《大龙对》《七五三二一》等。

唢呐《公婆吹》是国家级非物质文化遗产，也是澄江人谭氏的传统技艺，全村有唢呐手六七十人，由传承人组班，常年活动于本乡、邻县、外省各地。

价值特色

澄江村历史久远，谭氏家族千百年来一直传承的“尊祖、敬宗、收族”思想，深刻地诠释了宗族文化。村落选址是赣南村落以风水理论指导选址的典范，村落格局完整，布局独特，形成了一套独特的防御体系。建于明清时期的祠堂群，以独特的装饰风格而远近闻名，是古代建筑艺术的结晶。澄江村积淀了厚重的建筑文化，是研究赣南传统村落选址、建造、发展的珍贵案例，具有较高的价值。

上宝村

［赣州市于都县马安乡］

村落概况

上宝村位赣州市于都县马安乡东北部，G319国道旁，距乡政府5公里，与桥头乡历迳村相邻，南与大螺村相交，西与贡布村接壤，北与桥头乡中石村交界。据2012年统计资料，上宝村有上宝组、围上组、上屋组等7个村小组，889人。现有耕地面积2883亩，稻田养鱼面积800亩。2001年，上宝祠堂群被于都县人民政府公布为县级文物保护单位。2003年7月，上宝村被评为首批历史文化名村；2014年11月被列入第三批中国传统村落名录。

历史文化

上宝村是一座已有800多年历史的钟氏单姓聚居的血缘聚落，亦称“宝溪”，古时此处称雩邑北乡长乐里。唐代宰相钟绍京二十八世孙钟子德，字英郎，1207年生于兴国竹坝园下，青年时期奇情逸志，爱好诗歌，喜欢游览山水，先来到雩邑北乡长乐里（今桥头江背）布头，尔后由布头迁至布尾，又由布尾至上宝，取名宝溪，并创建了“世德堂”。其后裔于1682-1725年在“世德堂”遗址上新建了颇具规模的钟氏宗祠，随后又在周边建16座房祠，形成了壮观的祠堂群。钟氏自开基至今近800年，生生不息，历尽沧桑，丁兴财旺，代有贤良，传承30余代，乃十里八乡闻名的望族。

上宝村历来注重传统厚重的儒家思想，承传着“提倡敬宗尊祖、醮祖及时、同族和穆、耕读为本；反对不孝不悌、闲游赌博、诱人邪教、砍伐后龙……”的朴素家规和客家文化理念，以至宝溪（上宝古名）之地一时成为风气清明的礼仪之邦，并产生了独具文化特色的《百行孝为先诗》《治家格言》《家训十则》等。

空间格局

选址 上宝村是一座典型的山环水绕、依风水理论择基而建的客家聚落（图1、图2）。村落坐落在一片开阔的平原地带，村落四周水塘环绕，水草茂密。上宝河自北向南流经上宝村，沿村落东侧环绕而过，与远处天华山相互呼应（图1）。

整体布局 上宝村坐落于山间平原，布

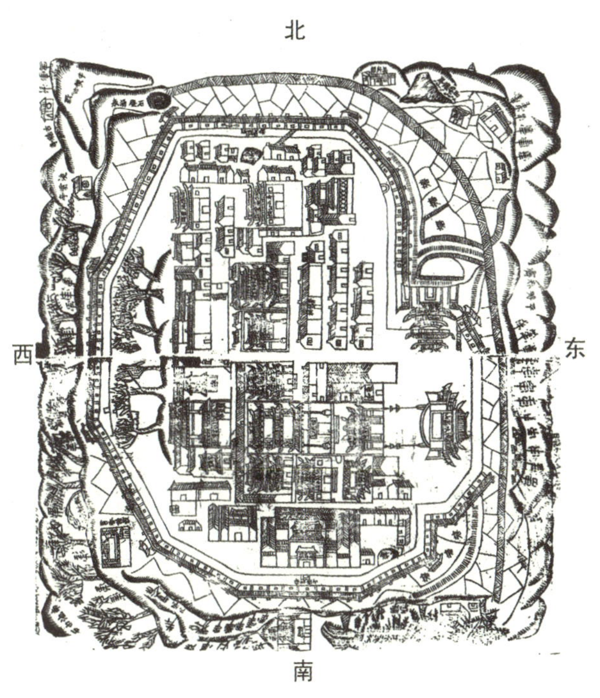

图 1 族谱上的村形图

图 2 村落选址图

图 4 空间结构图

图 3 整体布局图

局独特，为赣南地区典型的土围（图 3）。村落四周是由厚达 2-3 米，以片石夹有夯实泥土砌筑而成的土围墙，建有 6 个碉堡和东、西、南、北 4 个门，周环宽约 3 米的护围河。四座门中，现仅存东门“飞鸿第”门楼和西门“德宣祠”门楼。位于村前钟氏宗祠是整个聚落空间的核心，周围分布有 18 座大小祠堂（现存 12 栋），形成了上宝祠堂群，属于“专祀型”祠堂群。村内巷道呈梳状分布，东侧的天华山建有钟峰塔与祠堂群相呼应。

空间结构 上宝村整体呈封闭的堡寨式布局结构，有明显的中心性。钟氏宗祠为聚落的中心，土围墙围合，上宝村形成“中心 - 居住领域”的布局（图 4）。土围这一典型的聚落最突出的特征是有严密的防御系统，四周的土围墙作为明确的村落内外边界，四周开门作为村内外的关卡。村西部土围内的树林，是村落的自然景观空间。

街巷格局 围内的街巷修建于明末清初，皆以鹅卵石铺设，主要有排成三列的祠堂群形成的 2 条南北走向的主巷道和 3 条东西走向的巷弄（图 5）。建筑沿着主巷道两旁整齐排布，屋栋之间的界隙形成有宽有窄的小巷，互相通连。

历史环境因素 村内有古树 2 棵，古村驿道约 700 米，古井 1 处，古墓 3 座，古围墙约 90 米（图 6），河流生活埠头 2 处，门楼 2 处，旗杆石 8 块，照壁 1 处，月池 1 处。

典型建筑

上宝村有县级文物保护单位 1 处：上宝祠堂群（现存 12 座祠堂），包括钟氏上宗祠、德宣祠、北山祠、积桃祠、玉田祠、斗山祠、北茂祠、经万祠、端爵祠、备万祠、中共胜利县委及县苏维埃政府旧址等，现有尚未核定公布为文物保护单位的登记不可移动文物 5 处，传统民居 30 余栋。

钟氏宗祠（世德堂） 该祠堂由上宗祠、下宗祠组成，位于祠堂群核心位置。据钟氏族谱记载，该祠建于清康熙二十一年（1682 年），后多次扩建。上下祠均为三间一进厅堂式平面格局，沿一中轴前后布置：上祠在前，面阔且深；下祠在后，面窄却高。两祠堂间

图 5 传统街巷风貌

图 6 土围墙

由一窄院相连成一整体，祠坐西向东，砖木结构，山墙为叠式马头墙。前院深 40.2 米，祠面阔 18.9 米，进深 41.4 米，高 8.5 米，占地面积 1542.24 平方米（图 7）。祠前有泮池，外有一段土围。门厅为门廊式，内藻井有漆画及雕花装饰，抬梁与穿斗式结合的木构架（图 8）。祠内采光良好，以石条砌成的天井硕大，两侧山墙开拱门通外。厅内地面铺青砖，金柱下置石质八角形柱础，享堂上悬木匾“世

图 8 钟氏宗祠外观

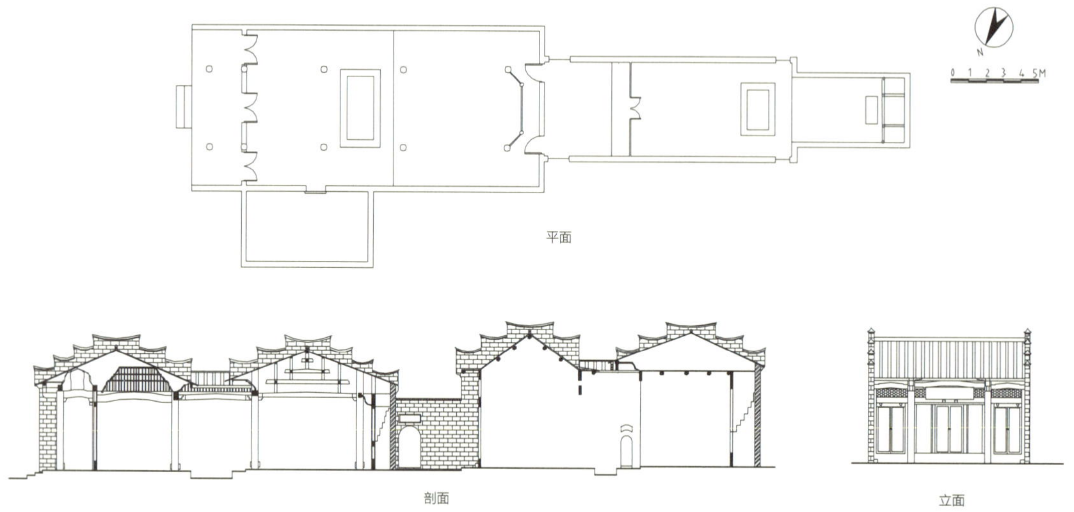

图 7 钟氏宗祠建筑测绘图

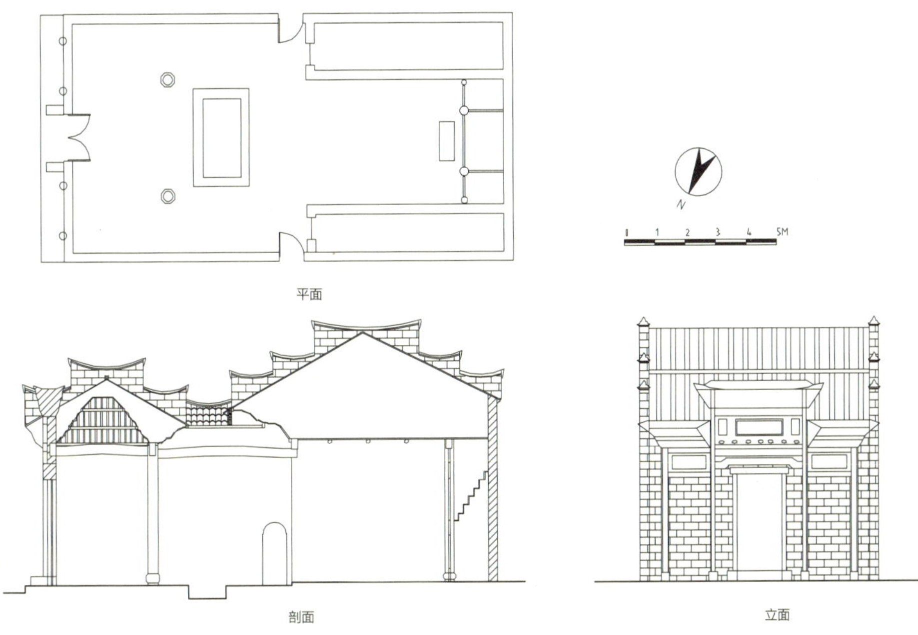

图 9 东岗公祠建筑测绘图

德堂”，堂侧另悬民国 4 年（1915 年）的寿匾“五世同堂”。该祠气势恢宏，工艺考究，为上宝祠堂群之首，具有较高的文物价值。

东岗公祠 该祠堂又名“贻谋堂”，位于钟氏宗祠旁侧，建于清代，近年维修。整体布局为三间一进式，进深 15.3 米，高 7.5 米，占地面积 122.4 平方米（图 9）。入口牌坊门为四柱三间三楼式砖构，麻石门框、门槛及门枕，门额嵌红石匾，阳镌“东岗公祠”（图 10）。

图 10 东岗公祠外观

非物质文化遗产

于都古文 于都古文属于地方民间曲艺，演唱者多为盲艺人，以演唱“古戏文”改编的曲目为主，因而简称“古文”。其以方言说唱为主要表演形式，唱腔优美婉转，基本曲调结构多为四句体，唱词结构大部分是七字句，具有浓郁的地方客家色彩。唱腔因伴奏乐器的不同而各具特色，常见的是以木梆或渔鼓、小鼓击节的徒歌形式，具有唱中夹说、说中有唱、转换灵活自然的特点。后来兴起以勾筒（形似二胡，琴筒较大）伴奏的形式，曲调比较丰富。演唱者借助面部表情、声调唱腔，真实细腻地描摹山川万物，抒发喜怒哀乐，渲染环境气氛，评述功过是非，使人们产生强烈共鸣。于都古文现已被列入江西省第一批省级非物质文化遗产名录。

价值特色

上宝村为钟氏血缘聚落，历史悠久，文化底蕴深厚。村落布局独特，为赣南典型的土围，防御性强，中心性突出，是研究赣南地区传统村落布局模式的典范。村内古建筑群分布集中，保存完好的祠堂群尤为珍贵，具有浓郁的地域特色，有着较高的历史文物价值。上宝村以其独特的土围聚落、保存完好的祠堂群、气势犹存的土围、淳朴的客家民俗风情及原生态的田园风光为主要特色，是赣南大地上的一颗明珠，散发着历史文化的光辉。

主要参考文献

[1] 陈佳. 明清时期抚州商人与农村社会变迁 [D]. 赣州：赣南师范学院，2012

[2] 陈志华，李秋香. 婺源 [M]. 北京：清华大学出版社，2010

[3] 戴志坚. 闽海民系民居建筑与文化研究 [M]，北京：中国建筑工业出版社，2003

[4] 邓洪武，邓裴，雷平. 钓源古村"风水玄机"中的生态环境理念——江西古村落群建筑特色研究之四 [J]. 南昌大学学报（人文社会科学版），2007（3）：88-93

[5] 丁功谊，李梦星. 钓源古村的建筑文化特征 [J]. 井冈山大学学报（社会科学版），2014，35（5）：123-128

[6] 段进，揭明浩. 空间研究 4：世界文化遗产宏村古村落空间解析 [M]. 南京：东南大学出版社，2009

[7] 段亚鹏. 抚河流域地区传统聚落空间形态研究 [M]. 北京：中国建筑工业出版社，2017

[8] 方志远，冯淑华. 江西古村落的空间分析及旅游开发比较 [J]. 江西社会科学，2004，（8）：220-223

[9] 方志远. 明清湘鄂赣地区人口流动与城乡商品经济 [M] 北京：人民出版社，2001

[10] 龚恺. 关于传统村落群布局的思考 [J]. 小城镇建设，2004（3）：53-55

[11] 郭谦. 湘赣民系民居建筑与文化研究 [M]. 北京：中国建筑工业出版社，2005

[12] 胡月萍. 传统城镇街巷空间探析 [D]. 昆明：昆明理工大学，2002

[13] 黄浩. 江西民居 [M]. 北京：中国建筑工业出版社，2008

[14] 黄浩. 浓妆淡抹总相宜——江西天井民居建筑艺术的初探 [J]. 建筑学报，1993（4）31-36

[15] 李国香. 江西传统民居及其区系研究 [D]. 南京：东南大学，2001

[16] 李辉. 江西吉水燕坊 - 仁和店古村落公共建筑及公共空间研究 [D]. 西安：西安建筑科技大学，2011

[17] 李宁，李林. 传统聚落构成与特征分析 [J] 建筑学报，2008（11）：52-55

[18] 李晓峰. 乡土建筑：跨学科研究理论与方法 [M]. 北京：中国建筑工业出版社，2006

[19] 李昕泽，任军. 传统堡寨聚落形成演变的社会文化渊源——以晋陕、闽赣地区为例 [J]. 哈尔滨工业大学学报（社会科学版），2008（6）：27-33

[20] 刘烈辉. 浅析赣南客家围屋建筑的文化特征 [J]. 时代文学，2008（10）：148-149

[21] 陆元鼎. 中国民居建筑（上）[M]. 广州：华南理工大学出版社，2007

[22] 罗伽禄，徐国华. 临川文化大观 M]. 南昌：江西人民出版社，2014

[23] 潘莹，施瑛. 论江西传统聚落布局的模式特征 [J]. 南昌大学学报（人文社会科学版）2007（3）：94-98

[24] 潘莹，施瑛. 简析明清时期江西传统民居形成的原因 [J]. 农业考古，2006（3）：179-181

[25] 潘莹. 江西传统聚落建筑文化研究 [D]. 广州：华南理工大学，2004

[26] 沈克宁. 富阳县龙门村聚落结构形态与社会组织 [J]. 建筑学报，1992（2）：53-58

[27] 王根泉. 明清时期一个典型农业地区的墟镇——江西抚州府墟镇试探 [J]. 南昌大学学报（人文社会科学版），1990（2）：84-88

[28] 王炎松. 金溪古村落四季行 [M]. 南昌：江西美术出版社，2015

[29] 吴定安. 乡草集 [M]. 南昌：江西人民出版社，2012

[30] 武启祥，韩林飞，朱连奇，等. 江西婺源古村落空间布局探析 [J]. 规划师，2010，26（4）：84-89

[31] 许怀林. 江西史稿 [M]. 南昌：江西高校出版社，1998

[32] 芦原义信. 街道的美学 [M]. 尹培桐译. 天津：百花文艺出版社，2006

[33] 原广司. 世界聚落的教示 100[M]. 于天祎，刘淑梅，马千里译. 王昀校. 北京：中国建筑工业出版社，2003

[34] 万幼楠. 赣南围屋 [M]. 北京：中国建筑工业出版社，2015

后记

2016年起，江西师范大学城市建设学院组织《江西传统村落》书稿的撰写工作，将此书的编著任务委托给学院历史文化遗产保护与更新团队。该项工作从2016年的9月份开始筹备，从给团队普及调查村落的知识、编写大纲、任务分工，到团队师生分工调研完江西的120余个传统村落，足足历经了一年的时间，再到后来反复数次的校对文稿、插图，不知不觉中又修改了大半年的时间。

这其中，有学院师生冒着严寒酷暑、不辞劳苦到乡野调研的激情和热情，更是凝聚了团队里各位老师的心血，在撰稿过程中不厌其烦地一遍又一遍按照修改意见进行校对。由于时间紧，文稿勘误的工作量大，老师们利用寒暑假的时间加班加点向前推进。

江西传统村落系统研究起步较晚，研究基础薄弱。本书的编撰工作时间紧、压力大，好在在单位领导及各方同仁的热忱支持和帮助下，我们不断向前推进。庆幸的是我们在资料收集、调查、研究、编写的过程中得到了各方的大力支持，在此一并表示感谢。

感谢学院领导对团队工作的支持和厚爱，没有院里的支持，我们的研究、撰写工作寸步难行。

感谢省住建厅对本书编写工作给予的鼎力支持，提供给我们非常珍贵的一手资料，使得本书得以有机会成稿，将江西厚重的传统村落文化资源展示出来。

在本书撰写过程中，参考了各个村落历史文化名村或传统村落保护规划中的部分基础资料，在此向江西省城乡规划设计研究院、上海同济规划设计研究院、海口市城市规划设计研究院、华诚博远（北京）建筑规划设计有限公司等各个规划编制单位表示感谢，如有部分资料在本书中引用但未能一一详细列出出处，请见谅，再次向你们所做的工作表示真诚的感谢！

特别郑重感谢江西传统民居研究的泰斗黄浩老先生，他一直心系江西传统民居事业的发展，至今八十三岁高龄还工作在一线。黄老对本书的撰写工作给予了高度关注，从繁忙的事务中抽出时间来为本书作序，并提出了非常宝贵的意见。他老人家对我们晚辈悉心指导，关爱有加，他深厚的学术功力和高屋建瓴的学术视野将指引我们继续努力为挖掘江西的传统建筑文化做点事情。向黄老致敬！

最后感谢中国建筑工业出版社编辑们的敦促和审阅，你们认真细致、一丝不苟、追求完美的工作态度使得本书的内容、版面设计都近乎以最完美的效果呈现出来，感谢你们的辛苦付出！

我们的研究还相当粗浅，仅仅按地区分类，将前三批（部分）中国传统村落按一定的体例对个案进行了梳理和研究，由于时间紧迫，能力有限，书稿中一定还有相当的缺憾、疏漏与不足，恳请各位批评斧正。另外遗憾的是，江西传统村落特征的总结部分还未能在书中体现，我们的研究还在继续，期待将来能取得更丰厚的成果，为江西传统建筑文化研究尽绵薄之力。

编委会

2018年10月

作者简介

闵忠荣　江西师范大学城市建设学院 教授
段亚鹏　江西师范大学城市建设学院 博士
熊春华　江西省住房和城乡建设厅 处长 教授
黄红珍　江西省旅游信息和培训中心 助理研究员
贺海芳　江西师范大学城市建设学院 讲师
钟新平　江西师范大学城市建设学院 讲师
蔡定涛　江西师范大学城市建设学院 讲师
杨　坤　江西师范大学城市建设学院 讲师
刘　强　江西师范大学城市建设学院 副教授
冷浩然　江西师范大学城市建设学院 讲师
罗先诚　江西师范大学城市建设学院 副教授
李小云　江西师范大学城市建设学院 副教授
郑　侃　江西师范大学城市建设学院 讲师
李　志　江西师范大学城市建设学院 副教授
胡　鸿　江西师范大学城市建设学院 讲师